清人論經信札精選集

韓惜花 編著

山西出版傳媒集團
山西人民出版社

图书在版编目（CIP）数据

清人论经信札精选集 / 韩惜花编著 . —太原：山西人民出版社，2019.10
ISBN 978-7-203-11081-1

Ⅰ. ①清… Ⅱ. ①韩… Ⅲ. ①经学—研究—中国—清代 Ⅳ. ① Z126.274.9

中国版本图书馆CIP数据核字（2019）第194634号

清人论经信札精选集

编　　著：	韩惜花
责任编辑：	魏美荣
复　　审：	秦继华
终　　审：	姚　军
装帧设计：	谢　成
出 版 者：	山西出版传媒集团·山西人民出版社
地　　址：	太原市建设南路21号
邮　　编：	030012
发行营销：	0351-4922220　　4955996　　4956039　　4922127（传真）
天猫官网：	https://sxrmcbs.tmall.com　电话：0351-4922159
E-mail：	sxskcb@163.com　　发行部
	sxskcb@126.com　　总编室
网　　址：	www.sxskcb.com
经 销 者：	山西出版传媒集团·山西人民出版社
承 印 厂：	山西荣博印业有限责任公司
开　　本：	787mm×1092mm　1/16
印　　张：	50.25
字　　数：	730千字
印　　数：	1-500册
版　　次：	2019年10月　第1版
印　　次：	2019年10月　第1次印刷
书　　号：	ISBN 978-7-203-11081-1
定　　价：	188.00元

如有印装质量问题请与本社联系调换

序

　　2012年5月，我參與《清代文學地理與文人流布》課題中"漢學發展脈絡"的研究工作，面對大量的文獻資料，一時不知如何下手。再三思考，決定先從梳理相關資料入手，遵循漢學產生、發展、延續的軌跡，探討漢宋之爭、漢宋兼采、今古文論辯以及漢學傳統的傳承與衍變等問題。

　　在中國古代學術研究中，清代的學術研究在許多領域達到了最高峰。錢大昕《二十二史考異》、王鳴盛《十七史商榷》、趙翼《廿二史札記》等人的考史之作考核精審，議論淹通，把傳統歷史考證推向新階段。顧炎武以音韻為通經之鑰，乾嘉漢學者本此推衍，至王念孫、王引之父子"以小學說經，以小學治經"，把傳統小學向前推進一大步。另外西北地理之學、金石學、《說文》學、諸子學、詩文考據，無不具有鮮明的時代特點。

　　經學成就更超軼前代，碩果累累。中國經學的發展，經歷了宋明哲理化的傾向後，在明末清初面臨着由思辨蹈空向征實致用的重大轉變。清初學者顧炎武、黃宗羲、王夫之在"通經致用"思潮的影響下，試圖以經學挽救國家危亡，達到"明道""救世"的政治目的。在顧氏"舍經學無理學""讀九經自考文始，考文自知音始"的振臂號召下，天下士子群起響應，使博證致用為特徵的治學風格一躍成為學界主流，漢學諸家繼承這一傳統，再加推闡，逐漸發展成為一種獨立的專門學問。顧炎武不僅指出治經的方向、方法，而且提供了為後世效仿的示範性著作，如《日知錄》《音學五書》。黃宗羲學術會通諸家、漢宋兼采，其《易學象數論》《授書隨筆》在易學和《尚書》研究方面對胡渭的《易圖明辨》、閻若璩的《古文尚書疏證》有開啟之功。毛奇齡、朱鶴齡、陳啟源等學者繼承前輩的征實之學，以"辨偽妄、崇古義、求實證"為治學風尚，在理學占主導地位的背景下，從事具體而深入的研究，純學術的考證，在當時學界產生重要影響，為乾嘉治學方法、學風的形成奠定了基礎。

　　時至乾、嘉，經史考證，漢學大興，理學式微。究其原因：一方面，固然是統治者的高壓政策，使知識份子不得不埋首故紙堆，遠身避害；一方面，從學術發展的軌跡來看，宋明理學統治學界六七百年，其空談性理，思想僵化的缺陷，很難適應新的時代環境；一方面統治者對學術文化的大力宣導，設四庫館，編纂《四庫全書》，北京一度成為"漢學大本營"和人才萃集中心。加之學者自身的積極提倡和努力實踐，考證之風在乾嘉時期蔚然成大觀。阮元《皇清經解》、王先謙《皇清經解續編》所收清人經學家157人，著作389種，關涉吳、皖、揚州派的諸多大家。乾嘉各派雖治經方法略有差異，吳派最專，皖派最精，揚州之學最通，然其長於考據，以文字音韻探究經義，大張漢學之幟的行為，使清代學術為之一變。

　　乾嘉漢學成績突出。《周易》方面，清初黃宗羲《易學象數論》、毛奇齡《河圖洛書原舛》、胡渭《易圖明辨》、惠士奇的《易說》。他們具有懷疑和批判精神，打破思想上和理論上的枷鎖，推動了《易》學研究的全面興盛。惠棟《周易述》一依漢儒之說，否定宋學與理學，重小學訓詁，以經證經，開一代新學風。《尚書》方面，乾嘉學者在閻若璩、胡渭的《古文尚書》基礎上，從語言、文字、語法、古今文、輯佚、校勘等角度進一步推動了《尚書》的研究。有王鳴盛《尚書後案》、戴震《尚書今文古文考》、段玉裁《古文尚書撰異》、孫星衍《尚書今古文注疏》、陳喬樅《今文尚書經說考》等。《詩經》方面，前有陳啟源的《毛詩稽古編》、朱鶴齡的《毛詩通義》。乾嘉之間，雖無人專治《詩》學，然各類專題之作層出疊現，如毛奇齡《續詩傳鳥名》、徐鼎《毛詩名物圖說》、潘相《毛詩古音參義》、洪亮吉《毛詩天文考》。其影響所至，出現了胡承珙《毛詩後箋》、馬瑞辰《毛詩傳箋通釋》、陳奐《詩毛氏傳疏》三部集大成之作。"三禮"研究注重漢唐注疏，沿著顧炎武開闢的道路，三禮學日益興盛，成果眾多。如秦蕙田《五禮通考》、黃以周《禮書通故》、胡培翬《儀禮正義》、邵懿辰《禮經通論》等。《春秋》研究在據實求是，不為鑿空之言的風氣激蕩下，學者輩出，成就豐碩。由顧炎武發其先聲，其《左傳杜解補正》，已采服虔舊注。此後積微成巨，蔚為大觀，於乾嘉學派的發皇起到了積極的作用。乾嘉時期，《左傳》經學臻於極盛。治左氏者，有惠棟《左傳補注》、沈彤《左傳小疏》、姚鼐《左傳補注》、馬宗璉《左傳補注》，皆廣集賈、服舊注，以糾杜氏。繼起者則有焦循、洪亮吉、梁履繩、李富孫、沈欽韓諸家，亦各專門，申述舊注，為左氏功臣。經學發展到清代中期，已經到了空前絕後的境地。

晚清之時，"西學東漸"對中國傳統文化造成強烈的衝擊，引起人們思想觀念的巨大變化。儒學內部各派面對時局，不可避免地要有所調整。乾嘉年間，漢學如日中天，理學式微。道咸之後，程朱理學一度中興，漢學雖仍有重要的學術地位，但其衰落之勢不可逆轉。江藩撰《國朝漢學師承記》，標榜漢學門戶，排斥宋學；方東樹撰《漢學商兌》針鋒相對，是宋非漢。隨着經世之學的興起，面對今文經學和宋學的雙重夾擊，漢學家開始反思乾嘉學術的弊端，注重融合今古文、調和漢宋，推動漢學向更深廣的方向發展。就地域而言，漢學繼續由中心城鎮向四周及邊遠地區輻射，波及云、貴、四川、湖南、廣東及福建，出現了兼采漢宋的現象，有些地區甚至有專門漢學家。如陳玉樹《毛詩異文箋》、鄭珍《儀禮私箋》、劉師培《春秋古經箋》、陳壽祺《尚書大傳輯校》、丁晏《周易述傳》等。

從學術內理而言，乾嘉的考證學風和傳統在俞樾、孫詒讓、章太炎的努力下表現出近現代化的趨勢。俞樾、孫詒讓繼承了乾嘉學者文字比勘、歸納推理、總結通例的方法究極群書，所獲頗豐。章太炎更是將漢字的形、音、義相結合，探尋詞與字內在的音義聯繫，全面總結了乾嘉小學，又為新學科的創建奠定了堅實的基礎。道咸之際，今文經學傳播開來，社會影響日益擴大，從常州一隅向全國迅速漫延。宋翔鳳、魏源、龔自珍接續先輩莊存與、劉逢祿的學脈，"以經術作政論"（《清代學術概論》），稍後的陳立、陳喬樅、邵懿辰治經近於漢學考據，辨析古、今之異同，持論平和，不喜附會，正是他們的共同努力把清代學術推向一個新階段。皮錫瑞在《經學通論》中總結清代今文經學的發展過程時說："及孔廣森專主公羊，始有今文之學。陽源莊氏，乃推今《春秋公羊》義並及諸經。劉逢祿、宋翔鳳、龔自珍、魏源繼之。而三家《尚書》三家《詩》，皆能紹承絕學。凌曙、陳立師弟，陳壽祺、喬樅父子，各以心得，著為專書。二千餘年之墜緒，得以復得，十四博士之師傳，不至中絕。"

　　清代學術的源流與衍變，歷經清初通經致用與崇尚程朱共存，乾嘉漢學獨大與宋學對立，晚清今文經學興盛與兼采漢宋融通三個階段。而每個時期學者論學見解，除見諸專著外，更多的名言法語往往散於書信、劄記和所作序跋之中。劄記、序跋之作，或有專著，如李惇的《群經識小》、鄒漢勳的《讀書偶記》、王念孫的《讀書雜誌》等；或依附注疏隨文而出；或單篇雜入《文集》之中，沒有專門的收集和系統的整理，以致後人對他們知之甚少，更談不上成果的吸收與利用了。自三國時期，經學與書劄產生聯繫以來，各代間有所及，而清代尤為獨盛。學者以書劄為媒介辨難質疑，既瞭解和把握了學界動態，又可以傳播自己的學術見解和學術理念，提升社會聲望。採用書信這種方式，作者不必拘泥文體，也不需要朝夕趕制、夙興夜寐，既可與同仁"奇文共欣賞，疑義相與析"商榷疑難，也可在一定程度上避免文網迫害，所以書劄就迅速地發展起來，成為清代學術重要的一個組成部分。此風一開，持續數百年之久。書劄是價值極高的學術文獻。據學者統計散見於清代文集中的書劄七千餘通，內容龐雜，關涉經學、史學、小學，不少書劄論及修身、用人、教子、處世、治國等諸多方面，尤其以經學最為豐富，有七百餘通，占總數的十分之一左右。本書不是也不可能是清人論經書劄的全部，僅從諸多書劄中精選內容完整、立論高瞻、能夠代表一時學術水準的三百餘篇拋磚引玉，以期直觀地反映清代學術的發展態勢。

本集既收錄了讀者耳熟能詳的著名學者，如顧炎武、惠棟、戴震、段玉裁、王念孫、王引之等，也有如劉開、桂萬超、戴殿泗、張士元、史夢蘭等不被人熟曉的文人；既有江浙皖等漢學發達地區的學者，如毛奇齡、焦循、阮元，也有受宋學影響較深地區的儒生，如刁包、方苞、羅有高等。範圍北至山東、直隸，南到兩廣，東接沿海江浙皖，西到云南、貴州，中部遍及晉、陝、兩湖、江西各省。可以說人不分老少，地不分南北，只要其書有益於經學，皆在搜羅之列。可以看出，漢學從江、皖一隅而流布全國，固然有時代需求的因素，學者間的廣泛交遊、辨偽征實以及地緣學術的輻射作用，使漢學大行其道，廣為傳播。而在這次官方與民間、民間學者之間、漢學中心與邊遠市鎮的學術互動中，書劄無疑成為一種最為有效、可行的溝通交流方式。

在中國古代學術史上，乾嘉漢學登上歷史舞臺，並成為百年學術主流，並非偶然現象。它是當時特定政治文化背景之下，諸多內外條件相互作用的結果。在書信視野下梳理和把握乾嘉學術形成、發展、蛻變的歷史過程，是一項艱苦而繁重的工程。前輩大師的學術實踐證明，治學術史必要而且有效的途徑就是從梳理文獻出發，實事求是，來不得半點浮誇。乾嘉學術主盟學壇的歷史已成陳跡，但此派留給後人的卓越經學成就、求是專精的學風和以小學求義理的方法，則是留給中華民族的寶貴文化遺產。認真總結和整理這一歷史文化遺產，對於提升研究者水準，促進中華民族新文化的建設，無疑具有重要的借鑒意義。

基于以上原因，我們覺得有必要對清代文人書劄做一次全面梳理，也有必要向社會各界和學術界同仁推介和展示其論經書劄的發展情況和總體成就，於是我們決定編選出版這個反映清代文人論經成就的書劄集。我們的想法得到了院系領導的大力首肯和經費資助，也得到了山西人民出版社的熱情支持。所有這些因素的合力作用，才使得這部具有特殊學術意義和豐富學術內涵的著作得以出版面世。

最後，我們殷切希望《清人論經信札精選集》一書能得到社會各界尤其是學界同仁的關注和支持，我們也虛心地聽取專家學者和廣大朋友對本選集的批評指導意見，我們將在此基礎上不斷提升，以期獲取更大成績。

韓惜花　謹識

戊戌夏於晉匯文書院

凡　例

一、本書只選清人單論或總論五經的書信，有關其他經書或小學類的書函一般不收。

二、集子的編纂以總論、《周易》《尚書》《詩經》《三禮》《春秋》為次序，並各成獨立單元。在每個單元內，按作者的生辰先後排列。

三、所收書信儘量使用清人所刻的《文集》或《總集》的善本，或經過整理後的精校本。所選書札，均在文末注明出處，如選自《犟經室文集》卷一，《校禮堂文集》卷八等，讀者當可循此而追蹤原書，一窺全貌。

四、書信中原本發現文字有錯、脫、衍和佚文的校勘，皆據本隨文改正，不注明出處。原稿或原文無法辨識的字，用□標誌。

五、本集所收書信原文皆未作標點，編輯時，本著尊重原作者論證思路的原則，同時重新調整分段、句讀，以儘量符合當代人的閱讀習慣。

六、書中引文，一般均以通本（如十三經用注疏本、二十四史用中華標點本、四部書用《四部叢刊》或《四部備要本》）進行對校。凡字句不同而與原書意思沒有出入者，概不校改。

七、凡選文中出現的異體字，各遵循原文，不輕意改動。如"于""於""扵"、"並""并""幷"、"揚雄""楊雄"等。

八、本集所收的書信皆出自清代學者之手，書集首次出現的作者均有小傳，涉及生卒年、字號、功名、學術成就和著述情況，務求內容簡潔準確，既可以概括作者經學成就，反映清代經學發展的面貌，也可以為學者研究提供檢索資訊，庶免四處奔波查詢之苦。

目　录

總　論

再答蒼略書 ………………………………… 錢謙益 / 003
與張滏水司馬書 …………………………… 刁　包 / 006
答萬充宗質疑書 …………………………… 黃宗羲 / 009
寄徐太史健庵論經學書 …………………… 朱鶴齡 / 011
答李子德書 ………………………………… 顧炎武 / 014
復章泰占質經問書 ………………………… 毛奇齡 / 020
答李舉人論以史證經書 …………………… 汪　琬 / 023
寄禮部韓尚書書 …………………………… 朱彝尊 / 025
答蠡县李恕谷书 …………………………… 邵廷采 / 027
上太倉相公書 ……………………………… 李　塨 / 031
答三弟益溪書 ……………………………… 李　塨 / 033
與呂宗華書 ………………………………… 方　苞 / 035
與全紹宸書 ………………………………… 方槃如 / 037
答李雪崖雜辨 ……………………………… 方槃如 / 039
復曹藥洲論學書 …………………………… 程廷祚 / 045
復家魚門論經學書 ………………………… 程廷祚 / 048
與江慎脩論學書 …………………………… 汪　绂 / 050
上制軍尹元長先生書 ……………………… 惠　棟 / 057

答閻懷庭書	法坤宏	/ 059
答鄭筠谷宮贊論朱氏經義攷帖子	全祖望	/ 061
奉錢竹汀先生書	嚴元照	/ 064
答惠定宇書	袁　枚	/ 067
答惠定宇第二書	袁　枚	/ 069
答江慎修先生論小學書	戴　震	/ 071
與段玉裁書	戴　震	/ 075
答衍善問經學書	戴祖啟	/ 077
答同年錢竹汀少詹書	周　春	/ 079
與紀曉嵐先生書	李文藻	/ 081
復蔣松如書	姚　鼐	/ 083
與法鏡野先生書	羅有高	/ 085
與陳恭甫書	段玉裁	/ 087
與諸同志書論校書之難	段玉裁	/ 089
答安彚占書	秦　瀛	/ 095
與桂未谷書	武　億	/ 097
上石經館總裁書	洪亮吉	/ 099
與趙億生司馬書	莊述祖	/ 104
與葉子雲書	朱　彬	/ 106
再復鄭六寧書	謝金鑾	/ 109
與阮伯元孝廉書	凌廷堪	/ 112
與胡敬仲書	凌廷堪	/ 114
與孫淵如觀察論考據著作書	焦　循	/ 117
與陳壽祺書	王引之	/ 120
與陳碩甫書	王引之	/ 122
與阮雲臺制府書	顧廣圻	/ 123

與汪漢郊書	臧 庸	125
答張伯雅書	臧 庸	128
寄答陳恭甫同年書	許宗彥	130
與梁諫菴先生書	許宗彥	132
寄姚先生書	陳用光	134
寄姚先生書	陳用光	136
與左春谷論三餘偶筆書	朱 珔	138
與汪孟慈農部書	朱 珔	141
答臧鏞堂書	丁履恒	144
與何岐海書	陳壽祺	147
答臧拜經論鄭學書	陳壽祺	150
答許子錦論經義書	陳壽祺	153
答翁覃谿學士書	陳壽祺	157
上儀徵阮夫子請定經郛義例書	陳壽祺	165
與王伯申詹事論古韻書	陳壽祺	169
與陳扶雅書	汪家禧	173
與潘芸閣書	胡承珙	175
與沈小宛書	胡承珙	177
與朱魯岑書	劉 開	179
答段若膺大令書	宋翔鳳	182
答段懋堂先生書	沈 濤	184
復夏朗齋先生書	胡培翬	189
答趙生炳文論漢學宋學書	胡培翬	191
與阮芸臺尚書書	馮登府	193
復黃少霞同年書	桂超萬	195
與任階平先生書	汪喜孫	198

覆陳君子準論五經博士書	張金吾 / 200
與李銘漢書	陳世鎔 / 203
與張麗薌書	姜文衡 / 205
與胡竹村舍人論燕寢書	夏炘 / 208
再答柳賓叔	姚配中 / 215
與江子屏牋	龔自珍 / 219
與張淵甫書	沈垚 / 221
再與何子永書	葉裕仁 / 225
示沈生	陳澧 / 227
復李眉生書	曾國藩 / 229
答友人問夏后氏藝文書	徐時棟 / 232
贈何願船序	張星鑒 / 240
贈門人書	謝章鋌 / 242
與鍾子勤書	張裕釗 / 244
與顧河之孝廉書	李慈銘 / 246
復王益吾祭酒書	李慈銘 / 249
復閻季蓉書	王先謙 / 253
答康長孺書	朱一新 / 256
答長孺第三書	朱一新 / 262
復長孺第四書	朱一新 / 265
復康太學書	簡朝亮 / 269
與馬通伯書	姚永概 / 271
與人論樸學報書	章太炎 / 273
與國粹學報	章太炎 / 275
與人論讀經書	章太炎 / 277
與吳承仕書	章太炎 / 279

與吳承仕書	章太炎	281
與李源澄書	章太炎	283
與李源澄書	章太炎	285

周　易

與陳言夏論易書	陸世儀	289
與友人論易書	顧炎武	291
與友人論易書	顧炎武	294
上某都憲書	潘　耒	295
再答葉尹如書	魏際瑞	297
復友人問易外書	屈大均	299
與冉永光先生書	胡　煦	301
與冉永光先生書	胡　煦	303
與張儀封先生論周易書	胡　煦	305
與張儀封先生書	胡　煦	310
與王昆繩書	李　塨	312
與張韓諸君書	李　紱	315
上新喻一齋晏公求序易通書	程廷祚	317
上一齋晏公論易學書	程廷祚	319
與王從先司馬論易數書	程廷祚	321
上方望溪先生論易學書	程廷祚	324
與友人論易學書	程廷祚	326
與家魚門論宋人說易之誤書	程廷祚	329
與李元音論左江樵易義帖	全祖望	331
與葛巽亭論易剝卦貫魚帖	全祖望	333
答董映泉問吳草廬易纂言外翼書	全祖望	335

與家綿莊書	程晉芳 /	337
與陸孝廉書	程晉芳 /	339
與楊孝廉書	王　昶 /	341
復休寧程南書	姚　鼐 /	343
與曹懷吾論卦變書	趙良㵌 /	344
與朱西崖先生書	戴殿泗 /	346
答朱西崖先生書	戴殿泗 /	348
與同年李明府錫書論河圖洛書	石韞玉 /	350
答錢竹初大令書	張惠言 /	353
上座師英尚書書	焦　循 /	357
與朱椒堂兵部書	焦　循 /	359
寄朱休承學士書	焦　循 /	361
上錢曉徵少詹書	臧　庸 /	363
與陳伯遊書	陳繼輅 /	365
復唐鏡海同年書	賀長齡 /	367
復唐鏡海同年論易第三書	賀長齡 /	370
與顧訪溪書	方　垌 /	372
答吳春畦書	丁　晏 /	374
復曾滌生檢討書	劉　蓉 /	376
與劉仲儀書	馬其昶 /	379
與張聞遠孝廉書	曹元忠 /	381

尚　書

寄閻潛丘古文尚書冤詞書	毛奇齡 /	385
復馮山公論太極圖説古文尚書冤詞	毛奇齡 /	387
與閻潛丘論尚書疏証書	毛奇齡 /	389

與黃棃洲論僞尚書書	毛奇齡	391
答蕭山毛檢討書	朱彝尊	393
答百詩疑武成月日書	馮 景	395
答吳中林通守論康誥三篇書	全祖望	397
與段若膺論尚書書	錢大昕	399
與江艮庭先生書	桂 馥	401
再答黃潤川書	戚學標	403
答孫季逑觀察書	莊述祖	405
答孫季逑觀察書	莊述祖	406
答江處士聲書論中星古今不異	孫星衍	408
答伯申書	王紹蘭	411
答李生書	洪頤煊	418
上王鳳諧光祿書	臧 庸	420
與朱學博大韶論尚書教冑子書	朱 珔	421
與臧拜經辨皋陶謨增句疏證書	陳壽祺	426
與馬君論周書年月考書	方東樹	434
與王伯申學士書	宋翔鳳	440
與陳恭甫編修書	宋翔鳳	443
答孫淵如觀察書	管 同	445
答家继之書	吳嘉賓	447
答艾譜園書	張文虎	449
答陳樸園論尚書手札	吳汝綸	451
與柯鳳蓀	吳汝綸	454
与简竹居	章太炎	462
與吳承仕書	章太炎	466
答方勇書太誓答問	劉師培	468

詩　經

與張敦復學士書	錢澄之	473
與潘次耕書	顧炎武	475
與吳廣文論國風男女書	毛奇齡	477
答李恕谷問笙詩并樂節書	毛奇齡	478
答劉拙修書	方　苞	480
再與劉拙修書	方　苞	482
與蔣湅塍論生民書	楊　椿	484
與家魚門	程廷祚	486
与張承之書	杭世駿	487
答薛孝穆書	惠周惕	489
答吳超士書	惠周惕	492
與是仲明論學書	戴　震	494
答周松靄同年書	錢大昕	496
與段若膺書	錢大昕	497
與鄭筠穀宮贊論猗嗟詩序書	全祖望	499
答錢宮詹論毛詩叶韻書	周　春	501
答嘉興王惺齋詩易疑義二通	翁方綱	504
答張子絜問讀毛詩注疏書	顧廣圻	506
與段大令論椒聊經傳書	顧廣圻	507
與趙味辛論韓詩外傳誤字書	顧廣圻	509
與張解元書	李　塨	511
答丁小山書	段玉裁	513
答晉三江論韵學書	王念孫	518
與李鄰齋方伯論古韵書	王念孫	521

答丁若士說毛詩書	莊述祖 /	523
與劉甥申甫書	莊述祖 /	525
與陳碩甫書	王引之 /	526
與夏遂園書	王引之 /	527
寄段懋堂先生書	焦　循 /	528
翁鴻臚答毛詩下武解書	臧　庸 /	531
再答陳恭甫編修論韵書	臧　庸 /	532
與阮芸臺侍講論古韵書	臧　庸 /	535
与钱衎石郎中书	张　澍 /	537
复王石臞先生書	江有誥 /	539
與劉叔俛書	劉毓崧 /	542

三　禮

答萬季野喪禮雜問	黃宗羲 /	549
答汪苕文書	顧炎武 /	552
與李恕谷論周禮書	毛奇齡 /	553
與陶紫司	閻若璩 /	555
與陶紫司	閻若璩 /	557
與江辰六	閻若璩 /	558
與劉超宗	閻若璩 /	560
與鄂少保論修三禮書	方　苞 /	563
與鄂少保論喪服注疏之誤書	方　苞 /	565
上張撫軍請校儀禮經傳通解書	任啟運 /	568
答方閣學問三禮書目	李　紱 /	570
與方靈皋同官析義書	李　紱 /	572
與同館論纂修三禮事宜書	李　紱 /	575

與同館論修三禮凡例書	李　紱 / 577
與同館論徵取三禮注解書	李　紱 / 579
答錢甥忠游問禘祫書	楊　椿 / 580
奉家學士靈皋二兄書	方楘如 / 583
與望溪先生書	沈　彤 / 585
上望溪先生書	尹會一 / 587
與友人論周禮書	汪　紱 / 589
與江慎修書	汪　紱 / 591
答顧復初司業論五禮通考書	秦蕙田 / 593
奉方溪前輩書	全祖望 / 596
答李穆堂先生問三禮書	袁　枚 / 598
復秦味經先生校勘五禮通考各條書	盧文弨 / 603
與王懷祖念孫庶常論校正大戴禮記書	盧文弨 / 609
與陳立三以綱上舍書	盧文弨 / 614
與家綿莊書	程晉芳 / 616
與姚孝廉姬傳書	戴　震 / 618
與任孝廉幼植書	戴　震 / 620
與盧侍講召弓書	戴　震 / 624
再與盧侍講召弓書	戴　震 / 626
與汪容父書	王　昶 / 633
復孔撝約論禘祭文	姚　鼐 / 635
答金秋史	翁方綱 / 638
與黃紹武書論千里札	段玉裁 / 640
與朱笥河學士書	邵晉涵 / 644
復王少冠昶書	孫星衍 / 646
與焦里堂論路寢書	凌廷堪 / 649

復江艮庭處士書 …………………………… 焦　循 / 652
與劉端臨教諭書 …………………………… 焦　循 / 655
答胡孝廉培翬書 …………………………… 洪頤煊 / 656
與朱德輝書 ………………………………… 洪頤煊 / 658
答徐新田先生書 …………………………… 許宗彦 / 661
答臧拜經論禮辭韻 ………………………… 陳壽祺 / 663
與張鐵甫論昏禮書 ………………………… 張士元 / 665
復家竹邨孝廉燕寢室南無戶書 …………… 胡承珙 / 667
復洪檥堂夏小正補義 ……………………… 胡承珙 / 670
答家墨莊論燕寢書 ………………………… 胡培翬 / 674
與李覲廷祖光書 …………………………… 錢儀吉 / 677
覆稽仙根問禘郊宗祖書 …………………… 張金吾 / 682
與柳賓叔論諸侯親迎越竟書 ……………… 姚配中 / 685
與高伯平書 ………………………………… 顧廣譽 / 688
答鄭子尹論儀禮喪服大功章誤衍注文二十一字書 …… 莫友芝 / 692
与戴聖儀論大戴禮書 ……………………… 陳　衍 / 696
答劉博士論周禮書 ………………………… 董　沛 / 698
答朱少文論禘祫書 ………………………… 董　沛 / 700
與吳承仕書 ………………………………… 章太炎 / 702

春　秋

與嚴開正書 ………………………………… 錢謙益 / 707
方素伯論周正書 …………………………… 錢澄之 / 710
答俞右吉書 ………………………………… 顧炎武 / 716
復張彝歎書 ………………………………… 梅文鼎 / 717
與華霞峰書 ………………………………… 高　愈 / 719

與同館論春秋義例書	李　紱 /	722
再與同館論春秋義例書	李　紱 /	724
答蔣東委論春秋書	楊　椿 /	725
答顧震滄書	楊　椿 /	731
與方望谿先生書	沈　彤 /	733
上望溪先生論春秋始於隱公書	程廷祚 /	734
奉慈溪馮明遠先生論燕虢封國書	全祖望 /	736
與徐徵君惠山論春秋指掌圖帖子	全祖望 /	738
答袁惠纕	彭紹升 /	740
答李飲川論春秋書	郝懿行 /	742
答高雨農舍人書	陳壽祺 /	743
與黃修存書	沈欽韓 /	747
答董琴南書	沈欽韓 /	749
與湘汀論蒙山嶧山書	朱　琦 /	752
答黃春谷先生書	劉文淇 /	756
與沈小宛先生書	劉文淇 /	760
與劉楚楨書	劉文淇 /	762
與王文泉孝廉	史夢蘭 /	764
復吳先生書	賀　濤 /	766
與徐哲東論春秋書	章太炎 /	769
與黃侃書	章太炎 /	771
與譚獻	章太炎 /	773
與劉光漢書	章太炎 /	775
答章太炎論左傳書	劉師培 /	778

總 論

再答蒼略書

錢謙益

> 錢謙益（1582—1664），字受之，號尚湖，又號牧齋，晚號蒙叟、東澗老人，學者稱虞山先生，江蘇常熟人。萬曆三十八年（1610）進士。生平事蹟見《清史稿》卷四八四、《清史列傳》卷七九。

蒼略賢良友兄執事：再惠長箋，斐亶爛熳，讀之未能即了，再乙其處，而後竟其詞也。僕之著作，流傳絕少，往年為瞿稼軒蒐萃，刻成百卷。刻甫就而國變作，書版漫漶，不復料理，且亦不敢復出。不知足下所見是僕何等文字，而獎飾之若是。曹子建有言："文之佳惡，吾自得之。"杜陵亦云："文章千古事，得失寸心知。"僕之才與志未必不逮今人，而學問則遠不如古人。古人之學，自弱冠至於有室，六經三史已熟爛於胸中。作為文章，如大匠之架屋，楹桷榱題，指揮如意。今以空疏繆悠之胸次加以訓詁，沿襲之俗學，一旦悔悟，改乘轅而北之。而世故羈紲，年華耗落，又復悠忽視陰不能窮老。盡力以從事於斯，遂欲鹵莽躐等，驅駕古人於楮墨之間，此非愚即妄而已矣。此僕之所以深思易氣，自知不逮古人，正子建所謂佳惡自得者。而非敢故自貶損，以自附於退之"小慚""大慚"之說也。足下他日當自知之，亦以吾言存之而已矣。

六經，史之宗統也。六經之中，皆有史，不獨《春秋》三傳也。六經降而為二史，班、馬其史中之經乎？宋人《班馬異同》之書，尋扯字句，此兒童學究之見耳。讀班、馬之書，辨論其同異，當知其大段落、大關鍵來龍何處，結局何處。手中有手，眼中有眼，一字一句，龍脈歷然，又當知太史公所以上下五千年縱橫獨絕者在何處。班孟堅所以整齊《史記》之文，而瞠乎其後，不可幾及者又在何處。《尚書》《左氏》《國策》，太史公之粉本，舍此而求之，見太史公之面目焉，此真《史記》也。天漢以前之史，孟堅之粉本也。後此而求之，見孟堅之面目焉，此真《漢書》也。由二史而求之，千古之史法在焉，千古之文法在焉，宋人何足以語此哉！以文法言之，二史之文亦不過文從字順而已矣。吾之前言似易於"殷盤""周誥"，而難於二史，以此啟高明之疑，吾之為斯言也，非有兩端也。

昌黎之言曰："《易》奇而法，《詩》正而葩，殷盤周誥，詰曲聱牙。"又曰："惟古於文必己出，文從字順乃其職，降而不能乃剽賊。"故知昌黎之所謂詰曲聱牙者，未嘗不文從字順；而古今之文法，章脈來龍結局，紆回演迤，正在文從字順之中。此吾之於二史，所以童而習之，白首茫然不能不望洋而長歎者也。歐陽子，有宋之韓愈也。其文章崛起五代之後，表章韓子，為斯文之耳目，其功不下於韓。五代史記之文，直欲佻班而禰馬。唐六臣、伶人、宦者諸傳，淋漓感歎，綽有太史公之風。人謂歐陽子不喜《史記》，此瞽說也。歐陽玄《金史》諸傳，虞集《大典》諸序論，其亦讀歐陽之文而興起者乎！自弘正以後，剽賊之學盛行，而知此者或罕矣。震川窮老而不遇，弇州衰晚而自悔。居今之世，欲從事於二百餘年之史，非有命世之豪傑如歐陽子者，其孰能為之？嗚呼！難言之矣。今且無論其他，即我聖祖開國，因依龍鳳滁陽之遺跡，子長楚漢月表之義，誰知之者？韓公之誅夷，德慶之賜死，金匱石室之書，解、黃諸公執如椽之筆者，皆晦昧不能明其事，而後世寧有知之者乎？世之通人如某某輩，皆網羅搜討，勒成一書，儼然自命良史，亦間出以相商，僕為之竊笑，亦為之竊歎，終不敢置一喙也。

嗟乎！西清東觀已屬前生。官燭俞糜，徒成昔夢。老夫耄矣，無能為矣。庶幾以餘生莫齒，優遊載筆，詮次舊聞，以待後之歐陽子出，而或有採取焉。用以當西京之《雜記》、東都之《長編》，猶可以解黍蝗食蠹之譏，而慰頭白汗青之恨，此則某之所竊有志焉，而亦深望於同志之君子啟予助我者也。昔之論學者以為大扣則大鳴，小扣則小鳴，足下虛懷下問，可謂善於扣擊者矣。而僕之諛聞渺見，老而多忘，則辟之於布鼓也，瓦釜也，扣之而不能鳴；即鳴矣而不足以發皇幽渺，導颺底滯，亦祇博善撞者之一唒而已矣。東方朔和柏梁曰："逼迫詰屈幾窮哉。"其僕今日之謂乎？

（選自《牧齋有學集》卷三八）

與張溍水司馬書　　刁包

> 刁包（1603—1669），字蒙吉，號文孝先生，晚號用六居士，河北祁州（今安國市）人。明天啟七年（1627）舉人。精於《易》學，篤信高忠憲，與高世泰往復論學，學者稱南梁北祁。著有《易酌》十四卷、《潛室劄記》二卷。生平事蹟見《清史稿》卷四八〇、《清史列傳》卷六六、《清儒學案》卷一五。

嘗讀胡雙湖上疊山謝先生書，而知位有尊卑，齒有先後，地有遠邇，俱所勿論。惟是以文章為媒，以道德為贄，雖千里猶同堂也。恭惟台臺，品擅千秋，望隆一代，所謂今之疊山，非歟？不肖某，生居僻壤，寡陋無聞，何敢望雙湖萬一？然高山景行之慕，適館授粲之好，則有未敢自後古人者。且也小技受知，愧稱許之過情，用六命名，華異地之合符。此徵君孫先生橋梓形之筆札，而幹汝耿子所津津道之不容口者也。夫是以不避未同，特修尺一，以徵君為媒，以斯文正統為贄，區區之心，亦欲如雙湖之上疊山者，位之尊卑，齒之先後，地之遠邇，俱所勿論。而狂瞽一刻，更希高賢大良為之辭，以冠簡端。萬一不棄，視孺子為可教，則一日之知遇，百代之華袞也。

又聞先生於書無不讀，尤善《易》與《春秋》。此兩經者，竊嘗究心，偶獲一得，請遂因而就正，可乎？夫《易》有程《傳》，猶《春秋》有胡《傳》。朱子云："某只是卜筮大綱，若義理充實遍滿，離不得程夫子書也。"今學者童而習之，白首而弗敢去，惟是《本義》耳，程《傳》則置之高閣久矣。舍程而問《易》，是何異於舍胡而問《春秋》哉！故其為說穿鑿支離，舉四聖立言苦心，大半為舉業二字抹殺矣。於程《傳》既廢厥實，於《本義》又徒存厥名，《易》之不燼于秦火者，幾何不燼於舉業也哉！且《本義》亦有所未安者，如於每爻之下，必曰占者，遇此則云云，是一爻只作一事用也。文公方諄諄以此戒人，而解古筮之義如此，無乃淺之乎視占筮乎？竊思占筮者，非象數之事，而乃心性之事也，故《繫辭》云："聖人以此洗心，退藏於密。""聖人以此齋戒，以神明其德夫。"全《易》專重此兩句，兩句又專重"以此"兩字。若使心不洗，藏不密，德不齋戒，而神明之，日屑屑焉從事卜筮，神將厭之，其猶我告乎！《記》云："齋之為言齊也，齊不齊，以致齊也。防其邪物，訖其嗜欲。心無苟慮，必依於道；手足無苟動，必依於禮。"此克己功夫也。學者明乎齊戒之義，以洗心，以神明其德，而占可得而言矣，而《易》乃可得而言矣。

至于《春秋》與《易》，實相表裏。雖康侯立言，未必全得聖人之旨要。其道破者，蓋已什之七八矣。大儒如陽明，獨以淺近當之，嘗謂徐曰仁云："《左傳》可廢，聖人不為艱深隱晦之詞。其書弒君，即弒君便是罪，何必更求其弒君之詳。征伐自天子出，其書伐國，即伐國便是罪，何必更求其弒君之詳。征伐自天子出，其書伐國。即伐國便是罪，何必更求其伐國之詳。"信斯言也！

是《春秋》一書，索然無復意味矣。嘗試考之，均一弒君也，有甲弒而書乙者，有乙弒而書甲者，有本不弒君而書弒者，有本弒君而不書弒者。均一伐國也，或稱師，而稱師又與稱師不同；或稱人，而稱人又與稱人不同；或稱爵，而稱爵又與稱爵不同。或口或諱，或全書而不削，或全削而不書，書同而予奪美刺各不同。如見以為弒君已耳，如見以為伐國耳，不復細加體勘，曲為領會，則聖人之精意隱，而大法不傳矣。是《春秋》為含糊體面之書，又何云見諸行事之深切著明也哉！故必深求其微言奧義，確然有會於胡《傳》之中，超然有得於胡《傳》之外，而後屬辭比事之旨出矣。不肖嘗有言曰：不知《易》而說道理，不知《春秋》而斷是非，直捕風捉影耳。然而《易》不明不可以治《春秋》，《春秋》不明又不可以見《易》，兩經者，同條共貫者也。豈獨兩經以為然哉，推之六經，亦莫不然。鄙見如此，未審有當高明否？

（選自《清儒學案》卷一五）

答萬充宗質疑書　　黃宗羲

> 黄宗羲（1610—1695），字太沖，號梨洲，學者稱南雷先生，浙江餘姚人。黄宗羲學問極博，思想深邃，著作宏富，是浙東史學的一面旗幟。著有《易學象數論》六卷、《孟子師説》二卷、《明夷待訪録》二卷、《南雷文案》十卷、《明儒學案》六十二卷、《宋元學案》一百卷等。生平事蹟見《清代七百名人傳·學術》第四編、《清儒學案》卷二等。

讀《質疑》二篇，吾兄經術，繭絲牛毛，用心如此，不僅當今無與絕塵，即在先儒，亦豈易得！誠不意欵學寡聞之夫，得相抵掌，聊述所聞，以廣來意。

兄疑今之二十四氣，以配周正，則相戾而不合。此二十四名者，古之所無是也。蓋今之二十四氣，所以綳定七十二候，故每氣三候。然就而論之，自二至、二分、四立之外，十有六氣之名，義固無殊於七十二候，是以比肩者，而加乎其上也，不可明矣。《左氏》曰："凡分、至、啟閉，必書雲物。"使十六者與分、至、啟閉同列，則必書十六者之雲物矣，不應《左氏》獨遺之也。此古者無二十四名之一證也。即古之啟閉，亦只以朔日為斷，不更於朔日之外，別有四立之名。何以明之？《左氏外傳》曰："先時九日，太史告稷曰'自今至於初吉，陽氣俱蒸，土膏其動，弗震弗渝，脈其滿眚，穀乃不殖'。"按"先時"註云："先，立春日也。初吉，朔日也。自今至於初吉，自先時至於立春也。"則初吉之為立春明矣。以上文"農祥晨正，日月底於天廟"言之，則是寅月之朔日，皆謂之立春也。若另有立春之日，則當言自今至於立春矣，不應竟以初吉言也。舉春而夏秋冬一例也。是時各國皆有私曆，其法不一。管仲三卯三暑三寒之令，齊曆也；《呂氏春秋·月令》，未行之秦曆也；《汲冢周書·時訓解》，魏曆也。雜然見於傳記，不知者遂以周時所通行耳。

兄言周之分、至未嘗繫之以時，獨《大司樂》有冬日至、夏日至之名，而疑《周官》之為偽書是也。偽《周官》者，先儒多有之，臨孝存以為末世瀆亂不驗之書，何休以為六國陰謀之書，然未有得其左證明顯如兄所言者。即如《古文尚書》，人多疑其偽，吳草廬、歸震川駁之不遺餘力，然終鶻突定案。

向講《尚書》，至《湯誥》"凡我造邦，無從匪彝，無即慆淫，各守爾典，以承天休"，而見於《國語》"文、武之教，凡我造國，無從匪彝，無即慆淫，各守爾典，以承天休"，始知其誤襲周制以為《湯誥》也。今因推日食於昭十七年六月，祝史請幣，季平子曰："唯正月朔，慝未作，日有食之，於是乎伐鼓用幣，禮也。其餘則否。"太史曰："在此月也，日過分而未至，三辰有災。於是乎百官降物，君不舉辟移時，樂奏鼓，祝用幣，史用辭。故《夏書》曰'辰不集于房。瞽奏鼓，嗇夫馳，庶人走。'此月朔之謂也。當夏四月，謂之孟夏。"杜注《夏書》為"逸書"。《古文尚書·胤征》有曰："乃季秋月朔，辰弗集於房。瞽奏鼓，嗇夫馳，庶人走，羲和尸厥官，罔聞知。"夫季秋，夏之九月也，而太史以之證夏四月之日食，可見《夏書》本文不同孔《書》。《左氏》而非偽也，則不能不致疑於古文矣。此二證恨不使草廬、震川見之。兄之疑《周禮》者，亦恨不使臨孝存、何休見之也。《春秋》失閏之論，弟有《日食曆》明之，俟晤時請正，此不更具也。

（選自《黃梨洲文集·書類》）

寄徐太史健庵論經學書　朱鶴齡

> 朱鶴齡（1606—1683），字長孺，號愚庵，江蘇吳江（今蘇州）人。著述豐富，長于箋疏之學。晚年究心經學。于《易》《書》《詩》《春秋》皆有著述。生平事蹟見《清史稿》卷四八〇、《清史列傳》卷六八、《國朝先正事略》卷三二等。

六經之學，漢興之，唐衍之，宋大明之，至今日而衰。其興也以不專一說而興，其衰也以固守一說而衰。何則？學成于信者也。信生于辯，辯生于疑，疑生于不一說。當漢之初，《易》有田丁、京費諸家，《詩》有申、轅、韓、毛諸家，《書》有伏生、夏侯、歐陽諸家，《禮》則稱后蒼、戴慶諸家，《春秋》則稱《左》《公》《穀》三家。各立專門，遞相傳授；辨難擊排，不遺餘力，由是而是非之論出焉。李唐以後，緯書失傳，各家之學而多致亡闕，而說經者乃漸趨於一。及有宋諸大儒出，理析毫芒，義窮杪忽。聖賢之微文奧指，炳然如日月中天，無復翳昧。注疏雖頒學官，咸視為蠹殘玉屑，而古義幾熸矣。其在于襲沿既久，影響彌多，人皆惘惘焉如冥行者之撞埴索途，雖關、閩、濂、洛之遺書亦罔知省覽，而況乎漢唐以來諸儒之說乎？自帖義混殽，經術蕪沒，狂瞽相師，芒昧白首，疑既無之，信於何有？此則固守一說者為之閡也。

夫宋儒詮理誠得不傳之學，若夫箋解名物、訓詁必以近古者得其真。今也專奉四大儒為祖禰，而孔、毛、馬、鄭十數公盡舉而祧毀之，何怪乎通經致用者之世罕其人乎？即曰束于功令，然則制科與古學不妨分為二途。故古人說經患在多異說，今人治經又患在專一說也。不佞齡竊啟寡聞。

竊嘗披覽諸籍，讀《左傳》、易卦、諸爻辭皆取於象。李伯紀曰："舍象以求《易》，猶舍日月星辰而觀天。"始知《易》之不可專言理也。讀穎濱、東萊《詩傳》及馬端臨《論小序》，始知《詩序》之不可盡刪也。讀東坡與黃文叔《鄒晉昭書解》，始知蔡《傳》之不足《書》義也。《春秋》則三傳並立，不得盡去之。而宗胡、戴記則《儀禮》為經，不當反遺之而取傳。蓄疑者有年。既而讀歐陽永叔之言曰："先儒之論，苟非詳其終始而牴牾，質諸聖人，而悖有不得已而改易者，何必好為異論，以相訾也。"乃喟然歎興曰："漢唐諸儒之說，去古未遠，其見棄于近儒之排斥，豈皆秕稗而無嘉穀哉！"又讀正學先生之言曰："經傳非一家言書，則其說非一人所能盡。世人當所聞而不顧理之是非，皆非朱子意也。"乃復喟然興曰："先儒是非之論，至朱子始定，然朱子亦豈謂己之所是非必無待後人之審擇哉！"

夫理蘊之于經，猶水蘊之于地也。鑿井以出水，而或取之以蠡勺，或取之以缾罋，或取之以甕盎，隨器之大小而汲之淺深。及盥飲之，則皆水也。蠡勺、缾罋、甕盎奚別焉！是故說經者亦求其至是而已矣。理苟存焉，部婁可傳崇山；理苟不存，寶珪亦同燕石。

余用是網羅古今經解，衷以臆說，輯成《毛詩通義》《尚書埤傳》《禹貢長箋》《讀左日鈔》諸書。愚先出《埤傳》是正于高明長者，蓋以《尚書》古稱樸學，從事者蓋寡。鈍翁先生見之，急損橐佽鐫，為諸公倡。今已就半矣。草澤陳人從未敢緘牘京華，特以今日文章道義之望咸歸重于先生，又昔年忝辱交遊之末，故敢郵寄所梓，上呈乙覽。倘中有可采，望賜以序言，導其先路，庶幾剞劂之役可潰于成。俾當世學者去其沾沾株守一說之見，而漸進于漢唐諸儒之閫奧，以埤益四大儒傳注所未及，或亦經典中尺木之一助也。幸先生裁而教之。

（選自《愚庵小集》卷一〇）

答李子德書

顧炎武

> 顧炎武（1613—1682），初名絳，字寧人。一字亭林，江蘇昆山（今昆山市）人。他學識淵博，在經學、史學、音韻、小學、金石考古、方志輿地以及詩文諸學上，都有較深造詣，被稱爲"清朝開國儒師"。著有《五經同異》三卷、《十三經考義》七卷、《左傳杜解補正》三卷、《九經誤字》一卷、《詩本音》十卷、《易本音》三卷、《日知錄》三十二卷、《亭林文集》六卷等。生平事蹟見《清史稿》卷四八一、《清史列傳》卷六八、《國朝耆獻類徵初編》卷四〇〇、《碑傳集》卷一三〇、《國朝先正事略》卷二七、《國朝漢學師承記》卷八、《文獻徵存錄》卷二、《國朝詩人徵略初編》卷三等。

三代六經之音，失其傳也久矣。其文之存於世者，多後人所不能通。以其不能通，而輒以今世之音改之，於是乎有改經之病。始自唐明皇改《尚書》，而後人往往效之，然猶曰"舊爲某，今改爲某"，則其本文猶在也。至於近日鋟本盛行，而凡先秦以下之書率臆徑改，不復言其舊爲某，則古人之音亡而文亦亡，此尤可歎者也。

開元十三年敕曰："朕聽政之暇，乙夜觀書，每讀《尚書·洪範》，至'無偏無頗，遵王之義'，三復茲句，常有所疑，據其下文並皆協韻，惟'頗'一字實則不倫；又《周易·泰卦》中'无平不陂'，《釋文》云：'陂字亦有頗音。'陂之與頗，訓詁無別，其《尚書·洪範》'無偏無頗'字宜改為陂。"蓋不知古人之讀"義"為"我"，而頗之未嘗誤也。《易象傳》："鼎耳革，失其義也，覆公餗，信如何也。"《禮記·表記》："仁者右也，道者左也；仁者人也，道者義也。"是"義"之讀為"我"，而其見於他書者，遽數之不能終也。王應麟曰："宣和六年詔：《洪範》復舊文為頗。"然監本猶仍其故，而《史記·宋世家》之述此書，則曰"毋偏毋頗"，《呂氏春秋》之引此書，則曰"無偏無頗"，其本之傳於今者，則亦未嘗改也。《易·漸·上九》："鴻漸於陸，其羽可用為儀。"范諤昌改"陸"為"逵"，朱子謂"以韻讀之"，良是。而不知古人讀"儀"為"俄"，不與逵為韻也。《小過·上六》："弗遇過之，飛鳥離之。"朱子存其二說，謂仍當作"弗過遇之"，而不知古讀"離"為"羅"，正與過為韻也。《雜卦傳》："晉晝也，明夷誅也。"孫奕改"誅"為"昧"，而不知古人讀"晝"為"注"，正與誅為韻也。《楚辭·天問》："簡狄在臺嚳何宜，玄鳥致詒女何嘉。"後人改"嘉"為"喜"，而不知古人讀"宜"為"牛何反"，正與嘉為韻也。《招魂》："魂兮歸來，北方不可以止些。增冰峨峨，飛雪千里些。歸來歸來，不可以久些。"五臣《文選》本作"不可以久止"。而不知古人讀"久"為"几"，正與止為韻也。《老子》："朝甚除，田甚蕪，倉甚虛。服文采，帶利劍，厭飲食，財貨有餘，是為盜夸。"楊慎改為"盜竽"，謂本之《韓非子》，而不知古人讀"夸"為"刳"，正與除為韻也。《淮南子·原道訓》："以天為蓋，以地為輿。四時為馬，陰陽為騶。乘雲陵霄，與造化者俱。縱志舒節，以馳大區。"後人改"騶"為"御"，而不知古人讀"騶"為"邾"，正與輿為韻也。《史記·龜策傳》："雷電將之，風雨迎之，流水行之。侯王有德，乃得當之。"後人改"迎"為"送"，而不知古人讀"迎"為"昂"，正與將為韻也。《太史公自序》：“有法無法，因時為業；有度無度，因物與舍。”今《漢書·司馬遷傳》亦正作"舍"。而後人改為"合"，不知古人讀"舍"為"恕"，正與度為韻也。柏梁臺詩《上林令》曰：“去狗逐兔張置罘。”今本改為"罘置"，又改為"罘罳"，而不知古人讀"罘"為扶之反，正與時為韻也。楊雄《後將軍趙充國頌》：“在漢中興，充國作武，赳赳桓桓，亦紹厥後。”五臣《文選》本改"後"為"緒"，而不知古人讀"後"為"戶"，正與武為韻也。繁欽《定情詩》：“何以結相於，金薄畫搔頭。”後人改"於"為"投"，而不知古人讀"頭"為"徒"，正與於為韻也。陸雲《答兄平原詩》：“巍巍先基，重規累構。赫赫重光，遐風激鶩。”今本改"鶩"為"鶩"，而不知古人讀"構"為"故"，正與鶩為韻也。齊武帝《估客樂》：“昔經樊鄧役，阻潮梅根冶。深懷悵往事，意滿辭不敘。”今本改"冶"為"渚"，不知《宋書·百官志》：“江南有梅根及冶塘二冶。”而古人讀"冶"為"墅"，正與敘為韻也。《隋書》載梁沈約《歌赤帝辭》：“齊醍在堂，笙鏞在下，匪惟七百，無絕終古。”今本改"古"為"始"，不知"長無絕兮終古"，乃《九歌》之辭，而古人讀"下"為"戶"，正與古為韻也。《詩》曰：“汎彼柏舟，在彼中河。髧彼兩髦，實惟我儀，之死矢靡他。”則古人讀"儀"為"俄"之證也。《易·離·九三》：“日昃之離，不鼓缶而歌，則大耋之嗟。”則古人讀"離"為"羅"之證也。張衡《西京賦》：“徼道外周，千廬內附。衛尉八屯，巡夜警晝。”則古人讀"晝"為"注"之證也。《詩》曰：“君子偕老，副笄六珈。委委佗佗，如山如河，象服是宜。子之不淑，云如之何。”則古人讀"宜"為"牛何反"之證也。又曰：“何其久也，必有以也。”又曰：“吉甫燕喜，既多受祉。來歸自鎬，我行永久。”則古人讀"久"為"几"之證也。左思《吳都賦》：“橫塘查下，邑屋隆夸。長干延屬，飛甍舛互。”則古人讀"夸"為"刳"之證也。《漢書敘傳》：“舞陽鼓刀，滕公厩驂。潁陰商販，曲周庸夫。攀龍附鳳，並乘天衢。”則古人讀"驂"為"邠"之證也。

《莊子》:"不將不迎,應而不藏,故能勝物而不傷。"又曰:"無有所將,無有所迎。"則古人讀"迎"為"昂"之證也。《曲禮》:"將適舍,求無固。"《離騷》:"余固知謇謇之為患兮,忍而不能舍也。指九天以為正兮,夫惟靈修之故也。"則古人讀"舍"為"恕"之證也。秦始皇《東觀刻石文》:"常職既定,後嗣循業,長承聖治。群臣嘉德,祗誦聖烈,請刻之罘。"則古人讀"罘"為"扶之反"之證也。《詩》曰:"予曰有疏附,予曰有先後;予曰有奔走,予曰有禦侮。"則古人讀"後"為"戶"之證也。《史記·龜策傳》:"今寡人夢見一丈夫,延頸而長頭。衣元繡之衣而乘輜車。"則古人讀"頭"為"徒"之證也。《荀子》:"肉腐出蟲,魚枯生蠹。怠慢忘身,禍災乃作。強自取柱,柔自取束。邪穢在身,怨之所構。"作、束並去聲,則古人讀"構"為"故"之證也。馬融《廣成頌》:"然後緩節舒容,裴徊安步,降集波籞。川衡、澤虞,矢魚陳罟。茲飛、宿沙、田開、古冶。翠終葵,揚關斧。刊重冰,撥蟄戶。測潛鱗,踵介旅。"則古人讀"冶"為"墅"之證也。《詩》曰:"於以奠之,宗室牖下。誰其尸之,有齊季女。"則古人讀"下"為"戶"之證也。凡若此者,遽數之不能終也。其為古人之本音而非叶韻,則陳第已辨之矣。

若夫近日之鋟本,又有甚焉。阮瑀《七哀詩》:"冥冥九泉室,漫漫長夜臺。身盡氣力索,精魂靡所能。"今本改"能"為"迴",不知《廣韻·十六咍部》元有能字,姚寬證之以《後漢書·黃琬傳》:"欲得不能,光祿茂才。"以為不必是"鼃"矣。張說《隴右節度大使郭知運神道碑銘》:"河曲迴兵,臨洮舊防。手握金節,魂沈玉帳。千里送喪,三軍悽愴。"《唐文粹》本改"防"為"址",以叶上文喜、祉諸字,不知《廣韻·四十一漾部》元有防字,而"峻岨塍,埒長城。豁險吞,若巨防",已見於左思之《蜀都賦》矣。李白《日夕山中有懷詩》:"久臥名山雲,遂為名山客。山深雲更好,賞弄終日夕。月銜樓間峰,泉漱階下石。素心自此得,真趣非外借。"今本改"借"為"惜",不知《廣韻·二十二昔部》元有借字,而"傷美物之遂化,怨浮齡之如借",已見於謝靈運之《山居賦》矣。凡若此者,亦遽數之不能終也。

嗟夫!學者讀聖人之經與古人之作,而不能通其音;不知今人之音不同乎古也,而改古人之文以就之,可不謂之大惑乎?昔者漢熹平四年,議郎蔡邕奏求正定五經文字,乃自書丹於碑,使工鐫刻,立於太學門外,後儒晚學咸取正焉。魏正始中,又立古文、篆、隸《三字石經》。自是以來,古文之經不絕於代。傳寫之不同於古者,猶有所疑而考焉。天寶初,詔集賢學士衛包改為今文,而古文之傳遂泯,此經之一變也。

漢人之於經,如先後鄭之釋《三禮》,或改其音而未嘗變其字。《子貢問樂》一章,錯簡明白,而仍其本文不敢移也,注之於下而已。所以然者,述古而不自專,古人之師傳,固若是也。及朱子之正《大學》《繫辭》,徑以其所自定者為本文,而以錯簡之說注於其下,已大破拘攣之習。後人效之,《周禮》五官互相更易,彼此紛紜;《召南》《小雅》且欲移其篇第,此經之又一變也。

聞之先人,自嘉靖以前,書之鋟本雖不精工,而其所不能通之處,注之曰疑;今之鋟本加精,而疑者不復注,且徑改之矣。以甚精之刻,而行其徑改之文,無怪乎舊本之日微,而新說之愈鑿也。故愚以為"讀九經自考文始,考文自知音始",以至諸子百家之書,亦莫不然。不揣寡昧,僭為《唐韻正》一書,而於《詩》《易》二經各為之音,曰《詩本音》,曰《易音》。以其經也,故列於《唐韻正》之前,而學者讀之,則必先《唐韻正》而次及《詩》《易》二書。明乎其所以變,而後《三百五篇》與卦、爻、彖、象之文可讀也。其書之條理最為精密,竊計後之人必有患其不便於尋討,而更竄併入之者,而不得不豫為之說以告也。夫子有言:"齊一變至於魯,魯一變至於道。"今之《廣韻》,固宋時人所謂"菟園之冊,家傳而戶習"者也。自劉淵韻行,而此書幾於不存。今使學者睹是書,而曰自齊、梁以來,周顒、沈約諸人相傳之韻固如是也,則俗韻不攻而自絀。

所謂"一變而至魯"也。又從是而進之五經三代之書，而知秦、漢以下至於齊、梁，歷代遷流之失，而《三百五篇》之詩，可弦而歌之矣。所謂"一變而至道"也。故吾之書，一循《廣韻》之次第而不敢輒更，亦猶古人之意，且使下學者易得其門而入，非託之足下，其誰傳之？今鈔一袟附往，而考古之後，日知所無，不能無所增益，則此之書猶未得為完本也。

（选自《顧亭林文集》卷四）

復章泰占質經問書

毛奇齡

> 毛奇齡（1623—1716），原名甡，又名初晴，字大可，號秋晴、晚晴，浙江蕭山人。博覽群籍，著書甚富。有《仲氏易》三十卷、《推易始末》四卷、《易小帖》五卷、《春秋毛氏傳》三十六卷、《春秋屬辭比事記》四卷、《春秋簡書刊誤》二卷、《古文尚書冤詞》八卷、《詩傳詩說駁義》五卷、《國風省篇》一卷、《續詩傳鳥名》三卷、《四書改錯》二十三卷、《論語稽求篇》七卷、《西河文集》一一九卷等。生平事蹟見《清史稿》卷四八一、《清史列傳》卷六八、全祖望《蕭山毛檢討別傳》。

復泰占足下：日以足下病，遠道爲念。問至，亟解視，謂病安，頗慰。然以今年比期近，云："不來赴比。"則是病仍未安也。乃別示書冊令兒子遂宗檢看，是病中觀僕所著《經問》一十八卷，而藉之以較計者，如此，則病方增長，焉能安矣。因別令檢核，合五十七條。質疑義者二十四。正訛字脫字二十一。刊誤三。其一辨時氣先後者，已錄出俟考。正索解者四，則答有別紙。餘各草草註。來冊付去，乃不揣鄙陋，重申祝告，必徹降心以從者。造物不易生才，即生之，亦未易成就。然且所生之才各不同，生文人百，不及生讀書人一。大抵千萬人中必得一文人。而至于讀書人，則有千百年不一遘者。是以文章之士列代都有，而能通一經而稱爲儒，博通羣經而稱爲大儒，則自漢迄今，惟西漢有孔安國、劉向，東漢有鄭玄，魏有王肅，晉有杜預，唐有賈公彥、孔穎達，合七人，而他如趙岐、包咸、何休、范甯之徒，皆無與焉。即或博綜典籍，胸有笥篋，如吳之韋昭，晉之郭璞，唐之李善、顏師古，宋之馬端臨、王應麟輩，竝于經學無所預。降此而元明，則響絶矣。然且天生此七人，而六經得失尚未叅半，《詩》《書》得者十之五，《三禮》得者十之六，《左傳》得者十之八，而《易》，而《春秋》，而《樂》，而《論語》《大學》《中庸》《孟子》，則全無得焉。則是二千年以來，冀遘一大儒，使古王《六經》、孔孟所傳之學術，全明于天下，亦不可得也。

　　僕七歲見隣家娶婦，不祖而配，既不告廟謁廟，復不告父母，見父母，自爲婚姻。而解之者猶曰：不成婦，不廟見。嘗問之先仲兄，而心竊痛之。即私禱先聖前，願此生得考註《六經》，刊正謬説，而至今未有遂也。少好典籍，記憶亦不少。乃稍長避人，垂老還鄉井，而時不我與矣。然憶僕當年，尚遘數讀書人。家有胞兄先仲氏，亦學者也。鼎革後，大病不能著書。而上虞徐仲山多學，爲大司馬公之子。山陰張南士則大三張，後小三張君之一也，論經有定識。每能辟鄭、孔之謬，乃不幸偃蹇而死。死而其所著之書，皆不得傳。是豈造物果忌才，且不欲使經學明天下耶！

　　僕雖不才，門下尚多人，然皆文章士也。初得中州王引齋，喜其有經學，而遽已早世。垂老得朱生鹿田，則助我者也。《詩》《禮》質難，必多有啓發。第少年上公車門不耐索米，近忽試仕邊缺，音耗都斷。而東陽李紫翔則長于《春秋》，其作《春秋諸紀傳》久已行世。今且爲潮陽令，去所幸遇三章子。雖劇恨見晚，顧猶賴同郡。且值僕東歸，草堂可晨夕主客。而一死一游關以西，三年不返。惟足下在家，年富有學，讀書最精密，敏而且審。其考覈各具專見，能發房開覆，闡前人所不及闡。僕雖垂死，猶賴生活，而乃患喀血，罹此大虐，棲遲白門多日矣。此非吾道之窮，天之有意于厄之，不至此！自今以往，但當求却病，不當讀書。何則？讀書者致病之由也。且第求却病，即是讀書。何則？病既却，則讀書自有日也。故却病所以順天，天非無意生我，而我可以病逆之乎？且亦惟却病而後可以逆天，天不能使我不讀書，故但能使我病，而我能不受病而使之，仍可以讀書，天能禁之乎？僕書在案頭，幸勿再觀，即觀萬勿如所寄之煩而析，核而且刻。祇如古所云：優游不廹，逌然以自得。可也。

　　至別詢治火一法，則在《春秋傳》宋災諸治法，亦既完具。聞賢伯氏都府公損其奉以多製械物，此正與宋法"具綆缶""陳畚挶"諸事相合。即王君治火論，君與僕舊識其言，亦博通無可間。但火地不同，治之者必因地設法，始爲有濟。假如宋法有"令隧正納郊保之民使奔火所"此一語，用之杭州，便爲大害。何則？杭之火災，半由游民劫火者所撰造也。故僕議治火，專用宋廣平刺廣州法。陶瓦甓以改茨竹，以杭屋皆竹牆也。且截火四衢，禁民救火，而但用正徒之司救者，授之符以驗出入，防劫火也。特其議已勒板，而杭人不能用。今且東歸有闕板矣。蒙索無兼本，俟謀另寄。頃平湖陸生刻《聖門釋非》，錄成一冊。奉去，并前項收到。七月既望日，距接問日越九日。

（選自《西河集》卷二一）

答李舉人論以史證經書

汪琬

> 汪琬（1624—1691），字苕文，號鈍庵，又號玉遮山樵，江蘇長洲（今蘇州）人。順治乙未（1655）進士。于《易》《詩》《春秋》《三禮》《喪服》咸有發明。生平事蹟見《國朝先正事略》卷三七、趙經達《汪堯峰先生年譜》、《江南通志》卷一六五等。

昨足下見琬《春秋》諸論，遽蒙手教之辱，謂："古人以經證史，不以史證經，解經諸作不當參以後世事。"其說甚辨，然非琬所敢安也。琬不能探援祕籍，以相酬答，試舉里塾諸童蒙所恒誦出者為足下言之，幸足下少降心平氣而聽焉。

昔子程子之傳《易》也，於《屯》之九五，則引魏高貴鄉公、唐僖、昭二宗以證之；於《師卦》、則引淮陰侯，於六五，則引郭子儀相州之敗以證之；於《否》之九五，則引王允、李德裕以證之；於《遯》之《彖》，於《未濟》之九二，則又引王允、謝安、子儀、李晟以證之；於《坎》之六四"納約自牖"，則引漢四老人之定太子，為之反覆其故，而痛切申明之。此即解經者以史證經之明驗也。如其不可以為證，則淮陰侯以下諸人之事，豈皆不出於史乎？至於楊廷秀《易傳》，引史尤多。其佗若胡康侯之傳《春秋》，鄭伯謙之論《周禮》，舉莫不然。彼歐陽永叔、蘇明允諸作，偶不及史耳，非其果不可以證經也。如果不可以為證，則《易》《春秋傳》與《太平經國書》決不妄引漢、唐也，明矣。抑琬又聞《春秋經》中之史，不當用《易》《詩》《禮》三經為比。

今之士大夫，果能上下數千百年，悉取《春秋》與漢、唐、宋之所以安危治亂，以訖君子小人之用舍進退，或同而異，或異而同者，無不哆口抵掌，馳騁往復其閒，而又能著諸文章，成一家言，以為後世有國有家者之龜鑑，此亦曠代之軼才也。雖使借經立說，而參之以後世之事，謂之以史證經可也，謂之以漢、唐、宋之史證春秋之史亦無不可者，其殆子朱子所云"解經而通世務"者也。惜乎！今猶未見其人。而琬又學識戇陋，不足以任之耳。足下宜蚤自奮勉，用此倡導後生，而顧為之詞曰："史不可以證經。"然則，琬尚奚望哉！

（選自《堯峰文集》卷三二）

寄禮部韓尚書書

朱彝尊

> 朱彝尊（1629—1709），字錫鬯，號竹垞，又號金風亭長，浙江秀水人。博學多聞，致力經義。康熙十八年（1679）舉鴻博。著有《古文尚書辨》一卷、《經義考》三百卷、《曝書亭著錄》八卷、《朱竹垞文類》二十六卷、《曝書亭集》八〇卷等書。生平事蹟見《清史稿》卷四八四、《國朝先正事略》卷三〇、陳廷敬《竹垞朱公墓志銘》。

行宮側獲侍履絢，先生把袂殷懃，索彝尊著作，彝尊自知檮昧，見棄清時，老而阨窮，兼又喪子，無以遺日。見近日譚經者，局守一家之言，先儒遺編，失傳者十九，因倣鄱陽馬氏《經籍考》而推廣之。自周迄今，各疏其大略，微言雖絕，大義間存，編成《經義考》三百卷。分存、佚、闕，未見四門。於十四經外，附以《逸經》《毖緯》《擬經》《家學》《承傳》《宣講》《立學》《刊石》《書壁》《鏤板》《著錄》，而以《通說》終焉。《易》《書》二經，已經刊就，餘以乏力中輟。近又輯《明詩綜》百卷，亦就其半。此外歐陽子《五代史注》，瀛洲《道古錄》雖草創而未成也。所撰詩古文，義取辭足以達，未嘗有模范於胸中而後下筆，聊以自娛而已。是以海內月旦，凡名家大家，要不得與其列。乃先生當代宗匠，忽焉賞及之，此昔人所云，得一人知己，可以無憾者也。緣已刻未刻藁未免太多，慮不足以傳遠，尚須削繁易繆，存其十五，然後繕錄，上呈記室，當以秋冬為期。泰山孤生之竹，嶧陽半死之桐，一遇賞音，妄思千古，惟先生是賴矣。儻賜以大序，感德不朽。無錫朱襄贊皇，曩存都下，見其集唐三十律，歎為工絕。今歲入霍山，纂《易彙》一編見示，其立說者，本漢以前書，不墮陳圖南、邵堯夫窠臼。聞先生近注《易贊》，皇適入都，謹令其叩講席，歸沐之暇，試進而討論，其言頗娓娓可聽也。不宣。

（選自《曝書亭集》卷三三）

答蠡县李恕谷书

邵廷采

> 邵廷采（1648—1711），字念鲁，又字允斯，浙江餘姚縣人。為學重經世，服膺王守仁心學。通《易》《詩》《書》並《左氏春秋》。著有《思復堂文集》一〇卷。生平事蹟見《清史列傳》卷六七、《清儒學案》卷二、邵晉涵《族祖邵先生廷采行狀》等。

姚江末學邵廷采頓首，恕谷李兄足下：手教從西河先生所，蒙用學問事，虛心相質，亹亹七百言，並自道其得力，無一厄詞。伏讀數四，不敢空言抵復，遂五六年於今未獲報命，罪甚，罪甚。足下學問得之趨庭，自幼即有必為聖賢之志。後又從游習齋，力駁佛、老，講求兵農、書數、禮律諸務，綜古者小學、大學之教以治其身，體全用具。凡所言行，直本孔、孟。舉後世之所為程、朱，為陸、王，紛紛角異如衣敗絮行荊棘中者，概置勿顧。於聖人之道，真有廓清摧陷之功。用工之勇且實，未有過於足下者。若弟因循蹉跎，日復一日，行隳學裂，視足下真愧且畏也。

第有一言從足下就正者。足下之所為，戒謹恐懼，存養交進，自既明其善而加之存養乎？抑惟堅守其心，篤實其行，不受外物之搖侮，而遂以為得聖人之精微渺忽乎？孔子曰："知及之，仁能守之。""擇乎中庸得一善。"孟子曰："其中，非爾力。"則聖學固以致知為終始。故《易》曰："知至至之，可與幾也；知終終之，可與存義也。"以見始之終之，時中之諭旨，一以知為鵠而已矣。設聖學不統於知，則孝悌力田皆得與聞一貫，鄉黨謹願躋於狂狷之上矣。胡為聖門呼唯乃俟其人？抑與彼不與此，又何也？由是言之，陽明致知之教，誠不可議矣。顧猶有說。陽明之所云致知者，攝於約禮之內，始學即審端一貫；朱子之所云致知者，散於博文之中，銖銖而稱，兩兩而積，其後乃豁然貫通焉。此同歸中有殊途之別。世之學者不究其同歸，而喜摘其殊途，所以從朱從陸，杳無定見，去聖逾遠，畢累世而不能相合也。

至蕺山先生專主誠意，以慎獨為致知歸宿；擇執並至，不能補格致於誠意之前；合一貫之微言，審執中之極則。孔、孟以後，集諸儒大成，無粹於此。特全書未經刊布，世多傳其節義，至其為承千聖絕學，尚罕有知之者。向誠孫徵君《理學正傳》一編，寫蕺山纔百餘字。弟是以不揣，蒐輯公傳，於誠意慎獨之要，略為梳櫛，合之黃梨洲、惲仲升兩先生節要行狀，可窺半豹。弟於明儒，凡服陽明而外，獨有蕺山。雖使前輩向慕不同，且從所好。至於干羽平賊，不過為修德來遠之徵，文以足言，似不當毛舉，疵議前哲。觀其徒跣號慟，挺戈赴難，豈欲呼當日之舞師聱工題干羽兩階者？房琯車戰，後世猶笑其迂，可以此加之蕺山乎？

夫論學當提撕本原，使人知用功下手處。若博聞強記，講求刺刺，窮年勞攘，總歸喪失。昔孟子論井田封建，止述大略，此之謂善於師古，知時務之要。後此，荀淑不為章句，淵明不求甚解，外其經世，內養性情。兩賢雖未達聖功，要為窺見體用。弟見今之儒者討論太劇，徵實太多，未免如謝上蔡所云"玩物喪志"之戒。自顧精力既衰，不能搜羅詳核，惟有省心小事，期無悖乎先聖先師之意。早夜之間，惟有存住，如是而已。要之談何容易。程子見後生靜坐，便嘆其善學，此意可思。

又湯潛庵先生答陸稼翁有云："從來講學，未有如今日之直以肆口嫚罵為以事者。"蓋其人置身功過之外也久矣，言之不怍，則為之難。有二三年作俑，以為逢世捷徑；後生渺無知識，奉其譏評，用當經傳。四十年來，遂成風氣，牢不可破。乳臭者能辟陽明，自詡沾沾，並為聖人之徒也。是故攻王以衛朱，朱不受；斥朱以附王，王亦不受。足下南宮三試策問，有議及陽明從祀之語，不對而出，卓然傑者。如此舉動，古今之內復有幾人？弟已增入此事於前序中，無論世之以我為狂、不以我為狂也。

夫學術各有沿流，固非作者之過。陽明之後，惟錢緒山、鄒東郭、歐陽南野能守師傳，再傳彌失。如李贄之狂僻，亦有附於王學。而斯時密雲湛然，宗教熾行，高明罔知裁正，輒混儒、佛為一，託於"四無"宗旨。以故蕺山先生承其後，不肯稱說良知，是實因衰激極、補偏起廢之道，正可謂之王門功臣，未嘗相左。故愚於《蕺山傳》端有"嘉靖中葉以後，禪學毒天下，大旨依託陽明"三語，謂是當時實錄。西河師頗不然其言。吾兄寬中精學，敢以為商。取鄙述《姚江書院傳記》推崇陽明者，前後覆勘，意旨殊絕否？弟於師門無所阿好，惟慮用心稍疎，出語有謬，開罪先正，實所不敢。他如西河《五經》諸解，尤服《春秋傳》魯不僭郊禘，以一陽來復十一月為春，皆先儒所未發。仲尼尊王，無臣子改本朝正朔之理，亦不當有此曲筆。而郊禘非禮，《禮經》多出傅會。禘為吉禘，郊為祈穀，此傳出可正從前繆戾矣。太極先天本於釋老，則不敢臆為之說。《河圖》《洛書》，孔子明舉之，而歐陽公乃稱其妄，是皆未可據，故於原舛、遺議尚有疑焉。

夫經學與心性之學本出一原，聖人作經，皆以發揮心性。《易》道陰陽易簡，《書》記政事，《詩》別勸懲好惡，《禮》順秩敘，《樂》滌邪穢而蕩渣滓，《春秋》辨是非。今於經學之外別有心性，則道無統紀，而不得聖人之心。於是乎逐事物，溯源流，求同異，解愈繁而經愈晦。譏朱子末流之弊，其弊乃甚於朱子也。故先賢不可苟訾，必歸之心得。訾朱子與訾陽明，其失也均。

豈惟不可苟訾，誠樂先賢之道而體先賢之心，並不可過為之護。訾先賢者固非，即過於護先賢者亦非。故習齋先生謂學術至宋儒而歧，誠闢論，非苟論也。何也？宋儒謂靜觀未發氣象，人生而靜以上不容說，是中體落於偏枯，混入佛、老而不自知矣。而所云問學，又止於誦讀訓詁；凡禮樂兵屯，經世實用，一切蔑略，動而輒拙。故終宋之世，競議論而罕成功，當南北橫裂，未有出一技以相加遺者。其已見之行事為兆者，前韓、范、富、歐陽，後則李綱、宗澤，而皆不列之儒者之林。伊川有一蘇長公不能容，而晦庵亦力排陳永康為功利之學。且多推本朝人物，而卑抑漢以下諸賢，謂自孟子沒，宋儒出而始接其統，千年架漏。百世聖人復起，未知以斯語為何如也。若孟子之論則不然，曰："伯夷，聖之清者也；伊尹，聖之任者也；柳下惠，聖之和者也。"雖不得與集大成之聖同科，乃儼然相提並論。然則孟子而在今日，則諸葛忠武、嚴光、徐穉、郭汾陽、韓、范、李、宗、岳鵬舉必得與於夷、尹、惠之倫矣。夫設一格以名儒者，距千百世之英傑於理學心性之外，道之所以不行不明蓋為此也。

　　夫諸葛忠武、嚴光諸人，處身經世未始不合中庸之道。所以遜乎時中者，正以其知之未至耳。足下云：中庸之道不可能一語已盡千聖學脈。而又加以戒謹恐懼之功，知及之，仁必能守之。海宇雖乏人，得如兄，足以幸聖學之有承矣。

　　弟非能承聖學者，今所述答，半騰塗說，語次不倫，自知狂惑，終無長進。又年齒衰落，白髮盈首，多為家道薄俗所沈汨。程子所云"不學則老而衰"，今親歷之。夙慕岱宗、闕里、鄒、魯遺躅，思一履躡其地，此願十年竟未之逮。無簞瓢之儲，而不能樂其所樂。我生長途，未知胡底。惟道兄篤切匡之，救之。不宣。

（選自《思復堂文集》卷七）

上太倉相公書

李　塨

> 李塨（1659—1733），字剛主，別字恕穀，直隸（今河北省）蠡縣人。康熙三十九年（1700）舉人。一生以傳承習齋學統為己任，在江南義理和考據之風影響下，接受了經學考據的方法，他的許多著作具有明顯的考據色彩。著有《周易傳注》七卷、《春秋傳注》四卷、《詩經傳注》八卷、《論語傳注》二卷、《論語傳注問》四卷、《聖經學規纂》二卷、《經說》六卷、《恕穀後集》十三卷等書。生平事蹟見《清史稿》卷四八〇、方苞《李剛主墓誌銘》、馮辰《李恕穀先生年譜》。

塨向以家貧，親老食力，四方以求菽水。客歲歸里，老母七十有餘，羸弱多痰，動須扶掖，飲食屙癢，跬步難離。日謀北上，叩謁鈞衡，尚未得遂。昨王之臣以萬歲科進士來，自都門之臣從孫之表昆弟也。傳諭清問，不以迂遠為罪，且欲提拔薦剡，置之華顯，感甚感甚！而但塨非其人也，骨相多屯，面目皺野，如溪麋山豕，惟知豐草長林，引置庭除，必且驚愕失其魂魄，況進之清廟明堂乎！此萬萬不可隕越者也。塨行年已五十又六，功名富貴極知非分，一無越思。惟是學問積習緣與性成，自覺於堯、舜、周、孔之心源，粗有所見。於三古所傳之《易》《詩》《書》《春秋》《禮》

《樂》，微有所解。近者《禮》《樂》六藝皆有著述，《易經》《大學》《中庸》已注訖，《論語》正在詮訓，而貧乏迂闊。言之則聽者稀，付之梨棗則無力。恐一旦湮墜，遂委泥沙。以夫子之德量，名位甲天下，若不彼謿劣，取小著種種賜觀，以定是非，使得折中以質後世，即白骨而附之肉矣，固不必強納之清華。使迂踈，不通世事之人，動輒觸戾也。謹將《易注》間鈔數緉先呈，惟乞坐論之暇，少垂觀覽，指其瑕纇是幸。北望稽首，惶恐惶恐，埭謹稟啟。

（選自《恕穀後集》卷五）

答三弟益溪書

李　塨

　　塨稱：康成學行卓然，聖經不亡，實賴其力。先生駁曰："觀《傳》載《戒子書》'吾家舊貧，不為父母兄弟所容'，學行卓然者肯為此語乎？七十之人尚以父兄為憾，醇儒如是乎？聖經至東漢列學官已久，即無康成法，亦未必亡，何力之有若論？其《注》則全據緯術，豈可稱醇？適亂經耳。"即如言，《禮》以圓丘、方澤、宗廟為三大禘，先生以為是乎？烏呼！過矣。康成好學，父兄欲其為吏。《傳》首云："少為鄉嗇，夫得休歸，嘗詣學官，父數怒之，不能禁。"其書接"不容"。下云"去廝役之吏，遊學周、秦之都"是也。言此以戒其子，使向學耳。先生遽曰：憾其父兄則甚矣。

　　《傳》載："少通《易》《春秋》、歷算，又學受《禮》《詩》《書》，博綜六蓺。時之俊傑，百家竝起，莫不嘆服。"則長於學問；昭烈帝曰："吾幼周旋於鄭康成。"盧元直言"治道多矣，未嘗及赦"，則長於經濟；與孫嵩、趙岐同被禁錮，則長於氣節；其子益恩救孔融之難，捐軀報德，孫小同不附司馬氏，則世傳忠孝。袁隗、陶謙、袁紹等敬禮崇隆而皆不能絀，黃巾賊數萬見皆拜，相約不入其境，則無貴無賤，皆心悅誠服，尚不得謂之學行卓然乎？《傳》又曰："中興之後，賈逵、范升之徒爭論古今學，康成義據弘深，古學遂明。"又曰："東京學者互相詭激，遂令經有數家，家有數說。康成括囊大典，刪蕪刊漏。學者乃知所歸。"其用讖緯間有之，然不可言全據緯術也。稱"三禘"，自是其誤，然不可以一節之短，而遂訿其生平也。

塨於宋儒每有駁正，為其特立一學術，至使人心陷溺，世道衰微。卽如我輩不為宋儒所錮矣，而尚有迂闊，尚淪懦弱，尚染浮文，尚時動釋老之心。道不盡明，不盡行，皆少受宋儒毒致之也。則為所錮者，更何如？故不得已辯之。然止論其學，不牽其行，謂得失皆有在無苟也。且其失亦隱而不發者多矣，非為先儒存厚乃為我輩立德也。請共勉之。

（選自《顏氏學記》卷六）

與呂宗華書 方　苞

> 方苞（1668—1749），字鳳九，號靈皋，晚號望溪，安徽桐城人。康熙四十五年（1706）進士。治學一本程朱之學，究心《春秋》《三禮》。著有《書義補正》八卷、《朱子詩義補正》八卷、《周官辨》一卷、《周官析疑》三十六卷、《考工記析疑》四卷、《春秋比事目錄》四卷、《春秋通論》四卷、《周官集注》十二卷、《欽定周官義疏》四十八卷、《方氏左傳評點》二卷、《方望溪先生説經》十八卷、《望溪先生文集》一八卷。生平事蹟見《清史稿》二九〇、《清史列傳》卷一九、雷鋐《方望溪先生苞行狀》、全祖望《前侍郎桐城方公神道碑銘》等。

仲春使歸一札想已徹。僕曩者，妄刪昆山徐氏所刻宋元經解，嘗為吾兄略言之而未悉也。是書卷帙既多，非數十金不可購。遠方寒士，有終其身不得一寓目者矣；有或致之，觀之不能徧也；有或徧之，茫洋而未知所擇也。僕幸童稚時，先君子口授經文。少長，先兄為講《注疏大全》，擇其是而辨其疑，凡《易》之體象，《春秋》之義例，《詩》之諷喻，《尚書》《周官》《禮記》之訓詁，先儒所已云者，皆粗能記憶。藉是為基，故是編之刪，不敢確然自信，然大醇而不收甚駁，而妄取者則鮮矣。

僕始從事於斯，以為一家之說未徧，則理或有遺，而心弗能饜也。雖至膚庸甚者，支離謬悠，而一語未詳，終不敢決棄焉。及徧一經，然後知三數大儒而外，學有條理者，不過數家。而就此數家之中，實能脫去舊說，而與聖人之心相接者，蓋亦無幾。因復自惜，假而用此日力以玩索經之本文，其所得必有過此者。然積疑之義，未安之詁，發書終卷，必一二得焉。則又治經者，所不可廢也。自惟取道之艱，思竭不肖之心力，以為後學資，藉俾得參伍眾說而深探其本源，遂過不自量而妄刪焉。矻矻於車船，奔迫人事業雜中，蓋二十餘年。而後諸經之說粗畢，惜方刪取時，計此生不能更周覽。凡可有可無之說，多過而存之。又宋元諸儒，文字繁委，頗有數語可盡，而散漫至千百言者，皆未暇冷汰。兩年以來，衰病日深，大懼此業不卒，將抱終古之恨，欲於南中招學子數人，編而錄之。次第郵致，更加討論，非纂成書，而量其程期，役必浹歲。計所餐給，歲必百金，朋游閒近有一二人為倡，而苦無繼之者。

是書之成，豈惟蒙者二十餘年日力所耗竭哉！實數百年儒先精神所併注也。果能卒業，異日遇有力者，傳而布之。俾承學之士，苦於昆山原刻之難致，與觀之而難徧者，一旦饜足其心，而省其功力之十八，其為踴躍當何如？又況支離謬悠之說，始學無主，多見謂新奇，或棄周行，趨邪徑，以自投於荊棘，賊經侮聖，日蔓以延，廓而清之，以為斯道之閑，所關豈淺小哉！此僕區區所以重惜其無傳也。

然是書不難於異日之傳布，而難於目前之編錄。衰疾之身，懼且不能待矣。吾兄家故貧，洗手奉職，自無力以及此，然此宇宙間一公事也。凡辨書名，有心有目者，皆與有責焉。惟宿留斯言，苟遇其人，則誠告之，或有自遠而相應者，與僕與吾兄，非世俗之好也。餘生之事，惟茲為急。是以敢切布之。

（選自《方望溪全集》卷六）

與全紹衣書

方槩如

> 方槩如（1680—？），字若文，一字文軿，號樸山，浙江淳安人。康熙四十五年（1706）進士。學究經學，偏愛濂關之學。著有《周易通義》十四卷、《毛詩通義》十四卷、《尚書通義》十四卷、《讀禮記》八卷、《四書考典》四十二卷、《五經說疑》四卷、《集虛齋學古文》十二卷等。生平事蹟見《清史列傳》卷七一、《國朝先正事略》卷四〇等。

先生碩學大才，眼空四海，乃反不棄蕉萃。尚憶七年前，逆旅款語，但有感荷。至下索荒言，厠之珠玉，則恐少俟也。無論僕以前過，幹議駮放，不得濫吹周班。且聞一政復知幾，玉屑滿篋，不名為寶，況僅于紙里中見錢者乎？又念昔人年三十而五經立，今年垂七十，且就木焉。而于一經，尚影響昧昧，同此藝眉樹須，豈不戴毛匜汗？是用損棄他伎，白首山中，仍理小生章句，然又不敢察察言者。私謂治經以應舉，則學官有功令，諸生有家法，是故讓師立異，賈邊被放，菉竹背古，安度幾黜，其卷舌固聲也宜。若乃號為窮經，保嫌何疑？法當如荀子之辨以公心，如朱子之斷以己意，如漢主之博存眾家，如河間之實事求是，一先生之言，非所云也。

是故讀《易》也，謂取象不必泥，謂互卦不必論，即不敢與言《易》

矣。讀《書》也，謂篇序偽，謂多錯簡，謂文王不受命稱王，謂武王封康叔，謂命公後非封伯禽，謂遷頑民而後作洛，即不敢與言《書》矣。讀《詩》也，謂《序》說可廢，謂《鄭風》即鄭聲，謂笙詩本無詞，謂《楚茨》以下十四篇非變雅，即不敢與言《詩》矣。讀《禮》也，謂周公不踐天子位，謂成王賜魯重祭為非，謂賜魯重祭者非成王，謂禘禮當如趙匡說，謂《周禮·冬官》非缺，誤散入五官中，謂《儀禮》為本，即不敢與言《禮》矣。讀《春秋》也，謂《三傳》可高閣，謂"春，王正月"即夏時，即不敢與言《春秋》矣。讀《論語》也，謂主皮為貫革，謂山節藻梲即居蔡，謂左丘明非傳《春秋》者，謂師摯適齊為孔子正樂之功，即不敢與言《論語》矣。凡其大者略如此，其小小者乃不足曲說也。

而人域是域，合喙以鳴，微有反唇，即欲鉗我于市，以是不敢察察言。雖然，天子之策宏博不云乎："多士或各抒所見，言有條理，亦足以備擇採。"大哉王言！蓋猶是往古綱羅漏逸之遺。而承學之士，乃仍作關中舊意，惟其儒書不敢噈噫！遂得為儒先功臣乎？微獨非功臣而已，將得為佞臣乎？夫佞者亦善傅會，如荀子所云"持之有故，言之成理"，乃足當之。今口柔面柔，但應諾諾。此人有十等之下者耳。經生中，安用多許廝養之卒為？

僕舊有《諸經碎義》百十條，近又作《經說》《經疑》，無敢疑也。所疑者，諸儒經說耳。此經說之可疑，于漢十之一，于唐十之二，于宋十之七。蓋前儒說經，解說而已。至宋，而說之不足，則論而議，議而辨，往往于無可疑者而疑。既疑之，則遂以身質疑事，小則改張前說，大則顛倒經文，儼若有聖人復起，言提其耳而命之更定者。然而偶參伍之驗，以攷陳言之實，政恐有范家奴出冡中，端不肯仞，則奈何？故獻其疑。書成，思錄以就正，得毋先生亦將鉗我于市也？餘不宣。

（選自《集虛齋學古文》卷四）

答李雪崖雜辨

方槃如

　　來教發首引《論語》有二服事，以折受命改元之非。愚謂改元自改元，服事仍服事，義不相妨。惟受命改元，而猶率叛國以服事，所以為至德。康成《禮注》云："文王稱王早矣，於殷猶為諸侯。"《易》曰："內文明而外柔順，文王以之。"

　　來教謂聖人事實，必無倍於義理。愚謂漢儒所傳聖人事實，本無倍於義理，但倍於宋儒之義理耳。君親無將而湯琥放弒，臣道無成而周公制作。臣有死無二，而微箕歸周。《春秋》不登叛人之黨，而孔子欲應公山佛肸。孔子《春秋》於吳楚，書卒不書葬，辟稱王也。而孟子王齊梁之君，以膠柱鼓瑟之義理求之，則觸地掛閡，解之者曰權也。夫既明此等之為權，則受命改元，亦可渙然冰釋矣。《中候我應》所謂一民固下也，此權說也。

　　來教謂注疏所引，荒誕不足信。愚謂此是吾輩交臂曆指於宋儒檻中，故大怪小怪，如見橐駝言馬腫背耳。使持宋注，向千百年前陳說，有不詆為遊談無根者乎？彼我易觀，更相笑也。說在乎蘇子之論怪石也。

　　來教謂《泰誓》書序，語勢直下，本一時事。孔《傳》於伐殷下，不當多此扭捏。愚謂伐殷再舉，顯於事實，《周本紀》明載之。即今經生家亦言之，孔《傳》為之傳合疏礨，則序文經文兩皆不誤。不為破壞，不為添設。

　　來教謂文王受命稱王，孔穎達已斥其非。愚謂此仲達之不通，未見康成之非是。據孔氏謂文王稱王，則功業成矣。武王何得云大勳未集也？此最可笑。大勳未集，謂未大一統也，豈礙稱王？漢世祖即皇帝位於鄗南，其時尚有更始。赤眉、劉永、盧芳、隗囂、公孫述未定，亦大勳之未集也，將以此疑世祖之未稱帝，可乎？孔又援《大傳》牧野事追王文王昌，為文王身不稱王之據，毋論鄭氏於本注已明之，且《中庸》亦禮篇也。孔子不云乎"周公成文武之德，追王大王、王季"，何以不言追王文王也？若據《大傳》，武已追王之，故不言，則《大傳》上文亦明言追王大王季曆矣。何宜周公復有此舉？故曰：此孔氏之不通也。

來教謂文王以虞芮質成而稱王，假王耳。愚謂韓信以齊非其有，故欲假王以鎮之。文王大邦畏其力，小邦懷其德，堂堂正正，下民之王，豈專以鎮虞芮乎？而假乎？

來教謂文王假王尚改元，不應武王即真反不改元。又謂武王繼世，原應改元，何乃蒙文王之年？此就歐陽子之說而小變之。愚謂禮以義起，聖人自我作，故何不可者。按《周本紀》：武王東觀兵，為文王木主，載車，中軍，自稱太子發。既稱太子，豈得改元？此不改元一證也。後世人主，如唐末昭宣，仍昭宗之天祐，後唐李存勗又仍之。後晉出帝，仍敬塘之天福，後漢劉知遠又仍之。雖不可據此例聖人，然謂理之所無，固已為事之所有矣。

來教據《史記》武王即位，修文王緒業，九年觀兵，又二年始伐商，合於《竹書紀年》，為武王改元之證，而詆孔安國為謬說。愚意恐屬讀《史記》有誤也。按《史記》"師修文王緒業九年"，此句也。九年者，即武成大統未集之九年也。修文王緒業九年，猶言修文王九年緒業。《史記》每有此倒句法。（如《魏其傳》"難以為相持重"，即此例。本當言"難以持重為相"也）下系以武王上祭於畢，東觀兵，即《孔傳》所云："三年喪畢，觀兵孟津也。"祭於畢，乃三年喪畢之祭也。下言天命未可，乃還歸。即《孔傳》所謂"退以示弱也。"此十一年事。下言居二年，聞紂昏虐滋甚，於是遍告諸侯，殷不可不伐。即《孔傳》所云："更與諸侯期而伐紂也。"此十三年事。而《史記》下仍書十一年。此因連讀書序而誤。其以序之一月戊午，為十二月戊午，則《序》仍商正，而《史》用夏正紀之。《孔傳》《史記》大同小異，當以《孔傳》正《史記》，不當以《史記》駁《孔傳》。《漢書·儒林傳》云："司馬遷從孔安國問也。"

　　來教謂注疏之必蒙文王年者，徒以《大戴禮》"文王年十五而生武王"，《小戴禮》"武王九十三而崩"，謬妄之語。計文王沒時，武王已八十三歲，不應復有十三年。遂敢背棄孔子，杜撰文王受命改元之事云云。愚不知所謂背棄孔子者，背棄何等。至《大、小戴禮》立於學宮，遠在孔安國傳書後。謂因二戴謬妄，而杜撰以合之，則是呂尚盜陳恒之齊，劉季竊王莽之漢也。且宣帝論五經同異，於石渠親臨制決焉，如使二戴無所因承，苟出胸臆，人主豈容立於學宮，使以家法相授？必謂謬妄。除是文王武王自作年譜，交手相付，生年卒月，差可信而有徵，然安從得之？且即得之，又安知好議論者，不以為依託而斥之？

　　來教謂文王十五而生武王，則生伯邑考應在十三云云。愚謂晉侯云："國君十五而生子。"冠而生子，禮也。明明言禮，豈是苟從流俗，來相勸勉者。但據此一語而羣疑亡矣。至云幼童娶婦，何以有求之不得之憂。此據宋儒刱解而疑，《詩序》不爾也。

　　來教引《衛世家》，成王平三監，封康叔，周公懼其齒少。夫兄已百歲而母弟尚未壯，豈后妃年八九十，尚能生子？愚謂此則前人已疑及之。按《史記》屢言康叔齒少，當因《康誥》呼小子而云。據《孔傳》則曰稱小子，明當受教訓，不必齒少也。縱其齒少，前人但疑非武王母弟，不疑武王非九十三而終，何者？此經也，彼史也。又《史記》武王同母兄弟十人，中有曹叔，《左傳》祝鮀曰："武王之母弟八人。"杜注似並武王數之，而不數曹。其注"曹，文之昭也"句，云："文王子，與周公異母。"則同母中，傳聞固有異詞矣。前人所以例疑康叔與？

來教謂成王生年，《家語》《史記》、鄭玄說雖互異，要皆系武王八十外所生子，且又有邘、晉、應、韓，為成之弟，何武王八十以前無子，而年衰得子轉多？愚謂古人以百年為上壽，八十為中壽，或又以百二十歲為上壽，百年為中壽，八十為下壽。以中壽下壽之年而得子，今人精神強固者間有之，何疑於武王？古稱黃帝、大昊、帝嚳、堯、舜、禹、湯、大戊、武丁、周穆，皆百有餘歲，今可復得否？亦將以今況古，疑為傳訛耶？至於邘、晉、應、韓外，復有弱弟虞，則誤也。虞即晉也。

來教謂夢帝與齡，已不足信，與爾三齡，更屬鬼語。愚意古人重言夢，獻吉贈惡，具於《周官》，吾衰予死，卜於孔子。吾與爾三，正聖人盡性至命，通晝夜之道，知死生之說。因武王夢而發之。鄭氏注尚屬支離，豈當因秦繆公、趙簡子事，則並疑此為妄作。況繆公、簡子事，亦並非妄作也。（先曾祖菉阿公讀經拙本，有云："文王突如問武王，女何夢矣。"疑文王病間先有夢，而語此以發之。其曰："我百爾九十，吾與爾三焉。"似自道其夢耳。按此最近情，然無他左驗，不收專取也）

來教謂若文王九十七果已有征，則武王有疾，周公可恃以無恐，不必求以身代。愚按此在鄭康成已有說。見《金縢》未可以戚我先王疏中。要之忠臣事君，唯恐造物有無時或不驗，故復仰天顒顒耳。但以文信國"人子無不下藥之理"一語對觀之，自解。

來教謂孔穎達數武王崩年止九十一，與九十三之說矛盾，明其不足據。愚謂此孔氏數年離母數耳，初不少也。按鄭氏注，文王崩時，武王八十三，後六年伐紂，後二年有疾，疾瘳後二年崩，則正九十三。

來教謂《禮經》出自漢儒，本宜別擇，讀《世子篇》者，當信文王之朝寢，不當信其與齡，正如讀《檀弓》者，當信孔子之脫驂，不當信其殯衢云云。愚謂朝寢言其常，養疾言其變。與齡一夢，承疾間而言。何宜信半疑半？至孔子殯衢，此緣不知父墓，亦何足怪！宋馬氏彥醇曰："叔梁紇，宋人。"喪葬之制，蓋從於古墓而不墳。此孔子少孤，所以不知也。以前經，孔子曰不可以弗識也。封之崇四尺證之，猶信。至云《禮經》出於漢儒，則何經非出漢世者。獨《易》未經秦火，而歐陽子又謂圖書怪妄之尤，謂係詞傳多出講師，然則任抽一帙，皆對面九疑峰矣。我不敢效。

來教引《竹書》云武王崩年五十四。愚謂三人占，則從二人之言。自《竹書》外，曾有謂武王五十四歲崩者乎？以大耋之年縮之為始衰之歲，何帝欲與之齡，渠偏欲奪之齡乎？此真齊東野之語。與"太甲潛出自桐殺伊尹"一例謬妄，安取置齒牙間？今妄引之，則並與妄辯之。夫武王之享年即難據，而文王之享年已有征，其在《書》曰："文王受命唯中身，饗國五十年。"其在孟子曰："文王之德，百年而後崩。"皆與九十七年禮說符合。今信《竹書》，謂武王五十四而崩，而又當從歐陽子，以十三年為武王即位之十三年，然則後二年而有疾，疾瘳後二年而崩，通計武王在位，十有七年，由是轉遡文王崩時，武王才三十七耳。其父年已九十七，而其子才三十七，則是文王六十而生武王，計后妃亦相亞，而武王母弟尚有八人，首尾所要，近須十載，則后妃以開七十之年，而頻歲生子矣。以矛陷盾，當何以所置喙乎？故《竹書》最叵信也。

來教據《史記》載武王言云："天不饗殷，自發未生。於今六十年，乃今有成。"謂自武未生，合計至今，甫六十年，則伐紂時非八十九。愚按武王云云，是《逸周書·庶邑篇》語，"天不饗殷，自發未生"二句為一截，"於今六十年，麋鹿在牧，蜚鴻滿野，天不享殷，乃今有成"為一截，大意言天之棄商久矣，自發未生時已然矣。然且遲之，遲之而久之，至近今六十年，智藏瘝在，乃始擯滅。此即孟子"久而後失"之意。直注下我"未定天保"耳。似不應以"自發未生""於今六十年"相連為說，侵減武王之年使短也。《金縢》方言"王翼日乃瘳"，即接武王既喪，如以詞而已矣。雖謂一時事也可，然詎有是理。

僕愚儒無知，墨守先師"信而好古"家法。竊意三古以還，漢為最古。

當日開獻書之路，建藏書之策，置寫書之官，遣求書之使，收合餘燼，火傳窮薪，辛苦而有之，以遺後人，後人當陳而拜之之不暇，何暇登枝捐本，咕咕焉動其喙者？往時執經西河，側聞馨欬，每歎息痛恨於"漢人解經經亡"一語，良有以也。

　　右方所說，其淺淺者，又皆皎然乎經。說文王受命，則有《詩》之《文王有聲篇》為徵，說文王改元則有《書》之九年大統未集為徵，說文王稱王則有《禮》之君王其終撫諸為徵。如謂《禮記》集於漢儒，則《詩》三百篇，非出漢儒手也。《靈臺詩序》："民始附也。"即宋儒亦謂述民樂之辭，而其詩曰："王在靈囿，王在靈沼。"此一徵也。《棫樸詩序》："文王能官人也。"即宋儒亦謂歌文王之德，而其詩曰"辟王者再"，曰"周王者再"，曰"我王者一"。此又一徵也。何者？他詩皆稱文王，而此二詩不稱文，則其為生前詩無疑，即其為生前稱王無疑。但非文王自稱而人稱之。《史記·周本紀》所謂"諸侯聞之曰西伯"，蓋受命之君者是也。惟武王不改元，未見於經，然但明王之改元，而武王之不改元自了矣。以武王無十三年也，則仍見於經也。《淮南子》謂："侏儒問天高於脩人，脩人曰：'不知'。侏儒曰：'子雖不知，猶近之乎我'。"僕於漢人所不敢輒以意突者以此。如曰不然，則各尊所聞，敢援朱子故事為請。

（選自《集虛齋學古文》卷四）

復曹藥洲論學書

程廷祚

> 程廷祚（1691—1767），字啟生，號綿莊，晚號青溪居士，學者稱綿莊先生。江蘇江寧（今南京）人。少好治經，於天文地理之事，皆有研究，邃於《易》。著有《彖爻求是說》六卷、《尚書通議》三十卷、《青溪詩說》二十卷、《易通》十四卷、《讀易管見》一卷、《易說辨正》四卷、《大易擇言》三十六卷、《春秋地名辨異》三卷、《青溪文集》十二卷、《青溪文集續編》八卷。生平事蹟見《清史稿》卷四八〇、《清史列傳》卷六六、陳晉芳《綿莊先生墓誌銘》。

　　昨謬以鄙見貢之座右，交淺言深，方慮無當高明，乃蒙辱賜復音，開誠披悃，超然有志于古人之樹立，諷覽之下，以欣以慰！德不孤而世道其有幸矣。意有未盡，故敢再以書報，惟足下垂鑒焉。來示有"明體達用"之語，竊考"體用"二字，不見聖經，言本末者有之，謂同一事而其及之有遠近，施之有先後也。故曰："其本亂而末治者，否矣。"若後儒以心為體，以事為用，以德為體，以才為用，則不惟六經之中未之前聞，而內外支離，首尾橫決，其害于學術甚大。試觀《大易》，由言易知簡能而至于賢人之德業，豈可以易簡為體，而以德業為用乎？《中庸》由言致中和而至于天地位、萬物育；豈可以致中和為體，而位與育為用乎？聖人之事莫大于盡性，一夫之不獲，性不盡；一事之不治，性亦不盡。而曰是有體有用焉，則二之矣。夫性豈有二乎？自其說既出，于是玩心空寂、摭拾先儒之緒言而不能辨菽麥，皆得謂之有體；或蕩廢繩檢，心懷狡詐、駔儈趨走之流，皆得謂之有用。而人才日以衰廢，政治日以凌夷，故曰其為害者大也。古者無一不合，故教稼明倫之外，無稷契；後世無一不分，故心與事分，德與才分，學與政分，文與武分。要領一失，棼如亂絲，難為治矣，可不察乎！雖天地之精英，未嘗不鍾于人，而異才間出。然先王造士之具元一存，有志之士無由自致于大成之域，所賴以知義理定趨向者，惟六經耳。所賴以識世變鏡得失者，惟諸史耳。學者之于經史，豈不要哉？然箋、疏叢出，各名一家，是非淆混，有眩觀覽，此經之為功不易也。

至若卷帙浩繁，代增于前，《左氏》以十九萬言紀二百四十二年之事，較之《尚書》，煩簡已為懸殊，況自炎漢以來，其世儀十倍于《左氏》，其書則百倍于《左氏》，此史之為功不易也。至于天姿有敏鈍，境遇有通塞，向學有早暮，雖復曠以歲月，專心致志，猶難以期其必效。既無先王造士之具，而百家眾說簧鼓之者，又不一而足，士之生于今世，良可慨也！夫三十輻共一轂，百萬之軍不可以無帥，《孟子》曰："先立乎其大者，則其小者不能奪也。"今復使希聖希賢之志堅不可拔，天機日深，嗜欲日淺，然後于經則先治一經，而後及其餘；于史則先究一事，而後及其餘；治心之功，先而讀書之功後，則不患其無所得矣。苟無清明寧一之神以為之主，而徬徨馳騖，內外交戰，今日臨書而目眩心驚，則他日臨事而手足無所措可知矣，安望其樹立哉！此昌黎所謂"航斷港絕潢，而求至於海"者也。

昔孔子言"博學于文，約之以禮"，孟子言"博學詳說，而反說約，皆先博而後約。"今言治心之功先，讀書之功後，是欲異于孔、孟矣，而非敢然也。一聖一賢，正言學者不可以不知所約也。《繫辭傳》曰："易簡而天下之理得"，豈非易簡在先，而得天下之理在後乎？且吾言先後者，主客之謂，而非謂其不可以並行也。僕至愚極陋，于道未窺涯涘，于行又未能踐其萬一，深慚日月虛度，伏冀大雅，先我涎登，雖為執鞭，所忻慕焉。

（選自《青溪集·青溪文集續編》卷四）

復家魚門論經學書

程廷祚

《易通》之作，仗大力以行遠，而信與不信，識與不識，則有數存焉。青陽施君雨文昨見《易學精義》，奉若神明，緣此君素留心於性命之學，學焉而得，其好之所近，故相悅以解，而無復扞格也。於此見學者非躬行心得，尚不足以讀他人之書，而況自著其書乎？此經學之所以難言也。愚向為足下言，天下人之所見有與《要論》《精義》同者，則其解《易》必與吾同，雖無吾之書而亦可。今接來教，聞好《正解》者頗有其人，餘則否是，不求其所以然，而但知其然，則亦未為知其然也，此《易》學之所以尤難言也。

至若禮家之言，向稱雜而多端，今觀《儀禮》，乃行禮之儀注，玩之可見古人一舉一動皆有精義而不苟。載《記》雖多紕漏，如《明堂位》《儒行》《坊記》《表記》之類，然秦、漢間諸儒議禮之作皆賴是書以存，不可廢也。《周官》記周人之官制，過涉繁瑣，而所以為政者，又多出於春秋戰國之後，未可信為周公之書。惟典章文物，尚有可觀，亦非後代所能師法。《書》經火後，人不及見先聖之大全。此三書者，無怪其並峙於天地之間，非孔子復生，敢言訂正乎！學者宜審其輕重以從事，歸適於用而已。若晦翁之《經傳集解》，則雖不作可也。《春秋通論》皆先儒所已言，望溪先生融會而為己說。細觀《大全經解》，自知足下有志於此，甚善。夫治《春秋》者，宜先自靖其神明，而後能見聖人之權度。《箋》《疏》

一切置之高閣，若自古無三《傳》以來之書者，則可以治《春秋》矣。而經學亦莫不皆然也，高明當已見及此矣。

　　施君胸次灑落，隨遇而安，不以外物累其心，其辨朱、陸同異，亦最精當。惟於人事，有不耐煩之意，於聖經亦未能深造，以此為惜。方今人士寥寥，如斯人者，正未易多得。愚與足下同有好善之心，不可不以相聞。如足下有所見，亦當語我。

（選自《青溪集·青溪文集續編》卷五）

與江慎脩論學書　　汪　紱

> 汪紱（1692—1759），原名烜，字燦人，號雙池，安徽婺源人。博通經史，兼及天文、輿地之學。著有《易經詮義》十五卷、《易經如話》十三卷首一卷、《春秋集傳》十六卷、《六禮或問》十二卷、《書經詮義》十二卷、《詩經詮義》十二卷、《四書詮義》三十八卷、《詩韻析》五卷《附錄》二卷、《詩韻析校勘記》一卷、《理學逢源》十二卷、《雙池先生文集》六卷。生平事蹟見《清史稿》卷四八〇、《清史列傳》卷六七、《雙池先生年譜》等。

接長牘，具道格物窮理之功，及生平閱歷甘苦，誠孳孳於為己，而非若大軍遊騎之遠而失歸。弟向所聞於人言者，亦可渙然釋而怡然慰矣。但篇中縷縷所陳，固皆足下心得，而猶有未盡與鄙見合者，又不敢不條析而互證之。朱子《儀禮經傳通解》，實朱子未定之書，故當易簀之時，而猶有勉齋之屬。足下憾其蒐羅猶有未備，疏密猶有不倫，所見誠然，寧敢謂足下之過疑先儒哉！且《禮經》至為難治，而足下乃能更為之增損檃括，以卒朱子之志。此儒者真實學問，誠足以持躬淑世而羽翼聖朝，非尋常博洽比也。特是讀禮者，猶貴有以深得先王制禮之心，而實以措之動履。

今分綱別目亦既井井有條，惟節收古注及釋文為學者入門之路，苟其折衷以朱子之說，而決擇精詳，夫亦止此足矣。若及唐、宋疏義與古今諸儒議論蒐羅太多，則議論恐不能無雜。三代而下，代有禮書，如《開元禮》以及大明，其間禮制增損，多失先王之意，注疏家尤多紕謬，至有呂坤等四禮之疑。是不惟不足以治經，而反足以亂經。不增入焉，正可以全經，而不為闕略也。乃足下又云："此書之作，但欲存古以資考核，而非謂先王之禮可以盡用於今。"則此語亦未盡然。夫先王之大經大法，禮儀三百，萬世所當率循。若夫文章制度，所得與民變革者，即三王且未嘗相襲。如足下之所謂以蒲席代古席，以壺代尊，以瓷代俎豆數者云云是矣。至若朱子祠宇之議，桂巖宗子之法，鄉飲投壺之禮，如足下所擬議，已無不可訓可行。及又謂先王之禮非可盡用於今也，是則何歟？朱獻靖公之祠，不當在朱子祠後寢，足下引經斷事，至為有見。然欲建獻靖公祠於朱子祠左，以擬生時之左宗廟，則亦未安。蓋使朱子當日立獻靖公祠，則在左固也。在今日，則朱子子孫既事朱子祠比宗廟矣，而又立獻靖公祠於朱子祠左，以比左宗廟，是則周后稷之廟固當在不窋之左，而鞠陶以下，乃以漸而右，何俟昭穆之敘邪？今雖無五廟三廟昭穆之法，然獻靖公祠與朱子祠均之廟也，則各為一祠，以協父子異宮之義，可矣，何必在左？深衣之制，眾說紛紜，然近日之非先儒者，要不外欲加左右兩襟為得續衽鉤邊之制。第不識足下所考誤為何說，故弟亦未敢置辨。足下又欲取《士相見》《鄉飲酒》及《投壺禮》以教童子，使化其驕逸之習，而長其敬謹之心。數者誠能舉行，至為今日盛事，弟將拭目以竢。

但《貍首》一詩，其篇已逸，說者以原壤所歌當之，其說莫詳於臨川吳氏。紱則謂《貍首》已逸於孔子之前，不然，則孔子序《詩》正《樂》，豈反於先王所用以節射者而故刪之？借使原壤所歌，為即節射之《貍首》，而祇此二句，於義亦已不全。況雖復讀"女"字為爾汝之女，而語意終有親狎之態，無莊重之音。大抵音調比齊、陳之變風，而謂與《騶虞》《采蘋》《采蘩》同為《召南》篇什，愚未敢深信也。昔有明聶雙江編集《禮教儀節》，高一所舉行鄉射禮，皆止以《采蘋》易《騶虞》，以《采蘩》代《陔夏》。今欲習《投壺禮》，亦何妨即以《采蘋》《采蘩》代《貍首》，而必以取於原壤狎弄之歌，此則又慎脩泥古之過也。

　　律呂一事，後世幾成絕學，然要皆學士高談理而不能審音，伶人習於音而不知其理之故，以致本末相離，茫無一得，非律呂之別有精微，別有法度也。足下所云："黃鐘之管九寸，計其中積分，以圓分約之，正合兩期之日數。"此蓋積冪算之，不可謂非特見。然以此為據，則大呂以下，以漸而短，均勻截之，以應節氣，是應鐘之管殆止七分有奇，為應兩月之日數，古今無此律管也。又謂琴十三徽，疏密布置，泛聲彈之，當徽有聲，不當徽無聲，因以琴徽為求聲律之本。足下將以琴之十三徽為應十二律歟？則此說本大謬。足下積學有年，說當不出此也。如第以聲必當徽為音必應律之證，則亦未嘗實考之琴音，而詳其應律之妙矣。蓋琴身之度，四倍黃鐘，而中徽則二倍黃鐘，故中徽按泛彈之，皆與散彈音合。自齦根以至中徽，按彈之聲，七絃皆已徧四倍之十二律，而其音洪。中徽以內，二倍黃鐘，故自中徽以至四徽，按彈之聲，七絃又皆徧二倍之十二律，而其音清。中清各取五律以正五聲，加二變律以成調，四徽又正一倍黃鐘。而自四徽以內則近岳，不能按彈，惟泛音間取入之。泛彈之取律，又有與按不同者。中徽當四倍之中，內外皆二倍黃鐘，其第四徽則內一倍而外三倍，九徽則內三倍而外一倍，故懸指泛取三處，皆應黃鐘之宮，一徽十三徽泛取亦應黃鐘，則所謂半律也。至若二徽十二徽泛取則應林鐘，三徽泛取則應姑洗，（此二句祇言大絃）與按彈不同。此由內外分取以應律度，故與按彈之得按指以內成聲者，其聲自異也。不當徽則無聲者，以內外分之兩不應律故也。若按彈則不盡當徽，如七徽之八應南呂，七徽之半應無射，七徽之二應應鐘（亦止以大絃言），足下其亦曾細聽而詳察之否邪？而何必旁徵之節氣納音邪？"算周晷以求黃鐘之積分，推琴徽以求聲律之度數，考古人轉絃換調之法，訪俗樂工尺四上之粗"，數語似乎得要。橐人為龥之法，弟亦嘗深思而積算之，其度量輕重皆合黃鐘不爽。琴之定律，則不全繫於徽，而置徽又別有說轉絃換調之法，彈家每失舊傳。弟嘗思有考訂，第工尺四上等譜，雖繫教坊俗法，要不可謂之粗。蓋合四乙尺工，即宮商角徵羽之五聲，而上凡即變徵變宮也。惟教坊調又有亞四、亞工、亞乙、亞凡及勾字之用，則十二律之宮縵胡無際，是為失之。其取平上去入以定五聲宮調，亦屬未當。然古人非律無以正音，今人舍音亦無以考律，唯好學精思，深知其理，按之器數以徵其實，然後知三分損益之法，五色成文，八風從律，百度得數，無能出其範圍。顧慎脩無輕議古人也。

夫度生於律，非律生於度，然非度無以得律。此如天非有度，以日之行而起度。日非有分，以晝夜之長短而分分。然分分而日之長短有數可求，定度而周天之行有跡可紀，同一理也。度數也者，理氣流行之節次，生氣之和，自然流出，故《河圖》之數，所以成變化而行鬼神。律管何獨不然？而謂候氣灰飛之說為未可深信，以別索之冥冥，則恐亦思而不學之過也。顧候氣灰飛，又有未能即據者。四方之氣候有遲早，地勢之高下有寒燠，王者之修德以召天和者有順逆。假如冬而震電，夏而冰雹，則灰飛豈必應律？周子所云："陰陽理而後和，君君、父父、子子、兄兄、弟弟、夫夫、婦婦，萬物各得其理而後和。"故禮先而樂後，正此之謂也。此其說，弟嘗詳之於所擬策略中，恨未能面舉以與足下相質正耳。李文利、黃積慶之書，背謬尤甚，無庸復辨。即史遷、京房、劉歆、揚雄輩之分子母，分宮調，亦徒為紛擾，析之愈細，而愈遠愈離其說，殆未可以寸楮悉也。

曆為欽若之本，算居六藝之一，儒者豈可不知？西學利、艾諸人，發先儒所未盡蓋多，而任數之過，其背經者亦復不淺。天地之高深，可以數計而得，而天地之所以高深，則形上之理，非數所可求。蓋上天之載，無聲無臭，聖人難言之。足下乃謂："不出戶而知天下，不窺牖而知天道。"果爾，則一通曆算，便作聖賢可矣。何以古之曆疏，而聖賢繼起？今之曆愈密，而知天道者究鮮其人也哉！

　　至於字學韻學，則正為好古者所當詳。此王者屬象胥諭言語、協辭命，屬瞽史諭書名，聽聲音、同文之大典，而學者或杜社承譌，魯魚襲謬，安可不一正之？非太倉一粟比也。儒先之書，所當整頓者整之，尤為急務，又不當在曆算、字韻之學後矣。《典林》之刻，出於徒輩，知非足下所得已。然與其開方便之法門，孰若激勵之，使從事於經學。如果資分庸下，則足下又安能以《典林》一書強之記憶？彼其於鈔錄且不無憚煩，而欲使之成誦，以幾左吉逢原，不愈難哉！若不能必其成誦，而止於臨時翻閱，以飾寒儉，則艾東鄉所譏為小盜盜大盜，或無辭於饁飣之失矣！

　　大抵有明先輩，類多融貫全經，故時藝非必引用經文，而無非六經精義。後人專求工於時藝，而無暇於窮經，故滿紙引用經言，究無當於經義。漢儒經學，口傳心識，故授受類有專門。後世經學，貪多務得，涉獵不精，而經學益多龐雜。學者苟具中上之資，使能淹貫六經，旁及子史，尚矣！如其不能，則莫若專攻一經，使之理到而心自澂，理醇而氣自厚，經義所融，臨文自無寒儉之病。此治本之法也。又其下者，彼既不憤不悱，不反三隅，則雖聖人，亦無能以強之矣。不知慎脩以為何如也？然此為時藝言之也。吾人既從事咿唔，便當飽聖賢茶飯。所共願者，本惟是讀書窮理以破愚，省躬克己以寡過，雖未能棄時藝不講，而要當由心得以為文章，實踐力行，何妨舉業。今人因時藝而講經學，亦已慎矣。況乃棄經學不講，而從事於汗漫之書抄，不亦傷乎？夫今之執筆為文者，滿紙誰非聖賢之語？而反之躬行，問之癏寐，將誰為實得於心？功利之習，錮蔽於胸，傲倖之途，趨之若鶩，乃足下謂無庸過慮，則孔、孟之所以折衷六藝，程、朱之所以倡明理學者，舌敝唇焦，皆以世道人心之故，不益為過慮之甚歟？而足下之拳拳於禮樂，殫力於儒先者，不更為多事歟？

　　紱本草野迂愚，衣食奔走，夫亦何心著述？強廁儒林，乃既以舌代耕，因亦思情田宜耨。見今日學者，日角雕蟲，全然不知反本，其視聖賢經書，祇以為賈利梯榮之具；而進下講章，汙心翳目，亦只為時藝。徒開方便之門，因是畔傳離經，日趨纖巧，而聖學愈支離晦昧矣。先輩中間，有為經學計者，如虛齋、次崖諸公，言多可法，然決擇亦有未精。紱用是隱憂積憤，思有以明聖賢立教之旨，導學者且反求諸身，是以有《四書詮義》之著。其所言者，皆惟是教人以體之日用常行，而不敢參以一趨時悅俗之見。於時解之有離畔尖纖者，皆力為闢之，亦不敢少遺餘力。至於眾說紛紜之會，則每瞑目靜思，夜以繼日，必求得所折衷，而後此心始慰。書成共一十五卷，志慮所在，亦未堪一二為人道也。繼此而《易》《詩》《書》皆有《詮義》，共得三十五卷，始終祇此發明立教之旨，俾學者反求諸己之心而已。於《禮記》則有《章句》十卷、《或問》四卷，於《孝經》則因朱子《刊誤》定本為《章句》《或問》各一卷。《禮記》本《儀禮》之傳，原不當析而二之。然《儀禮》當實著之日用，而《禮記》中時有精義，尤宜有以默成於心。又今學者方以《禮記》專經，而陳注淺陋，吳氏支吾，亦不可不為之更訂。是以暫遺《儀禮》，專事《禮記》，亦因學者所習，而寓以挽回之術也。若乃合經傳而脩之，以卒朱子之志，則弟方遲之有待，亦以刮目於足下，為樂得以觀厥成也云爾。此外雖多著述，殊不堪以入世。且平生恥於自衒，有心無力，堆積巾笥，知他日徒以覆瓿。然此心終未能自已，誠難免於过慮之譏也。

　　足下又謂弟留心經濟，欲復先王井田。弟不知此語何以得傳聞於足下？然亦信有之。夫土田祇在民間，人民祇在天下，郡邑何非國土，赤子誰非吾兵。以天下之土田與天下公之，以天下之人民與天下治之，同天下之患難為天下守之，今古雖殊，覆載不改，而謂井田終不可復，此亦師前王莫若師後王之故智，徒以苟治自安者云耳。治亂關乎氣數，設施則存乎人，而安得獨以盛治讓之唐、虞、三代歟？程子云"井田難行"，然程子亦云"難行耳"，未嘗云"不可行"也。夫處今日之時，以今日之勢，而欲猝然舉先王之法，率一世而更張之，誠有甚難，應不待程子而後知之。

顧所謂難者，殆非井田之難復也，難於出治之有本，君相之同心。庶明之勵翼，而轉圜之有法，張施之有序，以需之歲月，而歷久不渝也。且先儒語錄之言，亦多未可泥矣。橫渠有志復古，朱子已集之《孟子注》中，其他語時有異同，安知非門人之誤記？此如孔子之言，要以《兩論》為精，而《家語》《左傳》《二戴》所傳，亦安可盡信為聖人之說乎？若乃通經術而不通世務，此當時譏介甫之言，然介甫之所經營，要皆從功利起見，經術乃所以經世務，介甫又何嘗通經術哉！度量權衡，王政之首務，後世經制不定，八政不脩，是以國異政，家殊俗，侈靡相尚，濫惡相欺，大稱小斗，以相攘奪，度量權衡，安可不謹！然謹之者，亦惟是關石和鈞準之王府，使民守畫一之經制，而無敢或踰，斯善矣！豈必改今尺為周尺，而後乃矜言復古哉！而周尺於今，亦何從確據也？井田之復，潤澤因時，亦若是然耳矣。疑義與析，故言之不得不詳。篇中不無唐突，然昔者韓、富同心輔政，而議有不合，至於動色相爭；東萊之與紫陽說《詩》，各有異同，而終身志同道合。弟於足下，何必苟同，而此心庶可共諒。如或言有未當，望復惠示玉音，無起操戈入室之嫌，此為欣幸！

（選自《雙池文集》卷三）

上制軍尹元長先生書

惠棟

> 惠棟（1697—1758），字定宇，號松崖，學者稱小紅豆先生，江蘇元和（今蘇州）人。崇尚家法，精于《易》學。著有《易漢學》八卷、《周易述》二十三卷、《易例》二卷、《易微言》二卷、《周易本義辨證》六卷、《易大義》一卷、《易大誼》一卷、《周易古義》一卷、《周易講義合參》二卷、《鄭氏周易》三卷、《增補周易鄭注》一卷、《周易鄭注爻辰圖》一卷、《易說》六卷、《尚書條辨義例》《尚書大傳》四卷《補》一卷、《古文尚書考》二卷、《校本禮記注疏》六十三卷、《惠氏春秋左傳補注》六卷、《惠氏經說》五卷、《松崖筆記》三卷、《松崖文鈔》二卷、《九曜齋筆記》三卷等。生平事蹟見《清史稿》卷四八一、《國朝先正事略》卷三四、王昶《惠定宇先生墓志銘》等。

棟以不才詞頑學淺屏場屋三十餘年，中遘疾疢，窮老顛連，自分即填溝壑，恭逢聖世作人，旁求經術。而閣下搜揚隱逸，追憶昔日臨治之區，並無方麴半面之識，下采葑菲，以棟名應詔，尋歷代，選當代，會朝廷親試不涉有司者，謂之制科，又謂之大科。國家兩舉制科猶是詞章之選，近乃專及經術，此漢魏六朝、唐宋以來所未行之曠典。棟何人？斯猥膺是舉。兩漢孝、秀舉自太守，謂之舉將如唐之座主，今閣下為王官伯更非昔日舉將之比。況閣下迴翔中外，海內具瞻，賓從名豪，均堪應選項，乃物色所及，偏注意于南國之窮盧病夫。語云：天下得一人知己，可以不恨。其閣下之謂乎！且道至公無我之心，亦可仰見一斑矣。

棟少承家學，九經注疏麤涉大要，自先曾王父樸奄公以古義訓子弟，至棟四世，咸通漢學，以漢猶近古，去聖未遠故也。《詩》《禮》，毛、鄭；《公羊》，何休，傳注具存。《尚書》《左傳》，偽孔氏全采馬、王，杜元凱根本賈、服。唯《周易》一經，漢學全非。十五年前，曾取資州李氏《易解》，反覆研求，恍然悟潔靜精微之旨。子游《禮運》，子思《中庸》，純是易理，乃知師法家傳，淵源有自。此則棟獨知之契用，敢獻之左右者也。至棟老病頹唐，無能為役計者偕，期近長安日遠，恐無以仰副德音為惴惴耳。寸言申謝，不盡依馳。

（選自《松崖文鈔》卷一）

答閻懷庭書

法坤宏

> 法坤宏（1699—1785），字直方，一字鏡野，號迂齋，山東膠州人。乾隆六年（1741）舉人。博通群經，精於《春秋》。著有《春秋取義測》十二卷、《迂齋學古編》四卷等。生平事蹟見《清史列傳》卷六七、《國朝先正事略》卷二九、韓夢周《法先生坤宏墓誌銘》等。

達辱華函注念，殷切教之大章，兼索不佞，邇日新得，漸負漸負，如何可言。不佞少時酷愛古文，縱筆放言，摹其近似。後獲觀海陽蓮隱鞠先生《史評》，束以規矩，授以義法。祕而玩之有年，所見頗別，學亦竟不能工也。蓋文之為道微矣。古今稱文之士，其人有獨至之才，殫畢生精力僅而能工，既工矣，輒復自悔，歐陽子所謂"草木榮華之飄風，鳥獸好音之過耳"是也。昔人云："文到相如殆類俳。"夫豈必淫辭靡麗乃始為累哉！觀夫八家之文，斟經酌雅，匯眾派以成一家，亦信乎其能工矣。而有識者譏之，以為古文之法變於韓。蓋文至而實有未至，雖曰不背乎《六經》之旨，吾止病其演《六經》以為俳矣。

憶甲戌之役，足下曾語：不佞為文，勿浪費精神，當效宋儒作議論文字，期以明道。不佞竊惟道之至者，不可以言傳，亦不待言而顯。文為載道之器,未為盡道之實也。邵子曰:"吾終日無言,天下文章不出乎是。"夫復何求初無庸言者強為之言以為文!曰將以明道,吾又病其演道學文以為俳矣。所以古人稱經天緯地曰文,古聖人以文稱者曰文王,曰孔子。文王之文在《周易》,孔子之文在《春秋》。文王演《易》,祇取伏羲八卦重復之,未嘗於畫卦外有所加。孔子作《春秋》,亦祇取魯史舊文筆削之,未嘗於事文中有少益。孔子曰:"文王既沒,文不茲乎!"分明道自己作《春秋》與文王演《易》同功。然他日又曰:"我欲託之空言,不如見諸行事之深切著明也。"孔子所刪錄《詩》《書》,備載經常大道,述前聖已事,垂之典訓,為後學所誦法,所謂空言也。即《大易·繫辭》發揮六爻,羲文義蘊,孔子為贊而明之,亦所謂空言也。

《春秋》二百四十二年,諸侯大夫之行事、篡弒、爭奪、奔走、滅亡,不保其國家者不可勝數,君臣、父子、夫婦、昆弟五倫之變亂至此極矣。經常大道所不及載,學者誦法所不敢齒。一經孔子之修明,而微文大義百王千聖所不能易。故曰:"撥亂世,反之正,莫近乎《春秋》。"是固天之經,地之義,人之行,斯文所以未喪,孔子之見諸行事蓋如此。今之世猶夫古之世也,周、孔大聖人所謂經世之大法昭然具在也。即此日用往來,當身之酬酢,平心而體察之,雖事屬創見,其必有通乎道而適於宜者。議而擬之,化裁生焉;順而施之,成章達焉。所謂大文于斯焉取,何事虛談名理,演優孟衣冠,徒以悅人耳目為哉!

足下文大體已具,必欲竿頭更進,功夫應別有在,不必斤斤於此,益求工而蹈於自悔也。邇日觀國朝諸公全集,其間純駁不無異同,時有起予處,輒為標出,附以陋解,恨散見各書,急不得匯錄呈教。不宣。

(選自《迂齋學古編》卷一)

答鄭筠谷宮贊論朱氏經義攷帖子　全祖望

> 全祖望（1705—1755），字紹衣，號謝山，學者尊稱為謝山先生，浙江鄞州（今宁波）人。乾隆元年（1736）進士。其學博通無涯，貫串群籍。著有《讀易別錄》三卷、《周易答問》一卷、《經史問答》十卷、《全榭山文鈔》十六卷、《鮚埼亭文集》三十八卷《外集》五十卷等。生平事蹟見《清史稿》卷四八一、《國朝先正事略》卷三四、《清儒學案》卷六九、《學案小識》卷一四、劉光漢《全祖望傳》、蔣天樞《全謝山先生年譜》等。

前述長洲何氏之言謂王文憲詩可言，竝非箋《詩》之書，而《經義攷》誤采入之。愚攷是書，本之憲之詩話，故方虛谷曰：予所采詩話十家，始於茗溪，終於魯齋。然則非經解明矣。然此乃宋《藝文志》之譌，而竹垞未及是正者。

竹垞是書，凡先儒殘篇贗本，皆援而列之，以求備至。如張霸《尚書》百兩篇，乃漢時古今文聚訟一大案。石梁王氏《禮記》批本見於陳氏《集說》引用書目，而皆失載焉，并陳用之之《樂書》俱遺之。又如《易稽覽圖》中有《中孚記》，乃緯也，而列之經。楊慈湖《詩傳》具在，乃以爲未成之本。曹放齋之孫泰宇著《易解》，乃混列爲放齋所作。其餘一書而復出者不可枚舉，所謂攷索既繁，反不能無疏漏者也。而其失之大者，尚不在此。其一則謬託於經而實不可以言經者，皆未加別白也。請以《易》言之，自孟喜、焦延壽、京房而下，所有妖占、錯卦、占事、守林飛候、混沌委化諸書。其甚者有所謂明堂隨曲射匿，大筮衍易、鼠序卜黃、八具之流。降而至於管輅、郭璞、葛洪輩所著荒唐訣妄、占驗之囈語、射覆之廋詞，皆出其中。是在漢隋史志及《七畧》《七錄》，或入之著龜家，或入之五行家，原自劃一。然閒亦有分晰未清，如古五子十八篇之流，儒者尚嫌其編次之未當，若《唐志》則尤嚴焉。其餘《尚書》則有五行、星曆，日月變化諸書，《詩》則有歷神泉、元談諸書，《禮》則有明堂、陰陽諸書，凡若此者皆應置之附錄，參於讖緯中候之閒，而不可與傳、經之著同登於一卷。乃竹垞反爲合之，誤矣。彼其有見於參同契之不當錄，惜其未觸類而通之也。

　　一則圖學之去取未審也。諸經莫不有圖，古人所以左圖而右書，然有以圖明經者，有偶以經爲圖者。司馬昭之《豳風》，宋璟之《無逸》，雖有意於治道，而無關於經學。降而至於顧愷之、陸探微、劉褒、衛協、馬和之、趙孟頫之徒，蓋工師遊戲之筆耳。是故《唐志》於楊嗣復諸人之《毛詩草木蟲魚圖》，夏侯、伏朗諸人之《三禮圖》，王大力之《琴聲律圖》，張傑之《春秋國圖》，則收之經；於李嗣眞之《禮圖》，上官儀諸人之《投壺圖》，則收之雜藝術家。竹垞槩而取焉，則是馳譽丹青者，皆得垂聲國胄矣，得毋失之褻乎！

　　一則粗涉於經，而原非解經者不必收也。顏鼎受之《國風演連珠》，王褘之《禹貢周官急就章》，課蒙童者所以便記習也。張九成之《論語詩》，宇文虛中、洪皓之《春秋百詠》，方回之《易吟》，偶然之翰墨也。《易》六十四卦歌、《易》大象歌，則卜筮之歌訣也。凡類此者，其於經術無甚發揮，雖弗錄可也。

若夫自有明以來，大全降而爲講章，蒙存淺達之書變秀才而爲學究，實運會一大升降。愚竊以爲尤當別爲一帙，而不可濫廁於先儒之閒者也。舊嘗聞何氏於是書，彈駁成編，多所匡正，惜今日不可得見。而據所見以陳之執事，雖然竹垞之用功固勤矣，猶有此失，可以見著書之難。區區之言，非敢以掎摭前輩爲事也。

（選自《鮚埼亭集外編》卷四一）

奉錢竹汀先生書

嚴元照

> 嚴元照（1773—1817），字久能，又字脩能，號悔庵，浙江歸安（今湖州市）人。精於《說文》《爾雅》之學。著有《娛親雅言》六卷、《爾雅匡名》二十卷、《悔庵學文》八卷等。生平事蹟見《清史列傳》卷六九、《國朝耆獻類征》卷四二二、許宗彥《三文學合傳》等。

尊制《答問》，春間從何夢華得一冊，讀之，攷覈之精確，論議之平允，謝山之書萬不及也。其中鄙意所未達者數科，敢罄所懷，仰祈裁示。

《大畜象傳》"輝光日新"，此鄭君讀法，王輔嗣則以"日新其德"為句。愚案《漢書·王莽傳》陳崇奏莽功德有"亹亹翼翼，日新其德"之文，疑西京已有此讀，不必剙自輔嗣也。《說文》所稱《書》《詩》或不標者《書》曰、《詩》曰，尊意謂標《書》《詩》者，乃古文孔、毛本；不標者，乃今文歐陽夏侯、齊、魯、韓本。愚案《書》《詩》有今古文之異，而《爾雅》則無，許君引《爾雅》亦或標，或不標，則又何也？恐許君於此初無定例。

《論語》"孝哉！閔子騫"一條，細審問，詞似小有誤。案漢儒皆以子騫喻為親，以道人無可非間其父母昆弟為說，《漢書·杜鄴傳》《後漢書・范升傳》《論衡・知實篇》皆然，陳長文始以不間子騫為說，故曰"言閔子騫為人，上事父母，下順兄弟，動靜盡善，故人不得有非間之言。"皇侃《義疏》曰："凡人物論無有非間之言於子騫者也。"長文之說正《朱子集注》所本。今《問詞》引長文注脫去首句，故以為同於漢儒而異於《集注》，此傳宜改正者。孺悲欲見孔子，據皇《疏》乃召孔子來見，準之《論語》書法，儀封人則曰請見，陽貨則曰欲見。今孺悲不書請見，而曰欲見，則皇《疏》信而有徵矣。邢疏固不足憑。而《儀禮》疏謂"不由紹介，故辭而不見。"亦臆說也。《孟子》"若崩，厥角稽首。"趙邠卿以"若崩"為句，故其注曰"百姓歸周若崩。"後人惑於古文《尚書》，以"若崩"屬"厥角"為句，訓厥為其，則趙義終不可明矣。

　　《爾雅》"犬生三猣"，《說文》無猣字。閣下據《玉篇》謂是猥字之譌。案《說文》"猥，犬吠"，聲義亦不協。且《玉篇》不僅訓猥為犬，生三子也，其於猣字亦然，又有字音，即其訓亦同。猣猥二字皆不見於《說文》。猣畏形皆相近，將何所適從。愚攷《周官・大司馬》注曰："豕生三豵。"《釋文》曰"本亦作猣。"然則猣即豵之俗書，不必取《玉篇》之猥字矣。

　　許、鄭"扃鼏"之異，說者紛芸，以愚攷之，實則為陸氏《釋文》所誤耳。扛鼎之物，許本作鼏，鄭本作扃，其覆鼎之具，則當作幎。《說文》曰："幎，覆也。從巾，冥聲。"《周禮》有幎人，《儀禮》扃鼏之鼏，本當作幎。幎人掌其巾，幎鼎覆，正其所掌。《釋文》於《周禮》《禮記》幎字皆作鼏，僅小異於正體耳。獨於《儀禮》則盡誤作鼏。《開成石經》亦然。讀者疑即《說文》鼏字，而不知實鼏之譌也。《周頌・絲衣》箋有舉鼏字，《釋文》曰本亦作鼏。此誤同之明證。張參《五經文字序》亦云："鼎鼏同物，禮經相丼也。"又案冥鼏二字皆從冖聲，鼏讀如蜜，亦可讀如冥，與扃音近，故許、鄭各異。《說文・鼎部》元未嘗有脫文也。惠氏《禮說》云："《說文》：'冖，覆也，冖從鼎為鼏。'則鼏非覆鼎之物乎？"揣惠意謂覆鼎之具，從冖下鼎，於義更切，而不知鼏從冖聲，此形聲之字，

065

不必求其義。如圁字亦從冂聲，而其義為飯。剛柔不調，相著於義，亦無取也。且鄭本作肩，《說文》訓肩為外閉之關，於舉鼎之義亦無取也。友人徐新田始不以鄙說為然，既而改從鄙說，更為推求詳悉，今亦採用其言。以上愚管之見，是知無當。稽古之暇，更有以教之。則幸甚。元照再拜狀。

（選自《晦庵學文》卷一）

答惠定宇書

袁 枚

> 袁枚（1715—1798），字子才，號簡齋，自號隨園老人，浙江錢塘（今杭州）人。乾隆四年（1739）進士。著有《隨園隨筆》二十八卷、《隨園詩話》十六卷《補遺》十卷、《小倉山房文集》三十五卷、《小倉山房尺牘》十卷等。生平事蹟見《清史稿》卷四八五、《清史列傳》卷七二、方濬師《隨園先生年譜》、傅毓衡《袁枚年譜》、孫星衍《袁君枚傳》、姚鼐《袁隨園墓誌銘》等。

來書懇懇，以窮經為最。慮僕好文章，舍本而逐末者，然比來見足下窮經太專，正思有所獻替，而敘言忽來，則是天使兩人切磋之意卒有明也。夫德行本也，文章末也。六經者亦聖人之文章耳。其本不在是也。古之聖人德在心，功業在世，顧肯為文章以自表著耶？孔子道不行，方推言《詩》《書》《禮》以立教，而其時無六經名，後世不得見。聖人然後拾其遺文墜典，強而名之曰經，增其數曰六，曰九，要皆後人之為，非聖人意也。是故真偽襍出，而醇駁互見也。夫尊聖人安得不尊六經？然尊之者又非其本意也。震其名而張之，如托足權門者，以為不居至高之地，不足以蹂躪他人之門户，此近日窮經者之病。蒙竊恥之。

古之文人，孰非根柢六經者？要在明其大義，而不以瑣屑為功。即如說《關雎》，鄙意以為主孔子"哀樂"之旨足矣，而說經者必爭為后妃作、宮人作、畢公作，刺康王所作。說明堂，鄙意以為主孟子"王者之堂"足矣，而說經者必爭為即清廟即靈台，必九室必四空，必清陽而玉葉。問其由來，誰是秉《關雎》之筆，而執明堂之斤者乎？其他說經大率類此。最甚者，秦近君說"堯典"二字至三萬餘言，徐遵明悞康成八寸策為八十宗，曲說不已，一闡之市，是非麻起，煩稱博引，自賢自信。而卒之古人終不復生，于彼乎？于此乎？如尋鬼神，搏虛而已。僕方怪天生此迂繆之才，後先嘻唶，擾擾何休，敢再拾其瀋而以吾附益之乎？

聞足下與吳門諸士厭宋儒空虛，故倡漢學以矯之，意良是也。第不知宋學有弊，漢學更有弊。宋偏于形而上者，故心性之說近玄虛；漢儒偏于形而下者，故箋注之說多附會。雖捨器不足以明道，《易》不畫，《詩》不歌，無悟入處。而畢竟樂師辨乎聲詩，則北面而絃矣。商祝辨乎喪禮，則後主人而立矣。藝成者貴乎？德成者貴乎？而況其援引妖讖，臆造典故，張其私說，顯悖聖人，箋注中尤難僂指，宋儒廓清之功安可誣也！

僕齓齒未落，即受諸經，賈孔注疏亦俱涉獵，所以不敢如足下之念茲在茲者，以為六經之于文章，如山之昆崙，河之星宿也。善遊者必因其胚胎濫觴之所以，周巡夫五嶽之崔巍，江海之交匯，而後足以盡山水之奇。若矜矜然孤居獨處，于昆崙星宿間而自以為至足，則亦未免為塞外之鄉人而已矣。試問今之世，周孔復生，其將抱六經而自足乎？抑不能不將漢後二千年來之前言往行而多聞多見之乎？夫人各有能不能，而性亦有近有不近。孔子不強顏、閔以文學，而足下乃強僕以說經。倘僕不能知己知彼，而亦為以有易無之請，吾子其能舍所學而相從否？

（選自《小倉山房文集》卷一八）

答惠定宇第二書

袁 枚

覆書道士之制，行非經不可。疑經者非聖無法云云，僕更不謂然。夫窮經而不知經之所由名者，非能窮經者也。三代上無經字，漢武帝與東方朔引《論語》稱傳不稱經，成帝與翟方進引《孝經》稱傳不稱經。六經之名始於莊周，經解之名始於戴聖。莊周異端也，戴聖髒吏也。其命名未可為據矣。

桓、靈刊"石經"，匡、張、孔、馬以"經"顯。歐陽歙贓私百萬，馬融附奸，周澤彈妻，陰鳳質人衣物，熊安稱觸觸生，"經"之效何如哉！六經中惟《論語》《周易》可信，其他經多可疑，疑非聖人所禁也。孔子稱"多聞闕疑"，又稱"疑思問"，僕既無可問之人，故宜長闕之而已。且僕之疑經，非私心疑之也，即以經證經而疑之也。其疑乎經，所以信乎聖也。六經者文章之祖，猶人家之有高曾也。高曾之言，孫自宜聽受，然未必其言之皆當也。六經之言，學者自宜參究，亦未必其言之皆醇也。疑經而以為非聖者無法，然則疑高曾之言，而為之幹蠱、為之幾諫者，亦可謂非孝者無親乎？漢王充曰"著作者為文儒，傳釋者為世儒"，著作者以業自顯，傳經者因人以顯，是文儒為優。宋劉彥和曰："傳聖道者，莫如經。然鄭、馬諸儒宏之，已足就有闡宣，無足行遠。"唐柳冕曰："明六經之義，合先王之道。君子之儒也。明六經之注，與六經之疏，小人之儒也。"今先小人之儒而後君子之儒，以之求才，不亦難乎？此三君子之言，僕更為足下誦之。

足下謂說經心得，不以沿襲為工。此言是矣。然而一人之心，即眾人之心也。一人之心所能得，即眾人之心所能得，不足以為異也。文章家所以少沿襲者，各序其事，各值其景，如煙雲草木，隨化工為運轉，故日出而不窮。若執一經而說之，如射舊鵠，雖后羿操弓必中，故所受穿之處如走狹徑，雖跦跦小步，必履人之舊跡也。

前賜讀大禮、議六宗說，俱精確。然一則毛西河曾言之，一則郝京山曾言之。其書俱在，其說更詳。此豈足下有意襲之哉！足下之心得之，彼二人之心先得之。足下之識雖在二人之前，而足下之生已在二人之後，則不襲之襲，二人傳而足下不傳矣。且僕固疏於經者也。甫得二義已覺其襲，倘從足下之言，而惟經之是窮，則足下終日仰首屋梁，所自矜獨得者，不俱可危乎？要之，足下自問不能購盡天下說經之書，又不能禁絕天下說經之者之口，姑毋以說經自喜也。

（選自《小倉山房文集》卷一八）

答江慎修先生論小學書

戴 震

> 戴震（1724—1777），字慎修，一字江原，安徽休寧人。乾隆二十七年（1763）舉人。其學博大精深。反對宋明理學，力主專精，主張由聲音文字以求訓詁，由訓詁以求義理，是樸學皖派的創始人。著有《戴氏詩經考》二十六卷、《易經考》一卷、《轉語》二十章、《尚書義考》二卷、《毛鄭詩考正》四卷、《杲溪詩經補注》二卷、《孟子字義疏證》三卷、《戴東原集》十二卷等書。生平事蹟見《清史稿》卷四八一、《清史列傳》卷六八、段玉裁《戴東原先生年譜》、凌廷堪《東原先生事略狀》等。

《說文》所載九千餘文，當小學廢失之後，固未能一一合于古，即《爾雅》亦多不足據。姑以《釋詁》言之，如"台、朕、賚、畀、卜、陽，予也。""台""朕""陽"，當訓予我之"予"；"賚""畀""卜"，訓賜予之"予"，不得錯見一句中。"孔、魄、哉、延、虛、無、之、言，間也。"郭氏注云："孔穴、延、魄、虛、無，皆有間隙。餘未詳。"考之《說文》"哉，言之間也。"言之間，即辭助。然則"哉""之""言"三字，乃言之間。"言"為辭助，見於《詩》《易》多矣。"豫、射，猒也。"郭氏注云："《詩》曰'服之無射'。'豫'，未詳。""豫"，蓋當訓猒足，飽飫之"猒"；"射"訓猒倦，猒憎之"猒"。此皆掇拾之病。其解釋《詩》《書》，緣辭生訓，非字義之本然者，不一而足。然今所有傳注，莫先《毛詩》，其為書又出《爾雅》後。《爾雅》"甘，棠"；"梨山，樆"；"榆白，枌"。立文少變。"杜"澀、"棠"甘，而名類可互見。"杜，赤棠；白者，棠。"以"棠"見"杜"；"杜甘，棠"，以"杜"見"棠"。《毛詩》"甘棠，杜也"，誤。"枌，白榆也"，不誤。"杜"甘曰"棠"，"梨"山生曰"樆"，"榆"白曰"枌"。朱子《詩集傳》於《陳·東門之枌》云："枌，白榆也。"本《毛詩》；於《唐·山有蓲》云："榆，白枌也。"殆稽《爾雅》而失其讀。其它《毛詩》誤用《爾雅》者甚多。先儒言《爾雅》往往取諸《毛詩》，非也。若《說文》視《爾雅》《毛詩》固最後，沿本處多，要亦各有師承。《爾雅》"以衣涉水為厲"，"繇帶已上為厲"。《說文》"砅，（字又作濿，省用厲）履石渡水也"，引《詩》"深則砅"。《詩》之意，以水深必依橋梁乃可過，喻禮義之大防不可犯。若淺水則褰衣而過，尚不濡衣。酈道元《水經注》云："段國《沙洲記》：吐谷渾於河上作橋，謂之'河厲'。"此可證橋有"厲"字名。《衛詩》"淇梁""淇厲"並舉，"厲"固"梁"之屬也。

就茲一字，《爾雅》失其傳，《說文》得其傳。觸類推求，遽數之不能終其物。用是知漢人之書，就一書中，有師承可據者，有失傳傅會者。《說文》於字體字訓，罅漏不免。其論六書，則不失師承。劉歆、班固云："象形、象事、象意、象聲、轉注、假借。"鄭眾云："象形、會意、轉注、處事、假借、諧聲。"所言各乖異失倫。《說文敘》稱："一指事，二象形，三形聲，四會意，五轉注，六假借。"轉注"考""老"字，後人不解。裴務齊《切韻》猥云："考字左回，老字右轉。"戴仲達、周伯琦之書，雖正"老"字屬會意，"考"字屬諧聲，而不能不承用"左回"，"右轉"為轉注，別舉"側山為𨸏，反人為匕"等象形之變轉者當之。徐鉉、徐鍇、鄭樵之書，就"考"字傅會，謂祖考之"考"，古銘識通用"丂"，與"丂"之本訓轉其義，而加"老"省注明之。又如犬走貌爲"猋"，《爾雅》"扶搖謂之猋"，于"猋"之本訓轉其義，"飆"則偏旁加風注明之。此以諸諧聲中聲義兩近者當轉注，不特一類分爲二類甚難，且校義之遠近必多穿鑿。王介甫《字說》強以意解加之諧聲字，陸佃《埤雅》中時攟之。使按之理義不悖，如程子、朱子論"中心爲忠，如心爲恕"，猶失六書本法，岐惑學者。今區分諧聲一類爲轉注，勢必強求其義之近似。況古字多假借，後人始增偏旁，其得盡證之使自爲類乎？楊桓又謂："三體已上，展轉附注，是曰轉注。"斯說之謬易見。而莫謬於蕭楚、張有諸人"轉聲"爲"轉注"之說，雖好古如顧炎武亦不復深省。《說文》於假借舉"令""長"字，乃移而屬轉注。古今音讀莫考，如好惡之"惡"，今讀去聲，古人有讀入聲者；美惡之"惡"，今讀入聲，古人有讀去聲者。宋魏文靖《論觀卦》云："今轉注之說，則象象爲觀示之觀，六爻爲觀瞻之觀。竊意未有四聲反切已前，安知不爲一音乎？"據此言之，轉聲已不易定，轉注、假借何以辨？

今讀先生手教曰："本義外，展轉引伸爲它義，或變音，或不變音，皆爲轉注。其無義而但借其音，或相似之音，則爲假借。"又曰："字之本義亦有不可曉者。"震之疑不在本義之不可曉，而在展轉引伸爲它義，有遠有近，有似遠義實相因，有近而義不相因，有絕不相涉而旁推曲取又可強言其義。區分假借一類而兩之，殆無異區分諧聲一類而兩之也。六書之諧聲、假借並出于聲。諧聲以類附聲，而更成字；假借依聲托事，不更制字。或同聲，或轉聲，或聲義相倚而俱近，或聲近而義絕遠。諧聲具是數者，假借亦具是數者。後世求轉注之說不得，併破壞諧聲、假借，此震之所甚惑也。《說文》"老，從人毛匕，言須髮變白也"；"考，從老省，丂聲"。其解字體，一會意，一諧聲，甚明。而引之于敘，以實其所論"轉注"，不宜自相矛盾，是固別有說也。使許氏說不可用，亦必得其說然後駁正之，何二千年間紛紛立說者眾，而猥云左回右轉者之謬悠，目為許氏，可乎哉？震謂"考""老"二字屬諧聲、會意者，字之體；引之言轉注者，字之用。轉注之云，古人以其語言立為名類，通以今人語言猶曰"互訓"云爾。轉相為注，互相為訓，古今語也。《說文》說"考"字訓之曰"老也"，于"老"字訓之曰"考也"。是以《敘》中論轉注舉之。《爾雅·釋詁》有多至四十字共一義，其六書"轉注"之法與？別俗異言，古雅殊語，轉注而可知，故曰"建類一首，同意相受"。大致造字之始，無所馮依，宇宙間事與形兩大端而已，指其事之實曰"指事"，一二、上下是也；象其形之大體曰"象形"，日月、水火是也。

　　文字既立，則聲寄于字，而字有可調之聲；意寄于字，而字有可通之意。是又文字之兩大端也。因而博衍之，取乎聲諧，曰"諧聲"；聲不諧，而會合其意曰"會意"。四者，書之體止此矣。由是之于用，數字共一用者，如"初、哉、首、基"之皆為"始"；"卬、吾、台、予"之皆為我，其義轉相為注，曰"轉注"。一字具數用者，依于義以引伸，依于聲而旁寄，假此以施于彼，曰"假借"。所以用文字者，斯其兩大端也。六者之次第出于自然，立法歸于易簡。震所以信許叔重論六書必有師承。而"考""老"二字，以《說文》證《說文》，可不復疑也。存諸心十餘載，因聞教未達，遂縱言之。

（選自《聲韻考》卷四）

與段玉裁書

戴 震

迢遙雲樹，晤語無從，企仰芳規，彌深依結。今閱誦手函，欣知先生署巫山，正欲趨候，並賀賀也。弟於今春底舍先君靈柩，尚未得好地。今暫厝祖塋之旁，俟覓好地而葬。

前聞先君言，知先生好刊古書，湛深經術考據，精於韻學，辨古音者希有之。弟早欲特往成都，茲因去年得失血症，至今未愈。今承尊署來役，又深蒙厚惠，經已收領，特修寸函申謝。啟者，先君誌銘。弟聞大理寺正卿王大人，名昶，字蘭泉老伯，已修成，尚未寄與弟。而《行述》，湖北學政洪素人老伯之令弟就成，亦未刊刻。藁本寄上奉送。而先君所辦《永樂大典》散篇，如《水經注》四十卷、《儀禮識誤》三卷、《中庸講義》四卷、《五經算術》二卷、《海島算經》六卷、《九章算術》十卷、《五曹算經》五卷、《夏侯陽算經》三卷、《孫子算經》三卷、《周髀算經》三卷、《項氏家說》十二卷，《儀禮集釋》三十卷、《儀禮釋宮》一卷、《方言》十三卷、《大戴禮記》十三卷，計官書十五種，俱武英殿刊刻，弟尚未得數種。

先君已撰遺書二十三種，如《毛詩考正》四卷、《詩補注》一卷（即《二南》）、《尚書義考》二卷、《考工記圖》二卷、《儀禮考正》一卷、《爾雅文字考》十卷、《聲韻考》四卷、《聲類表》十卷、《原善》三卷、《孟子字義疏證》三卷（孫公將刻）、《大學補注》一卷、《中庸補注》

一卷（未成）、《原象》一卷、《策算》一卷、《迎日推策記》一卷、《句股割圜記》三卷、《曆問》二卷、《古曆考》二卷、《水地記》不計卷、《直隸河渠書》不計卷、《屈原賦》二卷、《古文時文集》計六卷（俱孔公處），此數種現在孔葒谷親翁處抄，尚未繳還，弟今所以不及寄上。而《聲韻考》即廣西桂林府同知李公，係山東周諱永年同年、四庫館修書翰林之親家也。先曾寄過二部奉送，俱寄失落。今弟亦無底本，其板上年已送弟，而出京時未寄到京，弟轉送孔公處收，今已索數部，後再寄，今未知可在山東曲阜。亦因路途不便，往來書信難通。孔公所攜刻者，計六種：《毛鄭詩考正》一本、《詩經補注》一本、《聲類表》一本、《原善》一本、《原象》一本、《算術》一本，共六本，今寄上，希查收。又《九章算術》、《海島算經》一部，並《方言》底本。查收。此書不可失，要緊。惟先生可將《方言》攜刻更妙。此書先君全精神費盡，而此書上年五月間就成，即得病歸陰矣。校定《儀禮集釋》武英殿刻本，弟未得見，而底孔公處尚有。校定《大戴禮》，弟亦無，而底本係繳館，今有不全者，不敢寄。又《句股割圜記》，俟明春刷印再寄，重訂者在孔公處。其地輿圖，弟明春影摹一張再寄。

　　再者，孔公舊冬即告假養親，刊刻書籍，博古之人也。今弟早欲移遷南京，似明春俟金殿撰回籍相商闕，不居徽州而至本家。至親與夫□□俱為小人之人也，先君平素不睦，欲遷南京亦為此，不能作久居之計也。明春弟往蘇、揚一行，以為殯葬之計，即特往川。及書籍未刻者，俱帶致尊署請安。今肅數字，並候近祺，不一一。上若膺世臺先生侍右。愚世弟戴中立叩首。

（選自《戴震全集》卷三五）

答衍善問經學書

戴祖啟

> 戴祖啟（1725—1783），字敬咸，號未堂，安徽涇縣人，寓居江蘇上元（今南京）。乾隆四十三年（1778）戊戌科進士。潛心經學，注《尚書》《春秋》，多所發明。著有《尚書協異》八卷、《尚書涉傳》十六卷、《春秋五測》十二卷、《師華山房文集》五卷《末》一卷。生平事蹟見《清史列傳》卷六七、錢大昕《國學監學正戴先生墓誌銘》。

汝欲知經學之說乎！今之經學，非古之經學也。學經必暗誦五經之正文，潛玩功令所立之注訓，旁及諸家。漸有心得，反之身心，體究親切，措之民物，實可施行。一言而獲終身之益，一句而尋無窮之味。日就月將，心醉神化。夫然故觀其容貌，則沖和靜重，可望而知也；察其氣質，則溫良恭儉，可樂而玩也；稽其行事，則中正平易，可述而知也；誦其文詞，則淵懿樸茂，可愛而傳也；施之天下國家，則明通公溥，不習而無不利也。功烈於是乎出，忠孝廉恥於是乎生，文章於是乎根深而柢固。古之學經者如此，今之經學則不然。六經之本文，不必上口；諸家之義訓，無所動心。所習者《爾雅》《說文》之業，所證者《山經》、地志之書。相逐以名，相高以聲，相辨以無窮。其實身心不待此而治也，天下國家不待此而理也。

及其英華既竭，精力消耗，珠本無有，櫝亦見還，則茫然與不學之人同耳。吾家東原痛悔之。

晚嬰末疾，自京師與余書曰：生平所記都茫如隔世，惟義理可以養心耳。又云：吾向所著書，強半為人竊取，不知學有心得者。公諸四達之衢，而人不能竊也。世俗之士，方沒溺於科舉之文，藉聖經為禽贄，等古字於蟲書，陋劣不堪。故吾於上所云，亦兼有取。今之所謂漢學，亦古三物教民之一。禮、樂、射、御、書、數六藝之遺，雖不能備，或亦庶幾要在善學之而已。今海內之所推者，抱經盧學士、辛楣錢少詹事。此兩公者，能兼今人之所專，而亦不悖於古之正傳，故為獨出。而辛楣於諸經、列史、古文、詞、詩、賦、有韻四六、駢體皆精之，天文、地理、算術、國家之典，世務之宜，問焉而不窮，索也而皆獲，可謂當代鴻博大儒矣。汝既師之，但當一心委命，必有所開。偃鼠飲河，不過滿腹。其當看之書，及當識之人，另開在別幅。

噫！古無所謂理學也，經學而已矣。夫子"雅言，《詩》《書》執禮"，興立成於《詩》於《禮》於《樂》。文章在是，性與天道亦在是，即程子得不傳之學，亦祇於遺經之中，不能理於經素，不能經於理虛，於是乎兩無成焉。末學支離，禪言幻渺。汝小子其慎之哉！

（選自《師華山房文集》卷三）

答同年錢竹汀少詹書

周　春

> 周春（1729—1815），字芚兮，號松靄，浙江海寧人。乾隆十九年（1754）進士。四部、七略，靡不流覽。著有《孝經外傳》一卷、《爾雅補注》四卷、《古文尚書冤詞補正》一卷、《詩略》四卷《續詩略》四卷、《十三經音略》十二卷。生平事蹟見《清史稿》卷四八一、《清史列傳》卷六八。

昨披誨帖，備承指示，昭若發蒙。然春狂瞽之言，固因亡兒根觸，亦為學術起見。更有愚見，敢不再陳。

自八股興而人才衰，高頭講章出而經學絕。前明三百年，名為遵奉程、朱，實則荒經蔑古。此宗宋元者之流弊，不得不以漢唐之學藥之。譬如大虛之證，急宜峻補，其勢然也。今則不然，自陸清獻、湯文正、李文貞、張楊園諸公昌明正學，顧亭林、朱竹垞、汪堯峰、毛西河諸公崇尚經術，固已風氣大開，不復空疏寒陋。所患久而濫觴，歧途雜出。五尺童子，皆知剽竊定宇，撏扯蕭客。村塾學究，莫不妄襲朏明，謬沿百詩，甚至以骨董談經，可資捧腹。此又宗漢唐者之流弊，不得不仍以宋元之學藥之。譬如邪實之證，惟張子和三法可施。再用薛立齋，必致狂易而走矣。

春自歎卑微，株守江鄉老屋之中，雖叫號何益！伏念先生學府經神，負海內之重望，若與當世二三巨公，亟起而救正之，此誠學者之厚幸，而春私心所仰望者也。要之，漢唐諸儒長於名物，宋元諸儒長於義理，後人更何從置喙。春邇來竊附不賢識小之義，作《十三經音略》，粗已具稿。雖不過一知半解，然自問餘生，得辨正一音，識真一字，庶幾白飯菜羹，不至虛度一日。只緣睽隔數百里，未獲面呈，殊覺悵然耳。謹此奉覆，不盡神馳。

（選自《十三經音略》附錄）

與紀曉嵐先生書

李文藻

> 李文藻（1730—1778），字素伯，號南澗，山東益都（今青州）人。乾隆二十六年（1761）進士。治學經術，兼研金石。著有《諸城金石略》二卷、《南澗文集》二卷《遺文》二卷《補編》一卷等。生平事蹟見《清史列傳》卷七二、《國朝漢學師承記》卷六、錢大昕《李文藻墓誌銘》等。

前承諭，訪馬宛斯《十三代緯書》，某初謂是拾綴讖緯之書，後讀施愚山為作《墓誌》云："疾將革，惟語子弟以《左傳》。事緯十三代，《緯書》未鏤板為遺憾，以《左傳》事緯例之。"又謂："《緯書》必馬所著矣。"昨於九月初一日過鄒平，邀一友同至其家，一白鬚者出，自云宛斯之姪。問所存遺稿幾何？白鬚云"伯父沒十年，予始生，其稿一簏在長房；某所某不識字，恐其有干預田產者，故不肯示人。數年前盧運使徵《詩札》至，僅得一首，報之。"因問《十三代緯書》安在？曰："三十二套皆質于典家。"驚其太多，索其目視之，乃即漢魏以來諸書而裒集之。蓋叢書之大者，非其所自著述十三代者周至隋也，共二百二十二種。而《周禮》《儀禮》《爾雅》《三傳》皆在焉，殊不可解。其或以五經之外，國家不以取士者，皆得謂之緯書邪？豐氏《偽詩傳》等書亦收入。所收六朝人著述頗多，惟吳均《齊記》世間罕有餘，非甚難得者，謹將全目鈔寄台覽，儻鄴架盡有其書，則不必覓。馬家所藏者，但首必有序例，惜未及見。白鬚云："原本籤帙，皆其伯父手題也。"

　　昨諸申之差竣，過此，留書院一日。有書數種，託其送通考館，不知達否？自問吾師有督學之命，即盼行旌，冀得面誨。茲接家信，知姊氏病篤，姊素為家母所鍾愛，恐有不測，母必過慟，謀即連夜馳歸，勢不能候於此耳。且某已應諸城修志之聘，擬在歲前開局，又恨不能追隨左右為閩中之游也。私懷悵惘，惟吾師諒之。此函留江君觀祖處，俟其轉呈。伏惟萬福不備。

（選自《南澗文集》卷下）

復蔣松如書

姚鼐

> 姚鼐（1732—1815），字姬傳，一字夢穀，號惜抱，安徽桐城人。乾隆二十八年（1763）進士。著有《惜抱軒九經說》十七卷、《三傳補注》二卷、《惜抱軒筆記》八卷、《惜抱軒文集》一六卷《後集》十二卷等。生平事蹟見《清史稿》卷四八五、《清史列傳》卷七二、鄭福照《姚惜抱先生年譜》、吳德旋《姚惜抱先生墓表》等。

久處閭里，不獲海內賢士相見，耳目為之瞶霿。冬間，舍姪浣江寄至先生大作數篇，展而讀之，若麒麟、鳳皇之驟接於目，欣忭不能自已！聊識其意於行間，顧猶恐頌歎盛美之有弗盡；而其頗有所引繩者，將懼得罪於高明，而被庸妄專輒之罪也。乃旋獲惠賜手書，引義甚謙，而反以愚見所論為喜。於是鼐益俯而自慚，而又以知君子之衷，虛懷善誘，樂取人善之至於斯也。鼐與先生雖未及相見，而蒙知愛之誼如此，得不附於左右，而自謂草木臭味之不遠者乎？"心乎愛矣，何不謂矣。"尚有所欲陳說於前者，願卒盡其愚焉。

自秦、漢以來，諸儒說經者多矣，其合與離固非一途。逮宋程、朱出，實於古人精深之旨所得為多，而其審求文辭往復之情亦更為曲當，非如古儒者之拙滯而不協於情也。而其生平修己立德，又實足以踐行其所言，而為後世之所嚮慕。故元、明以來，皆以其學取士。利祿之途一開，為其學者以為進趨富貴而已，其言有失，猶奉而不敢稍違之，其得亦不知其所以為得也，斯固數百年以來學者之陋習也。然今世學者，乃思一切矯之，以專宗漢學為至，以攻駁程、朱為能，倡於一二專己好名之人，而相率而效者，遂大為學術之害。夫漢人之為言，非無有善於宋而當從者也。然苟大小之不分，精粗之弗別，是則今之為學者之陋，且有勝於往者為時文之士，守一先生之說而失於隘者矣。博聞強識，以助宋君子之所遺，則可也；以將跨越宋君子，則不可也。

　　鼐往昔在都中，與戴東原輩往復嘗論此事，作《送錢獻之序》，發明此旨，非不自度其力小而孤，而義不可以默焉耳。先生胸中，似猶有漢學之意存焉，而未能割然決去之者，故復為極論之。"木鐸"之義、蘇氏說，《集注》固取之矣，然不以為正解者，以其對"何患於喪"意少遠也。至盆成見殺之《集注》，義甚精當，先生曷為駁之哉！朱子說誠亦有誤者，而此條恐未誤也，望更思之！

　　鼐於蓉菴先生為後輩，相去甚遠；於潁州乃同年耳。先生謂潁州曰兄，固於鼐同一輩行，而過於謙，非所宜也。客中惟保重，時賜教言為冀！愚陋率達臆見，幸終宥之！

（選自《惜抱軒文集》卷六）

與法鏡野先生書

羅有高

> 羅有高(1733—1778),字臺山,號尊聞居士,江西瑞金人。乾隆三十年(1767)舉人。學宗漢學,長於《說文》。著有《尊聞居士集》八卷、《羅臺山文鈔》四卷。生平事蹟見《清史列傳》卷七二、王昶《羅君有高墓誌銘》。

春明別後,瞻眷明德,懷永不忘。去歲莫冬,自粵東旋里,手教下頒,奉讀邕然,四千里外,如侍講席而被春風矣。《春秋取義測》《見事春秋》聞已脫草,山川閒之,未獲親承指授,頗用為悵然。循復二敘,破經師之陋,發先聖昔賢之蘊。使後世學者,即事為之著,求性命之歸,微顯一致,內外同條,誠不必外民生日用,空談名理。至于雕鑿藻繪,虛飾輪轅,愈無譏焉。善學者苟得先生之緒言而講貫之,可以知所致力矣。雖然,本末先後之敘,亦有不可強合者。

聖人作《春秋》,東規、西矩、南衡、北權、中繩,五則不爽,萬物就裁。其本杜于學《易》。學《易》之本,杜于謹彝倫,慎言行,納之于禮。人之彝倫、言行壹于禮,則性復仁全,措之正,施之行,變化生,而經緯天地之事起。此聖人所自盡,而原天下萬世同歸而無歧者也。南宋諸大儒所為固,固持堯、舜、孔、孟之道于國事倥傯之会者,此《春秋》之義也。

谓别无说以易之也，道不可有二故也。孟子曰："不以舜之所以事尧者，事君不敬其君者也；不以尧之所治民者，治民贼其民者也。"建三才，横六合，一道而已。二之则惑，反之则乱。《禮大傳》所云"不可變革"者也，亦即先生所云"滄海橫流，經常大義確乎可知"者也。南宋之君不能勉強，信用不專，諸大儒之說，未嘗一日得施于行事，是以卒成為南宋也。孟子述唐、虞三代于戰國擾攘之时，朱、陸陳誠正義利之辨于南宋南北交訌之日，其揆一也。先生《答懷庭書》謂"南宋儒先，不識時宜"，持方枘而內圜鑿乎？夫所云時宜者，立權度量，考文章，改正朔，易服色，異器械，殊徽號，得與民變革者也。聖人鼓舞盡神，華裁盡利，既竭聰明焉。至於天之經，地之義，人之行，則無所謂時宜也。南宋諸大儒之所靜論，天經也，地義也，人行也，烏得而不斤斤也？先生其熟思之！懷庭云："亡吾道益孤。"每過虎坊橋，輒有腹痛之感。近公復解組，其出處令人敬慕。

　　夫先生之居未遠，可以往復。尊著繕寫成，務令朋好，盡意斟酌，歸于至善，勿留遺憾為禱。有高近来漸為衣食之累所困，向者請益之事，恐成虛語，慚負知己，言不能罄。伏唯先生髦期不亂，神明以強，幸少節損，頤養天穌，充究盛業，無任馳慕，依切之至！

（選自《尊聞居士集》卷四）

與陳恭甫書　　段玉裁

> 段玉裁（1735—1815），字若膺，號懋堂，一號茂堂，江蘇金壇（今常州市）人。乾隆二十五年（1760）舉人。一生究心文字、音韻、訓詁之學，通經，精於《說文》。著有《六書音均表》五卷、《說文解字注》三十卷、《詩經小學》四卷、《儀禮漢讀考》十七卷、《古文尚書撰異》三十二卷、《春秋左氏古經》十二卷附一卷、《春秋左氏傳》五十一卷、《周禮漢讀考》六卷、《毛詩故訓傳定本》三十卷。生平事蹟見《清史稿》卷四八一、《清史列傳》卷六八、劉盼遂《段玉裁先生年譜》、陳鴻森《段玉裁年譜訂補》等。

　　恭甫先生閣下：自壬戌年得奉教益，直至扵今，每深馳想。先生人品、經術，皆不作第二流人。聖心簡在，慰天下重望。弟已老甚，所仰霖雨蒼生也。比來大著能見示一二否？茲因臧西成入都，布問福安。西成言學其推尊者，惟先生雅有水乳之契，相晤之樂可知也。玉裁頓首。

　　辛年握手匆匆，以為大兄先生即出就維揚之館，相晤不難也。既而知蘭陔色養講席，即在桑梓，無任馳溯。海內治經有法之儒，為吾兄首屈一指，《禮記鄭讀考》等書尚未拜誦，即為弟解紛之作，亦未得一見。兩年來著述想甚富，弟明年八十，老至而眊及之，不能覃精，殊可歎也。未審尚能相見劇談否？在東已作古人，厚民饑驅鹿鹿，茲因江子蘭沆遊閩中，肅候侍奉。近安子蘭與顧千里，蘇之二俊也。喬吳弟段玉裁頓首。

　　恭甫大兄先生執事，伏惟侍奉萬安，興居多吉。今歲三奉手書，見賜《五經異義疏證》《尚書》《儀禮》諸經說，一一盥手雒誦，既博既精，無語不確如此。執事者，弟當鑄金事之。以近日言"學者淺嘗剿說，馳騖獵名而已，不求自得扵中也。"善乎！執事之言。曰："文藻日興而經術日淺，才華益茂而氣節益衰。固倡率者稀，亦由所處日蹙無以安其身，此人心世道憂也。"愚謂今日大病在棄洛、閩、關中之學不講，謂之庸腐，而立身苟簡，氣節敗，政事蕪。天下皆君子而無真君子，未必非表率之過也。故專言漢學，不治宋學，乃真人心世道之憂。而況所謂漢學者，如同畫餅乎？

　　貴鄉如雷翠庭先生今尚有嗣音否？萬舍人乞為致侯江子蘭札云："邵武有高澍然亦良。"執事主講宜與諸生講求正學氣節，以培真才，以翼氣運。大著尚當細讀，以求請益。弟今年八秩，終日飽食而已。記一忘十，甚可笑也。安足以當執事之推許！玉裁再拜。

（選自《左海文集》卷四）

與諸同志書論校書之難

段玉裁

校書之難，非照本改字不譌不漏之難也，定其是非之難。是非有二：曰底本之是非，曰立說之是非。必先定其底本之是非，而後可斷其立說之是非。二者不分，轇轕如治絲而棼，如算之淆其法實而瞀亂乃至不可理。何謂底本？著書者之稿本是也。何謂立說？著書者所言之義理是也。

《周禮·輪人》："望而視其輪，欲其幎爾而下迤也。"自唐石經以下，各本皆作"下迤"，唐賈氏作"不迤"，故疏曰："不迤者，謂輻上至轂，兩兩相當，正直不旁迤。故曰不迤也。"文理甚明。今各本疏文皆作"下迤"（"下迤"者，謂輻上至轂，兩兩相當，正直不旁迤，故云下迤也），其語絕無文理，則非賈氏之底本矣。此由宋人以疏合經、注者改疏之"不"字，合經之"下"字，所仍之經非賈氏之經本也。然則，經本有二，"下"者是與？"不"者是與？曰"下"者是也。"望而視其輪"，謂視其已成輪之牙，輪圍甚，牙皆向下迤邪，非謂輻與轂正直，兩兩相當。經下文"縣之以視其輻之直"，自謂輻；"規之以視其圜"，自謂牙，輪之圜在牙。上文轂、輻、牙為三材，此言輪、輻、轂，輪即牙也。然則唐石經及各本經作"下"是，賈氏本作"不"非也。而義理之是非定矣。倘有淺人校疏文"下迤"之誤，改為"不迤"，因以疏文之"不迤"改經文之"下迤"，則賈疏之底本得矣。而於義理乃大乖也。

《王制》："虞庠在國之四郊。"《注》云："周立小學於四郊。"唐孔氏本經注皆作"西郊。"（疏云："西序在西郊，周立小學於西郊。"）《祭義》："天子設四學，當入學而大子齒。"《注》云："四學，謂周有四郊之虞庠。"孔氏本改注作"西郊。"故疏云："天子設四代之學：周學、殷學、夏學、虞學也。天子設四學，以有虞庠為小學，設置於西郊。當入學之時，而大子齒於國人。"今本疏文作"設置於四郊"，文理不可通，則非孔氏之底本矣。此由宋人以疏合經，注者改疏之"西郊"，合注之"四郊"。所仍之注，非孔氏之注本也。然則《祭義》注本有二，四郊是與？西郊是與？曰：四郊是也。鄭注以"周有四郊虞庠"釋經"四學"，文理一直，並無轉折。"周有四郊虞庠"，即《王制》之"虞庠在國四郊"，注之"周立小學於四郊"也。故皇侃云："四郊皆有虞庠。"《通典》云："《周制》，大學為東膠，小學為虞庠。"引鄭注《祭義》："周有四郊之虞庠。"又引崔靈恩說，亦云：鄭注《祭義》曰，"周有四郊之虞庠。"《北史·劉芳傳》芳表曰："《禮記》云：'周人養庶老於虞庠，虞庠在國之四郊。'又云：'天子設四學，當入學而大子齒。'《注》云：'四學，謂周四郊之虞庠也'。"劉、崔、皇、杜所見《祭義》注皆作"四郊"。王肅雖好駁鄭，而劉芳表云："王肅《禮記》注云：'天子四郊有學，去都五十里。'鄭氏則不知遠近。"按：鄭注《王制》"移之郊"云："為習禮於郊學，郊在鄉界之外。"則鄭謂"郊學在遠郊百里"；肅則云"近郊五十里。"唯此為小異。而小學在四郊無異，故盧辨注《大戴禮》亦言"四郊之學"。劉芳表曰："大學在國，四小學在郊。"引《保傅篇》："帝入東學，帝入西學，帝入南學，帝入北學，帝入大學。"而總之曰："周之五學，於此彌彰。"崔靈恩亦曰："凡立學之法，有四郊及國中。四郊並方名之，國中謂之大學。"然則四郊小學絕無可疑。再證以《王制》注："習禮於郊學，在六鄉之外，六遂之內。"則斷不專在西郊一處，亦可證。

或以《祭義》"祀先賢於西學"為疑，不知此即《保傅篇》："帝入西學，尚賢而貴德。"祭先賢專在西郊也。西學者，四郊之一，別辭也。四學者，合四郊言之，都辭也。孔氏於《王制》，依誤本"西郊虞庠"，因改此注，亦作"西郊之虞庠"。而經文故作"四學"，因用《儀禮》注"周立四代之學"釋經之"設四學"，以"四學中有西郊虞庠"，釋《注》謂"周西郊之虞庠"，是不思《儀禮》"四代之學"，謂立大學於國中，不得與郊之小學糅合為四也。且以一承四，甚費周折。是孔氏二疏作"西郊"皆非也，而義理之是非定矣。倘有淺人校《祭義》疏，改"四"為"西"，因並改《祭義》注之"四"為"西"。《王制》經注疏之"西郊"皆沿誤不改，則孔疏之底本雖得，而於義理乃大乖也。

《春秋左傳》："衛侯賜北宮喜諡曰'貞子'，賜析朱鉏諡曰'成子'，而以齊氏之墓與之。"杜注曰："皆死而賜諡及墓田，傳終言之。"宋本亦或作："皆未死而賜諡及墓田，傳終而言之。"二者皆出於宋本，孰為是與？曰"皆死而賜"者是也。二人時未死也。既死而賜，故要其終而言之。若云皆未死而賜，則"傳終言之"句不可接，而為贅辭矣。是一本作"未死而賜"者，非也。然則，死而賜，於說經是與？曰《春秋》常事不書。書者，為其"未死而賜"也。云"死而賜"，則杜注之底本得矣，而於義理實非也。云"未死而賜"，則杜注之底本失矣，而於義理有合也。

《毛詩》："涇以渭濁。"《箋》云："涇水以有渭，故見謂濁。"《正義》曰："涇水言以有渭，故人見謂己濁，猶婦人言以有新婚，故君子見謂己惡也。"引定本箋作"涇水以有渭，故見其濁。"《釋文》曰："故見渭濁。"舊本如此；一本"渭"作"謂"，後人改耳。按：同一字而《正義》作"見謂"，師古定本作"見其"，《釋文》作"見渭"，三者孰是？曰：《正義》作"謂"是也。如《釋文》作"見渭"則不可通；定本作"見其"，亦因舊作"渭"不可通，而改之耳。作"見謂濁"，文理易憭。陸德明反說"見謂"為非,"見渭"為是。苟知孔氏疏文底本作"見謂"不誤,而義理之是非亦定矣。倘有必據《釋文》以改《正義》,則孔疏之底本失,而於義理乃大乖也。

《士冠禮》"以摯見於鄉大夫、鄉先生。"《冠義》同。上"鄉"字,《釋文》作"卿",云:"二卿並音香。"二經疏皆作"卿大夫、鄉先生。"賈云:"經言卿大夫,不言士。"孔云:"謂在朝之卿大夫也。""鄉""卿"果孰是與?曰:"鄉大夫"是也,作"卿"非也。凡言"鄉大夫",有二義。一則《周禮》之本鄉鄉老、鄉大夫,關以下州長、黨正、族師、閭胥也。"鄉大夫",卿也;"鄉老",公也。舉鄉大夫以上關公,下關士也。一則本鄉之仕為大夫,在朝者亦舉大夫,以關卿士也。《鄉射禮》注云:"遵者,鄉之人仕至大夫者。"又曰:"鄉先生,鄉大夫致仕者也。"此"鄉大夫"三字,所謂"同一鄉之人仕至大夫者",同一鄉而仕至大夫曰"鄉大夫",每鄉卿一人者,亦即大夫之一也。同一鄉仕至大夫,致仕者曰"鄉先生"。即上老坐於右塾,庶老坐于左塾。《鄉飲》《鄉射》則謂之"遵者"是也。鄭於《禮》《禮記》皆釋"鄉先生",不釋"鄉大夫"者。《禮記》言"鄉先生"同鄉老而致仕者,則"鄉大夫"之為同鄉現仕者可知矣。《儀禮》言"鄉先生,鄉中老人為卿大夫致仕者。"則"鄉大夫"為鄉中卿大夫未致仕者,可知矣。必重同鄉者。死徙無出鄉。百姓親睦,相保相受,相葬相救,相賙相賓。欲使一鄉之人相好如一家,六鄉六遂皆然,而後仁義著,教化行,本鄉之外,恐太廣而不浹,本鄉之內,不甚遠而易相親,故有冠者必見其鄉之已仕、致仕者,聖人教民之深意也。如賈、孔作"卿大夫",則在朝之卿大夫,其可全見與?是以陸是而賈、孔非也。今若依賈孔之底本,改陸氏音"香"之說,改二經作"卿大夫",則賈、孔之底本得矣,而於義理乃大乖也。

就五事論之,依今疏作"下迆",而賈不受也;依賈作"不迆"以改經，而《考工》經不受也；依《祭義》今疏"四郊虞庠"，而孔不受也；依孔作"西郊"，而《祭義》《王制》經、注不受也；依"皆未死而賜諡"，而杜元凱不受也；依"皆死而賜諡"，又恐左公不受也；依《疏》作"見謂濁"，而陸不受也；依《釋文》作"見渭濁"，而鄭《箋》不受也；改二《疏》作"鄉大夫"，而賈、孔不受也；依疏以改經及《釋文》作"卿大夫"，而經、《釋文》不受也。故校經之法，必以賈還賈，以孔還孔，以陸還陸，以杜還杜，以鄭還鄭，各得其底本。而後判其義理之是非，而後經之底本可定，而後經之義理可以徐定。不先正注、疏、《釋文》之底本，則多誣古人；不斷立說之是非，則多誤今人。自宋人合《正義》《釋文》於經注而字不相同者，一切改之使同。使學而不思者，白首茫如。其自負能校經者，分別又無真見。故三合之注疏本，似便而易惑，久為經之賊，而莫之覺也。如近者，顧千里校《祭義》疏，改"四郊"為"西郊"。孔氏之底本得矣，而遂欲改注之"四郊"為"西郊"，且云《王制》經注之"西郊"不誤。是知孔氏之底本，而不知鄭氏之底本也。鄭氏之底本失，則經之底本亦失，而周制"四郊""小學"遂不傳矣。千里又竊余曩時辨劉端臨、盧紹弓據二疏改經"鄉大夫"為"卿大夫"之說，著於《禮記考異》而未知其詳。且又因宋本之譌字，謂賈作"鄉"不誤，是又知經之底本，而不知賈疏之底本也。知之者所以辨其非而歸於一是也。

東原師云："鑿空之弊有二：其一，緣詞生訓也；其一，守譌傳謬也。緣辭生訓者，所釋之義非其本義；守譌傳謬者，所據之經並非其本經。"如孔氏"虞庠在國西郊。"所謂所據之經非其本經也，而緣之立說，則所釋之義非其本義矣。經文之不誤者，尚懼緣辭生訓，所釋非其本義，況守譌傳謬之經耶？孔氏守唐時譌謬之本，千里又守孔氏所守，至於古本之是者確有可據而不之信。信孔以誣鄭，誣鄭以誣經，不大為經之害也哉！凡校經者，貴求其是而已。以《祭義》注"四郊虞庠謂之四學"正《王制》經、注之"西郊"為"四郊"。考之《大戴禮》、王肅、劉芳、皇侃、崔靈恩、杜佑諸家而無不合，以排孔氏之疏謬，所謂求其是也。執事以為何如？

（選自《經韻樓集》卷一二）

答安彙占書

秦 瀛

> 秦瀛（1743—1821），原名沛，字淩滄，號小峴，別號小峴山人，晚號遂庵，江蘇無錫人。乾隆三十九年（1774）舉人。論學宗程、朱。著有《錫山秦氏宗譜》十二卷、《遂庵日知錄》八卷、《小峴山人文集》七卷《續》二卷《補遺》一卷等書。生平事蹟見《清史列傳》卷三二、《清儒學案》卷八九、陳用光《太乙舟文集》卷八等。

前接書，以書《韻徵說》寄示，蓋足下於音讀之學深矣。夫音之生，由人心生也。故有音而無韻，自李登以後，韻學盛行，而古人之真音亡，古人之真韻亦亡。蓋古人之音在《易》《詩》《書》，鄭司農、鄭玄、應劭、服虔皆能通其義，而尤著於許慎《說文》。其後吳棫乃取《易》《詩》《書》之韻一一叶之，為《韻補》。"叶韻"之說，自棫始，紫陽朱子嘗取之，以釋《毛詩》，並釋《離騷》。近代如邵長蘅頗取吳氏之說，而顧炎武則曰"古韻寬緩，如字讀則可協。何用勞唇吻四聲之分？在齊梁間、成周之世，豈知有沈約？"此足以開其弊矣。

今足下謂顧氏《音學五書》尚在多闕略，將據《說文》以補顧氏之闕，其《說文》之譌且闕者，據《書》《易》《爾雅》以正之，而補之，庶幾十三經至楚騷韻皆可讀，無不通，則古人之真韻存，而真音亦存矣。至謂顧氏明於《毛詩》用韻之法，而不知五音分韻之故，故於《詩》《書》《易》韻之未盡通者謂之方言，是猶執漢魏之韻以繩經，方闢叶韻之非，而仍為叶韻藉口。足下言是也。

　　夫漢以來，傳注多用方言，而音則僅取譬。況古今聲音之變，與時轉移，兩晉以來，華夏之亂，驅中原之人入於江左，而江淮南北且間雜裔言，然則方言豈盡可用以釋經哉？夫不信古人而妄有所撰述，慎也；過信古人而茫然無所折衷，陋也。去其慎與陋，而獨求其是，是在足下。僕於音學無所解，浙中阮學使芸臺、周進士松靄皆深於此，惜不與足下一考證焉。《尚書讀法》《夏詩考》已成否？草草率復。不宣。

（選自《小峴山人文集》卷二）

與桂未谷書

武　億

> 武億（1745—1799），字虛穀，一字小石，號授堂，號半石山人，河南偃師人。乾隆四十五年（1780）進士。博通經史，長於考證。著有《群經義證》八卷、《三禮義證》十二卷、《經讀考異》八卷《補經讀考異》一卷、《授堂文鈔》十卷等。生平事蹟見《清史列傳》卷六八、《國朝先正事略》卷二一、《清儒學案》卷一○四、朱珪《博山知縣武君億墓誌銘》。

　　昨承見過，語及《說文序》魯恭王壞孔子宅而得《禮記》《尚書》《春秋》《論語》《孝經》。足下按，此《禮記》非今之《戴記》，據《漢志》有《石禮經》，當是《儀禮》，某以足下言是也。《爾雅·釋言》郭景純注引《禮記》曰："扉用席"，《釋詁注》引《禮記》曰："安而後傳言"，邢氏證之《有司徹》《士見禮》文，悉以稱《禮記》者為誤，或云疑傳寫之訛。《釋草注》引《禮記》曰："苴麻之有蕡者"，邢氏又以此《儀禮·喪服傳》文，傳所以解經，故亦謂之《禮記》。其說凡數歧，未有從而衷于一者，某固以心疑之矣，然終亦未解其所以。後檢宋張淳《儀禮識誤序》云："出于孔氏之宅壁者曰《禮記》，河間獻王之得先秦古書者曰《禮記》。禮者，今之《儀禮》。記者，今《儀禮》之記。時未有《儀禮》之名也。"

乃以見郭氏之所引，定名《指歸》，實有所自。

蓋迄兩漢以來，皆指《儀禮》為《禮記》，鄭康成箋《詩·采蘩》引《少牢饋食禮》"主婦被錫"，亦作《禮記》，亦其證也。足下垂示及此，非惟與張氏同為致確之解，而某積年蓄之於懷，不敢向他人請質者，亦自幸其不孤矣。敢以鄙識覆左右，想更有以進之，佇俟佇矣。

（選自《授堂文鈔》卷三）

上石經館總裁書

洪亮吉

> 洪亮吉（1746—1809），字君直，一字稚存，號北江。江蘇陽湖人。乾隆五十年（1790）進士。著有《毛詩天文考》一卷、《春秋左傳詁》二十卷、《公穀古義》四卷、《三傳古義》二卷、《卷施閣文甲集》十卷《乙集》八卷，《更生齋文甲集》四卷《乙集》四卷等。生平事蹟見《清史稿》卷三五六、《清史列傳》六九、盧文弨《國子監生洪君家傳》等。

亮吉頓首肅啟閣師石經總裁執事：昨奉諭旨，辦理石經，并諭以蔣衡所寫進《十三經》為底本。鴻都門側，建立百碑；務本坊南，書從一體。雲臺辨難之旨，定自禁中；開元御製之篇，冠于碑首。士生今日，千載一時。又欣值執事，以上袞之尊嚴，領羣經之問答，總司秘籍，董率羣賢。此則鸞臺鳳閣，別標監領之名；虎觀麟洲，雅重諸儒之選。本日復派亮吉等四人，預司其事。老聃之守柱下，子政之居閣中。自問何人，敢同前哲；承命之下，欣悚交并。伏以聖朝舉事，度越百王；況石刻流傳，將貽萬古。是必博稽羣籍，參以昔賢，訂蜀宋之叢殘，校漢唐之昔誤。其體則括一字二字三字，爰定厥中；其字則準大經中經小經，俾分其任。子思子之言曰："以俟聖人而不惑。"張伯松之言曰："懸諸日月而不刊。"迨今日執事及諸君子之任乎？若亮吉者，與天祿石渠之選，已愧非才；掌三皇五帝之書，尤慚無任。竊見兩年之限，校讎既有程期；而旬日之間，義例仍難畫一。此則屢承垂詢之餘，私心有不能已者也。又自計於石經一事，不為無緣；早從江左之使車，壯入咸秦之節署，于學士則贊成其事，（乾隆三十七年，安徽學政朱筠奏請立石經）于侍郎則助校其訛。（乾隆五十年，陝西巡撫畢沅，恭拓唐開成石經進呈）賃先儒之廡，摩京兆之叢碑；從好古之家，識熹平之殘字。南仲篆書，搜於嫛學；光堯御筆，拓自錢塘。每有遺文，悉歸流覽。又況書編隸釋，仿自先臣；閣建蓬萊，不無家學。今復忝預掌書之任，厠身祕閣之中，雖識大識小，事有不同；而盡美盡善，期于無負。輒不自量，謹撰上二十四條，各約舉一二事。尚祈執事於機務之暇，察其愚昧之誠，不棄芻蕘，賜之采擇，雖義難徧及，而餘庶類推，倘可施行，乞頒本館。

一、經注參錯宜正也。《易·序卦》"履者禮也"四字，既誤以經而作注；《儀禮》下言"為世父母"二十一字，又誤以注而作經，《左傳》"上天降災"四十二字，又並非注而誤作經之類。

一、前後倒置宜正也。《穀梁》僖二十年"釋宋公"三字當在"外釋不志"之上；《尚書》"武成王若曰"十二字，又誤移"大告武成"之下。

一、脫文宜補也。《大易》"童蒙求我"中乃脫"來"，《論語》"賜也賢乎"下應增"我"。

一、又有因數字之脫而上下不貫者，宜補也。《左傳》桓十三年"淇水"二字全脫，而"亂次以濟"之義不明，可以證《釋文》者，酈元之注也。《論語·子貢章》"樂道"二字脫一，而"富而好禮"之文不配，可以證《孔傳》者，皇侃《義疏》也。

一、衍文宜去也。《易傳》"坤至柔"上衍"文言曰"三字，《禮·雜記》"君之母與妻"上復衍"君之"二字之類。

一、又有因一句之衍而文義不續者，宜削也。《易傳》衍"變則通"

三字,而德明之本,尚可並行。《禮記》衍"舞斯慍"三字,而貢父之編,遂生異議。

一、因一字之別而本義全乖者,宜改也。《儀禮》"司射實觶"之"實"誤為"賓",而"洗升"之文難喻。《左傳》"旦辟左右"之"旦"誤為"且",而"厭夢"之符不彰。

一、前後宜畫一也。《易》"包"字凡十見,而"苞桑"之"苞"獨從草;《孟子》"饑"字凡六見,而"無饑"之"饑"獨作幾;"句踐"之"句"並從口,而間亦作"厶","盤桓"之"盤"本作"般",而又或加石。

一、偏旁宜急削也。"暮"從二日,"憾"有兩心,添木為槲,加草於臧;卽且之側從虫,胡連之旁置玉;此類殊多,亦難畢數。他若本之為夲,暴之作暴,磷莞之在《魯論》,餂荂之留《孟子》,更為別字之尤,又屬全文當改。

一、字有誤自魏晉以前者。《儀禮》則挑初從濯,《風詩》則祊本為繫;《大易》陰凝,叔重尚知其俗;《春秋》衿服,當陽已改為均。

一、字有誤自唐宋以前者。菁訛為薉,幸有賈逵之注,可證《說文》;澟誤為漣,倘非《鴻烈》之編,誰明古義。此上二端,並宜裁定。

一、字雖非俗,而亦當定從本字者。如《論語》"後彫"之當作"凋",《左傳》"絺樊"之當作"鄀"是也。

一、同一俗字,當酌去其已甚者。拖、拕皆《論語》"袘紳"之別字,與其從拖,不若從陸氏之拕為得。濱、濵皆頻之或文,與其作"濱",不若從《廣雅》之"濵"為是。

一、經不可改從注也。《禮記·大學篇》:"此之謂自謙。"鄭康成"謙"讀作"慊"。而近刻即改為"慊",《周禮》九嬪"贊王",杜子春"王"讀為"玉",而各本依改為"玉"。

一、此經有可以彼經改者。同一引書,則《大學篇》"一个臣"之類,移從《公羊傳》作"一介"為是。

一、此經有必不可以彼經改者，各存古字。則《公羊傳》"鄭伯臤"之字今改從《左傳》本作"伯堅"為非。

一、有因上下文而誤者，亦當改正也。《左傳》僖廿八年"齊侯"二字，以上文而誤重，《論語·子路章》"輕裘"二字因下章而竄改。

一、前代之制宜改也。秦并天下，皋乃從非；漢戒羣臣，對初離口；著火德之符，改從水之洛為雒；表金刀之讖，易處者之留為劉；以迄新莽疊文之誤，開元頗字之訛；《字苑》出而影始從彡，草書行而修訛從羽；繼之作絠，城之作圻，匚之作匡，桓之作桓之類，既事隔于數朝，悉當從乎釐正。

一、漢石經有急宜從者。"子遊"之為"子斿"，"石碏"之為"石蹐"。《大易》先心之文，《尚書》微言之字，此類亦多，畧標一二。

一、唐石經有宜酌從者。《尚書》"視乃烈祖"之"烈"作"厥"，《左傳》"其氣燄以取之"之"燄"作"炎"；《風詩》"襛矣"不誤，從禾；《論語》"德衰"下仍加"也"，至其失者，則于干不辨，專專不明，此類殊多，亦難枚舉。

一、兩宋石經有可從有不可從者。南仲號工篆籀之文，乃以豐而配禮；光堯始准宣和之詔，復易陂而作頗。

一、唐宋石經外刊本宜搜羅也。夫毛居正之正誤，藉讎監本之訛；晁公武之遺書，足校石經之失；吳興沈氏之刻，相臺岳氏之編，本留淳化，與閩本以兼行；堂號永懷，較汲古而稍善，此則並可博搜以襄盛舉。

一、字當以《說文》為本，而從否亦當斟酌者。《字書》無覵字，則覵當從繫傳本作儐；舊文無哂字，則哂當從淳化本作弞。以及份份之在《論語》，墫墫之在《風詩》，此急宜從者也。至若文馬之為馮馬，戚施之作䖣䵷，不妨存此異文，可不改從古字。又況菿之誤蔜，麗之從麤，均後所誤加，不堪依據。

一、本當以《釋文》為據，而錄取亦當鑒別者。如《論語》"襁負"

之作"繿負",《易》"鼚帶"之為"鼚帶",以隋唐之大儒,反有愧宋元之監本。又況《尚書》一冊,宋人之補釋為多;《周易》二經,近刻之脫文不少,能無待精識之去留與碩儒之裁決哉!此上凡欵上廿四條,未知有當與否?幸有以教正之。

(選自《洪亮吉集·卷施閣文甲集》卷七)

與趙億生司馬書

莊述祖

> 莊述祖（1750—1816），字葆琛，江蘇武進（今常州市）人。乾隆四十五年（1780）進士。治學覃思精微，兼通漢宋。著有《夏時說義》二卷、《夏小正等例文句音義》六卷、《夏小正等例》一卷附《夏小正等例說》一卷《夏時明堂陰陽經》一卷、《尚書今古文考證》七卷、《五經小學述》二卷，《毛詩考證》四卷、《周頌口義》三卷、《春秋釋例》五卷等。《清史稿》卷四八一、《清史列傳》卷六八、《碑傳集》卷一〇八有傳。

不相見久，獲奉談讌，深慰契闊之思。為日無幾，又各一方，勞竚如何。溽暑，伏惟鈞候，動定萬福。述祖日困於簿書，無可為知己道宵光秉燭、苦學之煩，欲觀諸要，轉益汎濫。

竊怪漢用黃老而致文景之治，孝武尚儒術，天下日多事，豈真儒者博而寡要，勞而少功，失其本矣！儒林之興多自孫卿，其學先制作，趨時尚，雜功利，矜智能，所謂王道禮樂者特以矯輮人性而為之憳詭，以致其隆盛焉耳。大賢君子，間有獨見大義，合於六藝之微言，如賈生、毛公、董相、韓太傅之倫，其餘專門名家能出其範圍者鮮矣。

故漢之儒，其未能盡醇者，孫卿子之儒也。至謂周公屏成王，而及武王尤誖亂。《尚書》家據以說經，复子明辟，嘉禾延登，誰階之厲。《藝文志》敘諸子以為皆六經之支流餘裔，使遇明王聖主，得其所折中，皆股肱之材藎矣。九家皆可曉合經義。故荀卿譏孟子略法先王，謂之俗儒，此正得其要，而易有功者也。董生言《春秋》亦以為損周之文，用夏之質。《韓詩外傳》獨明性善之旨，而賈生簾遠堂高之喻，見三代忠厚之遺，《大戴記》錄之，今佚。

傳記中如此類者，意欲輯為一書，於孫卿以後諸儒之說，稍為區別，明其得失，以傳六藝之末，未知能畢此願否？狂簡可裁，閣下幸教之。

（選自《珍執宧文鈔》卷六）

與葉子雲書　　朱　彬

> 朱彬（1753—1834），字武曹，號鬱甫，江蘇寶應人。乾隆六十年（1795）舉人。深於文字、音韻、訓詁之學，長於治經。著有《尚書異義》四卷、《尚書故訓別錄》一卷、《禮記訓纂》四十九卷、《經傳考證》八卷、《毛詩考正》二卷、《十三經文字同異》《遊道堂集》四卷等。生平事蹟見《清史列傳》卷六九、《國朝耆獻類徵初編》卷一二八、《國朝先正事略》卷三五、朱為弼《贈吏部尚書鬱玉朱公墓志銘》等。

子雲足下：二月間得手書，承示《吳學編》，並命討論時以試，事將及闕然未報，今輒獻其疑於左右。

凡言心言性，宋以後講學家視為聖賢奧旨，竊謂自堯典三代以來，大經大法具在，六經未嘗空言心也。孔子刪詩書，定禮樂，《論語》言"性相近，習相遠"，子貢已言"性與天道不可得聞"。《大學》之功，始於格物致知，終於治國平天下。《中庸》言率性始於"戒慎恐懼"，終於"篤恭天下平"。至《孟子》乃直揭性善之旨，而仁義未嘗偏主。所謂求放心乃呼寐者而使之覺，其要在察識擴充。所謂良知良能欲人從赤子之心而推廣之，故曰大人者不失其赤子之心，非謂赤子之心即大人之心也。程朱二子始於性善，分別天命與氣質有二。彬謂氣質之性即孔子所謂習，孟子所謂"性也，有命焉，君子不謂性也。"宋諸子中，朱子集其成，居敬窮理為終身得力之處。同時陸象山創言主靜，遂謂"六經作我注腳"。空談性命者，實權輿於此。

然宋南渡後、元及明初，咸謹守新安遺教，學雖淺陋，而藩籬未決。陳白沙專主象山，王陽明倡為良知，暗以告子為圭臬，言周、程不及朱子。《傳習錄》中載問答語與釋氏棒喝機鋒無異。其徒龍溪、心齋顯為禪學，大唱宗風，而《詩》《書》、六藝如塵羹土飯。至李卓吾輩，猖狂誖亂，流為無忌憚之小人，其毒至於無父無君，其罪甚於洪水猛獸。有明三百年人材學術遠不如古者，一敗於時文，二敗於心學，而陽明實為之魁。顧涇陽、高景逸生當末造，頗宗朱子，而實不能出主靜範圍。至陸稼書始於朱子之學，深知篤嗜，而不為異端所間惑。張考夫切近篤實，絕無危言激論，望而知為守儒。吾宗止泉先生，洎同時王予中太史表章朱子之功不遺餘力，而止泉翁仍以主靜為歸。惟王先生發明朱子"涵養須用敬，進學在致知"二語。其於朱子之學，信其所可信，而於家禮、九圖、筮儀諸說頗為是正，較前此講學家獨為醇正。彬幼年與端臨從事於此，自審未能窺其樊。端臨爾時已擇之精，而守之固，後各從事經學，此事遂廢。

頃在京師得戴東原遺書，其論心性主《易繫辭》、孟子之說，而仁義禮並言，頗與程朱違異。吾友李孝臣輩，直言宋儒無一可采，理學即禪學，則立論太觕而考之未審也。端臨外，有太倉馮孝廉偉於先儒所言考證，確而用功深。端臨常稱其躬行心得，外此則未數數。觀關中之學，自李二曲倡於前，王爾緝繼之，其術頗行於北方。如顏習齋、李剛主皆以堅苦力行為宗，絕嗜欲，忍饑勞為貴，究其歸，與陽明異流同源。嘗見稗官家術呂原明肩輿行山中，輿夫忽顛墜而死，身坐輿中未嘗一動，二曲稱之曰於此勿動，更何物足以動之。彬謂此《孟子》所謂"無惻隱之心，非人也。"

聖人之微言大義，方冊昭然，修己治人，天德王道，一以貫之而下學上達。自八歲入小學，習於灑掃應對，至知類通達，強立不反，九年大成，序不可紊，而功不可闕如是。

今之學者考證制度名物，闡明詁訓，皆古人之小學也。自周以前，師師相承，守之勿替，後世則有農夫婦孺所習見者，士或皓首未之聞。然依古以來未有不通此而為名儒者，第因此遽謂治道經濟無庸切究之。是逐末而遺其本，一旦當朝涖官，何以躋斯民於仁壽乎？至流而為記誦，為詞章等而下者也。然溯流窮源，未嘗非六藝之支與流裔，非離經畔道者比也。若所謂良知，所謂不動心，豈惟古人所未嘗言直為異道曲學，揚其波而助之燄耳！賊經侮聖，不亦甚乎？且自明以後，凡為調人謂陸王與朱子不相詆者，皆邪說也。足下博考而參稽之，則於《吳學編》之得失，必有以知其深矣。彬於問學本無所知，然自志學以來，即以衛道自任。孟子有言"能言距揚墨者，聖人之徒也。"因聞教未達，不得不發其覆，惟高明垂察焉。不宣。

（選自《遊道堂文集》卷二）

再復鄭六寧書

謝金鑾

> 謝金鑾（1757—1820），字退穀，又字巨廷，福建侯官（今福州）人，乾隆五十三年（1788）舉人。歷任邵武、南靖、嘉義、南平、安溪縣教諭。篤好胡渭、顧棟高、任啟運、方苞之學。其學以四子書為綱，五經為輔。認為注疏是讀經的底本，讀注疏應先從《毛詩》始，再讀《周禮》，吸收會通，能補前人所不及。著有《大學古本論》《二勿齋文集》六卷首一卷、《教諭語》一卷等。生平事蹟見《清史稿》卷一六六、《國朝先正事略》卷三一、《學案小識》卷九等。

曩者僕以來教有經術之言，謬為論說，而獨有取於顧、胡、任、方四家者，蓋以四子之於讀經，皆汲汲於倫常日用，而非訓詁鈔錄者也。然讀書之法，又有當言者。古來書惟《易》《詩》《書》為孔子所手定，與《大學》《中庸》《論語》《孟子》數者為極純粹耳。自後諸儒著述，則不能無偏弊之處。卜子夏、左丘明親受業於孔子，其言尚有疵謬，況其下者乎！

任荊溪之學《易》也，苦志力求，至於血氣散亂，神思喪失，昏不知人，七日乃蘇。此足見其由探索而有獲，而少脫然自得之趣者也。又此公生平讀書，必欲融會眾家，無所遺棄，故《洗心》卷首《圖說》太繁，而五十學《易》之解不無牽強，此其所偏也。若其卦爻注說，獨能徵求象數，使學者知聖人之立言，字字有所根據，而窮極事變，無一不切於倫常日用，此其所以為難也。昔程《傳》以理訓《易》，朱子歸諸卜筮，其旨尤該。然《易》之為書，原本象數者也。善說《易》者，必當不離於象數。惜乎古書淪亡，難於引據。任氏所徵，皆不失其正，大足為《本義》之助，故僕謂學《易》者必有取乎此也。讀《洗心》者，於其卷首《圖說》且姑置之。必言《圖說》，則以當讀胡東樵《易圖明辨》，勝於任氏多矣。

至於《禮記》一書，雜取羣儒之著述，各有篇段。任氏以朱子有《大學章句》，遂取《禮記》而竄易編次之，甚至《郊特牲》一篇全逸題名，散附於他段。責以變亂古經之咎，復何辭焉！但任氏之意，實師朱子《儀禮經傳通解》，自為成書，彙分簡帙，使修己力行之君子易於貫通焉。至其解義，則穿穴注、疏，自悟指歸，上契前聖之心源。所謂天理爛熟者，豈依門傍戶者所可比哉！學者觀其梳剔之明，而得其會通之妙，則亂絲之治，條理井然，還考原文，昭然自在，豈以任氏而棄古本哉！《春秋》所以正倫常也。左氏記其事實，其功大矣。至其義例，則《三傳》皆私己見，胡氏又從而強辨之。數千年來，夫子本經不明於世，至今日而義理始可求也。顧氏之功，豈少哉！胡東樵《禹貢》與梅定九天文並稱絕學，今與顧氏《地理表》合而讀之，中原扼要形勢了然於胸，豈非致用之一大端與？方望溪之釋《周官》，輒謂王莽、劉歆有所增竄，疑其所可疑，而悟其所難悟，微靈皋，孰能之？四君子之讀經，皆聖人致知格物之法，大有功於倫常者也。

夫讀書之益人也，如五穀三牲之致其養焉。然五穀有芒殼，而三牲有皮毛，善食者飽焉，而氣體以充，精力以富，芒殼皮毛不知其所以棄也。任氏《周易》之病，僅在《圖說》《序言》。今揭其所短而攻之，而棄其所長，是猶見皮毛而惡三牲，指芒殼而訾五穀也。要之，近世君子多言經學，其能讀四君子之書者少矣。閣下以忠信為本，以倫常日用為重，能不致力於是哉！前書繁蕪而意有未盡，故復陳之。

（選自《清儒學案》卷六六，《退谷文集》條）

與阮伯元孝廉書

凌廷堪

> 凌廷堪（1757—1809），字仲子，又字次仲，安徽歙縣人。乾隆五十五年（1790）進士。博通經史，尤精三禮。著有《禮經釋例》十三卷、《凌次仲復禮三篇》一卷、《燕樂考原》六卷、《校禮堂文集》三十六卷等。生平事蹟見《清史列傳》卷六八、《國朝耆獻類徵》卷二五八、《國朝漢學師承記》卷七、張其錦《凌次仲先生年譜》等。

伯元足下，六月二十七日，南昌使院奉到好音，知動履勝常為慰。僕今年五月至南昌，七月將有大梁之役，奔走道塗，學殖荒落，辱以著書相勉，愧汗無地。

竊以《儀禮》一經在漢與《易》《書》《詩》《春秋》竝列為五。《史記·儒林傳》《漢書·藝文志》皆以此書為禮經。後人不曰禮經而曰《儀禮》者，猶之《易》曰《周易》，《書》曰《尚書》也。若《周官》則另為一書。《漢志》附於禮家者，亦如《逸周書》附於《書》，《戰國策》附於《春秋》，非禮之本經也。至於二戴氏之記，乃章句之餘，雜記說禮之言，互相引證，不但非禮之經，且與傳注有間，蓋猶《易》之有京房《易傳》，《書》之有伏生《大傳》，《詩》之有《韓詩外傳》，《春秋》之有外傳《國語》而已。故鄭氏既注禮經，又注《戴記》；既注《尚書》，又注伏《傳》。此其例也。

　　自范蔚宗有三禮之稱，而經傳不分。後儒拿陋，束之不觀，六籍遂闕其二，（《樂經》本亡）心竊惑焉。今擬區其門類為《禮經釋名》一書。年來粗有規模，到都日當以艸創請正也。至於《大戴記》一書中如《夏小正》《曾子》十篇，《武王踐阼》《五帝德》《帝繫》《諸侯遷廟》《諸侯釁廟》《朝事》《公冠》等篇，又《三朝記》七篇，何遽不如《小戴》而世久廢之？其書自三十九篇始，共十三卷三十九篇（或作四十篇），其八卷有周盧辯注，所闕者《王言》《哀公問五義》《哀公問於孔子》（此篇見《小戴記》即《哀公問》）《禮三本》《禮察》《夏小正》《五帝德》《帝繫》《勸學》《千乘》《四代》《虞戴德》《誥志》《朝事》《投壺》（此篇與《小戴》小異）十五篇耳。足下何不因其有注者疏之，其失者正之，其無注者補注而復疏之，其諸本異同之處，並仿陸氏之例為《釋文》一篇，以附於末。庶幾此書體例與《小戴》《春秋三傳》同，此亦千古之業也。

　　來示云"矯疏不破注之說"，誠為有見。然以疏不破注為謬說，則不然。疏不破注，此義疏之例也。劉光伯、黃慶之徒公然違注，見譏孔、賈，若以為謬而矯之，恐又蹈宋人武斷之習矣。廷堪再拜。

（選自《校禮堂文集》卷二二）

與胡敬仲書

凌廷堪

久不得音，同都中奉到手書，如親謦欬也。並悉道履勝常，伏惟萬福。

所云近之學者，多知崇尚漢學，庶幾古訓復申，空言漸絀，是固然已。第目前侈談康成、高言叔重者，皆風氣使然，容有緣之以飾陋，借之以竊名，豈如足下真知而篤好之乎？且宋以前學術屢變，非漢學一語遂可盡其源流。即如今所存之《十三經注疏》，亦不皆漢學也。

蓋嘗論之，學術之在天下也，閱數百年而必變。其將變也，必有一二人開其端，而千百人譁然攻之；其既變也，又必有一二人集其成，而千百人靡然從之。夫譁然而攻之，天下見學術之異，其弊未形也；靡然而從之，天下不見學術之異發，其弊始生矣。當其時亦必有一二人矯其弊，毅然而持之。及其變之既久，有國家者，繩之以法制，誘之以利祿。童稚習其說，耄耋不知非，而天下相與安之。天下安之既久，則又有人焉，思起而變之，此千古學術之大較也。

漢興，立五經博士：《易》，施、孟、梁丘、京氏；《尚書》，歐陽、大小夏侯氏；《詩》，《齊》《魯》《韓氏》，《禮》，《大、小戴》、慶氏；《春秋公羊》，嚴、顏氏；《春秋》，穀梁氏。黨庠無異學，授受有專家。西京之盛，蔑以加矣。哀帝時，劉歆欲立《左氏春秋》《毛詩》《逸禮》《古文尚書》，諸儒怨恨，眾議沸騰，龔勝乞骸，師丹大怒。建武初，韓歆欲立《費氏易》《左氏春秋》，范升持之為不可，陳元爭之而不從。譁然而攻之者如此其眾也,豈非變於始者難為力乎?當是時,數家雖不立學官,而私相講習,亦有擢高第者。至鄭君康成出,括囊大典,綱羅眾家,所注諸經,皆兩漢之不立學者,《易》費氏,《書》古文,《詩》毛氏,《禮》則校以古文,取其長者,《左氏》則以授服子慎。於是天下皆靡然從之,矯之者獨一王子雍耳。雖然,東漢所立十四博士,猶未改西京之舊。及魏晉以還也,鄭氏之《易》《書》《詩》《禮》,服氏之《左傳》,始立於學官。延至永嘉之後,西京立學之書,遂掃地而無餘。此學術之一變也。

魏王輔嗣以空言講《易》,好異者競相祖述,而范甯謂其罪浮於桀紂,蓋有識者猶或非之。乃未幾,而杜預之《左氏春秋》出矣;又未幾,而梅賾之《古文尚書》出矣。東晉大興初,《周易》王氏、《尚書》孔氏古文、《左傳》杜氏各置博士一人,而《儀禮》《公羊》《穀梁》及鄭《易》竟省而不置。自是而後,南北分裂之際,好尚互有不同。江左,《易》則王輔嗣,《尚書》則孔安國,《左傳》則杜元凱;《河洛》《易》《書》則鄭康成,《左傳》則服子慎。《詩》則竝主毛公,《禮》則同遵鄭氏。蓋天下攻之者半,而從之者亦半,其風會又不同於魏晉之初矣。唐貞觀十二年,詔國子祭酒孔穎達等撰《五經正義》,《周易》用王弼、韓康伯注,《尚書》用梅賾所上孔氏《傳》,《詩》用毛公《訓故傳》及鄭氏《箋》,《禮記》作鄭氏注,《春秋左氏傳》用杜預注,天下始靡然從之。而鄭、服之學寖微,唯資州李鼎祚撰《周易集解》,少存漢晉以前之舊,所謂刊輔嗣之野文,補康成之逸象,毅然而持之者如此而已。此學術之又一變也。

由是而行之數百年,雖其書不盡兩漢之遺,而學者守訓詁而不鑿,考制度而必詳。陸務觀所云:"唐及國初學者不敢議孔安國、鄭康成,況聖人乎!"當時恪守《五經正義》者如此。啖助、趙匡舍《三傳》而說《春秋》,時人未之或從也。宋劉原父《七經小傳》出,稍稍自異於傳注。嗣是有疑及《繫辭》者,有排及《詩》《書》序者。王文公導之於前,朱文公應之於後。《大學》《中庸》，《小戴》之篇也；《論語》《孟子》，《傳記》之類也，而謂聖人之道在是焉。別取而注之，命以"四書"之名，加諸《六經》之上。其於漢唐諸儒之說，視之若弁髦，棄之若弁苴，天下靡然而從之，較漢魏之尊傳注、隋唐之信義疏，殆又甚焉。而浚儀王氏、金華范氏數公者，尚能以舊說自持者也。元仁宗皇慶二年，詔《易》用程氏、朱氏，《尚書》用蔡氏，《詩》用朱氏，《春秋》用《三傳》及胡氏，《禮記》用古注疏，《四書》用朱氏章句、集注，明初因之。此學術又一變也。

　　元明以來，儒者墨守程、宋，亦如隋唐以前儒者墨守鄭、服也。元行沖謂"寧道孔聖誤，諱言鄭服非"者，則又寧道孔聖誤，諱程朱非矣。疑之者，自陳氏《經典稽疑》、郝氏《九經通解》開其端，然其書或守誦習之說而未安於心，或舍得傳注之文而別伸其見，學者咸以詭異視之。固陵毛氏出，則大反濂洛關閩之局，掊擊詆訶，不遺餘力。而矯枉過正，武斷尚多，未能盡合古訓。元和惠氏、休寧戴氏繼之，諧聲詁字必求舊音，援傳釋經必尋古義，蓋彬彬乎有兩漢之風焉。浮慕之者，襲其名而忘其實，得其似而遺其真。讀《易》未終，即謂王、韓可廢；誦《詩》未竟，即以毛、鄭為宗；《左氏》之句讀未分，已言服虔勝杜預；《尚書》之篇次未悉，已云梅賾偽古文。甚至挾許慎一編，置《九經》而不習；憶《說文》數字，改六籍而不疑。不明千古學術之源流，而但以譏彈宋儒為能事。所謂天下不見學術之異，其弊將有不可勝言者。

　　嗟呼！當其將變也，千百人譁然而攻之者，庸人也。及其既變也，千百人靡然而從之者，亦庸人也。矯其弊，毅然而持之者，誰乎？蓋深有望於足下焉。故不禁發其狂瞽，幸足下教之。外附上舊文《辨學》一首，《漢十四經師頌》一首，皆論古今學術源流者也。足下見之，當不以為河漢。書不盡言。廷堪頓首。

（選自《校禮堂文集》卷二三）

與孫淵如觀察論考據著作書   焦 循

> 焦循（1763—1820），字理堂，江蘇甘泉（今揚州）人。嘉慶六年（1801）舉人。精通經史，精於《易》學，為揚州學派中堅。著有《易廣記》三卷、《易話》二卷、《周易補疏》二卷、《尚書補疏》二卷、《論語補疏》三卷、《毛詩補疏》五卷、《春秋左傳補疏》五卷、《禮記鄭氏注補疏》三卷、《孟子補疏》二卷、《禹貢鄭注釋》二卷、《尚書通義》六卷、《孟子正義》三十卷、《古文尚書辨》八卷、《陸氏草木鳥獸蟲魚疏疏》二卷、《毛詩地理釋》四卷、《雕菰集》二十四卷等書。生平事蹟見《清史稿》卷四八二、《國朝先正事略》卷三四、《國朝漢學師承記》卷七、《文獻徵存錄》卷七、閔爾昌《焦裏先生年譜》、王永祥《焦裏堂先生年譜》等。

　　循讀新刻大作《問字堂集》，精言卓識，茅塞頓開，尤善者《復袁太史》一書，力鋤謬說，用彰聖學，功不在孟子下。反復久之，拜服拜服。惟著作考據之說，似有未盡，妄附鄙見，上諸左右。

　　循謂仲尼之門，見諸行事者曰德行，曰言語，曰政事，見諸著述者曰文學。周秦以至於漢均謂之學，或謂之經學。漢時各傳其經，即各名其學，如《易》之有施、孟、梁邱三家，《詩》之有韋、褚、匡、翼、王、食、長孫，《大戴》有徐氏，《小戴》有橋、楊氏，《公羊》《穀梁》有嚴氏、梁氏，及尹、胡、申、章房氏，均以學名，無所謂考據也。其列諸《藝文志》者，首以《易》《書》《詩》《禮》《樂》《春秋》《論語》《孝經》《小學》，謂之六藝，即《儒林傳》諸君所傳之學也。次以諸子則名之曰某家者流，又次曰詩賦家、兵家。其天文、術譜、五行、蓍龜、雜占謂之曰數術，醫方、房中、神仙術謂之曰方技，當時有專守一經者，有兼他經者，各為章句以相授受。其學諸子者，有若楊王孫學黃老，晁錯學刑名，于定國學法，主父偃學縱橫，趙充國學兵。其詩賦家則謂之曰詞章，枚乘、司馬相如其人也。有兼之者，則曰通某經，善屬文，則曰通某經百家之書，則好古學，長於術數，未聞以通經學者為考據，善屬文者為著作也。賈、鄭大儒繼作，以百家諸子之書，術數讖緯之學，一切通之於經，盡化以前專家章句之習，破古今師法之爭，為經學大成，亦仍謂之經學。經學者以經文為主，以百家子史、天文術算、陰陽五行、六書七音等為之輔。彙而通之，析而辨之。求其訓故，核其制度，明其道義，得聖賢立言之指，以正立身經世之法。以己之性靈，合諸古聖之性靈，並貫通於千百家著書立言者之性靈；以精汲精，百天下之至精，孰克以與此不能得其精！竊其皮毛敷為藻麗，則詞章詩賦之學也。

  其在史曰，賈山涉獵書記，不能為醇儒。山工於詞章，不得為醇儒者，以習其精，不知其精也。史又曰：廣川受《易》《論語》《孝經》皆通，好文詞、方技，然則文詞與方技一類，屏諸通經之外，以其於經僅有皮毛也。蓋惟經學可言性靈，無性靈不可言經學。故以經學為詞章者，董、賈、崔、蔡之流。其詞章有根柢，無枝葉，而相如作《凡將》，終軍言《爾雅》，劉珍著《釋名》，即專以詞章顯者，亦非不考究於訓詁、名物之際。晉、宋以來，駢四儷六，間有不本於經者。於是蕭統所選，專取詞采之悅目。歷至於唐，皆從而仿之，習類書，不求根柢。性情之正，或為之汩，是又詞章之有性靈者，必由於經學。而徒取詞章者，不足語此也。趙宋以下經學，一出臆斷，古學幾亡。於是為詞章者，亦徒以空衍為事，並經之皮毛亦漸至於盡，殊可閔也。王伯厚之徒習而惡之，稍稍尋究古說，摭拾舊聞。此風既起，轉相仿效，而天下乃有補苴掇拾之學。此學視以空論為文者，有似此精而彼精，不知起自何人。世間強以考據名之，以為不如著作之抒寫性靈。嗚乎！可謂不揣其本，而齊其末矣。

　　本朝經學盛興，在前如顧亭林、萬充宗、胡朏、閻潛邱。近世以來，在吳有惠氏之學，在徽有江氏之學、戴氏之學，精之又精。則程易疇名於歙，段若膺名於金壇，王懷祖父子名於高郵，錢竹汀叔姪名於嘉定。其自名一學，著書授受者，不下數十家，均異乎補苴掇拾者之所為。是直當以經學名之，烏得以不典之稱之所謂考據者，混目於其閒乎？若袁太史所稱"擇其新奇，隨時擇錄"者，此與經學絕不相蒙，止可為詩料、策料，在四部書中為說部。世俗考據之稱，或為此類而設，不得竊附於經學，亦不得誣經學，為此概以考據目之也。著作之名見於班孟堅《賓戲》，其辭云"取舍者，昔人之上務；著作者，前列之餘事。"推其以著作為餘事，倘以道與器配之，正是取舍為道，著作為器。今袁太史以考據為器，著作為道，已異於班氏之說。且漢時所謂著作者，專為掌修國史之稱。或曰著作東觀，或曰典著作是也。魏晉南北朝直名掌史之官為著作郎，乃無端設一考據之目，又無端以著作歸諸抒寫性靈之空文。此不獨考據之稱有未明，即著作之名，亦未深考也。袁氏之說不足辨，而考據之名不可不除。果如補苴掇拾，不能通聖人立言之指，則袁氏之說，轉不為無稽矣。乾隆乙卯三月二十日。

（選自《雕菰集》卷一三）

與陳壽祺書　　王引之

> 王引之（1766—1834），字伯申，江蘇高郵人。嘉慶四年（1799）進士。他長於文字、音韻、訓詁之學。著有《經義述聞》三十二卷、《經傳釋詞》十卷、《春秋名字解詁》二卷、《王文簡公遺文集》八卷等。生平事蹟見《清史稿》卷四八一、《國朝先正事略》卷一六、王壽昌《伯申府君行狀》、閔爾昌《王伯申先生年譜》、劉盼遂《高郵王氏父子年譜》等。

恭甫年大兄大人閣下：九月上旬，連奉手收，藉稔尊候安吉為慰。承惠《禮堂經說詩箋改字說》及《指示夾室考》，所據《儀禮》諸篇本文，援據既確，剖析亦精，洵足折衷諸說。賈徽、鄭興父子傳經不得專美於前矣。欣羨奚似凌次仲詰難理堂之說，望賜寄一讀，以觀其異同。次仲所撰《禮經釋例》條理精密，禮家不可少之書也。蘇州新刻褚氏《儀禮管見》亦頗精實，惜剞劂稍遲。阮夫子《經解》內未及載入。《字典》校刊本三月內已進呈，其校訂之處別為考證十二冊，留於館中備察，不敢付梓也。《讀書雜志》已刻九種，近又刻《漢隸拾遺》一本，謹寄呈清覽。吳荷屋大兄開府湖南，差強人意。湯敦甫四兄因事受累，致降卿貳，旋又喪偶，真進運使然也。杜儀、曹彥士保送軍機，已取而未得，似不如願。然候補名次已列第四，三年內可補實缺，又安用軍機議敘為邪？弟碌碌趨公，毫無建樹，幸署中各案無譌。親眠食康泰，賤體亦復如常，可以告慰。率泐數行，布謝並問近安。伏維珍攝不宣。敬璧尊謙，侍令郎世兄均此謝教。愚弟王引之頓首，九月十一日狀。

（選自《高郵王氏遺書·王伯申文集補編》）

與陳碩甫書

王引之

　　日前修函布候，並以《荀子雜志》八卷呈覽，未知已達左右否？
　　茲於仲秋兩奉手教，並奉至宋本《淮南子》《儀禮管見》，歡躍無比。《淮南子》極承詳細校讐，感何如之？宋本《管子異同》，家君曾見山東畢孝廉校本。昨檢先生所錄寄宋本，則有畢校本所遺漏者，益以服尊校之詳備也。大著《毛詩攷證》不日成編，即當付梓，以示來學。弟遠道不及相助，謹以前此所存餘款聊佐剞劂之費，敬祈哂存，萬勿見却。是幸注汪閬原兄善本，不知以何者為最，容當勸其付梓，以廣流傳也。弟夏秋間，數病，藥餌頻仍，幸不至大困。現有校刻《康熙字典》之役，錯誤太多，不可勝改，只能去其太甚者耳。約於冬間可以蕆事。此後如有餘暇，尚欲為《尚書集解》《左傳集說》二書，但不知精神何如耳！希指示津梁，俾得知所從入。《儀禮管見》及《致胡主政書》已送交。《管見》學力深而用心細，實不可少之書，便中仍望見賜一部為禱。耑此復謝，並問著安。不一。

（選自《王文簡公文集》卷四）

與阮雲臺制府書

顧廣圻

> 顧廣圻（1766—1835），字千里，號澗蘋，又號遁翁，江蘇元和（今苏州）人。究心漢學，以目錄、校勘聞名。著有《說文考異》五卷《附錄》一卷、《爾雅》三卷、《集韻補正》十卷。生平事蹟見《清史稿》卷四八一、《清史列傳》卷六八、《國朝耆獻類徵初編》卷四二二、《續碑傳集》卷七七、《顧千里先生年譜》等。

自違鈞範，又十餘年，頃奉賜緘，深蒙垂注。詢及拙著說經之書，許以附刻《學海堂經解》中，感愧交並。千里早歲雖頗有志於此，而迄今尚無成書也。

嘗計《爾雅》，病郭注淺陋。思採《毛傳》以下古義尚存者條舉件繫，加以駁論。又讀康成諸經，推尋家法，始晤近人痛斥王子雍，皆能言其當然之跡，而不能言其所以然之故。譬之治病，未知癥結之所在，終無以斷其宿患，擬每事窮彼根源，各得其所以然，庶鄭、王公案，由茲而定。又讀《說文》，反復有年，見許氏自有義例，具在本書，後來治此者馳騖於外，遞相矜炫，非徒叔重之指轉多沈晦，且致他書亦苦牽合附會。意欲刊落浮詞，獨求真解。就本書之義例，疏通而證明之，自然可與羣籍並行而不悖，似於小學、經學皆為有益。凡此等類，草創大綱，奔走傭筆，事多冗雜，究難卒業，以副下問。

今呈論"王子雍"者一則，伏惟誨正，便中希示及《經解》現在所有目錄，或有一二未備，兼可代訪也。使回匆促，不盡顧陳。

（選自《思適齋集》卷六）

與汪漢郊書

臧　庸

> 臧庸（1767—1811），名鏞堂，字西成，號在東，一號拜經，江蘇武進（今常州市）人。精於經學。著有《周易鄭注》十二卷、《周易注疏校纂》三卷、《毛詩馬王徵》四卷、《儀禮喪服馬王注》一卷、《禮記解詁》一卷、《孝經鄭氏解》一卷、《鄭氏論語注》二卷等。生平事蹟見《清史稿》卷四八一、《清史列傳》卷六八、《國朝耆獻類徵初編》卷四一六、阮元《別傳》等。

漢郊足下：不見者八年，近即音問亦不通。昨得快睹並見所纂《意林翼》，並自著古文，慰甚慰甚！古文才筆，足達其所見，蓋斯事不以寒儉為工。誠觀唐之韓、柳，文辭爛然，可知所尚矣。再進而求之，日誦太史公、班孟堅書，所作必駸駸入於兩漢，惜庸鹿鹿無能也。拙記四卷，都中舊作，所愜心者，在《言韻》一卷。王伯申學士、陳恭甫編修皆貽書爭之，惟王懷祖先生頗以鄙說為然。然當世多未信斯說，而復嘵嘵好辨，以求申其是，君子不為也。抑語曰："狂夫之言，聖人擇焉。"蓋雖上智必有所遺，下愚亦有所得。聖人之經，非一二人之所能盡。試舉鄙說，私質之足下。

足下平心而察之，固不可曲循庸之臆見，亦不必邊執前人之成說以相詰難，是否有當，幸告，我足以決之矣。許周生"駕部"謂："自古有韻之文，與無韻者必有異。"若如鄙說，則古人更無無韻之文與？《論語》開卷一章，三"不亦"字，三"乎"字，亦皆是韻。此說恐不可通。庸以六經言之，三百篇無論矣。如《周易》《尚書》《儀禮》《禮記》《春秋左氏傳》，皆所為古人之文也，而有韻之文幾半於無韻之文。且即求之秦、漢以前，子史傳記，亦多韻語。《論語》開卷三"不亦""乎"不為韻者，以其文本無韻，故無取乎語助辭耳。若"學而時習之"等句本有韻，則三"不亦""乎"何獨非韻乎？楚狂接輿之歌，懷祖觀察取二"鳳"字為韻，庸以為二"兮"字亦韻也。觀察取二"已"一"殆"為韻，庸以為上句二"而"下句"而"亦韻也。《毛詩》開卷"左右流之"，"寤寐求之"，"流""求"固韻矣，一"之"獨非韻乎？觀察取"悠哉悠哉"為韻，庸謂一"哉"亦韻，與一"之"語助相協矣。此其證也。觀察取王孫賈"與其媚於奧，寧媚於竈"，荷蓧丈人"四體不勤，五穀不分"為韻。庸以孔子言"獲罪，無所禱記"者，書"植其杖而芸"，皆韻也。是非《儀禮》字醮辭與記文為韻之證乎？如以為辭外不當有韻，則孔子之禱，何必儷王孫之奧竈？仲氏之芸，亦無合丈人之勤分矣！又"唐棣之華，偏其反而。豈不爾思？室是遠而。"此"反""遠"為韻，"華"與二"而"相協。說《詩》者以四句一章，第三句多無韻。然"子曰：'未之思也，夫何遠之有？'"實合《詩》辭，"思"與"思"韻，"遠"與"遠"韻矣。"子之武城，聞絃歌之聲，夫子莞爾而笑曰：'割雞焉用牛刀！'"此"城""聲"一類，"笑""刀"一類，而"夫子莞爾而笑"，實就"割雞焉用牛刀"為韻矣，何嘗區別《詩》辭與聖言並記者之文乎？《儀禮》"曰伯某甫"韻"宜之於假"者，此一合字辭與記者之辭也。"仲叔季惟其所當"以上韻"永"者，此合字辭與記者之辭也。"子曰諾"韻"若則有常"者，此一合醮字與記者之辭也。（《毛詩》"莫敢不諾，魯侯是若"，用韻同此）

"不敢忘命"韻"勖帥以敬"者，此再合醮辭與記者之辭也。若"永受保之"，"之"與"備"字韻，"若則有常"與"往迎爾相"韻，皆字醮辭本文其韻，尤顯明可據。而精審如王學士，尚斥字辭末二句，醮辞末一句，皆不入韵。

宜乎！辞外之文。庸以为有韵，骇人听闻矣！乃古人隶韵，必如是之反覆申明、彼此印證者，蓋非特結構文字，恐其散漫無紀，亦慮後人讀之不能遽得，故不厭重言以明之乎？又如《毛詩·車攻》五章"決拾既佽，弓矢既調。射夫既同，助我舉柴"中二句"調"字，乃與四章"賀彼四牡，四牡奕奕"兩"牡"字為韻。"同"字，乃與首章"我馬既同"、四章"會同有繹"兩"同"字為韻。隔章相協，三百篇極多。詎說《詩》者必以"調""同"二字為韻，引《離騷》以證。辨見《日記》。又段氏引東方朔《七諫》，孔氏引韓非子《揚權篇》，為諧聲合韻之據。庸按，《韓非子》云："道無雙，曰故一。是故明君貴獨道之容。君臣不同道，下以名禱。君操其名，臣效其形，形名參同，上下和調。"此"同"與"雙""容"為韻，"調"與"道""禱"為韻。《七諫》"恐矩矱之不同"與下文"正法弧而不公"為韻，"恐操行之不調"與上文"固時俗之工巧兮"為韻，讀之莫不各有條理。混合之，遂承訛襲謬，展轉相因，並以茲誣古人矣。

古經文韻深奧，讀者難以遽通。其旨思而適得，並承妙諦，豈容執前人之成見而一概抹摋耶？是非所望於高賢也。足下讀書能通大義，不拘拘株守一家之學，此庸所心焉。竊慕者知我有素諒，不斥爲好辯也。盧氏《禮记·六藝論補遺》奉上，希荃察。並問文祉，不既。庸頓首。

（選自《拜經堂文集》卷三）

答張伯雅書

臧　庸

頃接來札，殷然以古韻為問。雖所言未能盡是，然知究心於此，將必求其是而後已。弟雖不深於音學，其敢不舉所知以告乎？

足下引《易》"日昃之離，不鼓缶而歌"以證支與離，有確然可通者，發想最妙。然而似是而非也，何以言之？離字古讀如羅，與歌韻為本音，而非通協。歌今讀如哥，亦本音，讀居支切者。後世之音猶自《廣韻》以下，以離入支韻，皆非古三代之音也。三代之音當以《毛詩》《周易》為準的，如《詩·東山》："親結其縭，九十其儀。其新孔嘉，其舊如之何。"《湛露》："其桐其椅，其實郭離。豈弟君子，莫不令儀。"《江有汜》："江有沱，之子歸，不我過！不我過，其嘯也歌。"《考槃》："考槃任阿，碩人之邁。獨寐寤歌，永矢弗過。"《卷阿》首章"有卷者阿"韻"來遊來歌。"末章有"君子之車，既庶且多。君子之馬，既閑且馳。矢詩不多，維以遂歌。"《易·離·九三》："日昃之離，不鼓缶而歌，則大耋之嗟。"嗟古讀如磋，與離、歌皆本韻本音。《六五》出"涕沱若，戚嗟若。"沱與嗟韻，可證。《中孚·六三》："得敵，或鼓，或罷，或泣，或歌。"《小過·上六》："弗遇過之，飛鳥離之。"試三，復《詩》《易》二經可信。今人讀歌為古本音，讀離非古本音，確然無疑矣。《楚詞》："二女御《九韶》歌，使湘靈鼓瑟兮，令海若舞馮夷。"此讀居支切，與夷韻為協音，而非本音也。明乎此，而知歌與支之，於古不通矣。墜與墜是兩字。墬為古地字，墜非地字也。班孟堅《賓戲》"天墜之方"，本作天墬，作墜，像俗本誤耳。

故讀古書尤必先正譌文也。鄙文已楷寫，今遵命送閱，統希察入是荷。

（選自《拜經堂文集》卷三）

寄答陳恭甫同年書

許宗彥

> 許宗彥（1768—1818），原名慶宗，字積卿，號周生，浙江德清人。嘉慶四年己未（1799）科進士。與當世通儒名德若程易疇、錢曉徵、段若膺、姚姬傳遊。精於經史，兼及訓詁，持平於漢宋。著有《鑑止水齋集》二十卷等。生平事蹟見《清史列傳》六九、《國朝先正事略》卷四四、陳壽祺《駕部許君宗彥墓誌銘》等。

立春日，奉到手教。惠讀大著《五經異義疏證》，何其閎深而博達也。其有功前儒，嘉惠來學，豈俟宗彥贅頌哉！頗怪祭酒、司農，皆名重當時，而司農箋注之學垂千載，如此書及鄭志，乃至湮滅不傳，待後人綴拾，抑又何耶？來教諄諄勵其駑鈍，自非相愛之至，安肯為此言！區區鄙懷，敢不悉陳之左右。

來教謂學莫大乎經術文章，宗彥以為經誼之大者十數事，前人聚訟數千年未了，今日豈復能了之。就令自謂能了，亦萬不能見信當時，取必後世。如僅僅校勘文字同異訛脫，或依傍小學，辨析訓詁、形聲，又或綴拾零殘經說，所得蓋小，私心誠不欲為之。至文章關乎時代，一代有一代之體裁。漢魏不能為周秦，唐宋不能為漢魏，此天地自然之運。或乃好高務異，輕近而慕遠，及觀其所為，筆力尚遠不逮有明作者，宗彥又竊以為非。夫人之為學，求己心之所安而已。不求諸心，而逐世之所尚，非善學者也。天下殊途而同歸，一致而百慮。欲伸己之所見，使人同己，愈不可也。方今篤志篇籍，埋首故紙者，海內不過數十人。其人好尚不同，各就其性之所近，不必一轍也。

　　宗彥竊自惟生平思過于學，而學又屢變。二十以前，專務詞章；二十以後，始知經學。為之有年乃悟。三代去今久遠，書籍散亡，典章制度，誠有不可考實者。自西漢之儒，已不免望文為說，況又二千載下乎！昔孔子學三代之禮，其去夏殷遠者千餘年。近才數百年而已，歎文獻不足，無以徵其言。至軒、農、唐、虞之禮，孔子固未嘗言，且未嘗學也。則使孔子生于今世，其所學者，不過由明溯宋而止耳，當不遠追三代為無徵之言，而施諸當世無一可用也。若夫道之精者，章于天地，明于日月，得乎人心之所同。然愚夫愚婦皆可與知，而聖人有所不能盡充，惻隱辭讓羞惡是非之心，以復仁義禮智之性而已。後儒稍稍得其緒餘，以淑身淑世者，不可勝數。宗彥竊有志於此，或少有所會，使不虛度此生。然習非日久，嗜好龐雜，終無所成就。君子於其所不能行者弗之言。今乃靦然陳諸知己之前，不勝慚汗。望閣下擁護之，勿語他人，以增其狂謬之咎。幸甚幸甚！

（選自《鑑止水齋集》卷一〇）

與梁諫菴先生書

許宗彥

昨大兄譚及尊著《呂子校補》中言"古不聞釁旗",李君駁之,以"偃伯靈臺"證古有祭旗禮。宗彥謂李說非是。會他客來,不及竟其語。薄暮客散,輒條經注舊說,附以管見,質諸高明。

案《詩·皇矣篇》云:"是類是禡。"《傳》曰:"於野曰禡。"《吉日篇》云:"既伯既禱。"《傳》:"伯,馬祖也。"《爾釋·釋祭名》"是類是禡,師祭也。既伯既禱,馬祭也。"《周禮·肆師職》"凡四時之大甸獵,祭表貉,則為位。"後鄭云:"貉,師祭也。貉讀為十百之百,於所立表之處,為師祭。造軍法者,禱氣勢之增倍也。其神蓋蚩尤,或曰黃帝。《甸祝職》:掌四時之田,表貉之祝號。"杜春讀貉為"百爾所思"之百,《書》亦或為禡,引《詩》"是類是禡",以《爾雅》師祭釋之。《甸祝職》又云:"禂牲禂馬,皆掌其祝號。"杜子春曰:"禂,禱也。"為馬禱無疾為田獵,禱多獲禽。引《詩》"既伯既禱",以《爾雅》"馬祭"釋之。《大司馬職》"有司表貉誓民。"後鄭云:"表貉,立表而貉祭也。"先鄭云:"貉讀為禡。禡謂師祭也。《書》亦或為禡。"《禮記·王制》:"天子將出征禡於所征之地。"《說文》:"禡,師行所止,恐有慢其神,下而祀之,曰禡。"《周禮》"禡於所征之地。禂,禱牲,馬祭也。"《詩》:"既禡既禂。"應劭注《漢書》云:"表而祭之謂之禡。禡者,馬也。馬者,兵之首。故祭其先神也。"以上經傳注家之言如此。

宗彥則謂禡、貉作古字通用。貉讀如百，謂"禱氣勢之十百而多獲"，與伯音義竝同。《禮》："貉，亦或為禡。"鄭、杜所言可證。《詩》"伯，亦或為禡"，《祭酒》所引可證。《爾雅》"師祭"釋禡字，"馬祭"乃釋禱字，與《說文》同。《毛傳》承其文而誤，以伯為馬祖。（疑《傳》中"伯"字本是"禱"字）《正義》訓伯為長，謂馬祖為長，未免望文立說。應氏以禡從馬，比而同之，亦屬附會。由不審禡、伯、貉本一字，而表貉、祵牲自兩事耳。要之，師行及大田獵必立表于其地，因而祭之，即以表主其神。《司馬法》云"偃伯靈臺"乃偃所立之表于靈臺，示民休息也。章懷注《馬融傳》云："伯，謂師節也。"唐褚亮《偃伯靈臺賦》亦云："伯，師節也。"蓋後世表貉禮廢。漢高祀蚩尤于沛廷，已失在野之制，其後師行進退，惟視帥臣之節。故章懷就所見言之，非古義矣。若以伯為祭旗，實未之前聞。李君之言，蓋誤以後世禡牙禮為古禮耳。乞引而教之，幸甚。

《周禮》："表貉在田獵之所。"《王制》："禡于所征之地。"則禡祭之神當以"祭酒"說為是。如鄭說祭始造軍法者，則當以出征之日祭之。如祭先行，然不當在所征之地矣。且蚩尤古庶人之貪暴者，聖王誅絕之不暇，安有從而祭之之理？漢承獷秦之俗，不足據以釋禮也。

（選自《鑑止水齋集》卷一〇）

寄姚先生書

陳用光

> 陳用光（1768—1835），字實思，一字硯士，號石士，江西新城（今黎川縣）人。嘉慶六年（1801）進士。其力宗漢儒，不廢程朱。著有《春秋屬辭會義殘本》一卷、《太乙舟文集》八卷等。生平事蹟見《清史稿》卷四八五、《清史列傳》卷三四、梅曾亮《禮部左侍郎陳公用光行狀》等。

到京後，發書五六通，並以韓理堂古文、孔撝約《公羊通義》、高文良所評《撼龍疑龍》兩書及用光自作文兩篇，陸續奉寄，未知俱得到否？數月來，未奉一書，殊深馳戀。家兄在江寧，計寄書當更易達，而反遲滯意。家兄勤于公事，未能數往謁候起居耶。用光頃數謁覃溪先生，諄諄以古義相勗。因述曩與夫子詩酒過從，又嘗作古文，會令人想見前輩風流。今則為古文者無其人矣。又夫子當日文筆業已成家。

今用光齒過夫子居京師之時，而窺尋緒論，其所自作，曾不能絜李翱、皇甫湜于萬一，其可媿惡寧有量耶？覃溪先生窮經以博綜漢學，而歸於勿背程朱為主，其識自非近人所及。然其論夫子經說，謂不當自立議論，說經文字不可以作古文，則用光不敢謂然。歐陽子曰：經非一世之書也。前人成說有可以為左證者，有不可以為左證者。儒者學古以其自得義理，兼所目驗事實，參互考訂，歸于一是。必欲于前人成說，一字不敢移易，是今人所嗤為應聲蟲者也。雖依附鄭、孔，安能免門戶之見哉！朱子之學，所以上接洙泗者，固其躬行心得，非諸儒所能幾及。而其窮經之餘，又精通文律，故其詁經文義十得七八。

用光嘗謂東漢人拙于文辭，雖邠卿康成亦然。凡其說之難通者，皆其拙于文辭所致也。文辭之在人，乃天地精華所發。周秦人無不能文者，諸經雖不可以文論，然固文也。不知文不能文者，則不可以通經。今人讀孔、賈疏未終卷輒思臥，其為說轇葛繚繞，不能啟發學者志意，非疏于文事之過耶？然則說經而以古文行之，其有益于後人，豈獨文字之間而已哉！韓昌黎所注《論語》，惜後世無傳本，使其傳于世，朱子必亟稱之矣。用光恐覃溪先生之說貽悞于後學，敢私質其說于夫子。

（選自《太乙舟文集》卷五）

寄姚先生書　　陳用光

　　幾及一年，未奉手書，懸念起居，見之夢寐。頃，家兄遣人來，收到三書。乃知去冬固有二札，家兄今始同寄。接讀之餘，喜慰無已。然用光今年亦曾三寄書，其兩次皆由家兄轉達。來書未提及，豈尚未收到耶？昨一書乃從江寧王捨人鼎文託緞行轉寄，則固須此月下浣方可到耳。所寄《經說》、詩文集皆收到。用光去年固以所存《經說》一部，送與覃溪先生矣。用光嫌其下筆處塗乙未當，僅于蘇齋匆匆一閱，而未與用光攜歸，則此次固不必再送去矣。

　　用光意先生于古文無所得，其治經亦似纖細處多，而下筆苦于繚繞不休。其論詩亦似有晦澀之病，有喜人同己之意。其於夫子《經說》以所論"梓材""康誥"為不然，而以"絲衣"說吳憮音近假借字為極當。但惜其無他左證。用光意"投壺禮"文，固即左證矣。如先生論石鼓文，斷其為成王時事，以《左傳》成有"岐陽之蒐"為據。外此亦未有他左證也。頃有論"荀虞易"一條，抄錄呈覽。用光比與兒輩講《關雎》之亂，查《朱子語類》三條，皆與注中樂之卒章意同，而似皆未明了。張稷若以《儀禮》"合樂"詁亂字，似甚確。合樂有六詩，而曰《關雎》之亂，猶《學而》《為政》，以首章標題也。合樂在正歌告備之時，即可曰卒章，不必別有他卒章也。因思夫子言《關雎》，言"樂而不淫，哀而不傷"，似亦因合樂所奏而感及其德。"哀而不傷"，似指《卷耳》說之，為當求淑女，而不得不至于哀也。嗟懷人而寘卷耳于周行，則哀而不傷矣，然無左證。惟朱子曾云："此詩意文王居羑里時作，而惜其時不可考。"朱子之慎如此。用光意以此言哀似較專以《關雎》一詩言之者為更合，未知前人已有言之者否。

茲以所為《師摯之始》一節文及《與捨姪書》一篇，呈覽。前所與家中兄弟書稿如尚存幾席，乞為檢寄。又《法帖題跋》刻本亦望寄一二部。頃尋得夫子所為《孟子通議·先世墓表》一篇，查存稿中未有，今以寄覽，似當補入也。五家叔已來金陵否？捨弟、捨姪得依侍經席，真三生之幸。其學雖淺，未能有受教之地，然坐春風沐化雨，即後生之福也。

（選自《太乙舟文集》卷五）

與左春谷論三餘偶筆書　朱　珔

> 朱珔（1769—1850），字玉存，號蘭友，又號蘭坡，安徽涇縣人。嘉慶七年（1802）進士。精研許、鄭之學，著述甚豐。著有《說文假借義證》二十八卷、《經文廣異》十二卷、《小萬卷齋文稿》二十四卷、《文選集釋》等。輯有《國朝詁經文鈔》二百七十二卷、《詁經文鈔》六十二卷。生平事蹟見《清史稿》卷四八二、《清史列傳》卷六九、《續碑傳集》卷一八等。

　　春谷先生足下：少同里閈，未奉光儀，然側聞讀書之名久矣。吾鄉學者之弊，曩汨沒於時文講章，近稍知古籍，而餖飣鈔撮衹以之馳逐名場。至於經義之訓詁，史書之訂正，固未遑也。先生鍵戶討論，遂能上溯本原，旁羅殘缺，宗風提唱，使后來英儁有所矜式，耽心撰著，各盡其長。他日徵采儒林，不至如下邑偏隅，闕焉莫備，緊先生之力是賴。

　　南中人來，承惠《三餘偶筆》，受而讀之。其體則昌黎《筆解》、景文《筆記》，暨沈存中、洪容齋隨時紀錄之書，而古義燦然，不屑為雜家者流。中多搜剔幽隱，發前人所未發，先生根柢之學於斯可見。珔車塵輓轆，未獲一一披尋，聊舉數端，質諸左右。析疑問難，實事求是，當亦通人之所許也。

"五觀"一條，引《竹書紀年》《逸周書》以證是已。而復以《五子之歌》為疑，則猶王深寧之駁韋氏，不知此乃晚出古文，殊難憑信。按五觀之事見古書者，尚有《墨子·非樂篇》及屈子《離騷》。比而觀之，殆在啟時以西河畔，及來歸，又導太康以淫泆，故《離騷》云"夏康娛以自縱，不顧難以圖后兮，五子用失乎家巷"，似無緣先為姦子，為畔臣，一旦來歸，遽能述大禹之戒。仁義之人其言藹如，如深寧所說者。先生欲並兩事為一事，恐終齟齬，不可合也。

惟"十有一年"一條斥蔡《傳》，謂序依放經文之非。竊意蔡氏篤信古文，固無足怪，其謂三誤為一，亦非也。據《書釋文》三或作一，后人妄看序文輒改之，偽《孔傳》以上十一年伐殷指觀兵事，非滅紂事。下指十三年一月非十一年一月，疏云"不別言十三年者，經有年有春，故略而不言。"然則三之為一，前人已不以序為誤。且攷伐紂之年，《史記·周本紀》《尚書大傳》具作"九年觀兵，十一年殺紂"。惟《漢書·律曆志》作"十一年觀兵，十三年殺紂。"《史記集解》有徐廣引譙周說及鄭氏多方注同，流傳互異，固難臆定。然史遷親從安國問故，《大傳》出自伏生，俱與序文合。則《書序》其來已久，正未可遽非矣。

《鄭風》一條，據許叔重言《鄭詩》二十一篇，說婦人者十九以輔翼朱子《鄭詩》多淫之論。按《初學記》引《左傳》曰"煩手淫聲，慆堙心耳，乃忘平和，是謂鄭聲"。而以《通義》之說分注其下。今《左傳》無"是謂鄭聲"四字，則《初學記》誤以許君之語為《左氏》之文也。許君說五經多為鄭君所駁，《禮記正義》亦引此而斷之曰《鄭詩》說婦人者唯九篇，《異義》云十九者誤也，無"十"字矣。且即如所說，亦約略言其多，謂可得十之九耳。非《集傳》有一十四篇，而此則為一十九篇也。

真字一條，因顧亭林謂"五經無'真'字，始見於《老》《莊》書"，而引周宣王《石鼓文》為古有"真"字之證。按石鼓文"真如真然"，二"真"字，鄭漁仲云即"塡"字。薛尚功本及范氏天一閣搨本皆作"塡"。

蓋即《孟子》"填然鼓之"之"填"。填又與闐通，《詩》"振旅闐闐"即此文，所謂師旅填然也。若作真字，則不辭。《漢書·古今人表》"大填"，《新序》作"大真"，是古真與填通用。《石鼓》中如此省偏旁者甚多，豈可竟以為真假之真哉！

他如引秦人謂之小驢。謂驢之名已見於《爾雅》，然《爾雅》本有叔孫通、梁文所補益，此於《釋地》之雁門是也。恐俱出漢初傳《爾雅》者之手，與《左傳》其處者為劉氏同，未便借證秦以上傳記，言驢謂御龍氏有后，而豢龍無聞。然《荀子》《莊子》及《古今人表》之關龍逢，王符《潛夫論·志氏姓》作"豢龍"。按《孟子》"其兄關弓而射之。"《釋文》"關丁張並音彎。"《左氏·昭廿一年傳》"豹則關矣。"《釋文》關本作彎，是關有彎音，彎與豢又聲之同，故關龍逢即豢龍逢，此則豢龍氏之后之昭昭者矣。

諸如此類，或者可商，妄陳所見，未知當否，惟希進而教之。其餘旨趣淵確，尚有可引伸而互證者。書不盡言，言不盡意。異時假還踵門，撰杖衍茲端緒，得相與上下古今，頓開茅塞。幸甚幸甚！

（選自《小萬卷齋文稿》卷七）

與汪孟慈農部書

朱 琦

孟慈先生足下：舊秋，由同年卓海帆少宰轉致一簡，知已投呈。冬間，接奉手翰，幸以蒙為可與言，而上溯周孔，下逮漢宋儒家之得失，證據明確，實獲我心。竊又觀《孟子》卷末歷敘道統於堯、舜、湯、文、孔子，約定五百餘歲之期，惟堯、舜中天景運，雖禹、皋陶皆聖人，不能不退而就見，知之列臣屈於君也。若言文王而不言周公，則子統於父也。且以周公不僅見而知之，固太公望、散宜生輩所不得而並也。蓋孟子願學孔子，孔子之刪定贊修本，周公所作，以為述六經皆是也。故積誠之感，至於屢形諸夢。孟子生平亦最尊周公，前論上古天下之治亂。既獨稱禹與周公、孔子，而尤著於第八篇。言君子存心自舜而禹而湯而文王而武王，下乃特舉周公，然後及孔子，其曰思兼三王以施四事，則禹、湯雖聖，周公可兼之。《中庸》復云"周公成文、武之德，則文、武雖聖，周公能成之。"昌黎韓子《原道》曰"堯以是傳之舜，舜以是傳之禹，禹以是傳之湯，湯以是傳之文、武、周公，文、武、周公傳之孔子，孔子傳之孟軻。"由斯而觀之，文、武以上皆帝王道。在上，孔、孟皆儒者道；在下，而周公適介其間，實古今道統之一大轉關也。特是道統高深，佔畢之士弗敢與聞，而吾儕自髫齡入學，朝夕誦讀，祗知為孔子之書，不知為周公之書，可謂忘本。

足下備陳諸經俱屬之周公，即此卓識，豈泛常所能幾及哉！間考漢唐來春秋釋菜多以周公為先聖，孔子為先師，後迺專祀孔子。推原禮意當謂學校為青衿萃處之區，孔子一逢掖師表萬世，用以見希聖希賢，原不繫乎名位，庶使人人瞻仰而興起。然我朝啟經筵，於文淵閣旁建傳心殿祀歷代帝王，而必及周公，則所以尊之者至矣。於此苟能耽周情孔思，研究經義，無論何代，一知半解，咸可發揮，而何必為漢儒、宋儒之分！分之者乃後人成見，自封之為之也。

漢儒治經有家法，各守師說，中如京房之《易》自云出孟喜。喜弟子白生等，不肯仞此，特無所附和，而未嘗顯立門戶。宋儒則務反漢儒，參以胸臆，門戶逐開。後儒又忿宋儒之反漢儒，而務反宋儒著書，詆斥閧然，佐鬥至數百年而未有已。嘗繙讀《四庫書提要·經學門》屢舉門戶紛爭之弊，不啻錞于申之，是誠百世不易之公論也。要之，漢儒去古未遠，制度、名物依據自較真，宋儒專言義理，亦何嘗無博雅之儒，必欲概從抹殺，絕不使宋人一插頤頷，則漢人議不同，將何所折衷！大儒如鄭康成而千慮一失，亦間許後人之匡正。世之浮慕漢儒者，徒恃己見而不能平心以求其實，蒙滋惑焉。江鄭堂為《漢學師承記》議黃黎洲、顧亭林於漢宋兩家多依違之言，非灼見真知者。有心軒輊，未免太隘。

蒙以為鄭君與許叔重皆漢人，鄭駁許《五經異義》，而至今許、鄭竝稱，不聞因鄭以黜許也。何獨苛於宋儒？然因是而轉噆，宗漢學則又不可近。自袁簡齋重辭章而薄考據，從之游者往往倡言考據為非。嘉興吳澹川至云：經術俗人可勉，詩非俗人可能。而以公孫宏、張禹、馬融、劉歆為證。不知人品視乎自立！古來文人薄行者僂指不勝數，豈能詩即決其可為正人乎？似此議論直，不值一噱。

足下謂漢學以鄭注為最，宋學以朱子為主，道在破拘孿之見，祛鑿空之談，語極精通達。夫朱子雖我家之朱子，而實舉世共矜式之朱子也。朱子博覽羣書，一二偶失，原不足病，而或藉以投閒，抵隙無所徵典，強持謬說，莫甚於毛西河、顏習齋。習齋本無學，濫廁《儒林傳》中，蒙曩承乏史館時，未見其書，後見之，始知狂誕。西河則出諸《儒林》之外，館論僉同。蒙又嘗為肄業諸生糾摘多條，非私衛朱子，正足下所云"我皖江人，在實事求是而已。"足下於吳門推王西莊、惠定宇、段茂堂，而惜其厭世，誠然。然西莊之賅贍不及錢竹汀之篤實。茂堂旁通詁訓，至為穿貫，而注《說文》亦有傷武斷者。去其非，而存其是，善讀書人不當如是耶！

　　蒙知識淺陋，服膺漢儒尚未窺其藩籬，何況堂奧？譬諸下邑窮鄉，更無從畫界自守，惟不敢高談心性，援儒入墨。時時探尋，僅託於不賢之識小。而齒屈衰頹，罕所成就，深自漸悔。側聞足下言周、孔之書，非漢人宋人之書，則何所用其偏袒？復何容分其門戶？此固夙昔自矢於幽獨者也。若夫講壇提唱大公無我，一洗積習，蒙何能為役。即言之枉，資匪笑耳！聊就宏論，暢宣其旨，私貢諸左右。顧澗薲校訂古書，是其所長，然為胡果泉中丞所校《文選》。蒙年來，頗從事於此，知亦不盡足憑。且於段氏初師之，而劇背之，遂齗齗相競，操戈入室，恐非儒者所為。宋本《儀禮疏》為汪朗園觀察刊行，曾得一本，胡竹村索去。其所自著《思適齋筆記》託人覓藁，今猶未得。特此裁覆，知己之愛，倘不以為妄，幸甚幸甚！

（選自《小萬卷齋文稿》卷七）

答臧鏞堂書　　丁履恒

> 丁履恒（1770—1832），字道久，別字若士，晚號東心，江蘇武進（今常州市）人。嘉慶十九年（1814）進士。考論音韻訓詁之學，治經無門戶之見。著有《說文諧聲表》十卷、《形聲類編》四卷《餘論》一卷、《春秋公羊例》《思賢閣文集》四卷等。生平事蹟見《續碑傳集》卷七六、《清代樸學大師列傳》卷一二、《清儒學案》卷七二、吳育《山東肥城縣知縣丁君家傳》等。

孤子丁履恒覆在東大兄：同門講席友復惠書，深感愧，鄙陋之意未可遽言。在家中復不得暇，闃然久弗報，今至館塾，始得略陳。履恒賦分魯下，幼不肯勤誦出讀，務為強記亦尟，外好性喜，博覽古人之書，時出己意。為詩文，見者或獎許之，即亦不自知其非也。後莊先生衷濟教之，以為為學貴先讀書，始稍稍欲致力焉而未竟。今從吾師游，譾陋之識，自愧多矣。足下賁然不以為不足，教而貽之以書，使從事於經義，詞旨高遠，誨勉勤拳，誠古人之用心而期我者，意甚厚也。然履恒所為有甚難，是不能不一言。

夫學事之本末，故其可得而詳也。三代之時，以力為先，學文為後。

總 論

西漢大儒專業六經，而文章即附以行。至東漢，經生以章句名家，則有通經義，而文章或不傳者矣。下迨唐、宋，多載道之言，而經學或弗深講。自是以降，皓首窮經，而其言不著；或采擷詞華，而實學鮮究。蓋文章之與經術分也，其所來舊矣，非至今日也。矧今之所為文章者何如哉！恒意苟肆力於文章，則必玩索經文，得其大體，為讀書明理之文。下亦漱六藝之芳潤以為高文曲則，而浮薄謹囂所宜深屏也。若研究乎聲音、訓詁，以蘄明乎經之義理，則將期之白首。而應制舉之文，及時賦詞章，遂舍棄弗務，然後用志不紛而所得者深也，以恒之所處固有不能爾者。

恒之先人修身力學，坎坎不獲志，至於客游以歿，此恒之所椎心泣血，未嘗一日以忘者也。今為孤兒，家貧不足以自活。足下所云"有田所入可以養老母"者，或非相知之深也。老母日夜辛勤，望恒兄弟以成立。恒雖有三兄，然顯揚奉養固未可自解委也。使恒諸兄已得甲第仕宦，可以榮吾先人而養吾老母，則恒雖布衣著述所甚甘也，而今固未能。且自家之父兄，以至吾師吾友所期望於恒者，咸以科名為亟，而恒亦未敢忘文學置身之念，此足為達人之所鄙耳。昔昌黎文公困厄悲愁無可告語，遂得究於經傳、史記、百家之說，沉潛於訓義，反覆於句讀，磨礱於事業，而奮發乎文章。雖貧不言為學，恒之鄙鈍，誠萬有所不能愧前賢多矣。然恒亦未敢厚自暴棄也，猶將自修其身以求免於過差。舉業幸少有成，得一第以為先人通籍，有升斗可以奉老母，或終不可得，而反求吾願。學乃得專精經訓，雖不能成一家之言，猶口寸有所獲，以資作者見聞，則生平之素心而足所勸勉，或不虛也。

足下托蔭庇之下，無家食之累。坐擁數千卷書，嗜欲鮮寡，無交遊往來之擾。好學深思，潛精著述，不朽或事，終當有歸，幸尚勉之。從識小以大，斯古儒者之業也。足下謂恒為學，或作或輟，誠診恒之痼疾，而下之藥石者也。歲月易識，輾轉虛靡，真生之大悲，非愛我之深者易足以語及此。恒謹當懸足下之言於坐右，以自警省，毋敢忘良友箴規也。至於恒之憂思怨苦為淒涼慘絕之音，則性情天所付與，有不自知者而境复傷之，非有所為而然也。然自今亦將捐除之，以從事於所當為者矣。足下之惠恒者，實大且多，而恒尤不能盡從此，豈可言耶！要之，異日必有所立，但當各努力耳。草率數紙，語無倫緒，幸足下宥其不莊也。履恒稽顙。

（選自《思賢閣文集》卷二）

與何岐海書

陳壽祺

> 陳壽祺（1771—1834），字恭甫，號左海，又號梅珍，晚年自號隱屏山人，福建閩縣(今福州市)人。嘉慶四年(1799)進士。著有《論語異文疏證》十卷、《左海經辨》二卷、《五經異義疏證》三卷、《石經考異》十二卷、《說文經字考》一卷、《尚書大傳定本》五卷、《三家詩遺說考》十九卷、《左海文集》十卷。生平事蹟見《清史稿》卷四八二、《清史列傳》卷六九、阮元《隱屏山人陳編修傳》、高澍然《陳先生壽祺行狀》等。

岐海足下：去冬以來，數奉手教，塵冗紛紜，僅一裁答。既而屈指計偕，郵遞益遠，遂復稽遲至今，想不為怪。春闈又不得志，奇才抑塞，良可扼擊。然存乎人之得失，君子固不以動其心也。

曩蒙惠尊著《何氏學》，精嚴不苟，而深博無涯涘。讀之，猶未能盡究其源流也。承命作《序》，慚非元晏何足引重，蓋忸怩而不敢出者久之。雖然，區區之愚猶有欲獻其狂瞽之言者。足下命所著書為《何氏學》，壽祺考之，《漢書·儒林傳》所稱：《易》有施、孟、梁丘之學，有京氏之學，有高氏學。《尚書》有歐陽氏學，有大、小夏侯之學。《魯詩》有韋氏學，有張、唐、褚氏之學。《齊詩》有翼匡、師伏之學。《韓詩》有王食、長孫之學。《禮》有大戴、小戴、慶氏之學。《公羊春秋》有嚴、顏之學，《穀梁春秋》有尹、胡、申、章、房氏之學。凡皆經師顓門，自名其家，立于學官。往往有章句訓詁相傳授。若自題其所撰著為某氏學，今惟見何、邵公之書而已。《公羊疏》引《博物志》曰："何休注《公羊》云'何休學'，有不解者，或答曰'休謙詞受學於師'，乃宣此義不出於己。"此言為允。壽祺謂此言與《儒林傳》所稱某氏學云云者相及，非也。陸元朗《公羊音義》曰："學者言為此經之學，即注述之意。"是其義也。

今檢足下大著四卷，上二卷《經說》，最夥者，《論語》二十九首，《孟子》十九首，《禮》十首而已。其它《易》《尚書》《詩》《春秋》《孝經》《爾雅》皆寥寥數則，末附《周官》及《春秋繁露》二則。其體近於隨筆紀聞之作，可以稱雜記，而不可以稱傳注，非傳注則不得以名為一家之學，明矣。其下二卷，"論說""辨議""答問""敘跋""記""祭文""連珠""紀夢"，凡若干首，其體壹皆雜著，可以入《文集》而不可以入《經說》。非經說則尤不可以名為一家之學，又益明矣。求之古人撰述，從未有駁雜誇大、名與實乖若是之甚者也。

足下天才英特，博聞強識，閎辨文章，桀悍筆力，復足以濟之，蓋兼萬人之勇。壽祺每望而欲走，非一日矣。顧獨恨足下成書太速，傳世太蚤，毋乃示天下以不宏而招當世之訾警耶？足下何未之思也？抑亦自喜之過有所不及覺者耶？又近世通儒如臧布衣、惠定宇、全紹衣、段若膺著書滿家，豈能無千慮之一失？而足下掊擊之過，因其單文隻義，遽擯全編曰不知，古《易》曰不善，讀賈疏曰"果於誣理"。君子立言有體，矜而不爭，此恐好為訐媟，以一廢百，亦學者之病也。至於援二氏不經之言以說《易》，指賈逵羼入其處者為劉氏之語以誣左氏，信《儀禮·鄉飲酒》疏"不得已而朝之，宿於大夫景丑氏之家"之文以改《孟子》，疑孔黽安竊"夏數得天，百王所同"之語以斥《周書》，皆似於理未安。而足下皆翊為獨得之懸解，其然？豈其然乎？

　　壽祺比者，髮短目昏，精力日憊，荒落之譏，徒自悼悔。而足下年齒方壯，穿穴古今，勇猛精進，未見其止。顧問學之事，能平心攝氣以求之，則益善矣。恃足下之知我，惟賜覽察覺而終教以所不逮。幸甚幸甚！

（選自《左海文集》卷四）

答臧拜經論鄭學書

陳壽祺

　　前蒙手教，言鄭司農《詩箋》《禮注》多用《魯詩》，誠覈誠確。壽祺曏所為《經郛》例議，固已及之矣。顧謂鄭君本習《魯詩》，斥范史本傳沒其實，而曰通《韓》為不可據，猶若有所未盡也。何者？《北堂書鈔》引《續漢書》亦云受《韓詩》，范史固本之司馬彪書，非能虛造，其疏漏則有之矣。蓋鄭君先受《韓詩》，實已兼通三家，後乃治毛氏。《禮注》所據，未嘗專守一師也。《禮記·緇衣》引《都人士》首章注曰："此詩毛氏有之，三家則亡。"此鄭參稽四家之驗。《儀禮·士喪禮·既夕》注引"竹柲緄縢"，《周禮·弓人注》又為"竹𢎨緄縢"；《儀禮·士虞禮注》引"吉圭為饎"，《周禮·蜡氏注》又為"吉圭惟饎"，《宮人注》又為"吉蠲為饎"；《候人注》引"何戈與祋"，《禮記·樂記注》又為"何戈與綴"，此鄭博採三家之驗。故賈公彥、孔穎達、王應麟諸人以為鄭唯據韓，誠攷之不審。

　　執事以為鄭惟習魯，必欲廢通韓之說，則亦橋枉而過其正也。鄭學博大，綱羅眾家，擇善而從，豈容偏廢？且《儒林傳》言鄭傳《小戴禮》，而《三禮目錄》每稱《大戴》；本傳言鄭先通京氏《易》《公羊春秋》，後受《古文尚書》。而所宗者，《易》乃費氏，《春秋》乃左氏，《尚書》之外，又注伏生《大傳》，《三禮注》往往引京《易》，《公羊》《穀梁春秋傳》，歐陽、夏侯《尚書》。大氐史家之辭，撮述顛末，不暇詳綜異同，觀其會通，存乎其人。今必以言《韓詩》者為不可信，則其餘亦將訾范氏之悉舛，而示鄭君以不宏乎？

執事謂鄭用韓義無可攷，今案《禮記經解注》明引《韓詩內傳》，《樂記注》"商，宋詩也"，與《史記·宋世家索隱》引《韓詩》說合。《孔子閒居注》"《詩》讀湯齊為湯躋"，與《韓詩外傳》第三合。《儀禮·士虞禮注》引"飲餞于泥"，《周禮·射人注》引"宜犴宜獄"，與陸德明《經典釋文》引《韓詩》合。《釋文》泥為坭，犴為犴，犴、犴一字。《儀禮注》泥從水者，傳寫誤耳。《衛風》"邦之媛也。"《箋》曰："邦人所依倚以為援助。"《釋文》曰："《韓詩》'媛作援'，云'援，取也'。"取乃助字之誤。《陳風》"可以樂飢。"《箋》讀樂為療，《韓詩外傳》第二作療，療、療同字。然則箋毛亦間從韓義，安得云無攷乎？不寧惟是，《鄭志》云："初注記時，執就盧君，先師亦然。"盧君謂盧植，先師謂馬融。盧君說《詩》，今不可見。馬雖治《毛詩》，而"南有樛木"，馬與《韓詩》本"樛"並作"朻"，見《釋文》。其所作《廣成頌》一篇，尤多用《韓詩》。曰"詩詠圃草"，本於《韓詩》之"東有圃草"；曰"駊騀譟讙"，本於《韓詩》之"駊駊騀騀"；曰"鏦特肩"，本於《韓詩》之"並驅從兩肩兮"。今《後漢書》"圃草"之"圃"譌"囿"，"駊騀"之"駊"譌"鄒"，《注》又譌"騀"為"俟"，當以《文選·東都、西都賦注》正之。由此觀之，馬亦先習《韓詩》也。《廣成頌》又曰："《蟋蟀》《山樞》之人，並刺國君，諷以太康馳驅之節。"案：石經《魯詩》"山樞"作"蓲"，今《頌》不作"蓲"，則馬所據非《魯詩》明矣。鄭言先師亦然，此亦習韓之一證也。《爾雅·釋畜》"騽牝驪牝"，《經義雜記》依《釋文》更定如此，執事復以雪窗書院舊鋟《爾疋》證之，甚善。但陸德明所見郭本《爾雅》終竟乖繆。攷鄭注《周禮·廋人》《禮記·檀弓》，並引《爾雅》曰："騽牡驪牝玄。"《周禮·釋文》云："牡驪絕句，牝玄頻忍反絕句。"今《周禮》《禮記注疏》上牡下牝皆互誤，是鄭所見《爾雅》不作"騋牡驪牝"也。《釋文》云："孫炎改上騋牝為牡，讀與郭異"，是孫所見《爾雅》不作"騋牝驪牝"也。《說文》"騋"字引《詩》曰："騋牝驪牡"，即《爾雅》之文，上牝下牡，又與鄭、孫讀異，恐是下脫玄字。然許君所見《尒疋》亦不作"騋牝驪牝"也。《毛詩》"騋牝三千"，《傳》曰："騋，馬也。"《毛傳》故訓皆本之《尒疋》，若《爾疋》釋詩以騋牝連文，《傳》不宜分而為二，是毛公所見《爾疋》，亦不作"騋牝驪牝"也。《周禮·廋人》疏《尒疋》之意，以詩人美衛文公直牝有三千，其實兼有牡，故云"騋中所有牡則驪色，牝則玄色"，是賈公彥所見《爾疋》不作"騋牝驪牝"也。《釋獸》："麖，牡麔牝麜；鹿，牡麚牝麀；麕，牡麌牝麜；狼，牡獾牝狼。"鄭、孫讀"騋，牡驪牝玄"，與此文例符，一無復可疑。儻如郭讀，直以驪釋騋可矣，連牝於驪，抑可贅也？今雖依《釋文》，謂宜附正其後，俾學者得郭本之真，又以識郭本之蹖，庶無迷誤，惟執事裁之。

（選自《左海文集》卷四）

答許子錦論經義書

陳壽祺

壽祺白：久未得遼陽消息，旅宦何以自存？日為執事懸懸也。頃料檢篋中札，見執事前所咨經義數通，深歎執事服官之後，精求儒業，若此雖皓首下帷者，曷足方其淹雅耶？曩病且嬾，未及條覆。今謹獻其愚，以俟裁擇焉。

來教謂：百餘年來，宗尚漢學，然是非得失容得各申所見。援鄭司農箋《詩》宗毛，而常易傳師馬，而以馬說為非，證之誠宏通矣。然壽祺所以不喜攻鄭者，以為學者未嘗深究本原，會通撰述之微意，徒耳熟王子雍、趙伯循等之說，悅其淺近易曉，遂從風掊擊，不顧其安，而非敢阿好古人，寧道周、孔失，不言鄭、服非也。魏、晉以後，典籍淪棄，有甚於秦燔；抱殘守缺，無殊於伏壁。而漢之儒者猶及見秘府之逸編，聞先師之緒論，拾遺補蓺，非同虛造。且如鄭箋《毛詩》，其所易傳之義，大氐多本之《魯》《韓》。解阮徂共為三國名，解艷妻為厲王后，讀"他人是愉"為"偷"，讀"素衣朱繡"為"綃"，此魯說也。讀"邦之媛也"為援助之"援"，讀"可以樂饑"為"瘵"，瘵與療同，此韓說也。讀"其祁孔有"為"其麚孔有"，與舍人《爾雅注》引《詩》合，此亦三家詩也。如斯之類，不能盡考。舉一反三，足以徵信。自王子雍以來，未有能持此論以關其口者。鄙人嘗蘁之經傳，實事求是，自以為發千載之覆。耆古如執事必能辨之。蓋鄭君深明於聲音、文字、訓詁、通借之源，折衷乎微言大義，囊括綱羅之美，其學之卓出諸儒者在是。或謂鄭好改字，妄相詬病，以所不見而誣古人，殆所謂"夏蟲不可以語冰矣。"

來教又疑范氏《三家詩拾遺》引崔靈恩《集注》本"狋"作"嶩"，指為《齊詩》。复云："茂昌皆齊地，未注，所徵當緣《漢書·地理志》以嶩為《齊詩》斷之。"案三家詩自王伯厚所輯已多舛誤，范氏書尤謬，妄不足觀。《地理志》引《齊詩》曰："子之營兮，遭我虖嶩之閒兮"。《齊詩》者謂齊國風之詩，與前稱《豳詩》《秦詩》《邶詩》《唐詩》《鄭詩》《陳詩》一例，非謂齊轅固生所傳也。陸氏《釋文》載崔《集注》本作"嶩"者，疑崔即取之《地理志》。然亦不言是何家說。惟顏師古注《地理志》云："《毛詩》作'旋'。《齊詩》作'營'。"始言為轅固之《齊詩》。又於《志》"右扶風"杜陽注亦引"自土沮漆"，《齊詩》作"杜"。《齊詩》久亡，不知師古何從得其說？豈出於服虔、應劭等音義邪？然班固之習《齊詩》，他無左驗。顏注《地理志》誤以"周道鬱夷"為《韓詩》，而不考《韓詩》實作"威儀"。則其他躓駁者，未可盡信也。

來教又以《大戴禮記》中有《孔子三朝記》七篇，《千乘》《四代》《虞戴德》《誥志》《小辨》《用兵》《少閒》是也。此說由王伯厚《漢藝文志考》始著之，儒者無異議。劉向言《三朝記》七篇在《大戴禮》，今《小辨》以下三篇錯在後。考其文義，固與《千乘》四篇相類。師古注《高帝紀》以臣瓚引《三朝記》"蚩尤，庶人之貪者。"謂出《用兵篇》，非《三朝記》。則師古之垂也。

來教又謂二戴篇目不符意，《小戴》所刪即《大戴》所錄。今《大戴·哀公問》《曾子大孝》《投壺》三篇重出刪之，則《大戴》止存三十六篇，合《小戴》四十九篇，適符原書八十五篇之數。後人以《小戴》已具者不復重錄，故刪去其篇。而篇次未改，故其書始於第三十九，終於第八十一。司馬貞所云："闕四十七篇者，非是。"執事是說傅會似巧，而考之未審。案，《藝文志》"《記》百三十一篇本"注云："七十子後學者所記。"《六藝論》引劉向《別錄》云："古文《記》二百四篇。"蓋三戴所傳皆取諸此，非獨八十五篇也。往錢曉徵詹事言《小戴記》四十九篇，《典禮》《檀弓》《雜記》，皆以簡策重多，分為上、下，實止四十六篇，合《大戴》八十五篇，正協《漢志》百三十一篇之數。此說亦非也。《大戴記》中與《小戴》重出者，《哀公問》《曾子大孝》《投壺》外，猶有《諸侯釁廟篇》（見《小戴》）《雜記》《朝事篇》《本命篇》亦多互見。且《漢書·王式傳》稱："驪駒之歌在曲禮。"服虔注云："在《大戴禮記》。"《五經異義》引《大戴·禮器》《毛詩·豳譜》，《正義》引《大戴禮》《文王世子》，皮日休有《補大戴禮祭法篇》，則篇目與《小戴》同者多矣，惡在其為《大戴》所取即《小戴》所棄，《小戴》所錄皆《大戴》所存邪？《大戴·公冠篇》末有"孝昭冠辭禮"，察《保傅篇》闌入秦、漢，悉與賈誼疏同。此則後之學者誦習附綴之失，不得以是疑全書雜出漢儒也。《藝文志》及《別錄》並稱《古文禮記》，則是周、秦舊書，何有漢儒之作？今《史記·司馬相如傳·贊》有揚雄語，將謂後人羼入邪？抑謂此傳非出太史公筆邪？

來教又詢及《字林》與《說文》類者。案，晉呂忱撰《字林》以補《說文》之闕，其訓故往往取之《說文》。而唐人陸德明、釋玄應、李善等恒捨《說文》而援《字林》，可謂逐末而失本，避難而就易者也。

壽祺今夏迄冬，患涇瘍久，閉門數月，因撰《駁五經異義考證》三卷。取便瀏覽，不足言裨助經學。繕寫成，將就正有道焉。比年，頗喜討論經義，少有所得。第疾疢牽纏，人事煎迫。精力日減，未強已衰。學業無成，良自悼懼。所欲述者，有歐陽夏侯《尚書大傳箋》《魯齊韓詩說考》《禮記鄭讀考》《春秋左氏禮》《公羊禮》《穀梁禮》《說文引經考》《兩漢拾遺輯別錄》《七略》《昭代文徵》諸種，顧多未卒業。轂下車塵馬足,殆非仰屋梁著書之所。交際煩碎,食貧窘艱,皆易以廢學,以是益歎執事之不可及也。率爾裁答,惟恕狂瞽匡所不逮。幸甚幸甚!

(選自《左海文集》卷四)

答翁覃谿學士書

陳壽祺

壽祺謹復覃谿先生閣下：比數蒙手教，甚感荷。去春以來，先後示所訂阮氏《釋文校勘記》、段氏《周禮漢讀考》，精心果力，神明不衰。每對友朋以為欽嘆，其中有欲獻疑而又未請謁者，緣其辨甚長。性既疎嬾，復念先生耆德宿望，而末學小生一孔之知，未必有裨於高大，且君子於所尊弗敢質。

嘗聞先生性執，恐論難鋒起，萬一以筆舌為長者罪尤非，所以事左右之道也，故踰歲忍不發。既而，聞先生徧語人極訾《校勘記》輕付他手，繆誤紛出，則恐承學之士不揣本末，不顧是非，隨聲詆娸。不悉是書之體，而遂以儒為戲，非講學者之所以厚風教也。故前日因啟問之，閒聊以《毛詩》卷中三事質三事者，皆先生掊擊不遺餘力，以為校者不讀《爾雅》，不讀《說文》，荒謬不通者也。其二事《王風》釋文"不湑"，《校勘記》謂小字本、十行字所附釋文"不"作"水"，此形近而譌。《校勘記》指作水者譌也。《齊風》釋文"鰥"，《校勘記》謂此字當作"鱞"，《桃夭篇》釋文云"鱞本亦作鰥"可互證。此必當時別體字。《校勘記》指唐人作鱞者，別體也。而先生責其欲改"不湑"為"水湑"，責其轉以鰥為別體，誤讀文義，被以極冤，過矣。其一事《小雅》釋文："先其文王以治內，後其武王以治外。"《校勘記》謂："二王字皆譌，當作主。"壽祺據鄭氏《詩譜》云："先其文所以治內，後其武所以治外。"證陸元朗語所本皆以文、武絕句,是以敢為校者左袒也。壽祺又據《小序》言文武"《天保》以上治內,《采薇》以下治外。"《采微》以下合《出車》《杕杜》三篇皆文王詩,獨《魚麗》為武王詩之始,則治外不得專屬武王甚明。而先生謂陸釋二其字指《鹿鳴》至《魚麗》十篇繫文王、武王者,言之無論,分配不協,而讀"先其文王,後其武王"為句,文義豈復可通乎?夫經義高深,詁訓繁賾,一家之言孰無千慮之失。即此三事無失者,先生亦以為無關義要,然盛氣相淩,所訾非其理,儒者之言殆不若是忿戾也。此則區區敢獻其愚之意也。

既承來教於前二事,稱急欲心之,蓋君子泰山河海之懷,若此又援陳思好人,譏彈其文,而誘使盡言意思,懇懇懃懃而不倦。壽祺雖不敏,亦安敢自匿其私,不求請益於左右。今謹就來教,更申之釋文"文王武王"一事。來教謂果用《鄭譜》則校者當云兩"王"字,是兩"所"字之誤,必不可改主字。又謂所字與主字形不近而聲近,不知尊意仍從俗讀以兩"王"字絕句邪?抑從《鄭譜》而徑改兩"王"字為兩"所"字邪?從俗讀則其誤不待知者而知,从《郑譜》則或改王為主,特點書小小之譌,就而改之可矣。其實如釋文之舊,以"先其文,後其武"為句,"王以治內,王以治外"為句,謂王者所以治內治外也。其義尤通。若必依《鄭譜》為兩"所"字,則釋文本字乃是兩"王",王之與所形聲皆遠,何由致譌?願先生三思之。承詢"識認"之認,今人多書作仞。案,仞字見《漢書·孟喜傳》,《說文》無認字。道藏《唐盧重元列子注本》亦作仞,此仞古而認俗之證。不必談漢學泥《說文》而後為有據也。

先生所訂段氏《周禮漢讀考》數則,今覈之,惟"秋官司烜氏"段據注"故書燧作垣",一言改官名之烜,及注"烜,火也。當為烜"。三烜字皆為燧,似未盡善。何也?二鄭以字解曰"取火於日,官名。"此據《秋官司》烜氏以夫燧取火於日言之。其下又曰舉火,曰爟。《周禮》曰"司掌行火之政令"。此據《夏官司》爟言之,其下重文烜曰"或從亘",此以爟烜為一字也。高誘注《淮南·氾論訓》亦曰：取火於日之官也。下復引司爟之文。許師賈景伯、高師盧子榦其言皆有所受。蓋諸儒所見《周禮》司爟有作司烜者，如世婦稿人、環人之兩見，故併兩職解之也。《周禮》鄭注"烜讀如衛侯燬之燬。"明是別擬音義。《釋文》大書司烜曰"音燬，注燬同。"是經文作"司烜"，不作"燬"矣。故書"燬"作"烜"，"燬"字乃"烜"之誤。段氏不改此一"燬"字，轉改上下三"烜"字。又疑司爟、司烜不當為一，遂謂《說文》本無烜字，此其疎也。然先生謂《說文》烜字，乃司爟之爟，與《秋官司》烜無涉。則亦未審此重兩解字之意，與"取火於日官名"之語之所出矣。又謂：段氏即二徐所校《說文》與所校《繫傳》尚不能核對，此尤訾非其理也。大徐本《說文》烜在下，小徐本烜在部末。段氏正以二本參差，疑其移附。何謂不能核對《繫傳》云。臣鍇案《說文》"烜字在下"注曰"或從亘"。今此特出而云或與爟同。又別無音切，疑傳寫之誤。壽祺謂此乃張次立語，非徐鍇語。《繫傳》中每稱"臣次立案"與"臣鍇案"相亂耳。《說文》烜在下云云，謂鉉本也。今特此出云云，謂鍇本也。《繫傳》朱翱反切，即鍇所用，今云別無音切，明非鍇語。然則段氏之疑二徐本附綴烜字，亦有由矣。

段氏扵《說文》用功最深，海內無匹，破滯發蒙，精埒賈鄭，此天下之公言。雖有一二牴牾，扵其大體無傷也。而如左右所訶得為平心論事乎？鼎扛之鼏，鼎覆之鼏，兩字兩音，此不易之說也。《儀禮》作扃，不作鼏，《說文》存鼏脫鼏，而傳寫岐誤。又以鼏注屬鼏，故致糾紛。攷《士冠禮》"設扃鼏"鄭注："今文扃為鉉，古文鼏為密。"《公食大夫禮》《士喪禮》《士虞禮》《特牲饋食禮》《少牢饋食禮》《有司徹》諸篇注"累言皆同。"惟《士昏禮》"設扃鼏"注云："今文扃作鉉，鼏皆作密。"案，今文、古文之異前後耳，宜各畫一。以士冠等注證之，則《儀禮》古文皆作"扃密"，今文皆作"鉉鼎"。《士昏禮》注"鼏上當脫'古文'二字。"（《少牢饋食禮》注"今文鼏作鼏。"是今文又鼏當幎也。《既夕禮》注："今文幎皆作密。"此注今文疑亦古文之誤。《少牢》注"古文幎皆作密"可證。是古文又以密當幎也）《士冠》賈疏云："今文扃為鉉，古文鼏為密者，一部之內皆然。"不從今文，故疊之，必他篇注與《士冠》注同，疏乃得云"一部之內皆然也。"古文扃、密並以同音假借。於扃鼏二字，一用古文，一用今文。《疏》云"不從今文，故疊之"者，專舉扃为鉉一字而言耳。若《说文》与郑雖小有異，大致相同。《鼎部》䁅曰："以木橫貫鼎耳而舉之，從鼎，冂聲。"《周禮》曰："廟門容大䁅七箇。"即《易》"玉鉉大吉也。"是許以䁅為古文也。篆文及注冂竝譌冖。大徐音莫狄切，小徐音民的反，皆誤䁅為鼏矣。戶部扃訓外閉之關，不訓鼎扛，是鄭本。《儀禮》《周禮》作扃者，古文同音假借，字非本字也。《金部·鉉》曰："舉鼎具也。"《易》謂之，《鉉禮》謂之䁅。（此字今《說文》亦譌為鼏）此偁禮者，謂《儀禮》非《周禮》也。《說文》凡引《儀禮》則偁禮，引《周官》則偁《周禮》。冂重自序言偁《禮》《周官》皆古文，其全書無不分別瞭然可覆案也。段氏言《儀禮》古文，本亦作䁅，後人改為同音之字扃，亦疑詞未定，而謂今本《說文》誤，合䁅鼏為一字。謂《說文》鉉下偁禮為十七篇之禮，皆郅確。

先生乃詆其欲欺天下人皆未讀書，又怵人畏其專講形聲，不敢觸其邊際，誠鄙人所不解也。《漢讀考》又言鄭注："天官主以利得民，利讀如'上思利民'之利。"以利民與財利者別音也。利民與財利者別音，如《公羊》之伐。先生譏段氏不明，舉傳注之詞，使觀者欲駁正而無從，並譏何休注之傅會，不足信。謂《周禮》利字不知如何長讀短讀，此又皆非其理矣。案，《公羊》言"伐"，在《莊公二十八年傳》注，治《公羊》者安得不知之？段言音別，如《公羊》之伐，其意已明。若必具引傳注之詞而後可，則鄭君注"上思利民"一語，不偁《左氏傳》，不當先受糾彈邪？何邵公注《公羊》所謂"長言、短言、內言、外言"及高誘注《淮南》緩氣言、急氣言、籠口言、閉口言、急舌言，作江淮間人言。劉熙《釋名》以舌腹言，以舌頭言，橫口合脣言，踧口開脣言，此自漢儒音切之學所師承，非由肊造。後世四聲五音九弄反紐之法即源於此，惡可相非？且漢儒讀法，別舉一字，以定其音為常例，即本字為音為異例。《周禮》"廋人"注"散讀為中散大夫之散"，與"中宰"注"利讀如上思利民之利"是也。蓋一字包數音，一音包數義；音異者別其音，義異者別其義。字雖不易，而音與義各判焉。古者諧聲之學，失其傳久矣。後之學者尠能盡通，所賴以稽尋墜緒，獨有《說文》。而《說文》止著一音，不為分別之詞。其他《經典釋文》《景祐集韻》徃徃一字兼載數音。蓋古音猶有存者，以《周禮》注散字例之，安見鄭君讀利不為兩音乎？《莊子》"揚、墨乃始離跂。"《荀子》"縶谿利跂。"楊倞以為利跂即離跂。《說文》："颲，從風利聲，讀若栗。"黎、嚳並聲，秒讀若，秒古利字，以此求之，則利字長言、短言，從可定矣。此甚易解，無可駁者。不知先生何以譙讓之深也？

　　段氏《古文尚書撰異》謂"寅餞納日"，本作"寅淺內日"，此據《集韻》及《羣經音辨》也。《集韻·二十八》："㳀，曰淺，滅也。"《書》"寅淺納日"，馬融讀通作"餞"。《羣經音辨》曰："淺，送也，滅也。音餞。"《書》："寅淺內日。"《集韻》所據，馬融讀即本諸《尚書》。《釋文音序》云："凡字有出自經、箋、傳中，先儒之說經著義。"既《釋文》具載，今悉取焉。然則《音辨》淺字引《書》，取諸《釋文》審矣。今本《尚書釋文》云："餞，賤衍反。"馬云："滅也。滅猶沒也。"其字作餞，與《集韻》《音辨》不合者，二書據陸元朗《釋文》舊本。今《尚書》則唐天寶所改本，今《釋文》則宋開寶所改本也。案《儀禮·既夕禮》"緇翦"注："翦，淺黑也。"今文"翦"作"淺"。《士虞禮》"乃餞"注：古文"餞"為"踐"，《尚書大傳》遂踐、奄踐之者藉之也。是淺、踐、餞三字音義通，而《尚書》"寅淺"本字作"淺"。馬融本與《孔傳》本並同。馬融讀淺為踐，故訓為滅。《偽孔傳》

讀淺為餞，故訓為送。陸音"淺，賤衍反"者，以《傳》訓送，必讀為餞，知之也。《音辨》惟據《釋文》舊本，故知訓送，訓減，皆同字也。《集韻》言通作餞者，指天寶既改之。《尚書》易淺為餞也。天寶三載，詔集賢學士衛包改《尚書》古文从今文，見《唐書‧藝文志》。天寶五年，詔李昉、陳鄂刪定《尚書》，《釋文》改從唐之今文，見《崇文總目》《玉海》《困學紀》。唐太宗詔顏師古刊定經籍。開元以來，省司將試舉人，皆見納所習之本。文字差互，輒以習本為定。天寶十年，詔張參撰定《五經字樣》，頒於天下。由是有司停納習本，見《封氏紀聞記》。咸平二年，從真講孫奭請摹印《古文尚書》音義，與新定《釋文》並行，見《玉篇》《困學紀》。是皆校經之大節，考古者不可不知。《集韻》《音韻》所列經典異字、異讀皆據未改，《釋文》可貴在此。段氏採擇之精，此其一端。

　　先生每疑賈文元書"寅淺""烏夷"之類，不詳於何本，此疑所不必疑者也。治經之道，當實事求是，不可黨同妒真。漢儒學近古，其家法出七十子之徒；宋後學者好非古，其肊斷在千百載之下。故不能不捨彼而取此，而亦非盡廢也。其有存古可資者，何嘗不兼收參訂，以為薄宋後之書，輒並其善者而不旁涉，又豈通儒之見哉！

　　夫說經以義理為主，固也。然未有形聲訓詁不明，名物象數不究，而謂能盡通義理者也。何則？義理寓於形聲訓故，與名物象數而不遺者也。形聲、訓故與名物象數捨漢學何由？然非心知其意，博綜源流，未足以與此。壽祺聞道恨晚，經術寡淺，豈敢妄以鹵莽膠滯之見，岸然搖擘筆札，欺世盜名於一時？且與段君雖相知，豈至阿其所好？即阮侍郎師所為《校勘記》，壽祺固未嘗與其役其中，分交諸人，亦不盡相識，皆無所庸曲護。抑心有所不安，則不敢不伸其道也。

　　昔侯芭稱子雲《太玄》勝《周易》，譽之過呂步舒，不知廣川書以為大愚，又毀之過二者。壽祺皆不肯出此者也。苟違心而附和，則先生何取焉？張編修惠言《儀禮圖》繪天子路寢與明堂同，蓋本《大戴禮・盛德篇》。《逸周書》作雒解，佐之以鄭氏"王藻"注。《考工記》注、《毛詩・斯干箋》皆謂明堂路寢同制，合之以《逸禮・王居明堂禮》、《禮記・月令》注，知王居聽政之明堂即路寢。（顏師古《明堂議》亦云然）編脩之師金脩撰輔之著《禮箋》，具詳其說。大恉謂王居德政之明堂與合諸侯之明堂為二，王居德政之明堂即《月令》所舉曰太室，曰太廟，曰左右个。是其地在王宮，合諸侯之明堂。則《周官・司儀》為壇，《儀禮》覲禮方明，《小戴記》明堂位，《大戴記》朝事義，是其地在近郊。金氏又以天子宗廟之制，前堂、後室有東西房，東西序、東西夾、東西堂，明堂與宗廟異制。據《爾雅》"室有東西箱曰廟，無東西箱有室曰寢。"以推合明堂、路寢之制，其義創新。要之，援據經典，綜覈而不可廢。明堂之聚訟久矣，未易以口舌遽爭，此不得引《唐律》以斷漢獄者也。至若編修之書，條例經注，簡要有法，博於聶司業，而精於楊信齋先生。顧病其不載經文，無從駁正，不亦異乎？

　　壽祺曏嘗鉤考《齊》《魯》《韓詩》者，正欲為《毛傳》、鄭《箋》疏通證明，非旁騖也。《詩》有三家，猶《春秋》之有《公羊》《穀梁》，不可偏廢。二《傳》存而三家《詩》亡，說經者之不幸也。三家訓詁大義多足與《毛傳》相發。而鄭《箋》與《毛傳》異者，往往本之三家。毛解"能不我甲"云："甲，狎也。"解"摧之秼之"云："摧，莝也。"解"是用不集"云："集，就也。"解"倪天之妹"云："倪，磬也。"此依《韓詩》也。解"子之湯兮"云："湯，蕩也。"王逸《楚詞章句》引《詩》正作"蕩"。此亦三家《詩》也。鄭讀"素衣朱繡"之"繡"為綃，解"十月之交"為厲王詩，解阮徂共為三國名，此魯說也。讀"可以樂飢"之樂為療，讀"邦之媛也"之媛為援，此韓說也。讀"其祁也有"之祁為麎，亦三家說也。是皆證據顯明。他可推究前人，蓋未窺及此也。鄭君時，魯、齊、韓竝立學官，家習戶誦，故《箋》所采摭不煩，具徵諸家，而治《詩》

者無不知之。然非鄭君囊括宏通，莫能擇善而從。居今日而非博觀詳說，亦莫能探古人之用心，而徐與決別其是非，惡得擬之放飯流歠而問無齒決乎？仰荷大雅之誨，忘其梼昧以進。伏惟鑒察。幸恕！狂瞽壽祺頓首。死罪死罪！

（選自《左海文集》卷四）

總 論

上儀徵阮夫子請定經郛義例書

陳壽祺

　　弟子壽祺頓首侍郎夫子閣下：乃者仰蒙善誘，俯啟檮昧，將於《九經》傳注之外，裒集古說，令壽祺與高才生共纂成之。盛哉！夫子嘉惠學者之心乎。壽祺聞王符有言曰：「聖人天之口，賢人聖之譯。」粵自「明、孟、幽、幼」，《誥》志聞諸虞史：「初、哉、首、基」，《釋詁》廑於姬旦。《冠》《昏》《聘》《射》之記，每附奄中之經；沈魯司馬之言，博存餅家之傳。辯章舊聞，采綴漏逸，《五經》萌牙。譯聖者遠矣，何論游、夏既往，嬴、劉遞嬗，《詩》之分為四，《春秋》之分為五哉！漢代經師，恪守家法，專門命氏，顯於儒林。精習師傳則獨推張禹，不依章句則見詆徐防，而王吉兼經能為《騶氏》，賈逵好古並通五家。何則？《五經》剖判，去聖彌遠，方語不同，傳寫遂錯。賢者識大，不賢識小。仁者見仁，智者見智。將以扶微學，廣異義，與其過而廢之也，寧過而存之，奚必移子駿之書輕毀執政，會范升之議爭及日中哉！且夫說詳反約者學問之樞轄，統同辨異者禮樂之章條。《易》：「君子學以聚之。」又曰：「觀其所聚，而天地萬物之情可見矣。」善夫，魯丕之上疏曰：「說經者傳先師之言，非從己出。難者必明其據，說者務立其義。法異者各令自說師法，博觀異義。」蓋守一先生之言而不敢裸，此經生之分也。總羣師之言，稽合同異而偏廢，此通儒之識也。

　　是故西京石渠議奏，諸儒說難悉用標名，延世綿邈，瞭如指掌。惜東都《白虎通義》不復遵其舊章。獨許祭酒、鄭司農述先聖之本意，整百家之不齊，其所撰著，皆先引諸說，次下己意，異乎黨同妬真，專己守殘者焉。今就兩大儒之書，覆按之許君《五經異義》，今學古學粲然眉列。曰祭月薦徵叔孫通，祝延帝尸援魯郊禮，自施、孟、京房、甘容、歐陽、夏侯、董仲舒、尹更始、劉更生、韋玄成、匡衡、二戴、貢禹、眭生、淳子登、陳欽、賈逵之倫，靡不擷摭菁華，刊裁臧否。《說文解字》稱《易》孟氏、《書》孔氏，《詩》毛氏、《礼·周官》《春秋》左氏、《論語》《孝經》皆古文也。然如貞从鼎省，兼錄京房；江之羕矣，別臚韓氏；嵎鐵、嵎谷，經異壁中；玉粲瑑猛，句搜逸《論》，《禮》收羊芊之今文；《書》載𧟡毛之或字，洵所謂博問通人，允而有證，解繆誤，達神恉者也。鄭君先事京兆第五君，通京氏《易》《公羊春秋》；又從同郡張恭祖受《周官》《禮記》《左氏春秋》《韓詩》、古文《尚書》，西入關，又因涿郡盧植事扶風馬融。其答炅模問解《詩》之義云："為記注時就盧君、先師亦然。後乃得毛公傳古書義，又當然記注已行，不復改之。"故鄭君《禮注》引經多與本書差互，刑劇睇于，乃京《易》之同費；柳縠育子，即伏《書》之異孔；以及朱綃被綺，禮李送車，《燕燕》作於定姜，《崧高》生夫山甫，竹秘翟蔽之殊文，禹隩湯隮之異讀，依循三家，迥別《毛故》。若其本經詮釋，亦不曲拘一師，阮、阻、共為三國之名，厲王后有《十月》之刺，雖云箋《毛》，間乃從魯。孟侯采濟南之訓，《禮》目參信都之第，《周官》則故書特存，《儀禮》則今文不廢，《論語》讀正齊、魯、《公羊》本異嚴、顏。二鄭同宗，既讚辯其雅達；南郡本師，亦彌縫其參錯。蓋有成藍而謝青，固無是丹而非素。至於《河》《雒》緯候，不嫌讀讖；《墨守》《廢疾》並附《箴膏》。洵所謂綱羅眾家，囊括大典，禮堂寫定，學者知歸者也。

　　典午以後，家法漸改，塗徑方岐。古學飇流，猶在河、洛。唐儒孔、賈，諸經疏義，證發注家，近為敷暢。但恨杜、王偽孔，宗主不明；漢、魏遺書，遂致散佚。其他依違首鼠，茫昧焉烏，疏漏尚多，良可嗟唱！

今海內嗜古之士，陶化染學，其風世篤，深慇廢墜，競事蒐討，羣經佚注，具輯成書。吾師所修《經籍纂詁》，百有六卷，攷訓故，賅音讀，《六藝》羣書，所載備矣。然而微言大義，散見經傳，升嶽浮海，胥達津梁。食雞跖者，必取其千；說羊尻者，莫分其二。苟非比以義類，觀其會通，則駉牝沿譌，犧尊失據，斥荄茲為巧慧，訾柳丣為乖違，徒煩稽古之三萬言，孰訂明粲之十二證？竊謂仲尼二學，祖述堯、舜；孟子明事，稱之博文。以經注經，折衷之本，造車合轍，此為椎輪。爰自周、秦，下逮南、北，傳注而外，眾說如林，宗經述聖，旁出子史，雖體歸文翰，而義博典墳。或依經以辯理，或錯經以合異，或徵經以證事，或約經以就意，或析經以斷章，或綜經以通貫，或襲經以互存，或牽經以旁涉。古訓相承，師道未喪，誠六籍之鈐鍵，嘉論之林藪。類而集之，依經條次，以周、孔及七十子之徒所說為傳訓權輿，以諸子百家為經典羽翼，以諸史志傳為文義淵海，用以申許、鄭之閎眇，補孔、賈之闕遺。細大不捐，得失咸著，裒而不逖，直而勿有，如其別白一尊，俟自得之。《說文》與《爾疋》相為表裏，其中所列異文，雖省書名，半居經字，凡所甄錄，尤宜該洽。若乃二京講經之奏，六朝議禮之篇，綱舉目張，引伸聯系，體既鴻綜，非可破碎。宜放劉向、班固之書，別為《通義》，取揚子《法言》之語，總名《經郛》，庶幾探賾索隱，拾遺補蓺，匯九流之支裔，发文囿之根葉。一卷所習，無誤於立師；五學不墜，猶瘉於求野。

壽祺精涉藝林，曾微彊識。曩者，歲在著雍敦牂，養素家衖，亦嘗稍事綴緝，取便瀏覽，人事牽迫，廢焉不修。伏惟夫子，天下模楷，殿中無雙，荏越八年，文武為憲，方面靜息，舊文修理，倡明經業，宏獎氣類。壽祺幸得陪奉鼓篋，優遊湖山，親聆叩鍾，俾通窺牖。遠漸司馬，傳教蜀人；俯效臨碩，預論《周禮》。蛾子時術，敢撮壤於崇山；駑馬十駕，冀

167

驅塵於策慧。謹依擬條例，撰略呈覽，蘄加撝鈫，以就準繩，或令諸生相為參酌，亦可補苴云。

（選自《左海文集》卷四）

與王伯申詹事論古韻書

陳壽祺

壽祺曰：近觀諸家論音韻書，私疑顧亭林、江慎修四聲通押及《詩》《易》參用方音之說，未可厚非。何者？魏、晉以前本無四聲之別，高下清濁，取其同類而已。至於閭巷謳謠，發於婦孺，往往矢口成歌，自協聲調。輶軒所採，未必更加潤色。糾以韻書，間不盡諧，至今猶然，何疑於古也？且齊人言"殷"如"衣"，（《禮記中庸鄭注》）稱"裂"為"殈"，（《樂記注疏》）謂"萌"為"蒙"，（《易序卦傳鄭注》）謂"得來"為"登來"，（《公羊傳何注》）秦人謂"抗"為"挑"，（《少牢饋食禮注》）謂"搖"為"猶"，（《禮記·檀弓注》）周人謂"顊"為"申"，（《檀弓》）楚人謂"陳"為"陵"，（《檀弓注》）齊、魯謂"居"為"姬"，（《檀弓注》）陳、宋言"桓"如"和"，（《漢書傳》六十如淳《注》："《水經注》引古文《尚書》'和夷底績。'"鄭注）周、秦讀"至"為"實"，（《禮記雜記注》）南陽名"穿地"為"竃"，（《周禮鄭注》）秦人呼"卷"為"委"，齊人呼"卷"為"武"，（《雜記注》）其文皆見《易》《詩》《禮》《春秋傳》。

然則方音之字，施於經典，安在不可？施於三百篇之詩，蓋一聲之轉，即可交通，不必其同部也。方語之近，即成流變，不必其悉諧古韻也。古韻有一字一音，百見不易者；有一字數音，屢遷不拘者。設古詩三千篇盡存於今，則其源流同異必瞭然可稽。今既僅存三百，未由考其歧互，安知

當時非太史採之列國，不能不存其方音可通之字乎？《詩·賓之初筵》以
呶與傲、郵韻，共與筵、反、幡、遷、僊韻，奏與鼓、祖韻，《抑》以紹
與酒韻，秩與筵韻，行與言韻，疾與戾韻；《桑柔》以矜與旬、民、填韻，
熱與惢、恤韻，東與慇、辰、瘖韻，寇與可、罵、歌韻，瞻與相、臧、狂
韻；《楚茨》以奏與祿韻，孫與熯、愆韻；《大田》以滕與賊韻，興與林、
心韻；《小戎》以驂與中韻，苑與羣、錞韻，驅與續、轂、騵、玉、曲韻，
音與膺、弓、滕、興韻；《思齊》以入與瑕韻，業與作韻。此一篇之中用
韻屢乖者也。《竹竿》以儺與左、瑳韻，《隰桑》以儺與阿、何韻，《桑
扈》以那與難韻，《東門之枌》以原與差、麻、娑韻，《螽斯》以母與雨
韻，《旄丘》以葛與節、日韻，《碩人》以倩與盼韻，《北門》以敦與遺、
摧韻，《七月》以陰與沖韻，《鴟鴞》以子與室韻，《車舝》以罔與薪韻，
《杕杜》以近與邇韻，《常棣》以戎與務韻，《車攻》以調與同韻，《斯
干》以裼與地、瓦、儀、議、罹韻。《節南山》以領與騁韻，《小宛》以
令與鳴、征、生韻，《桑扈》以飲與屏韻，《正月》以鄰與云、慇韻，《巷
伯》以謀與者、虎韻，《無將大車》以疧與塵韻，《文王》以躬與天韻，
《緜》以生与瓞韵，《公劉》以飲与宗韵，《荡》以諶與終韵，《雲漢》
以臨与蟲、宫、宗、躬韵，《常武》以士與祖、父、戎韻，《瞻卬》以鞠
與後韻，《烈文》以福與保韻，《殷武》以達與監、嚴、濫韻。此百篇之
中，用韻前後隔異者也。凡斯之類，求之古韻本音，反覆而不得其條理之
合，則安知非經師失其讀，與方音之偶存而不廢者乎？

又有本係古音，而傳本字異者，如《韓詩·小旻》"民雖靡膴"，
《緜》"周原膴膴"，膴竝不作"幠"；《小旻》"是用不就"，就不
作"集"；《漢書》引"聽言則對"，對不作"答"；《韋玄成傳》引"戎
車推推"，推不作"焞"；《王吉傳》引"中心愲兮。"愲不作"怛"；
《說文》引"或舂或舀"，舀不作"揄"；引"求福不儺"，儺不作"那"；
《韓奕》之"韄"，《禮記》《公羊傳》皆作"髀"；"良耜之趙"，

《考工記注》引作"捆"。（鄭君《三禮注》引《詩》皆出三家，時未見《毛詩》也。見《鄭志》）此皆正合本韻。則三家是而《毛詩》非，古本是而今本非矣。《韓詩》之"維禹㯊之甸"為"㯊以我隆"，衝臨為隆，此則轉借之字，猶與古音相符。鄭康成所謂"漢承秦焚書，口相傳授，受之者非一邦之人。人用其鄉，同言異字，同字異言，於茲遂生。故一經之家，數家競爽"。是言足以盡古今文字聲音之變矣。然即是推之，知古音之變因乎時，方音之轉因乎地，雖聖人不能強之使同。要之，在古人未嘗不可通，近於音韻使其不相通，近豈能筆之於書，傳之其人哉？今之專講字母者，固不可以六朝以後之音讀，上繩周、秦古書，而專計三百篇以定古音部分者，亦恐隘而不能盡通。不知所謂古音在某部者，誠三代之韻書乎？抑亦一家之言乎？部分不能盡通，則歸之合韻，合韻有以異於唐以來之言叶韻乎？又以三百篇後孔子贊《易》，老子言《道德》用韻，即不必皆同。夫同在一代，何以音之變轉若是？果如所云，是周人未嘗斷斷於十七部之分，明矣。

今之刱此，無乃固與？四聲起於齊、梁，言古音即不必言四聲，既取四聲而更張之，何以知古必無去聲？以支、佳一部，脂、微、齊、灰、皆一部，之、哈一部，是矣。然謂古不通用。而金壇段君自舉《詩》《楚詞》《老子》等，固已支、脂相通。請更稽之，《左氏傳》讒鼎之銘以"怠"韻"世"，荀子《賦》以"佩"韻"異""媒""喜"，揚雄《解嘲》以"規""隨"韻"奇""隤"，知為皆、支、脂通用之證。《尚書》："帝庸作歌曰：勅天之命，惟時惟幾。"天、命為韻，時、幾亦韻。《莊子·在宥篇》："如是乎喜怒相疑，愚知相欺，善否相非，誕信相譏，而天下衰矣。"百里奚妻歌以奚、皮、膠、雌、時、為為韻，揚雄《甘泉賦》以芝、虯、綏、纚、開、旎、旗為韻，皆支、脂、之三部同用之證。此又何說以處此？蓋古之音韻失其傳久矣，諸家之論迄不能無少罅隙，不如第守《說文》諧聲之法，通其所可通，其所不可通者闕之，而不必仿韻書設部分，復設合韻，紛紛改易，自為矛盾，徒滋學者之惑也。閣下以為然否，幸教之。

（選自《左海文集》卷四）

與陳扶雅書

汪家禧

> 汪家禧（1775—1816），字漢郊，浙江仁和（今杭州）人。著有《東裏生爐餘集》三卷、《漢制考疏證》《意林翼》等。生平事蹟見《清史稿》卷四八一、《清儒學案》卷一二三、《清史列傳》卷七三、姚椿《汪家禧別傳》等。

扶雅孝廉閣下：近世雅重漢學，妄論真漢學亦不盡傳。孟氏之學，當時已有微論，況歷久至虞氏！其中條例，斷不能無增設，而必謂商瞿之傳即此。閣下試思《易經》四聖人手定，道冠諸經，必如虞氏云云，則按例推文，直如科曹檢牘。比擬定詳，恐經旨不如此破碎也。

鄭、荀同學費易，何以立說又不同？鄭從馬學，何以與馬又不同？焦、京同原，而卦林災異何又不同？道無二致，一是必有一非。出奴入主，究何定論。《尚書》力辟古文，妄謂今時伏鄭本文，久已放失。近世復古者，所本仍用偽孔，不過一二補綴，如交廣人嵌螺鈿盒，其本質仍漆也。即鄭注無有者，仍不得不用孔義以通之。用其說而辟其書，何足令人心服？《詩》四家同本荀卿，何以詩旨殊。作詩之人殊，篇章次第又殊。閣下試思一堂受業，縱有異同，又何至大相楚越！恐今世所傳，未必盡經師本旨，而或出陋儒附益也。必欲一一信之，真所謂陳已棄之芻狗矣。

妄謂漢儒經學，以適用為貴。董子明陰陽五行，究天人之原。賈生明體達用，盡通變之術。劉更生敷陳《七略》，辨官禮之條分，通立言之本旨。許叔重詁字義，而六書之用彰。鄭司農究典章，而《三禮》之要顯。諸大儒之書，皆當各存其宗旨，而不必割裂以附遺經，又不必曲說以添膠結。

至於唐宋以來，名儒接踵，各有精微，亦當一一參稽，斷不可概為抹殺。如必限代讀書，則太倉歷下用其說於詩文者，今復用之於經學，恐千秋定論，斷不能廢程朱而但遵伏、賈也。高明試思狂言，亦可擇否。且今時最宜亟講者，經濟掌故之學。經濟有補實用，掌故有資文獻。無經濟之才，則書盡空言；無掌故之才，則後將何述。高冠襃衣，臨陣誦經，操術則是，而致用則非也。班史無韋賢，鄴都無王粲。精專則是，而閎覽則非也。矢臆狂談，幸勿以荒唐罪我。

（選自《東裏生爐餘集》卷二）

與潘芸閣書 胡承珙

> 胡承珙（1776—1832），字景孟，號墨莊，安徽涇縣人。嘉慶六年（1801）辛酉舉人，嘉慶十年（1805）進士。長於小學，專攻《毛詩》。著有《毛詩後箋》三十卷、《爾雅義證》十三卷、《爾雅古義》二卷、《儀禮古今文疏證》十七卷、《求是堂文集》六卷等書。生平事蹟見《清史稿》卷四八二、《清史列傳》卷六九、胡培翬《福建臺灣道胡君別傳》等。

雪窗無事，舉讀大著《魏晉諸經立博士考》，沿波討源，致為詳核。朱竹垞《經義攷》"立學"一門有錄無書，足下更加討論。上溯兩漢，下括六朝，以補其闕，豈非快事！晉荀崧於元帝時上書世祖武皇帝崇儒興學。太學有石經古文，先儒典訓，賈、馬、服、鄭、杜、孔、王、何、顏、尹之徒，眾家之學，置博士十九人。此所言孔究不知何指？

尊說謂偽《孔傳》出於東晉，疑此是以鄭注《尚書傳》自孔辟，故謂之孔。承珙案偽《孔傳》雖出於東晉，其實西晉時早已有之。王西莊但據郭璞注《爾雅》引《太甲中篇》及《孔傳》"犬四尺為獒"等以為證，而不知司馬彪《駁六宗議》云："安國案祭法為宗，而除其天地於上，遺其四方於下，專取其中以為六宗。"可乎？此所駁即今《孔傳》六宗之解，彪此議在武帝初年，彼時偽《孔傳》已有其書矣。但立學與否，則未能肊斷耳。至王肅撰著諸經，雖成于魏，而盛行必在于晉。尊考謂晉初沿魏制十九博士之舊，又有所增，如荀崧所稱賈、馬、孔、杜之流，其所廢者約王肅之學為多。此語似尚未諦。《南齊書·劉瓛陸澄傳論》云："王肅爰興《聖證》，據用《家語》。外戚之尊，多行晉代。"此正指西晉時肅書盛行，揆之情事，為得其實，不應立于魏而轉廢于晉也。

尊考又云：元帝立《易》，王氏是弼非肅。此語未知所據。齊陸澄《與王儉書》云："晉太興四年，太常荀崧請置《周易》鄭玄注博士，行乎前代。於時，政由王、庾皆儁神清識，能言玄遠，捨輔嗣而用康成，豈其妄然。"案荀崧未上議以前，已有《周易》王氏，陸澄所言"捨輔嗣用康成"者，似謂當時鄭及王弼《易》皆未立學，及增置時乃舍王而取鄭耳。則其先所本有之，《周易》王氏，疑猶是王肅之《易》也。惟澄書又言"泰元（孝武帝年號）立王肅《易》"，則又似太興本有之。王氏《易》非王肅《易》，此殊疑不能明，祈更考之。《晉書·職官志》："國子博士江左初減為九人，元帝末增《儀禮》《春秋》《公羊》博士各一人，合十一人。"而《元帝紀》："太興四年三月，置《周易》《儀禮》《公羊》博士。"此自因荀崧所請而增置。當時詔書但云《穀梁》，不足立博士，餘皆如崧奏，則當是《儀禮》《周易》《公羊》三經合前九人，為十二人。《職官志》疑脫"周易"二字，又誤十二為十一耳。又《齊書·陸澄傳》云"《左氏》泰元取服虔，而兼取賈逵""《穀梁》泰元舊有麋信注"，此亦東晉所立，出於初置九人之外者。但其時博士不復分掌五經，無漢儒專門之學，此經術所以日衰歟！鄙見所及敢竝質之大雅。天寒，惟珍重。不具。

（選自《求是堂文集》卷二）

與沈小宛書

胡承珙

小宛先生足下：前奉還雲備紉，垂注就稔，攝衛維宜，寢興多福為頌。大著《左傳》已錄副，珍藏覆斟之下，見其中引證地理尚有前後複見者，將來付梓，尚須刪並歸一。弟於《左傳》訓詁亦有采獲，尚未成書。今偶舉一二，就正左右。

《僖二十年》："楚人伐宋以救鄭，宋公將戰，大司馬固諫曰：天之棄商久矣，君將興之，弗可赦也已。"杜注言"君興天所棄，必不可，不如赦楚，勿與戰。"此似以"弗可"絕句，下三字殊不辭。案赦與免同義。《公羊・昭十八年傳》："赦止者，免止之罪辭也。"《周禮》"鄉士若欲免之。"注："免猶赦也。"蓋謂君將興天所棄，則違天將不免於禍也。又《昭十六年》郤至曰："敢告不甯。"劉炫引魏犨曰："不有甯也。"以甯為傷。此說是也。案《方言》："憖，傷也。"（《廣雅》同）楚潁之閒謂之憖。《文十二年》："兩軍之士皆未憖也。"憖與甯聲同，亦是以憖為傷。杜注訓缺，不如訓傷為順。郭注《方言》引《詩》"不憖遺一老，為恨傷之言。"非是。《文十七年》："鹿必不擇音。"顧亭林引《莊子》"獸死不擇音"以證服說。今案《後漢書》皇甫規上疏自訟，末云："鹿死不擇音，謹冒昧略上。"此亦與服解句同。鄙陋之見，希進而教之。幸甚！

前賜書云：所注韓昌黎、王半山《集》，多唐宋人掌故，為當時人所未能詳者，聞之不勝欣躍。思先睹為快，可否？以藁本暫借，讀畢奉繳。

弟家居，伏案俗務，閒之，拙著《毛詩正事》，繕寫常數日不登一紙。近始寫至《王風》，容俟再加審諦，尚思隨時就正耳。茲將《左傳》二冊、《詩藁》一冊奉壁。日來餞歲懷人，必多新作。嶺雲溝水良覿，無緣夢與神馳。曷其有斁風，便率請節禧。惟為道自愛。不宣。

（選自《求是堂文集》卷三）

與朱魯岑書

劉 開

> 劉開(1778—1824),字明東,一字方來,又字明東,號孟塗,安徽桐城人。嘉慶元年(1796)舉孝廉方正。精經學,工詩。著有《論語補注》三卷、《大學正旨》二卷、《中庸本義》二卷、《孟子拾遺》二卷、《劉孟塗文集》十卷。生平事蹟見《清史稿》卷四八六、《清史列傳》卷七二、方宗誠《劉孟塗先生墓誌》《清儒學案》卷八九、《桐城耆舊傳》、陳方海《劉孟塗傳》《國朝耆獻類徵初編》卷四四二等。

　　余求友於天下以輔吾學,後以得交足下為喜。蓋聖人之道廢而興、明而晦、支離而潰決者千數百年矣。吾學焉而未有得知焉而未能行,非沉靜而有明識者不足與於斯也。天其或者使吾得助於子乎?

　　夫自仲尼歿後,眾說紛起,皆各具一端之善離,而漸失其真。至孟子出而正之,黜邪袪偽,故孟氏為之綱,荀卿為之紀,而先王之道義以明。遭秦火後,六藝幾於廢絕。漢興,賈太傅明於道術,通於世變,於是儒學漸興。董仲舒酌其要歸,劉子政拾其遺緒。鄭康成闡經學於兩漢之末,王仲淹振禮教於五季之餘。是時佛已盛行,韓退之乃排異端以伸正學。迄於有宋,程朱崛起,然後會微言於千載之上,精理內析,大義外昭,斯固宋賢之功，亦累世申明其義，愈推愈精，積漸以致此也。故自宋以前，諸儒之論道義，雖不及程、朱之密，然其裨於天下後世者甚大，未可以此而遂輕彼也。

夫先河而後海，古之通義也。元明以來，程朱之書著為功令，士遵一說罔敢他議。其學之顯為異同者，蓋有三焉；其流派之變為俗學者，蓋有二焉。人才盛衰，於是乎定；學問臧否，於是乎分，不可不知也。曹月川與薛文清為明儒之冠，世皆以主敬窮理為宗矣。陽明苦其拘也，乃創立良知之旨以曉天下，強經傳以附己說，以靜悟為主，以簡易為功，以博文強記為多事，舍中正平實而欲進於自然高明。其言性也，欲過於孟子；其言理也，多雜於釋氏。然氣節功業振動一世，士多趨之，始猶未盛行，後其徒當國天下，於是乎競為心學。援彼禪宗入我儒術，則陽明為之也。李塨學於顏習齋。習齋之說先以躬耕養親為本，次習道藝以備天下之用，自以為孔子之學，而訛程朱為非。於是李塨尊之，王昆繩悅之。然習齋之行，不愧古人；習齋之道，有裨實用，其功太刻苦而不堪也。其言雖異致，而實與程朱無二也。李塨強為判別，妄為排擊，欲抑程朱而伸師說，用意既過，見亦左焉。則習齋倡之也，自明季及乎？

國初，學病空疏，士漸舍宋而趨漢矣。由是顧炎武尊康成而不及宋儒，閻若璩論程朱而不敢譏議，朱彝尊則微辭竊訾以揚其波，毛奇齡則肆言力攻以煽其焰。而當是時，前有李文貞，後有方望溪，皆力主宋學，不尚奇博，風氣未能盡變也。及戴震東原氏出，以淵雅之識，負宏通之譽，又承天下厭故喜新之後，於是考科緒經，精小學，明度數，證前代之遺制，力亦勤矣。然其學則博，其言則偏，以躬行為不足尚，以程朱為不足法。而司風化者又羽翼之士，於是乎外行而內文，先利而後義，能博而不能通。學則不切於身，用則無關於國。風氣之患及乎朝野，中乎人心，則東原成之也。是三君子者信有失矣。而恪遵宋賢者，其流或變為俗學焉，是非程朱之咎也，學之者之過也。夫所貴乎程朱者，謂其理得而言當也。傳注之後變而為講章，則非宋儒之舊也。自蔡虛齋、陸清獻以下，未之能免也。論著之後變而為語錄，則非立言之體也。自顧文端、胡敬齋以下，未之能除也。謂斯二者不足病諸君子則可矣，謂非其學之失不可也；謂諸君子持論之正，立言之謹，循之而無獘，不至如姚江之決裂，人亦信之矣；謂其識見卓絕，能發前賢之覆，則吾不知也。夫自程朱之後，曹月川、薛文清之徒，其流派若此。陽明、習齋之徒，其異派若彼。異者非矣，而其中有是，不可奪也；同者是矣，而其中有非，不可安也。

吾子請擇於斯，將從其異而是者乎？亦從其同而非者乎？抑不論同異，而便取其是乎？其或置諸子同異是非於不論，而但以程朱之行為法乎？抑或上溯荀卿及漢、唐諸儒以觀彼得力之所自乎？不然，則將專求之六經，以折衷於聖人，執其本以量其末，天下之大，事物之衡，可坐而定也。夫孔子既歿，聖道之傳，與時為廢興，因人為明晦，或支離以蔓其辭，或潰決以破其義。是以得於文者多，得於理者寡；知其跡者多，會其義者寡；守其常者多，識其變者寡。故惟好學深思見卓而心平者，為能析其精而參其微也。吾子沉靜而有明識，其亦當致力否乎？且言考證者急漢宋之分，言義理者爭朱陸之辨，於此有人焉。負豪傑之才，躬聖賢之學，和同於朱子陸子之說，以善其用，是亦可謂難矣。孫徵君奇逢之所以為儒宗也。吾惜其言鮮發明，而甚慕其為人，子亦有意願學之乎？天下諸友既散處不可見，喜吾子在里，而勤於道也。故歷陳學術之異同得失，及風氣之所以變者貽焉。願吾子勉為之，兼以輔吾之不逮也。

（選自《劉孟塗文集》卷五）

答段若膺大令書

宋翔鳳

> 宋翔鳳（1779—1860），字於庭，江蘇長洲（今蘇州）人。嘉慶五年（1800）舉人。精研今文經學，通訓詁名物。為學既講微言大義，又通名物訓詁。初治漢學，後偏宋學，表現出漢宋兼采的特徵，是常州派前、後期學風轉變的關鍵人物。著有《周易考異》二卷、《讀易劄記》一卷、《尚書略說》二卷、《四書纂言》四十卷、《爾雅釋服》一卷、《樸學齋文錄》三卷。生平事蹟見《清史稿》卷四八二、《清史列傳》卷六九、《清儒學案》卷七五等。

　　昨奉手教，具審萬福。中丞於某未嘗見知，辱荷見推，俾助萬一。齒牙非素，姓氏不達，將分筆札之費，以償賃舂之直，宜其意之中更也。然中丞之所為，非翔鳳所願望。

　　蓋且莫正於六經說，莫詳於前疏。沖遠所述，猶存漢晉之遺學；叔明之疏，徒為唐人之勦說。至經分十三，亦非古制，如準經之體，則二戴同為禮類。按子之例，則《孟子》別入儒家，邵武偽書奚容校勘揆之。鄙臆《易經》《三禮》以及《三傳》宜兼賈、孔、徐、楊之疏，《論語》《孟子》《孝經》《爾雅》祇列漢魏晉唐之注，則業不徒勞，學皆準古，今既不然。其弊一也。

（《孝經疏》尚存，元行沖之舊，亦可存也）且君子之傳詞，繁者深其愊誼，顯者略其說。存其本根，則刪其枝葉。而後功倍於前人，事益於來學。觀諸正義，複詞重言。秦延說書，見譏前哲。章句為小，字畫益微。如天脫為大，人別作人，其誤大顯，奚俟引申而編纂。諸生概加標識，儻采芻蕘，舉其總要。剞劂既省，卷表易臧，既不能行。其弊二也。夫古文多假藉之字，故文省於小篆，經典盛通行之體，則例別於汝南，所以偏旁隨形點畫，任便要能不謬於文理，亦可無俟乎正定。乃於饥饑之殊義，亨亯之別說，一卷之中多詳此辨，既不明乎假藉，復何益乎通經？其弊三也。

舍此三弊，乃有二要。蓋六經雖炳，故訓則隱。苟宗馬、鄭，易逐逐於章句；不窺漢唐，徒冥冥於元理。學失統紀，遂成支離。有志之士宜理兩漢之遺業，追羣師之緒論，則唐賢正義實為階梯。前書雖佚，徵引略具，順文之繁，宜從乎刊落。同異既見，乃得而參合，標厥門類，夻其複重，彙為一編，題曰《要義》。就掇拾而已，足皆實事而求是，其要一也。卮言日出，大道多歧。師儒代興，心思益變。自近世之學者，始漸異乎鑿空，故一朝之論宜合聖言，積久之疑多成後定。然按彼眾家，亦滋門戶。綜其述作，幾衍簏笥。集前人之菁英，亦後死之深責。董生有言，尊其所聞，則高明矣。考其駮鶋之文，如聽一堂之議，可以據今而驗古，睹指而知歸。其要二也。

翔鳳學慙乎觀海，志切於負山。事耕養以有年，思汗青而無日。旁徨古今，徒慨然自廢而已。閣下學追前賢，識開來者，中丞之推服，自非一日，亦當道以有用之學，無為恐泥之談。蓋風尚所趣由乎在位，故公孫入相而儒雅遂興，子孟不學而俗流易進。今之當路通經致用固不乏人，至於中丞良未易覯，如失精氣於估畢，誤諸生以句讀，斷斷之言，雖聞於耳，其於大義亦已遠矣。翔鳳在弟子之列，而事先生之業；居賤者之位，而論君子之失。誠自儕於闕黨，望見采於匠門。區區之私，言多未盡。

（選自《樸學齋文錄》卷一）

答段懋堂先生書　　沈　濤

> 沈濤（1781—1861），字季壽，一字西雍，號匏廬，又號十經齋，浙江嘉興人。治學尚考訂。嘉慶十五年（1810）舉人。著有《周易隨筆》一卷、《論語孔注辨偽》二卷、《說文古本考》十四卷、《易音補遺》《交翠軒筆記》四卷、《十經齋文集》四卷等。生平事蹟見《清史列傳》卷六九、《清史稿》卷四八六。

伏奉手命並《十經齋記》，鄭生內學，見賞於馬融；趙賓小數，獲名於孟喜，揄揚過差，心靈自失。謹已式弢，樂石銜之璧帶；子雲精廬，謝此寵飾長卿。陋宇邁茲，多幸來命。新安之游，枉道相過，擁篲於門，執弟子之灑掃，春麥為霖，聳高士之樵蘇，延頸喁喁，竟成虛遲。招搖指丑，臨氣不至，土脈陳根，實望雪澤。惟想道躬順時閉臧，攝履無爽，胥江長流，衣帶相限，未知何時得遂侍坐耳。前書略述所懷，取足辭達，顧蒙慈獎，彌增慚悚。

承示《光武紀》"卯金修德"為"夘金修德"之誤，竊謂未然，事在當仁，不能無辨。《春秋漢含孳》曰："劉季握，卯金刀，在軫北，字禾子，天下服。卯在東方，陽所立，仁且明；金在西方，陰所立，義成功；刀居右，字成章，刀擊秦。"《漢書·王莽傳》："夫'劉'之為字，'卯金刀'也，正月剛卯，金刀之利，皆不得行。"又曰："受命之日，丁卯也。丁，火，漢氏之德也。卯，劉姓所以為字也。"何休《公羊傳注》曰："赤帝將代周，居其位，故麟為薪采者所執。西狩獲之者，從東方王於西也。東卯，西金，象也。言獲者，兵戈文也。言漢姓卯金刀，以兵得天下。"是緯書諸"卯金"字不得改為"丣金"。漢世諸儒言及劉姓，必曰"卯金"，不特識緯祕記始云爾也。後人見《說文》無"劉"字，見虞翻有柳、卯同字之說，遂謂"劉"當作"鎦"，"柳"當從"丣"。案《說文·竹部》有"劉"字，《水部》有"瀏"字，《女部》有"嬼"字，《木部》有"朻"字下云："劉，劉朻。"又有"劉向說"，"劉歆說"，不應《金部》無"劉"字，其为脫簡，昭然可知。蓋自當途刊定，既逞私意，騎省《新附》，又相惑亂，今之《說文》非完書矣。

暇復精誦《三國志注》及許氏九千言，知《說文》本無從"丣"之字，仲翔、世期亦不以"柳"為從"丣"。何以明之？《說文》從古文字，必云"某，古文某"，此解字之通例也。《上部》重文"帝"字下云："'二'，古文'上'。辛、言、示、辰、龍、童、音、章皆從古文'上'。"既發其凡，而辛字、示字、辰字下復云"二，古文上"，（今"示"字下脫此四字）唯"言"字、"童"字從辛，"音"字從言，"章"字從音，"龍"字從童省，故並不著。今《玉部》"珋"字，《艸部》"茆"字，《日部》"昴"字，《耳部》"聊"字，《田部》"留"字，皆止云"从某卯声"，無"丣，古文酉"之文。唯《木部》"柳"字有之。蓋二徐誤讀《三國志注》，因相竄入。不於他字，而於"柳"字下者，以虞翻有"柳"、"卯"同字之說故也。案《翻傳注》引翻奏云："古大篆'卯'字讀當為'柳'字，古'柳''卯'同字，而以為昧。"裴松之云："古大篆'卯'字讀當言'柳'，古'柳''卯'同字，竊謂翻言為然。故'劉''留''聊''柳'同用此字，以從聲故也，與日辰'卯'字字同音異。"是仲翔明云："柳""卯"

同字，不云"柳""丣"同字。世期亦云"劉""留""聊""柳"皆從"卯"聲，故有字同音異之疑，不云"劉""留""聊""柳"同用"丣"字也。裴氏所見《說文》，當古於二徐之本，其所見《虞翻別傳》，亦當未有三豕之誤，何得據鉉、鍇之謬以讀許書，改裴君之文並誣虞氏也？特世期"字同音異"之說，則又不然。古日辰"卯"字本有"柳"音，《詩》"薄采其茆"，《釋文》云："音卯，徐音柳，韋昭萌藻反。"《周禮》"茆菹"，《釋文》云："音卯。北人音柳。"《詩》"維參与昴"，《傳》云："昴，留也。"《釋文》云："音卯，徐又音茅。一名留。""留"又音"柳"。"昴""茆"皆从"卯"，不从"丣"。《詩·十月之交》"卯"与"醜"叶。古人韵緩，故"卯"有"柳"音。此仲翔"讀當为柳"之證也。徐仙民於"茆"字音"柳"，而於"昴"字則音"茅"者，案古"茅"音如"貿"，《春秋》"茅戎"，《史記》《二傳》皆作"貿戎"。"卯"音如"茂"，《史記·律書》"卯之為言茂也，言萬物茂也"；《淮南·天文訓》云"卯則茂茂然"；《白虎通·五行篇》"卯者茂也"。"柳"音亦如"貿"，《周禮·縫人》"衣翣柳之材"，注："故書'翣柳'為'接櫗'。""櫗"字從"貿"，"貿"從"卯"聲，然則"卯""茅""貿""柳"古音一也。昴一名旄頭，古"旄丘"音轉爲"牟敦"，亦一證也。今《說文》"茆"字從"丣"，其誤始於孫愐，而徐氏因之。《天官·醢人》"茆菹"注，鄭大夫讀"茆"為"茅"。茅菹，茅初生，或曰茆，水草。杜子春讀"茆"為"卯"。（案："讀為卯"猶言"讀為柳"，所謂柳、卯同字也。《開元占經》二十三引《春秋緯》："太陰在酉，歲星居卯，九星張。""卯"，古柳字，亦非傳寫之誤）玄謂"茆，鳧葵也。"若"茆"字當從"丣"，鄭不應讀為"茅"，杜不應讀為"卯"。若謂後鄭改字，則當云"茆當為菲，鳧葵也。"今何以無"當為菲"三字？《漢書·律曆志》"冒茆於卯"，師古曰："茆，叢生也。"此與"鳧葵"之"茆"實一字。"柳"有聚義，故"茆"字亦有叢生之義，不必改也。"昴"即"留"，"留"亦從"卯"，不從"丣"。《春秋元命包》曰："昴之為言留也，言物成就繫留也。"《史記·律書》："北至於留，留者，言陽氣之稽留也，故曰留八月也。"《索隱》曰："留即卯也。"《毛傳》亦以"留"為"卯"。（"卯"即"昴"字，是"昴""柳"皆可省為"卯"）"留"亦通"柳"，《左傳》"留舒"，鄭《箋》引作"柳舒"。今人以"昴"為白虎中宿，故當從"戼"。試思"柳"為朱鳥中宿，何以亦云從"戼"？游談無根，不言自顯。或謂《漢書》"留孰於酉"，當與"冒茆於卯"同例，故"留"從"戼"，然則"引達於寅"，"畢入於戌"又何說也？《左傳》"予之石窌"，《釋文》"力到反，一音力救反"，則與"困窌"之"窌"實一字，故陸為二音。《漢表》"南奅"，《公孫賀傳》作"南窌"。《說文》："窌，大也。"蓋即空大之義，從"穴"者為"窌"，從"大"者為"奅"。（《史記·衛將軍傳》："封賀為南窌侯"，徐廣曰："窌宜作奅，音匹孝反。"《索隱》曰："韋昭云：'縣名，或作窖。'《字林》云：'大下卯與穴下卯並音匹孝反。'"）黃公紹以為"困窌"字從寅卯之"卯"，"石窌"字從申戼之"戼"，臆造丘言，尤可大噱也。《詩》"三星在罶"與"飽"字叶，古文"飽"字從"卯"聲，是"卯"古有"柳"音也。《說文》"坐"字從"留"省，今本《說文》從"戼"下土。案重文"坐"字兩戶相對不見，"戼"為閉門之象。蓋從"留"省，則當從"戼"下土。《說文》不曰從"卯"，而曰從"留"省者，取其與"留"同意也。李陽冰以為從"卯"，未甚大誤，特其好與許君立異，故刱為"卯"。時人不臥不經之說，然可見唐以前《說文》皆作"坙"，不作"坙"矣。鄭氏以"柳"為"昧"，蓋古文《尚書》作"昧谷"，鄭注古文，故不曰"柳穀"。《周禮注》引"度西曰柳穀"，此用今文說也。《尚書大傳》"秋祀柳穀"，鄭注："柳，聚也。齊人語。"明今文作"柳穀。"《史記·五帝本紀》"宅西曰昧谷"，（徐廣曰："一作'柳'"。非）司馬遷從安國問故，故用古文說。王光祿作《尚書後案》；依孔《疏》謂夏侯等《書》作"昧谷"，鄭作"柳谷"，此不攷《史記》《大傳》，不明今古文之辨也。仲翔好為難鄭，亦王肅之流，然使鄭當時實作"柳谷"，赤烏之年，鄭學具在，虞豈得誣以為"昧"乎？

濤以為，緯書八十一篇，大有裨於聲音訓詁之學，故許君解字如"天，顛也"；"帝，諦也"；"日，實也"；"月，闕也"，"山，宣也"；"林之言微也"，皆用緯書說。《木部》"欒"字下引"《禮》天子樹松，諸侯柏，大夫欒，士楊"，亦即《禮緯含文嘉》之文。（《白虎通》引作《春秋含文嘉》）又《春秋元命包》曰："刑字从刀從井，井以飲人，人爭水，陷於泉，以刀守之，割其情欲，人畏慎以全命也。"（《初學記》引作《說文》，今本無。顧氏《日知錄》亦以此為《說文》）此與"人持弓，會毆禽，禿人伏禾中"，皆為造字厥初象形、指事之本義，而或非之，其鷙甚矣！《春秋漢含孳》曰："日流則提，擊流謂累，如赤珠數十在日下。"此則君兵提擊東西也。"流"即"鎏"之省。（古冕鎏字作"鎏"，省作流。今經典作"旒"，非）《樂汁圖徵》曰："聖人往承天功，以立五均。"均者，調六律五聲之均也。"均"，古韻字。（宋均曰："均長八尺施弦。"誤）若斯之類，抑又繁夥，益見緯書之合於孔氏古文，而"卯金刀"之云，必非無說也。

濤管穴陋識，米鹽瑣辨，持潢勺之水，而欲測重因之深；恃蚌蠋之輝，而思燭鍾山之陰。未見如愚之誠，實違蓋闕之義。伏望先生舉以一隅，箴其三闕，則賣羊高之餅，何休廢其守，談狗曲之經，王式杜其口。歷執古之醇聽，不至終惑於大道耳。承教為廿一經堂作記，仲宣續善不足起其文，房元都講無以傳其業，謹輒牽率庸陋，敷暢厥旨，庶幾有補於將來。蒙輯《緯書》，尚未及半，牽於俗綴，又復中輟。孫瑴《古微》，家有其書。豹人所集，目所未覩，當必求之以助掺采。昔仲尼之門，亦有盍各問事不休，質疑斯在，以莛撞鍾，實冀大叩。濤死罪死罪！

（選自《清儒學案》卷九一）

復夏朗齋先生書

胡培翬

> 胡培翬（1782—1849），字載屏，號字竹村，又號紫蒙，安徽績溪人。嘉慶二十四年（1819）進士。世傳經學，初治《毛詩》，後攻三禮，研精於實事求是之學。著有《儀禮正義》四十卷、《儀禮正義》一卷、《儀禮釋文校補》《禘祫問答》一卷、《燕寢考》三卷、《儀禮宮室提綱》一卷、《研六室雜著》一卷、《研六室文鈔》十卷等。生平事蹟見《清史稿》卷四八二、《清史列傳》卷六九、《續碑傳集》卷七三等。

客臘以後，兩上蕪函。近奉教示，方知未達。路遠信稀，復週浮沉，良可浩歎。承示謂近日家居，惟以《朱子小學》講說。及自為砥礪，村學究之名實所甘受。敬服敬服！

古之為學者，期切於倫常日用，故自少至老，無在不以檢束身心為要。今則蕩其身心而不知檢，而徒務為記誦詞章，以矜其贍博。《小學》一書，久置不講，正如呂新吾氏所謂："薄庸言庸行為土苴，視三百三千為桎梏。"以致持躬涉世，無所準依，流為誕慢。其甚者又或潰敗決裂，風尚通脫，有文無行，皆其不願居學究之名者也。先生以是教子弟，即以是自律。踵武先賢人品學問，醇乎其醇。抑培翬嘗聞古之仕焉而歸其鄉里者，大夫教於閭塾為父師，士為少師，此禮所謂鄉先生。君子而先生之行誼，即其人也。今本此意行之，與老者言，言使弟子；與幼者言，言孝弟；於父兄與眾言，言忠信慈祥。將薰德而善良者，徧鄉邑焉。其有益於世何如，其誰得以村師目之？

培翬旅寓都門，仍藉舌耕為謀食計，每日課徒外，惟治經為事。前歲專力《毛詩》，以孔《疏》較他經特詳然，失之繁冗。且有毛、鄭大指，本自不異，而《疏》強生分別者，有申《傳》申《箋》，而不得其意者，讀之頗多不安於心。比入都來，見為《毛詩》學者尚不乏人，獨《三禮》之書講求者少。今夏因校先祖《儀禮‧釋官》，取《儀禮》全經覆讀之，而賈氏之疏疎略失經注意者，視《詩》孔《疏》更甚焉，遂有重疏《儀禮》之志。然此事甚大，非淺學所能任。而以昔日犅聞於先祖，及丁卯戊辰問從次仲師遊。竊窺涂徑，又有未敢自諉者。伏惟先生教之，俾知從事。幸甚。

（選自《揅六室文鈔》卷四）

答趙生炳文論漢學宋學書　胡培翬

承詢漢學宋學，涂經井云："漢學難而宋學易。"又云："考據之學亦所欣慕，欲俟晚年識見定時為之。"足下之志學篤矣。足下之不以問為恥，亦明矣。然僕竊以為所見之未深也。人之言曰："漢學詳于訓詁名物，宋學詳于義理。"以是歧漢宋而二之，非也。漢之儒者未嘗不求義理，宋之儒者未嘗不講求訓詁、名物。義理即從訓詁、名物而出者也。特漢承秦焚書之後，典籍散亡，老師宿儒之傳不絕如綫。漢儒綱羅蒐討，務期博采而兼收之，故於名物、訓詁特詳。宋承五代之敝，人心盲昧，正學不明，故宋儒以言心言性為急，此亦運會使然，非其有偏重也。考據之學，至今特盛者，宋之大儒研求性命精微之旨，先其大者，而亦不遺乎小。後人得其糟粕，耳食空談，一切儒先古誼輕於背棄。以致聲音訓詁之不詳，而訛文脫字日多；制度名物之不講，而蔑古荒經者衆。

國朝諸儒乃特矯而正之，詳加釐訂，一一必求其實據，不敢逞私臆斷，亦運會使然，非以爭勝於前人也。以孔門之教論之，漢儒先博學致知，而不廢躬行；宋儒重躬行，而亦必本於博學。考據之學，則又兼博學審問、慎思明辨，以求致知也。以漢學為難，得其門徑，亦非難；以宋學為易，則誠有非者。昔人宋學不在多言，要於躬行實踐。易乎？難乎？漢儒之學具存注疏，而毛、鄭之注《詩》《禮》，尤其精者。宋儒之學在五子書，而《小學》《近思錄》尤為切要。大抵風俗之敗壞，皆由《小學》等書不講之故也。

　　若夫考據之學，必先以博覽多識，似須精力強壯為之，晚年恐有不及。足下嚮學之意甚殷，而又疾世風之不古。急急以正人心、風俗為務，誠為有志聖賢之學，而惜所見之未深也。故不憚詳悉指陳。惟垂察焉。

（選自《揅六室文鈔》卷五）

與阮芸臺尚書書

馮登府

> 馮登府（1783—1841），字柳鈔，號伯雲，又號勺園，浙江嘉興人。嘉慶二十五年（1820）進士。著有《三家詩遺說》八卷《補》一卷、《三家詩異文疏證》六卷《補遺》三卷、《三家詩異字詁》三卷、《詩異文釋》六卷《補遺》一卷、《十三經詁答問》六卷、《易經答問》一卷、《石經閣文集》八卷、《石經閣文續集》七卷等。生平事蹟見《清史列傳》卷六九、《清儒學案》卷一四四、史詮《馮柳東先生年譜》等。

　　登府謹啟：宮保尚書閣下萬福，頃者奉到賜書，知舊秋寸畢已徹滇也。萬里道途遼遠，重蒙兩次手教，不三月而已，達於甬江之上。書盈四紙，讀之，反復不可言生平所願望，而以為不可得者，今竟得之於閣下。如捫籥揣燭而見光冥，行擿埴而知塗，其為忻喜何如也。伏念閣下以文章政治策薰中外，年豐民和，邊陲安太。生銀之鄉，皆知向義。禪隋之日，恭學靖居。通古今之制作以施功業，用天下之材智以為聰明。宇內望之，如瑞人神士朗出天餐，不可梯接。得廁門牆，誠為至幸。

　　竊嘗論之，文以載道，無以萃之，懼其散而莫之紀也。自《十三經注疏》出，而漢魏六代、唐宋諸家之說行；自《通志堂經解》成，而宋元来诸家之说备。吾朝经术昌明，硕儒间出，此前古所未有也。惟人各有书，未有会最如《通志堂》者。流传既久，散佚滋惧，此学海堂《皇清经解》一千四百卷所由辑也。其采择之审，编纂之富，无论矣。若夫天文、推算之术，地舆广袤之数，形声、音韵之原，金石、文字之异，自汉以来蔽晦不传者，千百余年。至今而各有专家，发明绝业，此又前古所未有也。顾剞劂甫成，续有所得，更俟编刊。并蒙采及鄙著《石经补攷》《三家诗疏证补》所未及，毋乃杂敬薔紫於薰朱，升雉堠于凤玉乎？

昔刘孔昭曰："使我数十卷书行于后，不易齐景千驷。"司马子长曰："著书幸传以偿前辱。"登府自念辁材薄植，无所知闻，名不能出委巷，力不能振腐叶。甫入词垣，旋受民社。辞知县徒劳之寄，就广文独冷之官，亦可谓失职无状矣。奉母之余，幸事著述。而荒江寂寞，居下处幽，乏屯朋益友之助。神志昏昧，五十无闻，遑计垂名后世哉！乃辱蒙相知之深，奖借之勤，使区区屡守之私，墨渝纸疲，疑而未信，一旦得释，然自拔于俗学，俨附作者之林。失于彼而得于此，卒就其生平之所志，以不负大君子之知。知阁下必能哀其志，而终始成就之府，虽无似敢不勉为！康成之於张逸，赵商、浮邱之于申公，韩婴之于薛汉，容而诲之，是在阁下矣。

承示续刻《揅经室集》，推筴之法多所创获，此垂日月而不刊者也，当从梅叔年丈处借读。蒙题重修《曝书亭诗》，反《诗龛楣帖》，并已收到。拙刻当觅寄粤东，交石华吴君收贮。近刻《金石综例》及《文集》附呈。伏惟省览。瞻望天南，惟愿为国自重，为道自寿，临禀眷恋。不宣。

（选自《石经阁文集》卷三）

復黃少霞同年書

桂超萬

> 桂超萬（1784—1863），字丹盟，安徽貴池（今池州）梅村人。道光十二年（1832）進士。有《惇裕堂文集》四卷、《宦遊紀略》六卷、《養浩齋詩稿》十四卷。生平事蹟見《晚晴簃詩匯》卷一三七、《清史列傳》卷二六五等。

來函言朱子"鐵板"注腳，不可移易是矣。然超聞之，汪文端師曰："願為朱子功臣，毋為朱子佞臣。"憶己卯館都門，文端師約十日一至其宅，講論經史。移時，其講《易》曰："元亨利貞，《文言》明說四德本義作'大亨'，而利於正止二德矣。以元訓大，大哉乾大，恐說不去。元者，善之長，非大字可以該之。以貞為正，固是。然依《文言》作貞，固為妥。卦內曰貞，外曰悔。貞主不變，悔主變。且貞應乎冬，主飲藏，自是固守之義。豫卦多半取豫備之義，以《大畜》《小畜》之《大象》觀之，似取容畜之意。以畜為止，未知何據？損下固非常政，損上亦非常政，故損益任時偕行。《既濟》九五：當極盛時，即衰之機。衰亂常生於奢侈，惟儉約可以求之。故殺牛不如禴祭。九三：太平既久，兵戎易弛，故言高宗伐鬼方以防积弱。九二：当守城之时，宜培元氣，故喪茀勿逐。"

而七日得其講《書》曰："《禹貢》'厥賦貞作'，以薄為正，似未妥。

宜與我二人，共貞作相當之義，見與中下之田相當也。九江以潯陽九派為是，柷敔所以節樂合樂止樂，既有金聲玉振，何須乎此？"其講《詩》曰："《毛傳》不可廢，如烹魚煩則碎，治國煩則亂。《鹿鳴》見食呼羣？"等解最有意趣。《風》繁弦急管，《雅》聲較緩，《頌》則朱弦疏越，一唱三嘆，有遺音。故《頌》不叶音，先儒於《頌》叶韻，非也。其講《四書》曰："工歌，《關雎》必連下二章歌之，哀而不傷，指《卷耳》。'執禮'作贄禮解，為是鄉黨聖人記禮之書，非必初有其事。此皆師所指授。"超謹識之，不敢忘。

　　超少貧，弱冠即授徒，時開講輒有疑義，講"犁牛章"疑聖人無對於譏父之理。《集注》"父賤行惡"一語，恐為《家語》所誤。而《家語》漢儒偽書，保非從此章附會，細繹語意，是申明舉賢才之政，欲其不拘世類耳。後見南軒先生有此說，竊喜鄙意上合前賢。"唐棣"章謂應指思賢，則上下"思"字相應。舊說上"思"指人，下"思"指理，非是。"餼牛"章疑告廟不應稱餼，當是禮王朝頒朔使者，後不頒朔，而猶代之。"問陳章"謂靈公意在服晉。當時獨出己見，後見前人有言之者，可見此心同，此理同也。而亦有未經人道者，"凡言"章舊說謂非實事，竊疑夫子為司寇時訟獄煩多，必先有司夫子命之折獄。子路語之"不經宿而獄成"，所謂不留獄也。所稱所記皆據實事。而夫子恐其自足，故又進以"使無訟"之語。"司馬牛"章疑子夏勸其出奔，桓魋之暴不可化誨，又不能大義滅親，除出奔別無他法，故曰"四海之內皆兄弟也"。"子華"章人皆知原思為宰，為司寇時事。不知子華使齊，亦為司寇時事也。夾谷之會，齊人歸田，先後皆當有使臣往夫子，非在官食祿，安得餘粟與之！"默識"章及"事公卿"章，"兩何有"應作"不難"講。夫子既曰"我學不厭，而教不倦"，何又作自謙語！對言豈有自相矛盾者？況喪事自勉，又何敢自外耶？我字非徒自道，亦以勉人也。"燕居"章應作退朝。《說禮》注："退朝曰燕，退燕曰閒，其為仁之本與！"與字是詠歎之詞，非疑詞，以安社稷為悅。講章謂上"悅"字悅君心,此"悅"字悅己心,究竟語氣割裂,不若與容悅一例看,益見語言之妙。《詩》曰:"藹藹王多吉士,媚于天子。"唐太宗以魏徵為嫵媚,悅字注腳也。《周易》:"非為邪也。"爲字疑讀去聲,言非爲羣邪,未去而遲囘不進。旧解邪不指人而指己,言非為邪,枉似属牽強。《小雅》:"寧適不來,微我弗顧。"應作豈可他適而不來,切勿於我弗顧,乃見速寰之。誠若云"甯彼適有,故而不來",毋使我意思之不至,則以一速了事,豈古人燕嘉客,求周行之意哉!

凡此管窺所及,不能枚舉,累陳大概,未知實有當於經意否?超向有詩云:"嗟哉毛西河,直是□胃狗。至今千載下,猶吠考亭叟。尊朱固素也,然讀書上友。"古人有疑不嫌相晰,今質之知己,與西河同耶?異耶?望即裁示。不宣。

(選自《惇裕堂文集》卷二)

與任階平先生書

汪喜孫

> 汪喜孫（1786—1847），一名喜筍，字孟慈。江蘇江都（今揚州）人。嘉慶十二年（1807）舉人。道光八年（1828），補戶部山東司員外郎。幼承家學，師從王念孫，精於文字、音韻、訓詁，長於治《禮》。與之從遊者鈕樹玉、龔自珍、潘德輿、丁晏等，皆當時名士。著有《喪服答問紀實》一卷、《大戴禮記補注》《春秋公羊傳穀梁傳合刻》《且住庵文稿》等。生平事蹟見《清史列傳》卷六八、《國朝漢學師承記》卷七、《汪孟慈先生行述》卷一、《江荀叔自撰年譜》等。

張古餘夫子一生用力於六書九數，六書未有著作，九數有《開方補記》《求一算術》兩書。一則先秦古法，一則四元真傳。《求一》之書已墨於板，傳世致少；《開方》則未經刊行，板本顧晴崖家。其公子久久不歸，恐無人料理，書冊零落。講院內好古有力之士，儻有醵金印行，廣為傳習，不獨表章遺書，亦經師之所有事也。

敝本家士鐸、管甥嗣復，並用力算書，惟境地清貧，力不能振。儻山長登高而呼，或有起而應之者，安見盧學士抱經先生、錢少詹辛楣先生不再見於執事？而胡民部竹村，相知素深，定同聲相應耳。抑有請者，盧、錢通經而品地不讓宋人，胡亦矯矯自好，然則漢、宋之學可不必分，通經與力行更不必別，安有學周公、孔子之道而行與言違？又安有讀程子、朱子之書可束書不觀者？是故董子之正誼明道，上紹七十子之微言大義，下開程、朱之道學。歐陽、大、小夏侯、齊、魯、韓之學，周公之藝，孔氏之文也。許君訓詁，鄭君名物，周公《爾雅》之學，孔子多識之傳也。讀周、孔之書，為周、孔之學，安有所謂漢學哉？且虞翻、皇甫侃、徐遵明、熊安生、劉焯、劉炫生於兩漢之後，無古今文之別，不皆漢人師承，亦謂之漢學耶？孔沖遠、陸元朗《易》學好王氏清虛之談，亦謂漢學耶？朱子謂康成是大儒，得謂之不習漢學耶？王伯厚輯《三家詩》，得謂之不習漢學耶？

　　僕願與閣下大聲疾呼，破當世門戶之見。根柢周禮，師儒道德，得民仰止。再閔、顏淵，孔門善言德行，庶乎經明行修，經通致用，由博文而約禮，由多識而一貫。夫子之文章在《詩》《書》《禮》《樂》，夫子之言性天道在《大易》，夫子之雅言《詩》《書》，執禮，為四術之教。夫子之罕言利命與仁，為五十之學《易》，道與藝合，道與器俱。周公多才多藝，誠在驕吝。孔氏孝弟謹信，餘力學文，志道據德，依仁遊藝。形上為道，形下為藝。凡士人所誦習，安可忽諸？願執事昌明大道，不勝景仰。

（選自《汪孟慈文稿》卷一）

覆陳君子準論五經博士書　張金吾

> 張金吾（1787—1829），字月霄，一字慎旃，江蘇昭文（今常熟）人。嘉慶十四年（1809）補博士弟子，博覽精思，精校勘。曾手定《詒經堂續經解》，補《通志堂經解》。著有《言舊錄》《五經博士考》三卷、《十七史引經說》一二卷、《廣釋名》十二卷、《釋黽》二卷、《愛日精廬文稿》等。《清儒學案》卷一二五有傳。

辱示誨墨，開益良多，感佩感佩！中有與拙見互異處，不敢強為苟同，謹就一得之愚，質諸左右。其言之質直，恃惠子之知我也。《後漢書·翟酺傳》"孝文帝始置五經博士。"前據家藏北宋重刊景祐本，改作一經，引浚儀之說以證之。（王伯厚曰"孝文時，五經列于學官者，惟《詩》而已。"）今讀手書，並尋繹注意，自合以五經為是。惟孝文置五經博士別無明文可證。章懷注云"不知何據"，蓋亦闕疑之意。（惠氏《補注》曰：何氏云"劉歆《移書太常博士》云'漢興，至孝文皇帝，天下眾書，往往頗出。廣立學官，為置博士。'"予定超之言即以子駿為據可也。案何氏于"天下眾書，往往頗出"下刪節去"皆諸子傳說"五字，指為孝文置五經博士子之據，豈其然？）竊意文帝時，止名博士，本無五經之稱。翟酺云云蓋從後追稱耳，不必曲為之說也。又案劉歆《移書太常博士》曰"至孝文皇帝，天下眾書頗出，皆諸子傳說，猶廣立于學官，為置博士。"若然，則孝文時止有傳記博士，無五經博士也，明甚。呂氏之說（呂祖謙曰："孝文尚置傳記博士，安有獨遣五經之理？"）毋乃似是而非歟？又曰"至孝武皇帝，頗有《詩》《禮》《春秋》，先師一人，不能獨盡其經，或為《雅》，或為《頌》，相合成。"夫孝武時，尚一人不能獨盡其經，而謂孝文時已立學官，是又必不然矣。此則細繹君說而悟及之者也。浚儀謂《齊》《魯》《韓詩》立于文景，蓋以申公、韓嬰為文帝博士，轅固為景帝博士，故為此說。君以為別無明文可證，良是。

君又謂：三家《詩》，武帝時立。其說固確，然亦無明證，闕之可也。又案劉歆《移書太常博士》曰："往者博士，《書》有歐陽，《春秋》《公羊》《易》則施、孟。然孝宣帝猶復廣立《穀梁春秋》、梁丘《易》、大小夏侯《尚書》。"若然，則施、孟兩家似非宣帝所立，然施讎、孟僖俱事孝、宣，又斷非武帝所立意者。施、孟即楊氏，施、孟立而楊氏廢。故西漢諸儒，自太史公外，無習楊氏《易》者。從武帝時言之，則曰楊氏；從宣帝以後言之，則曰施、孟、子駿《易》。則施、孟云云，蓋亦從後追稱耳。拙見如此，敢以質博學者。

西漢博士冠以某經與否，雖無明文，然自李封外，如《公羊》博士嚴彭祖，（《漢書·儒林傳》）魯恭拜《魯詩》博士，（《後漢書》本傳）歐陽《尚書》博士闕（《東觀漢紀》），顏氏博士闕（《後漢書·儒林傳》）。中興，有大、小《戴》博士（《後漢書·儒林傳》），不皆足為博士冠以某經之證歟？見于史者，章章如此，謂之未見，竊疑過矣。中平中，徵荀爽等十四人，十四博士斷無一時並闕之理，蓋《漢官儀》所謂"待詔博士"耳。博士十四員，旁徵十四人，則各習一經，各當一闕可知，又可為博士有某經之證。拙著前以建元以前博士置篇首，建元以後則標某經博士之目。今思某經之稱，自前所稱外書闕有間，即或師承可考，而強為附麗，終嫌臆斷。爰擬重為更定。首之，以博士僕射、博士祭酒領綱紀也。次之，以建元以前博士溯舊制也。又次之，以五經博士，以所習之經為次。不標某經博士之目，存疑也。終之，以諸侯博士，不敢與王官並列也。如此庶不沒官制之實，亦不失闕疑之意。俟繕寫畢，當就正兩漢之制立于學官者，置博士未立學官者。西漢曰議郎，亦曰待詔，《儒林傳》所謂"《穀梁》議郎尹更始，待詔劉向、周慶、丁姓"是也。東漢曰講郎，《儒林傳》所謂"擢高第為講郎"是也。若未立學官而置博士，史無可據，未敢以君言為是也。學問一道，不廢詰難，古人意見不合，往往反覆辨論，非逞辭也，求歸於是而已。惟君直諒多聞，幸不置金吾于不屑教誨之列，用敢直陳拙見，尚希一一教正，則拜賜無既矣。

（選自《愛日精廬文稿》卷五）

與李銘漢書

陳世鎔

> 陳世鎔（1787—1872），字大冶，號雪廬，一號雪樓，安徽懷寧人。道光乙未（1835）進士。精於《易》學，著有《周易廓》二十四卷、《詩經說》六卷、《求志居春秋說》四卷、《求志居書經說》四卷、《求志居禮說》三卷、《讀易雜說》一卷、《求志居集》三十六卷《外集》一卷。生平事蹟見《國朝文匯丙集》卷一一、《皖雅初集》卷一、《陳征君行述》卷一等。

蘭州一聚，倏又八年。昨接手書，備承眷注，勸僕珍惜衰齡，勿更勞心論撰。非愛我之至，不聞此忠告也，而性之所好，不能自休。己未，在杭州，成《大學說》一卷。辛酉，浙破，長沙黃南坡觀察招之，至楚，成《中庸說》二卷。壬戌癸亥，成《詩說》六卷、《書說》四卷、《禮說》三卷、《春秋說》四卷。甲子，成《論語說》三卷、《孟子說》一卷，共二十四卷。自蓋作《周易廓窺》，見包羲一畫開天，千變萬化，皆從此出。堯、舜、禹、湯、文、武、曾思、孟一脈相承，散見於六籍。

而《論語》《大學》《中庸》尤微言所在。其曰仁，曰誠，乃天之所以為天；曰求仁，曰思誠，乃聖學之所以達天而用力之要。則《大學》之慎獨，《中庸》之擇善、固執，《孟子》之擴充，三言盡之。而因是上溯堯舜之幾，康禹之安止，湯之曰躋昭，假文王之宥密緝熙。蓋先後一揆，此外別無所謂道，亦別無所謂傳。漢儒專事訓詁，固為膚末；宋儒高談性命，亦未見其真，有合於尼山宗指也。

僕少讀朱子《大學章句》，頗以補格致傳為贅，《論語》《中庸》《孟子集注》亦多與私心刺謬，今所說唯以闡明慎獨、擇執、擴充為歸，非切于修己治人，日用行習所不可缺。雖推及於太極之未分，聲臭之俱無，亦無取焉。夫義理者，人心之公也。孔、曾、思、孟之書皆如我心之所欲言，濂洛關閩，則不能悉當於人心矣，而欲禁制人之不為匡正不得也。

僕於儒先豈也故為抵牾，亦求即乎心之所安爾！《詩》《書》《禮》《春秋》蓋尤多獨見，不蹈襲前人一言。當其冥心力索之時，徑路俱絕，及一旦驦然以解，亦自有逢原之樂，其最得意乃自以為數千年，未闢之蠶叢，未鑿之混沌也。惜道遠不能郵，致與足下賞奇析疑耳。桑榆暮景，藉以自娛意，有未盡，請俟他日。足下以好勞為少矣，如能活至其時，足下書來慰，當敬受教也。

（選自《求志居集》卷二七）

與張麗薌書 姜文衡

> 姜文衡（1788—1869），字兆遁璿，號北山，別號亦農，自稱盲道人，浙江黃岩人。道光二十年（1840）歲貢生。通經史。著有《北山文鈔》《北山詩鈔》。生平事蹟見《北山姜先生墓碑文》《（光緒）黃岩縣志》卷二〇、《瞽者三先生傳》等。

衡頓首，以僕之淺陋荒蕪，讀足下考辨博洽之著作，如窶人入五都之市，安能別其款識，而擇其良楛哉！況又無書繙閱，兼抱目疾。郎昔年曾涉其藩者，廢閣已久，大都不能記其本末矣。但既承下問，不得不以所知者，獻其一得之愚。伏讀集中如《仞考》《鄂不百姓》《梁山》《孔子生年月日》等篇，或擴前人所未發，或會諸說而折衷，皆確當不易，卓然可傳。《窈窕》《叔苴》《維周之氐》，雖義宗毛朱，學者共遵而博引《集證》，亦不可廢。

惟《西伯戡黎注疏》，諸家俱指文王，自是正解。然陳少南、呂伯恭等指為武王，亦非無徵。至金履祥謂"祖伊奔告，詞氣危悚"，及引證武王為西伯處，尤為詳辨。今足下據《尚書大傳》"西伯既戡黎，紂囚之牖里。"果是，則當戡黎時，紂猶能執文王而囚之，祖伊奔告之時，何至危悚如此！按《史記》於牖里釋囚之後，乃賜弓矢、鐵鉞，始得專征伐。若未命專征之前，而文邁稱兵於天子畿內，服事之忠安在？竊謂《尚書大傳》《竹書紀年》等書皆後人偽撰，不得伸彼而抑此也。

足下又謂據《國語》《漢書》年月，道路不得添戡黎事，其說誠是。僕竊意《書》本文但言戡黎戡勝也，無至黎討伐等字，或者黎黨惡於紂。武王師既渡河，紂命黎君帥兵拒敵，而武遂一戰勝之，故祖伊奔告之時，危悚如此。若謂與《書序》所云 "殷始咎周，周人乘黎" 者不合，則《書序》本與《偽孔傳》同出，不足據也。

定元年不書正月，足下謂非孔子削之，《春秋》不以日月為褒貶，先儒固有定論。但謂王三月為連文，則元年雖無事必書正月，乃《春秋》常例，必以為三字相連，而《公》《穀》斷而二之，何解？於隱、莊元年皆三月有事，仍書正月也。《公羊》謂 "即位在後" 杜注謂 "公即位在六月"，故自是定解。《穀梁》"昭非正終，定非正始" 之說，不免深文。竊意國必有君，乃可奉天子正朔，故元年必書正月，而他年則略之，所以存其義也。今昭公薨於往年十二月，定公未即位，則正朔無所繫屬，故不書正月，亦所以存其義也。當是正月二字係魯史舊文，而孔子削之耳。

三老五更，僕向亦謂三老當是三人，五更當是五人。足下據三公五官定為三人五人，其說誠是。但考漢明帝時，以李躬為三老，桓榮為五更。明帝在班固諸儒之前，當有所本。足下乃附會古注，以為取象三辰五星，且謂若各一人不合解。稱三老五更，則堯時有四岳，漢爵有五大夫。高帝時，有三老、董公皆止一人。其說未可盡，非也。竊意老、更亦如三公官，不必備。惟其人，故有時以一人為三老，一人為五更。漢之明帝當亦有所傳聞，而班固輩遂以是為說也。

"朝元端，夕深衣。" 朝字，當如字，讀為允。鄭注謂 "大夫士服"，孔《疏》推其意，以為大夫、士在私朝之服，皆明係如字讀，非如朝日夕月之謂也。愚意朝不廢朝，暮不廢夕，惟天子諸侯公朝則然。然《傳》又云："百官承事而不夕。"可知夕見視朝見為輕矣。如大夫士私朝未必有夕之制，不過每日平旦，僚屬謁見則服元端，加於燕居深衣，一等夕，則無事如燕居之服可也，故"朝元端，夕深衣"。如足下謂大夫、士當服朝服，則以朝君者服之私朝，無乃褻乎？檜君"羔裘逍遙、狐裘以朝"，詩人以為刺。注家謂"緇衣、羔裘，諸侯之朝服；錦衣、狐裘，其朝天子之服。"可知，諸侯朝服降於朝天子之服，則大夫、士在私朝亦當降於朝君之服矣。至謂承上夕深衣，故不言諸侯，則文隔十餘節，恐未必然。《緇衣》《羔裘》節，江氏《圖考》已詳確。詩體相為表裏，篇尚似應試涉獵之作，不存可也。餘則鄙見所未及，不敢妄為辨論，亦不敢阿私所好。近日賤目頗瘳，特將尊著詳覽，故竭其芻蕘以備筆擇。足下所學淹貫淵深，當更有所發明也。跂予望之。

（選自《北山文鈔》卷一）

與胡竹村舍人論燕寢書

夏炘

> 夏炘（1789—1871），字心伯，又字弢甫，安徽當塗人。精於《詩》《禮》。著有《讀詩劄記》八卷、《三綱制服尊尊述義》三卷、《六書轉注說》二卷、《漢唐諸儒與聞錄》六卷、《古韻表二十二部集說》二卷、《景紫堂文集》十一卷。生平事蹟見《清史列傳》卷六七、《清儒學案》卷一五五、《自訂年譜》一卷等。

尊者《燕寢考》一書，細讀三過，精思卓識，足為鄭氏之功臣。疑問中，據《斯干》箋謂鄭氏注《禮》時，以人君左右房釋正寢，疑出傳聞之誤，未及審定。其實出東房西室，是燕寢之制。鄭箋《詩》已明言之，當以此為定說。鄭氏復起，不易斯言矣。卷一中辨析正寢、燕寢，根據《禮經》瞭如指掌。如辨賈氏《宮人疏》，諸侯燕寢當有三側室不在燕寢之中；辨《孔氏內側疏》，《左傳》趙有側室曰穿之側室，是對適子為正室，非以居側室得名；辨孔氏《隱公三年疏》，太子是長子，故處於東宮，非以對君在西宮而名東宮；辨《內則》父子異宮是異燕寢，非異正寢；辨賈氏《士昏疏》鄭解大門為壻家大門外者，對婦家而言，非謂壻別有大門。卷二中辨《孔氏內則疏》大夫以上與天子同庋食于閣，非謂亦於夾室；辨《左傳》

豎牛實饋於个，是疾病處正寢；辨《士昏禮》陳器之室及同牢之室，俱是燕寢，非正寢，皆精確不易。至辨《斯干詩》"西南其戶"謂開戶者，為在南而較西；辨天子以下燕寢東房西室者，室向東開戶，而入於房，房向南開戶，而室有牖無戶，皆於經注無所見。謹就鄙見所及錄之於左，以俟採焉。

尊著云：諸侯、大夫、士燕寢止一房，房在東，室在西。室則東向開戶以達於房，房則南向開戶以達於堂，由堂入房，凡房入室，而室之南無戶。案此說經注皆無所見。李氏《儀禮·釋宮》云："寢廟以室為主。"故室中專得戶名，凡言戶者，皆室戶。若房戶則皆言房以別之。炘案，李氏此言證之《禮經》，無不吻合。即以《昏禮》而言，媵侍於戶外，呼則聞，此戶指室戶言。（夫婦成昏在室）又云"尊於房戶之東，則特言房以別之。"（贊洗爵酌于戶外尊，入戶坐奠爵，承上房戶之東而言，不言房戶，省文也）若室戶東向房開，房戶南向堂開，是房戶專得戶名，而室戶轉不得為正戶矣。遍考禮經門戶之制，未聞有如此者。即漢以來說經之家，亦未聞有此說者，不如闕疑為是。

尊著云：天子燕寢之室在中，有左右房室，南向開戶，比之一房者之室東向開戶者，為在南而較西，故云"西南其戶"。案在南而較西，語意不甚分曉，解經當直截了當，一豪含糊不得。《詩》"君子陽陽"疏云"天子小寢，如諸侯之路寢、燕禮，司宮筵賓於戶西，東上。"則諸侯路寢之戶在室之東無疑。李氏《釋宮》所謂"戶東而牖西"是也。《爾疋》"戶牖之間謂之扆。"郭注云"窗東戶西"。參攷眾說，無戶在室西之制。若云比之一房者之室東向開戶者為在南而較西，恐當日詩人止詠天子燕寢耳。豈必以諸侯、大夫之燕寢相與比類而云云乎？

尊著云：是室一南戶爾者，謂室與左右房無戶以相通也。案鄭《注》上下文義，謂宗廟路寢皆每室四戶。燕寢只南一戶，不比宗廟路寢四戶。非謂室與左右房無戶以相通也。又案西南其戶，當以江氏慎修與"南東其畝相類"之說為是。西南當分讀，不當合讀。故鄭氏此句亦分開注之，一則曰西其戶者，再則曰南其戶者，語氣明明可見。若必以西南隅、東南隅之例讀之，非惟與經不合，亦與注不合矣。另有說詳後。

尊著云：凡陳器物無有在房中東者，惟此經設尊於此。蓋正寢有左右房，房與室皆向堂開戶。房戶以東逼近序牆，為地無多，此經為燕寢之制。燕寢東房西室之西，地直至堂南北之中，故房中之東得有餘地以容尊，即此可為東房西室之明證也。案以《昏禮》同牢之寢為燕寢，確當不易。以大夫士燕寢無東西房，亦精極至。謂設尊於房戶之東，因東房西室得有餘地以容尊，鄙意竊以為不然。考賓王行禮之尊，皆于堂上陳之。《鄉飲酒‧燕禮》諸篇是也。賤者之尊，則不設于堂上。《大射》"尊士旅食于西鑮。"（鑮在阼階西，遠於堂）《燕禮》"尊士旅食於門西。"又《大射》"尊於大侯之乏東北。""兩壺獻酒"注云"為隸僕人、巾車、繆侯、豻侯之獲者。"《特牲》"尊兩壺於阼階東"注云"不酌上，尊卑異之"是也。《昏禮》以室為主，夫婦之尊在室中北墉，下其房戶東之尊，贊酌以自酢與酌以酳，媵御之尊，賤者之尊也。猶之《大射》《燕禮》之上尊，設於堂上，其士旅食之尊，設之於鑮西門西也。至于不於戶東者為其過尊，（《特牲》之尊在戶東）不於房戶之西者，房戶之西為房外出入往來之地，不足容尊，故尊于房戶之東。古人一器物之陳，皆有精意存乎其間，豈必因東房西室始有餘地以容尊乎？

尊著云：又《經》云"主人出"，下云"主人說服于房"，又云"主人入"注云"入者從房還入室。"按《經》云"主人出"，即云"主人說服于房"，無入房之文。又云"主人入"，無出房之文。是知房與室有戶以相通而出者，由室出房入者從房入室，則室為向東開戶明矣。案由房入室之說，經注究無左證。學者生千百載後，凡己有所見。上者於經有的據，次則於傳有的據，次亦必於先儒注解有的據，始不失說經謹嚴家法，且不開後人杜撰之端如此。經云"婦至，主人揖婦以入。及寢門，揖入，升自西階。媵布席于奧。夫入于室即席。"以鄭氏"房東室西"之說證之，室與西階正相直升西階，即入室戶。《經》文本直截了當，若升階之後，又折而東入于房戶，由房戶又折而西，始入室戶。求之于《經》，實不然也。至於下云"主人出"，謂出室戶也。"主人說服于房"，則入房戶可知。下又云"婦說服于室，御衽于奧，媵衽良席在東北止。主人入，則入室戶。"又可知入室戶，則出房戶。又可知互文見義，質簡而該，不必室無戶而房有戶也。

尊著有云：《玉藻》云"君子之居，恒當戶"，下云"將適公所，宿齋戒，居外寢。"明此所居為燕寢也。古者宮室之制，尊者常居奧。《曲禮》云："為人子者，居不主奧。"則父居常奧矣。居奧而當戶，是亦室戶在東之明證也。凡居奧必東面，《儀禮》每云"席于奧東。"鄭氏解當戶為嚮明。江氏《鄉黨考》已辨之，但未明此為燕寢之制耳。案《曲禮》《玉藻》之文，不必牽合為一。家以父為尊，室以奧為尊。奧係尊者之所處，故《曲禮》云"為人子者，居不主奧。"（合下"坐不中席"云云，專指為人子者而言）至於《玉藻》"君子之居，恒當戶。"（君子所指者廣，不必專主為人父者言）則又當別論。古者宮室之制與今人不同，古人屋五架，中脊為棟，棟前一架為楣，楣前接簷為庪，後楣以北始為室，與房去前簷甚深，牖之取明有限。故鄭注以恒當戶為嚮明，其說本精確不易。江氏不以為然，甚失經意。古人居常，亦必讀書當戶，嚮明正所以便於誦讀。若必如江氏所云"終日閉戶坐於密室之中。"古人當不作此老僧面壁事也。《曲禮》又云"戶開亦開，戶闔亦闔。"可見古人必不終日閉戶，如江氏"畏風寒"之說也。且今人之戶接于簷下，春夏之閒，尚不閉戶而坐，何況古人入堂深之戶而畏風寒，若此之甚乎？至於《儀禮》"席于奧東向"，此《士虞》《特牲》《少牢》之祭神坐也。凌氏次仲所謂"凡室中之神，坐東向南上"是也。《儀禮》《曲禮》《玉藻》三經各自為說。（《儀禮》言神坐，《曲禮》言為子者之居，《玉藻》言凡君子燕息之居）混合為一，以求伸室戶東向房之論，似涉牽強。

　　尊者云：《內則》"子生三月之末，見於側室。"《經》云"夫入門升自阼階，立于阼西向，妻抱子出自房，當楣立東面。"疏云"卿大夫之室，惟有東房，妻抱子出，自房者出東房。"按妻當處于室內。《經》不云出室，而云出房，又不云自房出，而云出自房，明出室必由房，乃得至堂，故云出自房。是室與房有戶以相通，而室之南無戶矣。案古者房與室相連而室為燕息之所。凡婦人行《禮》于堂皆先俟于房中。《特牲》"主婦纚笄宵衣，立于房中"，又云"盥于房中"，又云"主婦洗爵于房。"《少牢》"主婦薦自東房。"《昏禮》"女次純衣纁袡，立于房中。"《記》又云"父醴女而俟迎者，母南面于房外。"《左傳》"季文子如宋致女，公享之。穆姜出于房，再拜。"是婦人行禮於堂，皆先俟於房之明證也。三月見子之禮，大禮也。《經》上文云"男女夙興，沐浴衣服"，可見沐浴衣服以後，妻即立于房中以待俟。夫人入門，即由房以出，若未入之時，妻仍在室俟。夫立于阼階西，妻始由室出房。古人事夫如事君，當不安褻若是之甚也。至于不云"出房""自房出"，而云"出自房"，尤古人行文通例。《少牢》"主婦自東房，執一金敦黍，有蓋。"不云出東房，而云自東房。又公食大夫禮，宰夫筵出自東房，不云出東房，而云出自東房，皆與此同一行文常例，不必自室出房，始謂之出自房也。

　　尊著云：《尚書大傳》"古者后夫人將侍於君前，息燭後，舉燭至於房中，釋朝服，襲燕服，然後入御於君。雞鳴，太史奏《雞鳴》于階下，夫人鳴佩玉于房中，告去也。"據此文至于房中，然後入御于君，是房與室有戶以相通，而入室必由于房，諸侯之燕寢亦與士大夫同也。案《尚書大傳》雖古書而此節頗不可信。《周禮·內司服》"掌王后之六服，褘衣、揄狄、闕狄、鞠衣、展衣、緣衣。"鄭氏以三狄皆祭禮之服。鞠衣告桑；展衣以禮見王及賓客之服；緣衣御于王之服，亦以燕居，是后之朝服；展衣御王及燕居之服；緣衣以此差之，諸侯之夫人朝君服緣衣。御君及燕處別有私服，（《詩》"薄污我私""薄澣我衣"，《箋》以六服為公衣，別有私居之服為私衣）不服褖衣矣。《大傳》云"釋朝服，襲燕服。"豈后御王未息燭之先猶服展衣，既息燭之後，始服褖衣？夫人御君未息燭之前猶服褖衣，既息燭之後，始服私服乎？何與禮經之不合也。且婦人無說服于房之禮，《士昏禮》"主人說服于房，婦說服于室。"蓋室者燕息之地也。男子之服尊，故說于房中；婦人之服褻，故說於室中。《大傳》"后夫人說服于房。"于經亦無所見。《周禮》"太師小師諸職，亦無奏《雞鳴》之文。"燕寢褻地雞鳴之時，即令太師奏階下，于情亦為不合。大抵此等古書有合于經者取之，否則闕疑可也。

尊著云：《左傳·襄公二十五年》"公問崔子，遂從姜氏，姜入于室，與崔子自側戶出，公拊楹而歌。"按此室即燕室。《說文》云"側，旁也。"燕寢不正向堂開戶，而在旁開戶，故云側戶，是亦室戶在東之一證也。案古者疾病居適寢，不居燕寢。《檀弓》"非疾也，不晝夜居於內。"注"內，正寢之中。"《既夕》"記，士處適寢"注"有疾乃寢於適寢"，是疾病皆居適寢之明證也。君視疾，亦必于適寢之中。《喪大記》"寢東首于北墉下"注"謂君來視疾之時。"案上文云"疾病內外皆掃"，《既夕》"記，士處適寢，寢東首于北墉下。有疾，疾者齊。養者皆齊"，下乃云"疾病，外內皆掃。"則君視疾在適寢無疑。齊君之於崔杼，豈可繩以禮制？即云在燕寢之中，亦無不可。但下文云"侍人賈舉止眾從者，而入閉門。"（此門當是寢門）"甲興，公登臺而請，弗許。"以禮經之制論之，無論燕寢無臺，即路寢之中亦安得有臺？大抵《春秋》之時，世道衰晚，不可盡繩以禮制，況悖亂如崔子者乎？《左傳》所謂登臺，所謂側戶，皆當時便安之制，取以釋經，似為未的。

右鄙見所窺及者，皆詳哉其言之矣。總之，尊著以鄭氏注《禮》為未定之論，箋《詩》為大成之學，的當不易。至謂《詩》"西南其戶"為在南而較西，尚未深得經與注之意。謂東房西室者，室戶開向房中室只有牖而無戶，于經注皆無所見，恐開後人臆斷之漸。炘細繹注文，"西南其戶"之句，當分解，不當合解。注云"天下之寢，有左右房，西其戶者，異于一房者之室戶也。"注又云"南其戶者，宗廟及路寢制如明堂，每室四戶，是室亦南戶耳。"蓋謂路寢宗廟，每室四戶，燕寢之室，（是字指燕寢）只一南戶，無東西北三戶也。未知是否？至于東房西室之燕寢，仍宜從先儒房戶室戶皆向南開之說為是。

（選自《景紫堂文集》卷一〇）

再答柳賓叔

姚配中

> 姚配中（1792—1844），字仲虞，號配中，安徽旌德人。貫通百家，尤通《易》學。著有《姚氏易學闡元》一卷、《周易通論月令》二卷、《周易姚氏學》十六卷、《書學拾遺》一卷、《一經廬文鈔》一卷、《周易參象》十四卷、《書學拾遺》四卷等。生平事蹟見《清史列傳》卷六九、《清儒學案》卷一五二、《国朝耆獻类徵初編》卷四二二等。

接讀來書，且愧且喜，入室操戈，端肇自鄭。吾弟真善學鄭者也，真善補中者也。文筆犀利，大類毛西河。英銳所摧，無不震墜。韓信將兵，多多益辨，（中）將棄甲走矣。雖然，非善之善者也。中有墨子之術，再為吾弟陳之。令友陳君謂"多一句欺，少一句然已。"猶有進，中謂"精一著乃破得一著耳。"謹將來書條答如左。

問：《孟子》"伊尹以割亨要湯"，《淮南·氾論訓》"伊尹之負鼎"，知殷時鼎尚亨。"伊尹割亨要湯"即謂實有其事，如所云云，以負鼎證鼎亨，恐"割"字不好安置。且以饋食之例推之，獻甲者執胄，恐胄不可被諸四支也。"禮云禮云，玉帛云乎哉！"

問：來書云：伏羲之《易》有象无字，卦名皆文王所加，六十四卦獨此云象也者。故亨飪之事，案《井彖傳》云"巽乎水"，與此巽火一例。《世本》云"伯益作井"，《逸周書》"黃帝作井"，伏羲時無井也。據《禮運》云"抔飲"，伏羲時，已有巽水、上水之事。卦之名井，亦以象之當言象者，不獨鼎。鼎之言象，乃《繫辭》尚象之象，象字不得鑿空。伏羲無井者有巽，水上水象以制器者，尚其象，象在器之先也。有象無器，則象為虛象，觀象制器，器乃得象之一端。器從象生，象非由器定也，乃云"象亦南越大獸，三年一乳"之說與？

問：《禮運》"以炮以燔"，言火化也。又云"以亨以炙"，亨必有器，不同燔黍捭豚。《古史攷》："黃帝始作釜。"《廣雅》引《古史攷》"黃帝始作甑。"伏羲時，未有釜甑之屬。《說文》依《易》為訓，不識所謂巽木於下者，象其巽於何物之下；析木以炊者，象其炊於何器之下也。如云太玄象鼎以竈。案《淮南·氾論訓》云"炎帝于火而死為竈。"無論伏羲時，未必有竈，即有之，亦非以亨之器，不審伏羲何由得有亨？燧人出火，《六藝論》云"燧人在伏羲之前，凡六紀九十一代。"《廣雅》云"一紀二十六萬七千年。"而六紀計一百六十萬二千年，未審此百餘萬中有器否？太古之羹想亦用器盛之矣。烏知伏羲時用何器哉！書缺有間，能盡知之邪？炎帝死為竈神，與后稷之為稷等，非謂竈始於炎帝也。

問：來書據《說文》"鼎三足兩耳，和五味之寶器也。"知並不以是為亨飪之器。以上言"和五味，無析木以炊"之說故也。案《說文》此義蓋互見耳。未知和五味之和，穌字與？抑盉字與？如以為盉，《儀禮》醯醬之味俱陳於席，鼎肴牲體五味，未聞于此盉也。如以為穌，《商頌》"亦有和羹。"《箋》云"五味調，腥孰得節，食之人性安和。"《左傳》引此詩證。"水、火、醯、醢、鹽、梅、以亨魚肉，燀之以薪，宰夫和之，齊之以味。"和五味之器，得不為亨飪之器乎？割、亨、煎、和，非是一事；五味之和，不獨醯醬、食醫。凡和，春多酸，夏多苦，秋多辛，冬多鹹，調以滑甘，《內則》"棗、栗、飴、蜜以甘之，堇、荁、枌、榆、免、薧、瀡、瀡以滑之，脂膏以膏之。"注云謂"和飲食也。"據此則"和"非專指醯醬明矣。煎醯沃膏，不一其類，故有煎而和者，有不煎而和者，不必盡用火。凡稟五行之性者，皆味不必定醯醬。《商頌》云云，《左傳》云云，豈謂醯醯鹽梅，先用處雜，如今人之所謂亨者乎？如謂《左傳》"醯醯"之文，在以亨魚肉之上，則燀之以薪，乃既亨後事乎？抑燀之以薪即所謂亨宰夫和之，即醬醯類乎？亨自亨，和自和，不相涉也。烏得一概視邪？

問：來書引《左傳》《說文》以為鼎始自禹。案《前漢·郊祀志》"黃帝采首山銅鑄鼎于荊山之下"，何得云禹以前未之有？《封禪書》"昔泰帝興，神鼎一。"（《索引》孔文祥云"泰帝，太昊。"）黃帝作寶鼎三，禹收九牧之金，鑄九鼎，皆當亨鬺。（孝武同紀）《漢書·郊祀志》云"皆嘗亨鬺，上帝鬼神。"此又《彖傳》下二句之明證也。方士之言不足信也。方武帝惑於方士之說，太史公多有微詞，所謂"其效可睹"者何哉！黃帝以前，不立《本紀》，特曰"《尚書》獨載堯以來，而百家言黃帝，其文不雅訓，薦紳先生難言之。"又曰"非好學深思，心知其意，固難為淺見寡聞道也。"試思古帝本紀，其意安在古帝意乎？亦太史公意耳。曰《尚書》獨載堯以來，則堯以前可知。曰其所表見皆不虛，書缺有閒矣。果不虛與，乃真有閒耳。（伏羲、神農僅見于《易》，可信者唯，此。不立《本紀》以見《封禪書》。方士之說多誣也。《封禪書》公孫卿有書札曰"黃帝得寶鼎"，《黃帝本紀》云"獲寶鼎"，蓋即用卿說）公孫卿有書札，因所忠欲奏之所忠，視其書不經，疑其妄。卿與嬖人奏之。夫所忠疑其妄，乃太史公所謂真妄者，其意不大可見邪？黃帝獲寶鼎然與否？上召卿問，對曰"受此書申公，申公與安期生通受黃帝言。"無書，獨有此鼎此實錄與？亦亡是公之說耳。卿又云"黃帝采首山銅鑄鼎于荊山下，鼎既成，有龍垂胡髯下迎黃帝。"其信然與？此亦牛腹中書類耳。太史公備載方士之言，以見武帝為若輩所惑，故曰"其效可睹"，曰"心知其意"，曰"難言之"。蓋深恐後人惑武帝之惑，微文見意者也。《封禪書》又云"有司皆曰聞昔泰帝興,神鼎一。"(云云),皆嘗亨鬺。(服虔《武帝紀》注云"以祭祀上帝,或曰嘗烹酌也。"則亨本作享解,作烹乃或說,故《漢書》作鬺亨,然此不足辨)上帝鬼神皆之云者。太史公豈以為眾可信與?抑以皆著其惑君者多邪?聞昔云者得毋亦聞之申公者乎?皆嘗云者皆以實之,更復嘗以疑之,果皆篤論與?《左傳》言禹鑄鼎,不言荊山之下,《說文》以為禹鑄鼎荊山之下,豈許氏割裂《左傳》?《史記》將黃帝鑄鼎之處,以禹當之與?抑禹實鑄鼎荊山之下,而公孫卿得傅會以為黃帝與?否則,許叔重未見《史記》,其博雅不及公孫卿與?其是否當,必辯矣。此中墨守之法也。參之《史記》本文,知《說文》所以不取《封禪書》之義,則虛實自明。至于經義則已了了復可疑。

吾弟精力過人,勇莫與敵,如中者徒知墨守有牢不可破之謬耳。吾弟得毋笑,中有膏肓之疾,鍼藥所不能达者乎?弟良醫也,慎無棄我!

(選自《一經廬文鈔》卷一)

與江子屏牋

龔自珍

> 龔自珍（1792—1841），字璱人，號定盦，後更名易簡，字伯定；又更名鞏祚，號定庵,更名鞏祚,浙江仁和(今杭州)人。道光九年（1829）進士。深究經史文字音訓之學，講求經世致用。梁啟超在《清代學術概論》中指出："光緒間所謂新學家者，大率人人皆經勃崇拜龔氏之一時期"，為當時思想界開風氣之先的人物。著有《春秋決事比》六卷、《泰誓答問》一卷、《尚書序大義》一卷、《左氏春秋服注補義》一卷、《左氏決疣》一卷、《西漢君臣稱春秋之義》一卷、《定庵文集》三卷等。生平事蹟見《清史稿》卷四八六、《清史列傳》卷七三、黃守仁《定庵年譜稿本》等。

大著讀竟。其曰：《國朝漢學師承記》，名目有十不安焉，改為《國朝經學師承記》。敢貢其說：夫讀書者實事求是，千古同之，此雖漢人語，非漢人所能專。一不安也。本朝自有學，非漢學，有漢人稍開門徑，而近加邃密者，有漢人未開之門徑，謂之漢學，不甚甘心。不安二也。瑣碎餖飣，不可謂非學，不得為漢學。三也。漢人與漢人不同，家各一經，經各一師，孰為漢學乎？四也。若以漢與宋為對峙，尤非大方之言，漢人何嘗不談性道？五也。宋人何嘗不談名物訓詁？不足概服宋儒之心。六也。近有一類人，以名物訓詁為盡聖人之道，經師收之，人師擯之，不忍深論，以誣漢人，漢人不受。七也。漢人有一種風氣，與經無與，而附於經，謬以禆竈、梓慎之言為經，因以汩陳五行，矯誣上帝為說經，《大易洪範》，身無完膚，雖劉向亦不免，以及東京內學，本朝何嘗有此惡習？本朝人又不受矣。八也。本朝別有絕特之士，涵詠白文，創獲于經，非漢非宋，亦惟其是而已矣，方且為門戶之見者所擯。九也。國初之學，與乾隆初年以來之學不同；國初人即不專立漢學門戶，大旨欠區別。十也。有此十者，改其名目，則渾渾圜無一切語弊矣。自珍頓首。丁丑冬至日。

（選自《定庵文集补编》卷一）

與張淵甫書

沈垚

> 沈垚（1798—1840），字敦三，號子惇，浙江烏程人。道光甲午年（1834）優貢生。精於三《禮》。著有《禮記鄭皇異同》一卷、《落帆樓文集》二十四卷《補遺》一卷、《爾雅正義雜辨》《詩音考讀注疏雜辨》《後漢書注地名錄》《水經地名釋》等。生平事蹟見《清儒學案》卷一六三、《清代樸學大師列傳》卷一七、《清史列傳》卷七三、《沈子敦哀辭》、夏寅宮《沈垚傳》等。

歲華不留，搖落增感，追憶曩懷，歷歷心目。壬午冬初，訪君山館。癸未秋末，同游石公兩地，勝賞清言。如昨而乃同訪之盛生，久為異物偕遊之紀子。又復長饑腹痛之墓，宿草掩其荒邱，食字之仙弱，鱗生於翠釜，自傷微植已怨。歲寒念彼友生，彌形惻愴，竹生易蠹，蘭萎不芳，如何如何！感今悲昔，歸雲洞口，燕石峰頭，論古證心，烹泉瀹茗。溼雲過嶺抱之以餐，危石墜波據之而坐。劉知幾之論史，揚子雲之談元，林風助以狂號，空谷應以遙響。友朋極樂山水方滋，豈料今之歡悰寂寥，哀生傷逝者哉！一別五稔，長路三千，不獲如前，縱言鼓掌，管窺所及，雜書於左。豈曰有當，惟以貢疑，聊代面談。幸有教我。

《禮記正義》集熊皇之長，萃南北諸家精義，《左傳疏》非其匹也。鄭康成博綜羣籍，會通《三傳》而求其是，不徇一家之說。杜預不能鉤貫《三傳》，但就《左氏》望文生義。又不信《禮記》諸書，堅執己見，而《左氏》本義反有違矣。為鄭氏疏難而是，為杜氏疏易而非。故《左傳疏》之不及《禮記》者，因注之不及，遂疏亦有不及也。賈氏兩疏，詞甚疏略，筆甚蕪累，而義反正者，依注為重也。

　　唐成習《穀梁春秋》，而注經不專用《穀梁》之說。"雨不克葬"，從《公羊左氏》之義，不從《穀梁》。"周之秋三月皆得雩"，本《穀梁》，而變其說。"諸侯在喪之稱"，從《公羊》，而不從《左氏》奔喪之禮。"於天子"用《公羊》義，"於鄰國"用《左氏義》，"卜郊"則於《三傳》皆不用。而獨出其解，萃羣言而析淆亂，定一是。真空前絕後之學。疏家能羅列眾說，斷以鄭義，使讀者一覽而知所以善也。若賈氏《周禮疏略》，無引證不能觸類旁通，雖疏奚為。鄭氏禘祫之義，《商頌‧元鳥箋》、《周禮‧大宗伯》注及《王制》注三處皆同，《詩疏》引《禘祫志》最為完善。《王制疏》已嫌其略，賈疏乃一語不引，不知何故？簡略乃爾，《王制疏》引《鄭》注小司徒上地家七人云云。而謂地有九等。垚竊疑其誤會注意，鄭所謂九等指家口多少而言，非指地也。檢賈《疏》視之，其誤一如孔《疏》而盡刪其引證。如此刪削，真不可解。

　　《禮記疏序》謂："皇勝於熊，奏敕刪理。據皇為本。"今觀二說並列者，往往熊勝於皇。《喪服》"齊衰三月"章為舊君有三條，賈疏全不分曉。《檀弓疏》則條分縷析。兩疏高下迥絕。程易疇《喪服足徵駁正》鄭注處精確不刊，如謂子夏《傳》不誤。鄭氏斥之，乃鄭之誤。厭與降有別，"女子子成人"，雖有出道，決無逆降之義。"緦麻"章末"長殤中殤降一等"四句乃經文。《經》所謂"齊衰"之殤，"大功"之殤，指成人服齊衰大功者而言。"小功殤服"章《傳》所謂"大功之殤，小功之殤。"即據《喪服》而言。成人服齊衰者，其長中殤，降在大功，而為大功之殤。故齊衰之殤中從上，即大功之殤中從上也。所謂長殤中殤降一等也。下殤則降在小功，所謂下殤降二等也。成人服大功者，其長殤降在小功，而為小功之殤。其中殤則從下殤，而降在緦麻。所謂小功之殤中從下也。故小功之殤中從下，即大功之殤中從下也。鄭誤《經》為《傳》，謂皆據成人服以前主謂丈夫為殤者服，後主謂婦人為殤者服，改庶孫之中殤為下殤，謬。"大功"章公之"庶昆弟大夫之庶子"條及"大夫之妾"條，當從舊讀，皆定論也。鄭氏釋經彌縫經傳之闕，說最精鑿。後儒不通貫全經，偶得一端輒為新說，於是說益紛而經益不可通。故必如易疇先生之精，乃許駁鄭注。垚最愛其妾不體君述，比例最精。謂妾當以妾子為例，不得以女君為例。妾之為其父母，猶妾子之為其外祖父母。妾之為其子，猶妾子之為其母，妾子有為父。後之時則有與尊者為體之事，故為其母及外祖父母有不得遂之時。妾無體君之事，故無不得逐之。服注以女君為例，是自亂其例。此等精鑿之說，非研精覃思者，不能道一字。

程氏謂："《喪服》無逸文，高祖元孫服，不見於《喪服》者，不制服也。昆弟之曾孫從父昆弟之孫，不見服者，亦不制服也。"熊安生《禮記義疏》可謂精矣。而《北史》本傳訟墓之事，何其愚也！冀州長史鄭大謹判河南將軍，晉無此號。何不取《晉書》考之？猶欲通名於貴人也。豈當時《晉書》不易得，植之無從求歟？抑《晉語》所謂"甚精"必愚歟！《雜記》天子七月而葬，九月而卒哭；諸侯五月而葬，七月而卒哭；大夫三而葬，五月而卒哭；士三月而葬，是月而卒哭。杜預不信，可謂師心自用者矣。鄭注《士虞禮》云："練而遷廟。"本《穀梁傳》。而杜謂"三年喪畢，乃遷廟。"此則用服注。

敘事之文，貴詳不貴苟簡。《姚姬傳》敘姚令譽調和兩帥事，何不備載其語？惲子居舅氏《清如先生墓誌銘》其所白於劉文清公者，何不詳述其言？海宇承平，無事可紀。而士大夫議論即成風俗，秉筆者述其言行，後世得考鏡其得失，即是紀事。夫虛元為正始之音，節義知東都之俗，使舊史不錄其語言，而惟載案牘，尚成文乎？近世古文家簡者，即盡刪事實以為古，而詳者又累累皆案牘語也。此文之所以益不如古歟？

(選自《落帆樓文集》卷二)

再與何子永書

葉裕仁

> 葉裕仁（1809—1879），字複三、涵溪，號歸庵。江蘇鎮洋（今太倉）人。1857年恩貢生。先後主講於安道、尊道、婁東三書院。著有《喪禮易從》四卷、《許松濱先生條答》四卷、《詩考箋釋》十二卷、《詩文字考》、《確庵先生文鈔》六卷、《陸陳兩先生詩文鈔》《歸庵文稿》八卷等。

前月論刻《七經》，就中《禮記集說》殊為舛漏，鄙意欲刻李氏《述注》，方修函請教，未及繕寫，適二令郎至，即舉草稿示之。二令郎述之未詳，明日即奉手教，謂刻鄭注甚善。

夫《三禮》之學，精深奧博，莫如康成，後儒靡不宗尚。然其拘泥文字，援引讖緯，亦有不可為訓之處。其注簡質，不讀《孔疏》，猝難解釋，尤不便於塾師講解。且湖北、杭州兩書局已有刻本，與《周易王弼注》《尚書孔傳》《毛詩傳》等配為《五經古注》，此間似不必再刻。惟《述注》一書原本《注疏》兼采集說，最為簡核明白。《欽定四庫簡明目錄》稱其"刪節《注疏》，掇其精要。"陳澔說之可取者亦不廢，採擇深，能破除門戶之私。且其書卷帙與集說相等，雖係本朝人著撰，仍是述而非作。以此為塾中課本，是亦平近切實。

今《詩集傳》已用蔣刻元羅氏本校刊，《尚書程傳》《本義》合刻，附呂東萊《音訓》，其書校對精細，句讀分明，最為善本，為之狂喜。惟《禮記》不敢臆斷，頗費商量也。肅此再請裁定，候教言。

（選自《歸庵文稿》卷二）

示沈生

陳　澧

> 陳澧（1810—1882），字蘭甫，號東塾，廣東番禺（今廣州）人。道光十二年（1832）舉人。著有《周禮費氏義》《毛詩鄭朱合鈔》《周禮今釋》《儀禮三家合鈔》《春秋穀梁傳條例》《春秋三傳異同評》《考正胡氏禹貢圖》一卷、《說文諧聲類譜》十七卷、《禹貢圖》一卷、《東塾讀書記》十五卷、《東塾集》六卷、《東塾讀詩錄》一卷、《漢儒通義》七卷。生平事蹟見《清史稿》卷四八二、《清代樸學大師列傳》卷九、《清儒學案》卷一七四、汪宗衍《陳東塾先生年譜》、吳茂鸞《陳東塾先生著述考略訂補》等。

所謂經學者，非謂解先儒所不解也。先儒所解，我知其說，先儒諸家所解不同，我知其是非；先儒諸家各有是、各有非，我擇一家為主，而輔以諸家，此之謂經學。若隨意涉獵，隨手翻閱，得一二句，輒自出其說，以駁先儒，假令先儒起而駁我，我能勝之否耶？即勝之矣，而先儒解全經，我但解一二句，其與先儒相去豈不遠哉？僕讀書數十年，謹守儒行，一言曰：博學以知服。蓋惟博學乃知服古人，不知服古人者，學不博故也。故《學記》曰："學，然後知不足。"奉勸收斂聰明，低頭讀一部注疏，勉為讀書人。若十三部注疏未讀一部,輒欲置喙於其間,此風斷不可長。戒之!慎之!

　　所謂經學者,貴乎自始至末讀之、思之、整理之、貫串之、發明之,不得已而後辨難之,萬不得已而後排擊之。惟求有益於身,有用於世,有功於古人,有裨於後人,此之謂經學也。有益、有用者,不可不知;其不甚有益有用者,姑置之;其不可知者闕之,此之謂經學也。

(選自《東塾集》卷四)

復李眉生書

曾國藩

> 曾國藩(1811—1872),字伯涵,號滌生,湖南湘鄉人。道光十八年(1840)進士。著有《讀儀禮錄》一卷、《經史百家雜鈔》二十六卷、《曾文正公書札》三十三卷、《曾文正公文集》三卷、《孟子要略》五卷《附錄》一卷。生平事蹟見《清儒學案》卷一七七、《清史列傳》卷四五、黎庶昌《曾文正公年譜》等。

接初三日手書,藉審臺候綏愉,醇修日密,公餘讀書,日有常課,欣慰無已。承詢虛實、譬喻、異詁等門,屬以破格相告。若鄙人有所秘惜也者。僕雖無狀,亦何敢稍懷吝心,特以年近六十,學問之事,一無所成,未言而先自愧赧。昔在京師,讀王懷祖、段懋堂諸書,亦嘗研究古文家用字之法。來函所詢三門:虛實者,實字而虛用,虛字而實用也。何以謂之實字虛用?如春風風人、夏雨雨人,上風雨實字也;下風雨則當作養字解,是虛用矣。解衣衣我、推食食我,上衣食實字也;下衣食則當作惠字解,是虛用矣。春朝朝日、秋夕夕月,上朝夕實字也;下朝夕則當作祭字解,是虛用矣。入其門無人門焉者、入其閨無人閨焉者,上門閨實字也;下門閨則當作守字解,是虛用矣。後人或以實者作本音讀,虛者破作他音讀。

若風讀如諷，雨讀如籲，衣讀如裔，食讀如嗣之類，古人曾無是也。何以謂之虛字實用？如步，行也；虛字也，然《管子》之"六尺為步"，韓文之"步有新船""輿地之瓜步""邀笛步"，《詩經》之"國步"、"天步"，則實用矣。薄，迫也；虛字也。然因其叢密而林曰林薄，因其不厚而簾曰帷薄，以及《爾雅》之"屋上薄"，《莊子》之"高門懸薄"，則實用矣。覆，敗也；虛字也。然《左傳》設伏以敗人之兵，其伏兵即名曰覆。如"鄭突為三覆以敗之"，"韓穿帥七覆於敖前"，是虛字而實用矣。從，順也；虛字也。然《左傳》於位次有定者，其次序即名曰從。如"荀伯不復從""豎牛亂大從"，是虛字而實用矣。然此猶就虛字之本義而引伸之也，亦有與本義全不相涉，而借此字以名彼物者，如收，斂也；虛字也。而車之軡名曰收。賢，長也；虛字也。而車轂之大穿名曰賢。畏，懼也；虛字也。而弓之淵名曰畏。峻，高也；虛字也。而弓之拄弦處名曰峻。此又器物命名，虛字實用之別為一類也。

至用字有譬喻之法，後世須數句而喻意始明，古人祇一字而喻意已明。如駿，良馬也。因其良而美之。故《爾雅》駿訓為大。馬行必疾，故駿又訓為速。《商頌》之"下國駿厖"，《周頌》之"駿發爾私"，是取大之義為喻也。《武成》之"侯衛駿奔"，《管子》之"弟子駿作"，是取速之義為喻也。膍，牛百葉也。或作膍，或作肶，音義並同。牛百葉重疊而體厚，故《爾雅》《毛傳》皆訓為厚。《節南山》之"天子是毗"，《采菽》之"福祿膍之"，是取厚之義為喻也。宿，夜止也。止則有留義，又有久義。子路之"無宿諾"，孟子之"不宿怨"，是取留之義為喻也。《史記》之"宿將"、"宿儒"，是取久之義為喻也。渴，欲飲也。欲之則有切望之義，又有急就之義。鄭箋《云漢詩》曰"渴雨之甚"，《石苞檄吳書》曰"渴賞之士"，是取切望之義為喻也。《公羊傳》曰"渴葬"，是取急就之義為喻也。

至於異詁云者，則無論何書處處有之。大抵人所共知，則為常語；人所罕聞，則為異詁。昔郭景純注《爾雅》，近世王伯申箸《經傳釋詞》，於眾所易曉者皆指為常語，而不甚置論，惟難曉者則深究而詳辨之。如淫訓為淫亂，此常語，人所共知也。然如《詩》之"既有淫威"，則淫訓為大。《左傳》之"淫刑以逞"，則淫訓為濫。《書》之"淫舍梏牛馬"，《左》之"淫芻蕘者"，則淫當訓為縱。《莊子》之"淫文章""淫於性"，則淫字又當訓為贅，皆異詁也。黨訓鄉黨，此常語，人所共知也。然《說文》云"黨，不鮮也。"黨字從黑，則色不鮮，乃是本義。《方言》又云"黨，智也。"郭注以為"解寤之貌。"《鄉射禮》"侯黨"鄭注以為"黨，旁也。"《左傳》"何黨之乎"，杜注以為"黨，所也。"皆異詁也。展訓為舒展，此常語也。即《說文》訓展為轉，《爾雅》訓展為誠，亦常語，人所共知也。然《儀禮》"有司展幣"，則展訓為陳。《周禮》"展其功緒"，則展訓為錄。《旅獒》"時庸展親"，則展當訓為存。省《周禮》之"展犧牲""展鐘""展樂器"，則展又當訓為察驗，皆異詁也。

　　此國藩講求故訓，分立三門之微意也。古人用字不主故常，初無定例。要之，各有精意，運乎其閒。且如高平曰阜，大道曰路，土之高者，曰塚曰墳，皆實字也。然以其有高廣之意，故《爾雅》《毛傳》於此四字均訓為大。"四牡孔阜""爾殽既阜""火烈具阜""阜成兆民"，其用阜字俱有盛大之意。王者之門曰路門，寢曰路寢，車曰路車，馬曰路馬，其用路字俱有正大之意。長子曰塚子，長婦曰塚婦，天官曰塚宰，友邦曰塚君，其用塚字俱有重大之意。《小雅》之"牂羊墳首"，《司烜》之"共墳燭"，其用墳字俱有肥大之意。至三墳、五典，則高大矣。凡此等類，謂之實字虛用也可，謂之譬喻也可，即謂之異詁也亦可。閣下現讀《通鑑》，司馬公本精於小學，胡身之亦博極書，即就《通鑑》異詁之字，偶一抄記。或他人視為常語而已，心以為異，則且抄之。或明日視為常語，而今日以為異，亦姑抄之。久之，多識雅訓，不特譬喻，虛實二門可通，即其他各門，亦可觸類而貫徹矣。

（選自《曾文正公書札》卷二五）

答友人問夏后氏藝文書

徐時棟

> 徐時棟（1814—1873），字定宇，一字同叔，號柳泉，學者稱"柳泉先生"，浙江鄞縣縣城人。道光二十六年（1846）舉人。治經折衷漢宋。著有《尚書逸湯誓考》六卷、《山中學詩記》五卷、《朱氏逸經補正》不分卷、《煙嶼樓筆記》八卷、《重定詩經世本古義》四十卷首一卷末二卷、《三泰誓考》《詩音通》《煙嶼樓讀書志》十六卷、《經史子集題解韻府標韻》《春秋規萬》《舜典補亡駁義》《四書毛說駁正》《逸經校》《呂覽正》《新校廣平學案》《徐偃王志》《北宋譜疏證》《煙嶼樓文集》四十卷。生平事蹟見《續碑傳集》卷八十、《清代樸學大師列傳》卷九。

某頓首言：前月僕與吾子會於全氏，縱論及夏諺，客有言夏代文字自《夏書》外，獨存此諺者，僕笑而不答。是時主賓方雜遝，而吾子遽命僕陳說之。乃者又書來請畢其詞，情意懇懇，推獎甚過。何吾子好學之深，而下問之勤也。

夫一代之制作，雖其放失殘缺之已久，亦豈俄項閒所能悉數者！抑僕實弇陋寡學，其去客殆不遠，徒以吾子之誠，不敢不竭言之。故即平昔所聞見者，考其存亡與其真偽，傾筐倒篋，以為吾子告。僕聞之，言必有端，今何端乎？則請以漢《藝文志》為例而數夏之典籍焉。《連山》，夏《易》也。《周官》曰"其經卦八，其別六十有四。"太卜，筮人掌之，與《歸藏》《周易》為三《易》，其書早亡，故漢不著錄。《唐志》十卷，司馬膺注者，則隋人劉炫偽書也。然先儒謂揚雄《太玄經》實依《連山》，以準《周易》。桓譚曰："《連山》八萬言。"又曰："《連山》藏於蘭臺。"阮籍曰："庖犧布演卦變，後世因之。禹湯之經皆在，而上古之文不存。"皇甫謐曰："其卦以純艮為首，艮為山，山上山下，是名連山。"其作《帝王世紀》與酈道元注《水經》竝引其書。夫《漢志》本劉《略》，劉向既不得見，而揚、桓以下反得見之，何也？《金樓子》由《歸藏》，推《連山》，斷為夏書，則其書在梁又佚。其《著書篇》所稱《連山》三秩三十卷者，元帝自著書也，於夏《易》無與，故孔穎達曰"二《易》竝亡。"若陸佃、邵博所見即隋人偽本耳。久之，亦失。而黃佐《六藝流別》載繇辭綦詳。《偽三墳》稱山墳為《連山》，是無知妄作。又劉炫之重儓矣。《夏書》存於今者，獨《禹貢》《甘誓》。而吾謂《堯典》《皋謨》亦《夏書》也。《堯典》已紀舜崩，非夏史紀之而誰紀耶？故《左氏》引"賦納以言，明試以功，車服以庸"稱《夏書》。而《墨子》亦云："《尚書》《夏書》，其次商周之書。"至《五子之歌》，與《胤征》偽書也。《胤征》佚語，康成注《禹貢》嘗引之，而吾鄉先生王伯厚以為出張霸，百兩篇中其灼然可信者。《左傳·十一》引《夏書》，（莊八，僖二十五；文七；成十六；襄五又十四，又二十一，又二十六；昭十四，又十七；哀十八）《國語》三引《夏書》，（《周語》二引，《晉語》一引）《墨子·七患篇》引《夏書》，《呂覽·諭大篇》引《夏書》，雖奇零叢殘，信足寶貴。而梅氏剽竊竄亂，無有孑遺。

國初朱氏彝尊作《逸經考》，不復采引，僕嘗與馮太史書，所為深議其過者也。司馬遷《史記》引《夏書》於《河渠書》中。王肅作《家語》

引《夏書》於《顏子篇》中，是其真偽未易遽定。至《墨子·兼愛篇》《明鬼篇》竝引《禹誓》，《非命篇》引禹之總德，《非樂篇》引啟之武觀，則不但遺句而已，竝可補《夏書》篇目之亡者也。夏后氏始制禮，故《禮器》曰："三代之禮一也。"夏造殷，因夫子曰"殷因於夏禮。"又曰"夏禮，吾能言之"，然而其時已有杞，不足徵之歟。蓋夏禮之亡久矣，而惟夫子能言之。其平日所講論，七十子之徒相與究明而傳習之，以筆之書，凡散見於大、小《戴記》與周秦諸子書中所稱夏后氏云云者皆是也。僕嘗欲集而綴之，為《夏禮略》，亦足以存什一於千百也。且損益從時，而其名篇蓋大略不異。如《周禮》有《冠禮》《饗禮》，而《郊特牲》曰："諸侯之有冠禮，夏之末造也。"《王制》曰："養老，夏后氏以饗禮。"則當時名篇亦概可知也。至夫樂章雖周樂之存，亦寡矣。何況夏樂而其名尚時見他說。《大夏》，禹樂也。《尚書大傳》又稱"禹作大唐之歌。"又曰："招為賓客，而雍為主人，始奏肆夏，納以孝成。舜為賓客，而禹為主人。"又有大化大訓，六府九原之樂。康成曰："四章皆歌禹之功。"《淮南子》稱夏后氏樂曰："夏籥九成、六佾六列、六英。《春秋》曰："禹命皋陶作之。"又其後王所作者。《山海經》曰："夏后開上三嬪於天，得《九辯》與《九歌》。"《楚辭注》曰："《九辯》《九歌》，啟所作樂也。"夫《九歌》為啟所作，本之屈原，無可疑者。《左傳》引《夏書》勸之，以《九歌》而釋之曰："九功之德皆可歌也，謂之九歌。"故王逸曰："啟能修明禹業，備禮樂也。"晉人不察，以《傳》所引《夏書》竄入《大禹謨》中，是《九歌》為禹樂矣可乎？《九招》，舜樂也。啟又嘗修之，《竹書紀年》曰："夏后開舞九招，洎乎季世。"《列女傳》稱桀作爛熳之樂，而夏社屋矣。此夏樂之大略也。周之時，夏法猶存。《左氏傳》曰："夏有亂政，而作《禹刑》。"《荀子·君道篇》曰："禹之法猶存，而夏不世王。"其傳於今者，《周書》"大聚"解引"禹禁"，《周語》引夏令，又引夏后氏、時儆，《左傳》引夏訓，《尸子》引禹喪法，

《呂氏·先識覽》稱夏之衰，太史抱其圖法以奔殷，皆其類也。《左氏》引《夏書》有之"昏、墨、賊、殺，皋陶之刑也。"是《禹刑》為皋陶所作。皋陶刑法受諸舜，其詳在《虞書》，則夏法亡，而於《虞書》猶足仿彿之。《左氏》又引曰："遒人以木鐸徇於路，官師相規，工執藝事以諫。"又引曰："與其殺不辜，甯失不經。"此則大禹作刑立法之仁心精意，可以括一代刑法之全，而垂百王之典則者也。較之下車泣罪之說，其言尤足徵信。僕又聞之，《墨子》之教，本諸有夏。然則其《辭過篇》所引為宮室與為衣服之法；《節用篇》引嫁娶與節用，與飲食，與節葬之法；《節葬篇》引葬埋之法，其皆出自夏法者乎？法家之外，有雜家，《漢志》著錄者曰："《大侖》十七篇。"侖，古文禹也。班孟堅曰："傳言禹所作，其文似後世語。"僕按莊周、劉向、賈誼諸書多載古帝王語，所引禹言豈即出自《大侖》者邪？雜家又著《孔甲盤盂》二十六篇，或曰黃帝史也，或曰夏后孔甲也。今不存，無能考核。然僕聞夏人尚忠其文，亦簡施於烝彝鼎者，不過一二字，故款識家多載商周器銘辭，而夏文絕少，今其銘盤盂者，乃得二十六篇之多邪？《鬻子》載禹所作，《箕簸銘》其言類春秋六國時人。而《尚書·璇璣鈐》乃云："禹元圭之上有刻辭。文曰：'延喜玉受，德天錫佩。'"更怪誕無足究詰者。夫龍符玉牒荒唐之言也，岣嶁碑文，世盛傳之，果可信乎？而《九江記》乃稱禹刻石彭蠡湖，《十洲記》稱禹刻石鍾山，辭亦不載，載亦不足貴。凡此比類難一二記，姑因數《盤盂》而為吾子終言之，乃其歌詩莫古於《五子之歌》。而《書》亡矣，晉人偽為之，殊不類。其錯見他籍，而未敢決其真偽者。

《古今樂錄》載禹治水作歌曰《襄陵操》，《吳越春秋》載《塗山之歌》，《呂覽》稱《塗山女歌》，僅載一語曰"候人兮猗"，《古琴疏》載帝相源水之歌，其辭即《荀子·法行篇》所稱為詩詞者。《呂覽·音初篇》稱孔甲作《破斧之歌》而亡，其詞《新序》《詩外傳》竝載。桀時羣臣之歌，《尚書大傳》載夏人飲酒而醉，而相持而和之歌，又載伊尹更歌。《太平御覽》引《符子》載龍逢行就炮烙之歌，夫夏諺亦歌詩類也。注《孟子》者未之詳察，以今也不然之。今屬晏子時，遂僅以前六語為夏諺詞，而以後十語為晏子之說。僕大不以為然也。向在全氏已備告吾子，今略之。由歌詩類推，則有箴辭，有祝辭，《墨子》稱夏箴之辭，《逸周書》文傳解兩引之，《呂覽》《新序》俱載夏人祝綱與湯更祝之辭，是皆文字之在夏后氏者也。夏文之傳希矣。故核諸《漢志》門類多弗備。而惟《數術之略》曰天文，曰曆譜，曰五行，曰蓍龜，曰雜占，曰形法，則雖叢殘滅絕，而或存，或亡，其名猶有足以充數者。夫子曰："吾之杞而得夏時焉。"康成曰："得夏四時之書也。其書存者，有《小正》。"司馬遷曰："孔子正夏時，學者多傳《夏小正》。"今《小正》在《大戴禮》中，姒氏一代遺書完好而無敢疑議者，此其碩果也。而王禕序趙詵仲《集解》，獨蚩蚩然疑之。謂孔子取夏時，何以不與《禹貢》同列於百篇？詵仲曰："鄭以《小正》為《夏書》。（按以《小正》為夏書，不始自康成，趙亦失考）本無左驗，所記昏旦中星與星之見伏，率與《月令》《月紀》時訓不合。唐一行推以曆術，知其實在夏時，其為《夏書》無疑。"禕又難之，謂安知非精曆數者逆考而遡推之，求其故以偽為是書乎？嗟乎！信如禕言，則堯、舜、禹、湯、周、孔果有其人乎？安知非工語言者造為神聖以欺我乎？忠文疏於考證，殆不足辨。善乎！劉戢山之言，曰："《夏小正》丹書蔚然，彝鼎實三禮之冠冕。"

　　先輩又言世儒明知《月令》為呂不韋作，乃尊以為經。夏時，孔子所取，反舍而不習，然而雖未立之學官而既已入於禮家，尊為六藝矣。若夫《宣夜》，夏天文也。《瑞曆》，《夏曆譜》也。《洪範》，夏五行也。《玉兆》，夏蓍龜也。《致夢》，夏雜占也。《山海經》，夏形法也。請終數之。《史記》曰："傳天數者，有夏昆吾。"《漢書》亦曰："夏有昆吾。"賀道養《渾天記》曰："昔記天體者有三，二曰宣夜，夏殷之法也。"蔡邕、虞喜皆謂《宣夜》之法絕滅。葛洪亦云"《宣夜》之書亡"，而其《抱樸子》中載《宣夜》說百三千言,乃漢郎中郗萌記先師相傳者。蓋有夏星官之書,可考見者,如斯而已。《左傳》引《夏書》曰:"辰不集於房,瞽奏鼓,嗇夫馳,庶人走。"是又其言星變之見於經者。《漢志》載六家曆,有《夏殷周魯曆》十四卷,是《夏曆》在漢無恙也。《律曆志》曰:"堯育重黎之後以授舜,舜亦以命禹。"蔡邕曰:"曆法黃帝、顓頊,夏殷周魯,凡六家,各自有元。"《續漢志》曰:"黃帝造曆,元起辛卯,顓頊乙卯,虞戊午,夏丙寅,殷甲寅,周丁巳,魯庚子。"又云:"永元十年,太史霍融上言官漏刻,率九日增減一等,不與天相應,不如夏曆。"然漢以來,諸儒多疑其書。劉向《五紀論》曰:"黃帝曆有四法,顓帝、夏、周竝有二術,詭異紛然,孰識其正。"《宋志》祖沖之曰:"夏曆七曜西行,特違眾法。"劉向以為後人所造。《書正義》曰:"古時真曆遭戰國及秦而亡,漢存六曆,皆秦漢之際假託為之。"信如所云,其存也不如其亡也。而僕則謂夏之時,周有曆也,其名曰書,曰日月、星辰、瑞曆。《荀子·天論》曰:"治亂天耶,曰日月、星辰、瑞曆,是禹、桀之所同也;禹以治,桀以亂,治亂非天也。"夫古之王者多矣,仁君、暴主眾矣,不數異朝之君而專稱禹桀。僕故曰日月星辰瑞曆者,是有夏之書也。此真夏曆也。

《洪範》,五行之祖也。箕子曰:"天乃錫禹《洪範》《九疇》。"不謂之有夏之書,不得也,雖亡,而在《周書》者大略具矣。讖緯之家,異說蠭起,乃有"河精授禹《河圖》入淵"之說。其名號多至數十,如挺佐、輔帝、覽嬉之類,皆是也。其書既焚,其軼時見祕怪。淺陋無足觀者,乃欲悉數其名,以當夏之五行,未可也。而其著龜則曰玉兆,《左氏傳》引《夏書》曰:"官占唯能蔽志,昆命於元龜。"《周官》"太卜掌三兆之灋,一曰玉兆。"玉兆,夏兆也。杜子春謂帝顓頊之兆。康成雖從之,而答趙商不以為然也。其經兆之體百二十,其頌千有二百,康成曰:"頌者,繇也。"《墨子·耕柱篇》載夏后開鑄鼎,吏翁難乙卜於白若之龜,辭曰云云。乙又言兆之繇曰云云。僕謂前所稱鼎成三足而方者,兆辭也。

即經兆之體也，後所稱逢，逢白雲者，兆之繇也，即頌也。其他張衡《靈憲》所引"翩翩歸妹"，《偽歸藏》所引"不利出征"，皆玉兆之偶見者。書在漢猶存，《漢志》著錄《夏龜》二十六卷者是也。其占夢書亡矣，而《周官》存。其錄《春官》曰："太卜掌三夢之灋，一曰致夢。"康成曰："言夢之所至，夏后氏作焉者"是也。夫宛如委石簣之山，青玉白銀之簡，未可盡信。而所云中經天下，經者，不可誣也。

世儒皆稱禹治水，伯益著《山海經》。自東方朔、董仲舒、劉向、王充諸儒皆靡不尊信，乃或以為偽託。太史公《大宛傳》引《禹本紀》亦其比類而書不傳。太史公曰："言九州山川，《尚書》近之，至《山海經》、《禹本紀》所言怪物，余不敢信也。"蓋意亦偽之。然僕觀其書，博奧宏麗，固不類《禹貢》，而與《小正》相近。顏之推曰："《山海經》禹益所記而有長沙零陵、諸暨，後人所羼入，非本文也。"其說近是。尤袤邊指為先秦人作，僕未敢以為然也。且史遷之不信者，何哉？為其語怪也。然而重常之鳥、貳負之臣，兩面之客，長臂之衣，世不有怪物則已苟有怪物！精驗潛效，必於是乎知之。《論衡》謂"非禹、益行遠，《山海》不造。"僕謂非聖人知足以知物，雖行遠亦不能作也。舊校三十二篇，劉歆定十八篇。《漢志》十三篇，《隋志》二十三卷，今本十八卷，蓋劉氏校定本。至如《括地》《象地》、統書之屬竝稱禹作，語出緯書，無可信者矣。凡僕之知者如此。

夫一代之制作，縱極明備，苟至乎鼎，革喪亂之秋，未有不散亡殆盡者，固不必推秦政為戎首也。夏之初王，風樸政簡，其文字殆不多作。況古者簡冊繁重，未易遷舉，又自秦燔以後，遭兵燹者，更不知凡幾，此其傳之幾希也固宜。然而閱世至於三千餘年之久，遺書遞立之學官，《山經》《小正》巍然完好，其單章隻句分布載籍者，若淄澠之沙，計兒不能數。禮樂刑政、時令制度之大，卜筮占驗，歌謠鄙諺之細，雖未或賅備，尚足以考見一王崖略。僕妄以為未必非大禹明德之所呵護者，而客乃欲以夏諺盡之，此僕之所以笑而不答也。雖然，《尸佼》不云乎"井中視星者，所見不過數星。"夫僕亦坐井而觀天者，則竊慮夫僕之笑客而更有笑僕於後者也。惟吾子擴其不備而教益之。幸甚！某頓首。

　　三百篇有《商頌》而無夏詩，諸子百家引《逸詩》者亦絕不之及，蓋其亡久矣。或曰《公劉》在夏世，篤公劉夏詩也。故明人何元子作《詩經世本古義》以時代為後先，取《公劉》冠首，然舊注謂是周公作，則未可定為夏詩也。元子說夏詩在少康之世，凡八篇，《公劉》以外，曰《七月》，曰《甫田》，曰《大田》，曰《豐年》，曰《良耜》，曰《載芟》，曰《行葦》。又大中間，《毛詩》博士沈朗進新添《毛詩》四篇，以虞人之箴為禹詩，此皆自著一家之言，姑聽之可也。余又按《逸周書·世俘解》"乙卯，籥人奏《崇禹》《生開》三終。"或謂《崇禹》者，夏詩歌禹德也。生開者，夏詩歌啟功也。然其詩已亡，未可想像得之。若但以"禹開"二字為據，則《商頌》"禹敷下土方"，《周雅》"維禹甸之"，"維禹之績"，皆將指為夏詩乎？此又《毛詩》博士之故智矣。

（選自《煙嶼樓文集》卷六）

贈何願船序

張星鑒

> 張星鑒（1819—1877），字問月，一字緯餘，號南鴻，江蘇新陽（一作常熟）人，諸生。師從江沅、段玉裁，問學王念孫、王引之，擅長經籍考據、訓詁之學。著有《國朝經學名儒記》一卷、《仰蕭樓文集》一卷。生平事蹟見《仰蕭樓文集·陳序》《（光緒）昆山新兩縣續修合志》等。

嗚呼！漢學宋學之互相攻擊也，已數十年於茲矣。當國初時，亭林、南雷、竹垞諸公精研經學，不聞攻擊宋儒也。好與紫陽為難者，獨蕭山一人耳。乾隆中，大興朱氏以許、鄭之學為天下倡，於是士之欲致身通顯者，非漢學不足見重於世。向之漢宋並行者，一變而為專門名家之學。亦有略識古字，挾《說文》一編，擅改六籍而不疑，若此者為淩氏廷堪所譏。此非漢學之弊，學者之弊也。

桐城姚姬傳不好漢學，以宋學傳授生徒。其贈錢獻之序，痛斥漢儒之謬，為生平論學大端，其見非不卓矣。然姬傳嘗師事戴先生東原，迨其歿也，姬傳致書友人云："東原詆謗朱子，是以乏嗣。"其斥東原，不遺餘力。是豈姬傳之學識先後矛盾歟！抑別有憾於東原歟！未可知也。桐城既歿，新城學興。若魯仕驥、陳用光輩皆姚氏弟子，非姬傳之言不敢言，而桐城之派盈天下。甘泉江氏鄭堂憫漢學之否塞也，著《國朝漢學師承記》，為學者圭臬。而桐城方東樹，習聞鄉先達之言，著《漢學商兌》一書。自詡有功名教，其實不過與江氏為仇敵。

嗚呼！學也者，學為聖賢而已。聖賢之道在乎經，則漢儒之功大矣。是故賈、董、匡、劉之言，非即關閩濂洛之言也。而賈、董、匡、劉之行，不可謂非關閩濂洛之行也。捨本逐末而口舌是爭，漢與宋自多扞格矣。甚矣！方氏之不思也。

閩中何願船刑部，為海內儒宗。嘗以所著書達九重，天子嘉其學有根柢，命懋勤殿行走。儒生遭際之榮，可謂難矣。日者以事謁壽陽相國，相國取《漢學師承記》屬為續編，刑部曰："特立一漢學之名，宋學家起而攻之矣，《漢學商兌》所由作也。是編當依阮文達《疇人傳》之例，改為《學人傳》可也。"斯言也，祛門戶之見，存學術之真。彼講學者紛紛聚訟，從此而息，可謂先得我心矣。書此，以為天下學人勸。

（選自《仰蕭樓文集》卷一）

贈門人書

謝章鋌

> 謝章鋌（1820—1903），字枚如，自號藥階退叟，福建長樂人。光緒三年（1877）進士。始尊宋儒，後改從考據。著有《說文閩音通》一卷《附錄》一卷、《賭棋山莊筆記》二十卷、《賭棋山莊文集》七卷《續》二卷《又續》二卷、《課餘偶錄》四卷、《課餘續錄》五卷等。生平事蹟見《八十所得壽言自記》。

治古文者治經，治史治性情而已矣。於經求義，於史求例，於性情求固有之，良而尤以治經為最要。經者，古人之性情見焉，古人之文章見焉。體其性情，吾將以厚吾內也；習其文章，吾將以宏吾外也。且夫文章之變化，亦孰有如經者乎！

無論《易》不同於《書》，《書》不同於《春秋》《禮記》。同一《春秋》也，而《左氏》與《公羊》《穀梁》不同也；同一《禮記》也，而《曲禮》與《儀禮》《周禮》不同也。至《十翼》則盡出於夫子，《彖傳》《文言》《繫辭》《說卦》，文不一法，章不一律，如化工之不可摹擬。白雲無心，因風舒捲。立言之道，無所隱焉。故曰：夫子之文章可得而聞也。後世若揚雄，若王通，揣摩章句以陽虎為聖人，而赫然大名尚及於千古。

况夫挈吾心以納於經，充滿之，漸漬之，其性情既與經合，而其文章有不油然、光醺然、味粹然氣哉！昌黎之文深於經者，其碑似《書》，其銘似《詩》，其志傳尤精於史例，其雜文則出入於孟、荀與《禮》。由韓推而上之，其道可不悖於聖賢，即使不能成家，亦不至冗濫猥陋，不可為訓。而子長、相如、班、張、崔、蔡之流，皆可執韓以定其離合。蓋由經達史之義也。

且夫古之雄於文者，於經皆有所著述。今之所存，韓則有《論語解》，柳則有《非國語》，歐陽則有《詩本義》，蘇則有《易傳》《書傳》。元明以來之文家，其學經殆盡苟焉耳。故高者僅能成章，而於世道人心無所發明，下者彪炳於外，其中如五石之瓠，枵然無濟於用也。蓋求文於文，不求文於經也。子曰："修辭立其誠。"又曰："辭達而已矣。"不誠者性情不能固其體也，不達者經史不能佐其用也。故能治經治史、治性情以為文，則其人必光明英多；無俗行，其文亦必高遠淵深無鄙語。玉堂在吾門諸子之才無出其右間者，有志於古文，出筆不鄙俗矣。而積之未厚，乃以吾所知者告之如此。嗟乎！玉堂勉乎哉。

（選自《賭棋山莊文集》卷三）

與鍾子勤書

張裕釗

> 張裕釗（1823—1894），字廉卿，湖北武昌人。咸豐元年（1851）舉人。著有《今文尚書考證》《左氏服賈注考證》《濂亭文集》八卷《遺文》五卷。生平事蹟見《清史稿》卷四八六、《清儒學案》卷一七七、《碑傳集補》卷五一等。

子勤尊兄先生足下：裕釗近從蔣部曹所，側聞先生之懿，私心甚慕。鄉日，又於部曹所獲睹手書，乃承垂問，及於不肖，且感且愧，用敢奉書於左右，而一陳其所欲言。

蓋自康、雍、乾、嘉以來，經學號爲極盛，非獨遠軼前明，抑亦有唐而後所未有也。然患在窮末而置其本，識小而遺其大，而反以詆訾宋賢，自立標識，號曰漢學。天下承風，相師爲賢，君子病焉。近乃復有一二篤志之士，稍求宋儒之遺緒，推闡大義，而不溺於纖小之習。然或專事義理，而一切屏棄考證爲不足道，蒙又非之。夫學固所以明道，然不先之以考證，雖其說甚美，而訓故制度之失其實，則於經豈有當焉！故裕釗常以爲道與器相備，而後天下之理得。至於本末精粗、輕重之數，是不待口說之辨而明者也。

然學者常以其所能相角，而遺其所不能者，以開其隙而招之攻。是以學術異趨，紛然而未已。夫以其然，其必有窮貫乎本末精粗之數，而無所不能至者出焉。存其說，百世以俟聖人而不惑，而一切之爭可息也。烏乎！非有絕人之資，勤篤之力，其孰能與於此。雖然，必樹是一人者為之宗，以靖天下之紛紜而一其趨，於是學者得有所歸。隨其才力之所至，雖淺深大小不齊，而於道皆有所明，夫然後學術一而成材眾矣。豈不瘉於水火相戾，更出迭勝，而以黨仇攻伐為事者哉！

伏惟足下才高而識邃，智崇而業廣，自許、鄭、賈、孔，下逮國朝顧、閻、江、戴、段、王之說，既無所不窺矣。又將一折衷於宋儒，以求當乎周公、孔子之意。由是而推之，則裕釗之所稱者，足下豈有意乎？抑將啟此一途以等後之作者乎？相去千餘里，不得面奉誨言，惟幸辱教焉。裕釗頓首。

（選自《張廉卿先生文集》卷四）

與顧河之孝廉書　　李慈銘

> 李慈銘（1830—1894），字式侯，一字愛伯，號蓴客，晚號越縵老人，浙江紹興人。光緒六年（1880）進士。著有《重訂周易閏記》三卷、《重訂周易小義》二卷、《詩滯批註》二十卷、《越縵堂遺稿》二卷、《越縵堂日記》《越縵堂讀史劄記》三十卷。生平事蹟見《清史稿》卷四八六、《碑傳集補》卷一〇、《清儒學案》卷一八五、平步青《掌山西道監察御史督理街道李君蓴客傳》等。

　　河之尊兄有道足下：昔秋訂契，披肝見心。妻辱枉存，備窺旨趣。旅中得此，私幸實深。祗以爾時國事倉黃，復嬰末疾，蓄疑未罄，發論莫窮。酬答之間，每形淡漠。會促別邊，能不耿然？儷輿發日，沉惙在床，不獲走送，伏几削牘，藉申契悰。書甫及門，清塵已遠。南望攀涕，神奪魂馳。嗣聞間行抵滬，遭罹大憂。以兄純孝，定知骨立。叨附登堂，得信悲泣。遠隔海外，生芻缺然。念足下雖歉視含之文，猶申負土之志，貧者竭力足以仰慰。

　　日月易逝，寒暑忽周。思子為勞，何時忘弭？比維伏日蒸霖，海上煩熱，動靜多預，亮無虧攝。弟客況愈瘁，家耗罕通，銅臭一官，尚未到部，選期復阻，竟同棄疣。然以錮廢之餘，轉得留神經史，稍事學問。自晦少時，頹惰失業，惟知雕鏤月露，綴合蟲魚，溺志殫精，以為能事。八九年來，粗知自返，而經義充塞，莫知所從。乃先事乙部，涉獵殆偏，鉤稽未能，復恥近世文章日衰，罔識塗軌，沿襲譌體，幾類盲聾，蒿目疾心，冀振其弊。性既好吟，時成篇什。鄉里傳播，謬竊時名，以致功課紛雜，愛博不專。

　　比來京師所見學士大夫，荒陋尤甚，益痛世運陵遲，斯文墜地，愈不自揆，欲以區區一簣障塞橫流。前修邈然，無從取質。日下儒素，惟壽陽、常熟兩相國學有本原，足稱碩果。顧勢分扃絕，既恥自通。它若何刑部秋濤、沈兵部鎬，見其著述，頗具師承，以一時言，庶幾淹貫。素乏投分，亦未造質。貴邑有張秀才星鑑者，傭書都中，專意漢學。近與之往復，亦一時之雋也。

　　兄樸實沈潛，遠有門緒，所願力貧尚志，繼述祖庭，扶絕學于已衰，纂遺書之未竟。不以亂雜輟業，世務經心，將見思適齋后，更成鉅集，與惠氏祖孫父子並盛本朝，彌所覬耳。抑更有進者，說經之家，昭代為盛。乾嘉之際，碩儒輩興，間已前無古人，後無來者。然至劉申甫、臧在東、陳碩甫諸先生出，拾遺補闕，其學愈密。而尊奉西京，藉薄東漢，頗詆康成，以信其說。故孫伯淵氏謂"近來學者好攻鄭氏，其患不細。"蓋孫氏同時，若程易田氏、焦里堂氏皆喜與鄭為難。而段懋堂承其師傳之說，亦有違言，卒之姚姬傳、陳碩士輩借端排毀，經學遂微，不及卅年，澌滅殆盡，好高之過，其弊至此。弟嘗謂鄭氏徧注六經數百萬言，既繁且博，自難並絕小疵。又時習讖緯，朝廷所尊，狃于聞見，間一援引，以曉愚蒙不得為過，著述既多，門徒益盛，復不免假託師說，雜糅其間，故或先後不同，從違不一。後儒挾私尋釁，譬于江河之大，求泥沙之微，固無有不得者也。

　　莊珍藝有言"漢學之存于今者，苟有一字一句之異同，要當珍若拱璧。"弟常心佩，以為名言。至如孫氏之注書，酷信緯學；劉氏之說《春秋》，尊之《公羊》，力申黜周、王、魯三統之義，謂夫子藉以行天子事。莊氏謂《夏小正》即《連山易》，改其名為《夏時明堂陰陽經》。此皆意過其通，驚世駭俗，反為宋學助之攻矣。管見所及，就正於兄，幸教益之。

承近依薛中丞幕，脯饌所供，粗足自給。潘玉淦觀察亮時相見，望致殷勤，為國珍重。今冬來春，或由津門航海南返，便道經滬，當謀暫集。北風倘順，載望瓊瑤，諸惟盛夏自愛，書不盡言。

（選自《越縵堂文集》卷四）

復王益吾祭酒書

李慈銘

　　辱示《經解續編目錄編》凡二百一十六部，皆近代經學大師徵言秘籍，然尚有管見小須參酌。

　　宋確山《周禮故書疏證》尟所發明，見聞益陋，較之金壇段氏《周禮漢讀攷》相去遠甚，似可不刻。邵位西《禮經通論》持議不根，實漢學之大蠹。戴子高《論語注》怪誕謬悠，牽引《公羊》，拾劉申甫遺唾，支離益甚，且多掩舊注以為己說而沒其名。此兩種者宜從刪汰。桂氏《說文義證》書太繁重，又湖北已有刻本，其書亦無甚精義。洪北江《左傳詁》僅存古注之略，無所證成，既刻李次白《賈服解輯述》，則洪書似可不刻。其中宜采補者：茹三樵《周易二閭記》，（名敦和，會稽人，乾隆十九年進士，官湖北德安府同知。所著《易學》十種，精貫鄭、虞之義而以《二閭記》為最精。其書仿毛西河《白鷺主客說詩》作二人問對，訓詁名通，穿貫諸經。慈銘有其書）丁小雅，《周易鄭注後定》十二卷，（蕭山陳氏《湖洏樓叢書》有刻本，張皋文訂補，即臧在東所輯本）臧在東輯《子夏易傳》，（已刻，又張介虞澍亦有《子夏易傳》輯本一卷）宋半塘《尚書考辨》，（名鑒，慈有其書）丁儉卿《禹貢集釋》，（已刻）范左南《詩瀋》，（名家相，會稽人，乾隆十九年進士，官廣西柳州府知府，即著《三家詩拾遺》者，平生著述如《易說》《書義拾遺》《家語證偽》等甚夥。今其後人尚藏其經說未刻者，其書義論辨多通，兼有精義，發前人之所未發）宋綿初《韓詩內傳徵》，（已刻，長洲王芾卿同年，有其書）臧在東《詩考異》四卷、《韓詩遺說》二卷，訂為一卷，丁儉卿《毛鄭詩》四卷、《詩攷補注補遺》三卷、《毛詩陸疏校正》一卷，（皆已刻）林月亭《毛詩通考》三十卷、《毛詩識小》三十卷，（皆已刻入嶺南遺書）包季懷《毛詩禮徵》，（已刻，慈有其書）嚴豹人《春秋內傳古注輯存》，（已刻，前見張香濤有之）張阮林《左傳注辯證》，（未見，胡竹邨《研六室文鈔》有序言，已刻。近人經說亦有引之者）邵瑤圃《劉炫規過持平》，（名瑛，餘姚人。乾隆甲辰榜眼。慈有其書）高江邨《春秋地名考略》，（慈有其書）雷鐏《古經服緯》，（順天通州人，乾隆中舉人，官教諭。慈有其书，頗謹嚴，有條理）夏嗛父《五服釋例》，（慈有其書）丁儉卿《儀禮釋注》二卷、《周禮釋注》二卷、《禮記釋注》四卷，（皆已刻，丁氏之書以此三經為最精）江震滄《讀儀禮私記》，（未見，惟胡氏《正義》引之）呂雲里《周禮補注》，（名飛鵬，旌德人，貢生，工部侍郎，文節公賢基之父，淩次仲弟子，其書頗駁鄭注，亦尠情義，而終有家法）宋于廷《釋服》，（未見，有言其已刻者）蔡立青《蔡氏月令輯注》，（其書雖考蔡邕《月令》及《明堂論》，而有功於《禮記》，訂正皆極精確）王實甫《大戴禮釋詁》，（此書未見。然阮文達集中有序，似已刻。近人書中亦有推重之者）宋于廷輯《論語鄭注》十卷、《論語發微》四卷，（二書皆未見。然《論語鄭注》似已刻，《發微》則劉氏《正義》屢引之，亦已刻無疑。四卷是足本。學海堂所刻寥寥數頁，不成書）王亮生鎣《論語正義》，（此書未見。劉氏《正義》亦屢引之）俞蔭甫《論語古注擇存》一卷、《孟子古注擇存》一卷，（兩書最平實）畢季瑜《論語廣注》，（名憲曾，太倉人，秋帆尚書之從子，乾隆乙卯順天舉人。書止兩卷，頗寥寥，而多存古義）葉蘭如《爾疋古注斠》，（揚州人，李祖望之室，兩書慈皆有之）王汾原《小爾雅注疏》，（名煦，上虞人。乾隆四十四年舉人，官甘肅通渭縣知縣。其書逐句為釋，兼義疏注，實較宋于廷《訓纂》為密）胡墨莊《小爾雅義證》，（已刻入《墨莊遺書》。昔年在廠市見之）又郝氏《爾雅義疏》，（學海堂所刻，非足，宜取聊城楊氏本更刻之）邵瑤圃《說文羣經正字》，王汾原《說文五翼》（慈銘皆有其書，《五翼》且有新刻本）徐謝山《說文段注匡謬》，（名承慶，長洲人。錢竹汀弟子。由舉人官山西知府，前見吳侍郎《存義》，有鈔本。近聞吳中已刻之，其書謹守大小徐家法）王南陔《說文語段注攷》，（名紹蘭，蕭山人。乾隆五十八年進士，官至福建巡撫。平生著述甚富，于《說文》尤精。此書稿本，近為天津胡觀察燭棻所得，乙酉在津門胡君謀刻之，曾屬慈銘作序。慈屬其付沈子封校勘，而迄今未刻，當趣成之）鈕匪石《說文攷異》三十卷，（此書為匪石一生精力所萃，聞吳門有寫定本。昔年曾有增刻之者。匪石《說文段注訂》及《新附攷》兩書，雖謹嚴而采取未博，此為勝之）毛清士《說文解字述誼》二卷、《新坿述誼》二卷，（名際盛，寶山人。毛申甫父。慈舊有其書，頗多古誼，今失去）張皋文《說文諧聲譜》，（其子成孫續補，共五十卷。近聞亦有刻之者）李子香《說文正俗辨字》，（名富孫，慈有其書）沈西雒《說文古本攷》，（近者潘伯寅尚書刻）王菉友《說文釋例》，（此為治《說文》者不可不讀之書，實在其《說文句讀》之上）以上諸書皆宜隨地訪求，依類增入。至經總類，則莊葆琛《五經小學》、（珍藝宧叢書以此種為最醇）王南陔《經說》、（近者潘尚書刻入《功順堂叢書》）雷竹卿《介菴經說》、（名學淇，鐏之子。嘉慶十九年進士，官知縣。著述頗夥。其書雖不名家法，多出新意，而引證辨博精確者不少）胡竹邨《肇六室文鈔》、（其中皆考辨經義之文，學海堂刻者，太寥寥，非其全也，宜重刊）淩曉樓《四書典故覈》、趙鹿泉《四書溫故錄》（其書亦不名家法，而所言多確實，考據亦博）胡文甫《四書拾義》、（名紹勳，胡竹邨族子。道光丁酉拔貢，薦舉孝廉方正，其書止五卷，甚精確。亡友張牧莊有其書）毛西河《四書改錯》、（此其晚年改定之本，雖終不免矜氣，然甚有功於學者，故淩次仲極推重其書。阮文達亦亟稱之，不可不刻）又東蘭浦《東塾讀書記》、桂浩亭《羣經補證》（同治壬戌進呈，曾見之南書房諸翰林處。浩亭所著書此為最佳）似皆宜刻入，不可少也。

　　病耗遺忘，姑舉其略，不能一一，幸賜裁正。附呈前年題《徐氏科名記》五古一首及雜文十首，聊答盛意，並荒正之。蒙索拙著《經說》，本多口耳之學，無可采者，以散在日記及經籍眉端，一時輯錄不易。又苦乏寫官，擬俟病愈，招邑子及門生一二人，處之寓齋，寫出數卷，名曰《越縵經說》。奉正臺端，以待別裁。趙桐孫以四月署順德太守，尊函已由津門轉寄。舞丞司業竟以毀卒，可敬可傷，心雲想尚在署中。近日星軺按臨何郡？秋氣漸深，惟珍衛加宜，不盡百一。

（選自《越縵堂文集》卷五）

復閻季蓉書

王先謙

> 王先謙（1842—1917），字益吾，號葵園，湖南長沙人。同治四年（1865）進士。精博淹貫，治經循乾嘉遺軌，趨重考證。著有《尚書孔傳參正》三十六卷、《詩三家義集疏》二十八卷首一卷、《釋名疏證補》八卷《續釋名》一卷、《春秋左氏傳古注》六卷、《虛受堂文集》十六卷等。生平事蹟見《清史稿》卷四八二、《碑傳集補》卷七、劉聲木《桐城文學淵源考》卷一一、吳慶坻《王先謙墓誌銘》等。

奉二月朔手教，知前函已達左右，足下恕其愚直，而復有以誘進之，盛心勤勤，佩仰無量。足下謂明代士習之壞，始自中葉，其論允矣。至謂國朝康、雍以前，士習端謹。至今徧天下皆遊手浮宕之民，由於漢學之以名相高，以利相誘，士始奔走於津要，而蕩焉無復廉恥，則僕不敢附和。

國初承宋明講學之餘風氣，究則思變，天下稍稍惡虛趨實，抑陸王而尊程朱，此已為理學中之善機。乾隆以後，學者務於經籍傳注，考訂發揮，即有宋諸君子之書，亦復多所辨正。其實事求是，使古籍闇而復明，微言絕而復續，有裨學術甚鉅，如江河之不廢也。聖賢之書，義蘊閎深，雖經宋儒闡明，容有疏漏，亦非必一無舛誤，此固待後人補正。而為其學者高談義理，以實事求是為不足為，於是各尊師說，互相詆諆。竅啟寡聞之徒，沿波逐流，遂有漢宋家學之目矣。

所謂漢學者，考據是也。所謂宋學者，義理是也。今足下之惡漢學者，惡其名也。若謂讀書不當從事考據，非足下所肯出也。去漢學之名而實之，曰考據之學，則足下無所容其惡矣。去宋學之名實之，曰義理之學，則訾詆理學者無所容其毀矣。此名之為學術累也。然謂二家之學，無流弊則非也。理學之弊，宋明末流著於載記者，大略可覩；考據之弊，小生曲儒失之穿鑿破碎者有之。至謂其為世道人心之憂，以理推之決無是事。今之士習日非矣。然所謂奔走津要、蕩無廉恥者，豈考據之學導之耶？彼身居要津，能通考據之學者誰邪？又孰肯持一卷漢學書以奔走達官貴人之門也？果有之，僕與足下當心識其人，今茫乎未有聞也。謂考據家以名相高似矣，謂其以利相誘，則何利之有？謂今天下皆遊手浮宕之民，彼為考據學者終日鑽研，目眵髮禿，以求沒世可稱之名，豈遊手浮宕所能為功？此不待辨也。

僕在江南續刊《經解》，有謂不當，如阮文達不收李文貞、望溪輩著述，以為排斥宋學者。僕曉之曰："子誤矣。經學之分義理、考據，猶文之有駢、散體也。文以明道，何異乎駢散？然自兩體既分合，各有其獨勝之處，若選文而必合為一，未可謂知文派也。為義理、考據學者，亦各有其獨至之處。若刊經書而必合為一，未可謂知學派也。僕儻續《通志堂》《經苑》二書，則必取言義理諸書，而考據家皆在所弗錄矣。"其人大悟。此可見彼之為說者，於學術之深，未嘗兼通而博究也。本朝糾正漢學者，姚姬傳氏最為平允。其時掊擊宋儒之風過盛，故姚氏非之，以捄時也，非為名也。至其論學以義理、考據並重，無偏而不舉之病。道咸以降，兩家議論漸平，界域漸泯。為學者，各隨其材質好尚，定趨向以蘄於成而已，本無所用其辨爭。孫芳房先生以奧宼之亂歸獄，漢學大為士林姍笑，良由於考據一道未加詳求，致茲鉅失，故曾文正起而亟正之。

今足下痛士習之頹靡，發憤著書，思拯其弊，深心大力，敬佩何已，惟言漢學似不若姚、曾兩君子之持平謹貢其愚，惟亮察焉。僕於學問惟務躬行，不欲以口舌相爭，私念忝附心知，義無緘默。足下方以其道倡於沅澧之間，一言之出，承學者奉為依歸，關繫至重，儻不棄芻蕘而俛納之，學術之幸也。敬請道安。

（選自《虛受堂文集》卷一四）

答康長孺書

朱一新

> 朱一新（1846—1894），字蓉生，號鼎甫，浙江義烏人。光緒二年（1876）進士。重理學，通經致用。著有《無邪堂答問》五卷、《漢書管見》四卷、《佩弦齋文存》二卷、《義烏朱先生文鈔》四卷、《朱蓉生侍御論學遺劄撝存》一卷、《拙盦叢稿》等。生平事蹟見《清史稿》卷四四五、《清史列傳》卷六九、尹恭保《陝西道監察御史朱公一新傳》等。

曩奉教言，屬有他事，未遑即復，甚歉甚歉！足下深識獨斷，扶植孔氏之遺經，摘發嘉新之偽制，以道之自任，成一家言。僕乃方鑽研之不盡，奚敢復有異同！顧私心不無過計者，竊以為偽《周官》《左傳》可也，偽《毛詩》不可也；偽《左傳》之屢亂者可也，偽其書不可也。辭指繁多，非倉卒所能究，約舉一二以當寸莛之扣，可乎？

足下不信壁中古文，謂秦法藏書者罪止城旦，又《史記·河間》《魯共》二傳無壁經之說，夫謂秦未焚書者，特博士所藏未焚耳，《始皇本紀》所載甚明。其黥為城旦者，以令下三十日為限，限甚近矣。偶語《詩》《書》，罪且棄市，則設有抗令弗焚者，罪恐不止城旦。史文弗具，未可以是而疑秦法之寬也。當史公時，儒術始興，其言闊略，《河間傳》不言獻書，《魯共傳》不言壞壁，正與《楚元傳》不言受《詩》浮丘伯一例。若《史記》言古文者，皆為劉歆所竄，則此二傳乃作偽之本。歆當彌縫之不暇，豈肯留此罅隙，以待後人之攻？

足下謂歆偽《周官》，偽《左傳》，偽《毛詩》《爾雅》，互相證明，並點竄《史記》以就己說。則歆之於古文，為計固甚密矣，何於此獨疏之甚乎？史公自敘年十歲則誦古文，《儒林傳》有古文《尚書》，其他涉古文者尚夥，足下悉以為歆之竄亂。夫同一書也，合己說者則取之，不合者則偽之，此宋、元儒者開其端，而近時漢學家為尤甚。雖未嘗無精深之言，要非僕之所敢言也。班史謂：遷書載《堯典》《禹貢》《洪範》《微子》《金縢》諸篇多古文說。今案之誠然。

足下將以此亦歆所竄亂乎？歆果竄此，曷不並竄《河間》《魯共》二傳以泯其跡乎？古文《尚書》之可疑，以出自東晉，其辭緩弱，與今文不類，經閻、惠諸家考之而愈明。《左傳》之可疑，以論斷多不中理，分析附益，自必歆輩所為，故漢儒及朱子皆疑之。然漢儒斷斷爭辨者，但謂左氏不傳經，非謂其書之偽也。（"處者為劉"及"上天降災"四十七字，孔疏明言其偽；班叔皮《王命論》，劉承堯祚著於《春秋》。叔皮與劉歆時代相接，此為歆輩附益之顯證，"上天降災"諸語尤出於晉以後耳）左氏與《國語》，一記言，一記事，義例不同，其事又多復見。若改《國語》為之，則《左傳》中細碎之事將何所附麗？且《國語》見采於史公，非人間絕不經見之書。歆如離合其文以求勝，適啟諸儒之爭，授人口實，愚者不為，而謂歆之譎為之乎？《史記》多采《左傳》，殆不然也。（《儀禮》《左傳》《國語》《戰國策》皆後人標題，故無定名，諸子書亦多如是，猶《史記》非史遷本名，即稱《太史公書》者，亦楊惲所題。史遷當時實不立名也）《左傳》《毛詩》傳授不明，班史雖言之鑿鑿，實有可疑。然《左氏》之可疑者，僅在張蒼、賈誼以上耳。誼為《左氏傳訓故》，其書不見於《藝文志》，太傅《新書》亦更後人羼雜，可據者惟《漢書》本傳。

本傳雖引白公勝之事，其出於左氏與否不可知。孟堅作《張倉傳》甚詳，而並無一言與《左氏》相涉。書之晚出不待辨，但張禹以言《左氏》為蕭望之所薦，其事實不能偽造。尹更始、翟方進、賈護、陳欽之傳授，魯國桓公、趙國貫公、膠東庸生之講習，耳目相接，不能鑿空。歆是時雖貴幸，名位未盛，安能使朝野靡然從風，羣誦習其私書耶？（《春秋序疏》：嚴氏《春秋》引《觀周篇》：孔子修《春秋》，邱明作傳，共為表里。劉申受斥為非嚴彭祖之言。夫左氏不傳《春秋》之義耳，曷嘗不傳《春秋》之事，其義則為歆所竄亂。本傳固有轉相發問之語為可詔也）《穀梁》始立學時，亦多紛紜之論。然《穀梁》傳經，《左氏》不傳經；《穀梁》有師法，《左氏》無師法；《穀梁》靡所竄亂，《左氏》多所附益。加以移書責讓，怙寵逞私，諸儒之憤爭固其所也，而可以是斷為偽乎？《左氏》不傳《春秋》，此漢儒至當之言。劉申受作《考證》，據以分別其真偽。僕猶病其多專輒之詞，深文周內，竊所不取。六經大旨，皎若日星，師說異同，雖今文亦有可疑，邱蓋不言，固聖門闕疑之旨，必鍛煉之，以伸己說。安用此司空城旦書哉！

　　《毛詩》晚出，與三家互有得失。三家之言，班史謂"與不得已，《魯》為最近。"而《魯詩》久佚，近儒綴輯，百無一存，郢書燕說，蓋猶不免就其存者慎擇焉。以訂毛之失，則可矣；欲廢毛而遠述三家，無是理也。足下謂今文與今文，古文與古文，皆同條共貫。大著未獲卒業，不知其說云何。以僕言之，則《毛詩》不盡同於古文也。十五國風之次與季札觀樂不同。《昊天有成命》郊祀天地，與《周官》南北郊分祀不同。《我將》祀文王於明堂且與今文《孝經》同。文王受命作周，則與今古文《尚書》皆同。其他禮制同於《戴記》者尤多。故康成以禮箋《詩》，雖或迂曲，要非盡古文之學也。（《行露傳》：《昏禮》"純帛不過五兩"，與《地官·媒氏》文同。《天保傳》："春祠，夏禴，秋嘗，冬烝"，與《春官·大宗伯》文同。《白華傳》"王乘車履石"，與《夏官·隸僕》文同。《駉傳》"諸侯六閑"，與《夏官·校人》文同。《夏官》有《挈壺氏》，《東方未明傳》亦有之。《秋官·司圜》有"圜士"，《正月傳》亦有之。此類似為古文同條共貫之證。然安知非劉歆竄亂《周官》時剽竊《毛傳》乎？《皇皇者華傳》"訪問於善為咨"，《皇矣傳》"心能制義曰度"，皆同於《左氏》。此經師相傳，遺說不妨互見。猶穆姜論"元亨利貞"，與孔子文同，可謂《周易》亦偽作耶？歆《移太常》不及《毛詩》，彼固自有分別，可知《毛詩》不當與三學並斥也）

　　陳恭甫疏證《五經異義》所采，有今文與今文，古文與古文各異者，亦間有今文與古文相同者，就其所采已如此，況許鄭之辨不盡傳於今者乎？聖人微言大義，莫備於《易》與《春秋》，二傳尤微言所萃。《穀梁》自范注行，漢儒家法不可得見矣，可見者猶有《公羊解詁》一書。後人不明託王之義，凡所為非常可怪之論，悉歸咎於邵公，邵公不任咎也。六經各有大義，亦各有微言，故十四博士各有家法。通三統者，《春秋》之旨，非所論於《詩》《書》《易》《禮》《論語》《孝經》也。孔子作《春秋》，變周文從殷，質為百王大法。素王改制，言各有當。七十子口耳相傳，不敢著於竹帛，聖賢之慎蓋如此。《詩》《書》《禮》《樂》，先王遺典，使皆以一家私說廁於其中，則孔子亦一劉歆耳。豈獨失為下不倍之義，抑亦違敏求好古之心！必若所言，聖人但作一經足矣，曷為而有六歟？《王制》一篇，漢儒後得，為殷為周，本無定論，康成於其說之難通者，乃歸之於殷。今更欲附會《春秋》改制之義，恐穿鑿在所不免。《論語》二十篇可附會者，惟"夏時殷輅""文王既沒"數言。然既通三統，則韶樂鄭聲，何為而類及之？《春秋》改制猶託王於魯，不敢徑居素王之名。素王者，弟子尊之之詞，非夫子自稱也。匡人之圍，儼以素王自居，聖人果若是之僭乎？《堯曰篇》歷敘帝王相承之統緒，而次以子張問從政，固有微指。但此為門人所次第，孔子告之，子張曷嘗有一言及於改制？

　　近儒為《公羊》學者，前則莊方耕，後則陳卓人。方耕間有未純，大體已具；卓人以《繁露》《白虎通》說《公羊》，乃真公羊家法也。非常可怪之論，至於董子、邵公可以止矣。劉申受於邵公所不敢言者毅然言之，卮辭日出，流弊甚大。《公羊》與《論語》初不相涉，而作《論語述》何以溝通之？戴子高復推衍之，其說精深，劇可尋繹。然謂《論語》當如是解也，然乎？否乎？

足下曩言，西漢儒者，乃《公羊》之學；宋儒者，乃四子之學。僕常心折是言。足下既知四子書與《公羊》各有大義矣，奚為必欲舍之。漢宋諸儒大端固無不合，其節目不同者亦多，必若漢學家界畫鴻溝，是狹僻迷謬之見也。然苟於諸儒之所畢力講明者，無端而羼雜焉。以晦之諒，非足下任道之心所宜出也。漢學家治訓詁而忘義理，常患其太淺；近儒知訓詁不足盡義理矣，而或任智以鑿經，則又患其太深。夫淺者之所失，支離破碎而已，其失易見，通儒不為所惑也。若其用心甚銳，持論甚高，而兼濟之以博學，勢將鼓一世聰穎之士，顛倒於新奇可喜之論，而惑經之風於是乎熾。戰國諸子孰不欲明道術哉！好高之患中之也。夫食肉不食馬肝，未為不知味也。今學古學行之幾二千年，未有大失也。若《周官》，若《左氏傳》，若《古文尚書》，疑之者代不乏人，然其書卒莫能廢也。毋亦曰先王之大經大法，藉是存什一於千百焉，吾儒心知其意可矣。禮失求諸野，古文不猶愈於野乎？彼其竄亂之跡，歆固自言之。後人辨斥千萬言，不若彼無心流露之一二語，為足定其讞也。

僕嘗盱衡近代學術，而竊有治經不如治史之歎。方當多事之秋，吾黨所講求者何限，而耗日力於兩造不備之讞辭哉！（《公羊》多有切於人事者，宜講明之通三統之義，非後世所能行。辨之極精，亦仍無益漢時。近古猶有欲行其說者，故諸儒不憚詳求。今治《公羊》，不明是義，則全經多所窒閡，不足為專家之學。若遍通於六經，殊無謂也。凡學以濟時為要，六經皆切當世之用。夫子不以空言說經也。後世學術紛歧，功利卑鄙，故必折衷六藝以正之。明大義，尤亟於紹微言者，以此宋儒之所為優，於漢儒者亦以此質文遞嬗，儒者通其大旨可耳。周制已不可行於今，況夏、殷之制為孔子所不能徵者乎？穿鑿附會之辭，吾知其不能免也。曾是說經而可穿鑿附會乎？）若夫新周，故宋黜周王魯，惟聖人能言之。聖人且不敢明言之，漢儒言之，亦未聞溝通六藝以言之。僕誠固陋，且姝姝於一先生之說，以期寡吾過焉。不揣狂戇，無任主臣，幸辱教之。敬承起居，詞不宣意。

（選自《佩弦齋文存》卷上）

答長孺第三書　　朱一新

貴門人復洪給事書一通，讀訖敬繳。秦政焚書，千載唾罵，賢師弟獨力為昭事，何幸得此知己耶？雖然足下不鄙僕之庸愚，虛懷下逮，僕敢不以正對？自頃道術衰息，邪說朋興，聖學既微，異教遂乘間而入，氣機之感召，固有由來。憂世者亟當明理義以正人心，豈可口為奇衺，啟後生以毀經之漸？《樂經》先亡，已無如何？幸而存者，僅有此數。自偽古文之說行，其毒中於人心，人心中有一六經不可盡信之意。好奇寡識者，欲黜孔學而專立今文。夫人心何厭之有，六經更二千年忽以古文為不足信，更歷千百年又能必今文之可信耶？欲加之罪，何患無辭。秦政即未焚書，能焚書者豈獨秦政？此勢所必至之事，他日自有仇視聖教者為之。吾輩讀聖賢書，何忍甘為戎首？東坡謂"其父殺人，其子行劫，不可不加"之意也。

近世言《尚書》者，坐梅賾以偽造古文罪；既知其不足以與此，乃進而坐諸皇甫謐；既又知其不足以與此，乃進而坐諸王肅。肅遂足以此與哉！治經所以明理，"莫須有"三字固不足以定爰《書》。即使爰《書》確鑿，亦不過爭今古文之真偽已耳，曾何益於義理！近儒謂古文雖偽，而作偽者皆有來歷，其書仍不可廢。然則，枉費筆墨何為此乎？此事本兩言可決，而諸老先生嘵嘵不已。僕方怪許子之不憚煩，乃足下知偽《尚書》之說，數見不鮮，無以鼓動一世，遂推而遍及於六經，嘻其甚已。

足下謂今文之與今文，古文之與古文皆同條共貫，因疑古文為劉歆所偽造。夫古文東漢始行，本皆孔氏一家之說，豈有不同條共貫之理？若今文固不盡同，西漢立十四博士，而以其說之有岐互也。立《魯詩》，復立《齊》《韓》；立歐陽《尚書》，復立大、小夏侯，一師之所傳且如此，況今古文之學，豈能盡同？今文家言傳者無多，自東漢時師法已亂，非僅存者乃始覺其同條共貫耳！西漢諸儒之說，果如期而已乎？（如《魯詩》《關雎》與《齊》《韓》異，此類今猶可考，由此推之，今文必不能同條共貫也。乃執所見以概所不見，未免輕於立說）西漢之有家法，以經始萌芽，師讀各異。至東漢而集長舍短，家法遂亡。由分而合，勢蓋不能不如此。儒者治經但常問義理之孰優，何暇問今古文之殊別？近儒別古文特欲明漢人專家之學，非以古文為不可從，必澌滅之而後快也。古文果不可從，馬、鄭曷為從之？馬、鄭而愚者，則可苟非甚愚，豈其一無所知甘受人愚而不悟！劉歆之才識，視馬融等耳。足下何視歆過重，至使與尼山爭席；視馬、鄭過輕，乃村夫子之不若乎？且足下不用《史記》則已，用《史記》而忽引之為證，忽斥之為偽，意為進退，初無確據，是則足下之《史記》非古來相傳之《史記》矣。凡古今學術偏駁者，莫不持之有故，言之成理，不然聰明之士安能肯湛溺乎其中？愈聰明則愈湛溺，差之毫釐，繆以千里，故君子慎微。

夫學術在平澹，不在新奇。宋儒之所以不可及者以其平澹也。世之才士莫不喜新奇而厭平澹，導之者復不以平澹而以新奇。學術一差，殺人如草。古來治日少，而亂日多，率由於此。世亟需才，才者有幾，幸而得之，乃不範諸准繩規矩之中，以儲世之用，而徒導以浮誇，竊恐詆訐古人之不已。進而疑經，疑經之不已；進而疑聖，至於疑聖，則其效可睹矣。勢有相因，事有必至。明隆萬閒之已事可為寒心。夫今之學者義利之不明，廉隅之不立，身心之不治，時務之不知。聰穎者以放言高論為事，謂宋明無讀書之人；卑陋者以趨時遠化為工，謂富強有立致之術。人心日偽，士習日囂，是則可憂耳，不此之憂而憂。古今文之不辨，吾未聞東漢興古文以來，世遂有亂而無治也。夫學以匡時為急，士以立志為先。四郊多壘，而不思臥薪嘗膽以雪恥者，卿大夫之辱也；邪說誣民，而不思正誼明道以挽頹流者，士君子之辱也。古之儒者非有意於著書，其或著書則凡有關乎學術之邪正，人心之厚薄，世運之盛衰，乃不得不辨別之，以端後生之趨向。若二千餘載羣焉相安之事忽欲紛，更明學術而學術轉歧，正人心而人心轉惑，無事自擾，誠何樂而取於斯！

　　充足下之意，欲廢《毛詩》，然《毛詩》廢矣，《魯》《韓》之簡篇殘佚可使學者誦習乎？欲廢《左傳》，然《左傳》廢矣，《公》《穀》之事實不詳，可使學者懸揣乎？足下之說果行，其利亦不過如斯者。若不可行，又何為俛焉。日有孳孳費精神於無用之地也。伊古以來，未有不範諸準繩規矩之中，而能陶冶人才，轉移風氣。足下之高明，其遂無意於斯乎？極知言之僭越，然過承知愛，不敢不貢其愚。若其言之有闕，考訂者前書已略陳之，無煩贅及。信而好古，多聞闕疑。僕雖不敏，亦嘗受孔子戒矣。敬以持贈，何如！

（選自《佩弦齋文存》卷上）

復長孺第四書　　朱一新

　　曩貢一牋，謬自託於他山攻錯之義，規諷深切，既廢而輒悔，乃復書沖挹，不以為鑿枘而獎借之，且愧且感。雖然足下好善之忱，則篤矣。而其所建以為名者，僕雖固陋，誠期期知其不可。來書謂僕不察足下之意，疑類於乾嘉學者之所為，僕烏敢以是輕量足下哉！使足下僅獵瑣文單義，日事護聞，則僕當宛舌固聲之不遑，豈敢復以逆耳之言進其謬託於他山攻錯之義者！正以足下自處甚高，凡所論譔，皆為一世人心風俗計，僕故不敢不罄其愚，冀足下剖去高論，置之康莊大道中。使坐言可以起行，毋徒鑿穿武斷，使古人銜冤地下，而吾仍不得六經之用也。

　　道也者，如飲衢尊，然無智愚、賢不肖，人人各如其量，挹之而不窮。世之人以其平澹無奇也，往往嘉為新論，以求駕乎其上，遂為賢智之過而不之悟。足下自視其愚乎？其智乎？毋亦有當損過以就中者乎？《周官》《左傳》言不中理者，昔人未嘗不疑之而辨之。辨之可也，因是而遂遍及六經，於其理之灼然不疑者，亦以為劉歆所贗造，歆何人斯，顧能為此？

　　足下徒以一疑似之《周官》，而殃及無辜之羣籍，是何異武帝之"沈命法"，文皇之"瓜蔓抄"也。謂賢智之過乎？漢時續《史記》者甚多，後人不察覺，往往混為史遷之作。竹汀、甌北諸家皆辨之，辨之是也。因是而遂割裂全書，強坐劉歆以竄亂之罪。歆如竄亂自當彌縫完好，求免後人之攻，何以彼此紛歧，前後抵牾，罅漏百出，奚取於斯？足下為此無徵不信之言傅合文，致以成其罪，歐不足惜，如六經何是？奚趐宋人之三字獄，周室之羅織經也。謂非賢知之過乎？從古無不敝之法。有王者作小敝則小修之，大敝則大改之。法可改而立，法之意不可改。故曰："其人存，則其政舉；其人亡，則其政息"。政之敝壞乃行法者之失，非立法者之失也。今託於素王改制之文，以便其推行新法之實，無論改制出於緯書，未可盡信。即聖人果有是言，亦欲質文遞嬗，復三代聖王之舊制耳，而豈用夷變夏之謂哉！當今之時，豈猶患新法之不盡行，而重煩吾輩喋喋為之先導。

足下其無意於斯道也，誠有意於斯道，則凡聖經賢傳之幸而存者，一字一言當護持珍惜之不暇，而反教猱升木入室操戈，竊恐大集流傳，適為毀棄六經張本耳。足下兀兀窮年，何屑倒持太阿而授人以柄，始則因噎廢食，終且舐糠及米，其殆未之思乎？原足下之所為此者無他焉，蓋聞見雜博為之害耳。其汪洋自恣也，取諸莊其兼愛無等也，取諸墨其權實互用也，取諸釋而又炫於外夷。一日之富強謂有合吾中國管商之術，可以旋至而立效也。故於聖人之言燦著六經者，悉見為平澹無奇，而必揚之使高鑿之，使深惡近儒之言。訓詁，破碎害道也，則蕩滌而掃除之。以訓詁之學歸之劉歆，使人無以自堅其說，而凡古書之與吾說相戾者，一皆詆為偽造。夫然後可以為吾欲為，雖聖人不得不俛首而聽吾驅策。足下之用意，則勤矣。然其時所以為說者，亦已甚矣。

古人著一書，必有一書之精神面目。治經者當以經治經，不當以己之意見治經。六經各有指歸，無端比而同之，是削趾以適屨，屨未必合而趾已受傷。劉申受、宋于庭之徒，援《公羊》以釋四子書，恣其胸臆，穿鑿無理。僕嘗謂近儒者西河、東原記醜言博，言偽而辨，中受于庭，析言破律，亂名改作，聖人復起，恐皆不免於兩觀之誅，乃以足下之精識，而亦為所惑溺，豈不異哉！聖門教人《詩》《書》，執禮，性與天道不可得聞，《易》《春秋》皆言性道之書，游、夏且不能贊一辭，而欲以《公羊》家之偏論，變《易》《詩》《禮》《樂》；將使後人何所取信？學者何所持循？

　　足下言《尚書》當讀者僅有二十八篇，餘自《周易》《儀禮》《公》《穀》《孟》而外，皆當廢棄。五經去其四，而《論語》猶在，疑信之間，學者幾無可讀之書，勢不得不問途於百家諸子，百家諸子之言大哉言乎？微足下，僕不聞此言也。然求仁之說，將主孔、孟而以立達為仁乎？抑主墨氏而以兼愛為仁乎？且今之時何時乎？疾之可以猛攻者，必有少年堅實偶感疵癘者也。若羸疾而攻以猛劑，不自速其斃者幾希！烏喙鉤脗非常用之物，以之攻毒，毒盡而身亦隨之，況欲以之養生乎？足下以歷代粃政歸獄古文，其言尤近於誣。當西漢時，古文未興，何以有孝武之窮兵，元成之失道？此非事實，僕以為不足辨也。五經四子之書日用所共由，如水火菽粟之不可闕。無論今文古文皆以大中至正為歸，古今只此義理，何所庸其新奇聞，日新其德矣，未聞日新其義理也。

　　乾嘉諸儒以義理為大禁，今欲挽其流失，乃不求復義理之常，而徒侈言義理之變。彼戎翟者無君臣，無父子，無兄弟，無夫婦，是乃義理之變也。將以吾聖經賢傳為平澹不足法，而必其變者為新奇乎？有義理而後有制度，戎翟之制度，戎翟之義理所由寓也。義理殊，斯風俗殊；風俗殊，斯制度殊。今不揣其本而漫云改制，制則改矣，將毋義理，亦與之俱改乎！百工制器之事藝也，非理也。人心日偽，機巧日出，風氣既開，有莫之為而為者。夫何憂其藝之不精，今以藝之未極其精，而欲變吾制度以徇之，且變吾義理以徇之，何異求經而牽其足，拯溺而入於淵，是亦不可以已乎？法之敝也，非立法之失，而行法者之失也。人心陷溺於功利，則凡行法者皆得借吾法以逞其私，其易一法適增一敝。

　　故治國之道，必以正人心厚風俗為先，法制之明備，抑其次也。況法制本明備，初無俟借資於異俗，詎可以末流之失歸咎其初祖，而遂以功利之說導之哉！世之揣影聽聲，愚而可憫者，既不足以語，此一二才智之士，矯枉過正，又以為聖聖相傳之《詩》《書》《禮》《樂》，果不足以應變也。而姑從事於其新奇可喜者，以為富強之道在是。彼族之所以富強，其在是乎？其不在是乎？抑亦有其本原之道乎？抑彼之所謂本原者，道其所道而非吾中土所能行，且為天下後世斷斷不可行者乎？以足下之精識，而亦惑溺於是，則斯道其奚望也。足下服膺孟、荀，荀子之言曰："君子行不貴苟難，說不貴苟察，名不貴苟傳，惟其當之為貴。"孟子之言曰："君子反經而已矣。經正則庶民興，庶民興則斯無邪慝。"歷觀往古治亂之原，未有不由乎此者也。足下不語經而語權，不貴當理而貴苟察，是則近世為《公羊》家言者誤之也。

　　僕不肖，屢辱知己之言，其敢默而息哉！貴門人日記十二冊，窮日之力，讀之高明沈潛，各極其勝。足下因材善誘，已再布區區，惟足下財擇焉。

（選自《佩弦齋文存》卷上）

復康太學書

簡朝亮

> 簡朝亮（1851—1933），字季紀，號竹居，廣東順德人。光緒四年（1878）補廩生。一生治經史、掌故、性理、辭章之學。著有《毛詩說習傳》一卷、《尚書集注述疏》三十二卷、《論語集注補正述疏》十卷《首》一卷、《孝經集注述疏》一卷、《禮記子思子言鄭注補正》四卷、《讀書堂集》十三卷等。生平事蹟見任元熙《簡朝亮事略》、張啟煌《簡竹居先生年譜》、任元熙《清征士簡竹居先生事略》等。

郵示《新學偽經考》，少閒閲之既，僕竊以為足下過矣。足下言漢之古文皆偽也，偽之者，劉歆也。歆夫承父校書，得新莽而其偽行也，二千年來，莫察之矣。烏虖何其言之過也？夫《詩序》有傳者之失，《書序》非孔子作，《禮記》雜出漢人，《明堂位》猶妄，《月令》呂氏襲之，《易》說卦、序卦、雜卦後出，《左傳》惑於邪說。昔人察之至詳也，特不以罪賊歆耳。史稱歆頌莽之功曰發得，《周禮》以明因監，公孫祿數歆之罪，曰"顛倒五經，令學士疑惑。"蓋察之若此，賊歆之罪既已白於天下矣。秦燔天下之書，其職於博士者，固不燔焉。

足下言博士之書，即蕭何所收者。六經無亡闕也，烏虖何其言之過也?《史記》:"沛公至咸陽,諸將皆爭走金帛、財物之府分之,何獨先入收秦丞相、御史律令、圖书藏之。"項王與諸侯屠燒咸陽而去,漢王所以具知天下阨塞戶口多少,彊弱之處,民所疾苦者,以何具得秦圖書也。然則,何所收者版圖之書也,故史遷以序律令下焉。當此之時,丞相府中必有博士之書,何之前刀筆吏不知收之。昔人所以痛恨於咸陽一炬也。《禮》十七篇亡者,不知凡幾矣。《公食大夫禮》曰"設洗如饗",若其不亡,饗禮今安在邪?

足下言伏生無藏書,以伏生為博士所不禁也。然伏生知秦亂,將棄官流亡,欲挾書而走,不猶恐干禁虖?《史記》曰:"秦時燔書,伏生壁藏之。其後兵大亂起,流亡。漢定,伏生求其書,亡數十篇。"此其信也。《史記》曰:"孔氏有《古文尚書》,而安國以今文讀之,因以起其家《逸書》,得十餘篇。"蓋《尚書》滋多於是矣,此史遷之言古文也。足下則以為歆偽竄之,而恐人謂史遷不言古文,以古文未立故也。則又以此為史遷亦已言古文,然則不相矛盾虖?《史記》曰:"諸儒講禮、鄉飲、大射,於孔子冢。"後世因廟藏孔子衣冠、琴、車、書。至于漢二百餘年不絕,史遷蓋據所見而言之,足下以為此孔氏藏書也。然燔書之時,苟廟藏者不壁藏之,能不干禁虖?況孔氏尤秦之惡虖?則孔壁古文有繇也。《史記·魯恭王世家》不言得古文者疏也,史遷之疏者千百也。

足下攻古文而決其罪於賊歆,尊今文而決其傳於孔子。僕以為《六經》之遺傳者或失,學者不察,則今文亦賊歆也。夫《公羊》今文也。《公羊》曰:"權者,反於經。"然後有善者也,此援嫂溺之義也。而《公羊》以祭仲廢君為行權,則董卓、司馬師、孫琳、桓溫皆權道也。不亦賊歆之類虖?釋《公羊》者言"王魯新周故宋",此《明堂位》王魯之謬也。而足下之攻《毛詩》也,言其不知《三頌》為孔子寓"王魯新周故宋"之義,烏虖何其言之過也!

(選自《讀書堂集》卷二)

與馬通伯書　　姚永概

> 姚永概（1866—1923），字叔節，號幸孫，安徽桐城人。主張宗法唐宋，作詩注重寄托。著有《詩說》四卷、《孟子講義》四卷、《左傳選讀》四卷、《尚書誼略》二十卷《敘錄》一卷、《慎宜軒日記》等。生平事蹟見《皖志列傳稿》卷六、《桐城文學淵源考》卷一〇等。

通伯姊夫足下，大著《周易費氏学》刊成見示，伏讀數日，多所開悟，兄之益我厚矣。竊謂夫子《十翼》皆所以明《易》也，而《序卦》《說卦》《雜卦》意在明條例。《文言》祇釋乾坤彖，《大象》限於一卦，《小象》須於一爻。惟《繫辭》能綜《易》之全體，《繫辭》不明而《易》不可見。解《繫辭》者，各有所長，而不能融會貫通，使之昭晰無疑，何也？其文至高，非通於文而皆深思者，未易窺也。兄獨分析篇章，犂然當乎人心。謹使孔子復生，亦必見許。故永概以為有功前聖，衣被的世，當在首此一卦一爻。雖多碻詁在兄，猶為餘事。永概讀尊書妄有所記，兄乃取吾說改訂離卦。夫虛懷不遺一善，君子之公德也。有所知而見錄於君子，亦小人之幸事也。惟初爻兄因"相見乎離"一語，以為士相見禱尚覺未安，敢備陳之相見之義，乃合全卦而言，不第在初離為日為火，人君之象也。故二言朝,四言五言新君即位,上言出征皆人君之事,不應初獨言士,故永概以為冠冠者,天子諸侯亦有之,特其禮亡耳。

《左氏傳》曰:"國君十五而生子,冠而生子,禮也。"《郊特牲》曰:"諸侯之有冠禮,夏之末造也。"孔穎達曰:"古者五等,並依士禮冠子,夏末始,與士異。"故《大戴》有《公冠篇》。《玉藻》云:"玄冠朱組纓,天子之冠也。"鄭注云:"始冠之冠。"然則冠而責以成人之道,當上通於天子。《冠義》曰:"見於母,母拜之。見於兄弟,兄弟拜之。成人而與為禮也。"(玄冠、玄端奠摯為於君,遂以摯見於鄉大夫、鄉先生;以成人見也)以此推之,天子、諸侯既冠,亦必有見宗廟、會族,屬朝羣臣之事。冠而與盡天下相見,故曰"敬之无咎"。不敢严默,仍希教之。永概再拜。

(選自《慎宜軒文集》卷四)

與人論樸學報書

章太炎

> 章太炎(1869—1936),字枚叔,後易名炳麟,浙江余杭人。著有《春秋左傳讀敘錄》一卷、《駁箴膏肓評》一卷、《文始》九卷、《春秋左氏讀》五卷、《新方言》十一卷、《小學答問》一卷、《國故論衡》三卷、《檢論》九卷、《春秋左氏疑義答問》五卷、《太炎文錄初編》五卷、《菿漢征言》六卷等。

海潮足下：羣言殽亂，國故日衰，得《樸學報》振起之，忻慰無量！觀其遵守師法，研精覃思，信非季平、長素之儕矣。然與鄙見復有大相徑庭者。其治小學，重形體而輕聲類，徒以江、戴、段、王，陳義已具，不欲承其末流，故轉以本義本形為枳。以此教兒童識字，非無近效，若守此不進，而欲發明舊籍，則沾滯而鮮通，是特王筠《釋例》之疇，可稱説文學，不可稱小學也。"指事"六例，最為明通，足以補先正之闕矣。

經説諸條，學兼今古，非專守十四博士之陋者。抑自周、孔以逮今兹，載祀數千，政俗迭變，凡諸法式，豈可施於輓近？故説經者，所以存古，非以是適今也。先人手澤，貽之子孫，雖汙垢伃劣者，猶之見寶貴，若曰盡善，則非也。《禮經》一十七篇，守之貴族，不下庶人。皇漢迄今，政在專制，當代不行之禮，於今無用之儀，而欲肄之郡國，漸及鄉遂，何異寧人欲變今時之語，返諸三代古音乎？《毛詩》《春秋》《論語》荀卿語錄，經紀人倫，平章百姓，訓辭深厚，宜為典常。然人事百端，亦易未艾，或非或韙，積久漸明，豈可定一尊於先聖？《春秋》"三統"、"三世"之說，無慮陳其概略，天倪定分，固不周知。豈有百世之前，發凡起例，以待後人遵其格令者？故知通經致用，特漢儒所以千祿，過崇前聖，推為萬能，則適為桎梏矣。僕以素王修史，實與遷、固不殊，惟體例為善耳。百工制器，因者易而創者難，世無孔公，史法不著。《尚書》五家，年日闊絕，周魯舊記，棼雜失倫。宣尼一出，而百國寶書，和會於《左氏》。邦國殊政，世系異宗，民於何居？工自誰作？復著之《國語》《世本》。紛者就理，暗者得昭。遷、固雖材，舍是則無所法，此作者所以稱聖也。何取三科、九旨之紛紛者乎？

舊國舊都，望之暢然！不見古人，我心蘊結。則故書雅記之所以當治，非謂是非之論，盡於斯也。抑呂君謂兩漢家法最嚴，不引雜說，許、鄭論譔，漸入懷疑，以是二流為解經之極軌。夫墨守者，亮不足道，召陵、高密，說異前師。必以經記舊文為證，非雜取時俗事狀以更師說者。漢世尚然，況在今日？中國尚然，況在異域？中西學術，本無通途，適有會合，亦莊周所謂"射者非前期而中"也。今徒遠引泰西，以徵經說，有異宋人以禪學說經耶？夫驗實則西長而中短，冥極理要，釋迦是孔父非矣。九流諸子，自名其家，無妨隨義抑揚，以意取舍。乃者以苦龠箋注六藝，局在規蔞，而強相皮傅，以為調人，則只形其穿鑿耳。稽古之道，略如寫真，修短黑白，期于肖形而止，使妍者媸，則失矣；使媸者妍，亦未得也。及夫先天八卦，河洛偽圖，方士妄言，情偽較著，而復援引其說，則違於師法甚矣。雖然，大雅不作，周公其衰，末學紛馳，樂不操土，呂君於舉世不為之日，獨能匡扶微學，式昭德音，斯可謂行歸于周，有始有卒者也。文深小苛之辯，則吾豈敢！

（選自《國粹學報》丙午年第十一號）

與國粹學報

章太炎

國粹學報社者，本以存亡繼絕為宗，然篤守舊說，弗能使光輝日新，則覽者不無思倦，略有學術者，自謂已知之矣。其思想卓絕，不循故常者，又不克使之就范，此蓋吾黨所深憂也。

弟近所與學者討論者，以音韻訓詁為基，以周、秦諸子為極，外亦兼講釋典。蓋學問以語言為本質，故音韻訓詁，其管龠也；以真理為歸宿，故周、秦諸子，其堂奧也。經學繁博，非閉門十年，難與斠理，其門徑雖可略說，而致力存乎其人，非口說之所能就，故且暫置弗講。音韻諸子，自謂至精，然音韻亦有數家異論，非先覽顧、江、戴、孔諸家之說，亦但知其精審，不知精審之在何處也。諸子幸少異說，（元明以來，亦有異論，然已無足重輕。近世則惟有訓詁，未有明其義理者，故異說最少）而我所發明者，又非漢學專門之業，使魏、晉諸賢尚在，可與對談。今與學子言此，雖復踴躍歡喜，然亦未知其異人者在何處也。其稿已付真筆謄寫，字多汗漫，恐刻工不審，暇當斠理一過，卻再寄上。

雖然，學術本以救偏，而跡之所寄，偏亦由生。近世言漢學，以其文可質驗，故巵言無由妄起，然其病在短拙。自古人成事以外，幾欲廢置不談。漢學中復出今文一派，以文掩實，其失則巫。若復甄明理學，此可為道德之訓言，（即倫理學）不足為真理之歸趣。（理學諸家，皆失之汗漫，不能置答，則以不了語奪之）惟諸子能起近人之廢，然提倡者欲令分析至精，而苟弄筆札者，或變為倡狂無驗之辭，以相詿耀，則弊復由是生。此蓋上聖所無如何也。貴報宜力圖增進，以為光大國學之原，（肉食者不可望，文科經科之設，恐只為具文，非在下誰與任此！）延此一綫，弗以自沮幸甚！絳頓。

（選自《章太炎書信集》）

與人論讀經書

章太炎

再得書，以讀經事相質。蒙謂文史諸學與自然科學異，彼書少易記，此文多難記故也。學問之道，雖貴在考索，若無記誦以先之，雖百方證駁，常有得其一而遺其十者。宋儒豈不務考索耶？顧所證往往非其證，所駁亦往往有不可駁者。迨後人取故書宜相質，而其義忽以墮矣，則記誦不精為之也。其間如洪氏兄弟及王伯厚之倫，起家宏辭，而考索反不失者，以宏辭人記憶精審，不敢魯莽以卒其業爾。明人視宋又彌不逮，楊用修號為精博，及援引經史，則什而失三四。良知之徒又奚論焉？顧寧人先生親睹其弊，故以車中默誦自課而外，有讀經會之設。夜聞張稷若誦《儀禮》，褰裳奉手，唯恐不及，稷若亦卒成大儒。蓋寧人所以啟清儒戶牖者，《音學五書》《日知錄》為最著，然握其樞者，讀經會也。非是皮之不存，而毛焉所附乎？

近代經學荒廢，自中學以下，未嘗通《論語》《孝經》。及入大學，乃以《經學概論》與之強聒，此與沙門上首為老嫗講《華嚴》何異？其間偶有達者，蓋其家庭之教素可憑借耳。不然，雖高朗如顏子者，聞師言亦如乍聽外國語矣。然所宜誦者，非獨經也。四史、《通鑒》及前人別集之屬，老生亦常有上口者。顧今日不暇給，且以讀經為先爾。若夫記誦已精，考索或不能下一字，斯由天姿樸純使然。要之，什中亦不過得一二。書籤之誚，昔人固有之，然不以之廢誦習也。藉令得書籤如李善者，猶能箋《文選》，使後人奉為典型。況才高於善者乎？

　　自民國初小學廢讀經，今已二十歲，學者或不知大禹、周公，故志失墜，不知其幾，及今逆以挽之，猶愈於已。若因循不改，又二十年，吾知漢族之夷於馬來也。書不盡意，唯達者察焉。章炳麟白。

（選自《制言》第二十一期）

與吳承仕書

章太炎

　　絸斋足下：來書稱古今《尚書》，原本皆古文，傳習皆今字，其說近是。鄙意昔人傳注本與經文別行，古文家每傳一經，計有三部，與近世集鍾鼎款識者相類。其原本古文，經師摹寫者，則猶彼之摹寫款識也。其以今字移書者，則猶彼之書作今隸也。其自為傳注，則猶彼之釋文也。但彼於一書中分作三列，而此乃分為三書耳。伏《書》舊簡，蓋未嘗傳之其徒，所傳者，只其移書今字之本。孔《書》舊簡，雖入秘府，而摹寫古文之本，與移書今字之本，必並存之。

　　何以知其然也？《後漢書·盧植傳》："植上書曰：古文科斗，近於為實，而厭抑流俗，降在小學。中興以來，通儒達士，班固、賈逵、鄭興父子，並敦悅之。今《毛詩》《左氏》《周禮》各有傳記，其與《春秋》共相表裏，宜置博士，為立學官。"則知漢世所稱古文經者，其科斗之書並在，非獨今字移書而已。《說文》引《周禮·匠人》："廣尺深尺謂之〈，倍洫曰《。"引《虞書》"肆類於上帝。"其移書今字者，當作甽，澮肆，必不作〈、《、肆也。（改古文之形為隸古定，此唯偽孔有之，漢人不爾）〈、《、肆諸文尚在，則知許氏所見為摹寫原本，可知。

　　《說文序》稱壁中書及張倉獻《春秋左氏傳》，而謂郡國所得鼎彞，其銘即前代之古文，皆自相似。則知壁書倉傳，許氏曾見其摹寫之本，故得與鼎彞相似也。是故追論原始，則古、今文皆是古文。據漢世所傳授者，則古文家皆摹寫原文，而今文家直移書今字，實有不得強同者矣。至同一古文經典，而諸家文字或異，此乃其訓讀之殊，非其原文之異。《經典釋文》所云某家作某者是也。然自馬氏以上，本經與傳、注分行，故經文與訓讀之文有別。逮於鄭氏，直以己意改定經文。（《周禮》所云故書作某者，故書乃經文舊本，而今之著於經者，則鄭所改定之字）由此觀之，古文傳至鄭氏，則亦等於今文而已矣。直漢之衰，諸儒各為茍簡。習鄭學者，徒傳其改定之本，而於其摹寫原本者置之。自是以後，學說有今古，而文字無今古。斯邯鄲所傳古文，所以不得不刻諸碑石，以詔方來也。

枚氏偽古文《尚書》，本之鄭沖，沖於魏文帝為太子時已官文學，至晉泰始十年而歿。何氏《論語集解》與沖同集，而《正始石經》立於是時，正沖所親見者。偽古文多取《石經》文字，事勢宜然。東晉時所謂馬、鄭《尚書》者，但作今字，其真本典型已絕，偽書乃適與《石經》相似，由是被人尊信。後范寧又變偽孔本為今文，及唐衛包，偽孔典亦廢。然《匡謬正俗》引東郊不闢，孥*易*女。《羣經音辨》有亾命，是舊跡固有存者。宋次道、薛季宣所述，蓋非無征。唯偽孔亦不盡依《三體石經》。又以古文改作隸書，筆勢方圓邪直既已不同，易致偽誤。久之復以其偽誤者轉為古文筆勢，於是字體怪譎，無可窮理。《汗簡》所引《尚書》有稱石經者，則當時所見《石經》拓本也。有直稱《尚書》者，則依偽孔原本，轉隸古而為古文筆勢者也。如誓字古文或借用 *折*（折），《匡謬正俗》已誤作 *新*，《汗簡》乃更作 *新*，此由隸書不審，再以隸變作古文，遂令無以下筆矣。

來書云"歌永言"，《漢書》作"哥"；稼穡，《論衡》作"嗇"。哥、嗇字為近古，是說得之。《說文》明云"哥，古文以為歌字"，此即鐵證。然馬、班二家，古今文亦自參取，非定守師法也。章炳麟頓首。

（選自《華國月刊》第二期第六冊）

與吳承仕書

章太炎

　　覡齋足下：得書詢及《易》義，卦氣、納甲之與先天，其為方士傅會則同，理堂所說得之矣。及其以文字音訓相涉者，展轉比例，是則作易者先擇數字，以為骨核，然後著筆為之，恐拘攣太甚爾。商瞿傳《易》，今其大義不可知。施、梁丘，亦無一字存者。獨孟氏尚有遺說，又無以得其要領。自是傳費氏者，季長、景升之術最微。鄭、荀與虞、費、孟殊貫。恐虞氏非真孟氏，而鄭、荀亦非真費氏也。僕之有取於王、程者，亦謂其近道耳。非謂三聖之旨，盡於是也。讀王注者，當無取略例觀之，其言閎廓，亦不牽及玄言。程氏即往往以史事證《易》。二家所得，獨在此耳。

　　足下意好治《禮》，以此教授，亦足自立。《易》義置為後圖可也。抑足下曾言，《詩》《禮》可解，《書》《春秋》難解，僕謂《詩》《書》亦略等耳。以訓故文曲言《詩》，視《書》為易知。顧《書》猶有事狀可憑，《詩》自正雅而外，其事多狀不可知。毛比三家優絀且勿論，然三家篇義存者幾何？而毛《小序》猶全，正使聖人復起，舍毛氏亦何所據？比深求之，《序》亦無以使人冰釋理解。若自定篇義，又所謂不知而作者也。（曾記魏氏《詩古微》以《小雅》言共人者，皆指共伯和，說為厲王流彘後詩，此與偽子貢《詩傳》指《陳風·澤陂》為傷泄治者同為可喜。勝於晦庵諸公任意誣衊。然終蹈不知而作之弊）

吾獨且奈何哉！慢性氣管支炎，僕今亦患此一歲矣。日以銀杏五顆搗碎服之，稍有可效也。書復，即問起居康勝。麟白。

（選自《章太炎書信集》）

與李源澄書

章太炎

　　李君源澄足下：得手書並《國風》一冊，足下以井研高第，不自滿足，而訪道於衰老之士，甚非所敢承也。自揣平生所獲，與井研絕殊，然亦相知久矣。恨彼此奉手日少，不能使井研詘以從我，而己亦不得井研之謦欬。其門下乃有好學如足下者，敢不粗固陋以報。

　　來書稱《禮》與《春秋》，如車與輔。《禮》如法令之條文，《春秋》如理官之判詞，大體誠是。顧成周之法，見於六官，下逮共和紀年，《春秋》始作，已三百餘歲矣，《魯春秋》又起於其後百年。時王之制，不能無更變。重以文襄霸制，亦列國所承用，其不能無異於《周官》者，勢也。《周官》"上公九命，侯伯七命，子男五命"，凡爵五等，為位三等。及《春秋》則以伯、子、男同科。《左氏》云："在禮卿不會諸侯，會伯子男可也。"又云："申之會，鄭子產獻伯、子、男會公之禮六。"《魯語》："諸侯有卿無軍，伯、子、男有大夫無卿。"《楚語》："天子之貴也，唯其以公侯為官正，而以伯、子、男為師旅。"準是數者，知時制異於成周，而《春秋》因時制亦成其例。非特《左氏》如此，雖《公羊》亦知之。故云"《春秋》伯子男一也。"辭無所貶。《公羊》雖不窺國史，於舊傳猶有所聞，是以其言云爾。仲舒之徒，未嘗參考《左氏》，乃云文家五等，質家三等，亦就其改制小說，豈獨誣《春秋》，亦誣公羊子矣？蓋《春秋》者，以撥亂反正為職志，周道既衰微，桓文起而匡之，則四夷交侵，中國微矣。故就其時制亦盡國史之務，記其行事得失，以為法戒之原。孫卿云："有治人，無治法。"則知聖人不務改制，因其制皆可以為治也。若云為漢制法，孰有大於廢封建行郡縣者？《春秋》乃絕無一言，徒以伯、子、男同等少變秩序，此何益於治亂之大數耶？

僕嘗謂《穀梁》《公羊》二家，不能知國史根原，因文褒貶，往往失之刻深，乃如王魯改制之說。又《公羊》本文所無有，漢世習今文者信其誣罔，習為固然。《白虎通》多采今文師說，《五經異義》雖備古今，要其所謂古文說者，亦時不本經傳而本師家新義。由是言之，以《禮》證《春秋》，亦何容易？公羊子云："以《春秋》為《春秋》。"此不窺國史之言也。然僕謂治《公羊》者乃正宜以《公羊》為《公羊》，於仲舒、何休皮傅之說盡掃棄弗復道，則其失猶少矣。鍾元常以《左氏》為太官，《公羊》為賣餅家。此乃材力厚薄之校。餅雖無腆，猶可食也。如仲舒、何休所說，乃以塵羹土戭易賣餅家所有，此尚可以為食哉？

固足下所見，故以是復。若夫自其離者觀之，《穀梁》《公羊》之於《左氏》，亦猶沱潛之於江漢也。此論甚繁，恐駭人，故不復道。章炳麟白。

（選自《章太炎書信集》）

與李源澄書

章太炎

　　李君源澄足下：得第二書，卓然不惑於改制、三統之說，使《公羊》解其瘢眊，習爽晻昧，得耀光明，知公羊子死且瞑目矣。若夫《左氏》之與《公羊》，其書自有優劣。而足下重微言輕實事，以《春秋》是經非史，以《左氏》為檔案。是猶有啖、趙、莊、劉之見也。

　　古之六藝，《易》與《連山》《歸藏》同列，《詩》猶漢《樂府》，《書》猶唐《大詔令》與《雜史》，《周官》則會典，《禮經》則儀注，如《春秋》即後代紀年之史於正史之本紀耳。《七略》以《戰國策》《楚漢春秋》、太史、馮、商諸書悉隸春秋家，經史何別矣哉？

　　經史殊流，起晉荀勖《中經薄》，彼見種類多卷軸廣者，即別為一部，非復論其體之異同也。昔太史公自謂繼《春秋》而作，班氏作十二紀，亦曰《春秋考異》。自是《晉陽秋》《漢晉春秋》未嘗避其名不敢居。何者？體本無異，顧作者之德殊耳。以《春秋》是經而非史者，悉晚世經師之遁辭，自劉逢祿始張大之。足下何取焉？縱令分部如此，曠觀海外通達之國，國無經而興者有矣；國無史，未有不淪胥以盡者也。夫中國之婁絕復續者，亦國史持之耳。經云史云，果孰輕孰重耶？

　　檔案者，儒生之所輕，而國家之所重。編檔案者非獨左氏，馬、班、陳、范所錄皆檔案也。而溫公為《資治通鑑》，其體與《左氏》尤近。然則《穀梁》《公羊》二傳者，得無為尹起莘、劉友益之綱目發明耶？足下讀宋元人書，重溫公書乎？重尹起莘、劉友益書乎？此不須苦辨者，讀數閱世久自知之也。

　　夫《春秋》者，夫子之文章非性與天道也，成在垂歿，講授日淺即有之，安得所謂微言？稱微言者，即孟喜枕膝之詐爾。然二傳初不自言，此何足論？《左氏》書簡策繁重，傳布持誦皆不易，故當時學者鮮，猶《禮經》五十六篇，學者不能盡觀也。反鐸椒刪取為四十章。由是支流漸廣，免時難之說，亦漢儒擬度言之。時之惡人，最近者莫若陳恒。陳成子弒簡公，孔子請討，載于《論語》，遍布其書於七十子之徒，不患陳氏之作難也。近者且然，況其遠者？直書且然，又何有於微言耶？必以畏時難悶之，是孔子、丘明之勇不逮董狐遠甚，乃與韓愈之畏史禍的也。杜氏已嘗駁之，今亦宜弗復道也。其他古今文之辨，辭繁非要，俟異日論之。章炳麟白。

（選自《章太炎書信集》）

周 易

與陳言夏論易書

陸世儀

> 陸世儀（1611—1672），字道威，號剛齋，晚號桴亭，別署眉史氏，江蘇太倉人。學問淵博，恪守朱程，著述豐富。有《思辨錄輯要》三十五卷、《論學酬答》四卷、《性理纂要》四卷、《春秋考論》二卷、《易說初編》四卷、《桴亭先生文集》六卷等。生平事蹟見《國朝先正事略》卷二七、《學案小識》卷二、全祖望《陸先生世儀傳》等。

《易》者所以明天道，正所以盡人事，學《易》者當盡人以合天。伏羲畫卦，示其體也；文、周繫辭，著其用也；孔子贊《易》，體用兼明，然而四聖人之意嘗在於用。蓋聖人作《易》，本為教人，人之學《易》，非用莫由知其體，故孔子曰："五十以學《易》，可以無大過矣。"則知《易》是寡過之書，窮理盡性，以至於命，全在於此。

自秦、漢以來等為卜筮，京房、焦氏流入數學，《易》乃大晦。自康節發明，而理與數始顯。至朱子《周易本義》成，分發數聖人之蘊，而其用一歸於教人，然後前此言氣數者，遁折入於理學而不敢爭。明興以來，莫有異議，然而以《易》明世者未之有。此無他，其賢智者以為彌綸天地而不敢究，其愚不肖者以為卜筮而無事於屑屑也。

愚謂學《易》之道,當先從用始。《繫辭傳》曰:"君子所居而安者,《易》之序也;所樂而玩者,爻之辭也。"又曰:"君子居則觀其象而玩其辭,動則觀其變而玩其占。"則知學《易》工夫全在事為。未感時沈潛玩索,每閱一卦,便當認其卦名,辨其卦體,相其陰陽,總其大略,前後左右,象變辭占,無不貫洽,而後一卦之義出。每讀一爻,便當定其剛柔,別其邪正,考其位序,審其偏中,上下四旁,乘承比應,靡有遺憾,而後之一爻之義全。於是乃進參以己意,設身處地,上下古今,揆其時勢,度其情理,而臆斷之。何者是吉,何者是凶,觀其與古人合否,以驗吾心體。其合則天理之公也,其否則人欲之私也。公者存之,私者去之。用力既久,心體自純,出應萬變,沛然莫禦。不俟卜筮而知吉凶,《中庸》所謂"至誠如神"也。到得至誠,已是全體太極。大自天地陰陽,細至昆蟲草木,罔不具於吾心。擡頭舉目,無非《易》理,未嘗求體而體自具,故孔子《繫辭》二傳多言人事。至《說卦》《廣卦》《序卦》《雜卦》,縱橫開闔,無不如意。此正以明用至則體立,人盡則天見,決無用未至而可與言體,人未盡而可與言天者也。

故愚意欲學者學《易》,專用力於人事,而天道則俟其自合。用力人事,而天道未至,即中道而廢,不失為謹行之儒,用力天道,而人事不修,即致極精微,未有不墮於術數空冥之學者。故特揭此,頗與吾兄及二三同志共勖之,其以為然否?

(選自《清儒學案》卷四)

與友人論易書

顧炎武

　　承示《圖書》《象數》《卜筮》《卦變》四考，為之歎服。僕嘗讀劉歆《移太常博士書》，所謂"輔弱扶微，兼包大小之義"，而譏時人之"保殘守缺，雷同相從"，以為師說，未嘗不三復於其言也。

　　昔者，漢之五經博士，各以家法教授，《易》有施、孟、梁邱、京氏，《尚書》歐陽、大小夏侯，《詩》齊、魯、韓、毛，《禮》大小戴，《春秋》嚴、顏，不專於一家之學。晉、宋已下，乃有博學之士會粹貫通。至唐時，立九經於學官，孔穎達、賈公彥為之《正義》，即今所云"疏"者是也，排斥眾說，以申一家之論，而通經之路狹矣。及有明洪武三年、十七年之科舉條格，《易》主程、朱《傳》義，《書》主蔡氏《傳》，《詩》主朱子《集傳》，俱兼用古注疏，《春秋》主《左氏》《公羊》《穀梁》胡氏、張洽《傳》，《禮記》主古注疏，猶不限於一家。至永樂中，纂輯《大全》，並《本義》於程《傳》，云："《春秋》之張《傳》，及《四經》之古注疏，前人小注之文稍異於大注者不錄，欲道術之歸於一，使博士弟子無不以《大全》為業。"而通經之路愈狹矣。注疏刻於萬曆中年，但頒行天下，藏之學官，未嘗立法以勸人之誦習也。試問："百年以來，其能通《十三經注疏》者幾人哉？"以一家之學，有限之書，人間之所共有者，而猶苦其難讀也，況進而求之儒者之林，羣書之府乎！然聖人之道，不以是而中絕也，故曰："仁者見之謂之仁，知者見之謂之知。"

昔之說《易》者，無慮數千百家，如僕之孤陋，而所見及寫錄唐、宋人之書亦有十數家，有明之人之書不與焉，然未見有過於程《傳》者。且夫《易》之為書，廣大悉備，一爻之中，具有天下古今之大，而注解之文，豈能該盡？若大著所謂此爻為天子，此爻為諸侯，此爻為相，此爻為師，蓋本之崔憬解《繫辭》二與四、三與五同功異位之說。然此特識其大者而已，其實人人可用，故曰："君子所居而安者，《易》之序也；所樂而玩者，《爻》之辭也。"故夫子之傳《易》也，於"見龍在田"，而本之以學問寬仁之功；於"鳴鶴在陰"，而擬之以言行樞機之發；此爻辭之所未及，而夫子言之。然天下之理，實未有外於此者。"素以為絢"，禮後之意也；"高山景行"，好仁之情也；"諸姑伯姊"，尊親之序也。夫子之說《詩》，猶夫子之傳《易》也。後人之說《易》也，必以一人一事當之，此自傳注之例宜然，學者舉一隅而以三隅反，可爾。且以九四"或躍"之爻論之，舜、禹之登庸，伊尹之五就，周公之居攝，孔子之歷聘，皆可以當之。而湯武特其一義，又不可連比。四五之爻，為一時之事，而謂有"飛龍在天"之君，必無"湯武革命"之臣也。將欲廣之，適以狹之，此舉業以來之通弊也。是故盡天下之書皆可以注《易》，而盡天下注《易》之書，不能以盡《易》。此聖人所以立象以盡意，而夫子作《大象》，多於卦爻之辭之外，別起一義以示學者，使之觸類而通，此即舉隅之說也。

天下之變無窮，舉而措之天下之民者亦無窮，若但解其文義而已，韋編何待於三絕哉！"子所雅言，《詩》《書》執禮。"《詩》《書》執禮之文，無一而非《易》也。下而至於《春秋》二百四十二年之行事，秦、漢以下史書百代存亡之跡，有一不該於《易》者乎？故曰："《易》有聖人之道四焉：以言者尚其辭，以動者尚其變，以制器者尚其象，以卜筮者尚其占。"愚嘗勸人以學《易》之方，必先之以《詩》《書》執禮，而《易》

之為用存乎其中，然後觀其象而玩其辭，則道不虛行，而聖人之意可識矣。不審高明以為然否？

（選自《顧亭林文集》卷三）

與友人論易書

顧炎武

《小過》之五其辭曰："公，公亦君也。"《歸妹》之五辭曰："其君帝女之貴，以娣娣視之。"則亦君也。若曰必天子而後謂之君，此後人之見耳。三代以上分土而治，尊卑之勢無大相遠，天子諸侯並稱曰后。書曰："三后成功。"先儒以為象稱先王者，惟施於天子，稱后者兼諸侯，然則后與君公一例也。今謂凡五必為王者，而《小過》之五為群陰脅制，乃貶其號曰公。然則《益》之三四其辭何以不曰告王而曰告公乎？豈周公繫爻之前，先有一五為天子之定例乎？物之不齊，物之情也。六十四卦豈得一一齊同？《易》不可為典要，唯變所適。執事徒見夫五之為人君也，而不知剝、明夷、旅之五不得為人君也；徒見夫比、家人、渙之五之言王也，而不知《離》之上九，《升》之六四特言王用而非五也；《隨》之上六，《益》之六二兼言王用而非五也。《記》曰："夫言豈一端而已，夫各有所當也。"必欲執一說以槩全經，所謂"固哉，高叟之為詩！"而咸丘蒙疑瞽瞍之非臣者與之同失矣。

（選自《亭林文集》卷三）

上某都憲書

潘耒

> 潘耒（1616—1708），字次耕，號稼堂，江蘇吳江（今蘇州）人。通貫群經，考證精博。著有《遂初堂易論》一卷、《類音》八卷、《遂初堂文集》二十卷、《遂初堂別集》不分卷、《遂初堂集》四十卷、《金石文字記補遺》六卷、《易象數論十三篇》等。生平事蹟見《清史稿》卷四八四、《（光緒）海陽縣誌》卷三四、《清代七百名人傳·學術》第四編、《國朝先正事略》卷三七、《晚清簃詩匯》卷四二、《清儒學案》卷七、《清代樸學大師列傳》、沈彤《潘先生行狀》、《江南通志》卷一六五等。

昔夫子稱"吾未見剛者"，蓋剛之為德大矣。《大易》一書以陽剛為君子，陰柔為小人，世固未有君子而不剛者。至於公卿大臣，身任國家之重，如鼎之有足，如屋之有棟，安危成敗係焉，若之何可以不剛也？古之大臣以義正君，非其義不就；以道守官，非其道不處。嚴然氣正性凜乎？其不可屈也。特立獨行，確乎其不可奪也。故曰"靖共爾位，好是正直。"自老氏之徒有"太剛則折"之戒，有"摧剛為柔"之說。而世道下衰，流俗之士多便之，其言不幸而多中，皦皦易污，隆隆易折，比比皆然。

"懲熱羹而吹齏"，君子有所不免。流風靡靡，以委蛇為明哲，以緘默為深沉，以雷同附會為和衷，以遜避推諉為練達，其能卓然自立崖岸者鮮矣，況能切劘當世乎？其能與儕輩立異同者少矣。況能與人主爭是非乎？夫申屠嘉一武夫耳，能戮辱天子之幸臣；汲黯一主爵都尉耳，能使人主不冠不見；祝良一賢良文學耳，能廷折桑弘羊之口；朱雲一儒生耳，能屈五鹿克宗而折其角。豈古今人之果不相逮歟？或是者有本有原。《傳》曰："仁者必有勇。"夫惟仁人君子奉公憂國，視生民之疾苦，不啻疾痛在身；畏人天憫人之念重，而持祿養交之慮輕。然後能擔荷天下之事，而榮辱利害有所不計，否則浮沉偃仰焉而已。

又曰"無欲則剛"。古之君子，一介不與，一介不取，制行清白，皭然無疵，然後其氣傑然能伸於萬物之上而不撓，否則突梯脂韋焉而已。夫論人於中古之上，所謂公忠清介者，猶戛戛乎難之，況今日哉！雖然竊於公望之。某之奉教於公十餘年矣，見公於四方水旱，吏治頗僻，每咨嗟見於顏色。他公卿退朝，酬酢宴會，庀家而已。公獨居深念講求天下利病，孜孜弗懈，則其仁有足稱者。公自參密勿不妄交一人，不輕通一刺。洎掌邦憲，尤屏絕交際，玩好聲色，一無所愛。

公餘之暇，丹鉛不輟，則寡欲，有足稱者，庶幾無愧古大臣，而可與言聖人之所稱剛者乎？方今主上神聖，海內乂安，威德所加，無思不服。惟是廷中委靡選懦之習，猶未盡除；正直挺勁之風，猶未盡覯。所以振起作新之者，非公曷賴？《易》莫盛於泰，其《彖》曰："小往大來。"其《象》曰："內剛而外柔。"君子而外小人，然則世運之否泰，人才之消長，在剛與柔二者決之而已。惟公熟察焉。

（選自《遂初堂文集》卷五）

再答葉尹如書

魏際瑞

> 魏際端（1620—1677），字善伯，號伯子，又號東房，江西寧都（今贛州）人。著有《詩經原本》《易義選參》二卷、《魏伯子文集》十卷等。生平事蹟見《清史稿》卷四八四、《清儒學案》卷二二等。

伏讀來書，云："象之為言，乃天地萬物之實體。"此確論也。夫象乃至虛，須臾忽變，然成此須臾之象者，必有其所以然。是故所性根于心則生色見于面，人事悖于下則天道變于上，觀其所變，而天地萬物之情可見矣。又謂："《易》象之難明者，若坤為牛，又為馬，乾本為馬，又取震龍，豈乾與震合乎？"夫震得乾一索，是為長男，則肖乾者莫如震，故乾健而震動。震得最初之生氣，在東方而為木。龍，木也，陽精而潛于陰，故震一陽在二陰之下。古人謂梭杵之能化龍，以木屬耳。乾之六爻曰六龍，則乾亦龍也。而乾不曰為龍者，以震所專，乾與震合，斯理為不易矣。

若夫坤之為牛，是坤順之本體，而坤德為地，主于載物。馬者，載物者也。天用莫如龍，地用莫如馬。牝馬地類，行地無疆，則坤之為牛，正言其體。坤之為馬，兼言其用。而謂之牝馬，則與乾有異也。夫曰乾為馬矣，而又曰為良馬，為老馬，為瘠馬，為駁馬。坤為牛矣，而又曰為子母牛，是以牛馬為象者，亦非定指一端。而震、坎亦有，其于馬也，為善鳴，為美脊之類。則是自乾、坤大概言之，則為馬為牛；自其至賾而言，則非馬牛之一象為可盡也。

今夫山川之氣，結而為雲，其降也則為雨，而凝之也則為雪。是三物者有異矣，故曰"不可為典要，惟變所適。"此象之所以為妙也。通《易》三百八十四有爻，其象各有所適，而莫不各有所主；又互有所錯，而莫不各有所生，神而明之，存乎其人而已。至所諭《大學》親民之說，不過"新"之譌"親"，而本傳釋以日新、作新、維新者，其文甚明，不足辨也。凡諸臆說，皆祈有以教之。

（選自《魏伯子文集》卷八）

復友人問易外書

屈大均

> 屈大均（1630—1696），字翁山，又字介子，號萊圃，廣東番禺（今廣州）人。著有《翁山易外》七十一卷、《翁山文外》十六卷、《廣東新語》四十三卷。生平事蹟見《晚晴簃詩匯》卷一八、《清史稿》卷四八四、《清詩紀事初編》卷二、汪宗衍《屈翁山先生年譜》、徐鼒《小腆紀傳補遺》等。

足下以吾未嘗學《易》而言《易》耶？吾謂人無智愚，無不能以言《易》者也。不能言聖人之《易》，寧不能言愚夫愚婦之《易》。不能言愚夫愚婦之易，寧不能言吾之《易》。《吾》之《易》，吾自言之，言之而有得乎《易》之內，與有得乎《易》之外。吾自知之，有非人之可得而聞者矣。

嗟夫！《易》無內外也。內言之而是焉，外言之而亦是焉。羲之畫其內乎外乎？文之彖，周之爻，孔子之《十翼》，其內乎外乎？四聖人之所言，其內其外，不可得而聞。即愚夫愚婦之所言，其內其外，亦可得而聞也。故曰夫婦之愚可以能言焉。夫吾亦愚夫愚婦而已耳。愚夫愚婦之言，雖聖人有所不能言，其有所不能言者，乃其所以能言者也。其有所不能知者，乃其所以能知者也。然則吾也，遂謂吾之言，能言聖人之所不能言；吾之知，能知聖人之所不知。亦何不可之有。

嗟夫！鳶之飛，鳶之言《易》也。魚之躍，魚之言《易》也。鳶有不飛，飛則必戾乎天；人有不言，言則必至乎極。然則鳶也，但求其飛人也。但求其言天之不戾，極之不至，鳶自知之，人自知之而已。斯說也，足下必以為狂，然知言之君子必當知之。

（選自《翁山文外》卷一六）

與冉永光先生書

胡　煦

> 胡煦（1655—1736），字滄曉，號紫弦，河南光山人。嘗修《周易折中》《卜筮精蘊》等書。康熙五十一年（1712）中進士。精于《周易》。著有《周易約圖》三卷、《孔朱辨异》三卷、《周易函書約注》十八卷、《周易函書正集》九十九卷、《易學須知》三卷、《周易函書約》三卷、《易解辨异》三卷等。生平事蹟見《國朝先正事略》卷一五、《清儒學案》卷四七等。

　　六經為聖人傳道之書，而《周易》則聖道之大本所繫，不識從前但以為卜筮之書，何也？執卜筮一見，以解《周易》，為當也？否耶？夫《洛書》與《河圖》，孔子謂為作《易》之具，而先儒以為作《範》之具。《先天》四圖既則《圖》《書》，而先儒無一相通之語。《河圖》既為《先天》，而先儒硬欲拆而為卦。《易》冒天下之道，而《太玄》《洞極》《潛虛》《洪範》竟似《易》外別有一道。

　　元亨利貞，本乾之四德，而先儒說作兩件，且硬欲說成人事。用九、用六本皆言理，而先儒以為說古。"大明""首出"二節本言《乾》德，而先儒以為聖人。《周易》之卦悉屬先天，而先儒俱執為有形有體之物。孔子《彖詞》來往內外字而本皆說《圖》，本是一箇道理，而先釋為數種。

坤之卦詞《文言》中"得主"連讀，而先儒以"後得"為句，"主利"為句。周公爻詞悉本文王之卦，而先儒皆另為一說，不顧卦德。如上類，自始至終，悉成訛誤。總由以韋編三絕之書，直欲為朝樹暮陰之計耳。某於壬辰、甲午、乙未、丁酉七經召對，今聖人深契道妙，知煦不徒執儒者之說，而兢兢奉經文以為之主也，是以屢蒙愈旨，且有"苦心讀書"之目。

煦於《周易》四十餘年，成書三千餘頁，名曰《函書》，約字一百八九十萬。第以力微，不能刊刻。今約首之五十卷為三卷，以隱括大意。刻成，當另期請教。

（選自《葆璞堂文集》卷一）

與冉永光先生書

胡煦

滑州館中別後,今已十有餘年。比歲以來,有疑莫質,雖研窮書卷,道理信得幾分,而切磋琢磨,終鮮師友之力,居常耿耿。

煦竊以為,《周易》者,聖人傳道之書也。自《圖》《書》及於卦爻,皆是一箇道理,所謂一經貫之者也。《河圖》先天,《洛書》後天,故《河圖》合而《洛書》分。分者必不可合,合者必不可分。故伏羲則以畫圖,亦內合而外分。內則《河圖》,而外則《洛圖》也。因外分之象便是則《書》,故有先天而無後天。文王未嘗畫卦。《周易》所有之卦,開大圓圖而有之者也。故孔子《彖詞》遂有內外往來、上下進退之說,蓋言《圖》也。

煦謂《周易》全部皆屬先天,此之故也。周公之爻,拆卦而釋之者也。既拆卦而有爻,則其釋爻宜本卦德,乃先儒釋爻,儘有另說一義,不復迴顧卦德者矣。卦開於《圖》,則釋卦者宜本於《圖》,乃先儒釋卦,竟將往來字面認作卦變,而不知有《圖》矣。《圖》因於《河》《洛》,則必《圖》《書》中便具有畫卦之理,則必《先天四圖》便具有《圖》畫之妙,乃先儒釋《圖》,絕不言則之之故,於是乎取《河圖》之必不可分,稱之為未發之中者,而亦強拆而補之矣。於是乎《先天四圖》不能解圓轉不息,相依互根之理矣;不能明內外分合、初末往來之義矣。遂使《圖》《書》至卦爻一脈相通者處處打斷,得為知《周易》者乎?

煦於《周易》四十餘年,成《函書》九十九卷,皆自心之獨得。特限於資力，不能剞劂就正高明，徒藏篋笥中耳。向欲請教，因往來無人，不便攜帶。近將《函書》約三卷付之梓人，刻成之後，另寄請教。《壽詩》前後約三十首，並拙詩二章，乞先生正之。

（選自《葆璞堂文集》卷一）

與張儀封先生論周易書

胡　煦

"易"道之晦也，皆制藝取功名之念誤之。不守一家言，則以為背注，而無由獲雋，故義傳而外，不肯開拓一步，雖有真《易》至論，合乎四聖之心，悉在所屏。是《易》之晦也，學《易》者晦之也。程子曰："某於《易》，只解得七分。"朱子晚年，亦自悔本義之作，何嘗謂有此義傳而他書可盡廢乎？今試略而論之。

《易》中最有關係，無若"往來"二字。上二字不明，則爻中"初"字之義必不得其解。"初"字不得其解，則內外上下不得其解。內外上下不得其解，則卦中之《彖辭》《爻辭》無一字能得其解者矣。何也？《周易》團攏得來，只是渾淪一個太極。其三百八十四爻，則文王之六十四卦，而周公拆之者也。其文王之六十四卦，則伏羲之大圓圖，而文王拆之者也。其伏羲《大圓圖》，則《先天八卦圖》三加而成之者也。其《先天八卦圖》，則伏羲擬議於《圖》《書》，則而畫之者也。《河圖》者，卦畫未成，是太極之所寓，而先天之呈露者也。以三百八十四爻回視《河圖》，終若絕不相類。然《繫傳》有云："《易》有太極，是生兩儀，兩儀生四象，四象生八卦，八卦定吉凶。"則固融會四聖之《易》，而上通於未有卦畫以前，下通於既有卦爻以後，一以貫之，而莫之有違焉者矣。今試以周公三百八十四爻，攢攏而會聚之。自初至上，連為一處，知未有外於六十四卦者也。故其擬爻而為之辭，亦必推本於各卦之性情而出。若使可以離卦而為之說，則初九之三十二爻，止一潛龍可以盡之，而《屯》《需》《畜》《復》之初，奚為而異其象也？夫周公擬爻，而惟卦之從也，予故曰：周公之爻，即文王之卦而拆之者也。

今試以文王之六十四卦，攢攏而會聚之。其初向內以觀其來，其末向外以觀其往，知未有外於伏羲《大圓圖》者也。故其擬卦之辭，亦必推本於內外往來、上下始終以為之據。如所謂"大明終始""得朋喪朋"，甲庚先後，皆其義也。若使文王可以自為《周易》，而不必推準於《先天》諸圖，則伏羲之《易》久為，文王之卦，孔子之《象》莫不本之，以論往來內外、上下始終。予故曰文王之卦，即伏羲之《大圓圖》而拆之者也。今試以伏羲《大圓圖》揭去外之三畫，止存內之三畫，又將內之三畫一加再加，各各拆之，觀其所虛之中，而知太極寓焉矣；觀其初加之東陽西陰，而知兩儀寓焉矣；觀其再加之南陽北陰，而知四象存焉矣。又加而至於三爻，而合以觀其一陽二陽三陽一陰二陰三陰相連之妙，則陰陽互根，初未微盛，上下內外，凡《周易》卦辭、象辭、爻辭所有之妙，無義而不具於其中。予故曰：《大圓圖》即《先天八卦》三加而成之者也。

又試以《先天八卦》而比量於《河圖》，知未有天地以前，其渾合之機，難可名狀，則合生成而渾為一處，使人知生之之理，雖其朕兆未形，而成之之理，已即此在矣。伏羲深知其妙，因奇偶渾合、回旋交互之機，與五十居中之旨，而定為太極。又因奇偶之異，畫陰陽而定為兩儀。又因上下左右已具四達之理，而定為四象。又因五十居中，四方止得八數，而定為八卦。又觀盛陰盛陽之極於外者，而定天地之位。又觀微陰微陽之生於中者，而定根陰根陽之理。率皆本奇偶聯貫處，熟玩而得之，故《河圖》有連法無拆法也。先儒不知《河圖》原是渾淪之物，因將伏羲觀象畫成之卦比合其數，強以拆之。夫《河圖》而既而拆矣，不且為後天乎？若是，則《洛》之為後天者，亦盡可以不必出矣。姑無論《圖》之初出於《河》也，其時必未有卦象，乃顧以則《圖》所畫之卦，附於其數而配之，則伏羲先天八卦竟可以不必立圖矣。是先天八卦之妙，反緣此一拆而俱晦矣。何怪乎後人之解先天者少也！是皆未知伏羲八卦即是《河圖》，而先天之妙悉在其中故也。何謂先天？其在於人，即未發之中是也。夫人當寂然不動之時，固未發時也。既云未發，其於喜怒樂，究何所有？設於未發時強以拆之，曰何者為喜，何者為怒，知必不能。夫未發之中不可拆，而獨以先天之《河圖》為可拆，猶得為知先天者乎？既未知《河圖》即為太極，原屬先天，本是無偏無倚，流行而不息的物事，則伏羲先天八卦，安得不執為對待不移，而並沒有其圓通之妙也？因不知先天八卦自具圓轉流通之妙，則文王拆之而作《易》，周公拆之而作爻，其中之圓轉流通，如往來內外、上下終始之說，抹索不著的，那得不執為卦變卦綜紛紛其說耶？

夫學者之注《易》也，欲其適足發明《易》卦、《易》爻之理耳。即令人皆知此卦之變、此卦之綜，從某卦來矣，而究於本卦無所發揮。若是，則即並卦變、卦綜而去之，而《周易》之理，未嘗不自在也。自來注《易》者，皆以五行納甲，及《火珠林》之說，咸以其近於術也而略之，顧又以《周易》為止是占卜之書，此皆非知《周易》者也。夫《易》之廣大如天地，然其中精粗美惡，何所不有。豈以其為精也美也而存之，粗也惡也而胥去之？且如見豕負塗、載鬼一車、跛眇躄趾諸象，聖人之擇言，固如是乎？不知《周易》之理，精而求之，則窮理盡性，知命達天出乎其中；淺而求之，而夫婦居室、吉凶趨避之理亦出其中，初不得謂此精而彼惡也。即如納甲之說，亦是聖人知《周易》之不可易學，故即日月交光之旨，以發明陰陽進退之象。此非精以審之，以觀其所生之位，所居之方，而得其進退盈虧、始終微盛之妙，豈易得其旨也？天地陰陽往復，最靈最妙無過於此。後世之術家，用之而有驗，則遂流而為術耳。五行之說，其初出於《易》之四象，其中靈妙，實難盡述。自陰陽家資其生剋之說，每有奇驗，後遂流而為術。又如《火珠林》所立世爻八純之卦，定於宗廟，必不可變。其後，則以卦氣自下而升至五，則轉寫為歸遊。此皆《易》卦以下為初、以末為上之旨，皆本於天地自然之氣化，而伏羲《大圓圖》所寓之妙旨。

予會《河圖》及先天八卦相通之旨，又觀《易象》往來上下、內外終始之妙，而作為《循環太極圖》。即與《河圖》、先天八卦未有殊旨，而又下通於各卦各爻，以達於生卦生爻之故。蓋知圓轉不息，絕無停機。一部《周易》，其中卦爻莫不如是。所以說，《周易》是個活的。至其卦象，歲令、月窟、天根，皆此一圖之妙所該括者也。又玩先天之妙，更立縫卦，皆先天八卦中流行不息之義也。又作為四通之十六陽卦，所以發明"交"字、"生"字之義，使人不迷於內外之說。而又以考一爻之旁通，有見有伏，有動有變，達於四卦，均無異旨，亦莫非流行不息之理也。聖人之道，盡在《易》象、《春秋》。《易》象，其大本也，所寓者，天人事一之機；《春秋》，其大用也，所寓者，天人感格之理。不知《易》象，則學聖者無本領；不知《春秋》，則學聖者無作用。然則《易》學之晦明，豈淺鮮事哉！

煦之愚魯，亦已甚矣。第以學《易》四十年，似亦以微有所窺，故敢僭為之注。即其所釋，亦皆考證於四聖之經。即經以解經，斷不敢執傳而棄經也。即如"先迷後得主"本為一句，考之《彖辭》"先迷失道，後順得常"，是以得主為常道也。聖人懼人不知"得常"為"得主"，故於《文言》又曰："後得主而有常。"是以"得主"即為"得常"，則"得主"二字相連也明甚。乃顧曰"主利"為句，是徒在占卜上著眼，不惟小視聖人之經，是明與聖人之經文悖矣。又如《坎》之六四："樽酒，簋貳，用缶。"本為三句。乃顧曰"樽酒簋"句，"貳用缶"句，因引《周禮》以為二字之證。然而孔子《小象》固曰"樽酒簋貳，剛柔際也"。如使樽簋可自為句，豈有截下句一個"貳"字，連上句之三字，遂硬成一句？聖人之經，有如是之文法乎？又如"大明終始"節，本言《乾》之亨由於元；"首出庶物"節，言《乾》之利貞由於元。顧獨摘此兩節，以為指聖人，聖人之言，如昌之雜亂乎？又如《坤卦》"積善之家"節，蓋言順也，順本坤德，故於《坤卦》言之。顧以為"慎"字之誤。予皆就經而正之，而斷不敢有違於四聖之旨。至後訛誤甚多，不能悉錄，皆詳辨於各卦各爻之下，亦欲使天地間尚存真《易》云耳。至以予為不合傳義，為背時宜，予固非藉以為名也。若其博採先儒之書，不徒以為一家之說所浸沒，當必有以諒予之苦衷矣。此外，有縫卦之說，詳見《天根圖》；有八字之說，詳見《乾卦》初九爻下。《周易》之中，最有關係之十二卦，《乾》《坤》《泰》《否》《坎》《離》《復》《姤》《損》《益》《夬》《剝》，其所注釋，皆與他經迥別。

(選自《葆璞堂文集》卷一)

與張儀封先生書　　胡　煦

弟耳先生名久矣！功業炳耀，不足為先生重；聲譽赫奕，不足為先生多。獨此肩荷聖道，搜剔逸書，表章賢聖，不啻續欲滅之燈，揭日月而麗諸天；澆欲斷之流，傾江海以沃其源也。此豈一手一足之烈耶？第念聖人之道，盡在《周易》，從而學之，蓋四十年矣。

然自孔子迄今，二千年間，而《易》道終晦者，蓋亦有故。一晦於制義者徼倖功名，獨奉一家之言，以為蓍龜；又晦於注《易》者獨持己見，而不能窺立言之本意極廣大。高也而卑視之，則止以為卜筮之書；深也而淺視之，則止以為趨避之事。又其本原之地不明，竟將本原《周易》，看作極零星極瑣碎的物事。不知《周易》六十四卦均屬《先天》，則此後無有一卦一爻能得其解者也。不知《周易》六十四卦悉出於元亨利貞，則此後無有一卦一爻能知其來歷者也。不知《彖》詞獨贊《乾》元，則不知《周易》貴陽之義。不知爻詞特標初字，則不知原本太極之機。不知天道人事止是卦象，則滯而不靈。不知《乾》《坤》兩卦為大父母，則零星無統。不知《先天》出於《河圖》，則不知十數必全之故。不知文王之卦出於《先天》，則不知八字立爻之旨。須知《周易》中有六要，皆於《易》大有關係。若能箍攏將來，方是一箇活《周易》。合其一二，猶可漸次相通；若六要俱違，則無一字為真《易》矣！夫原泉之既濁矣，而欲清其流；塵鑑之既昏矣，而欲用其照也，烏可得哉！

煦觀《周易》止是太極中事，原是箇活的，無有一卦一爻不可以相通者。或精或粗，隨人用之，無不靈妙。後人極力闡發，尚懼不明，豈能如子雲《太玄》無領會，徒作奧詞，為《易》外之《易》，自飾固陋，欺天下，誤後世，而漫無所可否哉！此後偽《易》頗多，皆《太玄》為之倡始。茲之所述，雖不能有異前人，然異於儒而不敢違聖，異於傳而不敢背經。天壤之大，得一人焉為知己，聖道亦可以不孤。

煦自壬辰，迄於甲午，澹寧、乾清，五經召對，荷蒙諭旨，有"苦心讀書"之目，而又得葑菲不棄如先生者，非煦之幸，聖道之幸也！若以為無當而覆之瓿，任焉而已。外有與先生論《周易》一篇，公餘詳細閱之，則不才注《易》之心，或亦可以微見一班也。

（選自《葆璞堂文集》卷一）

與王崑繩書

李　塨

　　昨入上谷相別握手，歎後進乏材，聖道昌明何日？淒然淚下，天地神鬼，獨無靈耶！無躁無躁，讀愚《易注》，拍案稱快，超前軼後。又言各卦總結六爻分象，合為一象，勢如率然，殊屬獎借。但謂爻變互卦，以及伏體反體、似體半體，則聖經所無當，掃而去之。歸里，再四考索，有未敢遽以從命者，謹白吾子。

　　據"居則觀象玩辭，動則觀變玩占"，二語以為爻變乃占事，非平居觀玩所用，然此互足之言耳。觀象玩辭，變在其中矣；觀變玩占，象在其中矣。不然，占亦有不變者，何以觀乎？且聖言不止此，爻者言乎變者也，爻者效天下之動者也。道有變動，故曰爻。爻者，交也。陰交陽，陽交陰也。則爻本以變為名，而乃曰不變乎？故爻不用七八，專用九六，以云變也。而曰爻不言變，是反聖經矣。而謂聖經無有乎？《左傳》蔡墨於乾初九、九二、九五、上九用九，曰乾之、姤之、同人之、大有之、夬之、坤智。莊子於師初曰師之臨，遊吉於復上曰復之頤。王子伯廖於豐上曰豐之離，皆非卜筮也，而即以變訓爻，辭可據也。吾子曰此亦不足信者。則《春秋》諸賢尚屬三代遺英，左氏受學孔子，必有師傳，而盡以己見駁之，後儒武斷毀經，吾子所惡而可蹈耶？互卦亦聖經所有也。

　　《繫辭傳》二與四同功，三與五同功，吾子以為但論中爻，非言互卦，則雷在澤上曰歸妹，泰、之、互、震、兌，五爻亦曰歸妹，辭與歸妹五爻同。夫歸妹之辭，非習言也。而故同之，非論互卦乎？豈周公系辭彼此雷同，竟漫然已乎？周史占觀之否，明指互有艮山。吾子又曰占象不必在卦爻中，則未有占出於《易象》之外者也。至於伏體即對易，反體即反易，文王序卦於屯蒙，五十六卦用反易，於乾坤、頤大過、坎離、中孚小過用對易。孔子作《序卦》《雜卦》傳以釋之，則聖言矣，豈《易象》所無而聖人強為扭合也乎？《易·文言》曰："六爻發揮，旁通情也。"謂乾三爻旁通，則為三畫坤卦；六爻旁通，則為六畫坤卦。若如俗解謂旁通曲盡其理，以為泛言之也。天下物理，本乎天者親上皆天矣，猶是乾矣，非旁通矣。本乎地者親下，是旁通坤矣，非泛言矣。夫乾之旁非坤，尚有何物何理哉！反體則泰之傾否，鼎之顛趾，周公顯著，其象傾顛反也。鄭人謂孔子顙似堯，頂似皋陶，肩似子產，自腰以下不及禹者三寸。似，似體也。腰以下，半體也。人既有之，《易象》亦然。不者無以盡天下之像也，無以盡天下之變也。且亦思，《易》之妙變者；《易》者，似者之究。不變不易，不似乎乾坤生生之道也。

孔子頂似皋陶，肩似子產，而究為孔子之頂與肩非即皋陶、子產之頂與肩也。吾師習齋先生曰：予思劉煥章時，即恭莊，思陳國鎮時，即懇摯，思張石卿時，即謙抑，變《易》之說也。而究為習齋之恭莊、懇摯、謙抑，非即三賢也。《春秋》占觀之否，觀之否耳，互卦有艮，亦艮山象耳。未嘗即作否艮，二卦斷也。占屯之比，仍屯之初九，非即比之初六也。若即否比是否矣，比矣非觀之否屯之比矣。吾子乃憂有變有互有伏有反有似，每卦有二十餘卦，以為紛紛，不知二十餘卦，仍只一卦也，故曰"不為典要，惟變所適。"又曰"既有典常，道不虛行。"二者兼會之於《易》，思過半矣。至謂每觀艮為門，闕為手等解，輒厭之。又曰：立象以盡意，不必執取爻畫，乃聖人以意為象。則王輔嗣、程伊川舊有此議。埽象去象，見於注傳，而其言泛浮不論，辭何以系？漫然論理，則何必注彖注象？但講《魯論》《孟子》即可，何者通一理也！今既注《彖象》《繫辭》，即論理亦須強比，其辭杌陧附會，吾子讀其注，自見何為蹈此。且如此勢必將說卦諸象以為非聖人之言，如歐陽修輩矣，是毀經誣聖之漸也。豈可豈可！

　　拙著自告成後，未得有道就正，無由發蒙。今賴吾子直諒，使狂愚再四擬議，拜益多矣。然亦望吾子深究之，廣通之，再詳以諭，歸於一是焉。

（選自《恕谷後集》卷四）

與張韓諸君書　　李　紱

> 李紱（1673—1750），字巨采，號穆堂，祖籍歙縣臨河人，江西臨川人。康熙四十八年（1709）進士。著有《春秋一是》《稼書先生（陸隴其）年譜》一卷、《朱子晚年全論》八卷、《陸子學譜》二十卷、《陽明學錄》《穆堂類稿》《續稿》《別稿》。生平事蹟見《國朝先正事略》卷一四、《清代七百名人傳》第一編、《清儒學案》卷五五、《徽州通志》卷一二、《清史列傳》卷一五、《穆堂初稿》《晚晴簃詩匯》卷五八、《國朝名家詩鈔小傳》、全祖望《閣學臨川李公紱神道碑銘》等。

《易》為人事而作也。孔子於大象，如天地健順，雲雷屯難，而必曰："君子以之。"又曰："易道有四：以言，以動，以制器，以卜筮。"又曰："百物不廢，懼以終始。"皆人事也。子癸未注《易》，至壬辰而成。嗟乎！《易》入漆城，乃二千年於茲矣。自田何傳《易》，而後說者夢如而視其象，忸怩徵其書，穿鑿按其理，浮游而尤誤者，以《易》為測天道之書。於是陳摶《龍圖》、劉牧《鉤隱》、邵雍《皇極經世》竝起摸無極推先天，不唯《易》道入於無用。而華山道士、青城隱者，異端隱怪之說，羣竄聖經，而《易》之不亡，脈脈如綫。

夫聖人之作《易》，專為人事而已矣。何以明其然也？乾坤索，而為雷風水火山澤，本天道也。伏羲因而重之，何不皆言天道？而蒙、需、訟、師、謙、履等卦即屬人事。文王象辭於乾，繫以元亨利貞，猶天道、人事兼言也。至坤牝馬之貞，君子攸行等辭，專言人事，周公象辭則勿用、利見大人、乾乾夕惕，無非人事者。以下六十二卦言人事者勿論，如復、姤、泰、否明屬天道，而利有攸往、勿用取女、小人、大人，必歸人事。乃知教人下學，不言性天，不惟孔門教法也。自伏羲、文王、周公以來皆然也。人天之所生也，人之事即天道也，子父母所出也。然有子於此問其溫凊定省不盡，問其繼志述事不能，而專思其父母如何有身？如何坐蓐？以有吾身，人且以妄騃目之矣，而謂之孝乎？況天與人亦各有其事，天之事在化育，人之事在經綸。天而不為天之事，而欲代人經綸，則天工廢；人而不為人之事，而專測天化育，則人績荒。天工廢則乾坤毀，人績荒則宇宙亂。故天地人交相為贊，而亦各不相能三極之道也。《中庸》記曰："天命之謂性，率性之謂道，修道之謂教。"此《易》教也。舉性天而歸諸人事也，引而近之也。程氏則曰："吾儒本天異端本心。"楊氏則曰："教人以性為先。"此非《易》教也。舉道行而歸諸性天也，推而遠之也。其言似同，其旨乃異，毫釐之差，千里之謬。學術世運於此焉分，不可不察也。

子弱冠受學於習齋先生，不言《易》，惟以人事為教。及壯遊入浙，問樂於河右毛先生，為予言及《易辯》《河洛》《太極》之非。及歸而玩《易》《卦象》《爻象》，一一與習齋所傳人事相比，乃知習齋不言《易》，而教我《易》者至矣。故少於《易》僅一覽，長又無能誦讀，而日注一卦，驟然若解。夫天下萬世猶吾身也，意欲公之，斯世以共期寡過，共力經綸，或亦仁人君子之所許也。

（選自《顏氏學記》卷六）

上新喻一齋晏公求序易通書 程廷祚

　　閣下曩在金陵，位冠群僚，廷祚於時未敢執經而前，恐蹈慕勢之機，為士林羞。夏間奉謁，又念憂服之中非可講學而論道，然不能自止，故輒以所著《易解》請正，不意偶當高明，退而自喜，其未盡之言，則卷而懷之。

　　方今達人君子言《易》者，有若濟齋都公，有若梅莊謝公，鼎足而三。廷祚於德公見其書，於閣下聞其言。閣下之言曰："《易》之道盡於一奇一偶。"又曰："宋儒為《易》，大抵為《先天》所誤。"斯二言者，足以俟百世而不惑矣。然則今之明於《易》者，舍閣下其誰與歸？廷祚自顧無能為役，然留心《易》學者已非一日，而亦竊有以自信。嘗謂《易》學不明，由於後儒好立異說與誤解《大傳》。二害惟均，而誤解之害有甚於好異。其故何也？《河圖》《先天》、五行、卦氣諸論，淺陋者之所矜尚，而深識者則知其不然。至若以位為陰陽，以爻為承乘比應，以二五為君臣，以上下往來為卦變之數者，以《大傳》之明文，郢書而燕其說，自有箋疏以來，承訛襲舛，莫之是焉。

　　廷祚誠念后之學者無志於《易》則已，有志於《易》，而求青天於云霧，索周行於荊棘，為可悼也。乃不揣檮昧，屏跡江城，五載而成一書。一以《大傳》為宗，盡去舊解之誤，深以獲罪儒先為懼，行謀授諸梨棗，以觀當世之論定。欲得閣下一言，以弁其首。書之有序，斯以闡發儀例，推究本末，事非細也。古者出於己，或取諸人。晚近之弊，至乃假寵軒冕，乞靈華膴，連篇累牘。庸夫慕之，君子恥焉。廷祚之意，則以今日志古之道，法古之人而明於《易》者惟閣下，故惟閣下宜序此書，而非他可爭者。伏惟垂察。

（選自《青溪集·青溪文集續編》卷四）

上一齋晏公論易學書

程廷祚

廷祚竊聞《易》道之在天下，無所不該。然三聖人之垂世立教者，閱數千載而同一揆，非僅為卜筮之書而已也。學不以此，則為曲學；道不以此，則為異端。無如後世之好怪者，一聞《易》道廣大，則爭欲割裂而比附之。夫所謂廣大者，其于天命人心悉能明著之於事物也；謂其志無不通，疑無不斷，而由是以及人道之正也。

昔之聖人方以《易》正天下之曲學異端，而自漢以下，有言陰陽災變者，有言讖緯者，有言行持火候者，有言五行卦氣互變飛伏者，紛紛以曲學異端竄入於《易》而禍人道，其害可勝言乎！王輔嗣有見於此，而力不足以勝之，惟去其太甚者，而一貫之道，仁義之指則闕然未能有所發明。有宋數百年來，名儒輩出，多所闡發，而論說日繁，是非蜂起；古聖人作《易》之本原，果孰為得其宗乎？《易》之太極，乃推原卦畫所自，而《大傳》僅一言之，聖人之教人未嘗以此也。今不舉亟稱之易簡，而標一言之太極，且托於圖以示人；《河圖》雖見于《傳》，而自古未有言其為何物者，今特表而出之；至聖經本無《先天》之說，今亦創而為圖；皆以出於希夷者，為伏羲所手授，《易》之本教，固如是乎！故昔人謂以圖說《易》自宋始。夫《易》誠當以圖為說，則孔子宜先宋人而為之矣。然則視漢代以下諸竄入於《易》者，將以為有功於《易》學耶？抑宋猶未也？綜漢、宋諸家之所為，而深求諸《大易》，則見其以天下之吉凶悔吝決於一奇一偶，以奇偶之得失，決於中正；中正謂之天德，而後於物無不統，於柔無不化；內聖外王之業，備於此矣。然則以《易》為高談性命，《易》固未嘗離人事而為言也。以《易》為猶未免於繁賾，《易》之所用，一奇一偶而已。如是而後謂之潔靜精微，如是而後謂之易簡，聖人所以崇德廣業，而非僅為卜筮之書，職是故也。

自《大易》晦蝕百家眾說，二千餘年以來，聖道不絕如綫。然孔子之《十翼》則具存也。以經解經，莫要於是。閣下之書名曰《翼宗》，此已非前儒所可及矣。而謬許廷祚，以為不謀而合。廷祚竊自幸矣。至爻義之不重承應，在經傳似有確證，而《說卦》《序卦》之當闕疑，先儒論者亦多，語悉著于篇，若斯之類，不敢驟改。其未合者以求合，姑俟他日。茲妄論舊解之有遺議者，伏冀閣下垂教，示其當否，曷勝慶幸。

(選自《青溪集·青溪文集續編》卷四)

與王從先司馬論易數書

程廷祚

箋聞之。《大傳》曰："極其數，遂定天下之象。"又曰："設卦觀象，繫辭焉而明者凶。"蓋聖人之作《易》，因數而得象，因象以明天下之吉凶，而其本教則在於開物成務，以立人道，所謂和順於道德而理於義，窮理盡性以至於命也。然則欲言《易》之象數者，可不慎哉！

古今解《易》者不下數百家，自春秋之末，筮史立為廣象，互體、卦變諸法，孔子贊《易》，擯而不用。漢興，由田何以至施讎，數傳而其書皆不存，無以知其說之是非。史稱讎之同門孟喜始改師法，以陰陽災異言《易》，而焦延壽、京房衍其流，浸淫入於讖緯。東京以後，馬、鄭、荀、虞之徒采春秋筮史之法而用之，加以五行、納甲、飛伏、世歲，附會穿鑿不可勝窮。蓋《大易》之說一亂於《左氏》，再亂於孟喜、焦、京，三亂於馬、鄭、荀、虞之徒，而《易》遂為怪妄之藪。雖孔氏之書昭揭日月，而無以制羣言之鼎沸，亦可慨矣！有宋大儒輩出，學術醇正，乃其說《易》，則援希夷之《先天》、劉牧之《河圖》以為原本，倡一和百，竟相推衍，以矜高妙。此二家之《圖》果孰傳之？而孰受之？使猶不免於附會穿鑿之疑，則與彼《左氏》以下又何別乎？古所謂象數者，此數家舉其大凡矣。其他附麗於《易》以自飾其說者，尤難更僕數。某生乎數千年之後，而欲追議數於千年以前之得失，如自顧淺劣何？

拙著《易通》以《要論》二卷列諸部首，欲以己之不敢遽信於先儒者，與天下共啟其疑，而求一是也。鍾不扣則不鳴，今明公有疑於此，固某可以言之時矣。敢不竭其愚以獻？夫自《左氏》以下言象數者，今皆以為不然，則《大易》將不必言象數乎？非也。夫盈天地之間莫非陰陽，陰陽而以奇耦之數紀之，聖人之能事也。二畫既立，由是而八，由是而六十四，則天地萬物之變盡矣。數之為數，統於此矣，而外此無所謂數也。《傳》曰："夫乾，確然示人易矣；夫坤，隤然示人簡矣。""象也者，像此者也。"是象者，像天地之易簡也。又曰："聖人以見天下之賾，而擬諸其形容，象其物宜，是故謂之象。"是象者，像事物之繁賾也。象之為象，統於此矣，而外此無所謂象也。夫《易》所謂象數，其平正明顯如此。而儒者好為艱深，術家參以誕妄，遂使日月之光晦於重雲，周行之道沒於叢棘，不亦重可歎乎！不亦重懼乎！

　　前承來示，慨然於象數之當重，此《易》道將明，而羣言屏息之候矣，然不知明公所謂象數，乃焦、京之象數乎？馬、鄭、荀、虞與陳希夷、劉牧之象數乎？抑孔子之象數乎？某竊又有聞於孔子之說，夫極數定象者，聖人所以順性命之理而前民用也。乃其理則備著於彖、爻之辭，故曰"聖人之情見於辭"，又曰"居則觀其象而玩其辭"。使孔子教人不以明理為先，則宜舍辭而別有所重矣，而何以孔子獨重彖、爻之辭，而丁寧其說，一至於此也？且數之不可不極，象之不可不定，《易》未作也；《易》之既作，則但觀已明之數，已成之象而已。足以理，固有操其至者，而奚取於高談象數之紛紛？爻有九、六，位有初、二、三、四、五、上，經卦有本義，重卦有體象，是皆象數之要，不可以不知者也。後之儒者皆忽焉，而但以假托之物類為象，進退之蓍策為數，抑末矣！其果有當於《易》否乎？舍象數之真而趨其末，有識者不為也。是故不明於《易》之本教者，不足以知《易》之義理；不明於《易》之義理者，不足以知《易》之象數。學者誠以《十翼》為所從入之門，則箋疏雖多，其得失是非靡不可得而辨。

某不揣檮昧，竊嘗有志於此，既辨擇而著之於書。幸值明公深於《易》學。猥蒙下詢，不敢隱情緘口以蹈面從之失，伏冀垂鑒。不宣。

（選自《青溪集·青溪文集續編》卷五）

上方望溪先生論易學書

程廷祚

昨接手諭，深感教誨諄切，又蒙示以治《易》未得其要，而命某試舉生平所見以對。竊觀古今箋注之多，莫如《易》，其多可疑亦莫如《易》。《先天》《河圖》之學最為晚出，授受不明，為其說者曰此《說卦傳》之言也，此《繫辭傳》之言也，似非其實。而昔之大儒篤信而表章之，以為作《易》之本原，可疑者一也。

《易》之興，固嘗以卜筮用矣，然卜筮者欲人勉於善而已。人既知勉於善，則無往而非蓍龜矣。《論語》引恆之六三以為不占，《荀子》亦曰善為《易》者不占，然則占者豈待卜筮，而《易》又豈僅為卜筮之書乎？故夫子作傳以觀象，玩辭為重，後來考亭注《易》，一切爻詞皆主於占，且於泰之六五言帝乙歸妹之時，嘗占得此爻。又云：凡經以古人為言者皆仿此。然則當日若非高宗、帝乙、箕子，此數爻之詞，作《易》者皆將缺之而不繫乎？且《易》未作之時，高宗、帝乙、箕子即占得之，而以何者為斷乎？以朱子之精於言《易》，而持論若此，可疑者二也。

聖人立教，惟在義理。《易》之辭變象占，無不當以義理解之。然昔者王輔嗣掃象，而人俱議其後，則以《易》未嘗舍象而為言也。竊謂《易》之象有二：蓋剛柔交錯成一卦之體者，象之大者也。故《大傳》曰："聖人有以見天下之賾，而擬諸其形容，象其物宜，是故謂之象。"又曰："象也者，言乎象者也。"若爻辭之象，則以不能質言其事，而假於物類以明之，象之小者也。昔人以多辭為小象，義取諸此。惟是卦、爻之象，今日不皆可知。如乾之龍、坤之牝馬，龍與牝馬可知；乾之健、坤之順，又可知；斯則善矣。若大壯無兌而有羊，損益無離而有龜之類，其象不可知，而其理可知。吾惟理之是求可耳，何以他為？乃后儒論象甚多穿鑿，巧言破道，而卒流於無用之歸，可疑者三也。

至若爻有六位，貴賤而已，故曰"列貴賤者存其位。"漢儒忽以六位分陰陽。夫陰陽者，《易》之統領，聖人業以奇偶象之，而復以六位名之，是近於復而示人疑矣。解者乃有陽居陽、陰居陰為當位，陽居陰、陰居陽為不當位之說，按之《大傳》果如是耶？可疑者四也。

有爻之陰陽，有位之貴賤，有本卦之體象，有內、外卦之性情，吉凶悔吝居然可見矣。乃先儒之言爻詞，設為禀承比應之例，視若令甲之不可改，然以經考之，殊無關於輕重，而反有害於居然可見之實義，則何為而必出於此？可疑者五也。

《大傳》一則曰易簡，再則曰易簡；一則曰君子小人，再則曰君子小人。此與他經之言性命、言天道、言人事者，初無纖芥之異同，而後世方術、讖緯諸怪辨之說，皆得而假托焉。而不知者，以為《易》冒天下之道，固宜如是。夫所謂冒天下之道者，以《易》於性命之理則備矣，而豈以是為怪異之藪哉？可疑者六也。

某識不足以知常人之所知，何敢自言有見於《易》？所見者其可疑之多如此而已。昔孔子以闕疑為訓，學者所宜遵守，然使疑在經則當闕，疑在箋注則必需有能釋之者，而後得乎其要。某之蓄疑久矣，敢縷陳以俟慈誨。

（選自《青溪集·青溪文集續編》卷六）

與友人論易學書

程廷祚

　　蒙足下遠至書問，匡僕以所不逮。謂僕解《易》不宜盡排先儒之說，意氣勤勤懇懇，有足感者。

　　夫六經之中，惟《易》難解，亦惟《易》易解。聖人之書而又得聖人為之訓詁，猶日月之代明於天地，故曰易解也。乃自炎漢以後，異說紛紜，《易》之晦蝕尤甚，其故有三，而儒者未之察焉。夫以剛柔九六起義者，此《詩》《書》之所無；或以為術數之說，而不知即《詩》《書》之所謂道德性命也。以物類形體取象者，此又《詩》《書》之所無，或以為隱怪之說，而不知即《詩》《書》之所謂善惡邪正也。以吉凶悔吝繫辭者，此又《詩》《書》之所無，或以為災祥禍福之說，而不知即《詩》《書》之所謂是非得失也。

　　夫正告天下曰道德性命，曰善惡邪正，曰是非得失，不亦省於辭而弗熒於聽乎？古之聖人乃計不出此者，何哉？洪荒初辟，《詩》《書》《禮》《樂》未興，而卜筮最先作，其可據以教人開天下以為善，去惡之端者，惟此而已，故庖犧始畫八卦，文字未立而神明之德具焉。文王假於物象，繫吉凶悔吝之辭，皆以卜筮為教者也。以卜筮為教，故承用筮家之體例有不得不然者，而謂以此求異於《詩》《書》，可乎？要其崇德廣業，窮理盡性，則一而已矣。孔子《十翼》之作，所以明《易》與《詩》《書》不同於法而同於道者也。其開示萬古，昭然無復遺議，而天下之說《易》者，亦可以已矣。於此有人焉，曰：吾亦有說，豈不妄哉！僕非不知說《易》之妄，而今自蹈焉，何也？

蓋自春秋以來，《易》之大亂有三，請備陳之：《易》之書以卜筮用，時至春秋，世教衰微而淫於鬼神幽渺，卜人、筮史破裂古法以希時好，於是卦變、互體、一切支離不經之說生焉，而《易》之本旨以晦，《左》《國》所載，可考而知。其大亂一也。

漢興，言《易》者本之田何，何授於寬，寬授田王孫，王孫授施讎、孟喜、梁丘賀。丁寬嘗作《易說訓故》，舉大誼而已，時謂之小章句。施讎謙讓，不肯以《易》教授，雅有儒者之風。相傳以為田何之學得之孔門，或非誣也。孟喜，讎之同門，獨改師法，得《易》家候陰陽災變，書詐稱田生所傳，諸儒惑焉。時又有京房者，專以災異言《易》，云授於梁人焦延壽，而延壽自托於孟氏，蓋漢代說《易》之妄自孟喜始，而焦、京衍其流。至其末年，一變而為讖緯，妄誕彌甚。馬、鄭、荀、虞之徒，起而宗之，推論五行卦氣，廣言互變飛伏，穿鑿傅會不可勝窮，其大亂二也。

當漢儒災異、讖緯亂《易》之時，會稽魏伯陽著《參同契》，排次《易》卦，以明行持火候之法，此道家者流借《易》為用，而非有害於《易》也。其後麻衣道人不知何所受而為《圖》，以示陳希夷，謂之《先天圖》。若《河圖》《洛書》，雖見於《繫辭傳》，古今未有言其為何物者，宋劉牧乃以一圈縱橫為之，而亦以為傳於希夷。自數《圖》者出，而其害益以烈矣。邵堯夫精於數學，以希夷所傳之《先天》，衍為《皇極經世書》，而自命為書前之《易》，蓋不欲以小道成名，而援《易》以自覆，其用心固不若伯陽之光明矣。晦翁後起，遂為所獎，以伯陽、陳、邵世傳修煉術數之學及劉牧怪妄之《河圖》，視若伏羲氏所手授，而並取以冠《易》經，後學不知其誤，揣摩圖象，日演月增，其大亂三也。

有此三大亂，而潔淨精微之旨其餘幾乎？聞其亂而欲正之者，前則有王輔嗣，後則有程伊川，世方驁於災異五行，溺於讖緯，眩於圖象，而獨有以正之，豈非所謂豪傑之士，而不世出者與！然《易》之興也，卦以象成，爻以數立，而後詞以理顯，苟非有以精究其象數，而欲言理，則《易》之本原何在？又安問其為老、莊之理乎？周、孔之理乎？二君之書其皆不得為有功於《易》也，為可惜矣。至於箋疏之家，以二五為君臣，以爻位分陰陽，以爻義為乘承比應，皆經之所本無者。未知何自而起，承訛襲舛，莫之是正，其為《易》害亦非淺鮮。僕曰：《易》之晦蝕尤甚於他經者，非敢漫然而爲是論也。人情多好言《易》，以言者之是非，聽者每不能辨，而可以自托於艱深荒謬之地，以欺人也？譬之畫者，則畫鬼魅矣。今試以《先天》《河圖》冠於三《禮》《春秋》之首，以災變五行之說而加之《論語》《孟子》，雖膚學淺識，皆得而指其妄。何則？彼固較然無是也。《易》之較然無是，不異此也。

　　足下以為不然，請觀《十翼》。吾不知伏羲之卦何以畫，吾不知文王之辭何以繫，而自有《十翼》，則知《易》之急於人道，切於人心，斷斷如也。《十翼》中惟《說卦》諸傳晚出，尚有當闕疑者。若《繫辭傳》之論全體大義，《彖》《爻》二傳之釋彖辭、爻辭，其面命耳提，近人而易明，非大聖人而能之乎？孔子大聖人，乃於羲、文之書之外，不敢少有所加，而後之儒者，自謂賢於孔子，可乎？

　　僕生乎數千載之下，材力不逮先儒萬萬，今欲出解《易》，妄不至是。其所以然者，深懼天下後世於孔子之書之外，而自有其說也。奉《十翼》以還《十翼》，而因以還二篇之舊，世之君子，其有以教我乎？吳草盧云："不欲昧其是非之心。"僕成非敢奮其私智與古人爭短長，而飾非拒諫於良友之前也。倘有不悉本末者，足下愛我，肯為我白乎？不一。

（選自《青溪集·青溪文集續編》卷六）

與家魚門論宋人說易之誤書　程廷祚

　　接七月望日來書，從容於天風海濤之中，講道論學，無所搖憾，令我歎服，不能已已。儒者有解經之誤，有學術之誤，而兼之者，宋人之說《易》也。解經之誤其害小，學術之誤其害大。漢人之為《易》學也，有象數，有占候、讖緯，穿鑿附會，等之為解經之誤。其言駁而粗，學者易辨。王、韓參以清淨無為之旨，則其害漸中於學術矣。宋人力辟王、韓，宜所言無非聖人之道。而《太極》《先天》諸圖原於麻衣，希夷則居然道家也。周、邵之學，至考亭而篤信，發明之不遺餘力，故奉主靜以為學宗，而又以靜為純坤。夫純坤則偏陰也，豈有天命之大原而出於偏陰者乎？《文言》贊成坤為至靜者，謂其無往不從乎乾，而一無所為也。坤之所以為順，所以為柔，皆是義也。道莫大於陰順乎陽，有得於此。則人心聽於道心，小人聽於君子，身修家齊，而國與天下無不治且平者。

　　今以偏陰純陽為學之宗，則道統治法、人心世運交受其累，不可勝言。其誤豈止於王、韓云爾乎？經所謂乾坤毀而《易》不可見者，蓋謂此也。然則有志於《易》學將如何？曰：求所謂易簡而已。易簡者，乾坤之精蘊，天命之大原，人事之極則也。內之則聖，外之則王；修之則治，不修之則亂。故庖犧大聖人像以為象，效以為爻，而前民用焉。《大傳》曰："易簡而天下之理得。"言必如是，而後為人之能用乾坤者也。愚何知聖學？以曾涉獵於《易》之章句，而略窺一二，因見先儒以道自任者，尚多所可議，而未滿於云莊之學亦在於此。

　　夫萬世之學術，豈復能外於六經、孔、孟之書？書使深造而自得之，以措諸身心家國之間，雖無一言可也。今者或曰《太極》《先天》，或曰主靜，或曰極數，以致議禪疑老之紛紛，豈非樹荊榛於周行，而增畫蛇之足乎？不謂為高明之過不可也。愚此論豈敢以告悠悠者流，惟足下知我最深，而志不在三代以下，故因來札云云，而縱談及之，祈教我焉。

（選自《青溪集‧青溪文集續編》卷七）

與李元音論左江樵易義帖

全祖望

> 全祖望（1705—1755），字紹衣，號謝山，學者尊稱為謝山先生，浙江鄞州（今寧波）人。乾隆元年（1736）進士。其學博通無涯，貫穿群籍。著有《讀易別錄》三卷、《周易答問》一卷、《經史問答》十卷、《全榭山文鈔》十六卷、《鮚埼亭文集》三十八卷《外集》五十卷等。生平事蹟見《清史稿》卷四八一、《清史列傳》卷六七、《清代七百名人傳》第四編、《國朝先正事略》卷三四、《揚州畫舫錄》卷四、《清儒學案》卷六九、《學案小識》卷一四、嚴可均《全紹衣傳》、劉光漢《全祖望傳》、董秉純《全謝山年譜》、蔣天樞《全謝山先生年譜》等。

同里左江樵舍人以古文名，其佳處逼羅鄂州，然未有知其經學之醇者。江樵平生不著書，頗與林艾軒相似。曾見其《易藝》一冊，乃其嗣子出以示予者。其中名理繹絡，能貫穿前儒之書，真可寶也。如於《小畜·六四》則曰：本義在《卦詞》，既以三陽爲剛正之君子，一陰爲邪慝之小人。在《爻詞》反以三陽爲強暴之小人，一陰爲柔嘉之君子。雖易不可爲典要，固不可泥。然智者觀其《象詞》，將何如哉！不知《小畜》之四實小人之畜。君子者，因其順而得正，故能不堅於畜，而與諸陽合志。是爲有孚，蓋邪不勝正，故常有傷害恐懼之事，剝以羣陰排一陽，尚不免剝廬之凶。今以一陰止衆陽，又安能遏其復道之勢？倘使終迷不悟，是自貽伊戚耳！幸其有孚，則雖君子之恃以無恐，而實小人之善自爲謀血去惕出，又何疑焉。在上兩陽，雖居巽位，而本與乾體合，德志不在於畜者四，能改圖，則與之合志矣。夫惟不堅於畜，故謂之小畜也。

　　按，此在程《傳》有之，而未如江樵之暢。其於屯二則曰六二，之所以不字者，以初之妄求耳。妄求者一日不去，二亦一日不字，積之旣久，則窺覦者度不能屈，亦必舍之而去。十年不字，其初九之變乎！初變則內體爲坤而成比矣。其何以取於十也。坤之數終於十，故數窮理極，而終得合者，於此象之。夫當顯比之主，比之自內得與剛中之德，共襄三驅之治，而昔之邅如於焉，而通昔之班如於焉，而遂寧復有屯其膏者，是實象也。按，此在沈氏《易小傳》亦及此，然自江樵以前，未有能述之者。

　　愚生平不喜帖括，雖以前明大家文字多束高閣，是日手江樵卷不置。客因問，曰：是藁當必有異，然其中自得之言猶多。嗟乎！安得此經術之文，立爲標榜，一洗時風衆勢之疲，使之復知宋人經義家法。則白茅、黃葦之漸除，將變學究爲秀才，拭目可待。今以柬之足下，足下爲我節鈔其中精語。僕將附之說經之錄，弗使前哲苦心孤詣，汩沒於朽蠹中也。

（選自《鮚埼亭集外編》卷四一）

與葛巽亭論易剝卦貫魚帖　全祖望

　　諸家取《巽》象爲魚者，原本之虞仲翔。蓋《巽》之一陰義取善入，故以魚之潛伏者象之。《姤》有兩包，魚、象四之，無所包也。以與《巽》一陰遠，二之有所包也；以與《巽》一陰近，以至井鮒孚豚，竝取是意。惟《剝》之貫魚，竝無《巽》體，杏參指五變，則外體成《巽》爲言，是在沈守約《易小傳》、吳草廬《易纂言》有之。但五之貫魚，所貫者四陰耳。其以五變巽言者，是祇就五言之。而所以象四陰者，尚未分曉，則似尚未盡者。惟洪景盧《隨筆》謂《剝》五陰而一陽，方一陰自下生，變《乾》爲《姤》，其下三爻，乃《巽》體也。二陰生而爲《遯》，則自二至四互《巽》體。三陰生而爲《否》，則自三至五互《巽》。四陰生而爲《觀》，則上三爻又《巽》體。惟至五變成《剝》而《巽》始爲《艮》。羣魚皆爲所止，故曰"貫魚"，如魚駢頭而貫。以《象》下四爻，都從《巽》來也。其取《象》之曲而中，爲前人所未有。但予謂前說亦未可廢者，蓋《剝》之五陰以五爲魁。倘使逞其《剝》廬之凶，則說輻反目，何所不至？然而陽無終窮之運，五變爲《巽》，則小人之柔順者，故反不與四陰爲伍，而洗心革面帥其類以受制於陽，此君子之所以得輿也。易爲君子謀，不益信乎！

　　向嘗與嶧陽言之，嶧陽曰取象，則信然已然。而《剝》自《觀》來，本由《巽》而變，《艮》今曰艮，復爲《巽》，又由《剝》而變《觀》。殆所謂莊周爲蝴蝶，蝴蝶爲莊周者，得無過於幻耶！僕曰不然，不聞諸晦翁乎？苟以伏羲畫卦而論，則六十四卦一時俱定，何所謂變？若自已成後言之，則反復縱橫，隨意辨之，總無不可。夫觀之進爲《剝》也，是以十二辟卦次序言，而聖人之所不得已也。《剝》之反爲觀也，是以每爻之變言，而警小人以知所變也。苟非然者，五爲衆陰之長，一陽孤危。司馬公所謂"如黃葉在秋風中拉朽摧枯"，玄黃之禍，孰能御之？又安肯貫魚以宮人寵乎？守約有言"《艮》而爲《巽》，順以止也；《剝》而反《觀》，《觀》而化也。"

夫《易》也者，原惟變所適者也。至西河，因此卦無《巽》體，牽強解事，有兌澤，有魚艮，山無魚之說，則大屬附會。兌澤、有魚、中孚，所以取象，艮山無魚，《剝》五何所貫焉？況兌爲澤而有魚，象則坎爲水，亦當有魚象耶？是未嘗博攷諸家者。西河解經多屬穿鑿，而仲氏《易》爲尤甚不備。

（選自《鮚埼亭集外編》卷四一）

答董映泉問吳草廬易纂言外翼書　全祖望

　　草廬於諸經中自負其《易纂言》之精，而《外翼》則罕及之。所以揭曼碩奉詔撰《神道碑》，不列是書，而《元史本傳》俱失載焉。攷《草廬年譜》，至治二年壬戌如建康，定王氏義塾規制。十月還家，《易纂言》成。天曆元年戊辰，《春秋纂言》成。二年己巳，江西省請攷校鄉試，辭疾不赴，《易纂言外翼》成。草廬於《易》自云："累脫稿始就，而猶有未盡，於是有《外翼》之作。"又攷《草廬行狀》，《外翼》十二篇曰卦統，曰卦對，曰卦變，曰卦主，曰變卦，曰互卦，曰象例，曰占例，曰辭例，曰變例，曰易原，曰易派，則是書之卷第也。

　　自崑山葉文莊公《菉竹堂目錄》有此書，其後流傳頗少。姚江黃黎洲徵君著《學易象數論》，中引草廬《先天互體圓圖》，在《纂言》中無之，當即係十二篇之一。徵君於書無所不窺，不知及見是書而引之耶？抑展轉出於諸家之所援據耶？草廬之《易》，愚所不喜，其大畧見予所作《纂言跋》語。至於《先天互體》之例，用圓圖剏作，隔八縮四諸法，以六十四卦互成十六卦，以十六卦互成四卦而止，爲漢魏諸儒所未有，然實支離不可信。

　　總之，宋人誤信先後天方圓諸圖，以爲出自羲文之手，而不知其爲陳、邵之學故也。而《行狀》謂"草廬於《易》自得之妙，有非學者所能遽知。而通其類例以求之者，皆於《外翼》具之。"此固出於弟子推其先師之語，然惜其完書不得見於今，以一一爲之辨正也。惟是書久不傳，故晉江黃俞邵徵君撰《明藝文志稿注》曰"不知撰人。"秀水朱竹垞檢討《經義攷》亦不詳篇目。兩公書目之學幾幾，宋之晁公武、陳振孫尚有疏畧，而足下竟疑此書非《草廬》所作，則益誤矣。其實此書或尚有在天壤閒者，固未可知。今因下問所及，詳述其槩，以補前人之闕焉。《草廬行狀》虞學士道園作，《年譜》危學士雲林作。

（選自《鮚埼亭集外編》卷四一）

與家綿莊書

程晉芳

> 程晉芳（1718—1784），初名志鑰，字魚門，又名廷璜，號蕺園。祖籍歙縣，江蘇江都（今南京）人。乾隆十七年（1742）進士。於經、史、子、集、天星、地志、蟲魚、考據皆有研究，潛心訓詁。著有《毛鄭異同考》十卷、《春秋左傳翼疏》三十二卷、《尚書今文釋義》四十卷、《周易知旨編》三十二卷、《尚書古文解略》六卷、《諸經答問》十二卷、《勉行堂文集》六卷。生平事蹟見《清史稿》卷四八五、《清史列傳》卷七二、《碑傳集》卷五〇、翁方綱《翰林院編修程君晉芳墓誌銘》等。

　　晉芳頓首，青溪主人足下：自冬徂春，兩接手書，久欲作答，緣官書催迫，又逼近試期，每握管伸紙，逆知其說至煩，不容立盡，則又暫置。今塵事稍定，乃得一罄愚之所言，足下所著《彖爻求是說》，初讀之，似平淡猶人耳。及取古賢所著諸《易》說相質證，然後知茲書之精深密奧，不惟突過古人，並前此尊著《易說》二種亦無能及。

　　夫說《易》者，莫患乎好奇，惟好奇故篤信圖象，欲于方圓奇耦諸圖探索其奧，以冀推測而知來，不知四聖人本無是學也。《易》者，聖人窮理盡性至命之書。理統乎數，而數不能越乎理。雖極變化而皆有常道以馭之，故《文言》釋"坤之初六"，特舉"臣弒君，子弒父"為言，蓋變異之事于斯為極。天地幾為之晦昧矣。而曰非一朝一夕之故，其所由來者漸一。若理悖乎先而數乃應之，則舍此而外，更孰有數先理後者乎？天道無心而成化一切理數，第扼其大端，小有罅漏，要無虧于全體，故有冬無冰而夏雨霜者矣。亦陰陽之乖錯使然，而無審理之常行者，使執此以驗天心，鮮不墮芒忽之域矣。而篤信術數者，猶曰聖人必前知學《易》故也，不知聖人之前以理不以數。千載以下，由吾道則治，不由吾道則亂。治亂之遲速久暫，亦視其理逆順多寡之所積。故孔子告子張以"所因所損益"，皆極平正之理。使孔子而知繼周者必秦，繼秦者必漢，則聖人之體段精神轉局促矣。或者又疑卜筮之法出于《易》，雖三錢、響卜、六壬、奇門，苟精其術，靡不響應。《易》之旁推而不窮也。如是夫江湖河海之支流，有時散而為沼池溝澮矣。循沼池溝澮，指而目之曰是江湖河海之支流則可也；苟以沼池溝澮為即江即河即湖即海，其可哉？焦贛謂：京房得其道以亡身，其信數不信理也。嚴君平為人演卜語必根于忠孝，知理之不足以統數也。邵子《皇極》之書，先儒且謂其別是一種學問，他可知矣。

故愚于足下說《易》之書，深信不疑，以視王輔嗣廓清之功，謂有過之無不及也。愚少時游好惟在六經學焉，而未有所述。今年近五十，思欲有所撰著以發吾胸中之蘊。念《大易》一書經，足下再三研究，無能別開蹊徑，《春秋》則方子望溪亦幾罄其義，《尚書》前人所述，咸多善本，又有足下《通議》。惟《毛詩》先儒論說各執一是，鮮能相通。足下《青溪詩說》持論至精，而結體尚略。愚殆將從事于此。京華雖號塵海，苟減應酬，尚可有為。五六載間。將有成書，未知天果假我以年否也？天漸熱，幸惟加意珍攝不宣。

（選自《勉行堂文集》卷三）

與陸孝廉書

程晉芳

　　十月九日，程晉芳頓首，象新足下：比日不見，想福虔勝常。昨于覃溪學士座中談及《易》學，學士盛稱足下于《易》最深，而持論以為《易》非象數，不可徒以理解者皆妄也。于漢上朱氏，瞿唐來氏，恒有取焉。余聞之而皇然內思，使先生之言果是，則晉芳數十年學《易》之功，誤投門逕矣。然學問以明辨為功，朋友講習非導諛可了事，敢以一二管見質之左右。

　　夫《易》之用寄于小筮，而其貫三才而成六位，以通古今事物之變，非卜筮所能盡也。孔子願終身學《易》，豈曰從事于卜筮乎？文王、周公釋象釋爻，其辭尚簡，至《文言》《繫辭》《說卦》反覆詳盡矣。其教人持身處世至確切矣，而其所論象數具在簡編，使如後世之圖象，果足以闡《易》之蘊者，聖人何不作一二以教人，而僅天一地二，"參天兩地"數條而止乎？且足下謂宋以來之圖書，果即上古河洛之圖書乎？來氏之《易》絫絫繩繩，果即羲、文、周、孔之道蘊乎？

　　夫由漢以迄唐，飛伏世應，卦氣卦變互體之說，由溺于卜筮而誤也。由宋以來，方圓、先後天、墨白、陰陽、反對相生之圖由趨于象數而晦也。六十四卦以外無象，奇耦、上下、六位以外無數。若夫通微闡幽，自一至于無窮，天下之事不可以布策灼龜而悉得，所謂雖聖人亦有所不知也。君子之于《易》亦用以自治其身，達于事物之變而已矣。昔京房得焦贛之學，卒以亡身；邵子之于數邃矣，而宋賢尚謂其別是一種學問。觀其天津杜鵑之徵驗，似屬前知。然被髮以祭，執玉高畢，昔賢固同，此見不過察氣候以彖微，非藉卜筮也，非究象數也。且如邵子所謂"元會運世十二成年而一轉"者，其言足信乎？士生三代以降，文學不及游、夏，而欲極數知來，上追羲文之睿智，不亦勞而鮮獲乎？與其千搜萬索，卒不得其指要，而徒獘精神，曷若匡居玩索研究乎？輔嗣、仲穎、程朱以降，諸書因理以明象數，言凶悔吝之故識，所從來于何歸宿，為不倍《大易》之正旨也。

晉芳檮昧鮮學，豈復好為爭辨？獨念《易》學在今日，經數大儒講明之後，而倡漢學者取已闢之叢棘，寘身于中，好圖學者又用心無所可用之地，使四聖人之道明而復晦，豈不大可懼乎？先生其勿為詭隨，進而教之。不宣。

（選自《勉行堂文集》卷三）

與楊孝廉書

王　昶

> 王昶（1724—1806），字德甫，又字蘭泉，號述庵，江蘇青浦（今上海青浦區）人。乾隆十九年（1754）進士。潛心經術，講求聲音訓詁之學。著有《後蜀毛詩石經殘本》一卷、《金石萃編未刻稿》三卷、《金石萃編》一百六十卷、《五代史注》《春融堂雜記》八種等。生平事蹟見《清史稿》卷三十五、《碑傳集》卷三七、《國朝詩人徵略初編》卷三六、盧文弨《贈資政大夫大理寺卿王公墓誌銘》、阮元《誥授光祿大夫刑部右侍郎王公昶神道碑》等。

某啟，孝廉先生執事：僕聞善言《易》者，蜀為盛漢。君平以下，於唐有資州李氏著《集解》，取蜀才說綦富；於五代有房氏著《易海》，惜為撮要刓削，弗得究其全；於宋有麻衣《易》，云得諸青城山道者。

僕自壯則好《易》，竊意氐湔岷灌間山水，怪偉幽邃，或尚有《易》師抱遺經踡伏晦匿而不出者。去冬抵成都，會軍事，旁午不暇訪，私心養養，然迄今不已。昨見邛州曹君道執事，年七十餘，夙工《易》，同時莫能及。所謂踡伏不出者在於此。既自喜，又竊念距新都二千餘里，且在軍次，不得上下相議論一豁胸中之疑，竊以自恨也。雖然古人論友，誦其詩，讀其書,與見其人等,矧於竝世之人。執事跧伏山林,久不以仕宦汨其神,殫心肆力於《易》,李與房諸子之書,必疏通焉,貫串焉。如幸見示,以慰往時願望之私,猶把手而語,枕膝而授也,雖不獲即見無恨也。僕曩與講《易》者,長洲惠徵士棟,為鄭君學習爻辰通卦氣,及荀氏升降,虞氏納甲之說;新建呂布衣泰工推步通;程廷祚撰《易通指說》,道理頗平實。

今數君子先後逝矣,無有與明於憂患之故者。以是蹈於兵火瘴癘,卒莫之能說。今又聞執事,解《易》甚深,固僕所願從游者。他日師還,將操幾杖以謁於門塾,以罄執事之蘊,而先以書請焉。執事其無所靳。某再拜。

(選自《春融堂集》卷三一)

復休寧程南書

姚 鼐

　　虙羲氏受《河圖》而畫八卦，禹得《洛書》而陳九疇，是其說本出劉歆，世儒或疑歆言不足憑。吾謂《莊子》有"九洛之事"，其言出歆前矣。歆說必有受，未可非也。宋儒所得《河圖》《洛書》，傳自道家。夫禮失求之野，亦不得謂道家所傳，必非古聖之遺。故如歸熙甫輩，肆訾宋儒之非者，吾未敢以為然也。

　　然吾謂有聖人之智，然後能見《圖》《書》而得卦、疇之理；苟非聖人，而推測言之，固未必當矣。就邵、朱之書，而決其必合於古聖人歟？否歟？斯非聖人不能定矣！非吾末學所敢論也。且聖人之得於天者，有道焉，有機焉。道則列聖同其傳，機則聖各異其所取。虙羲與禹，所見者道也，而所由悟者機也。夫《易》者，言道之書也，而聖人作《易》詞取象，則亦各因其時之機焉。文王所由取，周公或未及知；周公所由取，孔子或未及知。解《易》而強言其象之所由，皆不知道可明而機不可明之故。朱子《本義》，置象不言，此朱子識之最卓，非漢以來諸儒所可及者。然則邵、朱所傳之《圖》《書》，即誠與虙羲、禹所見纖毫無失焉，吾亦存之不言可也。

　　彼聖人與天契者，有機焉，作《易》以教天下之理，天下所必當知也；作《易》始發之機，天下所不必知，亦不可知也。食肉不食馬肝，未為不知味。吾尊奉朱子而不言《圖》《書》，意蓋如此。今足下所著《易》，尤以言《圖》《書》為事，此僕平生所不能解者，雖承下問而無以對焉。

（選自《惜抱軒文集》卷六）

與曹懷吾論卦變書

趙良㲀

> 趙良㲀，字肅徵，字肖岩，安徽涇縣人。乾隆三十六年（1771）舉人，六十年（1795）進士。嘉慶三年（1798）任廣東主考官，擢能舉賢，多得名士，被重用。勤於考據，掌教書院，從學者甚眾，著有《讀春秋》二卷、《讀詩經》四卷、《讀禮記》十二卷、《讀易經止乾一卦》一卷、《肖巖文鈔》四卷、《肖巖詩鈔》等書。生平事蹟見《（道光）涇川續志》《（嘉慶）涇縣誌》《國朝耆獻類征》卷一四八等。

與懷吾別久矣，讀書每有所疑，無可質問者。孤陋寡聞，《禮經》所謂戒也。昨承手書，示以《易》中卦變之說，程《傳》不用，坡公亦云："《易》所謂剛柔往來者，皆本諸乾坤。乾施一陽於坤，以化其一陰，而生三子。凡三子之卦有言剛來者，明此本坤也，而乾來化之。坤施一陰於乾，以化其一陽，而生三女。凡三女之卦有言柔來者，明此本乾也，而坤來化之。"其說最為明白了當。㲀按《繫辭》剛柔相摩，八卦相盪而為六十四，未嘗於六十四卦中，又有彼此相生之說。是朱子亦非沾沾于卦變也。顧本義自訟、泰、隨、否，以至升鼎漸渙，釋卦變者，凡十有九，非謂舍此無以明《易》也。亦以易之為義，無所不包，不拘于變，而亦不遺乎變。故在伏羲畫卦之初，六十四卦一時俱了，原非先有彼卦，始有此卦。而自後儒反覆推詳，凡所謂內外上下往來者，其理已備于本卦之中，而其象未嘗不可通于彼卦。故朱子謂卦之有變，非聖人合下如此，亦卦成之後，自然有此象也。似不得泥坡公之說，遂廢本義而不觀矣。舊承良友切偲，故敢抒其所見，還質高明。霈白。

（選自《肖巖文鈔》卷四）

與朱西崖先生書

戴殿泗

> 戴殿泗(1746—1825)，號東珊，浙江浦江(今屬諸暨)人。嘉慶元年(1796)進士。一生研究群經，博觀諸史，旁通百家之言，又工五言詩。著有《風希堂詩集》六卷、《風希堂文集》四卷。生平事蹟見潘衍桐《兩浙江輶軒續錄》卷一八。

前月接手翰，及論《易》諸作，反覆詳味，不易猝盡。泗何幸而得與聞此耶！如《雜卦說》中"乾剛坤柔，挈其綱"一段發前人所未發。蓋《易》最重兩體，論卦、論爻、論序、論雜皆必以兩體為斷，《雜卦》中有坤諸卦，自比至困有乾諸卦，自咸至夬，以此見乾坤提綱之意。此《易》之精微，而前人所不道也。震、艮、兌以兩體揉合觀之，而義有特見；半坤半乾以兩體拈一觀之，而理有大明。論《雜卦》如此，幾無遺蘊，即扶陽抑陰在其中矣。取互根，取天道，取互卦，取損益，上泰否下諸義，竊謂勿以參入可也。未知何如？震、艮、巽、兌誠不足以盡《易》，然以其為卦序所從定，故不可廢。觀樂憂與求諸字皆切指人事言之，則《雜卦》注重四子之云，亦似未可廢也。先儒以上下經分陰陽者，亦以天道人事之大段而託為是名，非即指陰陽奇偶之原文也。尊著以下經專言夫婦，似於人事為未盡，而夫婦之水火亦覺難合。詳讀之，有兩篇之分界而未得，每卦之聯序，此則泗意所未盡解者也。

前月奉答《論卦序書》，辭旨粗率，深祈糾正。其中論序分專交，交字宜改為終字處，細思甚不妥。蓋否泰既未濟，頤大過，中孚小過，此八卦之正交也。震、艮之交，唯頤中孚耳。巽、兌之交唯大過小過耳。非隨蠱互交可比，故不如仍用交字以伸其義，其以坎、離代泰、否，則所以著水火之用也。未知然否？《六經》言遠視如天，隨時溫習，真覺不可易語，然所大恐者亦曰"不為我有耳"。苟我得而有之，則一尺一寸皆不虛也。顧非深入顯出，精勤探討如先生者，烏可以言有得耶？

質鈍如泗，非輒有稱說，唯自述己見以俟教正，庶幾於無誤，故不敢默默耳。不宣。

（選自《風希堂文集》卷三）

答朱西崖先生書

戴殿泗

　　昨接手翰，及論《易》一書，義指詳切，秉燭循誦，不覺達旦，蓋警發多矣。俗學不根之弊，真可歎懼。顧不勝獎誘之義，謂可使蚊而負山，則深竊以為過也。細思學人所以立根不在多言，惟在責志。志之不立，豈得復有是處其信然否也。所論讀書貴從容研味，俟其心意脫灑，求其枝枝相對，葉葉相當旨哉！斯言敬當時時銘誦，以治躁心之疾。《孝經解》不蒙披駁，然敢遂以為是耶！論《易》之旨精矣，詳矣。仰見所得之閣大渾成，不屑屑以銖積寸比為事，唯於鄙意若有未盡者，其敢以默默已耶！
　　尊諭顛倒陰陽，硬分上下，配合鶻突諸弊。聞命驚悚，竊自謂不敢有此。要以筆墨性拙，旨意不明故耳。諸蒙翻詰，亦似鄙說，中多所已具。若坤、離之為陽，以其對震、艮之為陰，非敢漫然。至水火為天地大用，頤大過、中孚小過，為坎、離之似，皆幸於明見深有脗合。唯所舉《先天圖》，震、巽、艮、兌處乎四隅之說，則正是立論不同之由，不容以不辨也。蓋《先天圖》之相對者，震與巽也，艮與兌也，與乾、坤、坎、離正九之卦相同者也。《卦序》之相聯者，震與艮也，巽與兌也，與乾、坤、坎、離正對之卦相反者也。序專主於反覆，故有乾之卦，其次必無坤；有坎之卦，其次必無離。唯泰、否既未濟備焉，而亦不及乎諸卦！若卦有震，則其次必為艮卦；有巽，則其次必為兌。而四子之卦未嘗或分，故"上經十八卦，下經十八卦"之說，先儒指之甚精，而震、艮、巽、兌真文王序次之至意也。設文王序《易》而可假從正對之義，則屯之對將為鼎，需之對將為晉，

周　易

豈復有屯蒙需訟之次？由是則震始可以比巽，艮始可以比兌，而父母用事、男女用事之理，始為不虛。而《易》顧不然，則必將有其所以然者矣。蓋《易》言天道，而責重於人事。包運以天地水火之為天者，使之分而見；充積以震、艮、巽、兌之為人者，使之合而存。義各有當，不如是不足見其蘊之深也。自兩篇既定，而比較於陰陽上下之間，則紛紛搭配為多事。自其所以然之，故而通之，則歷歷位次為固然，豈得漫然逞臆而為之者哉！至於"卦圖有序，分專交"之說，一時撰掇，誠有可哂者。若以序與分為舊說，則又未然。舊說所謂序者一卦之中之長少、先後如水雷、雷水之比，其說可節取而不可盡通。今圖所謂序者，羣卦中之長少、先後，自乾坤而震艮，而坎離，而巽兌，其意視先儒而較異，而分之為說，則又以水火之用，輔天地以生成，故超置於四子之先而不相雜，亦自然之理也。

來諭以專與交不獨施於四子，可言乾、坤之專，亦可言坎、離之專，是散而運者也，非專而聚者也。夫廣徵天道而專言人事，是《易》之深示其教者有在矣。唯交之一言信乎！其不該不備。鄙意初以坎離即乾坤之交，既未濟即坎離之交，而頤大過、中孚小過，則四子之交而偏者，又卦不可以反覆而列為坎離之似，故以終一篇之義焉。殊不思交也，偏也，似也，終也，有非交之一字所能盡。今思唯《易》以終字庶乎較為該括，然其理則亦非矯強者矣。豈必執全《易》以訓交，如所謂交《易》之云者哉！夫《易》道之大，不可窺測，而先哲之方必曰因辭以求理。今未熟象象之辭，未窺乾、坤之蘊，而輒索之茫茫，此其所以無當，向嘗深以自悔者也。然尚竊意《卦序》之云誠《易》中之一義，而獨恨其未見義理之大全也。遲鈍之胸，深惟惶悚。竊有希望，必求深心厚力如左右者，日警而月究之，或可撥其迷謬，冀於開明，故不敢自外而輒瑣瑣云爾。慎勿以一言之未喻而已，於再言則幸甚。

（選自《風希堂文集》卷三）

與同年李明府錫書論河圖洛書

石韞玉

> 石韞玉（1756—1837），字執如，號琢堂，又號花韻庵主人，亦稱獨學老人，江蘇吳縣（今蘇州）人。乾隆五十五年（1790）進士。長於經史之學。著有《讀左卮言》一卷、《讀論質疑》一卷、《多識錄》七卷、《小題文英》不分卷、《漢書刊訛》一卷、《蘇州金石志》二卷、《竹堂文類》八卷、《獨學廬初稿文》三卷《二稿文》三卷《三稿文》五卷《四稿文》五卷《五稿文》三卷《補遺》一卷等。生平事蹟見《清史列傳》卷七三、《國朝耆獻類徵》卷一九五、《國朝書畫家筆錄》卷二等。

僕與足下同榜生也。足下登第後，養望邱園，僕奔走四方，故未獲接殷勤罄一夕之談。近同官在蜀，各羈職守，又未能即修相見之禮。新正三日，接展惠書，寄示所著《河圖說》。不以僕鄙陋徵序言，當此風塵鞅掌之中，忽有以讀書明道之事相訪者。僕真如空谷之人，聞足音而喜矣。何敢言辭？然猶有躊躕者。僕謏聞之士也，未達河洛無微之理。至于方圓動靜之論，昔者竊聞之矣。今考足下所著，異乎僕之所聞。今移僕之說以相附，是諛也；執僕之說以相難，是訐也。諛與訐均無當于作序之義，則姑先以異同之說相質，可乎？

足下所定《河圖》之數十，《洛書》之數九，此本朱子之書，而實西山蔡氏之說也。若以僕所聞則《河圖》九，而《洛書》十矣。此異同者一也。僕聞《河圖》圓，而《洛書》方，足下所定河洛圖皆方，此異同者二也。何言之？古者河出圖，伏羲曰之以畫卦，唯《河圖》之數九，故虛其一以成八卦，此曰奇得耦之道也。考"戴九履一，左三右七"之文，合一與九而成十，合三與七亦成十，可知其曰奇得耦也。是故筮法老陽九而少陽七，老陰六而少陰八。天地之道陽有餘而陰不足，故陽數終於九，陰數終於八，無所謂十也。即此可以知《河圖》之數為九也。洛出書，禹曰之以演疇，唯《洛書》之數十，故虛其一而成九疇，此曰耦得奇之道也。考"天一生水，地六成之。地二生火，天七成之"之說，合一與六而成七，合二與七而成九，可知其曰耦得奇也。是故"嚮用五福"之外，又有"威用六極"之文，即此可以知《洛書》之數為十也。朱子有《報郭沖晦之書》，其言曰："《河圖》四正四隅之位，《洛書》四實四虛之數。"朱子是時年已五十一矣，猶以九者為圖，十者為書，不知何以後來又曲從蔡氏之說也。

方圓之說，向多異同，邵子曰："圓者，《河圖》之數；方者，《洛書》之文。"其言明白曉暢，以數推之奇者。宜圓，《河圖》之數九，其圖當圓耦者；宜方，《洛書》數十，其圓當方是方圓之形，與十、九之數適合也。要而論之，《河圖》之說九，其用九；《洛書》之數十，其用亦九。所以然者，天地之數窮于九，無所謂十也，十即一也。試觀權之數，十釐為一分，十分為一錢，十錢為一兩。衡之數，十分為一寸，十寸為一尺，十尺為一丈。量之數，十合為一升，十升為一斗，十斗為一石，其數皆終于九而已。故黃鐘為萬事根本，其管以九寸為度也。原夫空虛無象之中，太極生焉。由極達之東西南北，而生四正之象，其數得五。故《河圖》《洛書》，其中皆以五為極也。《河圖》四正之間為四隅，而八卦之象生焉，故其形如規。《洛書》四正之外，又為四正，而九疇之義出焉，故其形如矩。《河圖》之中，五為極；《洛書》之中，五與十皆為極，故箕子《洪範》之文，五曰建極，十曰用極。極者，中也。此又《圖》九《書》十之明徵也。若夫萬事萬物之理，實皆有以一統八之義，不徒畫卦、演疇為然。如天有九野，虛其中而為八紘；地有九州，虛其中而為八埏。以之治農，八家同井，而井田之制立矣；以之治兵，八陳同營，而握奇之法成矣。故曰萬事萬物之理，皆有以一統八之義，而皆備於《河圖》《洛書》之中。苟非聰明聖智達天德者，其孰能知之乎？僕何人斯？豈能達河洛元微之理？唯是束髮受書以來，所聞所知者如是，故詳述之，以就正于有道耳。不知足下以為何如？文繁累牘，不及親染，伏惟垂鑑。

（選自《獨學廬二稿文》卷中）

答錢竹初大令書

張惠言

> 張惠言（1761—1802），字皋文，一字皋聞，號茗柯，江蘇武進人。嘉慶四年（1799）進士。長於治經，尤精於《易》。著有《周易審義》四卷、《易緯略義》三卷、《周易虞氏義》九卷、《周易鄭荀義》三卷、《儀禮圖》六卷、《讀儀禮記》二卷、《茗柯文編》五卷等。生平事蹟見《清史稿》卷四八二、《清史列傳》卷六九、《國朝先正事略》卷三六、惲敬《張編修惠言墓誌銘》等。

　　春間辱手書，伏承憂患之餘，有假年寡過之想，以惠言稍知《易》理，命決之于筮占。惠言之于《易》，蓋所謂臆說，而不知是且非者。然竊不自蓋覆有辱問者，往往發其卮言，矧以先生之命，而敢固匿？然而承命以來，百有餘日，未知所以報者，何也？他人之所惑者，富貴貧賤、窮通得喪之交戰，是其吉凶之故，皆有數以制之。而推而言之，以合于人倫天道所當盡者，皆爻《象》之所宜告。今先生既已脫人世之羈縶，又息心遠覽，浮游塵滓之外，則所為富貴貧賤、窮通得喪者，他日子孫之事，無與于先生；而先生亦必且視之如太虛浮雲，而不足動其靈臺。推先生之意，直以為神仙之術，呼吸吐納，以求長生之日久，未知道家所謂福緣者何如，黨其得悟大道，而與天地同久耶？其敝精勞神，而無益壽命之數耶？此先生所以疑而欲一決也。子曰："道不同不相為謀。"惠言所習者，伏羲、文王、孔子之《易》，非魏伯陽、陳摶之《易》。子曰："攻乎異端，斯害也已。"假而孔子所謂害者，進而叩其說于孔子，其不肯相告決也，此惠言所以不敢報命也。雖然，來命欲究《損益》之義，窮性命之理，此則惠言所誦習者，敢不為左右陳之。

孔子曰："原始反終。"故知死生之說。人以陽生。《復》，人之始也。《坤》，人之終也。自《復》而《臨》而《泰》，謂之息，人之少而壯也。自《否》而《觀》而《剝》而入於《坤》，謂之消，人之老而死也。獨陽不生，獨陰不生。陽為主則陰成之，《復》《臨》之時有《遯》《遘》，不足以消《復》《臨》也。陰為主則陽伏藏而不勝，《觀》《剝》之時有《大壯》《乾》，不足以息《觀》《剝》也。往來者惟《泰》《否》焉，故《泰》《否》者，盛衰之樞也。君子泰則不使為否，否則能使為泰，其用在《損》《益》，衰盛之始也。《乾》道變化，各正性命，保合太和，乃利貞。言陰變陽化，六位各正，如《既濟》也。故《損》之變為《既濟》，則不反《否》；《益》之變為《既濟》，則反《泰》，所謂各正性命也。性者，人之成也，于卦為《震》。命者，天之令也，於卦為巽。《益》之為象也，復乎性而盡命，《損》象反之，反性命者不可以久。故可貞，正其性命也。故人之盛也而忽衰，忿欲害之也。"懲忿窒欲"，《損》之道也，雖常泰可也。人之既衰也，是忿與欲之過也。遷善改過，《益》之道也，雖反泰可也。君窮理盡性，以至於命，如此而已。雖然，君子豈以為常盛而不衰哉？性也者，人之成也；命也者，天之令也。成於性者，吾勿暴之而已；命于天者，吾何知焉？苟求知，是乃欲也。一陰一陽之謂道，《既濟》之象是也。君子之正性命也，為明道也，為行道也。故曰："朝聞道，夕死可矣。"無益於天地萬物而私其身以長存，君子以木石之生，猶之乎腐草之萎爾已。且夫《泰》，損其初則《損》，損其二而《益》，損其三而《否》矣。夫《否》，損其上而《益》，損其五而《損》，損其四而《泰》矣。故《益》有損焉，《益》之大者也，非《損》也；《損》有益焉，《損》之大者也，非《益》也。君子勞精神，苦思慮，汲汲然不敢寧也，皇皇然不敢暇也，內以益其心，而外以益於人，是損而益也。君子謂之泰。若夫屏聖智、絕禮義；嗇其精，恐其易竭也；保其神，恐其易耗也；內以愚其心，而外以亂天下，是益而損也，君子謂之否也。今聞先生于橫逆之至，未能平其心，而驚焉長生之是求，毋乃忿之未懲，而欲之未窒乎？彼魏伯陽、陳摶之所謂性命者，如此焉，則惠言不能知也。若伏羲、文王、孔子所謂性命者，則惠言知其不如此也。

然則，君子之所汲汲皇皇而有事者，何哉？其在《損》曰"利有攸往"，言懲忿窒欲之當有事也。"曷之用，二簋可用享。"二簋者，祭禮也；可用者，誠也。天子祭八簋，降損至士而用二敦，同姓則二簋，謂禮之別尊卑、定親疏也。夫忿之來也，愛人而不親也，禮人而不答也，則分不正，倫不序，而誠不至也。"二簋可用享"，而橫逆如故，則妄人而已矣，君子不忿也。夫欲，生於不知足；不知足，生於不知禮。二簋用享，禮如是，不敢過也。不敢過，而欲不窒者，寡矣。使損其疾，使遄有喜，明忿之無自來也。"或益之十朋之龜"，明不待欲而足也，是損之義也。其在《益》曰"利其攸往，利涉大川"，言遷善改過之當有事也。夫不明于善之為善，過之為過，而遷之改之者，必不益矣。何以明之？曰禮也。夫禮有文焉，有數焉，非可以意造也。故得過其過而善其善，《益》之二曰"亨帝"，吉禮之大者也。三"用圭"，凶禮之大者也。四"遷邦"，軍禮之大者也。"中行告公"，賓禮之大者也。故吉凶軍賓之禮具，而後可以遷，可以改，是益之義也。先生將修魏伯陽、陳摶之所謂性命者，則惠言不能知也。若將求伏羲、文王、孔子之所謂損益者，惠言之說，其是乎？其非乎？將就先生正之也。

抑又聞之，財者，生人之大命。《泰》之《象》曰："后以財成天地之道，輔相天地之宜，以左右民。"君子所以成天地，佐百姓，舍財無以也。《說》易者，謂聚財則損，散財則益，是不然。聚財者，小人之事也。散財者，豪俠之事也。君子之財，有損益而無聚散。要在用之以禮而已。二簋，非少也；十朋，非多也。君子之用財也，使親者加親，而疏者不遠也；尊者加尊，而卑者不陵也。二簋，用享之謂也。既辨其親疏尊卑矣，又辨其賢不肖，"或益之十朋之龜"之謂也。夫然，故百姓戴之于下，"有孚惠我德"之謂也。賢士奉之于上，"得臣無家"之謂也。夫苟賢士奉之，百姓戴之，又何逆之足患哉？

方今吾鄉風俗益偷，禮教益薄，此世道之憂，搢紳先生之恥也。先生學問行誼，為鄉人典型，惠言自勝衣，則知企仰，于今三十年矣，奔走南北，望見清光之日少，未得竭志意于前。誠願少迴莊、列之志，就周、孔之軌，推"酌損"之義，孚"惠德"之心，修"二簋"之誠，廣"十朋"之用，就"大作"之利，遠"或擊"之害，則身名泰而性命長，鄉里皆有所矜式。小子狂簡不知所裁，先生不罪其慢迂而教之，幸甚。

（選自《茗柯文編·四編》）

上座師英尚書書

焦 循

循再拜老夫子門下：去年，奉稟厚蒙俯覽。今春，賜答手書，展誦之下，曷勝感激。循自壬戌歸家，即留心於《易》。越十二年，至乙亥，成《易學》四十卷。

循以聖學深微，未容遽測，稿雖數易，未敢語人。前年，宮保阮公索循稿本，並勉促撰完。今年，擬以此稿呈請教誨。五月間，親自手寫。至十月，左臂筋痛，牽掣右腕，不能速書。內中《圖略》一本，《章句》第七卷以下係僱他人寫完。正在覓便，寄入京師。適同門汪煜有信寄來湖中，道老夫子有信問循所著之書，且命寄一二種看看。循病伏鄉里，動息無狀，辱承關注至此。因記宋仁宗時天下太平，韓、富、范、歐諸賢同輔於朝，時平陽孫復舉進士不中，受范公教，因學《春秋》，著《尊王發微》十二卷，傳於齊、魯間。南城李覯應制科未第，歸而學禮，著《禮論》七篇、《周禮致太平論》五十一篇，請正於范公、富公。說者謂君明臣忠之世，草野儒生得以修明經學。

循之才不及孫、李兩君，而幸所生之世文治光昌，明良喜起，遠過於慶歷皇祐之時。疾病餘生，既不能効力於簿書奔走，苟得於經學中稍有所就，以彰聖朝之化及於鄉僻者，如此是則循之志爾。謹以所作《易章句》十二卷，《易通釋》二十卷、《易圖略》八卷，共為《雕菰樓易學》四十卷，叩頭再拜，呈於座下。伏乞誨正，指其疵謬，求賞大序一篇冠之卷首，不勝悚惕，依戀之至。嘉慶丙子十二月初一日。

（選自《雕菰集》卷一三）

與朱椒堂兵部書

焦　循

　　循頓首白：十年不晤，僻處湖濱無緣通候。昨壽昌歸，述與先生連屋而居，且道已補兵部實缺。曩者官齋夜語，由是可見諸行事。循頻年汲汲，徒托空言，邇年專力學《易》，著有《雕菰樓易學》一書，嘗手寫兩通。一就正於阮宮保，一就正於英大冢宰。均蒙獎掖，以為可存。幾思與吾仁兄商訂之，以卷帙多，未及更寫，姑言大略。

　　《易》之道，大抵教人改過，即以寡天下之過，改過全在變通，能變通即能行權。所謂使民宜之，使民不倦。窮則變，變則通，通則久，聖人格致誠正，修齊治平，全於此一以貫之。則《易》所以名《易》也。《論語》《孟子》已質言之。而卦畫之所之，其比例齊同，有似九數，其辭則指其所之，亦如句股割圓。用甲乙丙丁子丑等字，指其變動之跡，吉凶利害，視乎爻之所之，泥乎辭以求之，不啻泥甲乙丙丁子丑之義，以索算數也。惟其中引申發明，其辭之同，有顯而明者，（如密雲不雨，自我西郊，小過小畜同。先甲三日，先庚三日，蠱與巽同。其冥升冥豫，敢復敢艮敢臨，同人于郊，需于郊之類，多不勝指數）又多用六書之轉注、假借。轉注如冥即迷，顛即窒，喜即樂；假借如借繻為需，（《說文》）借蒺為疾，（《韓詩外傳》）借豚為遯，（黃穎說）借祀為巳，（虞翻）推之鶴即雈然之雈，祥即牽羊之羊，祿即即鹿之鹿，衿即納約之約，拔即寡髮之髮，昧即歸妹之妹，朕即德積之積，沛即朱紱之紱，彼此訓釋，實為兩漢經師之祖。

其聲音相借，亦與三代金石文字相孚，非明九數之齊同比例，不足以知卦畫之行；非明六書之假借轉注，不足以知《彖辭》《爻辭》《十翼》之義；不明卦畫之行，不明《彖辭》《爻辭》《十翼》之義，不足以知伏羲、文王、周公、孔子之道；不知伏羲、文王、周公、孔子之道，不足以知格致誠正、修齊治平之學。循離羣索居，獨學無耦，漫以大略請教，先生以為何如？書之不盡，聊以當一夕談耳。嘉慶二十二年秋八月十九日。

（選自《雕菰集》卷一三）

寄朱休承學士書

焦循

　　循頓首：休承仁兄大人，京師一別，十有五年。循丁卯春病絕七日乃甦，用是諸念悉屏，專心學《易》。跧伏湖濱，遂與世疎。然風雨之夕，孤坐無與，每思良友，心竊惘然。今四月間，李冠三兄有字來村中，道及仁兄信中詢及鄙人，不勝感涕。乃思奉一書，未得其便，遲遲至今也。

　　循邇年別無善狀，惟於《易》稍有所見。卷帙繁多，未能遠寄。已稍述大略質之王君伯申。大抵聖人之教質實平易，不過欲天下之人，各正性命，保合太和而已。其義理，《論語》《孟子》闡發無餘。君子小人猶陰陽寒暑，貴而在上，自王公以至令長皆君子也；賤而在下，農工商賈皆小人也。在君子宜孚於小人，在小人宜進於君子。君子故寒往暑來，亦暑往寒來；日往月來，亦月往日來；小往大來，亦大往小來；大來固吉，小來亦非凶也。《泰卦》下天上地，尊卑倒置，而謂之泰者，以其能變通也，故曰"勿恤其孚。"卦本有恤勿恤者，以其有孚也。否上天下地，而謂之否者，以其不能變通也，故曰"否之匪人，不利君子貞。"《否卦》原是君子以不能孚於小人，一己獨正，故不利也。陰陽有尊卑而無善惡，尊而光，卑而順，皆善也。上慢下暴，皆不善也。惟寒變為暑，暑變為寒，乃為時行，乃為天道，乃為大和，是之為泰。若當寒而燠，當暑而涼，恒寒恒燠，即反時為災，斯謂之否。解者以陽外陰內為否，陽內陰外為泰。是以秋冬為否，春夏為泰矣。明曰變通配四時，是寒暑皆時也，其往來皆通也。通即泰也，寒極承以春夏，固是泰；暑極承以秋冬，亦是泰。否極而泰，由君子能通之；泰極而否，由君子不能通之。以否極而泰皆諸寒極而暑，泰極而否比諸暑極而寒，則疑失其倫矣。自泰否之義不明，而大小往來之義遂晦。於是各持一君子道長之見，而攻擊傾軋，即使得正而已。不利於君，不利於民，所謂不利君子貞也，是真否也。

《易》道但教人旁通，彼此相與以情。己所不欲，則勿施於人。己欲立達，則立人達人。此以情求彼，亦以情與，自然保合太和，各正性命。大舜舍己從人，善與人同，斯乃同人于野，利君子貞。孔子謂之仁，謂之恕，《大學》以為絜矩。此實伏羲以來，聖聖相傳之大經、大法，故曰不可貞。曰貞凶，為但知是己不能孚人者戒也。循所見《易》之大旨如此，略述之以質之仁兄。循讀東原戴氏之書，最心服其《孟子字義疏證》，說者分別漢學、宋學，以義理歸之宋。宋之義理誠詳於漢，然訓故明乃能識羲文、周、孔之義理，仍當以孔之義理衡之，未容以宋之義理即定爲孔子之義理也。

（選自《雕菰集》卷一三）

上錢曉徵少詹書

臧 庸

鏞堂自新春來浙，寓阮學使署中。晤令弟可盧先生質疑問難，獲讀《詩古訓》《漢表》《廣雅》等書得未。曾有阮學使作書薦之敝同鄉孫淵如觀察處，屢為浙士所留，此間古學駸駸日起。

近讀《周易》，康成傳費氏學，而本傳云："始通京氏《易》。"今考康成傳注三《禮》《毛詩》，而晚年注《易》，（據鄭君自序）注《詩》《禮》，引用之《易》與《易注》不同。蓋費序之異，如媒氏注引《易》"參天兩地，而奇數焉。"而《易》注云："倚託大衍之數五十也。"仍作倚字。"車人之事"注引《易巽》為宣髮，（虞翻亦作宣）而《易注》云："寡髮取四月靡草，死髮在人體猶靡草在地。"仍作寡字，此本之不同也。"白駒賁然來思"箋云："《易》：'山下有火賁'，賁，黃白色也。"（《易釋文》引王肅云："黃白色正取今文家說，以異鄭。"）而《易》注云："賁，文飾之貌。"《檀弓》"戎事乘翰"，白色馬也。引《易》"白馬翰如。"而《易》注云"翰，猶幹也。"見《六四》："適初未定，欲幹而有之。"此義之不同也。

舍弟禮堂頗細心讀書，言行不苟。去春，新昏。客秋，先人棄世，哀毀骨立，至今寢于外室。斯能三年不入內者，質尚可造當今之品學交粹者。鏞堂心折閣下一人，欲令其受業門牆，伏祈大君收錄教誨之。幸甚。又閣下吐詞為經，撰賜布衣臧君《墓誌銘》，不容增損一字。寄來原稿云：

"嘗訪友長沙，兩舟並行刻石，忽添'渡江'二字於'訪友長沙'下，竊以至長沙須江行，夫人而知之。下云'兩舟並行'，足明之矣。異日重刻此文，當依原稿與'渡江'字"。肅此附及，餘不悉。

（選自《拜經堂文集》卷三）

與陳伯遊書

陳繼輅

> 陳繼輅（1772—1834），字祁孫，一字季木，號修平，江蘇陽湖人。嘉慶五年（1800）舉人。結交皆海內文士，工詩，嗜金石，精音韻。著有《左傳音義》二卷、《合肥學舍劄記》十二卷、《崇百藥齋文集》二十卷《續集》四卷《三集》十二卷。生平事蹟見《清史稿》卷四八六、《國朝耆獻類徵初編》卷二四六、《清儒學案》卷一一三、《武陽合志》《清人詩集敍錄》卷五四等。

伯游大弟足下，病中三奉手簡，問繼輅近讀何書，未及肅復。前日乘白敬庵大令之便，附去《子辨篆書楹帖》，計無不達。繼輅好文，而不好學，雖日日展卷，實於心性了無所益，以至肝病屢作。頃已小差，乃恃藥物疏通，非能平心養氣，以道勝疾也。既深自愧悔，益致煩懣，如何如何！

日來偶讀王氏所輯《易鄭義》，多所未喻。如再三瀆，《說文》引作"䝉，水不清也。"蓋蒙以二為主，五順而巽不違，如愚童蒙也。三惑于上，四远于二，二三其德，瀆蒙也。彼已為出山之濁，而我何以往教乎？故不告也。乃訓作褻。"其邑人三百戶，無眚"，《周禮》："馮弱犯寡則眚彼"注："眚，猶人眚瘦也。"《王霸記》曰："四面削其地。"此眚字正與同義，乃訓作過。又剝牀以辨足，辨皆屬牀言，故崔憬云"辨，牀榦也"，茲云"近膝之下為辨"是已。剝膚矣，何獨四為切近災乎？

晉如鼫鼠，《說文》："鼫，五技鼠也。能飛不能過屋，能緣不能窮木，能遊不能度谷，能穴不能掩身，能走不能先人。"《顏氏家訓》所謂"鼯鼠五能，不成技術"，即此物也。九家《易》曰："遊不度瀆，不出坎也；飛不上屋，不至上也；緣不極木，不出離也；穴不掩身，五坤薄也；走不先足，外震在下也。"五技皆劣，四爻當之。茲訓作大愓，號莫夜九二變，離離在西，兌下日莫之象。茲讀作入聲，皆於《卦象》未合。又如君子以除戎器，除即除吏之除。《釋文》本亦作儲，茲乃訓作去，如以去戎器為戒。不虞不且，為秦人銷鋒鑄鐻之所藉口乎？不然，亦《莊子》剖斗折衡之恉也。

因疑鄭氏著述太多，《易》學或非所長。聊以質之足下，徒使足下知繼輅尚能繙書操管，疾不足憂而已。以云好學則孔子之稱顏子，乃以"不遷怒，不貳過"當之。蹉跎遲暮，如何如何！索書舊詩及令弟索題畫冊容續上。

（選自《崇百藥齋文集》卷一四）

復唐鏡海同年書

賀長齡

> 賀長齡（1785—1848），字耦耕，號西涯，晚號耐庵，湖南善化人。一說字杏艖，又字醒差。嘉慶十三年（1808）進士。著有《孝經輯注》一卷、《孝經述》二卷附《辨義》一卷、《六書原始》十五卷、《春秋公羊傳摘鈔》一卷、《春秋穀梁傳摘鈔》一卷、《耐庵文存》六卷、《勸學纂言》等。生平事蹟見《清史稿》卷三八〇、《清史列傳》卷三八、《清代七百名人傳》第一編、《清儒學案》卷一四〇、賀詒令《耦庚行狀》、唐鑒《誥授榮祿大替前雲貴總督賀君墓誌銘》《越縵草堂讀書記》《湖南通志》（光绪）卷一七六等。

大著《易牖》，奉繳承命作序，自忖夙少研究，雖近喜讀《易》，而所得至淺，深恐膚末無當，遲迴久之，然盛意不可虛也。謹撰數行以報，惟裁鑒焉。

竊以《易》道甚大，而"立象盡意"一語，最得先天之妙。盈天地間皆象也，不可盡也，而大指不外陰陽。伏羲但以數畫依稀像之，不著一物，而無物不包。我夫子每於《彖傳》旁推交通，贊其時義時用之大，於《豫》《隨》十二卦特示其例，使天下後世知《易》之一書，直如造物之無盡藏，終身親玩，無有窮已。尊者極力推闡，殆亦此意。

近讀寶應喬氏《易俟》，見其於我夫子《彖傳》《象傳》所以發文、周之蘊者，實能有所闡明，深得贊《易》本指。間有不遵本義處，則皆取正於傳，衡裁頗當。其於《彖傳》中剛柔、往來、上下，則取來氏兩卦相綜，而不用卦變之說，似為得之。惟卦變以《渙》自《否》來，《否》之二進而居《渙》之四，故曰渙其羣。以三陰之中去其一，則羣散也。曰渙有丘，則進而居四，如丘之高也。曰匪夷所思，以非三陰等輩所及料也，似又恰當。若蘇氏以三百八十四爻皆《乾》《坤》六爻之剛柔所往來上下，故曰周流六虛。其說自圓通無滯，究以何者為正解，請詳示之。喬氏於《坤》六五不主臣道，而以文、景恭儉之主當之，與尊著之以皋、夔、稷、契言者異。其意蓋以五為君位，不可屬之臣耳。似稍泥《易》，固不可為典要也。至於《明夷》《復》等卦，則以上爻屬之君，以其失位也。又如《師》《革》《大有》等卦之上爻，則皆謂統論全卦之義，而不專主本爻。所見郤是，何如何如？

近有遵義童生徐元禧，年纔三十三，著有《周易廣傳》，其名書之意，蓋以推廣我夫子之傳義，而不敢自出意見。其大指則以《河圖》為太極，而於《河圖》之數極其推闡，頗有發明。又稱引其先兄某《雜卦圖說》，蓋將《雜卦》繪圖，平列靜翫，悟出我夫子當日所以云云之意。若僅作反對說，則《序卦》詳之矣，何敢乎雜亂各卦復衍一番乎？此說似前人所未及，頗有意義，寸楮不能詳也。

每念吾人處世，"承乘比應"四字盡之，而文之《序卦》，一反一覆，尤周盡世情之變，所以處之者惟審乎時與位耳。剛柔取其相應，而有時不以應為善；剛柔取其當位，而有時以不當為善。則皆視乎卦義，而其道屢遷。要之，惟其正耳。故《乾卦》開首即曰利貞，六十四卦皆同此義。容有貞凶貞厲，未有利不貞者，此我輩安身立命之符也。大著所云"吉凶在心不在占"，可謂一言以蔽之。故曰："君子所居而安者，《易》之序也；

所樂而玩者,《爻》之詞也。"又曰:"君子居則觀其象而玩其詞,動則觀其變而玩其占。"是以自天祐之,吉無不利。必如伊川之踐履盡《易》,則天人合矣。

高山仰止,景行行止,雖不能至,然心嚮往之。微有商者,昔安溪先生嘗詔其徒,當如橫渠修詞之法,抉窈微,尚體要,力去宋以後之冗長。今觀榕村書,良然。竊意晚年撰者,宜用此法。異時藏山傳人,亦約而易守。何如何如!

(選自《耐庵文存》卷六)

復唐鏡海同年論易第三書　賀長齡

差，旋得手教，反復誦繹，益我良多，敬佩敬佩！弟於《易》學不但全無心得，即粗淺文義，亦尚未了徹。而性頗好之，好之而又不能潛翫精思，開卷欣然，掩卷輒復茫然。此所以鹵莽滅裂，內之既無以養其心，外之又不能以應事，真吾夫子所謂德之棄者。每一循省，不自覺其愧汗之交集也。惟於朱子所謂《易》為卜筮作者，始亦不免惶惑，久之乃信，今則信之益深。雖屢經前賢抨擊，終以其說為不可易。

來教謂"伏羲作《易》以前，民用非為蓍而何？"固亦深然其說矣。而又謂"至秦乃列之卜筮家，以為知術而不知道。此自京、焦以來用《易》者之失，而卜筮之本指豈然哉。"古之時，人與天近，凡舉一事，必筮而後行，每誦"齋戒，以神明其德"之語，覺得古人無時無處不臨以天。即一卜筮，而格致誠正之學皆舉矣，朱子所謂"至粗，而有至精者存也。"若專以理言，則恐語精而遺粗。賢愚不能皆獲其用，而於吉凶與民同患之旨，微隔一塵矣。此朱子所指當時言《易》者之失，但從中半截說起，忘卻上半截根源也。夫夫子之《十翼》固專以理言，然亦就卦爻中推說其理耳。所謂聖人之蘊，因卦以發也；而聖人之精，則朱子所謂本義也。《周官》"三《易》掌於太卜"，而不列於造士之四術，似非至秦而始以為卜筮之書也。《易》至難言，果能心通其意，雖當一物未交，而觀象玩詞，無不可作占觀。朱子每以靈棋課舉似學者，此意殊微妙可思，何如何如！

来教又以《先天图》为无此理,谓"天上地下,居然一《否卦》,《离》东《坎》西则无春秋,天地定位一节,不可以相对言。"先生研玩功深,非确有所见,岂能为是言!而反之于心,仍有未帖然者,亦不敢不贡其愚。朱子以邵子推卦画相生之次第,为《易》之宗祖。而先天大圆图,则左阳右阴,根互相生之次第,非以节侯言也,而何《离》东《坎》西遂嫌于无春秋乎?地天交而为《泰》,此自后一截说话,故《序》于《乾》《坤》十卦之后,而天上地下则定位之所以为定也,似不可以否言。先天对待,后天流行,先儒之说,且姑置勿论。第玩《说卦传》"故水火相逮,雷风不相悖,山泽通气,然后能变化,既成万物也",吾夫子之意,似谓有先天之对待以立其体,方有后天之流行以致其用。所以发羲、文两图相成之妙者,于此可见。何如何如!

夫子于《睽》上九、见豕、载鬼诸象不释一词,而以"群疑"二字浑之,此言《易》者之定宗也。汉以来言象者,诚如来教,不免傅会穿凿之失。吾辈今日言《易》,自当扫除一切,庶几无失洁净精微之旨。然朱子尝言"《易》之取象,固必有所自来,而其为说,必已具于太卜之官。顾今不可复考,则姑阙之。而直据词中之象,以求象中之意,使足以为训戒而决吉凶,其亦可矣。然亦不可直谓为假说,而遽欲忘之也"数语,似最圆至。何如何如!

居恒尝谓《易》为天书,非人知虑能为,而实须臾不可离。举目皆《易》,学者犹可髣髴;践履皆《易》,则非大贤以上不能。来教谓"祗患义不精,不患不能占。驯致其道,将所谓极深而研几者,于是乎枉矣。而何占之非学?何学之非占哉?"凡此諐说,皆渊照所已及。而见谓未当者,今辄复以渎陈,非敢胶执鄙见也。中所未安,不敢自匿,且欲藉为承教之地,或一再往复,更有以发前教之所未宣乎!幸望幸望!

(选自《耐庵文存》卷六)

與顧訪溪書

方　坰

> 方坰（1792—1834），字思臧，號子春，浙江平湖人。嘉慶二十一年（1816）舉人。治學篤守程朱。著有《讀易日識》六卷、《生齋自知錄》三卷、《生齋日識》二卷、《春秋説》四卷、《生齋文稿》八卷《續》一卷、《重訂楊園年譜》五卷等。生平事蹟見《清史列傳》卷六七、《清儒學案》卷一五七、《平湖志》《生齋自知錄自序》等。

　　昨得面論《易》理，及觀所示《日錄》，開發良多，欣慰無似。惟《乾·文言》末節，尚不能無疑，敢舉以相質。昨日談次，尊意似以"亢"字就時位說，而以聖人為得處亢之道，故能無悔。然詳"亢"字，畢竟是不好字面，與"潛""見""躍"等字不同，故本文以"知進不知退"三句釋其名義。而程《傳》則曰："極之甚為亢。至於亢者，不知進退存亡得喪之理也。"朱子於《爻辭注》亦云："亢者，過於上而不能下之意。"是皆以亢為人之所致，而非時位之固然也。程《傳》又云："聖人知而處之，不失其正，故不至於亢。"《朱子語類》有云："若占得此爻，必須以亢滿為戒，當極盛之時，便須慮其亢。"云"不至於亢"，云"以亢滿為戒"，云"須慮其亢"，則亢不就時位說，益明矣。蓋上九乃是時位，所謂亢龍者，乃處此時位者之象也。常人處之，不以其道，故亢而有悔。惟聖人知進退存亡而不失正，故不至於亢，而亦無悔也。蓋潛、見、飛、躍是順而處之，獨於亢龍之象則逆而處之，於象為逆，於道則順也。鄙見如是，未當更乞開示。不宣。

承示《日記》，多切當處，惟於《本義》"大明乾道之終始"句，謂乾道便是天道，似尚稍疎。蓋伏羲立卦本意，所謂乾者，只是陽純健至而已。即文王繫之辭，所謂"元亨利貞"者，亦祇謂乾道大通而至正耳，猶未專指天道也。至孔子始專以天道明乾義，而大明終始節，又是言聖人之行天道也。主乎天而言，則天道即乾道；主乎聖人而言，而惟明乎乾道，而乃以行其天道也。故《本義》所云"大明乾道之終始"，此乾道是帖卦爻本體言之。所謂乘此六陽，以行天道，乃是言聖人之本乾道以行天道也。朱子乾道天道之分，正就《彖傳》本文語意體貼出來，初非泛設。今不記蒙引全文，恐其意或出於此，敢分疏之以求正。凡義理必兩相擊觸而後出，以後有所獻疑，務望深思詳論，以歸至當，勿徒默默順受已也。

（選自《生齋文稿》卷八）

答吳春畦書

丁　晏

> 丁晏（1794—1875），字儉卿，號柘堂，一號柘唐，別號石亭居士，江蘇山陽人。道光元年（1821）舉人。精於服鄭之學，博綜眾說，著書甚繁。著有《禮記釋注》四卷、《儀禮釋注》二卷、《周禮釋注》二卷、《鄭氏詩譜考證》一卷、《毛鄭詩釋》四卷、《詩考補注》二卷、《校正毛詩草木鳥獸蟲魚疏》二卷、《禹貢集釋》三卷、《周易述傳》二卷、《春秋胡傳申正》八卷、《頤志齋詩文集》十六卷等書。生平事蹟見《清史稿》卷四八二、《清史列傳》卷六九、丁一鵬《丁柘唐先生历年記略》等。

頃示大著《周易備參》，細繹數過，夫今之人能潛心讀經者亦罕矣。足下家學淵深，稟承有自。益以冥思孤詣，語多獨造。其入理之深，晏之淺率，何足以知之，顧有不敢不言者。

大著多指程《傳》之失，竊謂足下之書自抒心得可矣。若意存指駁，多所攻詰，則是有心與先儒立異，非平心之論也。且晏竊見說《易》之書亦多矣，而深有取於伊川之書。蓋《易》之為書也，非徒恍怪其辭，以表異於後世也。聖人憂世之深，不得已假之爻象以自明其用世之學，故嘗論經之切於人事者，莫如《易》。伊川、程子深得此旨，不為空虛無用之言，其論洞中事理，明白純粹，使人人易曉。而亦《易》行上自君德治體，下至日用行習之事，莫不講明而切究之。若其言近指遠，唾戒至深。雖或不與經義相比，然味其遺說，可以考見義理有裨實用，即以是為聖人之心可也。合其實用而高語玄虛，與夫侈談象數，庸有當於聖人之乎？孔子《繫傳》往往證明人事，而以爻辭結之，意正如此，欲使後人得其言外之旨，精義致用。故《大象》曰：君子以以者用也。《易》也者，用世之書，惟程子能知之。朱子《本義》雖本程《傳》，然其意以《易》為卜筮之書，與伊川之說異。至《十翼》為孔子作，唐以前無異辭。大著離析其文，勇於改作。又謂《序卦》是文王自序，《文言》是文王之言，竊未敢以為然也。夫謂《文言》為文王作，梁武帝嘗有是說，先儒所不取也。

晏輇才末學，於經義毫無所知。辱足下不棄，謬謂可教，示以大著，謹殫厥管窺，不敢為諛頌之詞，故獻其疑如此。倘見採納，重加釐訂，晏雖不才，猶能為邪許之助。區區之衷，不盡百一。稍暇，祗謁道範，以罄鄙懷。乙酉十月。

（選自《頤志齋文集》卷八）

復曾滌生檢討書

劉 蓉

> 劉蓉（1816—1873），字孟蓉，號霞仙，湖南湘鄉人。著有《養晦堂詩文集》十二卷、《思辨錄疑義》二卷、《孔經新義》《大學發微》二卷、《易通釋例》一卷、《中庸發微》三卷等。生平事蹟見《清史稿》卷四二五、《清史列傳》卷四九、郭嵩燾《陝西巡撫劉公墓志銘》等。

伏蒙垂諭：邇來讀《易》頗服膺程《傳》，而或不滿於朱子《本義》。蓉誠不敏，未達所云。竊以《易》之為書，更歷三聖，而制作不同。伏羲畫卦以明象，文、周因象以繫辭，皆所以為卜筮者決吉凶而垂訓戒，故其書但掌於太卜之官，不以頒於學校。至孔子《彖》《象》《文言》《繫辭》之作，則又因吉凶訓戒之意，推明其理之所以然者。其道雖未始不同，而所以為教為法者，則既異矣。自是而後，兩漢諸儒泥於術數之陋，雜以變卦、互體、五行、納甲、飛伏之法，則既穿鑿附會，而不能根於理。輔嗣王氏始覺其陋，力辟諸家之說，一以義理為斷，又未免溺於莊、老之教，而不適乎中正仁義之歸，其為得失，先儒蓋嘗論之。逮伊川程子之《傳》出，然後一洗諸家膠固支離之失，畢發先儒廣大精微之蘊。蓋凡後世以義理解《易》者，莫能尚焉。然學者苟不得義、文設卦觀象之本意，而專欲據此以明《易》，則於三聖制作之本旨，既未免得其一而失其二。而一卦一爻僅為一事，又不免偏執固滯，無復包含該貫、曲暢旁通之趣，此朱子《啟蒙》《本義》之書所由作也。故嘗妄謂學者苟有志於《易》學，則必先讀《啟蒙》，以明象數之大端，次及《本義》，以會卦爻之大意。則所謂潔靜精微之體，開物成務之用，皆將於是乎見之。而凡羲、文以後，周、孔、程子諸聖賢之說，亦可推類引伸，無不各盡其妙。此朱子之功所以為大，而列聖之制所以並垂古今，靡不同條而共貫者。若徒以其義蘊之廣大而樂言之，於先聖所以畫卦觀象、教人卜筮之本意，或鄙棄以為不足言。則《易》之為用有窮，而周子所謂聖人之精，畫卦以示，與邵子所謂畫前之《易》者，皆不可復見矣。

　　《安溪集》惟見其《學庸》《語孟》《洪範說》數種。《船山集》惟見其《正蒙》《老莊解》及雜著數種。獨於所謂《易》說者，皆未之見。然就所見數種者觀之，則恐其未嘗深究古昔聖賢之本意，而或不免以己意牽強之失。

　　老兄既讀其書而深好之，其必有取焉矣。俟他日購得之，當更條晰請教，茲不敢妄議也。承諭將撰次經史子集之言，彙為家訓，並得與聞綱領節目之詳，其規模條理可謂宏遠矣。顧蓉謂為學之道，莫先於明善以誠其身，而著書垂訓，則成德以後之事，非當務之所宜急。大抵編次之體，不難於采之之博，而難於采之之精。苟非學識精醇，有以窮極事物之理，斟酌古今之制，使眾說之陳於吾前者，皆有以析其精粗，燭其本末，而無纖悉毫髮之不盡。則所以定權衡，決去取者，將不免淆雜、疏漏、乖謬之弊。而徒疲精神，糜歲月，以取不知而作之誚，則亦可益哉？以執事之高明，則固無慮乎此。顧區區之愚，竊願執事收拾身心，蓋已近理。以盡居敬窮理之實，勿汲汲以撰述為事，則夫深思力踐之餘，將有不俟他求而得之於此者。其或欲假采輯之功，以資玩索之益，則莫若且就德行、學問兩門，加意討論，而姑置經濟各門於後，以俟餘力之及，則亦要切之道也。

　　《衍義》一書，闡發格致，誠正、修齊之道特詳，而獨不列治平之目意者。政治規為，古今異道，苟非酌斟古制，損益時宜，則無以盡變通之妙。故不若姑從闕略，以待後世人主之自擇乎？是其然否雖不可知，而要之制治之原，自有根本當先之地。本既立矣，末斯舉焉。政治所宜，方策具在。舉而措之，夫亦存乎其人焉耳。若欲藉以博通世故，諳悉事機，則當參考制度之詳，深究利病之實，因時制宜，固匪一道。而非理明義精，無微不燭，則亦徒為故事之陳，終無當夫推行之實者也。前書所舉本朝先達如二李、湯、陸諸公者，管見所窺，諸公學術各有不同，似未可一律論也。二曲既是禪宗，安溪頗近學空，潛菴德業偉然，而著述不少概見，見其所刊《洛學編》而已。求其謹守繩墨、純一不雜者，其稼書陸先生乎？雖於充養成德之際未知若何，則言論平實，踐履醇篤，要亦無愧於聖人之徒者矣。

近日湯吏部、唐太常皆有時望，心儀之久，頗欲聞之，想深悉其素履，因書並希示及。聖學衰微，士習浮靡，方賴一二賢達加意主持，以振頑懦。學之不講，古聖所憂，計尊兄亦當同此懷也。時事多艱，邊陲不靖，連年退避，遂此削弱。和議之成，令人憤悒。彼虜何厭，行復逞耳！然往者莫追，來者可懲，及此閒暇，亦頗為內修外攘之計否也？執事既列朝籍，正宜蘊蓄經綸，以需時用。材力所及，固已偉然，勉而進之，其何可量？伊、傅之業，待人而行，要惟有其學者，能不讓耳。

伏蒙不鄙，屢賜手示，使論為學大意。某不敏，於道無所見，弗敢知也。然竊聞之，主敬者，存心之要；致知者，進學之功。二者相資，其道始備。歷考前聖之訓，蓋未有不由於此，而可以幾於成德之域者也。然則學者苟有志於古人之道，固舍是而末由。但功利之習，溺人最深，時會所趨，靡然向之，苟非豪傑，未有能自拔於風波頹靡之中者。此病不除，雖欲入道而不可得。則義利理欲之辨，為己為人之分，抑又學者之所宜自力者矣。執事勵志有日，必有深造自得於此者。伏望日新其德，以自進於高明之域，終為斯道之幸，則區區之望也。

（選自《養晦堂詩文集》卷一二）

與劉仲儀書

馬其昶

> 馬其昶(1855—1930)，字通伯，晚號抱潤翁，安徽桐城人。著有《重定周易費氏學》八卷、《尚書誼詁》八卷、《詩毛氏學》三十卷、《三經誼詁》三卷、《禮記節本》六卷、《抱潤軒文集》二十二卷、《桐城耆舊傳》十九卷等。生平事蹟見陳三立《馬其昶墓誌銘》《清儒學案》卷一八九。

今兄見過，述足下館中事，甚可駭怪。士方居約時，於人世榮顯炫赫之跡，一無所取，獨自授經窮巷中，庶乎其免矣。乃獨見妒同儕，詬辱疊至，聞或勸足下愬學官，則於義似未盡通者。其昶買山葬先人，為邑子所侮，奪山去，當時頗不能平。今思之，正不必耳。嘗讀《易》，至《大壯》見"四陽盛長"，道通行健，無有間隔，誠哉極天下之至壯矣。而《彖》曰："大壯利貞"，《大象》曰"君子以非禮弗履。"則是任理而不任氣也。戰乎已而不求勝於物也，不然皆非所謂壯也。乾者，天下之至健也。君子以自強不息，其義亦猶是焉。蓋天下之壯有求之內者，有求之外者，襍《卦傳》"大壯則止"，則壯非求於外明矣。孟子論大勇，在自反而縮，而以剛大浩然之氣為集義所生。先儒謂孟子之學深於《易》，茲非一徵歟！其昶嘗妄謂學《易》莫切於知時，而其歸則要於戒懼。足下好學深思，方今盈虛消息之幾，竊之素矣。遵養時晦，期為不食之碩果。至外侮之來，吾益恐懼修省可也。豈必與彼等者絜長短、爭勝負之數哉！索居久，人事日拂。感足下近事，輒書其誦習，所偶獲者，效切磋之誼，惟足下奉辱教之。

（選自《抱潤軒文集》卷四）

與張聞遠孝廉書

曹元忠

> 曹元忠（1865—1923），字夔一，號君直，晚號淩波居士，江蘇吳縣（今蘇州）人。光緒二十年（1894）舉人。先後從管禮耕、黃以周受經學，與其弟曹元弼同為古文經學家。著有《月令章句》三卷、《禮議》二卷、《說文考逸》一卷、《箋經室所見宋元書題跋》一卷、《箋經室遺集》二十卷等。生平事蹟見《清儒學案》卷一五四、《國朝先正事略》、曹元弼《誥授通議大夫內閣侍讀學士君直從兄家傳》等。

日詢詣齋，得見尊藏寫本《易微言》及方舟先生《易學》，至為欣忭。惟方舟先生《易學》但題門人劉伯熊編，不著撰人。當時弟見首葉有"繡谷亭印"，知為吳尺鳧焯故物。到館後，檢繡谷亭《熏習錄》有之。顧繡谷亭本早由浙江巡撫富勒渾熊、學鵬、三寶等進呈，故《浙江採集遺書總錄》有"方舟先生《易學》二卷"云"寫本"，而《四庫全書存目》"方舟《易學》二卷"注云："浙江吳玉墀家藏本。"墀者，尺鳧字也。今尊藏又是繡谷亭舊帙，疑不能明。再三思之，迺得其故。據《熏習錄》及《四庫存目》皆引朱彝尊《經義考》稱昆山徐秉義家藏，但《四庫存目》本卷首有"竹垞"二字小印，而尊藏本無之，豈徐果亭本後歸竹垞，竹垞本復歸尺鳧，至乾隆朝，尺鳧之子玉墀以之上進，而尊藏迺其寫副歟？至方舟先生為宋資陽、李石知幾《四庫存目》已據《直齋書錄解題》《熏習錄》，復據焦竑《國史經籍志》、李石《方舟集》定之無疑義矣。其所以不著撰人，由《易學》即附《方舟集》行世，故卷端但題門人劉伯熊編。今浙江文瀾閣所寫《永樂大典》本《方舟集》亦題門人劉伯熊編，與此相同。因及門人所編，是以稱方舟先生。因從《方舟先生集》鈔出別行，是以首行但云方舟先生，無"集卷"幾字樣，與《書錄解題》以"別集類"既收《方舟集》，故於"易類"，不復出方舟先生《易學》。古今各有用意，皆可以意會得之。所惜四庫館各省進呈之書，伏查乾隆三十九年，純皇帝諭旨有"將進到各書於篇首用翰林院印，並加鈴記載，明年月姓名於面頁，俟將來辨竣後，仍給還各本家，自行收藏"等，因及全書告成，原進書籍均發交翰林院，置敬一亭中，各本家並未祗領，該院編修檢討迺學楊慎偷書故事，逐漸竊去。所有吳玉墀家藏之方舟先生《易學》，恐不知流落何所，而尊藏本遂如吉光片羽為世希有矣。此書源流如是，敢以奉告，癸丑五月。

（選自《箋經室遺集》卷一五）

尚 書

寄閻潛丘古文尚書冤詞書　毛奇齡

接讀《四書釋地》一編，又經三年。淮上去此不遠，而郵寄甚艱。去夏閩客，屬一緘寄丘洗馬，至今未達。昨著《喪禮》一書，見《堯峰文鈔》内頗多論辨，然無一不誤，不止如前時所示數則。急欲奉質不可得，因嘆當世果無一善讀書者。

近蠡吾李塨（字恕谷，康熙庚午舉人），爲李孝慤先生之子。其人學有根柢，曾游博陵顔習齋門，胸不安有疑義，越三千里來証所學，固已度越儕輩矣。乃以寓居桐鄉之故，與桐之錢氏作《古文尚書》真僞之辨，列主客來問。某向亦不愜僞古文一説，宋人誕妄，最叵信。及惠教所著《古文尚書疏証》後，始怏怏謂此事經讀書人道過，或不應謬，遂置不復理。今就兩家説重爲考訂，知《古文尚書》自漢武年出孔壁後，凡内府藏奔，與民間授受，相繼不絶。且歷新都篡殺，永嘉變亂，亦並無有遺失散亡之事。而梅賾在晉所上者，又但是孔《傳》，並非古文經文，其在《隋書·經籍志》開載甚明，外此則又無他書可爲藉口，則其裹其底瞭然于人，何得有假？因就彼所辨，而斷以平日所考証，作《古文尚書定論》四卷。其中微及潛丘，并敝鄉姚立方所著攻古文者，兼相質難。以爲學無兩可，祇有一是，苟或所見不謬，即當力持其説，以爲可定。雖自揣生平所學，百不如潛丘，且相於數十年，誠不忍以言論牴牾，啓參差之端。祇謂聖經是非，所繫極大，非可以人情嫌畏，謬爲遜讓。況潛丘之學，萬萬勝予，亦必不敢謂能勝六經。大凡有學識人，定無我見，一聞真是，便當自舍其所非。

曩者，先仲氏觀陳宗伯所藏商彝，心疑其贗，而閟不敢言。及撤去，客有以千金請值者，始自悔其誤，而再請觀之，然不得矣。故先仲氏嘗曰："觀古有所失，即悔且不及，何況不悔！"今六經之重不止一鼎古文，爲二帝三王之書，又不止《毛詩》《左氏》《公》《穀》《周禮》《儀禮》《禮記》諸經之比。向亦惟衛經心切，誠恐僞之果足以亂真。故任此無何之言，而姑且耐之，一經指正，即悛除不暇。此如清君側之奸者，其稱兵直前，以爲君側有奸耳。君側無奸，則此兵向君矣而可乎！夫聖經無可非而非之，詖士也；君側無奸而忽指之爲有奸者，讒人也。爾乃辨之愈明，來攻者愈急，寧以兵向君，而必不敢向讒人，寧得罪聖經，而必不敢得罪此宋、元間非聖毀經之詖士，此則何解？然且研經好學如立方者，亦復墨守不下，曰："各行所知，則生薑真樹生矣。"某因削去《定論》名色，而改名《冤詞》，且增四卷爲八卷，而再加考訂。如孔《疏》之誣指鄭《註》二十三篇爲孔書二十三篇，漆書二十四篇爲張霸二十四篇，則當更校其篇數。明儒謂安國之卒先于太初，孔氏獻書不及巫蠱，則當更考其年月。賈逵、馬融援僞學以冒孔學，則授受當更清。衛宏、許慎據僞古文以亂真古文，則字畫當更核。然不曰"釋冤"，而曰"冤詞"，以不敢釋也。吾第列其冤而世釋之，釋不在我也。世不肯釋冤，而必欲冤之，冤亦不在我也。如此，則可以告無罪矣！拙著并《喪禮》十卷，統呈掌記外，《定論》原敘數頁，一併奉覽。

竊謂潛丘所學，何處不見。原不藉毀經以爲能事，且胸藏該博，必有論辨所未及，考據所未備，以廣我庫廒。冤詞無定，潛丘定之，何如何如！某頓首。

（選自《西河集》卷一八）

復馮山公論太極圖說古文尚書冤詞

毛奇齡

　　數辱垂訊，連接四短札，覺心地偪伏。入夏來，煩紆頃刻都息。生平喜聽人論學，至紙上有考辯，尤劇聳動，老年不能会心。目入反不若耳受之快然，大致了了。

　　舊說《太極圖》，但據一時所見，便爾草草。如紀顧諸名言，皆超雋有餘趣。自慚脫漏，不能遍舉。且有要領，俱失處不止于此。明知是圖本于二氏，然僅僅以希夷、壽涯當之。

　　昨見黃山中洲和尚有太極本于禪宗說，其所爲《太極圖》即唐僧圭峰之《十重圖》也，中三輪 ◎ 爲河梨耶識，左行爲 ⊙ 爲覺，即圖之左 ☾，右行爲 ●，爲不覺，即圖之右 ☽，此在陳搏授圖之前已行世者。是搏所爲圖，一本于道藏真元品，一本于圭峰《禪源詮集》，而總出于《參同契》，是真贓實據，鑿鑿要領。今弟知真元品而不知《禪源詮集》，是舉褑失襭。究竟脫漏，從來讀書原不能盡。且又以二氏忽之，此即非真學問人。況既論此事而于此事反有闕，豈可耶！若根字則過于推求，竟忘孟子有根心之文，捕蟬彈雀，指出甚快，但行世已久，不能改矣。

　　至若《古文尚書》之冤，則凡能救正，即是聖人之徒，況直窮隋志抉致誤之由，尤得要領。即所示志文屬讀，正闡發苦心，何容置喙！但僕舊所讀，正亦未嘗差誤者。《志》云：永嘉之亂，歐陽、大小夏侯《尚書》並亡。濟南伏生之傳，唯劉向父子所著《五行傳》，是其本法，而又多乖戾。

至東晉梅賾始上《孔傳》云云。初亦疑以並亡伏生傳作句,既而思歐陽、二夏侯《尚書》並無《伏生傳》在內,不得云亡《伏生傳》。且《伏生傳》即今《尚書大傳》也。在永嘉亂時,並不曾亡,又不得云所亡者。是伏生之傳,蓋歐陽《尚書》出于歐陽高,爲伏生弟子和伯之孫。自有歐陽《章句》三十一卷,歐陽《說義》二篇。大小夏侯《尚書》,則一是夏侯勝,爲張生所傳,夏侯都尉之族子;一是夏侯建,即勝從兄子從勝學者。大小各有夏侯《章句》二十九卷。合五十八卷,兼有大小夏侯《解故》二十九篇,是兩家俱自有傳。其所以兩書並名者,以武帝時先立歐陽《尚書》于學官。至孝宣世,復立大小夏侯《尚書》,而分作兩官,故並名歐陽大小夏侯《尚書》。其云並亡,以永嘉之亂兩書並亡也。《志》所云"今無有傳"者是也。若伏生《大傳》原不曾有章句訓詁。如歐陽夏侯等其言反怪誕,惟劉向父子所作《五行傳》是伏生本法。而向、歆襲之,然又與經文乖戾,不可作《尚書》之傳,故梅氏以《孔傳》上之。如此屬讀,則始于劉向父子一段,方有著落。至于並亡作句,恐疑涉今文之亡。則明云歐陽夏侯之《尚書》。學者留意自知之,不足慮也。

　　僕從來說經,極其審慎,必多所考據,並不執一以難一,故謬處差少。但限于方幅,不能博設,必俟質難始出之。故凡高明指摘,幸乘僕生前有口時,尚可商量。一當死後,則衆射之的,誰能辨之?況古文之冤尤口衆者耶!至洛誥命公後文,則《公羊》"封魯"一段,僕《廣聽錄》已載之。何日面受,率復不備。

(選自《西河集》卷一八)

與閻潛丘論尚書疏証書　毛奇齡

昨承示《尚書疏証》一書，此不過惑前人之説，誤以《尚書》爲僞書耳。其于朱、陸異同，則風馬不及，而忽訐金谿，竝及姚江，則又借端作横枝矣。《尚書》本聖經，前人妄有遺議者，亦但以出書早晚、立學先後爲疑，未嘗于經文有不足也。且人心道心，雖《荀子》有之，然亦《荀子》引經文，不是經文引《荀子》。況荀子明稱道經，則直前古遺文，即《易通卦驗》所云"燧人在伏羲以前，實刻道經，以開三皇五帝之書"者是也。又且正心誠意本于《大學》，存心養性見之《孟子》，竝非金谿、姚江過信僞經，始倡爲心學，斷可知矣。

今人于聖門忠恕，毫釐不講，而沾沾于德性問學，硬樹門戸。此在孩提稚子，亦皆有一詆陸闢王之見存于胸中。以尊兄卓識，而拾人牙慧，原不爲武，然且趨附之徒，借爲捷徑，今見有以此而覬進取者。尊兄雖處士，然猶出入于時賢時貴之門，萬一此説外聞，而不諒之徒藉爲口實，則以此而貽累于尊兄之生平者不少。吾願左右之悶之也。

至若學宮從祀，則從來荒謬。向與尊兄言廟學合一之陋，孔子先聖稱名之謬，極蒙許可。至從祀進退，則大不足憑。漢世大儒，如康成、子政輩，皆以神仙圖讖，紛紛罷祀，乃有受華山之書，闡《參同》之祕，指太乙九宫爲《洛書》九類，而公然與聖經竝傳者，是以王草堂作《聖賢儒史》一書，頗有訂証。而足下偏執程敏政無學之説，以爲金科，陋矣！鄙意謂《尚書疏証》總屬難信，恐于堯、舜、孔子千聖相傳之學不無有損，況外此枝節，更爲可已何如。不具。

（選自《西河集》卷二〇）

與黄黎洲論僞尚書書　　毛奇齡

日月不暫留，而道路不加近，何時是相見之日，思之悶絶。前接來札，有議禮數則，草草復過，雖稍有商量，終以未能面請爲憾。若僕所著《喪》《祭》二禮，因急于成書，而又畏紙費，不能自盡所欲言，此非知禮如足下，不敢向之爭得失也。近保定李恕谷以問樂南來，寓桐鄉郭明府署中，因與桐之錢生曉城辨《古文尚書》真僞，并來取証。

僕向雖蓄疑，然全不考。及今略按之，似朱文公與吳棫、吳澄、趙孟頫、歸有光、梅鷟、羅喻義輩，其指爲僞者，皆自坐失據，誤讀前人書，處處訛錯。誠不料諸公豪傑，且欲詆毀先聖先王之書，而竟出于此。聞足下向亦曾指之爲僞，不知別有考據？抑止此數也。昨有老友謂《尚書大序》稱武帝敕孔安國作《傳》，及《傳》成，而安國遭巫蠱事，因不果上。此大可疑者。史遷《自序》謂《史記》成于太初之年，而安國之卒則在《孔子世家》末已記及之，巫蠱起于征和年，距太初以後尚越天漢、太始兩號，而謂安國能遭之，非僞耶？僕謂此則《大序》僞，非《尚書》僞也，且此仍自坐失據之言也。

大凡讀一書，當辨其書之得失在于何所。《史記》之失全在年月，往往有一時而《紀》《傳》與《年表》各異書，有一人一事而《紀》《傳》與《年表》又各異時者。毋論安國遭巫蠱事非《大序》亂言，在《漢志》《漢傳》《荀紀》《隋書》皆有之，不必深辨。即以《史記》論，謂其書終于太初，竝不當及征和後巫蠱事，則《史記·酈商傳》《匈奴傳》及《衛將軍傳》後公孫賀、公孫敖等，凡以巫蠱族滅者，皆征和後事，而皆載及之，何也？且《自序》既云："述黃帝以來訖于太初"，乃又云"述陶唐以來至于麟止"，夫"麟止"則元狩之號，又先于太初約二十年矣，此時安國不知死否？且此足據否？人苦不讀書，及予其書，而又不善讀。足下聞此，定不以僕言爲可怪。且此頗關係僕，將確求實據，以一雪此案。尊府多藏書，祈不憚搜討，以示一二何如，愼後。

（選自《西河集》卷二〇）

答蕭山毛檢討書

朱彝尊

曰者王百朋秀才過梅會里，語及《書》今古文本末。既行，慮答之未晰，乃遺以書中。及魏博士高堂隆所稱"曰若稽古帝舜曰重華建皇授政改朔"一十五字證"重華"以上九字，不始於大航頭。鄙見思移此文置在"璿璣玉衡"之前為《舜典》之首，然不敢自信，即屬秀才質之左右。隨接足下書，亹亹數百言，援《孟子》《史記》《前後漢書》《晉書》，謂《堯典》當至"四海遏密八音"而止，自此而下，則為《舜典》。足下之言是也。僕已悔前言之失矣。

來書亦云："姚方興本二十八字不始於大航頭。"第謂魏王肅注《古文尚書》、晉范寧注《古文舜典》，俱有其文，則僕以為不然。當梅賾奏上孔《傳》時，亡《舜典》一篇，購不能得，乃取王肅注《今文堯典》，從慎徽《五典》以下，分為《舜典篇》以續之。其後范寧為《今文集注》，俗間或取《舜典篇》以續孔氏。故《正義》曰："《舜典》亡失，寧為解時已不得焉。"又曰："多用王、范之注補之，而皆以慎徽已下為《舜典》之初。"其云補以王、范之注者，蓋言"慎徽"已下之注也。是時方興之書未上，此二十八字，王、范安得有其文而注之？王、范所注本，皆今文也乎？足下據《釋文序錄》信二十八字出之王注，然陸氏言方興所上，止十二字，其餘一十六字，乃曰"或此下更有云云"。凡二十八字異，聊出之，於王注無施也。其辭若有深疑焉。使濬深哲知等訓，果出之王注，則亦何必施以"聊"字及"無施也"字？足下截而取之，恐非《釋文》致疑之初義矣。陸氏《序錄》於《書傳》以孔氏為正，惟《舜典》一篇，用王肅本，二十八字之訓無一錄者，明非肅注也。然則今學官所頒"大航頭"二十八字，注者為誰？吾意開皇後，得方興本，爰取其所造孔《傳》實之，其餘乃用肅注，想當然矣。由今論之，百篇之序，原有《舜典》，自不必復濟南生之舊。當如足下之說，以"月正元日"為《舜典》之初。與其冠以方興之文，不若取信高堂隆之議。蓋方興采馬、王之注造《孔傳》，近於有心作偽，而潛哲已下，方興不以奏上，殆未必盡出其書。故樗昧之見，擬以"隆"一十五字冠之篇首。雖"建皇"二字無證文，而"月正元日"改朔之義存焉。詢於四岳以下，則授政之大端也。敢再質於講席？

僕見近時攻《古文尚書》者不一，足下力為《孔傳》辯冤，愛惜古人已至。若因梅賾之冤，而並欲白方興之冤，則天下皆冤民，而辯之不勝其辯矣。僕非好為難駁也，朋友相規，於分則爾。昔者陳君舉，嘗撰《毛詩解詁》，以朱元晦《集傳》去《序》為非，元晦移書求其說，答云："公近與陸子靜辯無極矣。又與陳同甫爭論王霸矣。"某未敢注詩，不過為門弟子講說，今已毀棄之。蓋不欲滋其辯耳。或謂君舉善全朋友之道，然責善之義謂何？足下行年八十矣，僕今亦七十有四。舉一時尚刀錐鹽穀，紛爭子母之利，而頹然二老翁，以經義相考證，即鄙言未合，度足下必一笑置之，斷不效朱陸之囂囂聚訟也。

（選自《曝書亭集》卷三三）

答百詩疑武成月日書

馮 景

> 馮景（1652—1715），字山公，一字少渠，浙江錢塘（今杭州）人。於學無所不窺，尤邃於說經之文。著有《解春集》二卷、《解春集文鈔》十二卷《補遺》二卷、《少渠文鈔》一卷。生平事蹟見《清史稿》卷四八四、《清儒學案》卷三九、《清史列傳》、杭世駿《馮景傳》等。

今文二十八篇之《書》，有單書月紀事，《多士》"惟三月，周公初于新邑洛"是也。有單書日紀事，《牧誓》"時甲子昧爽，王朝至于商郊牧野"是也。（然亦以《武成篇》有"粵若來二月，既死霸，粵五日甲子"之書，故讀者可以互見，不必復冠以二月，此省文也）《召誥》丙午至甲子皆冠以三月，《顧命》甲子至癸酉皆冠以四月，至《洛誥篇》"戊辰，王在新邑，烝祭歲"，止書日而必結之曰"在十有二月"，其詳明如此。未有以此月之日紀事，而仍蒙以前月之名，使人讀之，竟似有三十四日而後成一月者有之，自晚出《武成》始。先生疑之曰："《武成》先書一月壬辰，次癸巳，又次戊午，'師進逾津'已在月之二十八日矣。復繼以'癸亥，陳于商郊'，'甲子昧爽，受率其旅若林'，是為二月之四日、五日，不見冠以二月，豈今文書法例邪？"景以為此殆與作《穆天子傳》及《汲冢周書》者同出一手也。《穆天子傳》卷一自戊寅迄丙寅，凡四十九日；卷二丁巳迄癸亥，凡六十七日；卷三甲子迄甲辰，凡四十一日，而中間者皆不冠以月。《周書》亦然。今觀《世俘篇》曰："越若來二月，既茻魄，越五日甲子朝，至接于商"云云。次丁卯，次戊辰，次壬申，次辛巳，次甲申，次辛亥，次壬子，癸丑、甲寅、乙卯，自二月庚申朔數，至乙卯巳五十六日，不冠以閏二月，而下即云"時四月，既旁生魄，越六日庚戌，武王朝，至燎于周。"且中間復說，剋紂命伐時日，如庚子乙巳不標以月，夾雜非體，史家紀事烏有此舛駁邪？按隋、唐《經籍志》《藝文志》皆稱《周書》得於晉太康中汲郡魏安釐王冢，而晉《束晳傳》亦稱與《穆天子傳》同得，益驗其竝出一手無疑也，故所見略同如此。

（選自《解舂集文鈔》卷六）

答吳中林通守論康誥三篇書　全祖望

　　《康誥》三篇，確然爲武王封康叔之書，此本不易之論。西顥謂管蔡以殷畔，幸而復平，當時何事更有大於此者？而更無一語及之，其爲武王之誥明矣。祇此數語，已足折《書序》及《左》《史》兩家之角。

　　顧疑殷地旣屬武庚，恐不得復封衞，則不然。鄭康成《詩譜》謂："自殷都以北謂之邶，南謂之鄘，東謂之衞。"或曰鄘在殷都之西（王肅云），是三國者，原環殷都而裂之。殷都固無恙也；殷都無恙，則武庚之位置裕如，不必致疑於康叔之難以竝栖也。武庚旣降爲列侯，豈得尚擁其畿內之故封？則自殷都以外，裂以分封者理也。當時三監祇在殷都，監武庚其於邶、鄘、衞，本無預也。後人不知，於是《漢志》謂："邶爲武庚所監之國，鄘爲管叔，衞爲蔡叔。"則旣遺一霍叔矣。且管、蔡各有所封，管非鄘，蔡非衞也。不應以所監，爲所封也。抑豈有三監同監殷，而忽與所監之人分地而同列爲監者？斯在孔《疏》詰之已悉。《帝王世紀》知其謬，乃稍遷就其說，謂："衞爲管叔，鄘爲蔡叔，而以邶屬之霍。"則豈有三監以王命同監殷，乃反監隣近之三國而不居殷者？將謂三國皆殷所屬，則旣別成爲國，而猶屬殷，非附庸耶！附庸奚足監焉？

　　陳止齋謂："自荆以南，蔡叔監之，管叔河南，蔡叔河北。"此其說更無據。果爾，將不特監殷矣。然卽如其所言，則於康叔之國，要風馬牛不相及也。然則，邶、鄘、衞之於遺殷，毫無所礙。康叔之封，其在武王時，亦無礙也。倘謂篇中有"明大命於妹邦"之文，妹邦乃紂都，是必得殷餘民以後之證。則三國本殷畿，固得統以妹邦稱之矣。倘謂篇中多言愼刑，而康叔爲司寇在成王時，是必爲司寇以後之證。則卽據《史記》其爲司寇，總在作誥之後。此皆近人之強詞不足難者。

《書序》本不出於孔子，而是案則《左》《史》兩家皆同，故後人多從之。然《史記·三王世家》康叔爵命之時，未及成人，後捍祿父之難，則固自背其說矣。敢因足下所示，而申其說。

（選自《鮚埼亭集外編》卷四一）

與段若膺論尚書書

錢大昕

> 錢大昕（1728—1804），字曉徵，一字竹汀，號辛楣，又號竹汀居士，江蘇嘉定（今上海嘉定）人。乾隆十九年（1754）進士。治經推崇惠棟經學，主張通全經而後可通一經，不專主漢學，經史並重，崇尚實學。著有《讀易錄》一卷、《說文答問》六卷、《潛研堂答問》十二卷、《潛研堂文集》五十卷等。生平事蹟見《清史稿》卷四八一、《國朝耆獻類徵初編》卷一二八、錢慶曾《錢辛楣先生年譜續編》、《學案小識》卷一四等。

承未考定《尚書》，于古文、今文同異之處，博學而明辯之，可謂聞所未聞矣。唯謂《史》《漢》所引《尚書》皆係今文，必非古文，則蒙猶有未諭。《漢書·儒林傳》謂："司馬遷從安國問故，遷書載《堯典》《禹貢》《洪範》《微子》《金縢》諸篇，多古文說。"是史公書有古文說也。《地理志》："吳山，古文以為汧山；大壹山，古文以為終南。"是《漢書》有古文說也。漢時立學置博士，特為入官之途，其不立博士者，師生自相傳授，初無禁令，臣民上書，亦得徵引。許叔重《說文解字》所偁《書》孔氏、《詩》毛氏、《春秋》左氏、《禮》《周官》，皆不立學者，而其子沖上書進御，不以為嫌。馬、班二君又何以所顧忌而必專己守殘，不一徵引古文乎！《春秋左氏》與《尚書》古文皆非功令所用，而班氏《律曆》《五行》諸志引《左氏》經傳者不一而足，以《春秋》之例推之，則《漢書》決非專主今文矣。又如"漾"之為"瀁""咼"之為"羁"，此古文之見于許氏書者，而《史記》正與之同，是又《史記》兼用古文之明證也。

足下以《漢志》《禹貢》"瀁水"不從水旁，遂謂今文作"瀁"，《史記》亦當作"瀁"，淺人增加水旁。無論"莫須有"三字難以服天下，恐世間如此引淺人正不易得。何也？淺人依《尚書》改《史記》，必改為"漾"，其能改作"瀁"者，必係通曉六書之人，豈有通人而肯妄改古書者！此可斷其必不然矣。《說文》以"瀁"為古文，則"漾"為今文，《漢書》之"漾水"即從古文而省水旁，決非今文別作"瀁"字。

僕于經義膚淺，不敢自成一家言，聊罄狂簡，以盡同異，幸足下之教我也。

（選自《潛研堂文集》卷三三）

與江艮庭先生書

桂 馥

> 桂馥（1733—1802），字冬卉，號未穀，山東曲阜人。乾隆五十五年（1790）進士。博涉群書，潛心小學，精通聲義，尤嗜《說文》，為清代治《說文》四大家之一。《詩疏》《爾雅》《廣韻》諸篇，駁正尤見精核。著有《說文解字義證》五十卷、《劄樸》十卷、《晚學集》八卷等。生平事蹟見《清史稿》卷四八一、《清史列傳》卷六九、《碑傳集》卷一〇九、蔣祥墀《桂君馥傳》等。

嘉定錢司盧言先生著有《尚書集注音疏》，既從吳江陸直之乞得一本，伏而讀之，深歎漢學猶存於今，雖惠氏《周易》，殆不是過。竊有疑者一事，請因陸君相質。大著引《說文》"暘"字，謂《堯典》之暘谷。益都楊書嚴見教云："《說文》'暘'字引《商書》曰暘谷，《堯典》不得稱《商書》，蓋《洪範》曰暘之文，後人加谷字。"馥因考《說文》"暘"字云"山，在遼西，一曰嵎銕暘谷也。""堣"字云"堣夷，在冀州陽谷。立春日，日值之而出。"引《尚書》"宅堣夷"。馥謂：嵎銕當為堣銕，暘谷當為崵谷，轉寫之誤。然則《堯典》元作崵谷，非暘谷矣。《說文》："崵山，即首陽山。""一曰嵎銕谷"，是又一義，非謂谷在遼西也。堣夷在冀州者，蓋青州之誤，或因遼西而改也。馥譾陋末學，視先生不啻江河澒潦，幸得並世而生，願奉教者，非敢如虞之駁鄭也。

（選自《晚學集》卷六）

再答黃潤川書

戚學標

> 戚學標（1742—1824），字翰芳，號鶴泉，浙江太平縣澤國（今溫嶺市）人。乾隆四十六年（1781）進士。博通經史，尤精聲韻訓詁之學。著有《毛詩證讀》五卷、《讀詩或問》五卷、《詩聲辨定陰陽譜》四卷、《漢學諧聲》二十四卷、《鶴泉文鈔》二卷等。生平事蹟見《清史稿》卷四八一、《清史列傳》卷一八、《碑傳集補》卷三九等。

書來，幸復悉近狀。見示新作，並根柢深厚，胎息於古。就中《答李百罔第二書》尤勝，似《歐陽永叔集》中諸論辨文字。毛氏一生議論，自恣類於人之有狂疾，得厚罔起而折其角，良快然。其崛強之性，縱橫之口，使同在一時，未必甘心輸服，不更作順案，以抵惟先生用以矛陷盾法。即毛氏攻毛氏，譬如捕盜能獲其真賊之所在，又如治獄直窮以供口之不符，而彼乃更何冤之敢鳴？至又原其前後予盾之故，謂彼亦明。

知《古文尚書》之偽，特不平。閻氏故反其說以求勝，則不惟無可辨，而且當引先生為知己矣。然私謂攻毛氏可也，竟廢《古文尚書》則不可。古文之出自東晉者，於二十八篇析為三十一，之外更析《堯典》《皋陶謨》為《舜典》《益稷》，增多十九篇，析為二十五以傅合於劉向《別錄》五十八篇之數。又散百篇之序引冠篇首,而分同序者同卷,異序者異卷,亡篇之序列次其間,以傅合於《藝文志》四十六卷之數,誠非漢時秘府所藏《逸書》十六篇之舊。而二十五篇中為聖賢論道微言,帝王經世大法者具在,自必經師有所傳受,非梅賾所能偽造。就果偽作存,以扶微學而廣異義,勝張霸偽書萬萬也。

自秦火以後,六經咸非原本。《禮記》多出漢儒,《春秋三傳》互異,《周易》之序卦、雜卦亦後來攙入,並至今傳。是故疑《周官》,不能廢《周官》;非《國語》,不能無《國語》。從不喜古文,謂如吳澄《書纂》言"但注今文不注古文可矣"。若梅鷟《尚書譜》《尚書考異》已可無作。而閻氏乃至竭平生精力為《疏證》一書,以攻古文毛氏,又必效陳第之力詆梅氏作《冤詞》為古文護,均非所以平心而治經也。

先生《答厚罔第一書》稱其"以虛心而不偏徇者訓後進",又謂"嗜學之士,多逐風氣為學問",閻之疏、毛之辨俱為風氣所囿,而助閻攻毛,倘不免偏徇。愚昧之見,幸先生裁之。即以質之厚罔,何如。

(選自《鶴泉文鈔》卷下)

答孫季述觀察書

莊述祖

前奉鈞誨，並賜示《文王受命稱王考》，徵引該博，足破唐人臆論。惟《史記·殷本紀》："周武王為天子，其後世貶帝號，號為王。"不無疑義。《書大傳》："帝乃稱王，而入唐郊。"是稱王不始於周。董生書三代改制質文大略，以為王者必受命而後王。同時稱帝者五，稱王者三。周人之王，絀虞曰帝。與《尚書》唐、虞稱帝，夏、殷稱王正合，顧說《尚書》者皆莫之及。太史公據漢立法，固宜稱周為王，而以夏、殷為帝。《殷本紀》謂"周自貶號為王"，非經義矣。楚、吳、越稱王，徐、亳之等蠻夷之俗，故《春秋》不書楚、越之王喪，非不責其僭號也。

《尚書》已刻竣否？急欲得一讀。歸途閱江叔澐《尚書》，頗緣以尋繹，有一二事，欲獻其疑。如"三亳"之"亳"，似當從《說文》在京兆杜陵亭者為是。皇甫謐以為"西夷之國"，其北亳、南亳、西亳之說，固屬無稽，似不必定以地名為亳。即是湯舊都之民服文王者，《左氏傳》："肅慎、燕、亳，吾北土也。"豈有湯舊都民乎？又六宗之義，終未能決，幸閣下教之。《尚書》疏通知遠之教，三代帝王大經大法略具。

竊不自量，欲採集西漢以前諸儒傳記為一書，以留微言大義於萬分一。牽於吏事，不克卒業。儻幸得以屬吏趨幕下，或賜以朝夕之閒，教誨成就之。幸甚幸甚！

（選自《珍埶宧文鈔》卷六）

答孫季述觀察書

莊述祖

屢奉手示，雒誦再三，感佩奚似！述祖自去歲患潰瘍，遷延一載，已成廢疾，足跡不能逾房戶庭。然伯牛自牖，神明不渐；子輿鑑井，形骸非我。辱承垂問，未嘗不思距躍三百，曲踊三百也！

大著《尚書今古文義疏》用古天文說释《堯典》，可破祖冲之以來相循皮傅之論。《皋陶謨》"五服五章"引據《書大傳》以改鄭義。案，《續漢書·輿服志》云："永平二年，詔有司采《周官》《禮記》《尚書·皋陶篇》冕輿服从歐陽氏說，公卿之下从大、小夏侯氏說。"蓋今文已自不能無異同。而鄭氏本《周官·司服》五冕以立說，與《尚書》不必盡合。閣下為之折衷，使知定制，渴竚惠讀，禱切企切。

又"祖考來格，虞賓在位"，竊謂馬季長所云"舜除瞽瞍之喪祭宗廟"說最為近之。《大傳》所云："帝乃稱王而入唐郊，以丹朱為尸"，述祖舊時曾據以駁《祭法》"有虞氏宗堯"之誤。《國語》曰："有虞郊堯而宗舜。"此二王後所用之郊，即可以知舜之郊矣。蓋舜受堯禪，不改唐郊，以無配天之祖也。王者祖有功，宗有德，而四親廟以亞升，此百世可知者。《書》曰："祖考來格"，《記》曰："宗廟饗之"，其義一也。豈得以受禪於唐而為異說哉！所以不郊顓頊者，以《公羊春秋》改制質文推之，有虞氏世，顓頊為高陽氏之帝，其後已不得行郊禮。且諸侯不得祖天子，其子孫即為天子，亦不敢追為之立廟。故虞、夏始祖無廟，祫禘皆於中學明堂之位祭之。夏郊則鯀，商、周則不郊嚳，而郊冥、郊稷。虞自顓頊下，無有功烈於民如鯀、如冥、如稷者。是以不改唐郊，亦非以堯為有虞氏配天之祖也。又唐郊以丹朱為尸，猶夏郊以董伯為尸，鄭注甚明，與薦禹事無涉。蓋此在十有三祀，而薦禹則十有四祀。見《竹書紀年》注。又《文選注》作"十有五祀"。竊又以《孟子》云："舜薦禹於天十有七年"，又《史記》所云："舜踐帝位三十九年"證之，非廿有三祀，即卅有四祀，不無傳寫之訛。《路史》以為宅立三十有三載，則據東晉古文改也。惠定宇但見《太平御覽》所引，與"維五祀奏鍾石、論人聲"誤合為一篇，且編錄苐後失次，固不可以為定本矣。

聞閣下近槧《古天文說》《石鼓文》《尸子》定本，此皆述祖所未見書，幸各賜一通，不啻百朋之錫也。又聞《尸子》迻魏鄭公《羣書治要》錄出，未知所載《古書尚》。有可拾遺補闕者否？病廢日久，所見益固陋，唯閣下憐其無成而時惠教之，幸甚幸甚！

（選自《珍埶宧文鈔》卷六）

答江處士聲書論中星古今不異　孫星衍

> 孫星衍（1753—1818），字季逑，號淵如，又號伯淵，江蘇陽湖（今江蘇武進）人。乾隆五十二年（1787）進士。勤於著書，精於校勘。有《孫氏周易集解》十卷、《周易口訣義》六卷、《尚書今古文注疏》三十卷、《尚書逸文》六卷、《尚書考異》五卷、《考注春秋別典》十五卷等著作。生平事蹟見《清史稿》卷四八一、《清史列傳》卷六九、《國朝先正事略》卷三五、阮元《山東糧道淵如孫君傳》等。

　　星衍白叔澐先生足下：大著《尚書》垂日月，不刊之書也。弟猶有芻蕘之獻，古人云後世誰相知定吾文者，足下不責其妄，誠解人也。得手書承教甚感，見示《說文》尾交接之訓在屬字下一條，尤所心服。

　　至謂薛季宣敘稱隸古定書最古，可知薛本即隸古定本，星衍不敢從隸古之說出于《偽孔序》。據《史記》言安國以今文讀古文《尚書》，《漢書》亦云以今文字讀，亦無"隸古定"之語。且薛季宣宋人，必不能見天寶已前未改之本，是其書終不可信。唐貞觀時，有釋元應撰《一切經音義》引衛宏《詔定古文官書》云："寻、得二字同體。"《尚書》高宗夢寻，《說文》引《詔定古文官書》圖𠷎二形同，又引"砅底砮丹""或造忽媟""僭覆厥德""王翌日乃瘳"之屬，乃是開元以前《尚書》本文，足下何不取而視之也。至"眚灾肆赦"，《史記》作"過赦"，又得一義。《公羊二十二年》"肆大眚"，《傳》曰："肆者，何跌也。"何休曰："跌，過度。"陸德明曰："本或作佚大眚。"此則佚亦過也，佚亦為赦。《左傳》引《書》"與其殺不辜，寧失不經。"失，當讀佚。《楚詞》"啟遏在羽山，夫何三年不施。"施，舍也。則《虞書》之肆，《公羊》之跌，《左傳》之失，《楚詞》之施，音義相近，皆為赦罪耳。"柔遠能邇"，又得一證。"易宜建侯而不寧"，陸德明引鄭讀而曰能。能猶安也，更可解"能邇"為"安邇"。若鄭氏"能，恣"之說，卻有一證。釋元應《一切音義》云"態又作能同，他代反，意恣也。"謂度人情兒也。能字古音近態，似適與鄭意合，而不敢用之說經耳。

足下解中星必以為古今之異，蓋泥後世歲差之說，若以為恒星歷六十九年半而移一度，則斗建將與中星俱移。察古人所稱斗，指子冬至指癸、小寒云云，何以至今不異？世人所疑其小異者有二端耳。古人言昏，不審為日入之初，或兼戌亥二時，于文日氐為昏。鄭注《士昏禮》云："日入三商為昏。"《尚書緯》謂"刻為商"，則似但言日入之初，故《陰陽書》言杓有"月月常加戌"之語也。《淮南》言禹以為朝昏晝夜，則分昏、夜為二。《天官書》言用昏建功之下云夜，云平旦，則昏兼戌亥。中星斗建，一時移一宮，既不知古人之所謂昏，何可以定古人中星乎？此其一也。古人稱斗九星，以攝提言"攝提六星，夾大角"，則以右攝提視斗建。"太歲在寅曰攝提格。"格，正也。謂攝提正在寅方，《楚詞》云："攝提貞于孟陬，惟庚寅吾以降。"貞亦正，孟言孟春，陬言維，亦寅方也。後人之稱斗七星，則以開陽視斗建，開陽後右攝取提五度。《淮南·時則訓》又稱招搖，所指招搖與右攝提同。古人于此稍參差，後人不知古人言攝提、開陽之異，又何能以斗建測中氣乎？鄙著《斗建辨》已言其詳。

足下試以戌時視右攝提所建，按之中氣，知與古所云斗指子冬至同矣。

斗建既與唐虞三代同，中星又安得有古今之異乎？至鄭康成謂"《月令》舉其月初，《尚書》總舉一月。"其說尤確。以之說《夏小正》無不通。若《月令》"季夏火星中"，而《尚書》在中夏，蓋中夏晦與季夏月朔，相去一日，中星何能不同？《月令》以月朔頒于明堂，宜其書但據月朔，不及終月。《尚書》但分四時，故"總舉一月"也。《夏小正》之"正月昏參中"，則又與《月令》不異，得謂之歲差乎？信西法者恐識者視斗柄以破歲差之說，乃並斗柄而不信之，梅氏之學是也。通人戴東原亦從其說，惜不能起九原而與之言。且古法以恒氣注曆，以定氣算日月交食，故《素問》岐伯曰："五日謂之候，三候謂之氣。"是古節氣平分十五日。又淮之土炭，驗之葭灰，其中氣確有證據。今則以定氣測節氣，而土炭葭灰之法不傳矣。此事關西法、中法之得失，足下細察之即以覆我。兩日抱病，又讀《皋陶謨》得數十條、質之足下，並望教其紕繆。文章天下之公，非好辨也。

（選自《孫淵如先生全集・問字堂集》卷四）

答伯申書

王紹蘭

> 王紹蘭（1760—1835），字畹馨，號南陔，又號思惟居士，浙江蕭山（今杭州市）人。乾隆五十八年（1793）進士。學宗許鄭，工於《說文》，精於《儀禮》。著有《說文段注訂補》十四卷、《三禮集義》四十二卷、《周人禮說》八卷、《王氏經說》六卷、《思惟居士存稿》十卷。生平事蹟見《清史稿》卷三五九、《國朝耆獻類征初編》卷一九六、《碑傳集補》卷一四等。

承示《盤庚》"無侮老成人"，當依《唐石經》作"女無老侮成人"，與下文"弱孤有幼"相對。故鄭注云："老弱皆輕忽之意。"以證傳以"孤有幼"連讀之不詞。《大誥》："茲不忘大功"，《酒誥》："永不忘在王家。"忘與亡同，不亡猶言不失。傳皆以忘為遺忘之忘，不知亡忘古字通也。及《洪範》"聰"作"謀"，《微子》"沈酗于酒"，諸解具徵。學日博而思日敏，曷勝佩服！日長多暇，時檢二十八篇之文反復之，亦偶有一知半解而未敢自信，略寫數條於此，以先求是。

正如《虞書》："咨，十月二牧！曰：食哉惟時！柔遠能邇。"舊傳所重在於民食，惟當敬授民時。紹蘭案敬授民時，四嶽之職。與"十二牧論帝德"不相涉，以司天非司牧事也。且"播時百穀"下文明以命棄。今云"食哉惟時"，文義不順甚矣。《後漢書·周舉傳》注引《史記》"《堯典》曰：'咨十有二牧欽哉！'"是李賢所見《五帝本紀》"咨十有二牧"下有"欽哉"二字。今本《史記》"命十二牧"下脫"欽哉"二字，明甚。以《史記》述《堯典》文證之，則經文"食哉"即是"欽哉"之譌，亦明甚。經下云："咨！汝二十有二人，欽哉！惟時亮天功。"與此"咨！十有二牧""惟時柔遠能邇"云云，文法正同，然則"惟時"二字當屬下讀，又明甚。舊傳屬上作四字句，蓋望文為訓，未足憑歟。

《禹貢》："嶓塚導漾，東流為漢。又東為滄浪之水，過三澨，至于大別，南入于江。"《尚書後案》云"攷《水經·夏水篇》：'夏水出江流于江陵縣東南。又東過華容縣南。又东至江夏云杜县，入于沔。'"其云"流于江陵東南，又過華容縣南"即經所謂"又東為滄浪者也。"而酈注不以此為滄浪者，據劉澄之云"夏水是江流沔，非沔入夏。"且書不言過而言為，明非他水決入。然夏乃從江之北岸分江而入漢，故並其源流皆繫之。漢不必泥為字而謂以漢為之也。劉又云："假使沔注夏，其勢西南，非《尚書》'又東'之文。"愚謂既非沔注夏，與又東有何不合！且對導漾言，非東而何？劉說本謬，酈妄據之，遂於《沔水篇》"過武當縣東北下"注云"縣西北四十里，漢水中有洲，名滄浪洲。"庾仲雍《漢水記》謂之"千齡洲，非也。"

酈強以千齡洲改為滄浪洲，以當《禹貢》"滄浪之水"，其說詭甚。攷《地說》：滄浪近楚都，夏水出江陵東南，故曰近楚都。若在均州。則與楚都何涉？酈不能違《地說》，乃強附會，以為蓋漢沔水自下有滄浪通稱。近人遂云："自均州至漢陽皆名滄浪，故曰近楚都。"但酈所指者乃均州漢水中一小洲，即庾仲雍所云"千齡洲"，千齡、滄浪，音義全別，此一小洲豈得交包千里？又《地說》："滄浪出荊山。"今近《地理志》："南郡臨沮縣。"《禹貢》："南條荊山，漳水所出，東至江陵入陽水，陽水入沔陽水即夏水。"《山海經》云："荆山漳水出焉。"然則漳本出荆山，夏本分江異源而流，故自下通稱漳流。至楚都為陽。又為夏至入漢處為堵口，隨地異名。漳之為陽，實即滄浪，古語有"類翻切者，滄浪漳也。"滄浪之為夏水無疑。紹蘭案鄭以夏水為荆州之沱，則夏水是江之別，至江夏雲杜縣方入沔，其在華容，則猶未入沔也。是江別流，非漢別流，即不得為滄浪之水。後案謂夏水流於江陵東南，又過華容南，即經所謂"滄浪之水。"今按滄浪之水屬漢，在江之北；夏水屬江，在漢之南。南北懸殊，其誤一也。

《水經》："夏水出江津於江陵東南，又東過華容縣南。今接江陵在華谷東北，華谷在江陵西南。而《水經》云："又東過華谷縣南。"則上文"夏水出江津於江陵縣東南"，明有錯誤，西、東顛倒。後案不加辨正，其誤二也。

《禹貢·導水》凡言為者皆是本水，所為並非他水。如《導河》云："又北播為九河。"九河即河所為。又云："同為逆河。"逆河亦即河所為。《導江》云："東別為沱。"沱即江所為。又云："東為中江。"中江亦即江所為。《導沇》云："東流為沸。"沸所為亦即沇所為，且就本條導漾而論。經云："東流為漢。"漢即漾所為。下云："南入于江，江匯澤為彭蠡。"彭蠡澤即漢與江所為。又云："東為北江，以漢已入江。"北江即江所為。是知經文言為皆是。本水非他水，則東為滄浪之水，確是漢所為。故《水經注》云："不言過而言為者，明非他水決入。"其說與經義正合。後案謂不必泥為字以漢為之者，其誤三。

且既云"夏乃從江之北岸入江而入漢"，則酈據劉澄之"夏水是江流沔，非沔入夏"之說確矣。乃又云："既非沔注夏，與又東有何不合，今按《尚書》'又東'之文。"是言漢水又東。後案以夏水又東當之，其誤四也。

《水經》："沔水過武當縣東北"，注云："縣西北四十里有洲名滄浪洲。"《史記正義》引《括地志》云："均州武當縣有滄浪水。"

庾仲雍《漢水記》謂之千齡洲，非也。後案乃云："酈所指者乃均州。"漢水中一小洲，即庾仲雍所云千齡洲。千齡、滄浪音義全別。此一小洲，豈得交包千里？夫水中可居曰洲，以其在滄浪水中，故洲受其名。非謂滄浪洲即滄浪之水也。千齡、滄浪一聲之轉耳。後案認洲為水，其誤五也。

又謂《地理志》："南郡臨沮縣。"《禹貢》："南條荊山漳水所出，東到江陵入陽水。"陽水入沔，陽水即夏水。江之為陽實即滄浪之水，古語有"翻切者，滄浪漳也"以證《地說》。"滄浪出荊山"之說。今按《地理志》云："漳水入陽水。"明漳之非陽，漳入陽，陽入沔。

據《水經》及注："漳水入沮，不入陽。"班《志》文有錯誤。明江非漢別流。後案並以滄浪為江之翻切證成其說。夫千齡且不得為滄浪，何以滄浪則轉得為漳乎？其誤六也。

總而言之，班《志》："華容之夏水，江別入沔之水也。"道元謂之中夏武都，過江夏之夏水。漢水下流之水也。道元謂之大夏。（其交會在江夏雲杜即《左傳》所謂"夏汭"。班《志》"武都"下云："過江夏謂之夏水。"言東漢水過。此有夏水之名也）經言"漢又東為滄浪之水。"其為武都之東漢，下流之水，而非華容首受江入沔之水，明甚。馬、鄭云"滄浪之水"。今謂之夏水，皆指大夏而言。後案由不辨酈注"大夏中夏"之目，故有意欲申鄭而轉失鄭恉。

《召誥》："粵三日丁巳，用牲于郊。"《御覽·禮儀部》引《五經異義》《春秋公羊說》《禮》郊及日皆不卜，常以正月上丁也。陳氏《疏證》曰："《春秋》《禮記》皆以郊用上辛，惟《尚書·召誥》：'三月丁巳，用牲于郊。'《公羊說》謂郊以正月上丁。蓋據此周三月夏正月也。"亦見《南齊書·禮志》顧憲之議。紹蘭按《御覽》又引《異義》《古周禮說·大宗伯》："凡祀大神、享大鬼、祭大祇，率執事而卜日。"言禮大神而稱。凡明有郊，是《古周禮說》卜日與《公羊說》異。陳氏謂"《公羊》郊以正月上丁"之說，蓋據《召誥》。今知不然者，以上文云："三月，惟丙午朏。"朏為月三日，其日丙午，則是月為甲辰朔，丙午之明日，即丁未為月四日，此上丁不郊，丁巳為月十四日。仲丁郊明非《公羊》"上丁"之說矣。且是時周公至雒，達觀新邑所營，則是特祭，非常祀。故江叔澐《集注》云："爲營垗於南郊，因用以祀天也。以天子之郊必立郊祀之垗，不容不祭，故知因始爲營垗而特祀"是也。

《無逸》："乃或亮陰。"王氏《後案》曰："亮陰說命"同《論語》作"諒陰。"《喪服·四制》作"諒闇"。攷亮本無此字，當因倞而誤。至諒字，是見《說文·言部》注云"信也。"今《偽孔》既訓此字為信，其解雖謬，然如其說，亦宜作諒。今改為亮，是謬之謬也。紹蘭按此不得為《偽孔》難也。《史記·魯世家》作"乃有亮闇"，是亮字所本。《論語·憲問篇》："高宗諒陰。"孔安國曰："諒，信也。陰，猶默也。"此孔安國非偽孔。《晉書·杜預傳》："大始十年，預議引《尚書傳》云'亮，信也。陰，默也。'為聽于塚宰，信默而不言。"大始十年，偽《書》未出，此《尚書傳》非偽《書》，是訓亮為信所本。然則訓亮為信，非某氏之謬改諒為亮，非某氏謬之謬，故云不得為偽《孔》難。

《呂刑》："其罰百鍰。"《五經異義》："夏侯、歐陽說，墨罰疑赦，其罰百率，古以六兩為率。古《尚書》說百鍰。鍰者，率也。一率，十一銖二十五分銖之十三也。百鍰為三斤。鄭玄以為古之率多作鍰，鄭玄以為古之率多作鍰。"（見《秋官·職金疏》）"贖死罪千鍰，鍰六兩大半兩，為四百一十六斤，十兩大半兩銅，與今贖死罪，金三斤為價相依附。"（見《舜典疏》）案《書釋文》云："鍰，六兩也。"鄭及《爾雅》同。（《小爾雅》曰："二十四朱曰兩，有半曰捷，倍捷曰舉，倍舉曰鋝，鋝謂之鍰。"）《說文》云："六鍰也。"（今本《說文》無六字）馬同。又云："賈逵說俗儒以鋝重六兩。"《周官》"劍重九鋝。"（《攷工記》："桃氏重九鋝謂之上制"。鄭注："上制長三尺三斤十二兩。"）俗儒近是。然則賈、鄭皆從今文《尚書》說，馬、許皆古文《尚書》說，二者輕重之數懸殊，孰為近之。率者，鋝也。鋝者，率之本義也。黃鐵之量名也。（《偽孔傳》云："六兩曰鍰。黃，鐵也。"）十一銖二十五分銖之十三，鍰之本義也。黃金之量名也。（《虞書》："金作贖刑。"偽《孔傳》云："金，黃金。"）古文家舉黃金之數，今文家舉黃鐵之數，黃金、銅、鐵之量名不同，故輕重之數懸殊。治經者各守其師說也。以偽《孔傳》證之《虞書》"贖刑"蓋本用黃金，故有鍰之名。夏周或用銅鐵代之，故又有鋝之名。《尚書大傳》曰："禹之君民也，罰不及強。"而"天下治一饌六兩"鄭注云"所出金鐵也。"死罪出三百七十五斤，用財少尒，此所謂"贖死罪千鍰，古以六兩為率"之說也。《攷工記·冶氏說》："戈重三鋝"，鄭注"今東萊之稱。或以大半兩為鈞，十鈞為環。"（《呂刑疏》引鄭作"十鈞為鍰。"）環六兩大半兩鍰，鋝似同矣。則三鋝為一斤四兩，此鍰為六兩大半兩之說也。鄭駁《異義》云："鍰為四百一十六斤，十兩大半兩銅，與今贖死罪金三斤為價相依附"，此以漢之用金證夏、周之用銅代金略相等也。惟《攷工記》："弓人膠三鋝之鋝"，則為稱膠之量名，又不容與金、鐵量相比附。鄭亦以鍰訓之，失之矣。

《書序》："成王既踐奄，將遷其君於薄姑。"鄭注云："欲徙之于齊地。"（見《詩·破斧正義》）從馬說也。（馬說見《史記集解》）江氏《集注音疏》云："竊疑《昭九年左傳》'蒲姑、商奄，吾東土也。'"則奄與蒲姑接壤，遷奄君於蒲姑，則如無遷。伏生《大傳》云："奄君蒲姑謂祿父。"《周本紀》云："遷其君薄姑。"然則蒲姑、奄君之名，此敘當言遷其君薄姑，于乃衍字也。成王遷奄君，其地遂為齊有。故《左傳》云"蒲姑氏因之，而後太公因之。"蒲姑氏即奄君也。紹蘭案江謂蒲姑為奄君之名，以《書序》于字為衍文，蓋讀《大傳》《史記》有未審也。攷《詩·破斧》敘《孔疏》引《書傳》曰："武王殺紂，繼公子祿父及管、蔡流言，奄君薄姑謂祿父曰：'武王已死，成王幼，周公見疑矣。'此百世之時也。請舉事，然後祿父及三監叛。"《大傳》云："奄君、蒲姑謂祿父者"言奄君與蒲姑同謂祿父也。蒲姑者，蒲姑國人也。奄地在魯。(《說文》："郁周公所誅。"郁國在魯)薄姑地在齊，(《史記集解》引《書敘》馬注)奄與薄姑判然二地。安得謂薄姑是奄君名而一之。若謂二國接壤，遷奄于薄姑，則如無遷，是又未思魯小齊大，奄在魯，則易於反覆，則可使服從，故鄭注云："徙之于齊地，使服于大國也。"(見《破斧疏》)又攷《史記·周本紀》云："東伐淮夷殘奄。")(《正義》引《括地志》云："泗水徐城縣北三十里，古徐國皆淮夷地。兗州曲阜縣奄里即奄國之地也)遷其君薄姑，(《括地志》云："薄姑故城在青州博昌縣東北六十里。薄姑氏，殷諸侯封于此，周滅之也)《史記》云"遷其君薄姑"者，即將薄姑敘所稱將適其君于薄姑也。《漢書·地理志》敘齊地分云："少昊之世有爽鳩氏，虞夏時有季崱，湯時有逢公柏陵，殷末有薄姑氏，皆為諸侯國。"此地至周成王時，薄姑氏與四國共作亂，成王滅之。呂封師尚父是為太公。(與《左氏·昭二十年傳》同，而《志》較詳。故舍《左》引班。師古注："武王封太公於齊，初未得爽鳩之地。成王以益之也。")《毛詩》："四國是皇"，傳云："四國，管蔡商奄也。"奄在四國中，薄姑在四國外。若薄姑即奄君，《志》當云"薄姑氏與三國"，不當云"與四國矣"。然則《書序》有于字，非衍。《史記》無于字，義實同。《史》《漢》多有此等句法。(如下紀秦使公子少官率師會諸侯，逢澤擊芒卯華陽之類)何獨疑之于此也。諸如此類約數十條，當命兒輩繕正續呈，幸勿謙其煩瀆也。

(選自《許鄭學廬存稾》卷六)

答李生書   洪頤煊

> 洪頤煊（1765—1833），字旌賢，號筠軒，晚號倦舫老人，浙江臨海人。與兄坤煊、弟震煊有"三洪"之稱。嘉慶六年（1801）拔貢。精研諸經，工於考證。著有《尚書洪範五行傳論輯本》五卷、《禮經宮室答問》二卷、《夏小正疏義》四卷、《讀書叢錄》二〇四卷、《筠軒文鈔》八卷等。生平事蹟見《清史稿》卷四八六、《清史列傳》卷六九。

接手札，並《尚書雜問》，博考《堯典》《舜典》，分合甚詳而有法。以頤煊所聞，《周禮·春官》鄭司農注引《堯典》曰："咨四岳，有能典朕三禮？"王充《論衡·氣壽篇》引《堯典》曰："朕在位七十載。"又曰："舜生三十徵庸，三十在位，五十載，陟方乃死。"是皆漢人以《舜典》合于《堯典》之證。不僅如王光祿《尚書後案》所引也。《舜典》六朝所行有三本，陸德明《經典釋文序錄》云："帝時豫章內史梅賾奏上孔傳《古文尚書》，亡《舜典》一篇，購不能得，乃取王肅注《堯典》從'慎徽五典'以下分為《舜典篇》以續之。後范寧變為今文集注，俗間或取《舜典篇》以續孔氏。齊明帝建武中，吳興姚方興采馬、王之注造孔傳《舜典》一篇云：'于大桁頭買得，上之。'"今《釋文》所錄《舜典》注王肅本也。

孔沖遠《正義》本與《釋文》所引王注不同姚方興本也。《一切經音義》引《尚書》俱稱孔安國，唯《舜典篇》稱范寧集注，是即俗間所續范本也。桓譚《新論》云："秦延君能說《堯典》篇目兩字之說至十餘萬言，但說'曰若稽古'三萬言。"案，《後漢書·儒林傳》張山拊事，"小夏侯建為博士，授信都秦恭延君恭增師法，至百萬言。"是秦延君說今文二十九篇止百萬言，不應說"《堯典》篇目兩字即至十餘萬言"。桓譚所譏，疑未得其實。足下以為何時如？餘不悉宣。

（選自《筠軒文鈔》卷一）

上王鳳喈光祿書

臧　庸

　　鏞堂聞海內有博學通經大儒三人，一餘姚盧學士，一嘉定錢少詹，其一為閣下。仰數年來，未得趨謁。戊午，學士來常，主龍城書院講席，遂得執經受業。且因此得識少詹，獨於閣下未獲見，而願見之心倍切，何也？蓋自束髮受書以來，亦沉溺於俗學而無以自振。

　　讀《尚書後案》，初駭其博辨，心怦怦然有動。後反復推考，始識其精解。心焉受之，知研究經學必以漢儒為宗。漢儒之中，尤必折中於鄭氏，試操此以參考諸家之言。遇鄭氏與諸家異者，畢竟鄭氏勝之。八年以來，微有所知，以殊異于俗學者，皆閣下所教也。其敢忘所自哉！

　　閣下尚有目疾，而近日重明，此天開文運，俾完名山之業，以紹鄭氏之統緒也。學者聞之，易勝欣幸。尊作《後案》極精，惟《虞書正義》所述夏侯等書，與鄭氏異者四事，皆倒置之，此千慮之一失。鏞堂當撰《虞書正義》一篇以補閣下，所未逮事事皆有確證。金壇段若膺明府見而歎賞，謂"與彼見印合，惜頃為友人所取去，異日當呈正也"。

（選自《拜經堂文集》卷三）

與朱學博大韶論尚書教冑子書　　朱　琦

虞卿宗兄足下：前者李湘雯孝廉以大著《經學書》見示，並述殷勤下問之意，愧荒陋不敢當。值講院評騭課藝，卒卒無暇。近始披讀，知通達訓詁多有心得，前署齋額所謂實事求是者，洵不誣也。

《内經字玫》有胄，而《經字釋》又有釋"胄子"二條，似可並為一，無庸復出，其義則展轉尋繹，終莫由朗然於懷。謹就此貢其疑竇。足下欲盡翻舊案，謂某氏傳作"育"，不作"胄"。作胄者今文，作育者古文，說甚辨。姑以鄙見推之。陸德明自云"用王肅本，王肅作胄。"故《釋文》為胄字，出音。而兼及馬本，若馬本是育，當於"直又反"之下即綴以"馬作育云長也"，教長天下之子弟，何必有王云"胄子國子也"之語。惟同一胄字而馬訓長，王不訓長，馬以上屬，王以下屬，故須分別。《釋文》"凡他本字異者無不云或作某"，何獨此處不然？恐陸氏不應孟浪如是。尊著斥其失檢，蓋本之阮氏《校勘記》，然《記》不言傳作"育"，祇云馬本未必作"胄"，實亦非也。《釋文序錄》言"梅賾所上古文《尚書孔傳》，其《舜典》缺。"齊建武中，姚方興采馬、王注造《舜典》一篇，此傳用馬、王義與《釋文序錄》合。馬果不作"胄"，則《釋文》何從援馬以證胄？但《說文·宀部》作"育"。《釋文》未及，乃陸氏之偶疏耳。非馬本作"育"，而《釋文》不云"馬作育也"。《舜典正義》固方興之本，非《釋文》所據之本也。若傳作"育"不作"胄"，則《正義》何無端詳訓胄之為長？尊著斥其誤會，恐孔氏亦不應瞀昧如是。但傳云"胄，長也"，不以為長子，而《正義》云："繼父世者，惟長子"，斯誤會耳。非本育字而以胄字訓之也。長非長幼之長，長養亦為長說是已。傳惟本作胄，而訓為長養，以教胄連讀，故必云教長國子，其義始明。若本是育字，則教育連文，習見無庸以長訓育。尊著謂某氏若訓胄為長，當連言子云："胄子，國子也"，不得云："胄，長也。"不知傳原非以"胄子"二字連讀，故不連言子。傳又云謂"元子"以下至"卿大夫子弟"當是《周官·師氏》及《大司業》注既不以胄為長子，正可連言弟。尊著因之，斷其作育，兼據山井鼎《攷文》古本，謂上有子字為可訂正，然傳本以教胄連讀，胄為長養之義，則云："胄，長也。"子謂"元子"以下云云，無不可通。

至以今本傳作胄，為後人誤改，將作《正義》以前改之耶？抑作《正義》以後改之耶？作《正義》以後改之，則作《正義》時尚作"育"，何以《正義》釋胄，非釋育？作《正義》以前改之，則方興本初為梁武所駁，未施用。隋開皇中，劉炫復上之。炫先與蔡大寶、巢猗、費甝、顧彪、劉焯共六家為《正義》，孔氏特因而削繁增簡，大抵沿襲二劉。是傳本實出炫手，何由致誤？裴駰《史記集解》於《五帝紀》教稺子云"《尚書》作胄子"。駰，宋人，尚在建武以前，當是據王肅本。彼時以肅注類孔氏，取以補梅賾本。然賾本《孔傳》，實據肅注，而附益以舊訓，故說者以為出自皇甫謐。或云即出自肅。《釋文》稱肅或私見《孔傳》而祕之。《四庫提要》謂其"以末為本，未免倒置"，蓋不知賾本即肅本也。肅既作"胄"，方興偽造，安肯背肅而作"育"，自留其隙哉？

近時說《尚書》者，惟江艮庭《集注音疏》以《正義》本作"胄"為衛包所改。《釋文》：馬作"胄"為宋承鄂所改，頗可為尊著之助，何以不引？然江氏未詳古今文有異，而概謂無作"胄"之本。試詢以《正義》本不作"胄"，何以訓"胄"？衛包改字在天寶中，張守節《史記正義》引孔安國云："胄，長子"。守節在開元時，何以先作胄？當不待煩言而解矣。《釋文》之改，亦憑空蔽獄。陸氏明言傳兼采馬、王，此條尤其確證。若王作"冑"，馬作"育"，則傳何以合而一之？古書經改竄，固所時有，而此漫無左驗，並參考而知其非改也。冑字訓長，惟見此處。王西莊謂《爾雅》育、冑俱謂長，今《爾雅》有育無冑，西莊語太率爾。孫淵如《尚書疏》引《說文》"冑，允也。"《禮》謂"適子為冑子"云，今本《說文》脫下七字，蒙意，此或是《正義》申說，未必為許氏原文。然因此而竟斷冑無長訓，則漢以來諸儒說經訓義不在《爾雅》者難悉數，安見馬之必不可訓冑為長也？即王肅以冑子連讀亦非肊造。《周書·太子晉解》"人生而重丈夫，謂之冑子。冑子成人能治上官，謂之士。"正肅所本也。王伯申謂《史記》"穉子"即《豳風》"鸒子"。《康誥》之"鞠子""鸒鞠"皆與育通。西漢經師如歐陽、夏侯必有訓育子為穉子者，故史公以穉代育，是穉子即育子也。如《史記》說，蓋"育子"連讀，尊著必以"教育"二字連讀，將《史記》亦以"教穉"二字連讀，可乎不可？由斯觀冑與育異字，而上屬下屬亦各異。作育者，《說文》以"教育"連讀，《史記》說則"育子"連讀。作冑者，王肅以"冑子"連讀，馬與某氏傳則"教冑"連讀，此諸家說義之異也。惟教冑連讀似不詞。故尊著必以為"教育"。竊謂經典實字虛用者甚多。冑為長養，正此類。且孟子言"彼長而我長之"，長幼之長，未嘗不虛用。伯申又云"馬注以冑為長，云教長天下之子弟。"傳亦云"教長國子。"教長猶教育。然不謂冑，必作育。是以"教冑"二字亦可連矣，是冑與育聲相轉。如尊著所言原可假借，或者馬意以冑義為育義，而經文作"冑"，故云"冑長也"。與《說文》作"教育"解者字異而義同。王用正字，馬以為借字，如此庶可兩通。與若夫今文、古文之殊本屬紛糾。

　　錢竹汀與王西莊號稱達識，然於《虞書》標目下《正義》云："夏侯等書'宅嵎夷'為'宅嵎鐵'，'昧谷'為'柳谷'，'心腹賢腸'為'優賢陽'"，皆誤讀，轉以作嵎鐵等，為鄭本。西莊謂裴松之《三國志注》

稱今文者，梅本已盛行，以《偽孔》為古文，故反以鄭本為今文，更強為之辭，蒙曩有辨。觀尊著《盤庚》一條正相合，獨此處翩然反之，以育為古文，胄為今文。今案孟堅謂史遷從安國問故，《堯典》諸篇得古文，說者特間存說義，其實所載經仍多用今文。如"平在朔易"作"便在伏物"。司馬貞《索隱》曰："傳云'便在伏物'，太史公據之，而書歸格于藝祖。"《大傳》作"歸假于禰祖"，《史記》："歸至于祖禰廟"，亦正與《大傳》相合。此《史記》作今文之證也。亦或經後人改。如"昧谷"，一作"柳谷"。臧氏玉林謂"後人依《尚書》所改"是也。而惠定宇因以柳為古文，與尊著以育為古文恰同。《漢書》本用今文，而改易所不免。如古文"舜讓于德弗嗣"，今文作"不台"。班氏《典引》明云"于德不台"，乃《王莽傳》引《書》，今本改作"不嗣"。《洪範》"思曰睿"。伏生《五行傳》"睿作容"。班《志》正用伏《傳》，今本改作"睿"，致與下說義全不符。然則，今體《樂志》作胄子者，必後人據古文《尚書》改之，可知也。

　　《說文序》稱用古文，段茂堂謂其字形字音字義皆合蒼頡。史籀非盡用壁中古本，故《詩》用毛氏，並采三家，《禮》《春秋》未嘗不用《公羊傳》、今文《禮》，則《尚書》準此所引，"教育子"正其兼采今文也。馬、鄭皆習古文，鄭本即馬本，馬作胄，鄭自當作胄。裴駰於《尚書》作"胄子"之上，引鄭曰"國子也"，似胄字，馬上屬，鄭則下屬。何以知之？王肅注明襲鄭義知之。西莊、淵如、茂堂說竝同。尊著謂鄭若作胄，裴當云："《尚書》作胄"，鄭云："胄字，國子也"。文之順逆，無甚義理。蒙未敢以為必然也。若《大司樂》注又引作"育子者"，鄭傳古文亦不廢今文，正《馮相氏注》引辯秩之比，尊著已及之。楊子雲宗正箴各有育子，世以不錯。西京古文未行，尠不用今文者。尊著無以難，乃云不得因楊引育子，遂定育字為今文，殆亦自知其難通耶？況伯申之說，尊著韙之，而以訓育子推及歐陽夏侯，固今文家也。《校勘記》亦尊著所主也。

《記》謂傳"國子"二字取諸王,"教長"二字取諸馬。馬、王作胄,皆古文家也。則育字為今文,胄之為古文,益審。

尊著穿貫精密,此或千慮之一失。而蒙所縷陳不識,可為千慮之一得否?足下研究經學深切膺服,爰罄厥誠,倘有齟齬,伏希剖析,以開障塞。幸甚幸甚!

(選自《小萬卷齋文稾》卷六)

與臧拜經辨皋陶謨增句疏證書　　陳壽祺

拜經執事，承示《皋陶謨增句疏證》，謂"撻以記之"以下"至敢不敬應"七十四字，《史記》不載，馬、鄭注不見，斷為《尚書》本，無出魏晉人偽撰，條舉件繫，自信不誣。異哉！執事之果拎疑經也。壽祺考之，七十四字可證者十有一，而執事之說所不解者十有五。請畢其言，而執事裁焉。

《史記·五帝本紀》采《虞、夏書》，各具《夏本紀》，敬四輔臣之下曰"諸眾讒嬖臣，君德誠施皆清矣"。諸眾讒嬖臣者，即庶頑讒說之訓也。君德誠施者，即隱括侯以明之訖時而颺之之辭。皆清矣者，即隱括格則承之、庸之，否則威之之辭也。下經禹曰"帝光天之下"訖"車服以庸"亦君德誠施之意，"誰敢不敬應"亦皆清矣之意。史文簡而賅，若此雖不載七十四字，而義已無不舉昭然明白，惡得誣《史記》以轉誣《尚書》之無此文邪？《尚書》設無此文，則《史記》贅"君德誠施"一語，拎經何所附麗邪？今執事以侯訓君，以明之訓皆清，斯不辭矣。不解一也。

且《史記》采《尚書》固多，撮敘節引之體，如《舜本紀》述諸臣之讓，不及殳、斨、伯與。《夏本紀》述皋陶言"天工人其代之"，其下即云"天討有罪，五刑五用哉！"不及"天敘有典"訖"五服五章"之詞，其下又即云"吾言底可行乎"，不及"政事懋哉懋哉"訖"敬哉有土"之詞。若以《史記》所不載，輒指為偽簡，則此等亦將非《尚書》本文所有乎？不解二也。

《尚书》马、郑注不可见，赖以存梗概者，陆氏《经典释文》，孔氏《尚书正义》耳。《释文》于《续舜典》、姚方兴二本曰"若稽古"，讫"乃命以位"十八字，大书细注，皆别言之"一云"十二字，孔氏传本无"一云"凡二十八字异，聊出之于王注无施也。于至于北岳，如西礼云方兴本同，马本作"如初"。于《稾饫序》云"众家经文并尽此。"惟王注本下更有"《汩作》《九共》故逸。"。于《金縢序》"武王有疾"云："疾不豫"。于《酒诰》"王若曰"云："马本作'成王曰'。"于《顾命》"王崩"云："马本作'成王崩'。"于《康王之诰序》"康王既尸天子"云："马本此句上更有'成王崩'三字。"于《文侯之命序》云："马本无此平字。"然则元朗于马、郑、王本一字有无，未尝不录，安有七十四字之阙，而反置之哉？以此知马、郑本《皋陶谟》同孔《传》本审矣。而执事徒以马、郑七十四字注不具羣籍，遽疑古文。不解三也。

《尚书正义》宗孔抑郑者也，其于《舜典》亦曰："梅赜上孔氏《传》时，犹阙《舜典》'自乃命以位已'上十八字，世所不传，多用王、范之注补之。"《尧典》"我其试哉！"《正义》曰："马、郑、王本，说此经皆无'帝曰'。"当时庸生之徒漏之也。若马、郑本漏《皋陶谟》七十四字，孔冲远何容无一言及之？如所讥马、郑，不见《古文》，不见孔《传》者，冲远既无一言，则马、郑本并有此七十四字审矣。恶得归狱伪孔比《大禹谟》而竟删之？不解四也。

《说文·手部》："撻，乡饮酒，罚不敬。撻其背，从手，達聲。"此释其义，明其用也。《重文》云："遽，古文撻。"《周书》曰："遽以记之。"此引经以证古文之异也。《蟲部》："蠹，动也。"《重文》云："截古文蠹，从戈。"《周书》："我有截于西。"《二部》："恒，常也。"《重文》："胻古文恒，从月。"《诗》曰："如月之恒。"《斤部》："斷，截也。"《重文》云："𠸄，古文斷，从皀。皀，古文叀字。"《周书》

曰："舀舀兮無它技"，此皆先釋義，後引經，猶前例也。遽下引《虞書》為《周書》特傳寫之誤。《說文》引《尚書》傳寫誤者夥矣。"琨"下引《虞書》"揚州貢瑤琨。"夏誤虞。"剝"下引《周書》"天用剝絕其命"，夏誤周。"埶"下引《周書》"大命不埶"，商誤周。"退"下引《周書》"我興受其退"，商誤周。"耗"下引《虞書》"毫"字從此。此《呂刑》毫荒之字，周誤虞。"懋"下引《詩》"相時憸民"，此《般庚》之旱，《商書》誤《詩》。奚獨"遽"字引書一譌，而必力排之也？執事以為《說文》所偁者《周禮》。案，《周禮·閭胥》曰："掌其比，觵撻罰之事。"《小胥》曰："巡舞列而撻其怠慢者。"曷嘗有遽以記之之文？《說文》所偁顯出《皋謨》。今不易《周》為《虞》，轉欲改《書》為《禮》，不解五也。

侯以明之，撻以記之。即扑作教刑及典樂，教胄子之事，周人鄉飲射皆撻扑之罰。蓋因於古習鄉習射，一勸一懲，尚賢絀惡，其道宣者著。今止取其一，有勸無懲，促而不完，義偏見而不備。不解六也。

《文選》張平子《東京賦》曰："於是孟春元日，羣后旁戾。百僚師師，於斯胥泊。藩國奉聘，要荒來質，具惟帝臣，獻琛執贄。"此文多用《尚書》。而"百僚師師"，"具惟帝臣"，則皆《皋陶謨》詞也。薛綜舊注：具之，言俱也。其下善曰："萬邦黎獻，具惟帝臣。"善曰："當為《尚書》。"曰此亦薛注援經為證也。《文選》本有脫譌，遂誤為李善注，不思"善曰"之下引《書》詞，而不稱《書》，《文選注》寧有是例邪？不待智者而決矣。綜卒於吳赤烏六年，《偽孔傳》未出，所見《尚書》有此八字，其非偽撰，灼然可知。且《孔傳尚書》作"共惟帝臣"，若李善引書不應違。孔本作"具惟"，而執事以為作偽者，用《東京賦》，故薛注不言出《尚書》。不解者七也。

《左氏傳》僖公二十七年引《夏書》曰："賦納以言，明試以功，車服以庸。"執事即以《堯典》之文當之。案經傳無稱《堯典》為《夏書》

者，漢魏諸儒從《堯典》至《允征》凡二十篇，總名曰《虞夏書》。然《堯典》不可專稱《夏書》，猶《禹貢》不可專儕《虞書》。《尚書大傳》有《唐傳》《虞傳》。《說文》屢引《唐書》《虞書》，《言部》儕《虞書》曰《咎䌛謨》，又儕《虞書》曰"明試以功"。是今文、古文家亦未有稱《堯典》為《夏書》者。《左氏文十八年傳》曰："《虞書》數舜之功曰'慎徽五典，五典克從。'"是《堯典》稱《虞書》之明驗。蓋《堯典》事未涉夏，故不得稱《夏書》。而《皋陶謨》關虞、夏之閒，故得稱《夏書》矣。杜預注《左氏·夏書》曰："《尚書》，《虞夏書》也。"杜正親見"賦納以言"十二字在《虞書·皋陶謨》中，故知傳儕《夏書》謂此。而執事舍此佐證，以為杜目《堯典》言之。不解八也。

執事所恃者，以"賦納"為古文，"敷奏"為今文，故謂"賦納以言"即《堯典》之敷奏以言也。案，《堯典》作"傅奏"，亦作"敷奏"，《皋陶謨》作"賦納"，亦作"傅納"，音義皆通。梅賾本《皋䌛謨》作"敷納"，"明試"作"明"，庶其小乖異也。然《典謨》文雖近似，二事判然不可相亂。何以明之？《史記·五帝紀》曰："羣后四朝，徧告以言。明試以功，車服以庸。"史以訓詁代經文。徧告者，敷奏之訓也。賦納不可訓徧告也。杜預注《左氏傳》曰："賦，取也。取納以言，觀其志也。"然則傅奏者自下言之，賦納者自上言之者也。《公羊傳》："桓元年，何休《解詁》引《尚書》：'羣后四朝，敷奏以言，明試以功，車服以庸'。"《漢書·宣帝紀》："地節二年，詔曰：臣下各奉職奏事，以敷奏其言，明試其功。"《王莽傳》："莽下書曰：'羣后四朝，敷奏以言，明試以功。'"此皆取《堯典》詞也。《漢書·成帝紀》："鴻嘉二年，詔曰：古之選賢，傅納以言，明試以功。"《敘傳》述《中宗紀》曰："時舉傅納。"王符《潛夫論·考績篇》曰："《書》曰：'賦納以言，明試以功，車服以庸。誰能不讓，誰能不敬應。'"此皆取《皋陶謨》詞也。王莽、何休引"敷奏"上連"羣后四朝"，故知"敷奏"者，《堯典》之文也。王符引"賦納"與《左氏傳》同，而下合"誰能不讓，誰能不敬應"，故知"賦納"者，《皋陶謨》之文也。二者分別若此，安在其為今文、古文之異哉！《古文尚書》，兩漢未立學官，傳習亦尠，元始五年暫立，輒罷。故當時朝廷詔令臣工章疏，所稱《尚書》莫非歐陽夏侯、班固，自為文辭，亦往徃用今文。王符《潛夫論》：言《易》稱先師，京君言《詩》皆齊、魯、韓異說，言《書》如《述赦篇》引《呂刑》"寇賊消義"引《康誥》"人有小罪，匪省"，"乃有大罪，匪終"，"乃惟省哉"之類，亦為本歐陽、夏侯，其俱"賦納"，豈必從古今執事徑廢《皋謨》，併歸《堯典》，以二文之判，強區古今，果何據乎？又云："偽孔既取'敷納以言'十二字厪入《皋謨》，因存納扵謨，從奏扵典，存試扵典，改庶扵謨。"夫《偽孔》綴緝五十五篇，首尾頗具，以古文逸十六篇不傳，故得售其欺《大誓》以馬、鄭言。後得諸書傳所引不在篇中尚多，故得偽撰三篇以易之。至扵二十八篇，馬、鄭之本具在，安能悍然竄亂其間以欺天下？故但以《堯典》析為《舜典》，以《皋陶謨》析為《益稷》，以《顧命》自"王出，在應門之內"，析為《康王之誥》而已。其它不能變易也。而況進甲退乙，避東就西，彼此紛紜，何不憚煩？恐偽孔愚不至是矣。不解九也。

執事又謂《漢唐敘傳》"時舉"二字，乃班固語。作偽者橫截前史，剽襲舊文。案，《敘傳》曰："時舉傅納，聽斷惟精。柔遠能邇，燀燿威靈。"皆用《虞書》詞也。"時舉傅納"，聯綴經文為句，猶述武紀之"疇咨熙載"，文家常法耳。何預偽手？不解十也。

執事又謂鴻嘉之銘作"傅納"，蓋劉歆等尚古為之。攷歆，河平中，以黃門郎受銘，與父向領校秘書，位猶未顯。其時成帝未聞崇尚古文，使歆視艸也。《成帝本紀》引《書》七事，如"黎民扵蕃時雍，罔克耆壽，咎在朕躬。"乃今文之異，豈皆歆所為乎？王莽引《書》亦作"敷奏"，莽好古而愚者也。歆佐莽以潤色文章也。何以不改"敷奏"為"傅納"，豈歆之尚古能行之成帝，不能行之亡新乎？不解十一也。

《後漢書·胡廣傳》："尚書史敝等薦廣曰'明試以功,典謨所美'。"李賢注《舜典·咎繇謨》皆有此言,故云:"典謨所美也。"案,此則"明試以功"之文,兩見《典謨》。漢人所言信而有徵,李賢注以《堯典》為《舜典》,雖依《孔傳》,而以益稷為咎繇謨,則依馬、鄭本。亦足證馬、鄭古文有此語矣。何得以馬、鄭注不見而疑經乎?不解十二也。

《春秋繁露·度制篇》引《書》曰:"車服有庸,誰敢弗讓,敢不敬應。"《潛夫論》引《書》曰"賦納以言,明試以功,車服以庸,誰能不讓,誰能不敬應"而說之,曰:"此堯舜所以養黎民而致時雍也。"董、王所稱符合,則經有此文,信矣。乃以"為誰敢不讓"二語必《尚書》舊說,而釋經者連引之。不解十三也。

執事又載管君說,謂《尚書》之文"誰"皆為"疇"。今《書》乃曰"誰敢",非《尚書》之文也。案,《虞書·績工》庸皆訓功,朕、予皆訓我,欽、寅、祇皆訓敬。若惠、愻皆訓順,前後雜出,非一端也。它若克之與能,俾之與使,采之與事,諧之與和,亦同訓而互用。疇、誰岐見,安足為疑?信如所言,五子之歌曰:"予誰疇依。"《說命》曰"疇敢不祇承王之休命",字仍作疇。作偽者曷為明於彼而闇於此,留其巇以招后人之掊擊,又愚不至是也。不解十四也。

執事又謂《虞书》言欽尠言敬。案,《虞書》言敬者屢矣。曰"敬授民時",曰"敬敷五教",曰"亂而敬",曰"日嚴祇敬六德",曰"敬哉有土"。奈何獨訾敬應哉?必謂《唐》《虞》之文異於三代,則姙姒之史官不若今之操觚之精矣。不解十五也。

執事是說濫觴陽湖孫大夫,輔以江寧管氏、文登畢氏,管與畢,壽祺未嘗相知。孫大夫,博洽宏通,素所景仰,然其所輯《古文尚書注》:易"嵎夷"為"嵎鐵",易"昧谷"為"柳谷",易"不嗣"為"不怡",易"欽哉"為"謐哉",易"阻饑"為"祖饑",易"在治忽"為"來政忽",易"心腹腎腸"為"憂賢揚",皆誤仞今文為古文。而"浮于淮泗，達于河"，轉不改為荷、雨、霽、驛、蒙、克，轉不改為雨、濟、圍、蟊、克。以後得《大誓》，失中下二篇，不知孔氏《正義》明云：上篇觀兵時事。中下二篇伐紂時事。"是據馬、鄭本言之，何得更有中下二篇，以《左氏傳》引《盤庚》惡之易也。引《唐誥》"父子兄弟不相及也"為佚句，不知此古人約舉經義之體。以高堂隆引《書》曰"若稽古，帝舜曰重華建皇授政改朔"為佚《書》，不知此《尚書·中侯》之文。以《說文》引《周書》曰"宮中之冗食"為佚《書》，不知此《周禮·校人》之文。以《說文》稱"怨匹曰逑"為佚《虞書》，不知此《說文》之又一解。《墨子》《韓非子》《呂氏春秋》《淮南子》《史記》《漢書》《後漢書》所引《周書》盡入《尚書》佚文，不知此《周書》七十一篇之佚文。此類不可勝舉。尤可異者，《公羊疏》指何休引《書》"羣后四朝，敷奏以言"云云，曰此《逸書》也。《逸書》乃《虞書》之譌，無可致疑。顧謂疏儗"賦納以言"為《逸書》，則二十九篇亦有為《偽孔》所亂者。既信譌字，以自愚復改注文以誣古，得非賢者之過邪？則其謂《說文》引《周書》遽以記之，疑偽孔竄入《皋陶謨》者，未可從也。

執事知《公羊疏》《逸書》為《虞書》之譌而不辯，《說文》《周書》為《虞書》之譌方且隨聲附和，詫為卓識，其然豈其然乎？古文逸十六篇久絕，馬、鄭注本迄宋亦亡，而二十八篇之經，幸魏、晉閒未被竄改，猶得厪存，不過文字小有異同。乃忽據不根之論，肛加刪減，甚者詆娸文義，輕下雌黃，使《虞》《夏》需落之簡，遭今而益殘。梅姚割裂之辜，得我而分謗，名為崇信古文，實毀棄之。欲發偽孔之覆，然不足以服其心，適以授之柄而助其瀾，竊為執事不取也。

方今經術昌明，海內敦尚古學，然所慮尊經之過，翻以亡經耆古之。愚變而背古，強執一二文字差互踦駁之端，橫改數千載以來諸儒傳受之舊，蹈宋元學者移剟經傳，芟削《詩》《書》之妄而啟天下，以非聖破道之萌，恐閻百詩、惠定宇諸先達不肯出此者也。執事殆未之深思與？壽祺蒙昧，固滯通繆，進芻蕘，罔顧忌，惟執事幸察之。

（選自《左海文集》卷四）

與馬君論周書年月考書

方東樹

> 方東樹（1772—1851），字植之，號副墨子，又號歇庵，安徽桐城人。博貫經史，尤重朱子。著有《漢學商兌》三卷、《昭昧詹言》十卷《續》八卷、《書林揚觶》二卷、《攷槃集文錄》十二卷等。生平事蹟見《清史列傳》卷六七、馬其昶《桐城耆舊傳》卷一〇、鄭福昭《方儀衛先生年譜》、金天翮《皖志列傳稿》卷六等。

　　馬君足下：承示大著《周書年月攷》，循習再三，欽服何極。自非好學深思，實事求是，惡能有此鴻識。鴻論以折衷漢晉唐以來諸儒而歸於至當，顧慚謭陋，無能有所坿。蓋竊於尊指所已及者妄有所引申，以終未竟之緒。尊指大義有二：一在攷定月日，一在求定其年，言曰必得其年，而後能定其月日。然則雖曰二義，其實固一事矣。向來紀年諸家皆以受辛元祀為丁未十三，祀己卯為周武王十三年克商之歲。後七歲為成王元年丙戌。

　　先儒說此可疑者有四：一則《書序》《史記·周本紀》稱"武王十一年伐商"，與《泰誓》"十三年"文不合，或力信為十一年，或以十一年為十三年之誤。若林之奇、蔡沈、王柏、金履祥、陳櫟諸人說各不同。班《志》據《書序》"《洪範》以十一年觀兵，十三年克紂，以箕子歸"是矣。一則疑此十三年若文王，若武王不決。其以爲文者，《易緯》稱"文王四十二年以虞芮質成受命改元。"《公羊》、鄭玄傅會之妄，唐孔氏及宋歐陽永叔辨之明矣。其以爲武王者，程子論伯夷、叔齊叩馬之事，以爲《史記》所載諫詞，非也。"武王伐商即位已十三年，安得父死不葬"之語。班《志》據"九年，大統未集"之文，合文王、武王而通計之，則亦仍文王受命改元之說焉。

一則武王崩之年數與成王元年丙戌之紀不合。班《志》據《文王世子》以武王爲克商後七歲崩，皇甫謐以爲六歲，宋胡士行、明陳大樽以爲四歲。足下據《周本紀》《封禪書》謂"武王以克商後二年崩"，其文與《金縢》合。又據陳泗源《古歷》推成王元年實丙戌，上推克商之年爲甲申，此中間止二歲，以合《史記》《金縢》之文。曰武王以聖人之德，如在位七年之久，不應天下尚未定。且班《志》以居攝七年繫之周公。夫周公人臣，以成王之年繫之，於義不洽。獨據《竹書》成王枉位三十七年，以居攝繫之成王。而班《志》以成王爲在位三十年者非是，謂《竹書》雖僞，而此可從。愚按班《志》本以魯歷紀，魯故以居攝屬之周公，故稱踞煬公七十六歲，入孟統二十九章首云云。非虛天王之年屬之周公，如後來共和故事，則不得以此議之。其據《三統歷》以成王在位三十年，雖援引不一，而前後實無甲子之紀，有總數而無年。玫《史記·魯周公世家》稱周公恐天下叛周，"於是卒相成王，而使其子伯禽代就封於魯。"而班《志》紀成王元年曰："此命伯禽侯魯之歲。"其文固已明矣。與足下所疑周公成攝七年，然後爲成王元年者不同也。足下推成王元年實丙戌，此亦難信，何者？若以十三年爲己卯，則武王克商二年崩，成王元年當爲辛巳。若以克商之年爲甲申，成王元年爲丙戌，則受辛元祀不得爲丁未，十三年不得爲己卯。反覆研究，不獨足下之言未敢阿從，即千載以來儒者術家之言皆無取焉。夫漢晉唐以來，儒者以術算推求古經傳年月，其術不爲不工，其說不爲不詳，究之紛紜，百端迄無一合。吾嘗斷此曰日月至朔，置閏章蔀皆可推。而古帝王所歷年數及干支所當不可求，非不可求，傳說失實，遺文簡脫，傳聞異詞，不可攷也。故吾嘗以為歷家之說，皆由後為數以合古，非得乎古以順合乎今之數也。為數以合古，而不合則摭拾傳記，繁稱異說，以穿鑿之，是故歷家之說，止可推天而不可攷古。古不可攷，則竝其所為天者，壹誣而亂之，是以其說愈多，而愈可疑也。孔子及司馬子長知之，故孔子敘《尚書》不論次其年月，子長作《三代世表》共和以前無年數。追尋《表》意，見子長之識卓越。羣儒克繼孔子之志，獨有千古不虛耳。劉恕《通鑑外紀》於共和以後據《史記年表》編年，共和以前皆謂之疑年，不標歲陽歲陰之名。竝不列其數，且如丙戌之年，如何定之，不曰以至朔月日章蔀，積而推之，而以得之乎！不知後人以朔閏積推，一一可成章蔀。此章蔀中至朔月日，當何干支之歲？此干支之歲，當何帝王歷數之紀？百家乖異，不經難信。王應麟云："帝堯而上，六闋逢無紀。"致堂胡氏言"有書契以來，凡幾鴻荒，幾至德矣。"《廣雅》稱："自開闢至獲麟，二百七十六萬歲，分為十紀。"蓋茫誕之說。劉道原《疑年譜》謂："大庭至無懷氏，無年而有總數。堯舜之年，眾說不同。《三統歷》次夏、商、西周，与《汲冢紀年》及《商歷》差異。"故《四分歷》以上元至伐桀之歲，十三萬二千一百一十三歲。《三統歷》以為十四萬一千四百八十歲，其牴牾不合如此。然此猶以上古世遠難稽。愚請言其近者，如《泰初歷》以甲寅為元，《漢志》以為丙子，而前人皆以為實丁丑。夫丁丑距甲寅遠矣，而儒者方據以推前歷，上元泰初四千一百六十七歲。（今本《史記》注："四千，千上多一年字，此據《困學紀聞》是正）至於元封七年為適得閼逢攝提格者，烏足信乎？吾嘗求其故，由不知古人以歲陰紀年，不以甲子，甲子惟用以紀日。通推章蔀至朔，以求歷元，故班《志》箸紀歷數未嘗有干支之當。自數家以甲子紀年，於是有謂受辛元祀為丁未為己亥者，武王克商之年為己卯、為甲申、為辛卯者，成王元年為丙戌、為丁亥者，紛紛異論，由不知古人不以甲子紀年，而於班《志》又未嘗詳讀焉。何者？班《志》據《三統歷》及《洪範傳》稱"武王克商歲在鶉火"。夫鶉火於辰為午，則太歲宜在未。彼諸家稱己卯、甲申、辛卯者，不亦遠與。然後知經傳參差可疑，而不可信者在此而不在彼焉。

足下又謂武王未克商，不必不改正朔，深以僞《孔傳》及《正義》以武成一月為建子之非。又疑蔡氏以"一月為建寅之月"與下文"四月丁未庚戌月日"不合，而獨斷此一月為商正建丑之月。以為月既為商之月，則春亦為商之春。愚又不能無疑也。夫漢晉唐以來，諸儒以三正說六經，言人人殊，故有謂皆用夏正者，《逸周書》、劉知幾、蘇子瞻、蔡沈、程大昌也。有謂改正朔必改月者，有《白虎通》《尚書大傳》、孔安國、鄭康成、唐孔氏、宋楊時、邱光庭、熊朋來、趙汸及近世顧氏炎武也。有謂以夏時冠周正者，何休、程子、劉絢、胡安國、朱子也。（胡、劉、朱子皆本程子）有謂周時三正竝用者，鄭康成也。有謂改正朔不改月次者，魏了翁也。有謂《周官》正月為周正，正歲為夏正，《詩‧七月》為夏時之日，為周正，以為兼存者，張氏洽《集注》也。有謂《春秋經》用周正，《傳》取國史者，葉石林也。有謂諸侯史有用周正，有用夏正者，劉原父也。有謂建子改有為東周變法，非周公之本制者，徐圃臣也。凡諸數端，或斷其義，或騁其詞，古今相持未有所決。今足下不信一月為建寅之月，而獨以為用商正，是亦用"改正必改月"之說，特以武王未克商不當遽改耳。略與孔《正義》相近。愚竊以為既以十三年為周之年，又以月為商之月，春為商之春，於文為不類矣。（程子《春秋傳》曰："周正月非春也。假天時以立意耳。"朱子云："加春於建子之月，見行夏時之意。"按此雖論後來《春秋》，亦可明周正稱春之義。東萊《講義》於"春"字略焉）足下之言雖辨正，而未安也。然則武王未克商而遂可改正朔與日，昔者莊子與惠子觀魚於濠上而稱其樂，因互窮其知。惠子不服，莊子曰"請循其本，我知之濠上也。"今吾亦請循其本曰此固《周書》也。以周史紀周年，奉周正於武王，何嫌哉！

夫推步算術，後人密於前人，而陳氏所推既與班《志》各蔀首皆合，而班《志》所推自一月壬辰至三月己丑晦，明日閏月，庚寅朔小餘，三月二日驚蟄，四月巳丑朔，死魄甲辰望，十六日乙巳旁生魄，與所引武成月日又一一脗合矣。不特此耳。又與所引《外傳》："日在析木，月在天駟，辰在斗柄，星在天黿"，亦無不脗合。昔閻百詩自駁所用劉原父"十月之交，辛卯朔日食"以為說經有不必以理拘者，此固以推步為準矣。而又何疑焉，或曰此偽《泰誓》，惡足信邪？班《志》引《書序》《武城外傳》《洪範》《泰誓》，而獨不及"十有三年春"之文，於時偽古文未有也。足下稱班《志》繁，稱《書傳》傅會以著之於篇，則亦以《書序》為不足信，因一例譏之。不知偽《孔傳》稱觀政於商在十一年，克商在十三年，政由《書序》襲為此語，古文咸不同乖異，而此固一家之言也。雖經偽序亦偽，然序在前，故班《志》得引之。但班《志》前引《書序》，惟十有一年武王伐紂，承"文王受命九年"而言也。後據《禮記‧文王世子》稱武王在位十一年，此著其歷數，而下引《春秋》殷歷紀魯，繫周公攝政七年，於武王後七年崩之下，皆著紀總數而無年。凡此固非歷術所得知矣。歲陰紀年之法，有左右超辰名號，前人說此亦多異歲者。歲星也，其神曰歲陰，亦曰太陰，亦曰青龍，即太歲也。鄭康成曰："歲星為陽右行於天，太歲陰左行於地，十二歲而一周天。"《天官書》曰："歲陰五行寅，歲星右轉居丑。歲陰在卯，星居子。"由此觀之，愈違愈遠，歷十二辰而復會於次，其行之有贏縮，積百四十有四年而歲星超一辰，即歲陰亦超一辰。此其大經也。歲陰與太歲為一物。《爾雅》在寅曰攝提格。至赤奮若十二名是也。乃歲陰輪值十二辰之名號，非即十二辰也。故《爾雅》："太歲在甲在寅"。《淮南》："直日寅在甲，卯在乙。"又曰："太陰在寅在卯也。"錢君辛楣譏小司馬誤解《爾雅》"歲陽歲陰"之名當矣。但又別太歲、歲陰為二，謂《爾雅》"在歲在日在辰，兩太字為後人所妄加。"即如是乃使人不知太歲為何物，與《天官書》及康成說戾矣。《說文》："歲，木星也。"《爾雅》郭注："歲取歲星行一次。"《洪範正義》："自今年冬至及明年冬至為一歲。"《周禮》:"太史正歲年。"康成注:"中數曰歲,朔數曰年。"(謂自今年正月朔旦至明年正月朔旦為一年)中數三百六十五日四分日之一朔數三百五十四日。由是觀之,歲星一日行十二分度之一,每歲行三十度,彊十二歲一周以密率計之,故不容不有超辰。古人以閏正中朔,以超辰之法正歲星歲陰之行次,法異而理同焉。後人既不能辨明歲年之殊,與歲星、太歲之分,又牽拘於歷術而彊以甲子排推之,牴牾不合。又不能闕疑,則相與以史傳為訟。蓋千餘年鮮有能達其故矣。然後知馬、班之不可及焉。錢君又謂歲陰常在太歲前二辰。(太歲當云歲星,後論超辰誤,同此)如太歲在子,太陰則在寅。太歲在丑,太陰則在卯。此以隔二辰為說。與《天官書》隔一辰。左右異行者不同,且如是則皆左行,何云歲星在天右行邪?此讀《天官書》及鄭注未審而妄造肊說,以疑誤學者,其言不可信矣。何以明之,分野略例自女八度至危十五度,於辰在子。(今尺自斗二十一度至虛六度為子也)丑終婺女七度。故班《志》曰:"泰初元年,前十一月甲子朔旦冬至,歲在星紀婺女六度。"故《漢志》曰:"歲名困敦,正月歲星出婺女。"以歲星每月行三度不足計之,則右轉入子正月正出婺女十一度,故曰出也。然則明年歲陰左行在寅,歲星右轉在亥。又明年歲陰左行在卯,星右居戌,逐辰違去。《史記》從寅起,班《志》從子起,其法不同。惟超辰之數,錢君乃據師春說大衍歷議,則以為百二十餘年而超一次,及戰國之際,至哀、平間,率八十四歲而超一次。近邵氏《爾雅正義》據晉灼說,亦以為八十四年,云雖然不得其著紀所當之歲,雖有超辰置閏之法求之,而亦無所傳之焉。

　　竊權來悟,尋為此說,未知當否!惟大雅直諒,還有以教之,幸甚!(管異之云:"震川評《史記》如大塘上打纖,千船萬船不相妨礙。"又曰:"曉得文章掇頭千緒,萬端文字就可做了。"唐宋八大家,後僅見斯文)

(選自《孜槃集文錄》卷六)

與王伯申學士書

宋翔鳳

> 宋翔鳳(1779—1860)，字於庭，江蘇長洲（今蘇州）人。為學既講微言大義，又通名物訓詁。初治漢學，後偏宋學，表現出漢宋兼采的特徵，是常州派前、後期學風轉變的關鍵人物。著有《周易考翼》二卷、《尚書略說》二卷、《四書纂言》四十卷、《四書古今訓釋》十九卷、《論語鄭氏注》十卷、《小爾雅訓纂》六卷、《過庭錄》十六卷、《樸學齋文錄》三卷等。生平事蹟見《清史稿》卷四八二、《清史列傳》卷六九、《清代樸學大師列傳》卷七等。

鄙意謂《書》今古文之異，即在《大誓》一篇，前與恭甫書已言之，頗自喜其說。昨已呈政矣。

尋繹尊著，謂今文廿九篇，有《大誓》而無序，而以向、歆父子《大誓》後得之說為傳聞之誤。謹案，《藝文志》云："劉向校經傳、諸子、詩賦。"又言："每一書已，向輒條其篇目，撮其指意，錄而奏之。"則子政雖不傳《尚書》學，而其篇目必素所究。審《藝文志》以《大、小夏侯經》二十九卷為大文，歐陽經三（汲古閣本誤作二）十二卷為旁注，此《七略》之舊，明著二十九卷為伏生傳授之。元本（師古曰："此二十九卷，伏生傳授也。")三十二卷為歐陽以古文《大誓》三篇錄入也。《藝文志》又言劉向以中古文校歐陽、大小夏侯經文，則三家篇第孰多孰少，孰存孰佚，皆以目驗，不得有傳聞之誤。況《別錄》云："民間獻《大誓》"，即指壞壁得書，云："博士讀說之"，即指歐陽博士。與篇第時事靡不符合。若《論衡》宣帝時得《大誓》，正是傳聞之誤耳。唯《漢書·儒林傳》言張霸分析合十九篇，以為數十，又采《左氏傳》《書序》為作首尾別數。《書序》則廿九篇，有《大誓》。此班固在東漢時《大誓》已非全文，故總為一篇，以合於廿八篇也。

《尚書正義》亦云："伏生二十九篇而序在外。"《釋文序錄》云："《大誓》一篇與伏生所誦，合三十篇。"皆以《大誓》為一篇。不與向、歆所校本同矣。《玉海》引鄭康成《尚書大傳序》云："生（指伏生）沒後，數子各論所聞，以己意彌縫其闕，別作《章句》，又特撰大義，因經屬指，名之曰傳。則《大傳》之作，在伏生之後。即如歐陽以《大誓》入今文經，所謂"彌縫其闕"是已。六誓顯義之文，又何必非後人所纂乎？《史記·孔子世家》言"贊《易》序《書》"，《藝文志》又言"《書》之起遠矣。"至孔子纂焉，上斷於堯，下迄嬴秦，凡百篇而為之序。孔子作《書序》言之者鑿空，非《毛詩序》可比。《毛詩序》乃毛氏一家之序，齊、魯、韓則別有序。序與傳一人之作，故不為序作傳。而《書序》則必不然，如《書序》云："遂踐奄作成王政。"《音義》引《大傳》云："踐，藉也。"《詩·豳風》正義亦引《書傳》云："遂踐奄踐之者，藉之也。"此傳釋序"踐奄"之文也。《序》又云："周公作亳姑。"《尚書大傳》亦有"周公葬畢"之文。此釋"亳姑序"也。《大傳》既釋《序》，則《藝文志》：《大、小夏侯章句》各二十九卷、《大、小夏侯解故》二十九篇，正其序數之。唯云《歐陽章句》三十一卷，似不數序，要是脫《書》"一"嘗作"二"，況《藝文》之卷數與"《大誓》後得"之言同出於劉向。信此而疑彼，未見其然也。《論衡·正說篇》云："或說《尚書》二十九篇者，法斗四七宿也。四七二十八篇，共一曰斗矣，故二十九。"案，此以四七宿當廿八篇，以序當斗，言序之隱括廿八篇，猶斗之臨制四鄉，若《大誓》不足當斗矣。《論衡》又引《或說》曰："孔子更選二十九篇，二十九篇獨有法也。"案王仲任在東漢世，久見《大誓》在《尚書》中，故並數為廿九，與前斗四七宿又別為一說，自不同也。

昨聞尊恉以今文如《盤庚·顧命康王之誥》不分篇，何歐陽錄《大誓》獨分篇為難？案《盤庚》等不分篇，此今文之家法；《大誓》分篇，自是古文之家法。錄《大誓》者所以補今文之闕，仍分篇者不敘亂今文之真，此傳經之大要也。竊謂孔子序《書》以存百篇之號，錄廿八篇可以明刪《書》之旨，故《大傳》引孔子曰："六誓可以觀義，五誥可以觀仁，甫仁可以觀戒，《洪範》可以觀度，《禹貢》可以觀事，《皋陶謨》可以觀治，《堯典》可能觀美。"皆就廿八篇之文，餘更不及。（六誓疑當作五誓，歐陽家改為六）《大傳》記孔子之言即七十子所傳之大義，知治《尚書》者可無待於外矣。反覆來說，欲附和而有不敢附和者，豈私心蔽固不能及此乎？意君子之論，或有所詭乎？臨紙疑懼，俟教不宣。翔鳳頓首。

（選自《樸學齋文錄》卷一）

與陳恭甫編修書

宋翔鳳

據《景十三王傳》魯恭王治宮室，壞壁得書在景帝初，而《藝文志》言武帝末蓋天漢後，孔安國家獻古文，而更追述前事，非季世之誤。《七略》記"武帝末，民間獻《大誓》"，正是一時一事，緣古文但較今文多《大誓》一篇，故云爾也。大著證今文無《大誓》而有《序》，確不可移。謂古文有《大誓》乃由後屬入，疑未審矣。馬氏謂《大誓》後得，即謂古文出於今文之後。鄭氏云民間得《大誓》，猶謂古文不立學，但行民間也。非古、今文《書》之外，別出《大誓》也。

大著云：孔氏古文果有《大誓》《別錄》《七略》，何以獨歸之武帝末民獻而無一語及孔壁書？然《別錄》又明云"武帝末，民有得《大誓》於壁內，獻之"，此正指壞宅得書，不得云無一語及孔壁也。其云武帝末者，亦指獻書時與《藝文志》同。有謂宣帝本始中得《大誓》者，此傳訛之說。《別錄》又云："與博士使讀說之，數月皆起傳以教人。"蓋伏生無《大誓》全文，而《大傳》述之。秦漢學者多能傳其說，故婁敬、董仲舒竝引之。今足下攷其在《周書》甚明。是以古文初出，屋壁唯《大誓》一篇易讀，其餘十六篇，迥絕無師說。劉歆書云："《大誓》後得，博士集讀之。"別云："《逸禮》有三十九，《書》十六篇也。"《儒林傳》言"孔氏有古文《尚書》，而安國以今文讀之，因以起其家，逸書得十餘篇。蓋《尚書》滋多於是矣"。案西漢古文不立學官，安國仍為今文博士，時又未獻古文，但以和授兒寬。《史記·儒林傳》："兒寬詣博士受業，受業孔安國。寬受今文《書》於歐陽和伯，又以授歐陽生之子。"故《歐陽經》三十二卷，（《漢志》文）正以寬以所受於安國之《大誓》三篇錄入也。《別錄》與劉歆書所云"博士讀《大誓》"即指歐陽博士、大小夏侯之學出於張生。張生未嘗就安國讀古文，故《大小夏侯經》二十九卷，（《漢志》文）與伏生所傳同，與歐陽異。此三家卷數皆並序記之，唯《歐陽經》多《大誓》三篇，大著謂大小夏侯亦有《大誓》，恐無顯證耳。

大著精博，膏肓多起。茲錄副本奉還，而區區獻疑有此數事，如蒙采擇而教之，則幸甚。

（選自《樸學齋文錄》卷一）

答孫淵如觀察書

管 同

> 管同（1780—1831），字異之，號育齋，江蘇上元（今南京）人。道光五年（1825）舉人。著有《四書記聞》二卷、《七經紀聞》四卷附一卷、《孟子年譜》一卷、《管異之文集初集》十卷《二集》六卷《補遺》一卷、《大學說》《戰國地理考》等。生平事蹟見《清史稿》卷四八六、《清史列傳》卷七三、方東樹《管異之墓誌銘》、方宗誠《管異之先生傳》、《清儒學案》卷八九等。

承惠書併《尚書注疏》，數月始讀畢。其大要在備列古義而於其說之不安者，復辨正而無曲徇之謬，斯固舊疏所無，而亦惠王諸君之所莫及已。至及發明實多人意所不到，讀之躍喜。篇中以《金縢》"秋大熟"下為《亳姑》之逸文，此真卓見，同因之有《洪範》之說焉。《洪範》"三德"之章自"一曰正直"至"高明柔克"其義止矣。而其下忽綴以"惟辟作福"至"民用僭忒"之辭，於三德何相關涉？初讀而甚疑之。及後觀《韓非子·有度篇》，載先王之法曰："臣無或作威，無或作利，從王之指；無或作惡，從王之路。"知此十語乃上《皇極》章文，舊本在"無偏無頗"之上，而編書者亂其次耳。《皇極》一章言人君有錫福之事，故承言人臣毋作威福，而所當得為者，絕偏頗以遵王之義也。苟作福焉，則作好而不遵王道；苟作威焉，則作惡而不遵王路。如此連屬其文義，致為通貫，知古書本必如此爾。及漢後簡編錯失，馬、鄭輩乃不能曉其解，"三德"遂以誅治人臣為說。夫左氏甯嬴引《尚書》"剛克"明言治性，安得以為治人？蓋不悟簡編有誤，遂併其本不誤者，而亦率率解之矣。尊書駁馬、鄭三德極是，要當以此說補之。書中文義違失處，大抵皆抄刻之譌。惟《皋陶謨》"九德"鄭注恐終不出於康成。《疏》云："鄭連言者屬上語耳。"《酒誥》《多方》之帝乙，先儒以為紂父。紂父帝乙非無道。射天之武乙也。《秦誓》疏中引《困學紀聞》以周益公為周密，益公恐是周必大。此數條須更檢改。承惠之本，《金縢》闕第十五頁，望補予之不具。

（選自《因寄軒文初集》卷六）

答家繼之書

吳嘉賓

> 吳嘉賓（1803—1864），字子序，江西南豐人。道光十八年（1838）進士。精于三《禮》。著有《五經説》《周易説》十四卷、《喪服會通説》四卷、《四書説》六卷、《今文尚書説》四卷、《求自得齋讀書説》五卷、《求自得之室文鈔》十二卷。生平事蹟見《清史稿》卷四八〇、《清史列傳》卷六七、《國朝先正事略》卷四二等。

承抄示《盤庚》解，並欲次第及《周誥》，知通經稽古之志，不怠益勤，時過獨學非所慮也。甚盛甚盛！奉校一過，大旨皆有據依，亦多與鄙見合。

"我王來"以下，先文正公以為眾人之詞，其說至當。惟云"遷殷卜之不吉，故民以為言"者，嘉賓不能無疑。古者大事先卜，雖有明知之心，必進斷其志焉，示不敢專以尊天也。若眾既不從，卜又不吉，盤庚獨任己志以逞，安可濟乎？且其曰"不能胥匡以生，卜稽，曰其如台"者，言盤庚不能與眾人胥匡以生，乃徒稽之於卜，曰其如我志，怨其信卜，不信眾也。其曰"先生有服，恪謹天命，茲猶不常寧，不常厥邑，於今五邦，今不承於古，罔知天之斷命，矧曰其克從先王之烈"者，言先王作事皆謹天命，其遷未有不卜，然卒不能定居，況今不如古乎？謂天命難知，卜未可信也，則眾人之志不欲從卜明矣。商邑頻世屢遷，殷又涉河尤阻，且遠民之畏憚滋甚，且慮所遷之土未必勝舊，即以先王之五遷為證，可謂切矣。故"盤庚之誥"，一則曰"古我先王"，再則曰"古我前後"，其言皆與矢言相應也。又曰："肆予沖人，非廢厥謀，吊由靈各，非敢違卜，用宏茲賁。"言遷都之舉非不信眾，乃專用眾謀之善者。眾人非各違卜，用宏大業。其重眾如此，其重稱卜又如此，安得疑其卜之不吉乎？

《周官·司勳》："凡有功者，祭於大烝。"舊訓大享為烝，蓋據此祫固大享，然臣功不待祫祭乃從祀，則反不如訓烝之為該括矣。若射之有志，援《爾雅》"骨鏃翦羽"為訓，其說可通。然舊解志字，非志正體，直之志乃謂射者必有志以命中，如《春秋傳》"顏息射人中眉"曰"吾志其目之志"云爾。商之都自亳至耿，舊說皆在河北，故殷為河南偃師。今足下改云河北，則自亳至耿皆當改云河南，俟質之博物君子，方敢定其是非。

嘉賓謂士生千載後，讀古人之經，惟於義理可以思而獲之，亦可與共學者相質。即有異同，兩存無害。若夫地理、名物之學，去古日遠，無由徵言，信其說，就令徵信，又罕施用，故愚不為也。即如殷為河北邑名，此與《商書》之旨，豈有關繫乎？徒為古人樹異幟，使學者惑。旅中無書可檢查，不知此說係先賢所易抑足下新說也。承遠問，故一一條答，倘有更疑，乞賜往復。如《周誥》次第，有成帙，亦望隨時抄錄寄示為幸。

嘉賓遠遊四載，所謀無一遂，惟學業未敢即荒惰。《詩》不云乎"畏我友朋"，冀數有相知如足下者，以論學之言啟誘之，雖相去數千里，亦何異幾度間哉！

（選自《求自得之室文鈔》卷六）

答艾譜園書

張文虎

> 張文虎（1808—1885），字盂彪，又字嘯山，自號天目山樵，又號華穀裏民，江蘇南匯（今上海浦東）人。深於經學，旁通小學校勘。著有《舒藝室隨筆》六卷、《舒藝室雜著》二卷。生平事蹟見《清史稿》卷四八二、《清儒學案》卷一七二。

兩次承示課作，塵冗堆積，久稽裁答爲歉！論《胤征》一篇，謂孔《傳》是，而經文增"季秋"爲非。自鄙人言之，僞古文固非，而僞《傳》亦未必是，其誤蓋自杜元凱始。《史記·夏本紀》引《胤征序》與今本同，但云"羲和湎淫，廢時亂日"而已。《春秋》"昭公十七年六月甲戌朔，日有食之。"《左氏傳》大史引《夏書》"辰不集于房"四句，杜注云"《逸書》。"其時僞古文未出故也。而訓集爲安，訓房爲舍，曰"日月不安其舍則食"。夫日月相去遼闊，因月在日下，人目見其蔽日，故謂之食。此論出自後人，杜所未知。"不安其舍"云者，蓋以爲同舍相陵爾。而解辰爲十二次之辰，解房爲次舍之房，然則次不集于次乎？作僞古文者承其誤，又見太史云"過分未至"，遂增"季秋月朔"句，攙入《胤征篇》。夫夏之九月，日月會大火之次，房屬大火，謂之季秋，可也；大史明言當夏四月，則夏之孟夏，安得謂之季秋？且夏之季秋，又安得謂之正陽之月邪？

偽孔《傳》云："辰，日月所會。房，所舍之次。"蓋與杜義同。而訓集為合，云"不合即日食"，夫日月合食，盡人所知，不合而食，振古未聞，而孔沖遠方且漫為之釋，殆疏體然與？然則辰不集于房，果何謂也？曰："天子日視朝於路門之外，辰者，視朝之辰也；房如今俛朝房者，亦曰朝堂。"《考工記》："外有九室，九卿朝焉。"鄭注："外，路門之表也。九室如今朝堂，天子視朝，則君臣辨色而入趨，伺於此，所謂集也。"太史曰："百官降物，君不舉，辟移時。"杜注："辟正殿，過日食時。"《正義》引近世儀注："天子辟正殿，坐東西堂，百官坐本司。"蓋天子罷朝，羣臣皆罷，故不集于房，以重天變。下云"樂奏鼓，祝用幣，史用辭"，則救日之事，古今禮雖未必盡合，而大略相同，故引《夏書》以證之。辰不集於房，此人世者君臣過災戒懼之禮，大史述之，以諷昭子。不然，日食之變，而徒瞽嗇夫庶人之紛紛邪？《書》闕有閒，是否《胤征》之文，不可考。而"季秋月朔"四字，其為偽撰攙入無疑，而其致誤之由，則源於《集解》之誤解也。閻百詩以《授時》《時憲》二曆推算《胤征》之文，事事不合，斷古文之偽。夫《史記》不著共和以前年曆，劉歆損夏益周，不足徵信。《竹書》所紀，荒謬無稽，且多後世附綴。《皇極經世》鑿穿推衍，何從求合？置之不論，可矣。昭十七年六月甲戌朔日食，大史言之鑿鑿，而以今術上推，是年十月。甲戌朔，入日限，乃非六月。疑歲前誤多置閏，故積差而前。《春秋》所書，祇仍書史，非止一端，足下窮經好古，姑以相質。

（選自《舒藝室雜著甲》卷上）

答陳樸園論尚書手札

吳汝綸

> 吳汝綸（1840—1903），字摯甫，一字摯父，清代安徽桐城人。同治四年（1865）舉人。著有著有《易說》二卷、《尚書故》三卷、《夏小正私箋》一卷、《周易批注》不分卷、《周易點勘》四卷、《尚書讀本》二卷、《詩經評點》《桐城吳先生文集》四卷。生平事蹟見《清史稿》四八六、馬其昶《吳先生墓包銘》、賀濤《吳汝綸行狀》等。

大著《今文尚書攷》，扶千秋之微學，羅百氏之舊聞，世業遠媲乎向、歆，專家近掩乎孫、段。自梅賾古文專行於世，即馬、鄭遺說亦就散亡，若歐陽、夏侯之學，則更廢墜失傳，莫可考引。是以我朝樸學諸公，得漢人片言，寶若彝鼎，而三家之學，絕無有尋其墜緒者。

閣下獨旁蒐遠紹，輯成《歐陽夏侯遺說攷》，洵為前哲所未逮。至如《泰誓》一篇，武帝末始出，自二劉父子，馬、鄭諸儒均以為後得之書，其非伏生所傳無疑。《史記·周本紀》所載誓辭數十言，蓋如《殷紀》之載《湯誥》，皆史公綱羅放失而存之者，其時民間所獻之《大誓》猶未出也。王伯申乃曲證其傳自伏生，殊不足據。"白魚赤烏"出於《大傳》，《本紀》以為九年觀兵時事，其下十一年云"武王乃作《大誓》"，則九年未作《大誓》甚明。而後出之《大誓》有"赤烏"等說，明與《史記》不合，此自後人割取《大傳》《史記》而誤合之者。又其時《左傳》《國語》《孟子》諸書未出，亦未能刺取以彌其闕，江艮庭強釋馬融之疑，實非衷論。章句即偶有脫遺，何至諸書所引無一見存者耶？閣下既信《大誓》非伏生所傳，而猶取江氏之說，似尚未安。

又謂《書序》真孔子作，而以足廿九篇之數，亦仍有可疑者。唐孔氏謂伏生廿九卷而《序》在外，蓋以伏生所得廿九篇，及安國以古文考廿九篇，皆主本經為言，不應兼及《序說》，而《儒林傳》稱張霸分析廿九篇，又采《左氏傳》《書序》云云，尤為《序》不在廿九篇之明證。竊謂《書》惟古文有《序》，今文則伏生於經尚亡數十篇，無緣更存《序》文。古人經傳別行，古文既入中祕，其《序》自傳人間，故張霸得以采取，非今文自有《序》，為張霸所采也。《詩》三家《序》，彼此不同，今文《書》若有《序》，安得與古文略無異義？況伏生篇第，《盤庚》合為一篇，《康王之誥》合於《顧命》，又自與《序》牴牾耶？《世家》稱孔子序《書》，《漢志》亦稱孔子纂《書》凡百篇而為之《序》，所謂《序》者，殆如《易》之《序卦》？《法言》云："昔之說《書》者，序以百。"溫公訓《序》為"篇之次第"是也。若謂孔子作《書序》，則有以決其不然。伏生《書·堯典》本為一篇，而《舜典序》謂："堯使嗣位，歷試諸艱"，此則同於姚方興之分題矣。《孟子》："太甲放桐，前後凡六年"，而《伊訓序》謂"放桐三年"，則同於梅賾之古文矣。今知梅、姚之偽妄，而顧信《序》為孔子作，豈非知二五而不知十耶？愚意《大誓》既屬後得，今文又本無《序》，則古經止廿八篇。《漢志》稱廿九卷者，班據《別錄》作《志》時，後出《大誓》已合於經也。《史記》云"伏生得廿九篇"者，又後人據班書改之者也。孔臧言"廿八篇象廿八宿"，臣瓚《漢書注》亦言"當時學者謂《尚書》惟有廿八篇"，是知《史記》本亦言廿八篇矣。若如閣下所云，伏生與兩夏侯同為廿九篇，伏生則數《小序》，不數《大誓》，夏侯則數《大誓》，不數《小序》，篇數雖同，篇名各異，恐非其實也。

覽尊著，服其精博，愧無以相益，聊獻所疑如此。若有未然，不憚互質。

（選自《桐城吳先生文集》卷一）

與柯鳳蓀

吳汝綸

去歲承是正拙著《尚書故》四冊，當時怱怱一閱，深服辨證精審。近日覆校一過，凡鄙說之是者，經執事為之廣引古義以證成之；其穿鑿失實，則旁考博徵以諍救之，皆他家所遺漏失檢，以此見執事見聞該洽，而能折衷至是，真學有經法，非依傍人門者比也。

僕於經學殊疏，往因《尚書》無善本，近時江、王、孫、段亦未盡愜人意，遂發憤為此。初意但欲與江、孫爭名，故襲用其體例。異日風氣變遷，此等固亦不貴，要在訓詁精鑿，或亦後人之治經者所不廢，但恨執事未盡抉摘謬誤耳。頃已將尊說添注冊中，亦仍有鄙心未安者，於吾鳳蓀而不互質是非，更當於何取正！謹列所疑於後，以當面論。"曰若稽古"，尊引伯喈《東巡頌》，已補入拙說中。至謂"魯靈光殿賦六字為句"，則似未然，王賦實亦四字句也。"嚚訟"，馬作"嚚庸"，亦讀"庸"為"訟"。孫淵如謂馬讀"嚚"一字為句，"庸可乎"三字為句，此未明古人造句法，執事同之，蓋未審也。尊意依鄭、孔以四岳為四人，用"師錫"為證。蒙謂"僉曰鯀哉"，史公釋為"羣臣四岳"，此"師錫"亦當同彼，故史稱"眾皆言于堯"。若使四岳為四人，則洪水之咨，其對自是岳言，何為橫加"羣臣"二字？彼"僉"為兼羣臣，知此"師"亦兼羣臣，非謂四岳同言明矣。《國語》載太子晉說，以四岳為共之從孫，又云："胙四岳國，賜姓曰姜氏，曰有呂。"《史記·齊世家》云："其先祖嘗為四岳，佐禹平水土甚有功。"此皆四岳為一人之確證。執事謂非古義，過矣。鄭、孔分為四人，於後廿二人說皆不能通，各以意去取，而終不當於人心，何若從《國語》《史記》之為善乎？王氏父子謂"以孝烝烝"為句，"克諧"上屬為句，蒙初亦信之，後疑"克諧"不應上屬。

　　蔡氏《九疑山碑》："克諧頑傲，以孝烝烝"。彼隱括經義以就韻文，不可據為經讀。又得《史·酷吏傳》云："吏治烝烝，不至於姦。"於是定依舊讀"烝烝乂"三字為句，"克諧"四字為句，蓋必如此而後文從字順。執事據蔡文而依王讀，似未安也。"乃底可績"，孫據宋本《北堂書鈔》滅"言"字，雖是孤證，要其合于《史》文"謀事至而言可績"，蒙深有取焉。若經本如今《書》有"言"字，則《史》詁為失經義矣。尊論謂乾嘉人好據誤本改正本，又喜詭稱宋本，蓋誠有之，至此文則非其比。孫所據《書鈔》，今廣東已付刻，以其合於《玉海》所引《中興書目》卷數，故定為宋本。其書高郵王氏、臨海洪氏、烏程嚴氏皆嘗校勘，似難作偽。此條則嚴氏據史文證之，如孫欲作偽以入所著《尚書疏》，嚴未必相為容隱也。孔《傳》本有"言"字，虞在唐初或據鄭本，未可知也。既有合於《史》文，何反疑為妄乎？"如五器，卒乃復"，鄙謂五玉不專為器，又不幣。為器，禮終還之，為幣則不還。執事引《周禮》駁正，謂《小行人》之稱"六幣"，因用幣帛配玉。蒙意未安，圭以馬，璋以皮，豈皆幣帛乎？先鄭釋太宰幣貢為繡帛，後鄭改云玉馬皮帛，此玉為幣之明證也。且《小行人》以"六幣"對"六瑞"為文，豈得舍玉而言其所配？尊論器幣並陳，乃享禮，非朝禮。受幣還器，與周之朝禮、享禮均不合。吾意此自虞禮，似不必引唐律以斷漢獄也。凡云幣者，其本訓為幣帛，其引申財用之通名，故《平準書》稱龜貝金錢刀布之幣，又云："虞、夏之幣，金為三品"，是幣固不得專以幣帛為言。又朝、享不可分為二禮，朝必有享，《覲禮》："三享皆束帛加璧"，璧帛即幣，《覲禮》即朝禮，故《覲禮》以"巡守"終焉。虞之巡守，固明言覲四岳羣牧矣。受幣還器，周之朝享，亦略同虞也。《白虎通》："還珪留璧"，所云珪者，通五瑞言之，不專謂二王之後。執事謂："享用珪璋，乃二王之後，非常禮"，亦似過拘。豈《白虎》所云："還珪"，止還二王之後，諸侯皆不還乎？必不然矣。"格於禰祖"，尊論以親疏為次，究為名稱不順，經典罕見。《史記》"誰能馴予上下草木鳥獸"，尊論謂"馴，順通"是也。但"馴"兼二義，上言"誰能訓予工"，此以順為義也；此言"馴予上下草木鳥獸"，《秦紀》"調馴鳥獸"即本此經，是"馴"又為調訓矣。

"孔壬"，尊論以《史記》"九江甚中"，訓"孔"為"甚"，故此不再見是也。但《老子注》"孔"有"大"訓，則"大佞"較"甚佞"其訓為捷。"氐道嶓冢"，尊論據《水經注》稱班固《地理志》言漢二源，東出氐道，西出縣之嶓冢，定班"氐道"下無"嶓冢"字。蒙謂《水經》之文，不足見班《志》"氐道"之無"嶓冢"，況《水經》明云："漾水出隴西氐道縣嶓冢山"，何以必《漢志》之不同《水經》乎？近人於唐、宋諸賢所書，有異文者皆不信，而以為誤，豈古人讀書心如此疎陋？蒙謂近儒好訾前人，自是一失。即如蔡《傳》此條云："嶓冢山，《地志》云：在隴西氐道縣，漾水所出。"又云："在西縣。"蔡《傳》所引，明確如此，何得尚謂其誤乎？孔《疏》"《地志》無大別在安豐"者，尊論"鄭云'廬江安豐'，據東漢郡國言之。孔檢班《志》，廬江無大別，不復詳考"。孔乃唐初通儒，若如尊論，是直兒童之不如矣。就令如此，亦止可言廬江無安豐，不得言《地志》無大別也。孔文引杜預解《春秋》云："大別闕，不知何處。或曰：大別在安豐縣西南。"若班《志》有明文，杜何以不知何處？又不引《地志》，而云"或曰"，豈杜亦如孔不能細檢《漢志》乎？元凱地學最精，尚不知其所在，其為《漢志》无文明甚。《續志》蓋採鄭說以補《前志》，不得謂盡本班《志》也。

《史記》所載《湯誓》，自是古文簡脫。尊論依《史》立說，如"有夏多罪，天命殛之"，與上"非敢稱亂"，文勢銜接，今接"予維聞汝眾言"於"有夏多罪"之下,殊失文理。後云"今夏多罪,天命殛之",又與"不敢不正"句不相承,至"舍我穡事而割正"下,復接"汝其曰夏罪",其奈何反覆淩躐?古人決無此文理。尊解"割正",依舊傳云"專行割剝害民之政",亦甚迂曲。執事謂"使壁經顛倒訛衍,當時今文盛行,史公何難據以改正?"此亦未然。《尚書》初出屋壁,朽折散絕,劉子駿固言之矣。今文之行,則所謂博士集而讀之者,蓋久而后定,史公時,或尚無定本,或今文家已能屬讀,而史公自傳古文,存其真本,如《春秋》"郭公"、"夏五"之類,不得以此為疑。要之,《史》載《湯誓》不如今《尚書》傳本之文從字順,則夫人而知之,不可易也。

"茲予大享於先王,爾祖其從與享之",此為功臣配享甚明,尊論據《大傳》以為祭於采地之廟。蒙謂采地不得立廟,叔孫通作"原廟",尚見譏於《史》,諸侯采地安得有廟?且《大傳》亦止謂"不黜采地,使世守以供祀",並非謂采地有廟。《周禮》"祭于大烝",鄭云"死則於烝先生祭之",亦明謂配享先生。《詩·長發》歷敘殷先王,末章敘及阿衡,此尤配享之明證。《通典》高堂隆云:"《周志》'勇則害上,不登於明堂。'"言有勇無義,死不登堂而配食。據此,則配食之為古訓義久矣。執事謂為後世之禮,殆未然也。"乃訓于王",尊論"祖已述武丁以誡祖庚,王謂祖庚"。據《書·肜日》"雊雉",武丁時事,祖已訓王,即因雊雉進訓,不得謂述武丁誡祖庚。《史》謂此篇《書》祖庚時作,不謂祖已誡王,亦祖庚時事也。

"無豐於昵",尊論"盤庚尊親廟",亦似牽於舊說。尊親不為失,《史》但言修政事,曰修德,曰以祥為德,並無親廟之說,後人何從知之?《大傳》亦言"反諸己以思先王之道",是今文亦無專親廟之說。《盤庚》以弟繼兄,乃殷家世及常事,非後世旁支入繼,無私親廟,載籍亦無盤庚尊親廟之事,直經生望文為說耳。

"今爾無指告予",尊論"無"為語詞,則"指告"乃成后世俚言,恐非是。謂《史記》"故"字為"致"之壞字，亦涉改字之弊。此文本明，似無煩立異。"以容將食"，解者多迂繆，故鄙說以之祀事為言。尊論"容"為小屏之乏，非匱乏義。蒙意本義為反正之乏，引申為匱乏之乏，似亦可也。不然，則此經難讀，直當闕疑。

"我舊云刻子"，尊論據《墨子》有"賊誅孩子"之文，謂馬本"孩子"為是。蒙謂此經無"賊誅孩子"之意。馬訓"侵刻"，不作"孩"。作"孩"者，《論衡》其云："紂為孩子之時，微子睹其不善之性，性惡不出眾庶，長大為亂不變"云云，義既淺鄙迂曲，又誤以此為微子之言，何足據乎？"好風好雨"，尊讀"好"為畜，訓"畜"為"從"，最得經恉，於下"月之從星"正相符合。但此乃中國古說，今西法行風雨於星月，固無與也。

"公乃自以為功"，執事取洪說，借"功"為"攻"。攻為《太祝》六祈之一，鄭《注》："攻，說以詞責之。"蒙謂如洪說，則"自以"二字為剩語矣，不如以身為質義長。"予仁若考能"，尊論依《述聞》訓為"仁而巧能"。鄙意如《述聞》則仁為自美，其義為儉。初用《廣雅》"仁，有也"之訓，訓"若"為"此"，謂有此巧能，似亦可通。繼嫌其立說新巧，改訓"仁若"為"柔順"，或當仍用初說乎？請代定。不宜仍之。"莽誥天明威"，尊論當作"天用威"，按段依景祐本作"天明威"。"肆哉爾庶邦君"，尊論舊傳亦十字為句，武億說"哉"，同姚說，而在姚先。蒙謂孔不明"哉"字之義，武與姚同時，而學不如姚甚遠，應舍武引姚。"騰其弟"，尊論引"周公曰：'王若曰'"，謂《康誥》："周公洪大誥治，王若曰"，與彼同。周公順王命以告，不嫌稱弟。蒙謂"周公順天命"當稱叔父，何能稱弟？後文"寡兄"承文王言之。若周公自稱，是為蔑棄武王，故文王之下便及己身，此大不可。且"王若曰"，"若"不宜訓為"順"，若順王命，當言"若王曰"，不當言"王若曰"，此皆近儒用古訓不顧方義之失，執事不宜同之。

至"洪大誥治",以為《康誥》之首,其前言"作洛"為剩語,於文無關,決為他篇錯簡。昔人多是妄移,獨鄙說為《大誥》二簡錯夺在《康誥》篇題之下,但移"康誥"二字於此二簡下,便還其舊。又有"大誥"二字為《大誥篇》語之證。古書每篇皆有緣起,獨《洛誥》與《大誥》,其敘述緣起皆在文尾,此似無可疑者。尊意儻不謂然,尚求互質。經有"朕弟寡兄"之文,其為武王無疑。蒙解《尚書》,專以史公為主,至此篇,史公《管蔡世家》謂武王克殷封功臣,康叔,冉季皆少,未得封。蒙亦未之敢信。《周書‧殷篇》"衛叔封傳禮",《史記》亦言"康叔封布茲"。康叔在克殷時並非幼,則少未得封之說非其實也。孟堅譏史公分散數家事,或有牴牾,殆此類邪?《三王世家》載丞相青翟、御史大夫湯奏曰:"康叔之年幼,周公在三公之位,而伯禽據國於魯,蓋爵命之時,未至成人。康叔後扞祿父之難,伯禽殄淮夷之亂"云云,據此,則爵命在前,而祿父之難在後,封衛又在祿父難後,然則始爵命在克殷時決矣。此漢初古義,當得其實。史公《衛世家序》云:"牧殷遺民,叔始封邑,申以商亂,《酒》《材》是告。"是史公亦以《康誥》先作,而《酒誥》《梓材》在武庚亂後,所云"牧殷遺民",即克殷時始封。《姚姬傳》謂"初封於康",非臆說也。其後封衛而命以《酒誥》《梓材》,故甯武子謂為成王、周公之命祀,則康國除而移於衛矣。此雖與《史》義不合,而仍有《史》說足據。若謂成王時作《康誥》,則"朕弟寡兄"之說,萬不可通者也。

"在今後嗣王,酣身厥命",尊論"酣"字句絕,不成文句,未敢附和。"不克畏死,辜在商邑",尊論"不克畏死辜"為句,拙著初亦如此,讀後思商無飲酒死罪之令,無死罪可言。"王啟監",尊校《論衡》作"王開賢"。蒙謂"賢"顯然誤字,可不引。"予乃胤保",尊論蔡訓"保"為"太保",不辭。蒙謂既可稱"保奭",即可單稱保。尊讀"胤保大"句絕,云繼前"王保大之功",蒙疑增字太多。"我二人共貞焉",訓最善,尊論"二人共占之得吉",蒙疑增字太多。最后尊說"貞,問也。二人共問",此訓簡直,但在"卜休恒吉"之後,不必更言貞問。"弗克庸帝",尊釋"庸,用也。"蒙謂此常詁,因上文降格為譴告,故從《小雅》"償"訓,以"西鄰責言不可償"為證。"大淫屑有辭",尊據《大傳》后夫人侍君之禮,為"淫屑"之反證。蒙依江讀"大淫"為句,讀"大"為"泰",訓"淫"為"侈",此經似無淫色之義。"襄我二人",尊引《墨子》"敬哉無天命,惟予二人,而無造言"。蒙謂《墨子》脫誤難讀。"崇亂",尊論《釋文》作"重亂","崇"乃衛包所改。蒙謂《釋文》自釋孔《釋》,非經文。"不蠲烝",尊論馬"烝,升也",義長;享、烝皆以下進上之義。蒙謂馬訓"蠲"為明,明"升"不知何義,不敢從。"其在受德暋",尊讀"暋"字下屬,謂《爾雅》代為詞之代,猶發語詞,以《書》"暋不畏死"及此經為證,最為有據。已見尊著《爾雅義疏》。蒙謂語詞為代,舊訓更代,似可兩存,此成湯陟桀德,受德暋,皆相對為文,鄔說亦可與公兩存。

"上宗奉同瑁",尊論虞意《尚書》本作同,誤作冒。傳本遂二字並收,鄭不覺定,反訓瑁為杯,非謂經無"瑁"字也。蒙謂虞言古"冃"似"同",從誤作"同",不云"同"誤作"冒"。虞說不見二字並收之意。蒙據虞翻說,鄭本無"瑁"。孔《疏》引鄭《注》"一手受同,一手受瑁",殆非鄭說,疑是王肅說,傳寫誤為鄭。尊議孔《疏》先引鄭《注》,後釋鄭義畢,乃云王肅亦以吒為尊爵,則上義非王《注》明矣。蒙謂孔《疏》說"吒"為"尊爵"之義,距上鄭說已遠,與"同""瑁"之解無干。尊論"同為璽,為杯",均無他證,以文義從之,確為盛酒之器,疑"上宗奉同瑁",同為衍字。"異同""受同",當作"異瑁""受瑁"。瑁即珪瓚。異瑁,璋瓚也。蒙謂"同"為"璽"說,本《白虎通》,當是古義。鄭易新說,為"酒杯",恐未可據。爵乃筐實籩豆之事,則有司存。今天子宰相入廟行禮,各拳拳於一杯,非所聞也。且不名為爵,而名為同,果何據邪?鄔說"乃受同瑁","瑁"衍字,尊論"同"衍字,彼此各一是非。至謂"瑁"為"瓚",雖有鄭仲師說可據,仍與酒杯異名同實,不如受璽為傳重器,與《顧命》辭事相稱。"祗復之",尊論"牿馬牛"及"勿逐馬牛、誘臣妾",所云"馬牛、臣妾為居人所有,非軍中所有",最為卓見。惟"祗復"為"敬復",於居民恐未然。"追孝於前文人",尊論"前文人"即顯祖。蒙謂如尊說,則詞義為復,當依舊傳。"邦之阢陧"。尊論賈逵、徐巡皆治古文《尚書》,所說皆《尚書》義。蒙謂賈訓"陧"為法度,於此經無與。"高宗夢得說小序",蒙謂"得說"非《說命篇》,韋云"非也"。是韋已不以為《說命》。據鄭說、傳說,作《書》亦非武丁作也。以上諸條,敬以鄙意奉質,願聞後命,不具。

(選自《吳汝綸全集‧尺牘》卷二)

与简竹居

章太炎

　　章炳麟白：竹居先生左右，聞先生風誼久，昨從門下得《尚書集注述疏》，蓋將陳古刺今，有為而作。及論周公居攝之事，云攝政非攝位。此為以時制隱度先民，乃與古、今文一切乖異，竊以為未可也。古之言位，不空名而已。《釋宮》曰："兩階間謂之鄉，中庭之左右謂之位。"說內朝法度如此。位者，羣臣之鄰；鄉者，人主之位。若施易以言君位，其地有四：內朝則兩階間為鄉，祭祀則主階為阼，治朝則門屏之間為寧，觀禮不下堂而見諸侯，則牖戶之間為扆。四者，皆王位也。然古稱名，獨隆於阼。《記·下曲禮》曰："踐阼臨祭禮，內事曰孝王某，外事曰嗣王某。"人君即位，《白虎通德論》說有三，度稽以舊文，則有二。《公羊春秋》說"正棺兩楹之間，然後即位。"此則嗣子宅憂，即喪主之位也。《春秋》書"逾年即位"。此則嗣君踐阼，即人君之位也。以阼為主人之階，非其主莫敢處，故特舉阼以表王位。《記·文王世子》曰："成王幼，不能莅阼，周公相，踐阼而治之。"踐阼者，則攝位之明文。成王何故不能莅阼？《古尚書》說："武王崩，時成王年十三。"（《五經異義》引）蓋約以《金縢》之文，說王與大夫盡弁，是為已加元服，天子諸侯十二而冠，則武王崩時，成王宜十二三也。然前世蒙恬、淮南王、太史公輩，悉謂成王幼，在繦褓，此則《金縢》後記，說周公薨後事甚明。繦褓之子，骨節未堅，不能勝俛仰登降之事，天子之堂九尺，雖成人為君者，上除陛則有綏以援之，懼其傾隊，以隋容止，猶登車之有綏，其在兒童，固弗勝是。是故不能莅阼，則不即位之明徵也。推阼以攝其餘，則鄉與扆、寧皆弗莅也。夫不在其位，則不得與之虛名，朝會祭祀，不可曠年廢闕，故周公從而踐之。若踐阼非攝位者，此位竟虛之七年耶？當是時，禮樂未定，別嫌明微之道未著也。故《康誥》之篇，無嫌於儕代治。周公六年，而制禮作樂，頒度量，其制乃稍與前異。自是《春秋》魯襄公嗣業，雖實不能踐阼，猶以即位書之，猶河陽不狩，而書所謂文致而已。秦、漢以降，事變日戚，不能如古制舒闊。太子但於柩前即位，即位則素分已定，逾年徒有改元之文，不更行即位禮。又其急者，紀元不待逾年而改。諸葛輔蜀，章武三年，革僞建興，危疑之際，勢不可格以常典。今以建興之事例宗周，則左矣。何者？世有文質，事有緩急，古法不可以概今茲，今事亦不可以推古昔。周公之事，行之晚世，則滋篡奪之端。豈直周公，雖堯、舜禪讓之事亦然。世人以為周公攝位稱王，由王莽所增竄，唐、虞之事，復魏文帝所增竄乎？

　　《康誥》篇首之文，今古文所不異，而先生從蔡、沈獨臆之說，以為錯簡。孔壁古文，得諸朽壞壞甄之中，容有拉絕；伏生今文，嘗以口授龜錯，何其適與之同也？漢世說經，猶慮以意增損，征之晚周，六藝未燔，而孫卿又將聖之材，禮義之師也。其言曰：“大儒之效，武王崩，成王幼，周公屏成王而及武王以屬天下。惡天下之倍周也，履天子之籍，聽天下之斷，偃然如固有之，而天下不稱貪焉。教誨開導成王，使諭於道，而能掩跡於文、武。周公歸周，反籍於成王，而天下不輟事周，然而周公北面而朝之。天子也者，不可以少當也，不可以假攝為也，能則天下歸之，不能則天下去之。是以周公屏成王而及武王以屬天下，惡天下之離周也。成王冠成人，周公歸周，反籍焉，明不滅主之義也。周公無天下矣，鄉有天下，今無天下，非擅也；成王鄉無天下，今有天下，非奪也。變勢次序節然也。故以枝代主，而非越也；君臣易位，而非不順也。因天下之和，遂文武之業，明枝主之義，抑亦變化矣；天下厭然猶一也。"（《儒效篇》）所謂聽天下之斷者，即仲尼所謂攝政；所謂履天子之籍者，即《記》文所謂踐阼；（"阼籍"二字，古音同在鐸陌部，故籍得借為阼。以聲類求之，猶酢與醋之互借，又如藉或作莋也）所謂反藉者，謂以阼階主位歸之。古者君位，不以暗智無形之名為質，名必有形，形必有名，故有踐阼之形，斯有攝位之名。阼者主階，非稱王亦不可踐。夫後人言爵級，徒虛名耳，於古則有定質。宰孔命齊侯曰："加勞賜一級，無下拜！"謂堂階之級也。是故拜上為泰，改玉改步，蓋取諸履。古之重階位如是，不稱王而履阼，適為泰耳。孫卿以為假攝天子，《逸書·嘉禾》書假王莅政。胥由此也。

抑又聞之：周公攝位之初，未制禮樂，制禮樂乃在六年，其始猶襲殷禮而已，殷禮固兄弟相及，故《逸周書·度邑》曰："王曰：旦！乃今我兄弟相後。叔旦恐，泣涕共手。"明周公及武王者，受之末命，故泣涕共手以承之。後之反籍，則制禮之新意，以周道枝主不相間也。曩令周公不制禮樂，無周道傳子之義，則始終稱王尔。《春秋》魯隱不及授桓，而先遇弒，雖攝位猶書公，未足怪也。後人以六年晚定之禮，卻議攝位初事，寧知禮樂未興，悉依前代，為百王之常道耶？若以孫卿猶可疑者，孟子言"伊尹放太甲"，何故不疑？（案孟子言"有伊尹之志則可，無伊尹之志則篡"。是伊尹亦攝王之位矣。若徒放其君，不居其位，如魯之意如，衛之林父，雖無伊尹之志，悖則甚矣，篡則未也）放君之事，舊無典則，猶以為信；兄弟相及，承襲殷禮，反以為虛。謂明哲必不爾也。

先生又不信文王受命稱王，此則取歐陽修說，以駁異故書雅記。案《職方氏》說，周時土方萬里，夷服以外，大行人說為藩國，蠻服以內為九州，方七千里，而《王制》說夏、殷方三千里，鄭君注《尚書》《王制》，以為唐、虞土方萬里，九州之內，地方七千里，七七四十九，為方千里者四十九。夏末既衰，夷狄內侵，諸侯相並，土地減，國數少。殷湯承之，更制中國方三千里之界，亦分為九州，而建千七百七十三國。周公複唐、虞之舊域，分其五服為九。其要服之內，亦方七千里，因而殷諸侯之數，廣其土，增其爵。由斯以推，殷時故未能全制中國也。今尋《爾雅·釋地》《釋山》諸篇，殷時雖得河西，號為雍州，然西嶽舍吳山，而秩太華，明其地不及長安以西。《王制》言"西不盡流沙"，猶侈語也。岐周之域，既在三千里外，等於羈縻。又殷制無梁州，梁州既棄為絕域，文王之化，乃先行江、沱、庸、蜀間，其地非殷之素，故稱王不為背叛。且六國，本周之建國也，位在藩臣，而自擬於王制。孟子、孫卿，不聞勸其去號，況殷世素非全制者耶？宋世儒者，不明古制，一切以時事相稽，胸臆相檢，始疑周、秦故言，終廢《書序》。六藝明文，舊史世傳之說不信，乃信末師擬議之言乎？

　　僕聞之：《尚書》《春秋》，左右史所記錄，學者治之，宜與《史記》《漢書》等視，稽其典禮，明其行事，令後生得以討類知原，無忘國故，斯其要也！古今異變，宜弗可以同概，通經致用之說，則漢儒所以求利祿者，以之華世取寵，非也。以為經典所言，古今恒式，將因其是，以檢括今世之非，不得。則變其文跡，削其成事，雖諛直不同，其於違失經意，均也。且六代以前，皇風未息，士循典禮，故王莽、魏文必以舜、禹、周公為號。中唐以來，禮崩樂壞，狂狡有作，自己制則而事不稽古。朱泚自帝，宋太宗廢其君兄之子而即真。即不煩以虞、芮質成攝位，鴻洽文致，此寧為經術導其奸哉？故知世丁大過，蕩蕩無紀綱文章，雖刻削經訓，嚴於申、商，猶之無益也。昔人有言："以規為瑱。"又云："以尚明說炳燭者，雖治而非書意。"今欲加王心於六籍，借筆削以懲戒，三古舊聞，幸其荒忽，頗得以意屬讀，若文素明白者，文王、周公將與篡夫同被鈇質矣。昔光時亨說愍帝以死守社稷，無去舊都，因以失國。衡陽王夫之痛明之滅，發憤於時亨，而歸獄宋之李綱。夫不察古今憲度，不同利害相反，欲以一覘相齊，蓋多類此。僕謂考跡成事者，則宜於此焉變矣。書不能盡意，故陳述揚搉如此。

（選自1911年9月12日《國粹學報》）

與吳承仕書

章太炎

親斋足下：昨復書以偽古為鄭沖所作，似可決定。至司馬彪、李顒引安國說，皆今孔《傳》所無，前函未具，復申言之。偽書《舜典》一篇，梅賾獻書時本缺其傳。司馬彪先引安國說六宗義，復以己意破之，故前書疑鄭沖議禮，先引安國，彪即就文申駁，亦不暇問其來歷。至梅氏獻書時，《舜典》無孔《傳》者，或鄭沖被彪所駁，遂自刪其《傳》乎？李顒注漢《太誓》，引孔安國義，是必鄭沖原書於《太誓》猶用舊本。而今之所傳，出於梅柳以後也。《太誓》在漢魏間，馬、王雖有所疑，然《石經》與今文具在。並漢初婁敬、董仲舒輩，亦嘗引之。沖耽玩經史，博究儒術百家之言，（唐修《晉書》本傳）必不輕率改定，以啟人疑。

且漢《太誓》傳至齊、梁，梁武猶欲與晉《太誓》並存，其言"古文《泰誓》伐紂事，今文《泰誓》觀兵事"雖為穎達所駁，（見《泰誓》正義）而穎達於《尚書序》正義亦云："先有張霸之徒，偽造《泰誓》，以藏壁中亦可。今之《泰》，百篇之外，若《周書》之例，以於時實有觀兵之誓，但不錄入《尚書》。"其說仍同梁武。穎達為信晉《泰誓》者，於漢《太誓》猶不敢力攻，蓋證據無可弄。故沖在魏末必不敢妄改明矣。故疑二十五篇書中二十二篇為沖作，《泰誓》三篇又出其後也。然偽書自齊、梁立學以前，其可疑者猶多。如分《咎繇謨》為《益稷》，稷不稱棄稷。二十二篇中《武成》事狀，前後倒置，（《正義》已疑脫錯）《旅獒序》，馬、鄭注皆讀為豪，說為酋豪，是必明見《旅獒》本篇，而引反說獒為犬，高四尺者。若斯之類，以沖之學不應爾。其尤自相抵牾者，《論語‧堯曰篇》曰"予小子履"等四十五字，《集解》引孔安國曰"此伐桀告天文"，《墨子》引《湯誓》，其辭若此也。而今乃取此語入《湯誥篇》，《湯誥》與《湯誓》既異，且《湯誥》為黜夏歸亳所作，與"伐桀告天"異時。孔安國《論語訓》與此孔安國所傳《湯誥》同為一人之作，而又自相鉏鋙。僕謂《論語訓》是鄭沖偽作，《湯誥》或未必鄭沖作也。據《湯誓序正義》皇甫謐已引《湯誥》亦衹可證為梁、柳作爾。足下疑偽書初出，未有二十五篇，雖未必爾，然如上諸篇，殆必梁柳、臧曹、梅頤輩不學者為之，非沖所自撰也。炳麟白。

再者梅賾獻書，已用新定《太誓》，而李顒猶見鄭沖原本者，按唐修《晉書‧文苑‧李充傳》，充曾注《尚書》，顒即充字，其書蓋述父而作。充始辟丞相王導掾，其生當在渡江前，且祖秉、伯父重皆有聲中朝，或以舊家窺見沖書耳。麟又白。

（選自《華國月刊》第二期第七冊）

答方勇書太誓答問

劉師培

> 劉師培(1884—1919)，字申叔，號左庵，江蘇儀徵人。在經學、史學、文學諸多方面卓有成就。著有《駁太誓答問》一卷、《中庸說》一卷、《春秋繁露斠補》三卷、《尚書源流考》一卷、《毛詩劄記》一卷、《周禮古注集疏殘》十三卷、《春秋古經箋殘》三卷、《讀左劄記》一卷、《群經大義相通論》一卷、《楚辭考異》八卷、《古書疑義舉例補》一卷、《兩漢學術發微論》一卷、《漢宋學術異同論》一卷、《南北學派不同論》一卷、《左庵集》五卷等。生平事蹟見陳鐘凡《劉師培行述》、錢玄同《左盦年表》、蔡元培《劉君申叔事略》、馮自由《劉光漢事略補述》等。

讀尊著《太誓答問評》，發言顯證，皎若朝暉，足使異見誣敚，僻學移志，可謂妙旨淵博，審決墨白者矣。往在童卯，犠治故言，紬釋龔書，良用駭惕。緬維先聖疾固之歎用，附詩人攻錯之義，援據駁詰，綴有成書，名《太誓答問駁誼》。亦欲信而有徵，垂之方策。至于錯綜班、劉，折衷桓子，凡此諸誼，並同雅論，屬更陽九，廢不尋修。日月不居，目瞑意倦，顧念前業，力補為艱。不謂吾生得見君子，鄭服之契，不在片言。既符宿志，載懷凫藻。

窃以嘉道經生，背經起義。既有偏弊，遂執異端。是蓋守文失據，妄為華葉，譬資卷石，欲弊泰山。衺詞巧說，煥然易辨，特涓塵後學，罔識宗本。觀聽莫決，蹖淪曠稔，則深識難定，而淺情易惑也。龔書舛駁，騁弗中程。括而言之，自可一言而蔽。夫《康王之誥》，析自古文，西漢今文，上合《顧命》。是以伏生惟言"五誥"，陳之載籍，未可誣蔽。馬、鄭所言，尤為顯據。凡此羣列，不可悉窮。津要既明，群疑同釋。至於今文《太誓》，博士所傳，雖有訛雜之失，未有矯惑之蔽，以云晚出，前代不嫌。既立學官，何容頓廢。若棄置弗錄，則篇有所闕。龔氏固執虛言，詭更繩尺。進不博綜師法，退弗依篇為斷。非惟異古，抑且奪实。方鑿圓枘，千里致差，则有燕郢之疑，棼丝之乱。自非达识，孰能取正。昔诵伯申之说，今睹吾子之書，伬辨所及，均斯冰釋。有斐之美，吾無間然。惟篇中數事，未消鄙惑。爰述所疑，以代暫對。

昔博士說《書》，數應列宿，篇章分合，實關弘旨。校定編次，未容增損。尊意同龔氏說，謂今、古文均有《序》。又謂歐陽三十一卷，析《太誓》為三篇。鄙見所執，則以《序》出古文，今學未睹。嗣凡兩家之同異，悉緐《書序》之有無。何以明之？西漢博士子以經為備，果覩《序》文，何云《書》備至？張霸采《序》，班、史所詳，序與《左傳》，二者並詞。以《左氏傳》屬古文，知《書序》靡涉今學。且《書》之有《序》猶《易·序卦》，既出孔撰，卷宜別出。孔書增篇十六，並《序》計之，則為四十六卷。《夏侯》二十九卷，段云有《序》，亦當為卷三十矣。至《太誓》三篇，亦本《序》說，古文以篇隨《序》篇，故析三。

今文舍《序》說《書》，理應合一。斯皆本其所受，未肯存同。歐陽之學尚溯伏生，篇目所區，宜昭畫一。若率由舊式，則無可進退，裁篇別出，當弗其然。故知三十一卷，由析《盤庚》計卷，則三計篇仍一。何則？《盤庚》之文，古云詰誳，上衛《禹貢》，詞有顯晦之殊；《下律》

《多方》篇有短修之別。歐陽之書定名《章句》，句以局言為體，章以明義為宗，前義隱略，則訓說之語綦詳；經文繁重，則科段之分滋密。迻書帛悓，因析為三。蔡邕《石經》猶存規式，是由章句煩簡之異，靡預篇目分合之數也。若以卷為篇，則説違班《志》，於經文家瀘，勢有弗符。凡此諸端，幸更詳究，儻祛所惑，佇聞後裁。

孔《疏》卷二云：孔於伏生所傳之二十九篇，內無古文《泰誓》，除《序》尚二十八篇，分出《舜典·益稷》《盤庚》二篇。康王之誥為三十三，增二十五篇，為五十八篇。鄭玄則於伏生二十九篇之內，分出《盤庚》二篇，《康王之誥》又《泰誓》三篇，更增益偽《書》二十四篇，為五十八，以《康王之誥》之分屬孔、鄭。且謂鄭氏此篇分自伏生二十九篇內。所謂鄭本即係兩漢古文經，是孔亦不以《康王之誥》析自伏書也。以唐人晚出之說，辨章篇目，驗據炳然，益徵龔說之妄矣。

（選自《左庵外集》卷一六）

詩 經

與張敦復學士書

錢澄之

> 錢澄之(1612—1693),字飲光,一字幼光,晚號田間老人,安徽桐城人。通《易》,長《詩》。著有《田間易學》十卷、《田間詩學》十二卷、《田間文集》三十卷、《藏山閣存稿》二十四卷。生平事蹟見《清史列傳》卷六八、《清儒學案》卷八、方苞《田間府君年譜》等。

比在邑出所著《詩學》,奉覽執事,許爲之序。值有龍山之游,遂留蜀藻架上。弟且趣歸,知閣下未盡寓目,輒陳其大概。惟賜省覽,以便屬筆。弟於《詩》特宗《小序》,以《小序》去古未遠,其世次本末雖然盡據,然大要不甚謬也。至於注疏傳注,諸儒之說,未嘗專徇一家。朱子《集傳》凡從鄭夾漈說者,概不敢遵。若毛氏之傅會,鄭氏之穿鑿,皆力闢其謬,亦各從其是者而已。《詩》與《尚書》《春秋》相表裏,然必攷之《三禮》以詳其制作,徵諸《三傳》以審其本末,稽之五雅以核其名物,博之《竹書紀年》及《皇王大紀》以辨其時代之異同與情事之疑信,而且列國之封域、山川之形勢變遷不一。即今之輿誌以攷古之《圖經》,而參以平生之所視歷,則《鄭譜》言之不詳,而《圖經》所載亦未確也。若夫義理文句之奧,諸儒多以臆解,朱子置爲未詳。細繹經旨本自分明,循一據實絕無牽強。於是或發先儒之所未發，或先儒見及之而說未能暢者，則極言以暢之。

自乙卯冬以來迄今，凡七易稿矣。二《雅》異音，三《頌》各體。周之典禮，殷之宗祀，魯之郊禘，其源流、度數具載於《詩》，莫不為之攷詳辨正，自謂於經學有微功焉。而更欲與世其明者，則變風變雅是也。淮南王劉安曰："《國風》好色而不淫，《小雅》怨誹而不亂。若《離騷》可謂兼之矣。"安云："《國風》者，變風也。"若"二南"無所為好色之事也。其云："《小雅》者，變雅也。"若《菁莪》以上，無所為怨誹之言也。屈原處亂國、事昏主而憂讒畏譏，情辭哀楚，蓋其所遭者變風變雅之世也。故安以為兼有其音，而世勳謂《詩》以溫厚和平為教，往往摭安語為口實，謬矣。夫《國風》於衛宣、齊襄、陳靈之事，醜言無忌，寧諱其淫乎？采風者因其言之醜而錄之以為淫者，誠故曰不淫。以是謂之溫厚，而詩人未嘗溫厚也。《小雅》當幽、厲之世，宮闈左右肆其指斥，不謂之亂得乎？原其心惟冀聞之者之知所畏懼，雖得罪而無悔，故曰不亂。以是謂之和平，而詩未嘗和平也。

是以論《詩》者必論其世也。生當明備之世，自有安和，豈樂之音處多難之？時自多哀怨愁苦之調，未有不疾而呻，無憂而歎；亦未有當呻而飾，笑臨歎而強歡也。世變則風雅不得不變者，其人必無性情，人無性情可與言《詩》乎？今之為《詩》者，大抵緣飾漢事，規摹唐音，不顧其所當之時，所處之地，務襲陳言，全失本色。雖格調儼然，而真意盡矣。而猶斤斤號於人，以為不如此則不可名風雅。嗚呼！是亦未有以《國風》《小雅》之義告之者矣。弟於諸什，字字詁釋，尋繹發揮，益盡其妙，雖曰研經亦思有以曉夫世之侈口風雅者，使自得其性情也。倘若中當事果付剞劂，得閣下一序為暢其立言之旨，豈惟經學式賴，即有造於詩教不尟也。惟閣下留意焉。

（選自《田間文集》卷五）

與潘次耕書

顧炎武

著述之家，最不利乎以未定之書傳之於人。昔伊川先生不出《易傳》，謂是身後之書，即如近日力臣札來，《五書》改正約有一二百處。

《詩·祈父》："靡所厎止"，《小旻》："伊于胡厎"誤作"底"，注云："十一薺，而不知其為五旨也。"五經無底字，皆是厎字，惟《左傳襄二十九年》："處而不厎"，昭元年："勿使有所壅閉湫厎，以露其體"，乃音丁禮反耳。今《說文》本"厎"字有下一畫，誤也。字當從氏。《詩》："周道如砥"，孟子引之作"厎"，以砥、厎同音而古亦可通也。今本誤為底字。童而習之，並《詩》之"砥"字亦讀為邸矣。

《商頌·烈祖詩》上云"以假以享"，下云"來假來饗"，《石經》上作"享"，下作"饗"。歐陽氏曰："上云以享者，謂諸侯皆來助享於神也；下云來饗者，謂神來至而歆饗也。"享、饗二義不同，享者，下享上也，《書》曰："享多儀"是也。饗者，上饗下也，《傳》曰"王饗醴"是也。故《周頌》"我將我享"作"享"，"既右饗之"作"饗"；《魯頌》"享以騂犧"作"享"，"是饗是宜"作"饗"。今《詩經》本商、周二《頌》上下皆作"享"，非矣。

舉此二端，則此書雖刻成而未可刷印，恐有舛漏以貽後人之議。馬文淵有言："良工不示人以璞。"今世之人速於成書，躁於求名，斯道也將亡矣。前介眉札來索此，原一亦索此書並欲鈔《日知錄》，我報以《詩》

《易》二書今夏可印,其全書再待一年,《日知錄》再待十年;如不及年,(此年字如"趙孟不復年"之年)則以臨終絕筆為定,彼時自有受之者,而非可豫期也。《詩》云:"如切如磋,如琢如磨。"此之謂也。

(選自《亭林文集》卷四)

與吳廣文論國風男女書

毛奇齡

　　足下以《國風》多言男女之事，且偏執"《國風》好色而不淫"一語，以爲朱子註淫詩未必無意，此殊惑也。《國風》男女大抵皆風人寓言，竝非實事。且其事別有在，如《國風》好色，此寓言也，詞也。而不淫則別有事也。幼時亦惑于朱子之説，見《國風》無男女者亦似淫詩，如《十畝之間》："桑者閑閑"，亦謂桑者是蠶婦，乃不幸而其言已行世。及其既悔之，而以觀《國風》，則凡"彼美人兮""有美一人"皆君子人矣。

　　予避人至維揚，姜滙思侍御巡鹽兩淮，多結納名士。時，武寧侯王君蹈海、門客高孝修，跳身破産，扞侯故家事。而名久在刊章未落。侍御聞其來，預貯五百金待之。予深感其事，爲作《寄寇詩》，寓竚望之意，以撫寧侯家妓寇白門事頗相類也。山陰姜質甫見予詩，急向埂子問寇白門消息，直笑話矣。後予避湖東籍，捕幾及。旅主人之子鄧論秀匿予别室，且陰繼饔餐，幾至波累。予作《鄧老秀》一詩，託言憲禁客宿。而旅主人之婦鄧老秀違禁請留，以隱記其事，此亦掩爾壺漿，勿令之露之意也。而江都宗定九實爲《和鄧老秀詩》十章，此豈知予者！讀《國風》者能于此通悟，則庶幾耳！

（選自《西河集》卷二〇）

答李恕谷問笙詩并樂節書   毛奇齡

　　閱歲不達問，日濱于死，接書彊視，雖瞠目亦爲目汁所掩。一則自悲老去，一則何易接此口語，因隨所來訊，略盡欲答。

　　據問笙詩有詩，則《鄉飲酒禮》"笙入三終"，將以笙笙詩耶？抑亦別有歌詩者，而僅以笙應之耶？此問最善。從來辨笙詩，未有辨笙其詩者。夫所謂笙詩，謂笙必有詩，非謂笙詩之必有歌也。凡詩可以歌，亦可以笙，所謂笙詩有詩。謂笙詩之必可歌，非謂笙詩之必不可以笙也。蓋笙與箭、與籥、與管四器皆主聲詩，皆應歌之器，皆在堂下，原無徒器者，但有歌而器，有不歌而器，總必有詩。其歌而器，如《鄉射禮》之工歌于上，而堂上堂下之笙瑟皆應之，即《鄉飲酒禮》之合樂是也。此有歌之笙也。不歌而器，如《大射禮》之管《新宮》，始奏禮之管《象》，堂下俱不歌，而俱以管笙聲其詩，即《鄉飲酒禮》之笙入間歌是也，此不歌之笙也。是以《春秋傳》有歌鐘，即頌鐘頌磬，所以應歌。《尚書》有笙鏞，《周禮》有鐘笙，即笙鐘笙磬所以應笙。夫笙又有應，則笙即歌矣。此如漢橫吹，東西晉大角，皆用之軍中，竝無歌工。而曲中有詞，如《上之回》、《思悲翁》等，則豈有笙管而反無詞者？故往以不徒器折其無詞，謂不如步瑟調笙之憑虛作聲無字音耳，非謂其有字而不歌也。若又問歌工上下多寡，經無明文，則漢後歌工多而授器少，古則授器多而歌工少。即如飲射一禮，或四工則兩歌兩瑟，六工則兩歌四瑟，而笙管之數不與焉。然而歌工必在上，即笙管、鐘磬皆列堂下，而皆可以應其歌。是以合樂之法，工歌《關雎》，則堂上之瑟，堂下之笙管，皆羣起而應之，其歌《葛覃》《卷耳》《鵲巢》《采蘩》《采蘋》皆然。舊註所謂合樂者，合金石絲竹以歌之。金石者，鐘磬；絲竹者，瑟與笙管也。乃孔仲達誤註《鄉飲酒》義，謂上歌《關雎》，下笙《鵲巢》以應之，則世無有以張家之聲合李家響者。

　　來問所云，各詩各章，長短不齊，此明了之語。註經之儒，于此不曉，宜乎六樂一經，歷萬古如長夜也。但世有過爲分別者，謂歌工必堂上，堂上之瑟，必不如堂下之以器器詩，則又不然。射禮至命射時，歌工皆遷堂下，而樂正命絃者曰："奏《騶虞》。"則瑟工亦不歌，而但瑟《騶虞》之詩，以主鼓節。所云魯鼓薛鼓者，是歌工亦居下，琴瑟亦器詩。上下有尊卑八音，無貴賤也。至又問歌必在前，舞必在後，殊不知舞曲與歌曲同終。抑舞曲之餘，又有歌曲，則有以舞曲終者。《春秋傳》季札觀樂，見四代之舞，而即觀止是也。有以歌曲終者，《仲尼燕居》序大饗之九節，以獻賓樂作爲一節；賓酢樂作爲二節；升堂歌《清廟》詩爲三節；下管《象》《武》即舞也，爲四節；至籥序興，謂以籥吹，又以籥舞也，爲五節；薦俎而樂又作，爲六節；將行，歌《采齊》，七節；賓出以雍徹，以《振鷺》，八節；九節是歌後有舞，舞後又有歌。況《燕禮》有無算樂，將歌舞迭更而無算數，即燕饗一禮且然。至于祭祀之徹饌送尸，其歌《雍》歌《夏》，皆在舞後，更無論也。若琴色七絃分正清，向未即答，以病不及也。嗣後即有答書，而又不能寄。今見來書所錄，備正清之說于七條十三刋之中，雖與僕説稍未合，然故不礙聲律。所謂汎濫言之，而五六皆見斯已耳。舊答書并寄餘來錄，俟稍健細檢以復。不具。

（選自《西河集》卷一九）

答劉拙修書

方　苞

承示馮君《詩說》，命質言其當否，想因僕于朱子《詩說》有所補正，恐其異趨，故以試之，此吾兄盛心也。僕說《詩》雖有與朱子異者，而所承用皆朱子之意義，至馮氏紕謬本不必為吾兄陳述，然往聞吳中人甚重其學，姑因吾兄所舉少發其誕，俾宗之者有省焉。

馮君之言曰："朱子說《詩》只成山歌巷曲，絕不似經，異哉！"《雅》《頌》《二南》就令鄙俗人說之，豈能使成山歌巷曲？若變風之鄙俗者，必曰此經也，皆合于《韶》《武》。則朱子所云："不知以何教人，用之何等鬼神賓客者也。"又曰："詩人不以比、興分章。"如朱子則所謂興者皆重複，無謂朱子說《詩》以意義切附者為比，其全無交涉與少關而不甚切者為興，未聞以複者為興也。詩人雖未嘗先以比、興分章，而及其既成，則或出于比，或出于興，不可比而同，至複而不厭，則本文固然。《楚辭》及漢、魏詩人猶師用之，馮君縱不解，亦不得為朱子罪。其他無稽之談尤背誕，不足與辨也。

僕嘗謂"經者，天地之心。"說之果當，則必合于人心之不言而同然者，而世人多曰吾欲云云，所以病也。僕曾見楚人某于廣座中議論風發，詆朱子無纖，完座無不變色動容者。僕徐進曰："君所不足朱子者，可實指乎？"其人首以變易《小序》為言。僕曰："請舉《毛詩》義？"若者如彼，若者如此，而君自決焉。至十餘發，僕避席而請，曰："其然，則繼自今，願君毋詆朱子。凡君子所可，皆朱子之說也；所否，則《小序》也。然則，朱子之說合于人心之不言而同然者，明甚矣。"其人意阻，竟酒默然。凡馮君之說，皆此類也。乃《小序》與朱子說兩無所用，其心而漫言以欺世者也。僕生平不喜道人文字短長，以馮君所言關于經義又為吳中學者所宗，恐波蕩後生，故質言之，有不當者望吾兄反覆焉。

（選自《望溪先生文集·外集》卷五）

再與劉拙修書　　方　苞

前承命辨別某代《詩說》，倉卒奉答，姑就所云，略為剖析，而私心所蓄，未能盡吐，謹續布之。

僕少所交，多楚、越遺民，重文藻，喜事功，視宋儒為腐爛，用此年二十目，未嘗涉宋儒書。及至京師交言潔輿，吾兄勸以講索，始寓目焉。其淺者，皆吾心所欲言；而深者，則吾智力所不能逮也。乃深嗜而力探焉。然尚謂自漢、唐以來，以明道著書為己任者眾矣，豈遂無出宋五子之右者乎！二十年來，於先儒解經之書，自元以前，所見者十七八，然后知生乎五子之前之者，其窮理之學未有如五子者也。生乎五子之後者，推其緒而廣之，乃稍有得焉。其背而馳者，皆妄鑿牆垣而殖蓬蒿，乃學之蠹也。

夫學之廢久矣，而自明之衰，則尤甚焉。某不足言也。浙以東，則黃君藜洲壞之，燕、趙閒，則顏君習齋壞之，蓋緣治俗學者，懵然不見古人之樊，稍能誦經書，承學治古文，則皆有翹然自喜之心，而二君以高名耆舊為之倡，立程、朱為鵠的，同心於破之。浮夸之士，皆醉心焉。夫儒者之學，所以深擯異端，其說之同也。學不明，則性命之理不順。漢代儒者所得於經甚淺，而行身皆有法度，遭變抵節，百折而其志必伸。魏晉以後，工文章，垂聲於世者眾矣，然叩其私行，不若臧獲之庸謹者少。遇變故，背君父而棄名節，若唾溺然。由是觀之，不出於聖人之經，皆非學也。乃昔之蠹學者，顯出於六經之外；而今蠹學者，陰託於六經之中，則可憂彌甚矣。如二君者，幸而其身枯槁以死，使其學果用，則為害於斯世斯民，豈淺小哉！

僕於朱子《詩說》，所以妄為補正者，乃用朱子說《詩》之意義，以補其所未及，正其所未安，非敢背馳而求以自異也。程子之說，朱子所更定多矣，然所承用，謂非程子之意義可乎？吾兄謂"《小序》亦不可廢"，最為平允。然其無據而未甚害義者，朱子已過存之；其已刪而猶可用者，以鄙意測之，不過《風雨》《伐檀》《蒹葭》數篇耳；其所已辯，則終不可易也，有不當者，仍望反覆之。

（選自《方望溪全集》卷六）

與蔣涑塍論生民書

楊　椿

> 楊椿（1676—1753），字農先，號雪溪，江蘇武進人。康熙五十七年（1718）進士。精於《易》《春秋》《三禮》。著有《周易定本》一卷、《尚書定本》一卷、《詩經釋辨》二卷、《周禮訂疑》一卷、《春秋類考》四卷、《尚書考》《孟鄰堂文集》十六卷《別集》六卷。生平事蹟見《清史列傳》卷七一、《清儒學案》卷五六、《光緒武陽志餘》卷七、齊召南《翰林院侍講學士楊公椿墓誌銘》等。

　　昨論禘禮，兄據《祭法》殷周所禘皆嚳，深斥《史記》吞卵踐跡之非。以康成感生，朱子無人道，而生子之說不足信。椿竊以為不然，稷契非嚳子，先儒論者眾矣。使果嚳子皆堯之兄矣，堯何不用其兄而必待舜徵，庸然後舜使之乎？《商頌》"天命元鳥，降而生商。有娀方將，帝立子生商。"《大雅》"厥初生民，時維姜嫄。履帝武敏歆，載生載育。"《魯頌》"赫赫姜嫄，上帝是依。"是生后稷皆不言嚳，則稷、契非出於嚳，吞卵踐跡，非子長創說可知。《大傳》《喪服小記》："王者禘其祖之所自出。"不言禘祖之父。《論語》或人問禘，而究禘之說，孔子告以不知，復曰"知其說者之於天下也，示其掌。"蓋此中之故實有難明，非語言可述。康成溺於讖緯，謂所感者太微五帝之精，以威靈、仰赤、燻怒諸名加之，固謬。若泥於《祭法》，恐亦未為的也。《生民》次章曰："誕彌厥月，先生如達。不坼不副，無菑無害。"鄭《箋》："如達之生言易也。"今以《詩》辭逆之，蓋言生之形與達相似，驚之至幸之至也。否則，婦人免乳亦常事耳，何必首子皆坼副菑害其母，而乃以易生之達上擬始祖乎？《閟宮》首章曰："無菑無害，彌月不遲。"與《生民》合。其為無人道而生子，故所生形異，致人驚喜無疑矣。《帝王世紀》伏羲、女媧人首蛇身，神農人身牛首，蓋亦類。是孔子不語神者，非以為無也，非常之事，非常人所知，故不語之耳。若果無孔子，豈直不語哉？樁白。

　　后稷初生如達，故委而置之隘巷，置之平林，置之寒冰，及聞"厥聲載路"始知為人，而收養之。詩詞了然，本不難明，先儒自誤解之耳。

（選自《孟鄰堂文鈔》卷一〇）

與家魚門

程廷祚

拙著《詩說》昨經重訂，雖較勝于原本，然所發明多系大節，其章句細微未暇詳盡也。

先儒皆謂《詩序》非出一手，乃子夏、毛公合作，夏有衛宏所增，鄭康成輕改毛說而奉《序》唯謹。至宋人始加廢黜，而或謂首句不可易。愚按，《詩序》若出毛公，何毛《傳》於首句竟有未合，而於以下之說反多相應者？則謂首句以下盡出衛宏，尚屬可疑。故鄙意欲考《傳》與《序》之離合而辨論之。至經之當講求者，首在《關雎》。鄭氏以淑女為指三夫人以下，毛公似無此說，而《孔疏》混而一之，此則當以考亭為正。鄭氏蓋因詩中三言左右，故其說云然。《集傳》以無方訓左右，然可通於流與采，而不可通於芼，未知何以處此？又詩言荇菜，自當以承祭為說，故鄭《箋》以琴瑟、鍾鼓為堂上下之樂。然既主承祭，則詩不應以琴瑟、鍾鼓為友淑女而樂之矣！漢儒訓說竟未籌及於此，何也？他類此者甚多。然則，學者竭終身之探索，則不能辯先儒之是非，則不若束聖經於高閣，而無所用心矣。愚於此實惴惴焉。足下何以助我？

（選自《青溪集·青溪文集續編》卷八）

与張承之書

杭世駿

> 杭世駿(1696—1773)，字大宗，號堇浦，自號秦亭老民，浙江仁和（今杭州）人。雍正二年(1624)舉人。一生好學，博綜廣覽。經學、史學成果卓著。著有《易經旁訓》三卷、《石經考異》二卷、《禮經質疑》二卷、《訂訛類編》六卷《續編》二卷、《經筵講義》一卷、《經史質疑》一卷、《晉書補傳贊》一卷、《道古堂文集》四十八卷等書。生平事蹟見《清史列傳》卷七、《國朝先正事略》卷四一、《學案小識》卷一四、應澧《杭大宗墓誌銘》、龔自珍《杭大宗逸事狀》等。

去冬殘臘，遄止海昌，在賢兄處諏訪邑中人物，意謂談孺木之史抄，與君家元岵之經學耳。百年流風未墜，後進必有英絕領袖之者，而碩學清才乃近得之。年家子弟，且慰且忻，抃躍竟日。蒙示《小弁》《書》義十三篇，標置新言，抉摘奧義，鷺斯之弁。及掇蜂之懼，兩說並存，流譎雲詭。不佞棲遲衰鈍，目眯耳驚，豈能以瑣瑣之辭為益足下哉！

荀卿子云："問而不以告謂之傲，問一而告二謂之囋。傲，非也。囋，亦非也。"與其傲也，則毋囋矣。《小弁》一章，諸儒之論，兩口沓舌，其指多端。《小序》以為太子之傅作。《孔疏》云："太子不可用《詩》

以刺父。"自《傳》意述而刺之。《集傳》云："舊說太子宜臼被廢而作。"朱子又以為"但未有以見其必為宜臼白耳。"羅泌撰《路史》則以為如其傳作之，則是陳義以達其情者，高子雖固豈得以為怨乎？此為人子之心有稽而作明矣。呂仲木著《詩說解頤》則又云："宜臼立為平王，昏庸之主豈能為是詩？"此皆於伯奇之外，紛紛持論，不易以折中者也。《凱風》齊、魯、韓三家皆以為母過責子之詩，而毛以為其子自責。仁山金氏曰："七子之母固為失節，然禮律有繼父之服，又所關止於一家，故曰過小。"西河毛氏則曰："引《詩》相難，必取其相類者，惟《小弁》虐子而怨，則與《凱風》之虐子而不怨者明有關合。故同此一過，而但以過之大小辨之，此又《凱風》詩義之不出於一者也。""關弓而射"，《毛傳》引《孟子》作"關弓而射，我故北齊。"文襄致書侯景云："吾兄射我泣而道之，趙人射我笑而道之。"此經文之異也。《說文》："磯，石激水也。"《集注》："磯，水激石也。"周公謹云："磯，乃石隱於水中，激水使湍急，有聲。"（見《癸辛雜識》）與《說文》之義合。張南軒解云："磯，激也。謂不可少有激發也。"陸象山《語錄》云："磯，釣磯也。不可磯，謂無措足之地也。"此字義之異也。趙岐云："高子，齊人也。學於孟子，鄉道而未明，去而學他術。"韓嬰云："高子問於孟子：'衛女何以得編於《詩》？'孟子曰：'有衛女之志則可，無衛女之志則怠。若伊尹於太甲，有伊尹之志則可，無伊尹之志則篡。'"徐整云："（吳太常卿作《毛詩譜》）子夏授高行子。"即《詩序》及《孟子》所謂高子也。以《絲衣》繹賓尸為靈星之尸，以《小弁》為小人之詩。此孟子門人之有高子之異也。

　　足下馳騖才鋒，張惶別解。眾制紛羅，既詳且美，不佞辭傲而居嚳。傾箱倒庋，復陳一知半解之長，誇經言之枝指，贊書義之矜式，不佞以舌為筆。足下以筆為舌，詎得不謂之斯道中之鵝鰈口駏乎？後進之才氣挾聲，不佞將懸足下以為鵠以求之乎？寧邑之人士，其必有為我鍼膏肓而起廢疾者，不佞且延頸而日顒顒望也。

（選自《道古堂文集》卷二〇）

答薛孝穆書　　惠周惕

> 惠周惕（？—約1694），原名恕，字元龍，江蘇長洲（今蘇州）人。潛心經學，長於考據。康熙三十年（1691）進士。著有《詩說》三卷、《易傳》二卷、《三禮問》六卷、《春秋問》五卷、《硯谿先生全集》十一卷等。生平事蹟見《清史稿》卷四八一、《晚晴簃詩匯》卷四九、《學案小識》卷一二、《國朝名家詩鈔小傳》、《江南通志》卷一六五、鄭方坤《惠吉周惕小傳》等。

　　前致《詩說》三卷，求正足下。足下閱未三日，已了大意，捐惠手書，始有稱美，繼有辨正，蓋欲摘其瑕者，必先指其瑜。此足下委曲開誘之盛心也。僕於足下之諛我，敢自喜，足下之規我者，敢自是哉！然僕立說之旨，惟是以經解經，而反覆來書，似與經有相戾者，不敢舍我說而從足下也。

　　足下謂僕之可刪者，蓋"艷妻""鳶魚"二條，其說無大關係，從足下刪之，可也。謂僕之可商者，一則《桃夭》《摽梅》二章，此僕論《詩》之取興也。桃之花後於梅，宜興男婦之後時；梅之花先於桃，宜興男女之及時，而詩言反是，故知不取花而取實也。《詩》之比興，猶《易》之取象，非如今人信口任臆漫取一物而謂之比興也。且僕之言，固有所本矣。

足下乃謂，古人以二至之前後，或純陽，或純陰，不宜於男女之會，會則恐傷陰陽之和，男女有不永年者。不知足下據何經文也？以僕所聞，九月至正二月，月皆為昏時。孫卿曰："霜降逆女，冰泮殺止。"《家語》曰："霜降婦功成，而嫁娶行焉。"冰泮農事起，昏禮殺於此。霜降者，九月也。冰泮者，正二月也。故《詩》曰："士如歸妻，迨冰未泮。"則九月至正二月，皆為古人昏時。而足下謂冬至純陰，不可會男女，得無悖於禮乎？不知足所據何書，而僕何未之前聞也？

足下又謂，適有此花，其色少好，其葉美盛，而且有實，故詩人以為言。夫桃之始花，未有葉與實也，花實非一時事，足下比而合之，亦未之致思矣。

其一則論《生民》之姜嫄，此僕闢鄭說之妄也。足下不然吾言，猶為有據，不如前說之臆造矣。然足下所言，昔人已盡言之，僕向時不置辨者，以為不足辨也，今不得不為足下辨矣。足下謂，姜嫄配合生子，人道之常，何以名之曰棄？何以寘之隘巷、平林、寒冰？僕則謂姜嫄之棄后稷，蓋以不坼不副之異，非以感上帝之異也。鄭莊寤生，姜氏惡之；芮司徒生女，赤而毛，棄之堤下。若此類者，亦將謂之有感而生耶？而司徒之女，何以亦名曰棄耶？子文之賢，虎且乳之，則烏之覆翼，牛羊之腓字，未足為后稷怪也。烏得以鄭氏妄誕穢褻之論，誣上帝以及姜嫄哉！

足下謂疑而未決者，則僕論"歸寧非禮"一條。此係僕之創見，宜足下之駭而未肯信也。然僕據孔子《春秋》以駁左氏、趙氏，不為無據。足下欲反吾說，亦必證據於《六經》，而後可與僕合要。今但引僕所駁左氏一語，則僕之所據者經，足下所據者傳，以傳駁經，已為輕重失類，而又無他事可援，則足下為不能舉其契矣！且足下亦知左氏之傳，有自相刺戾而不可從者乎？左氏曰："諸侯之女歸寧曰來。"又曰："夫人歸寧曰如某。"則文姜之如齊，得謂之歸寧，而文姜之如莒，亦得謂歸寧耶？其言前後反覆刺謬如此，此僕所以據經以駁傳也。足下又謂，《春秋》之杞伯姬，或依列國之告文，如"夏五"傳疑之類。內女之來，何待於告？且诸侯之女行，惟王后书，传固明言之矣。"郭公""夏五"之类，不过数事，若以此尽疑《春秋》，则《六经》全无书可信。足下言此尤误。

僕闻古人立说，彼此不妨异同，然其要归必折衷于《六艺》。未闻率臆任心，无所证据如前者云云也。足下规僕，僕藉是以规足下，盖友朋之道应尔，非僕之不能商论下气也。幸思之。

（选自四库全书本《诗说》附录）

答吳超士書

惠周惕

《詩說》昨送覽，附一短札，求足下指抉疏謬，規我不及。頃果辱書，甚善。但言顧寧人先生《日知錄》有辨朔方非晉陽，韓城非同州，極精當，不知足下何以云爾也。

昨請正者僕之書，今稱說者顧之語，無乃所對非所問耶？揣足下意，或以僕"論宣王"一條與顧不相合耶？此閒無《日知錄》及《廿一史》可考，然僕書具在，試一一為足下分別之。

僕謂周家防禦之失，一壞於穆王，再壞於宣王。穆王之北伐也，遷戎於太原，則朔方之險，不足恃矣。宣王之北伐也，僅至太原，不修城隍，不設戍兵，其計固已疏矣云云。此以《六月》《采薇》詩參互為說也。《采薇》曰："天子命我，城彼朔方"，是文王之築城以禦戎也；曰："我戍未定，靡使歸聘"，是文王之設戍兵以守朔方也。《六月》六章，不聞有是，故曰計之疏。"侵鎬及方"，《傳》與《箋》俱不詳其地。然《采薇》言"往城于方"下，即有"城彼朔方"之文，則戎侵之方，即所築之朔方可知矣。漢武帝元朔二年，衛青出云中以西至隴西，擊白羊王於河南，遂取河南地，築朔方，因河以為固。城朔隴西形勢莫險於朔方，朔方既城，則河西北之戎，不得不遠徙而他之。《大雅》所謂"行道兌矣"者，城朔方之效也。穆王不察，遷之內地，則朔方自此被兵，而險不足恃矣，故曰一壞於穆王。宣王之北伐也，不驅之遠去，僅至遷戎之地而還。我出則歸，我歸則出。遂至不可扞禦,故曰再壞於宣王。蓋僕之意如此。

若太原非晉陽,僕固以史證之,所謂穆王遷戎於太原是也。又其詩言焦穫,言朔方,言涇陽。涇陽在平涼,焦穫在涇陽北,朔方在隴西之河南,三者相去不遠,其非晉陽之太原,不辨而知矣。僕作書時,止於立論,不暇詳及地名。今覆意之,未嘗與顧說牴牾,不知足下何以云爾也!至《大雅·韓城》云云,王肅、酈道元、王應麟輩考之辨之詳矣,豈足下俱未之見,而詫顧說為新奇耶?抑《日知錄》更有所考耶?僕不知足下何以云爾也。足下博學好古,又飛聞前輩議論,必有以規我所不足者,幸詳示。不宣。

(選自《硯谿先生集·文集》)

與是仲明論學書　　戴震

僕所為經考,未嘗敢以聞於人,恐聞之而驚顧狂惑者眾。昨遇名賢枉駕,望德盛之容,令人整肅,不待加以誨語也。又欲觀末學所事得失,僕敢以《詩補傳序》並《辨鄭衛之音》一條,檢出呈覽。今程某奉其師命,來取《詩補傳》,僕此書尚俟改正,未可遽進。請進一二言,惟名賢教之。

僕自少時家貧,不獲親師,聞聖人之中有孔子者,定六經示後之人,求其一經,啟而讀之,茫茫然無覺。尋思之久,計於心曰:"經之至者道也,所以明道者其詞也,所以成詞者字也。由字以通其詞,由詞以通其道,必有漸。"求所謂字,考諸篆書,得許氏《說文解字》,三年知其節目,漸睹古聖人制作本始。又疑許氏於故訓未能盡,從友人假《十三經注疏》讀之,則知一字之義,當貫羣經、本六書,然後為定。

至若經之難明,尚有若干事。誦《堯典》數行至"乃命羲和",不知恒星七政所以運行,則掩卷不能卒業。誦《周南》《召南》,自《關雎》而往,不知古音,徒強以協韵,則齟齬失讀。誦古《禮經》,先《士冠禮》,不知古者宮室、衣服等制,則迷於其方,莫辨其用。不知古今地名沿革,則《禹貢》職方失其處所。不知少廣、旁要,則《考工》之器不能因文而推其制。不知鳥獸蟲魚草木之狀類名號,則比興之意乖。而字學、故訓、音聲未始相離,聲與音又經緯衡從宜辨。漢末孫叔然創立反語,厥後考經論韵悉用之。釋氏之徒,從而習其法,因竊為己有,謂來自西域,儒者數典不能記憶也。中土測天用句股，今西人易名三角、八綫，其三角即句股，八綫即綴術。然而三角之法窮，必以句股御之，用知句股者，法之盡備，名之至當也。管、呂言五聲十二律，宮位乎中，黃鍾之宮四寸五分，為起律之本。學者蔽於鍾律失傳之後，不追溯未失傳之先，宜乎說之多鑿也。凡經之難明右若干事，儒者不宜忽置不講。僕欲究其本始，為之又十年，漸於經有所會通，然後知聖人之道，如縣繩樹槷，毫釐不可有差。

　　僕聞事於經學，蓋有三難：淹博難，識斷難，精審難。三者，僕誠不足與於其閒，其私自持，暨為書之大概，端在乎是。前人之博聞強識，如鄭漁仲、楊用修諸君子，著書滿家，淹博有之，精審未也。別有略是而謂大道可以徑至者，如宋之陸、明之陳、王，廢講習討論之學，假所謂"尊德性"以美其名，然舍夫"道問學"則惡可命之"尊德性"乎？未得為中正可知。羣經六藝之未達，儒者所恥。僕用是戒其頹惰，據所察知，特懼忘失，筆之於書。識見稍定，敬進於前不晚，名賢幸諒。震白。

（選自《戴东原文集》卷九）

答周松靄同年書

錢大昕

久未奉書左右，伏想撰述日富，道遠不獲追隨講席，聞所未聞，良深悵罔。大製《十三經音略》，于聲音清濁、開合之理，剖析入微。唯是方音，師授各殊，足下所指誤讀之字，敝鄉即有未誤者，尺素不能覼縷也。

前聞足下深詆亭林顧氏古音，而以吳才老叶韵為善，私億足下尊崇考亭，不欲立異耳。今讀《毛詩叶音補正》一篇，于朱《傳》駁辨極多。即以"服"叶"浦北反"言之，"扶服"讀"匍匐"，經典既有明證，轉輕脣為重脣，于字母亦無觸背。再以《有狐》《候人》《六月》諸篇證之，"服"與"職""德"同韵，亦復何疑，而足下必改"符弗反"以從本母。夫三十六母出于唐末，又在陸法言、孫愐之後，足下既知六朝後出之書，不可以繩《三百篇》，又何必以晚出之字母繩《三百篇》耶？足下所譏于亭林者，特謂其不講字母，今才老與朱子已不能免于訾議，則又何責乎亭林？此仆之所以不敢附和也。

承索拙序，自愧才非玄晏，不足以增太沖聲價，故遲回久之，無以下筆，伏唯垂宥。

（選自《潛研堂文集》卷三三）

與段若膺書

錢大昕

聞足下名久矣。頃邵孝廉與桐以足下所撰《詩經韵譜》見示，尋繹再三，其于古人分部，及音聲轉移之理，何其審之細而辨之確也！聲音之變，由于方言，始于一方而徧于天下，久之遂失其最初之音。如今人讀"胖"為普旺切，讀"閎"為戶工切，即間有一方尚存古音，終不能勝海內之口，藉非隋、唐之韵尚存，豈復知有古音哉！

足下謂音變而未改，如"卬吾台予"之"台"，非不可變如"哈"音，而"三台""天台"，古人故讀若怡。真通人之論，先民有作，豈能易足下之言乎！足下又謂聲音之理，分之為十七部，合之則十七部無不互通，蓋以《三百篇》間有歧出之音，故為此通韵之說，以彌縫之。愚竊未敢以為然也。古有雙聲，有疊韵，"參差"為雙聲，"窈窕"為疊韵。喉腭舌齒脣之聲同位者，皆可相轉，"宗"之為"尊"，"桓"之為"和"是也。聲轉而韵不與之俱轉，一縱一橫，各指所之，故無不可轉之聲，而有必不可通之韵，不得以"炰烋"之轉"彭亨"而通"庚"于"豪"，"無俚"之轉"無聊"而通"之"于"蕭"，審母之轉泥母而通"齊"于"青"也。

古人之音，固有若相通者，如真與清、東與侵間有數字相出入，或出于方言，或由于聲轉，要皆有脈絡可尋，非全部任意可通。至如"周原膴膴"，《韓詩》作"腜"，正與"飴""茲"韵，"歌以訊之"，王逸注《楚詞》引作"誶"，正與"萃"韵，字形相似，不無轉寫之訛。足下既考古而正經文之訛,而又兼存此傳訛之音,以為通轉之例,大道之多歧,必自此始矣。《小雅·谷風》之末章,足下讀"怨"如"依"與"嵬"、"萎"為韵,此亦以意度之,未有他文可證。頃讀《說文序》"視而可識,察而可見",以"見"與"識"韵,乃悟《谷風》"思我小怨",當與"德"韵,"怨"讀若"抑",《論語》"以直報怨,以德報德"亦韵語也。愚管之見,未識有當否,幸賜鑒察。

(選自《潛研堂文集》卷三三)

與鄭筠谷宮贊論猗嗟詩序書 全祖望

　　執事所論"《春秋》桓六年子同生"一節，愚向不敢以此說爲然，謂"聖人書此以別呂嬴、黃芈之疑，固本於穀梁子之說"，但桓公謂"同爲齊侯之子"，特一時之憤詞耳。文姜歸齊時，莊公之生十三年矣，其非齊侯之子，誰不知之！而謂"有待於國史之暴白"，其亦過矣。況左氏於是節，原自有明文也。然諸家所以喜從《穀梁》之說者，則以《猗嗟》之詩《小序》首爲附會。

　　夫作史者魯人，既懼人以莊公非其君之子而書之史以辨之；作詩者齊人，又懼人以莊公果其君之子而亟以詩正其甥之名。是何齊、魯之人皆漫然不攷其事實，欲蓋其醜而反以誣之。不知是詩之作，蓋在莊公親迎之時。莊公能以"金僕姑射南宮長萬"而禽之，而萬亦曰："甚矣！魯侯之美也。"則莊公之材武，原其實跡，在齊人口中不過夸其女壻之詞。如今世俗之壻至婦家，親黨、里巷爭夸其才貌以爲榮，而意中未嘗不諷其忘父之死。結婚讎人之國，豈眞能御亂者乎？是詩人之言所謂"絞而婉者"也。且六經中所云甥多指壻言，其以姊妹之子爲甥，僅見於《左傳》。莊公六年鄧祈侯稱楚子爲甥，其餘不槩見。故愚嘗謂"《小序》原多不可信者"，此詩可類推也。《春秋·統紀》謂："是詩當作於莊四年公及齊人狩於禚之時。"且曰："末語蓋以微文諷之。"孰謂莊公非齊侯之甥者，則第見詩中有"四矢""射侯"

之文，而不知甥之當爲壻也。《詩序》之誤既明，則《穀梁傳》失所證矣。執事其更賜，所以敎之。

（選自《鮚埼亭集外編》卷四一）

答錢宮詹論毛詩叶韻書

周 春

> 周春(1729—1815)，字芚兮，號松靄，浙江海寧人。乾隆十九年(1754)進士。博學好古，學有根柢，於四部、七略，靡不流覽。著有《爾雅補注》四卷、《古文尚書集說訂譌》一卷、《續經題跋》二卷《附錄》二卷、《十三經音略》十二卷、《小學餘論》二卷、《雙聲疊韻括略》八卷等。生平事蹟見《清史稿》卷六八、卷四八四、《海昌備志》等。

讀大刻《文集》，內有與春書，開益良多，曷勝感荷！然有不能無疑者，敢略陳之。

朱子《詩傳》叶音，初委門人編注，後為公孫鑒所損益；元、明坊本又妄更張，非復朱子元書也。即吳才老之書，《毛詩補音》久佚，今僅存《韻補》，其合者十之七八，不合者十之一二，疑出後人改竄，亦非才老之舊。拙著於徐葳《序》中注之矣。夫辨非求是，正為才老功臣；即精益求精，亦不失朱子之意。此乃至當不易者，非敢訾議朱子及才老也。特因才老必依物職分部，故謂其"不宜以後出之韻上繩三百篇。若叶韻必用字母，則不得不以字母繩叶韻，何嘗以字母繩三百篇哉！

亭林《本音》之誤，具在《五書》，春不敢蹈妄議前賢之咎，所以拙著不過約略言之，其實繆難悉數。即一"服"字而論，其說正長矣。案，陸氏《經典釋文》於《詩·關雎》"寤寐思服"，及《有狐》《葛屨》《蜉蝣》《候人》《采薇》《六月》《采芑》《文王》《下武》《文王有聲》《蕩》《泮水》諸"服"字竝無音，則其讀如字，房六翻，不待言矣。於"采菽"云："匐，音蒲，又音符。匐，蒲北翻，一音服"。此言葡匐，一作扶服，故有兩音，非謂"服"字即"匐"字，必讀蒲北翻也。於《禮記·檀弓》云："扶服竝如字。又上音蒲，下音蒲北翻。本又作匍匐，音同。"此明言"扶服"與"匍匐"之為二。若上音蒲，則下音蒲北翻；若上音符，則下"服"字仍如字也。於《左傳昭十三年》云："蒲，本又作匍，同步都翻。又音扶，本亦作扶。伏，本又作匐，同蒲北翻。又音服。"於《昭二十一年》云："扶服，竝如字，上又音浦，下又蒲北翻，本又作匍匐，同。"此又言"服"一作"伏"，"扶服"一作"蒲伏"。三者相同，然必上作"匍"，則下"服"字"伏"字必讀蒲北翻。若上作"扶"，則下"服"字，"伏"字仍如字讀也。

又《戰國策》《史記》竝作"匍服"，此"服"字自讀蒲北翻。《說苑》《漢書》竝作"扶服"，此"服"字自讀房六翻。要之，房六翻，"服"字本音也；蒲北翻，"匐"字本音也。若"扶服"之"服"解作"匍匐"，則亦是本音，何必云叶？蓋惟通於"匍匐"之"扶服"，方可讀蒲北翻。扶服為輕唇雙聲，匍匐為重唇雙聲，輕轉為重，奉轉為並，即今俗語之所謂迮也。至其餘思服、衣服、服飾、報制，諸"服"字，皆不可讀蒲北翻。善乎！毛西河之言曰："自'古無叶韻'之說出，而古人無文字，今人無語言。天下未有呼天下為汀戶、牛馬為尼母而可以成世界者。償必呼服為衣匐，服制為匐制，亦豈成世界乎！"我聞朱子曰："古人音韻寬，後人分得密。"此至言也。

試思有韻之文莫古於《易》，莫尊於經，莫可信於孔子。而此一"服"

字，《謙·象傳》與牧、得、其、國叶，此正古人韻寬之證。何以必欲合之於職，而必不可合之於屋？況即欲叶入職韻，亦自有本母應叶之音。才老見服有匐音，遂以為叶；而亭林並以"服"字之不與"匐"字通者，而盡讀為匐，則尤失之矣。至於叶符弗翻，雖拘叶韻成例，而亦有至理存焉。蓋"服"之讀"佛"，與"牧"之讀"墨"，不過一轉移間，此正朱子所謂"《詩》之音韻是自然如此，祇要便於諷詠也。"又亭林於"伏"字下，引《漢書·五行志》師古《注》曰："伏，音房富翻"，而釋之曰："案又音肆富方二翻，竝當音備。"試問房富何可音備？至"肆富方二"四字幾於別風淮雨，令人不能思索。

　　春雅不欲妄議前賢，偶因"服"字而及"伏"字，聊以見亭林之不講字母也。先生之文為千古之傳文，即論為千古之定論，必當斟酌盡善，故敢獻其芻蕘。惟冀恕罪而垂覽焉。幸甚幸甚！

（選自《十三經音略》附錄）

答嘉興王惺齋詩易疑義二通　翁方綱

段韍王者之服，赤韍臣下之服，此《易》《詩》之所同也。"市芾韐韍韠"五字一訓，亦皆《易》《詩》之所同也。《說文》："天子朱市，諸侯赤市"。赤市分勿、切、韠也。篆作韍，俗作紱，即此已明白無遺義矣。今先生所疑者，乃在《斯干詩》之《鄭箋》云："天子純朱，諸侯黃朱。"疑於朱兼黃色謂之赤耳。然《斯干》疏云"芾所以明尊卑，雖同色而有差降。《乾鑿度》以為天子之朝朱芾，諸侯之朝赤芾。朱深於赤，故天子純朱，言其深也；諸侯黃朱，明其淺也。舉其大色皆得為朱芾也。"此數語尤極分曉。蓋分析言之，則深者謂之朱，淺者謂之赤。而渾合言之，則統謂之朱芾。其《采芑》，《毛傳》云："朱芾黃朱服者。"《正義》曰："服其受王命之服，黃朱之芾也。於諸侯之服，則謂之赤芾耳。"又引《玉藻》："一命緼韍黝珩，再命赤韍黝珩，三命赤韍蔥珩。"是據諸侯而言，則是自《曹風·候人》，《小雅·采芑》《車攻》《斯干》《采菽》諸詩傳箋及《禮·玉藻》之說皆合矣。至《玉藻》注云："緼，赤黃之間色。"《疏》云："以蒨染之，其色淺赤。"此固不得與黃朱之芾同義，而亦可見毛氏所云："黃朱之是淺而非深矣。"先生蓋未細會，通稱為朱，分析為赤之義，故疑諸說之相背，而其實諸說固未嘗相背也。

至於《易》之取象，各指所之，困取紱象，固不必牽上互之巽色，白以為疑而即以程傳所分。王者之服，臣下之服亦正與前儒詩訓相合。朱子《本義》釋九二"朱紱方來"云："上應之也。"釋九五"困於赤紱"云："下既傷。"則反為所困，亦仍與《程傳》相合。黃東發所謂"朱子亦未有他說以過之者也。"蓋二與五應，故以君臣相應言之。豈必與互卦離明之義言之乎？

惺齋引孔穎達以為"朱深云赤"，此條亦未分曉。按孔《疏》之意乃謂朱深而赤淺，非謂朱淺而赤深也。今若泥此句"朱深云赤"之語，則義背矣。《詩·斯干》疏云："朱深於赤。"故《困卦》注云"朱深云赤"是矣。（今毛氏汲古各本"困卦"二字訛作"內卦"）其下文又申說之，曰：故天子純朱，明其深也。諸侯黃朱，明其淺也。此條正與《采芑》疏"諸侯之服謂之赤芾"之義相應也。至《困卦》注"朱深云赤"句，乃鄭氏注語。鄭注又云"離為火，火色赤，四爻辰在午時。離氣赤為朱"是也。文王將王，天子制用朱韍。據此則鄭氏固以天子為朱韍矣。李鼎祚《集解》曰："乾為大赤，朱紱之象也。赤紱謂二也。"據此言之，則《斯干》孔《疏》引鄭氏《易注》"朱深云赤"之語，亦猶是上句"朱深於赤"之旨。不過引此句以見朱赤二，又可以通稱耳，而非謂赤之深過於朱也。是不得援此句之深字，致觸背上句之深字，明矣。且孔《疏》又引《乾鑿度》之文矣。愚又按《乾鑿度》云："孔子曰'朱赤者，盛色也。'"（孔《疏》引鄭氏"朱深云赤"一語，只應如此解）天子、三公、九卿朱紱，諸侯赤紱。鄭氏注朱赤雖同，而有深淺之差。此句亦極明析。可見《困卦》注"朱深云赤"一語只極言朱赤之同色而已。孔《疏》引之，亦止以證朱赤之可通稱而已。至於朱深赤淺，則眾說所同，無可岐惑者也。

（選自《復初齋文集》卷一一）

答張子絜問讀毛詩注疏書 顧廣圻

　　辱問《毛詩注疏》讀法，久未奉答，歉甚。竊謂讀此書之法，與諸凡注疏微有不同。何則？他經注疏皆一家之學，《毛詩》注疏則《傳》《箋》實兩家之學。孔仲達作《正義》，於此處最為斟酌得宜。考其《序》文，蓋即本於二劉等者，非仲達所能創造也。今觀毛以為、鄭以為之所云云，用意粗可概見矣。其有須申管窺者，唯每條之分析雖明，而全體之總例未顯一事而已。夫《傳》也者，全是古文家法。《箋》也者，或用今文《詩》破《傳》，或用今文他經說以破《傳》，或又用古文他經說以破《傳》，此是自鄭氏家法，不專主古文，亦不專主今文。明乎此，而後二家之體例憭然，經與《正義》亦憭然也已。

　　是故《正義》解毛，不拘有《傳》無《傳》者，轉轉所受，習古文家之說也；《正義》解鄭，決知其破毛之意者，轉轉所受，鄭氏學之說也。近時人鮮明此者，於是往往泥《傳》害《箋》，及泥《箋》害《傳》，甚至誤執鄭《詩》為《毛詩》，輒駁《正義》，餘波及乎《釋文》、唐石本，豈非讀此書之大病耶？向者不揣薄劣，思作《毛鄭詩考讀》一書，專論斯旨，率率未就，敢舉以為告，試先用此法讀之。會晤伊邇，疑義相與析，深所企望。

（選自《思適齋文集》卷六）

與段大令論椒聊經傳書

顧廣圻

季補尊定《毛傳》鹿鹿未得，從事兹事承命取還，謹奉到其中有記出者，亦無甚緊要，唯《椒聊詩》鄙說向與尊定者不同，此詩兩章末句自《唐石經》以下諸本無不皆作"遠條"。且考《釋文》《正義》本亦如此。日本國古本則皆作"遠脩"。且《傳》於首章下云："條，長也。"《箋》云："椒之氣日益遠長。"《經》云："遠條"，《傳》云："條，長"，故《箋》云："遠長"。毛以"長"訓"條"者，謂條、脩同字，其義兼包條梠在內矣。兩章為字既同，訓自無異。古本之作"脩"，正依此為之耳。至於章末之《傳》云："言聲之遠聞也。"毛總傳全詩，非別為次章"遠條"，且一句更發傳也例見《采蘋》《木瓜傳》末矣。此鄙說也。尊定於此首章作"脩"，次章作"條"，既非諸本，亦非古本。中外兩書偏據者合一，此不能無疑者也。於首章下之《傳》增為"脩，條，長也"，而云"此言樹"云云。審爾則《鄭箋》此不得云"椒之氣"矣，《箋》既云"椒之氣"，必所據之。《傳》不作"脩，條，長也"，而鄭意不以《傳》為謂樹枝，尤長所。顯然《正義》引"厥木惟條"解此"條長"，以《箋》訂之，決知其誤。而尊定反有與之合者，此又不能無疑者也。於首章《箋》所云"椒之氣"者乎。於已改之《傳》，則誠兩章有別於未改之《箋》，適見其無分，此又不能無疑者也。大抵唯以章末之《傳》為次章遠條且別發，而經傳遂俱不可通，不得已轉展改易，以遷就之，然仍未見其可通也。

若依鄙說，則無用紛更而自無扞格矣。此前為阮中丞撰《考證》所以不載尊定而別作云云者也。今見尊定稿中頗有用《考證》者，而此經未改，故敢引伸前說，附呈左右，幸覽而采之。

（選自《思適齋文集》卷六）

與趙味辛論韓詩外傳誤字書　顧廣圻

前索拙校《韓詩外傳》，率檢送呈。其中鄙見所及，大抵略記一二語，未詳言所以然，並有全未記出者，偶省得一條，錄上之於左右，以備采擇。元槧本第五卷："用萬乘之國，則舉錯而定一朝之自。《詩》曰：'周雖舊邦，其命維新。'可謂白矣。謂文王亦可謂大儒已矣。"此本《荀子·儒效篇》文。彼作"舉錯而定，一朝而伯"，無"《詩》曰"以下云云。故尊校依楊倞《注》"伯"讀為"霸"，而改"自"為"伯"，刪去"可謂白矣謂"五字。今以廣圻考之，則"自"當為"白"之訛，即《荀子》"伯"亦"白"之誤，楊所讀非也。何以言之？有二書之本文可證也。《荀·儒效篇》又云："則貴名白而天下治也。"《王霸篇》云："仁人之所務白也。"句屢見。又云："故曰：以國齊義，一日而白，湯、武是也。"《君道篇》云："欲白貴名。"《致士篇》云："而貴名白，天下願。"《天論篇》："則功名不白。"《外傳》卷一同。《榮辱篇》云："身死而名彌白。"《堯問篇》末云："是其所以名聲不白。"然則白也者，固荀卿慣用之語，唯此處傳寫誤為伯耳。楊倞《注》或云"顯白"，或云"明白"，或云"彰明其義"，皆是。而此據誤字，望文生義，則非。幸《外傳》未誤，尚可證之。乃元槧既以形近訛為自，後來刻本又輒改為間，遂無由知其當為白者矣。下文"可謂白矣"云云，若依此說而作申說上文之"白"解，則不須復刪而已，無不可通也。又《荀·王制篇》云："名聲日聞，天下原",文與《致士篇》略同,而"白"作"日聞"者,誤也。《外傳》第四卷云:"欲白貴名",又云:"貴名果白",即《荀·君道篇》文。《荀》"欲白"不誤,而"果白"作"果明",亦誤也。第五卷又云"則貴名自揚,天下願焉",即《荀·致士篇》文。"自揚"者,"白焉"之誤。二句以"焉"字為對文,《荀》無,而《外傳》增之,始亦訛白為自,後又改焉為揚,失之甚者也。凡此各條,參互鈎稽,而誤者與未誤者,皆可洞若觀火。抱經盧氏校刊《荀子》,於《致士篇》著校語云:"'貴名白'《王制篇》作'名聲日聞',此恐有訛。"經盧不了"貴名"之解,故其所說顛倒,當附訂之。未識高明以為何如?幸進而教之。其餘條未能覼縷,尚容瀆聞。

(選自《思適齋文集》卷六)

與張解元書

李　塨

　　近時學問人少，三五良友皆落落天涯，每歸里居，輒壹鬱無語，不謂留心經學者意出自少時同硯席人。昨一聚談，喜出望外，拙論多有唐突，惟"笙詩有聲無辭"一則，伊時以日暮別去，未盡其說，此詩樂大義，不可不白者。

　　笙詩非無辭也。《小序》有其義矣。束氏、夏侯氏魯補其辭矣。古人未嘗言無辭也。《書》曰："詩言志。"若無辭，則或曰笙調、笙音，而不可曰笙詩。世有無言而稱詩者乎？至宋人鄭樵疑六詩何以盡逸，遂武斷以為無辭。夫《逸詩》之故，安得盡考，或以笙詩用在一時，故連篇而逸耳！若曰無辭，則孔子刪《詩》而計之曰三百篇，乃取無辭者以討數，可乎？朱子又誤因樵說，因見《義禮·燕》與《鄉飲酒》文"有歌有奏"，遂解謂"有辭者為歌，無辭者為樂、為奏"，則舉一，竟忘其二與其三矣。《周禮》"歌黃鍾，奏大呂。"歌與奏皆樂也。凡樂事以鍾鼓奏《九夏》，奏即樂，皆有詩辭也。且大射則歌射節，主奏《騶虞》，諸侯奏《貍首》，卿大夫奏《采蘋》，士奏《采蘩》，皆以歌為奏，即《儀禮·鄉射》云："樂正東面，命太師曰奏《騶虞》。"豈《騶虞》《采蘋》《采蘩》亦有聲無辭耶！《周禮》鞮鞻氏掌聲歌，《祭禮》則吹而歌之，《注疏》謂："歌者在上，而吹者以管籥為聲，故笙師掌教竽、笙、籥、管諸器。"《郊特牲》曰："歌者在上，匏竹在下。"是吹笙管無不比於歌辭明矣。《鄉飲酒》義"合樂三終"《注疏》曰:"笙吹《鵲巢》《采蘩》《采蘋》。"是笙詩不止《南陔》等六篇,且有辭至今見存者矣。"孔子既祥,十日而成笙歌。"是笙有歌辭,聖人之行事確可據矣。至又謂:笙詩無辭,同于投壺之魯鼓薛鼓,但有音節而併無詩歌。更為可異。夫魯鼓、薛鼓,正應歌之節以為投壺之節者也。故前命弦者曰奏《貍首》,而乃若未之見也。何耶?所謂通經者謂其穴貫參五,一觸百動,若與古聖揖讓而上下也。如執一未解,便成膠漆,失之遠矣。門下經學,諒不自封也,故敢於是講正不宜。

陳健夫曰:"舊聞萬季野與恕谷考證今古,握手而笑曰'天下英雄惟使君與孤耳'"。閻潛丘去蕪,未知何如也?今觀此良然。

（選自《恕谷後集》卷五）

答丁小山書

段玉裁

> 段玉裁（1735—1815），字若膺、號懋堂，一號茂堂、江蘇金壇人。乾隆二十五年（1760）舉人。一生究心文字、音韻、訓詁之學，通經，精於《説文》。著有《今韻古分十七部表》一卷、《桂未穀説文段注鈔》一卷、《六書音均表》五卷、《汲古閣説文訂》一卷、《説文解字注》三十卷、《詩經小學》四卷、《經韻樓補編》二卷、《古文尚書撰異》三十二卷、《春秋左氏古經》十二卷、《周禮漢讀考》六卷、《毛詩故訓傳定本》三〇卷、《經韻樓集》十二卷等。生平事蹟見《清史稿》卷四八一、《國朝先正事略》三五、《國朝漢學師承記》卷五、劉盼遂《段玉裁先生年譜》、陳鴻森《段玉裁年譜訂補》等。

得手書並前后兩跋語，知足下於戴批《音均表》，務廣其傳，足下於吾師戴君之學敬信，可謂至矣；而尤謂是批本為臨終絕筆，鄭重相付，乃臨以寄玉裁，又臨以寄孔荭谷、程易田兩君，又屬程蕺園、周林汲、邵二雲三君皆臨其副，庶幾不致蕪沒，盛心古道，何以加茲！

前跋稱東原卒於丁酉六月。玉裁按荭谷來書及洪君蕊登榜所為《行狀》，乃五月廿七日辛卯，非六月也。又稱撰《聲類表》既畢，力疾點定《六書音均表》，指《表》四第四十二葉相示曰："'掇''捋'用點，'肆''棄'用圈。凡用點者，'蓁''人'之入聲，與用圈者無涉也。"玉裁案：此語亦足下記憶有譌，當云"用圈者，'蓁''人'之入聲，與用點者無涉也。"師意合十二部"蓁""人"以下，十三部"詵""孫""振"以下為一部，陸《韵》之真、諄、臻、文、殷、魂、痕、先也，十四部"轉""卷""選"以下為一部，陸《韵》之元、寒、桓、刪、山、仙也，以十五部入聲之圈者配"蓁""人""詵""孫""振"一部，陸《韵》之至、未、霽、怪、隊、術、物、迄、沒也。點者配"轉""卷""還"一部，陸《韵》之祭、泰、夬、廢、月、曷、末、黠、鎋、薛也。既詳於《丙申答玉裁論韵》一書，故知足下誤也。

　　《答玉裁書》曰："僕巳年（謂癸巳年）分七類為二十部者，上年以呼、等考之，真至仙，侵至凡，同呼而具四等者二，脂、微、齊、皆、灰及祭、泰、夬、廢，亦同呼而具四等者二，仍分真巳下十四韵，侵巳下九韵各為二，而脂、微諸韵與之配者亦各為二。其配元、寒至山、仙者：《周南·芣苢》二章'掇''捋'，《召南·草蟲》二章'蕨''惙''說'，《甘棠》首章'伐''茇'，二章'敗''憩'，三章'拜''說'，《野有死麕》三章'脫''帨''吠'，《邶·擊鼓》四章'闊''活'，《匏有苦葉》首章'厲''揭'，《泉水》三章'濟''邁''衛''害'，《二子乘舟》二章'逝''害'，《衛·碩人》四章'活''濊''發''揭''孽''朅'，《伯兮》首章'朅''桀'，《有狐》二章'厲''帶'，《王·君子于役》二章'月''佸''桀''括''渴'，《采葛》首章'葛''月'，三章'艾''歲'，《鄭·子衿》三章'達''闕''月'，《齊·東方之日》二章'月''闥''闥''發'，《甫田》二章'桀''忉'，《魏·十畝之間》'外''泄''逝'，《唐·蟋蟀》二章'逝''邁''外''蹶'，《陳·東門之枌》三章'逝''邁'，《東門之楊》二章'肺''晢'，

《檜·匪風》首章'發''偈''怛',《曹·蜉蝣》三章'閱''雪''說',《侯人》首章'娑''芾',《豳·七月》首章'發''烈''褐''歲',《小雅·采薇》二章'烈''渴',《庭燎》三章'艾''晣''噦',《正月》八章'厲''滅''威',(自注此章第二句結字非韵,乃四句見韵之例)《小旻》五章'艾''敗',《蓼莪》五章'烈''發''害',《大東》七章'舌''揭',《四月》三章'烈''發''害',《鴛鴦》三章'秣''艾',《車舝》首章'舝''逝''渴''括',《菀柳》二章'愒''瘵''邁',《都士人》二章'撮''髮''說',四章'厲''蠆''邁',《白華》五章'外''邁',《大雅·文王》二章'世''世',《緜》八章'拔''兌''駾''喙',《皇矣》二章'翳''栵',三章'拔''兌',(自注:"此章'拔''兌'一韵,'對''季'一韵,下重'季'字及'友'字,不入韵。"玉裁按,師意以"拔""兌"配元寒部,用點;以"對""季"配真文部,用圈也)《生民》二章'月''達''害',七章'軷'、'烈'、'歲',《民勞》四章'愒''泄''厲''敗''大',《板》二章'蹶''泄',《蕩》八章'揭''害''撥''世',《抑》六章'舌''逝',《烝民》三章'舌''外''發',《瞻卬》首章'厲''瘵',("此章乃後二章皆四句見韵,次句'惠'字非韵,下四句'疾''屆'一韵,'收''瘳'一韵。"玉裁按,師所分,"惠"字配真、文部,故云非韵。《音均表》第十二部之入聲,師併於第十五部入聲之配真、文者,故云"疾""屆"一韵,用圈)二章'奪''說',《召旻》'竭''竭''害',《周頌·載芟》'活''達''傑',《魯頌·泮水》首章'茷''噦''大''邁',《閟宮》五章'大''艾''歲''害',《商頌·長發》二章'撥''達''達''越''烈''發''截',《長發》六章'祄'自注:此字誤。《荀子》引此詩作'載發',《說文》引作'載坺','發''坺'皆於韵合。"玉裁按,依師所分,"祄"在真、文部,故批本以朱筆改為"坺"字)'鉞''烈''曷''蘖''達''截''伐''桀',

515

已上分出，以配元、寒、桓、删、山、仙之別於真、諄、臻、文、殷、魂、痕。"（書止此）此即今批本中用點者也。

其用圈者，《周南·汝墳》二章之"肄""棄"，《摽有梅》三章之"墍""謂"，《邶·日月》之四章之"出""卒""述"，《谷風》六章之"潰""肄""曁"，《鄘·干旄》一章之"紕""四""畀"，《衛·芄蘭》一、二章之"遂""悸"，《王·黍離》二章之"穗""醉"，《魏·陟岵》二章之"季""寐""棄"，《唐·杕杜》一、二章之"比""佽"，《秦·晨風》三章之"棣""檖""醉"，《陳·墓門》二章之"萃""訊"，《小雅·出車》二章之"旆""瘁"，《采芑》一、二、三章之"淠""率"，《雨無正》二章之"戾""勩"，四章之"退""遂""瘁""訊""對""退"，五章之"出""瘁"，《小弁》四章之"嘒""淠""屆""寐"，《蓼莪》二章之"蔚""悴"六章之"律""弗""卒"，《大田》三章之"穗""利"，《采菽》二章之"淠""嘒""駟""屆"，《隰桑》四章之"愛""謂"，《漸漸之石》二章之"卒""沒""出"，《大雅·大明》五章之"妹""渭"，《皇矣》三章之"對""季"，四章之"類""比"，八章之"茀""仡""肆""忽""拂"，《生民》四章之"旆""穟"，《既醉》五章之"匱""類"，《假樂》四章之"位""墍"，《泂酌》三章之"溉""墍"，《蕩》三章之"類""懟""對""內"，《抑》一章之"疾""戾"，四章之"寐""內"，《桑柔》六章之"懮""逮"，十二章之"隧""類""對""醉""悖"，《瞻卬》一章之"疾""屆"，五章之"類""瘁"，此即配真、諄、臻、文、殷、魂、痕、先者也。《答書》又曰："真至仙同呼而具四等者二，脂、微、齊、皆、灰及祭、泰、夬、廢亦同呼而具四等者二，仍分真已下十四韵为二，而脂、微諸韵與之配者亦为二。殷第十六，衣第十七，其入聲為乙；安第十九，靄第二十，其入聲為遏，皆收舌齒音。"

玉裁按，東原師所分，拙書初稿，亦見及此，於十五部去入聲（今書無去聲，初稿有之）列為去聲一、去聲二、入聲一、入聲二。去聲一、入聲一者，即東原師圈者是也。去聲二、入聲二者，即東原師點者是也。初稿名《詩經韵譜》，錢學士曉徵所序者，邵君二雲錄有其副，足下試索而校之，其與吾師不同者，才數字耳。改定時遂合為一者，以其難截然分剖之處，即從東原師所分，《瞻卬》一章"厲""瘵"點而"疾""屆"圈，然謂"惠"字非韵，則未安也；《雨無正》二章"戾""勩"用圈，而謂"滅"字非韵，亦未安，且據《說文》"勩"從力、貰聲，"貰"從貝、世聲，"勩"用圈而"世"字、"泄"字皆用點，未免相牾。《正月》八章刪去"結"字，《長發》六章"斾"易為"坺"，皆未安也。況去聲、入聲可二之，平聲、上聲不可二之也。既以一部配二部，則平、上聲亦必可二，而斷不可，故以為第十五部之入聲，足以兼涵第十二部（陸《韵》之諄、文、殷、魂、痕）第十三部（陸《韵》之元、寒、桓、刪、山、仙）之入音，猶其平聲與十二部、十三部，皆彼此互轉最多，其相表裏皆最近，既兼具文、元兩部之入音，故其文理大致可分，陸氏《韵》亦有大致可分之處，而表《詩經》之韵，不若渾焉會於一，與平、上聲無齟齬，使審音者自剖析其陰陽向背，可辨別為二，是以改定之本，不用初稿也。

至東原師欲合拙書十二平聲（陸《韵》真、臻、先及上去韵）於十三部平聲，（陸《韵》諄、文、欣、魂、痕及上、去聲韵）其批點如是，《答書》亦云然。玉裁以謂諄、文與元、寒兩部，音判陽陰而鴻殺正等，若真、臻、先一部，則其音視此兩部為斂，而鴻殺不敵，於十一部（陸《韵》庚、耕、清、青）則鴻殺正等，是以十二部平聲不可併於十三部平聲，況三百篇所用劃然，可覆而按也。

（選自《經韻樓集》卷六）

答晉三江論韵學書

王念孫

> 王念孫（1744—1832），字懷祖，號石臞，又作石渠，江蘇高郵人。清代著名經學家，校勘學家，揚州學派的領袖。長於音韻、訓詁、校勘。著有《廣雅疏證》十卷、《讀書雜誌》八十二卷、《博雅音》十卷、《毛詩群經楚辭古韻譜》二卷、《釋大》八卷、《方言疏證補》一卷、《群經字類》二卷、《王石臞先生遺文》四卷等。生平事蹟見《清史稿》卷四八一、《國朝先正事略》卷一六、（同治）《續纂揚州府志》卷九、阮元《王石臞先生墓誌銘》、徐士芬《原任直隸永定河道王公事略狀》、閔爾昌《王石臞先生年譜》、王章濤《王念孫王引之年譜》等。

往者胡竹邨中翰以大著《詩經韵讀》讀見贈，奉讀之下，不勝佩服。念孫少時服膺顧氏書，年二十三入都會試，得江氏《古韵標準》，始知顧氏所分十部，猶有罅漏。旋里後，取三百五篇反覆尋繹，始知江氏之書仍未盡善。輒以己意重加編次，分古音為二十一部，未敢出以示人。及服官後，始得亡友段君若膺所撰《六書音均表》，見其分支脂之為三，真諄為二，尤侯為二，皆與鄙見若合符節；唯入聲之分合，及分配平上去，與念孫多有不合。嗣值官務殷繁，久荒舊葉，又以侵談二部分析未能明審，是以書雖成而未敢付梓。

己酉仲秋，段君以事入都，始獲把晤，商訂古音。告以侯部自有入聲，月曷以下非脂之入，當別為一部，質亦非真之入，又質月二部皆有去而無平上，緝盍二部則平上而並無去。段君從者二，（謂侯部有入聲，及分術月為二部）不從者三。自段君而外，則意多不合，難望鍾期之賞，而鄙書亦終未付梓。及奉讀大著，則與鄙見如趨一軌，不覺狂喜。嗟乎！段君歿已六年，而念孫亦春秋七十有八，左畔手足偏枯，不能步履，精日銷亡，行將繼段君而去矣。唯是獲睹異書，猶然見獵心喜。曩者李許齋方伯聞念孫所編入聲有與段君不合者，曾走札相詢，今將復札錄出，寄呈教正。然其中有與大著不合者，好學深思，心知其意者，無如足下，故敢略言其概焉。

段氏以質為真之入，非也；而分質術為二，則是。足下謂質非真之入，是也；而合質於術以承脂，則似有未安。《詩》中以質術同用者，唯《載馳》三章之"濟""閟"，《皇矣》八章之"類""致"，（是"類"與是"致"為韵，是"禡"與是"附"為韵，"類""致""禡""附"皆通韵也）《抑》首章之"疾""戾"，不得因此而謂其全部皆通也。若《賓之初筵》二章"以洽百禮，百禮既至"，此以兩"禮"字為韵，而"至"字不入韵；"四海來格，來格其祁"，亦以兩"格"字為韵。凡下句之上二字，與上句之下二字相承者，皆韵也。質術之相近，猶術月之相近，《候人》四章之"薈""蔚"，《出車》二章之"旆""瘁"，《雨无正》二章之"滅""戾""勩"，《小弁》四章之"嘒""淠""屆""寐"，《采薇》二章之"淠""嘒""駟""屆"，《生民》四章之"旆""穟"，術月之通較多于質術，而足下尚不使之通，則質術之不可通明矣。念孫以為質月二部皆有去而無平上，術為脂之入，而質非脂之入，故不與術通，猶之月非脂之入，故亦不能術通也。孔氏分東冬為二，念孫亦服其獨見，然考《蓼蕭》四章，皆每章一韵，而第四章之"沖沖雝雝"，既相對為文，則亦相承為韵。孔以沖沖韵濃，雖雖韵同，似屬牽强。《旄邱》三章之"戎""東""同"，孔謂"戎"字不入韵，然"蒙""戎"為疊韵，則"戎"之入韵明矣。《左傳》作"尨茸"，亦與公從為韵也。又《易象傳》《象傳》合用者十條，而孔氏或以為非韵，或以為隔協，皆屬武斷。又如《離騷》之"庸""降"為韵，凡若此者，皆不可析為二類，故此部至今尚未分出。又讀大著《古韵總論》，有獻疑數處，別錄呈正。大著自《詩經韵讀》而外，念孫皆未之見，並希賜讀，以開茅塞。

（選自《王石臞先生遺文》卷四）

與李鄦齋方伯論古韵書

王念孫

修書甫竟，接季冬手札，欣悉先生福履茂暢，諸協頌忱。某嘗留心古韵，特以顧氏《五書》已得其十之六七，所未備者，江氏《古韵標準》、段氏《六書音均表》皆已補正之。唯入聲與某所考者小異，故不復更有撰述。茲承詢及，謹獻所疑，以就正有道焉。

入聲自一屋至二十五德，其分配平上去之某部某部，顧氏一以九經、《楚辭》所用之韵為韵，而不用切韵。以屋承東，以德承登之例，可稱卓識。獨於二十六緝至三十四乏仍從切韵，以緝承侵，以乏承凡，此兩岐之見也。蓋顧氏於九經、《楚辭》中求其與去聲同用之跡而不可得，故不得已而仍用舊說。

又謂《小戎》二章，以驂合、軜、邑、念為韵，《常棣》七章以合、琴、翕、湛為韵。不知《小戎》自以中、驂為一韵，合、軜、邑為一韵，期、之為一韵；《常棣》自以合、翕為一韵，琴、湛為一韵，不可強同也。今案，緝、合以下九部當分為二部，徧攷《三百篇》及羣經、《楚辭》所用之韵皆在入聲中而無與去聲同用者，而平聲侵、覃以下九部亦但與上去同用而入不與焉。然則緝、合以下九部本無平上去明矣。又案，去聲之至、霽二部及入聲之質、櫛、黠、屑、薛五部中，凡從至、從疐、從吉、從七、從日、從疾、從悉、從栗、從桼、從畢、從乙、從失、從入、從必、從卩、從節、從血、從徹、從設之字及閉、實、逸、一、抑、別等字皆以去入同用，而不與平上同用。固非脂部之入聲，亦非真部之入聲。《六書音均表》以為真部之入聲，非也。《切韵》以質承真，以術承諄、以月承元，《音均表》以術、月二部為脂部之入聲，則諄、元二部無入聲矣。而又以質為真之入聲，是自亂其例也。又案，《切韻》平聲自十二齊至十五哈，凡五部，上聲亦然。若去聲則自十二霽至二十廢共有九部，較平上多祭、泰、夬、廢四部，此非無所據而為之也。考《三百篇》及羣經、《楚辭》，此四部之字皆與入聲之月、曷、末、黠、鎋、薛同用，而不與至、未、齊、怪、隊及入聲之術、物、迄、沒同用。且此四部有去入而無平上。《音均表》以此四部與至、未等部合為一類，入聲之月、曷等部亦與術、物等部合為一類，於是《蓼莪》五章之烈、發、害與六章之律、弗、卒，《論語》"八士"之達、適與突、忽，《楚辭·遠遊》之至、比，與厲、衛皆混為一韵，而音不諧矣。其以月、曷等部為脂部之入聲，亦沿顧氏之誤而未改也，唯術、物等部乃脂部之入聲耳。又案，屋、沃、燭、覺四部中，凡從屋、從穀、從木、從卜、從族、從鹿、從賣、從美、從錄、從束、從嶽、從辱、從豖、從曲、從玉、從蜀、從足、從局、從角、從獄、從豈之字及禿、哭、粟、玨等字皆侯部之入聲，而《音均表》以為幽部之入聲。於是《小戎》首章之驅、續、轂、馵、玉、屋、曲，《楚茨》六章之奏、祿，《角弓》三章之裕、瘉，六章之木、附、屬，《桑柔》十二章之穀、垢，《左傳》哀十七年《繇辭》之寶、踰，《楚辭·離騷》之屬、具，《天問》之屬、數，皆不以為本韵，而以為合韵矣。且於《角弓》之"君子有徽猷，小人與屬。"晉初六之"罔孚，裕無咎"，皆非韵而以為韵矣。

以上四條皆與某之所考不合。不揣寡昧，僭立二十一部之首而為之表，分為二類：自東至歌之十部為一類，皆有平上去而無入；自支至宵之十一部為一類，或四聲皆備，或有去入而無平上，或有入而無平上去，而入聲則十一部皆有之，正與前十類之無入者相反。此皆以九經、《楚辭》用韵之文為准，而不從《切韻》之例。一偏之見未敢自信，謹述其大略，並草《韵表》一紙呈覽，如蒙閣下是正其失。幸甚幸甚！

（選自《王石臞先生遺文》卷四）

答丁若士說毛詩書

莊述祖

承示《毛詩》義數事，展函周覽，寔有心契。"乘彼垝垣"，以喻越禮，最合師法。毛公得子夏之傳，自宋以來，舍而別求新說，《詩》學殆絕。足下克究其業，追鄭軼王，甚盛舉也。《車舝》四章，改鄭義，美矣。僕請終其物，足下幸教之。毛公說《詩》，詳於《序》者略於《傳》。是詩謂"德澤不加於民"，箋疏皆不得其說。《周南》《召南》，王化之基，本之后妃夫人之德，其"思得賢女以妃君子"在此。詩人之辭婁變，則其志婁進，而一寓於物，以興其事，令人發深長之思。

"陟彼高岡，析其柞薪"，申上雖無德，與女言之。女，女民也。六義之興，一草一木皆無妄設。柞棫松柏，帝所以省岐山也。詩言柞棫者，皆以喻周高岡之木茂盛，庶民得而薪之。王者有賢后妃之助，則德澤必及下。葉以喻外戚，《葛覃》亦再言葉。故其包舉靚博，物類參綏，各有攸當，不可以一端竟也。三百篇盡然。"雖無好友"，舊說尤屬支離。王者所爰，諸侯也。書曰爰邦，亦曰爰民。詩人蓋言，苟有其德，三雖露屋草茅草，亦足以配君子，而褎姒豈其人哉！"依彼平林"，林木之在平地者，喻大國也。鷮，耿介之鳥，非雎鳩黃鳥之和聲，而善有令德之教，則讒巧亦無自而進。黜申後而立褎人之女，壓弧箕服，險孰甚焉！可與《白華》之詩相發明矣。其卒章曰："高山卬止，景行行止"，思賢也；"四牡騑騑，六轡如琴"，治民也，不可以一端竟也。首章曰思，卒章曰慰，其言有文，其聲有哀，首尾貫通，顯然明白。

久不談文字，辱下問，聊復言之。幸時惠閱近著，進僕以所不知。跂甚跂甚！

（選自《珍埶宧文鈔》卷六）

與劉甥申甫書

莊述祖

頃閱大著《毛詩聲衍》，部分較前益密，幸即成之。序次以不叶入聲者為正紐，叶入聲者為反紐，而以入聲撿押其間，仍不大異今韵四聲梗概。再細考其合韵之見於《詩》及傳記者，以通其變，亦不必拘拘於《說文》。諧聲之不可通者，以小篆多秦、漢人造，不必盡合古人也。斯、高雖變亂舊章，然是時《書》師尚有二三遺老未遭阬滅，自後則不知而作者多矣。

至新莽甄豐，固無足論。但其時祕府古文新列學官，即或不免魯魚亥豕之訛，而劉歆、揚雄見聞頗異於太常老宿，故流傳刀布，間雜小篆，亦復不少可採，以裨古籀者。後周岐陽刻石亦然。蓋《說文》為字學不祧之祖，但屢經傳寫，書體多訛，此又不能不歸咎於李陽冰之作俑耳，非敢操入室之戈也。

吾甥以為何如？衰年同志，眼前不過數人，每一開口涉筆，輒諄諄焉如叔孫之誚趙孟，亦可歎也。向云："泰類無半聲，以其同用者少"，亦非確論。今以各部入聲別為一部，則此等枝辭，盡可刪矣。吾甥識高思深，若得成書，必能信今傳后，拭目俟之。

（選自《珍埶宧文鈔》卷六）

與陳碩甫書

王引之

碩甫大兄先生執事：前後三年奉手書，以俗事紛乘未及裁復。家君重宴，鹿鳴辱承，殷惓致賀，感謝靡涯。前稔大兄先生讀書杭州山寺，此時已還歸不遙。惟萱堂康健，動履清龢，不卜可想。承寄示《毛詩傳義》五則具見，討論精采。詢及芻蕘，可勝欽佩。尊說："《毛傳》'塞，瘞也。'瘞當為實。"養，取也。引《月令》"羣鳥養羞"為證，皆確不可易。至"'王事敦我'，厚也。"於經意尚未允協，故鄭易之云："敦，猶投擿也。"《箋》是而《傳》非，似不必曲為之諱。尊說又言三家《詩》多用本字，疑以己意讀經，不必盡是。師傳，本子不同，如司馬遷以訓詁字代經之比。案：三家《詩》訓詁字皆在注中，如"是艾是濩"，《韓詩》"艾"作"刈"，云"取也。""實命不猶"，《韓詩》"寔"作"實"，云"有也之屬"是也。未嘗取以代經，其正文字異，仍是師傳本子可知。故其字雖異，而聲則同，非若司馬遷以訓詁字代經，義同而聲異也。未知是否，仍希裁酌。

弟昕夕賓士，諸無善狀。幸公私順適，家君眠食無恙，可以告慰。《經義述聞》補綴尚未完峻，未及付梓，故不獲寄呈。《漢書雜誌》現在校刻，約明年夏間可畢耳。

（選自《王文簡公文集》卷四）

與夏遂園書

王引之

引之頓首：相距數十里，不獲趨侍左右，企望德輝無日忘之。始自外歸，得奉手書，並拜讀大著《原聲》一冊。遡派昆侖，匯流渤澥，實前人所未發也。引弱冠以後，讀顧、江、段三先生書，折衷於家父《毛詩》《九經》音，而窺古韵之郛。凡其分別部居，則彼此互通者，間嘗一一記之。覺其變動不居，又復方以類聚降，而後世之音婁易矣。而由此達彼，亦有順而播者。今讀大著統會羣音，歸之一貫，其諸易簡，而得天下之理乎！自是以推，則今韵之異於古者，不得概從。鄙棄古韵之異部而為韵者，亦不至駭且怪矣。

引之於歌曲之趣未之尋討，直據生平梼昧之見，以揆碩儒之說十分而得其一二，固未能盡識也。暇時謹當承命，譔敘以志佩服之誠。先此復問起居不備。引之再頓首。

（選自《王文簡公文集》卷四）

寄段懋堂先生書

焦　循

循頓首白：循幼為《毛詩》學，苦陸璣《疏》多譌缺，而陸佃、羅願輩又不明古義，嘗萃數年之力，成《毛詩草木鳥獸蟲魚釋》一書，而以陸氏《疏》掇拾考辨於末，謹錄數條請正。《黃鳥傳》訓"摶黍"，《倉庚傳》訓"鵹黃"，《爾雅》"皇，黃鳥"不與"倉庚，楚雀"並釋。鄭稱"黃鳥，宜食粟"。《傳》又云："緜蠻，小貌。"倉庚既不食粟，亦非小鳥。《方言》合而為一，恐非《爾雅》義。《爾雅》《說文》並訓"椅"為"梓"，訓"鱣"為"鯉"，《詩》梓與椅並言，鯉與鱣並言。《傳》曰："椅，梓屬。"《箋》曰："鱣，大鯉。"竊謂其物分而類則同者，可取以相訓。《爾雅》訓"蝘蜓"為"守宮"。《說文》以"桑"釋"柘"，其例亦然。郭氏竟分鱣、鯉為二者，非。《爾雅》："'唐蒙女蘿'，女蘿，兔丝。"孫炎云："別三名。"按，《毛詩》於"唐"云："唐蒙，菜名。"於《小雅》"女蘿"云："女蘿，兔絲，松蘿也。"於彼明指"唐"為菜。菜則必非施于松上之女蘿。觀《毛傳》分釋，則《爾雅》"唐蒙"及下"女蘿、兔絲"明屬二物，中衍"女蘿"二字，或一女蘿為"松籮"之譌，似宜依《毛傳》正《爾雅》之誤也。

《說文》訓"荅"為"小尗"，豆為食肉器。古於尗無稱豆者。荅，豆音轉，故誤荅為豆。劉徽《九章算術》稱荅，而不稱豆，䔊䕩豌䘔，凡從豆者皆俗字。以"豆"訓"尗"，恐是漢魏間之俗稱，非古義。故《說文》亦以鼓為觩俗。《說文》雖字重文隼云："一曰鷻字。"按，鷻即鶉省。《國語》有"隼集於陳廷"，韋《注》訓之為鷐。《廣雅》鶉、鷐、鷲、雕為一物。《山經》"景山多鷲，黑色。"劉向"以隼為黑祥。"是隼即鷲。虞氏《易》："離為隼，輈人鳥旟，七斿，以象鶉火"注云："鳥隼為旟。旟象鶉火，而用鳥隼。"則鶉火即鷻火。《左傳》卜偃引童謠"鶉之賁賁"，而下舉"鶉火"以證之。賁賁與《表記》引《詩》同。則《詩》"鶉之奔奔"，當亦是鷻。惟"有縣鶉兮"，《毛傳》特訓為"小鳥"。（今本無"小"字，依《七經孟子考文》）乃為鷯鶉也。

《說文》："蟲，一名蝮虺，以注鳴。"《詩》："為虺為蛇"，與蛇並稱，宜是蟲之借，與"胡為虺蜴"之虺不同。《說文》："芛，葟華也。"今《爾雅》"葟華"注者，一名葟，一名華。按下文以"蘆"訓"葭"，此不應以"華"訓"葟"，且葟之名華，別無典據。以《說文》之例，葟、華二字乃"芛"之釋。

《說文》："一來二縫"，《詩正義》引作"二夆"，董彥遠《除正字啟》作"一束"。按，下文接云："象芒刺之形"，則此"一束二夆"四字，謂字形而言也。《束部》："束，木芒也。象形，僅從一冂"。"來有二人"，來之人即束之冂也。以束而從二冂，故象芒刺之多。夆，牾也。以其刺人為牾，故云"二夆"。二夆即二冂，謂來字為一束字，而有兩夆也。或謂二夆為兩岐，似非是。

《爾雅》："瓞瓝其紹瓞"，《毛傳》云："瓜，紹也。瓞，瓝也。"瓜無"紹"之訓，此"瓜紹也"三字，乃連上不絕貌言。若曰"不絕貌者，瓜紹也。"《豳風》："蜎蜎者蠋"，《傳》云："蜎蜎蠋貌，桑蟲也。"其文法同。條榣，"榣"字，《說文》所無，《爾雅》《說文》皆作"櫾"。《說文》引《禹貢》"橘柚"，此柚乃《列子·湯問篇》之"櫾"。《說文》亦別有"櫾"字。按由、䌛二字相通。《鄭風》："左旋右抽"，《說文》引作"搯"，抽之為"搯"，即使異柚之為"榣"。蓋柚與榣為一字，橘柚之柚當作"櫾","櫾"之作柚,轉是假借。以橘柚證柚條,訓《毛傳》義。《說文》"鳩"訓"鶻鳩""棗"訓"羊棗","鳩棗"非"羊棗",鶻鳩之專名,與《爾雅》有未合矣。當世聲音訓詁之學如先生,實集二千年之大成,敢以見奉質,望教正之,幸甚!

(選自《雕菰集》卷一四)

翁鴻臚答毛詩下武解書

臧 庸

　　承示尊者《下武》解，此沿於舊說也。舊說誤讀《序》"繼，文也"之義，此與《文王有聲序》"猶伐也"相對為文。《序》："繼，文也。"周之有天下，其實上文而不上武，此方是"繼，文也"之義。嚴氏《詩緝》、戴氏《續讀詩記》皆言世修文德，以武為下，此定說也。王融《三月三日曲水詩序》："體膺上聖，運鍾下武"，此在爾進，豈可云武跡乎？《魏書·肅宗紀》亦以文思對下武。至北宋《封泰山文》云："尊賢尚德，下武緩刑"，此即偃武義，尤明白，斷無武字訓跡之理。後人作文、武，固不可，豈舊說必可乎？毛、鄭有必不應從者，此須平心酌之。段君《漢讀考》過泥鄭說，大多愚，亦有數行說之。庸按，李善注《文選》王元長《曲水詩序》："皇帝體膺上聖，運鍾下武"，引蕭子顯《齊書紀》曰："世祖武皇帝諱賾字，宣遠以太子即位。"《毛詩序》曰："《下武》，嗣文也。"然則王序所云："《下武》者，正本毛、鄭之義，言世祖繼跡高祖，不謂以武為下也。"李善解是。

（選自《拜經堂文集》卷三）

再答陳恭甫編修論韵書

臧 庸

頃再接來示，謂三百篇皆句首與句首韵，中末與中末協。此仍是以常法言之耳。若論其變，則法不能拘，亦非例之所能盡。試以《皇矣》第六章論之。如"無矢我陵，我陵我阿。無飲我泉，我泉我池。"學者莫不知"阿"與"池"為韵，不知"我陵""我陵""我泉""我泉"，句句字字為韵也。此皆以上半句之下半句與下句之上半句韵，而非首與首、末與末、中與中也。又"無飲我泉"韵"無矢我陵"，以下句上半句之"飲"，韵上句下半句之"陵"。第三句之"陟我高岡"，"我"字與"我陵""我陵""我阿""我阿""我泉""我泉""我池""我池"，六"我"一"阿"一"池"韵。而第八句之"度其鮮原"，"鮮"與"原"二字又自疊韵，與第二句"侵自阮疆"之"阮"遙相協。"鮮原"疊韵，而"阮"則韵上字也。且"侵自"之"侵"韵，下"陵""飲"二字自韵。"無矢"之"矢"無韵。"無飲"之"無"，"度其"之"度"，字字確鑿可據，安得以例拘之？此皆孔氏所未言者。孔氏且不知"阿""池"與"鮮原"顯分二類，而誤援《東門之枌》二章例，以為歌、麻、元、寒之通協矣。來示稱孔氏《詩韵例》："有瀰濟盈，有鷺雉鳴"，及"鴥彼晨風，鬱彼北林"以下五例，"葛藟縈之，福履綏之"以下五例，為變化無端，而實整齊不紊。按：《匏有苦葉》韵說見前書，孔《例》有所未盡。

《晨風》首章兩"彼"為句中韵，二三章兩"山有"、兩"隰有"為句中韵。首章上二句之兩"彼"，與三章下二句之"如何，如何，忘我實多"，句中句末皆韵也。至《樛木》三章，用"葛藟"與"葛藟""福履"與"福履"全篇通韵，上下六"之"字全篇通韵。唯"纍""綏""荒""將""縈""成"每章二字各自為韵。孔氏以"葛藟"與"福履"為隔韵，尚失乎自然之致。"藟纍"皆從畾聲，不當區而二之。蓋首章"藟纍"二字，為下兩章之關紐，合之成篇。三百篇此類極多矣。

來示以鄙說"永受保之"，"之"與"備"字為韵，較為諦當。然則"宜之於假"，"假"與"甫"韵自確，特曰"伯某甫"句不入字辭，雖為記者之言，亦與字辭韵也。來示以"令月吉日"為單句，無韵，《詩經》極多此例。按：向以為無韵者，顧氏讀之有韵矣。顧以為無韵者，段氏讀之有韵矣。段以為無韵者，孔氏讀之有韵矣。孔以為無韵者，庸讀之有韵矣。《詩經》蓋少無韵之句。如以為以日諧月未見佐證，則庸舉《冠禮》及《毛經》共二十一佐證，詳拙著《日記》中。孔氏《詩聲類》、嚴氏《說文聲類》，皆以五質十月合為一部，是也。惟段氏《音均表》日在第十二，月在第十五，恐非。

來示又舉鄙說《鴟鴞》首章字字有韵，則"子"字必應協矣，何以反無？不得已而取章末句中之助字以為協，恐不足以示後。"恩""勤""閔"三字既協矣，又以助字三"斯"遙協首章二"鴟"，而其協又出於異部合韵，為割裂牽強之病。按：《鴟鴞》首章"既取我子"，與"鬻子之閔斯"，二"子"一"之"為本韵。至二"鴟"三"斯"相韵，為支、脂通協。如欲分之，則二"鴟"、三"斯"各自為韵，亦無不可。又二章之"或敢侮予"與三章之"予手拮据"，句末句首兩"予"字亦蟬聯相協，不識閣下以為然否？

來示又為《昏禮記》："弟則稱其兄"，"兄"字，與上句"支子則稱其宗"，"宗"字，止可援合韵之說，傅會協之。按："宗子無父"，與"支子則稱其宗"，二"宗"字為本韵，句首句末遙協。"兄"與下"若不親迎","兄""迎"二字為本部連句相協,皆非合韵也。"宗子無父",至"支子則稱其宗",此文未終而韵終也。續以"弟則稱其兄,若不親迎"二句,上句為文終而韵未終也,下句為文始開端而韵已終。總之,難以章句常法繩之。

來示疑"若不親迎"以下為無韵,謂求其韵而不得,恐未可以章分韵合之說,強附孔氏之例。按:"若不親迎"下云:"則婦人三月,然後壻見","是以未敢見","某將走見","請終賜見"。又曰:"某得以為外婚姻之數","今吾子辱","不足以辱命"。又"某之子未得濯溉於祭祀","不敢固辭"。又"對曰,某以非他故","對曰,某得以外為婚姻之故"。又"請吾子之就宮","敢不從"。又"主人出門,左西面。壻入門,東面奠摯,再拜出。擯者以摯出請受,壻禮辭許。受摯入,主人再拜受。壻再拜,送出。見主婦,主婦闔扉立於內。壻立於門外,東面。主婦一拜,壻答再拜。主婦又拜,壻出。主人請醴,及揖讓入。醴以一獻之禮,主婦薦,奠酬無幣。壻出,主人送,再拜。"舉其全文,靡句靡字非韵也,又不必徒執孔《例》矣。

來示又謂《昏禮》命辭既以為字字皆韵矣,而"母施衿結帨"句,"庶母及門內施鞶"句,又何以獨闕焉不詳?按:"母"韵"庶母"。"施衿""施鞶",二"施"自韵。"衿"韵下"視諸衿鞶",與"宮""宗"字亦相協。("夙夜無違宮事""敬恭聽宗")"結帨"二字與"門內"二字韵,"門"字又韵下"申之以父母之命""申"字、"命"字。"庶門"之"庶",則韵上下文之"夜"字、"母"字。諸字亦字字有韵,非闕也。不揆梼昧,率憑《禮》《詩》二經復來教,倘不以為不足誨而匡正之,幸甚!七月晦日。

(選自《拜經堂文集》卷三)

與阮芸臺侍講論古韵書

臧　庸

　　庸前自長安城來，懷祖先生教之曰："《毛詩·漢廣》一篇，字字皆韵。'不可休思'，'休''求'固韵，'息'與'思'皆韵也。'南有喬木'、'漢有遊女'，'喬木''遊女'亦幽宵魚侯之通協也。下四句'廣''求''泳''方'皆本韵，虛字'有''之''不可'亦字字相對。如'山有扶蘇，隰有荷華'，'扶蘇''荷華'，四字四韵。讀荷如胡，蓋古方音。二章'山有喬松，隰有遊龍'，'松'與'龍'韵，'喬'與'遊'協，猶《漢廣》之'喬木''遊女'也。蓋詩人之例，句末之韵，必用其本類韵上之字，乃用其通協。"庸案：《草蟲》首二句"喓喓草蟲，趯趯阜螽"，"喓"聲"趯"聲皆宵類也。"草"與"阜"，幽類也；"蟲"與"螽"，冬類也，卻一字不相通假。又《虞書》之歌，說者皆取喜熙起、明良康、胜惰墮三韵。而不知上文"帝庸作歌曰，勅天之命，惟時惟幾"為有韵也。蓋"勅天之命"，"天"與"命"韵，"惟時惟幾"，"時"與"幾"韵。《毛詩·假樂》一章，"人""天""命""申"為韵。《卷阿》八章"天""人""命""人"為韵，此"天"與"命"韵之證也。春秋昭三年《左氏傳》叔向稱《讒鼎銘》曰"昧旦丕顯，後世猶怠"，《詩·桑柔》三章"資""疑""維""幾"為韵，皆之、脂通用，此"時"與"幾"韵之證。而《帝歌》之二句四用韵，與《銘》辭之"旦""顯"為一類，"世""怠"為一類正同。

　　昔錢少詹以《銘》辭八言字字皆韵，庸謂帝《歌》亦然。上句"勅"

與"之"皆之類,二"惟"字脂類,而言韵者不取。此夫帝首作歌,經有明文,何以反獨無韵?孔《傳》曰:"用庶尹允諧之政,故作歌以戒安不忘危。"是晉出《書傳》,未始不以此為歌也。至孔仲達乃有"將歌而先為言,既為此言,乃歌曰股肱之臣"云云等謬說。則至《正義》,始不以此為歌辭。竊舉新得奉質,稀有以教之。

（選自《拜經堂文集》卷三）

与钱衎石郎中书

张 澍

> 張澍（1781—1847），一字時霖，字魯泉，號介侯，甘肅武威人。嘉慶四年（1799）進士。博覽經史，著述宏富。著有《詩小序翼》四卷首一卷、《讀詩鈔說》四卷、《文字指歸》一卷、《說文引經考證》六卷《一切經音義引說文異同》一卷、《養素堂文集》三十五卷等。生平事蹟見《清史稿》卷四八六、《續碑傳集》卷七七、《清代樸學大師列傳》卷一七、馮國瑞《張介侯先生年譜》等。

前所假戴東原先生《毛鄭詩考正》內《詩時世表》，閱之多有僻錯。如《鄭風·出其東門》《野有蔓草》《溱洧》，孔穎達謂厲公時《詩》，厲公復位在釐王之世，而戴氏《表》繫在惠王之世，此不確也。又《唐風·蟋蟀序》言刺僖公，僖公即釐侯，鄭康成謂當共和之時，則戴氏《表》繫在宣王世，此不確也。又《陳風·宛丘序》言刺幽公，《東門之枌序》言幽公淫亂，鄭康成謂幽公當厲王時，而戴氏《表》繫在共和世，此不確也。又《曹風·候人序》言刺共公，《鳲鳩》孔穎達謂共公時詩，《下泉序》言曹人疾共公，共公當襄王、頃王之世，戴氏《表》繫之頃王世，此不確也。又正《大雅·文王》《大明》，孔穎達謂成王時作，戴氏《表》繫在文王時，又《綿》《思齊》《皇矣》三篇，皆言文王之謚，咸文王後作，當亦在成王時，而戴氏《表》亦繫之文王，此不確也。如《下武》《文王有聲》，孔穎達亦謂成王時作，而戴氏《表》亦繫之武王，此不確也。又《魯頌》，鄭康成《譜》謂："僖公薨，國人美其功，季孫行父請命于周，而作其《頌》。"《箋》《疏》以為作于文公之世，而戴氏《表》繫之僖公時，亦復不確。某因原本《小序》暨鄭康成、孔穎達說，別為考定，似較東原說為有據。恐仍有誤謬，望足下更正之。

（選自《養素堂文集》卷一五）

复王石臞先生書

江有誥

> 江有誥（1773—1851），字晉三，號古愚，安徽歙縣人。一志古學，究心音韻。著有《説文質疑》一卷、《音學敘録》一卷、《古韻總論》一卷、《諧聲表》一卷、《群經韻讀》一卷、《詩經韻讀》五卷、《楚辭韻讀》一卷、《先秦韻讀》一卷、《宋賦韻讀》一卷、《入聲表》一卷、《唐韻四聲正》一卷、《等韻叢説》一卷、《廿一部諧聲表》一卷等。生平事蹟見《清史稿》卷四八一、《碑傳集補》卷四〇、李慈銘《越縵堂讀書記》等。

石臞先生閣下：十月二十八日，接胡竹邨中翰寄到先生手書，反復觀誦，不勝雀躍。伏念有誥以無師之學，鼓其臆説，雖篤于自信，而絕尠知音。後得段茂堂先生推許，竊自幸得一知己，可以不恨。今又蒙先生如此嘉獎，有誥益可以無恨矣。

來書謂拙著與先王尊見如趨一軌，所異者，惟質、術之分合耳。曩者，有誥于此條思之至忘寢食，而斷其不能分者數事焉。論古韻必以《詩》《易》《楚辭》為宗，此部于《詩》《易》似若可分。而《楚辭》分用者五章：

《九歌·東君》之節、日，《遠游》之一、逸，《招魂》之日、瑟，《高唐賦》之室、乙、畢，四條為質部字；《高唐賦》之物、出一條為術部字。合用者七章：《九章·懷沙》之抑、替，（替從白聲。白，古自字）《悲回風》之至、比，《九辨》六之濟、至、死，《風賦》之慄、欷，《高唐賦》之出、忽、失，《笛賦》之節、結、一、出、疾，《釣賦》之失、術。《楚辭》而外，尤犬牙相錯，平側不分，其不能離析者一也。段氏之分真、文，孔氏之分東、冬，人皆疑之。有誥初亦不之信也，細紬繹之，真與耕通用為多，文與元合用較廣，此真、文之界限也。東每與陽通，冬每與蒸、侵合，此東、冬之界限也。今質、術二部，《詩》中與祭部去入合用十一章：《旄丘》之葛、節、日，《正月》之結、厲、滅、戚，《十月之交》之徹、逸，《賓之初筵》之設、逸，此質之與祭合也；《候人》之薈、蔚，《出車》之旆、瘁，《雨無正》之滅、戾、勩，《小弁》之嘒、屆、淠、寐，《采菽》之淠、嘒、駟、屆，《皇矣》之翳、栵，《生民》之旆、穟，此術之與祭合也，亦無平側賓主之辨，其不能離析者也。《唐韻》去入二聲，分承平上，統系分明。今若割至、霽與質、櫛、屑別為一部，則脂、齊無去入矣。二百六部中有平去而無上入者有之，未有有平上而無去者也。且至、霽二部為質之去者十之二，為術之去者十之八，賓勝于主，無可擘畫。若專以質、迄、櫛、屑成部，則又有去聲數十字牽引而至，非若緝、盍九韻之絕無攀緣也。有誥于四聲之配合，有《入聲表》一卷，言之甚詳。此段氏質、術之分，有誥所以反覆思之而不能從也。先生又謂，《賓之初筵》詩以二禮字韻，至字不入韻，然下三句壬、林、湛韻，末六句以能、又、時韻，則此二韻自當以禮、至韻，二"百禮"，二"其湛"，恐非韻也。《玄鳥篇》亦當以祁、河、宜、何韻，二"來格"亦恐非韻也。考古人歌、脂二部合用甚多，《楚辭·九歌·東君》以雷、蛇、懷、歸韻，《遠游篇》以妃、歌、飛、夷、蛇、徊韻，《高唐賦》以螭、諧、哀、悽、欷韻，《荀子·成相》一章以罷、私、施、移韻，《文子·上德篇》以類、遂、施韻。漢人合用尤廣，其書可覆按。有誥所以不敢苟同之論也。辱蒙糾正各條，俱甚切當。有誥于總論已芟去，于大文已改正矣。

　　承索拙著各種，但拙著甚繁，家貧無力刊布，今將已刻數種，敬呈座右，仍望先生糾其紕漏而賜教焉，則幸甚幸甚！

（選自《詩經韻讀》卷首）

與劉叔俛書

劉毓崧

> 劉毓崧（1818—1867），字伯山，劉文淇之子，江蘇儀徵人。道光二十年（1840）舉優貢生。著有《周易舊疏考正》一卷、《尚書舊疏考正》一卷、《禹貢舊疏考證》一卷、《春秋左氏傳大義》二卷、《毛詩舊疏考正》一卷、《禮記舊疏考正》一卷、《經傳通義》十卷、《通義堂筆記》十六卷、《通義堂文集》十六卷等。生平事蹟見《清史稿》卷四八二、《清史列傳》卷六七、《續碑傳集》卷七四、程畹《劉先生家傳》、《續纂揚州府志·人物文苑》卷一三、張舜徽《清人文集別錄》、《清代樸學大師列傳》卷六、《清儒學案》卷一五二等。

叔俛二兄大人閣下，接奉賜函承示，欲撰《毛詩釋例》，此乃有功古人之作。至於經典中發明數事足徵讀書有識，欽佩實深。猥蒙雅意拳拳殷勤下問，敢即其所知者，姑妄言之，以就正焉。

足下謂："《秦風》：'道阻且右'，右即周字。"引《唐風》"生於道周"，《韓詩》"周作右"為證，此說最確考。"有杕之杜"之首章云："生於道左"，次章云："生於道右"，左與右語意本屬相類。《毛傳》云："道左之陽，人所宜休息也。"《鄭箋》云："今人不休息者以其特生陰寡也。"夫道左之陽既宜休息，則道右之陽不宜休息可知。道左之杜特生者，人尚不休息，則道右之杜特生者人更不休息可知。蓋晉武不求賢以自輔，君子不歸，其涼薄之心日甚一日，故次章之言道右較首章之言道左者，其意愈深也。《蒹葭篇》首章云："道阻且長"，言其路長，言其路之遠。次章云："道阻且躋，言其路之難。末章云："道阻且右"，言其路之曲，語意亦屬相類。《鄭箋》云："右者，言其迂遷回也。"雖不破字，而所釋最得詩意。蓋《唐風》之"周"字當作"右"。《毛傳》云："周，曲也"。既與上章"左"字不相類，《秦風》之"右"字當作"周"，《毛傳》云："右出其右也。"又與上章"長"字"躋"字不相類，未免兩失之矣。足下謂："《孟子》引《詩》'以御於家邦'，御當訓進"，而斥趙《注》訓"享"為非，此說亦是。考《孟子》上文云："老吾老以及人之老，幼吾幼以及人之幼"，二"及"字皆有"進"意。下文云："故推恩足以保四海"，又云："善推其所為而已矣"，二"推"字亦有"進"意。故"御"字必訓為"進"，始與文義相符。若訓為"享"，則"舉斯心加諸彼"句既不相涉，而與"天下可運於掌"句尤不相應矣。焦氏亦知當訓為"進"，而迴護趙《注》，未免依違其間。不知所謂進者，固以一己之德推諸天下國家，而非以天下國家之福享諸一己也。若夫《左傳》"遇水適火"服《注》云："兆南行適火"，雖未明言適字何解，然玩其語氣，亦有訓敵之意。則惠徵君之說，固有所本矣。《詩》"白茅包"之"包"與誘為韵，自當讀如浮音。近人言古韵者皆謂包聲孚聲古本同部。黃春谷先生則謂"包與孚原係一字"，所著《字說》中言之最詳，則從包之字，皆當讀如孚音，可無疑矣。

　　至於足下謂："《周書》'庸庸'與'雝雝'同，當訓為敬。"則弟竊以為不然。《康誥》"庸庸""祇祇""威威"連言，某氏傳云："用可用，敬可敬，刑可刑"。王氏西莊《尚書后案》云："宣十五年《左傳》：《周書》所謂'庸庸祇祇者'，杜預訓為'用可用，敬可敬。'"亦與《傳》同。

若"威威"以為"刑可刑",則非也。下文"文王敬忌",鄭云:"祇祇威威。"是則"威"為畏忌意,當為"畏可畏"解。孫氏淵如《尚書今古文注疏》云:"威與畏,經典通用。"杜義本古書說,則威威當為"畏可畏"也。二說最為允當。蓋經傳中之疊字,有上下同義者,如"肅肅為敬""雝雝為和"是也;有上下異義者,如"善善為好""其善惡惡為嫉其惡"是也。親其親者謂之親親,長其長者謂之長長,賢其賢者謂之賢賢,貴其貴者謂之貴貴,其例為人所共知;則用可用者謂之庸庸,敬可敬者謂祇祇,其義亦屬可通,似未可斥為迂曲。況古人引書雖閒有斷閒取義,而訓詁要之不甚相遠。若"庸"字本"雝"之假借,當訓為敬,而羊舌職獨以一己之意改訓為"用",恐東周時大國之名臣未必武斷至此也。襄三十一年《傳》云:"圬人以時塓館宮室。"《孔疏》:"使此泥屋之人以時泥塗客館之宮室也。"乍讀之文義,似有未安,然上文云"繕完葺牆",李涪《刊誤》云:"'繕完葺'三字於文為繁,當是'繕宇葺牆'。"以《書》之"峻宇雕牆"為比。段氏懋堂駁之云:"古三字重疊者時有,安可以今人文法繩之。下文'無觀臺榭',豈非三字重疊耶?"據此說推之,則"館宮室"三字連文未始不可解也。

《小雅·大東篇》"終日七襄",丁酉歲,學使祁公觀風鎮江,會出此題,丹徒友人某舉以見詢。弟答之云:"《說文》'襄'下字云:'漢令解衣而耕,謂之襄'。解衣者有除去之義,引而申之,凡物之除去者皆謂之襄。《爾雅·釋言》訓'襄為除'是也。除乎此者,必復乎彼,又引而申之,凡物之反復者亦謂之襄。《毛傳》訓'襄為反'者,從引申之義也。《說文》解驤字云:'馬之低昂也'。驤字從襄字得聲,古人多假'襄'為'驤',故襄亦有'駕馬'之義。《鄭風·大叔于田》云:'兩服上襄',《鄭箋》云:'上駕者言為眾馬之最良也。'《爾雅·釋言》云:'襄,駕也。'郭注引《堯典》'懷山陵'為證。《鄭箋》訓'襄為駕'者,從假借之義也。二家之解本諸古訓未可偏,非但如毛說訓'襄為反',則終日之閒,星辰七去七反，恐不若是之速。《孔疏》云：'終日歷七辰，至夜而迴反。'理雖可通经，文本无'辰'字，未免添设，不若郑说之为得也。"此一时率意之言，可据为定论，望足下察之。

（選自《通義堂文集》卷二）

三禮

序言

答萬季野喪禮雜問

黃宗羲

衰裳之制，《儀禮》云："衽二尺有五寸。"註疏以衽為掩裳，上際在腰兩旁，後人俱因之。惟王廷相始以衽為衣襟，今將從之。夫子以為何如？鄭、賈之說，取布三尺五寸，上下各留一尺，一尺之外，上於左旁裁入六寸，下於右旁裁入六寸，便於盡處相望斜裁。如是則用布三尺五寸，得兩條衽，各長二尺五寸，廣頭向上，狹頭向下，綴於衣兩旁，狀如燕尾，以掩裳旁際。此與深衣之曲裾，制雖異而其義則同。蓋深衣之裳，一旁連，一旁不連，故曲裾兩條重沓而掩於一旁。喪服前後不連，故衽分綴於兩旁也。夫既同是一物，不應在彼為鉤邊，在此為衽。知彼曲裾之非，則知此衽之制未為得矣。且衣既對衿，則前綴之衰不能居中，鄭所謂廣袤當心者，亦自牴牾矣。今用布二尺五寸，交斜裁之為二，狹頭向上，廣頭向下，下辟領五寸，綴於衣身之旁，上以承領，下與衣齊，在左者為外衽，在右者為內衽，此定制也。喪服之制，唯黃潤玉為得之，不始於王浚川耳。

宮室之制，先儒謂諸侯以上房分東西，卿士以下，但有東無西。唯陳用之謂東西俱有，朱子心以為然，而未敢決言。今將從陳說，如何？鄭康成謂天子諸侯有左右房，大夫士惟有東房西室。陳用之因《鄉飲酒》薦脯出自左房，《鄉射》籩豆出自東房，以為"言左以有右，言東以有西，則大夫士之房室，與天子諸侯同，可知"。此不足破鄭說。所謂左房者，安知其非對右室而言也？所謂東房者，安知其非對西室友而言也？如《士冠禮》"冠者筵西拜受觶，賓東面答拜"，註"筵西拜，南面拜也。賓還答拜於西序之位。"此時筵在室戶西當牖之處，無西房，則西序與筵相近，故容答拜。有西房，則西序在西房之盡，其去筵也遠矣。此猶相距耳。若《士昏禮》，舅席在阼西面，姑席在房戶外之西南面。姑席不設於房戶東者，以阼當房戶之東。若設於戶東，則在舅之北，相背不便醴。婦之席在戶牖閒當牖之處，婦東面拜受，贊西階上北面拜送。無西房，則西階與牖相當，不礙東面。有西房，則贊與婦背面，焉有背面不相見而可以為禮者乎！以此推之，士未必有西房也。且"胤之舞衣、大貝、鼖鼓在西房，兌之戈、和之弓，垂之竹矢在東房"，是天子諸侯之兩房，經有明文。士既有西房，何以空設無一事及之耶？

《士虞禮》："其他如饋食。"註疏謂："如特牲饋食之禮"，今將從之。註疏："如饋食"，單以牲體言，尸俎用右胖，主人俎用左胖。敖繼公言："'其他'，謂陳設之位，與事神、事尸之儀，及執事者也。""祔廟"，鄭《注》謂："既祔主，復返於寢。"後人多因之，而朱子主之尤力。惟陳用之、吳幼清謂"無復返寢之理"，今將從之，何如？《左傳》："凡君薨，卒哭而祔。祔而作主，特祀於主，烝嘗禘於廟。"後儒總緣解此而誤。夫言"特祀於主"，似乎主不在廟，故有祔已復寢之文。不知既已復寢，則"烝嘗禘於廟"者為新主乎？為祖廟乎？為新主，新主在寢，不當言於廟；為祖廟，則四時常祀，不當繫之於此。蓋祔者既虞之後，埋重於祖廟門外，即作新主，以昭穆之班，祔於皇祖廟中，各主不動如故時。此時之祭，只皇祖、新主，所謂兩告之也，更不及別祖。自此以後，小祥、大祥、禫祭之類皆於祖廟，特祭新死者，並皇祖亦不及也。"烝嘗禘於廟"者，烝嘗，四時吉祭，行於廟中，亦不及新死者。左氏言此者，嫌新主在廟，有礙於吉祭也。三年喪畢，親過高祖者當祧，於是易檐改塗，羣主合食於廟，以次而遷，而新主遷居禰廟矣。

《曾子問》："宗子為殤而死，庶子弗為後也。"《註》謂："族人以其倫序相當者後宗子之父。"愚謂庶子即宗子之弟，宗子死，庶子即為父後，不必為宗子後，嘗有論辨之。《喪服傳》曰："大宗者，收族者也。不可以絕，故族人以支子後大宗也。"此言"宗子為殤而死"，大宗不可以絕，宜若當以族人支子後之。然殤無為人父之道，故族人支子即後宗子之父，而殤子不必後矣。庶子即支子也。若宗子自有弟，則代為宗子，更不必言。《喪服記》："夫之所為兄弟服，妻降一等。"鄭、賈皆不能解。昔人有以此為嫂叔服之證者，亦頗有理。此句費解，由夫之兄弟未明也。夫之兄弟服，自本宗外，有姊妹之大功，有從父姊妹之小功，有從祖姊妹之緦，有舅之子緦，從母之子緦。"妻降一等"，大功降為小功，小功降為緦，緦降為無服。若據之以為嫂叔之服，則是單有嫂之服叔，而叔之服嫂何不見歟？恐不然也。

《春秋》書"仲嬰齊卒"，《公羊》謂弟為兄後，即為之子，故不書"公孫"。其於先禰後祖之義亦然。此必當時原有其禮，故《公羊》為此說。不然，弟不可為兄之子，夫人知之，而《公羊》敢刱為此說乎？仲嬰齊，公子遂之子，公孫歸父之弟。歸父無後於魯，以嬰齊為後，理之正也。經書公孫嬰齊不一，其不為歸父之子，明矣。既為父子，則不得並稱"公孫"也。卒而書仲者，孫以王父字為氏，故《公羊》疑之。然臧孫問惠伯事，"諸大夫皆雜然曰：'仲氏也。'"此時嬰齊未嘗後歸父，已得名公子遂為仲氏，可見公子之字，即宗之為氏，不必至孫而後稱也，《公羊》無乃自相矛盾歟？

（選自《黃梨洲文集·書類》）

答汪苕文書

顧炎武

　　遠惠手書，獎挹過甚，殊增悚愧。至於憫禮教之廢壞，而望之斟酌今古，以成一書，返百王之季俗，而躋之三代，此仁人君子之用心也。然斯事之難，朱子嘗欲為之而未就矣，況又在四五百年之後乎！

　　弟少習舉業，多用力於四經，而《三禮》未之考究。年過五十，乃知"不學禮，無以立"之旨。方欲討論，而多歷憂患，又迫衰晚，兼以北方難購書籍，遂於此經未有所得。而所見有濟陽張君稷若名爾岐者，作《儀禮鄭注句讀》一書。根本先儒，立言簡當，以其人不求聞達，故無當世之名。而其書實似可傳，使朱子見之，必不僅謝監獄之稱許也。

　　向見五服異同之書，已相歎服。竊意出處升沉，自有定見。如得殫數年之精力，以《三禮》為經，而取古今之變附於其下，為之論斷，以待後王，以惠來學，豈非今日之大幸乎？弟方纂錄《易解》，程、朱各自為書，以正《大全》之謬。而桑榆之年，未卜能成與否，不敢虛期許之意，而仍以望之君子也。

（選自《顧亭林文集》卷三）

與李恕谷論周禮書

毛奇齡

《尚書冤詞序》説中林覯疑《周禮》，來札欲易此語，似以《周禮》非聖經有礙耳。夫《三禮》名經，固自無辭，若謂聖經，則自不可。今天下攻《周禮》者衆，總只"周公之書"四字害之。周、秦以前，竝無"周公作《周禮》《儀禮》"一語見于羣書，亦竝無周、秦以前羣書。若孔、孟、老、荀、列、墨、管、韓諸百家及《禮記》《大學》《中庸》《坊記》《表記》《孝經》所引經，有《儀禮》《周禮》一字一句，則周公不作此書，明矣。

《周禮》非周公作，何害《大學》《中庸》？不知何人作，其爲經自在也。必欲爭《周禮》爲周公作，《大學》孔子作，則無據之言，人將無據以爭之，事大壞矣。天下是非，原有一定。《周禮》惟非周公作，非聖經，然周人所言《周禮》即周之禮也。其中雖有與《春秋》諸禮不甚相合，然亦《周禮》也。如《公羊》言禮，全與《左氏》策書不相合，然亦周人之書也。況《周禮》全亡，所藉此一書稍爲周備，可爲言禮考據。若又排擊之，則無書矣。如此説《周禮》，方是妥當。若謂周公作，則雖始于鄭氏。而祖之而表章之者王安石也，人將以安石目之矣。

近姚立方作《僞周禮論註》四本，桐鄉錢君館于其家多日。及來謁，言語疎率，瞪目者久之，囁囁嚅嚅而退。然立方所著亦不示我，但索其卷首《總論》觀之，直紹述宋儒所言，以爲劉歆作。予稍就其卷首及宋儒所言者略辨之，惜其書不全見，不能全辨，然亦見大概矣。若《儀禮》非周公作，且于《三禮》中倍加訛謬，則予《喪禮》中所駁士禮者甚夥，皆無理不足道，此更非《周禮》比也。凡辨必有據，方爲無弊。僕所辨，亦無他人可語可商量。然幼時尚有父兄師友偶相闡發，今已絕矣。僕記先仲兄嘗言，先王典禮，俱無成書。韓宣子見《易象》《春秋》便目爲《周禮》，此果《周禮》乎？國家班禮法，祇于象魏懸條件，使里閭讀之已耳。刑法亦然。子產作《刑書》，反謂非法。即曆書一項，關係民用。先王所謂"敬授人時，與世共見"者，然亦只逐月頒布，竝無成書，如近代曆本，則他可知矣。是以夏禮，殷禮，夫子謂文獻不足，不特杞、宋原無文，即舊來傳書，亦祇得夏時坤乾，一如韓宣子之以《易象》《春秋》當禮書者！如是，則《周禮》五卷不必周公作，又是一證。且此所言，亦見讀書法。思之！思之！

（選自《西河集》卷二〇）

與陶紫司

閻若璩

> 閻若璩（1636—1704），字百詩，號潛邱，山西太原人。明萬曆三十二年（1604）進士。淹貫經史，精於考證。著有《尚書古文疏證》十八卷、《喪服翼注》一卷、《毛朱詩說》一卷、《孟子生卒年月考》一卷、《校正四書釋》八卷、《潛邱劄記》六卷等。生平事蹟見《清史稿》卷四八一、《國朝先正事略》卷三一、《文獻徵存錄》卷五、《國朝詩人徵略初編》卷一四等。

適考得《喪服傳》大夫為昆弟姑姊妹之長殤在小功，果五十始爵命，安得有兄若姊之尚在十九以下與？鄭注："以此知為大夫無殤服也。"此既以見世有奇才盛德，不必要至五十，而即有幼為大夫者。又以見已為大夫，則用士禮冠矣。冠即不為殤，不為殤而後可以服他人之殤。鄭注又云："昆弟殤死。"或謂為士者古四十強而仕，則四十始為士。今士在殤中，亦有未二十得為士者。冠也，仕也，服官政也，皆不依常法，周公固已為變禮制此服矣。若《國語》趙武冠見范文子，冠時年十六七；《家語》孔子年十九，聚於宋亓官氏，特衰季之事。以此難鈍翁，鈍翁必不服，固不若以周公所制者還折之也。

又，考得范甯《穀梁傳注》云："禮，為夫之姊妹服長殤，年十九至十六。"如此，則男不必三十而娶，女不必二十而嫁，明矣。妙在據《禮經》以正他書，不似鈍翁據他書以疑《禮經》，此古今人學術迥別處。又引譙周云："三十而娶，二十嫁者，蓋嫁娶之限，不得復過此云爾。故舜年三十無室，《書》已稱曰鰥。女子二十未有嫁者，《周官》即許其於仲春月奔不為止。"尤看得活潑。孔子曰："夫禮言其極耳，豈必定以是期哉！"蓋十九而娶亓官也。

又，甚矣！《檀弓》之多誣也。季武子之喪，曾點倚其門而歌，是為魯昭公七年丙寅，孔子甫十七，點少孔子若干歲未可知，然《論語》敘其坐，次於子路，則必少九歲以上也可知，計此時尚孩幼，安得有倚門而歌之事？即此以推，則世傳孔子三世出妻以為實本《檀弓》者，非唯不足信，抑且無所庸其辯焉矣！

（選自《潛邱劄記》卷六）

與陶紫司

閻若璩

　　承示鈍翁《古今五服考異》，酌古佐今，信為不刊之典。但《序》疑及《儀禮》處，謂丈夫三十而娶，為之妻者，乃有夫之姊之長殤之服，不亦異乎？疑"姊"字誤，不知非誤也。《左氏傳》："國君十五而生子。"冠而生子，禮也。然則古之冠昏，固有不盡二十、三十者矣。以十五之前之人而有妻，而適遭姊喪，姊尚可為中殤，且不必至長也。或曰：諸侯絕旁期，此降在緦麻，已無服，而謂諸侯之夫人服之乎？弟曰：夫人雖無服，而卻有服之理。古五十命為大夫，不特無冠禮，亦當無其昏禮。今乃有大夫昏禮，豈非世愈變而期已不若前乎？臣不殤君，子不殤父，殤者亦聞有子也。且年十六至十九方為長殤，女子十五許嫁，字而笄之，笄即不為殤，是女子無長殤。何《儀禮》言長殤者不一？傳記紛如，吾欲一以《儀禮》為斷。

　　《序》又疑大夫絕緦，於其旁親者皆然，何獨為貴臣貴妾緦？不知此義服也。《周禮》："王為諸侯緦衰。"天子且然，而況大夫乎？他若王一歲而有三年之喪二，只以《儀禮》"父必三年然後娶，達子之志"解之，故妻喪亦可稱三年期之喪，達乎大夫，其實大夫已降期，不待大功。今云云者，殆又誤會《中庸》之文也。案：王為諸侯緦衰，鄭注為弔服，然既葬而除，亦已服五月矣。

（選自《潛邱劄記》卷六）

與江辰六

閻若璩

承面問："鈍翁以長子筠卒，以幼子穀詒為之後，名之曰權。是說也，於禮安乎？否乎？"弟以鈍翁長於禮學，而又身為士夫，不應當哀悼荒惑之餘，任情黷禮，若世俗人所為者。其亦必有所恃乎？曷恃爾？殆恃《宋文鑑》劉原父為兄後一議乎？

及歸，取其稿讀之，果有與從弟論立後書，載劉原父之議曰："《春秋》之義，有常有變，取後者，不得取兄弟，常也；既已取兄弟矣，則正其禮，使從子例，變也。僖公以兄繼弟，《春秋》謂之子；嬰齊以弟繼兄，《春秋》亦謂之子，所謂常用於常，變用於變也。"《春秋》唯《公羊》家多異說，姑勿論。即以其僖公元年《傳》，此非子也。其稱子何？臣子一例也。蓋僖公於閔雖庶兄，實北面為臣。禮，諸侯臣諸父兄弟，以臣之繼君，猶子之繼父，其服皆斬，故《傳》稱臣子一例。

今鈍翁非諸侯也，然猶可諉者曰，有嬰齊大夫之例在。然今之大夫，非古之大夫也。古天子、諸侯及卿大夫有地者皆曰君。《喪服傳》："君，至尊也"，為之斬，故大夫尊，得以降其親，兄弟之服止大功。後世此禮不行。而劉炫駁牛弘降服之議曰："古之仕者，唯宗子一人，由是先王重適。今之仕者，位以才升，不限適庶，與古既異，何降之有旨哉！"其由此推言之，縱純翁無子，猶不得以弟為之後。而況鈍翁之子筠，不過一士庶人耳，而敢援古大夫之例乎？或又為之解曰："鈍翁固云權爾，權爾！"竊以天下何事不可權，而唯倫關父子，事涉宗祧，天經地義之所在，有必不可以權為辭者！且《公羊》不嘗以權許祭仲之廢君乎？君子深非之。漢雋不疑亦嘗以衛輒拒父，《春秋》是之，斷衛太子之獄，雖一時君臣相顧嘉歎，以為經術之效，而後世則罪其說之非善乎！鈍翁嘗引蘇氏之言曰："執聖人之一端，以藉其口，夫何說而不可！"然則斯議也，其亦聖人之一端也已矣。

（選自《潛邱劄記》卷六）

與劉超宗

閻若璩

前偶以僭禮一則奉詢，未及詳語，今敢不避狂瞽之罪而縷陳焉。

一、尊札謂"用牲於社，常禮也；用幣於社，變禮也。"竊以為用牲于社，亦未必盡為常禮。何以言之？周宣王當大旱之時，作《雲漢》之詩曰："靡不舉，靡愛斯牲。"又曰："自郊徂宮，上下奠瘞，靡神不宗。"又曰："祈年孔夙，方社不莫。"《集傳》曰："社，祭土神也。"是宣王固嘗因旱災而用牲于社矣，豈得盡謂為常禮耶？謂為常禮者，可通於《王制》，而不可通於《毛詩》也。

一、尊札謂"唯康侯從千載之後斷為鼓社。"竊以為《公羊傳》及何休注《公羊傳》皆以"鼓"字屬社，是連讀者不始於康侯也。

二、尊札謂"伐鼓也，用牲也，于社也，于朝也。一時竝舉，兩地偕作，有不可以先後分者。"竊以為以杜預為不足信，則已如以杜預為足信。杜預明云："諸侯用幣于社，請救于上；公伐鼓于朝，退而自責。"所謂退而自責者，正指諸侯親身而言。若一時竝舉，諸侯將置其射於社乎？抑置其身於朝乎？豈能化一身而為二人乎？若止置其身於社，而朝廷之上，雖鼓聲淵淵，乃虛談無諸侯之跡焉，吾不知所謂自責者何等也！

此三則者，實所不安于心。若其他，屬辭之精，比事之切，晚雖欲辯之，亦烏從而辯之？且唯有嘆服，唯有仰慕而已。日來讀《尚書》至今文、古文之別，頗覺紫陽、草廬大儒所疑的不可易，安得階前一尺地，跪而進其所得乎？

又：連日百忙中，又細讀《虞書》數過，見《舜典》本為《堯典》，而一典兼敍堯、舜事，舜則分登庸在位兩截，判然不亂。承教云："禹作司空，往平水土，豈待格文祖後耶？"愚謂：何待言，蔡《傳》自明。平水土者，錄其舊績，兼百揆者，勉其新功，即稷播穀，契敷教，皋陶明刑，亦申命其舊職而已，（亦合《孟子》"舜敷治"一段）非至此始為是官也。蔡《傳》精確者已萬不可易，況聖經乎？死罪死罪！《記》稱："朱干玉戚，以舞《大夏》"，"夏"字自誤。若《公羊》昭二十五年《傳》："朱干玉戚，以舞《大夏》，八佾以舞《大武》，此皆天子之禮也"，又竟是《大夏》亦不誤。此愚之所以欲博極羣書也。既思干戚是武舞，豈容揖遜而得天下者有之？《公羊》說不可信。不特《公羊》也，鄭康成注《禮記·內則》二十舞《大夏》曰："《大夏》，樂之文武備者也。"其說亦不可從。晚好自破其說如此。"舞是樂之終，則是辭之決"。鈔！鈔！敬受教矣。

又：偶思"左手執籥，右手秉翟"，籥如笛而六孔，豈徒執焉而無聲乎？質諸家大人，家大人曰："汝當博極羣書，以釋斯惑。"因考《周禮》："籥師掌教國子舞羽龡籥。"注云："文舞有持羽吹籥者，所謂籥舞也。《詩》曰：'左手執籥，右手秉翟。'"《春秋·宣八年》："壬午，猶繹，《萬》入，去籥。"注云："內舞去籥，惡其聲聞。"疏云："吹籥而舞，謂之文舞。"《公羊傳》："籥者何？籥舞也。"注云："籥所吹以節舞也。吹籥而舞，文樂之長。"《小雅》："以籥不僭"疏云："以為籥舞，謂吹籥而舞也。"又"籥舞笙鼓"，傳云："秉籥而舞，與笙鼓相應。"則所為文舞、小舞者，有聲明矣。書以為助，所關似非小也。

又：昨札去，尚有考之未盡處，今補上。《左傳》"見舞象箾南籥者"，疏曰："樂之為樂，有歌有舞，歌則詠其辭而以聲播之，舞則動其容而以曲隨之。"又曰："《周禮》舞《雲門》以祀天神云云，凡六樂者，文之以五聲，播之以八音。鄭氏注：'播之言被也。'是以舞為主，而被以音聲。"又曰："禮法，歌在堂而舞在庭，其實舞時堂上歌其舞曲也。"則所云"舞止有容"，當進一解矣。又疏言"象箾武舞，南籥文舞"，皆文王之樂，然則文王其獨兼文武乎？此亦禮書未詳者，當補之。又龜山猶知回護干舞，即孔疏亦然，獨孔《傳》不知，蓋傳與經同出一手也，知則不復犯矣。近考得微仲乃啟之次子，亦奇。

（選自《潛邱劄記》卷六）

與鄂少保論修三禮書

方苞

《三禮》自注疏而外，羣儒解說無多。所難者，辨注之誤，芟疏之繁，抉經記所以云之意，以發前儒未發之覆耳。故僕始議人刪三經注疏各一篇，擇其用功深者各一人。主刪一經注疏，一人佐之。餘人分採各家之說，交錯以徧，然後眾說無匿美，而去取詳略可通貫於全經。

爾時公即手書以示諸君子，而應者甚稀。其後王學士分主《儀禮》，甘司馬主《戴記》。更立條例，計人數，俾各纂數篇。僕為言人之意見各殊，所學淺深亦異，分操割裂，則一經中，脈絡且不能流通，而況三經之參互相抵者乎？去取詳略之大凡，且不能畫一，而況別擇之精粗？刪劇之當否乎？眾皆默然。僕曾以告公，未見宣布。退而思曰："豈謂吾不宜越畔而耘哉！"用是不敢固爭。今更以《儀禮》相屬，雖已成之例，難以改更，而後此規模，豈可更不早定？

夫《周官注疏》及訂義刪翼諸本，皆僕所點定也。其未定者，獨《永樂大典》中所錄取耳。分纂二三君子，皆用功多年，私心竊謂庶幾乎可畫一矣。及各成數冊，比類而參校之，雖大體不失，而去取詳略，意見多殊。分劙屬隘，措注亦異。僕與鍾君畹，反覆討論以求其貫通，所費日力，幾與特著一書等。觀此則《儀禮》《戴記》注疏及各家之說，樊然殽亂，而宿無定本者，其端緒之難理，殆有甚於斯矣。

李侍講南還，既以潘進士嗣事，則未竟之書，宜以相付。但僕見士友聞留心於是經者甚少。望公面詢潘君暨姚徵士，擇定一人，俾速就功役。俟稿本既就，僕當手訂一篇，並作按語。就中擇能者一二人，依式討論，俾彼此不相抵。若《周官》卒業，衰病之身，尚留人世，自當與諸君子早夜孜孜，不敢畏難而志怠也。

（選自《方望溪全集》卷六）

與鄂少保論喪服注疏之誤書　方苞

河間獻王所得邦國《禮》，自漢不能用，至唐而亡。孔、賈作《疏》，惟宗鄭注。後儒遵守，於喪禮之大經，承誤而不知其非者約有數端。猶幸其綱領，尚存於《春官·司服》，而散見諸官者，一一可徵，參以《儀禮》《戴記》，其謬悠可得而正也。

一則以《儀禮·喪服》"齊衰三月"章曰："庶人爲國君。"遂謂圻外之民，為天子無服，不知曰國君者，以明大夫君則其臣有服而民無服耳。溥天之下，皆天子之民也。諸侯為天子牧氏，則民為之服，而況天子乎？康成既誤謂無服，故注《檀弓篇》遂云："三月天下服。"專指侯國大夫服總衰而言。獨不思文承國中男女服之後，則謂天下之民明矣。使服者惟侯國之大夫，則宜特文以見之。而漫曰天下服，使習其讀者，第知天下之民皆服。而不知服者，惟侯國之大夫。記禮者不宜若是之憒憒也。喪期之變，自漢文帝始。詔曰："令至出臨三日，皆釋服，毋禁取婦嫁女，祠祀飲酒食肉者。"則漢文帝以前，天下之民，皆齊衰三月，不得嫁娶祠祀、飲酒食肉無疑矣。

一則謂公卿大夫之妻，為王齊衰期。於后無服，侯國之命婦，於夫人亦然。蓋因喪服無明文，黃氏榦臣為《君服圖》，亦未敘列耳。然《司服職》曰："為天王斬衰，為后齊衰。"而《昏義》申之曰："服父之義也，服母之義也。"公卿、大夫、士視后猶母，為后服母之服，而其妻則無服可乎？古者嫂叔無服，而於娣姒則以同室而生小功之親，外命婦為王服，而於后轉無服可乎？《周官》："凡稱大喪，皆謂王后也。"《內宰》："凡喪事，佐后治外內，命婦正其服位。"《肆師》："大喪，令外內命婦序哭。"《春官》："世婦大喪，比外內命婦之朝暮哭者。"內司服於九嬪世婦，外別共凡命婦之喪衰，正謂公卿大夫之妻耳。可以後儒無稽之言，而廢周公之典法哉！《儀禮》"不杖期"章曰："為夫之君，蓋以婦人為君且有服。"則后夫人不待言耳。《禮經》中文略而義該者，如此類甚多。則外命婦於后夫人，並不杖期無疑也。

一則據《儀禮》"緦衰七月。"謂諸侯之大夫，以時接見於天子，故有服而士無服，不知緦衰在大功之下，小功之上。大夫服此，則士正服小功無疑矣。即如此職，於大夫曰其喪服，加以大功小功；於士曰亦如之。遂據此謂士無緦服，可乎？若以接見天子為義，則諸侯之大夫，固有未達於王朝者，有雖聘頻而不得接見天子者。《小行人職》"大客則儐，小客則受其幣而聽其辭"是也。諸侯之士，有從君而達於王朝，且任之以事者。《掌客職》："凡介行人宰史皆有牢。"《象胥職》"王之大事，諸侯；次事，卿；次事，大夫；次事，上士；下事，庶子"是也。且使從君朝覲，適遭大喪，卿大夫皆緦衰，庶人縞素，而士獨服吉可乎？

程朱治經，多盡屏漢儒之說者，以折衷義理，而決不可通故也。群儒曲護舊說，亦約有數端。一則謂庶人為國君齊衰，又為天子齊衰，則為二統。而例以為人後者，為其本生父母。不知為人後者，服雖有降而無絕也。若圻外之民無服，則竟絕之於天子矣。況民為國君，非為人後之比。《太宰職》："以九兩繫邦國之民。"一曰牧以地得民，則雖諸侯不過為天子繫屬。此民與師長主友之屬等耳。故侯國有災，移民通財，舍禁弛力，薄征緩刑，必待大司徒之令。《大宗伯》以荒禮哀凶札，以吊禮哀禍烖！以襘禮哀圍敗，以恤禮哀寇亂。小行人所至之國，札喪則令賻補，凶荒則令賙委，師役則令犒禬，皆所以救民之死病也。天子保民如子，而民戴之如父母。一旦天崩地坼而不為數月之服，不惟義不可以苟止，而情亦不能苟安。如以二統為嫌，是男子為父斬衰。又為君斬衰。婦人為夫三年，而夫在又為長子三年，亦爲二統矣。毋乃害義傷教，而不即於人心乎！

一則謂婦人之從服，必降於夫。夫為后齊衰期，妻不宜同。獨不思父在為母期，而婦為姑亦期，婦為舅姑同服期，而不問子之斬與齊。則外命婦為王后君夫人同服期，而不問夫之斬與齊。王后之喪，外命婦之喪，衰哭位備見於諸官，而可以臆說亂之乎？

一則謂諸侯之大夫，既降為緦衰，不宜庶人轉承以齊衰。不知服之輕重，義各有當。大夫之降為緦衰，以不得上比於王臣耳。若民則天子之民，義無所嫌，故期以三月，而齊衰不降。猶旁服有大功小功，而世適之於高曾，並齊衰三月也。禮以義起，而緣人情。學者反求其本，則於一曲之說，昭然若發矇矣。

（選自《方望溪全集》卷六）

上張撫軍請校儀禮經傳通解書

任啟運

> 任啟運(1670—1744)，字翼聖，世稱"釣臺先生"，江蘇荆溪（今宜興）人。雍正十一年（1733）進士。精於《儀禮》。著有《任釣臺先生遺書》四卷、《周易洗心錄》九卷、《周易洗水錄》十卷、《尚書約注》四卷、《尚書章句內篇》五卷、《禮記章句》十卷、《四書約旨》十九卷、《天子肆獻祼饋食禮纂》三卷、《清芬樓遺稿》四卷等書。生平事蹟見《清史稿》四八一、《國朝先正事略》卷三四、《清儒學案》卷五三、《學案小識》卷一三、《續纂宜縣誌》卷九等。

蓋聞禮者，人之所以立三代之隆，因人性而制禮，節人情而定儀。至周而禮文大備，故子曰："郁郁乎文哉！吾從周。"暴秦一炬，諸儒抱殘守缺，莫能通其條貫。有宋朱子會輯諸書，作為《儀禮經解通解》，先家鄉，次邦國，綱舉目張。黃氏繼之，續《喪祭二儀》，其有功於先聖甚大。但其書鏤板甚少，學者或不能窺。呂氏復刊布之意，亦美矣。顧其為板，錯謬殊多。生從他友借觀，其中如《少牢饋食禮》經文脫者，至五十餘字，注文誤者至五百餘字，《六涉篇》所引《大傳》黑壤未刻至千有餘字。其他謬誤，總而計之，蓋不下數萬焉。

夫以今學者之尠見寡聞，其知有是書者蓋寡，知有是書而好之者更寡。或好之矣而貧無力，不足以得之；或得之矣，而不能潛心推究，因誤於文而並誤於事；或心疑其誤而無他書可以參校，終不免回惑而無所適從。是呂氏未竟之功，即朱子全書之累也。

今天子大化翔洽，萬方向風，而公又以純德正學治理江南。生雖不才，夙有志於《禮》。乞將呂板頒賜二部，使生於課徒之餘，徧攷引用諸書，逐字較訂。以一部為改注草本，以一部改訂定本進呈。傳諭書肆逐一改鐫，庶此書為完書，而學者亦有所循習矣。若進而上之，則黃氏於禘祫諸說，多本考亭。而今抄寫注疏"威靈仰""白招拒"云云，不啻方底而圜，蓋當議改也。朱子全書不過六百餘紙，而黃氏《喪祭二禮》數反倍之，不免過繁，當議節也。又進而上之，則朱子所存注疏，大抵芟薙之功多而曉暢之意少，擇則精而語未詳，當議增也。又進而上之，即朱子所采傳記，前後亦或有可商者焉，必劑其繁簡，鱗次而節比之。斯足成朱子之志，而為不朽之盛業。生竊有志而學力淺薄，不足以及之，則請姑俟諸異日，而非今日所敢議也。不揣僭踰，無任戰慄。

（選自《清芬樓遺稿》卷一）

答方閣學問三禮書目　　李　紱

　　右所開《三禮書目》，在注疏經解之外者，共一百一十六種，皆浙江藏書家所有。然購求頗難：有懾當事不行鈔寫，而以勢力強取，遂秘而不肯出者；亦有因卷帙浩繁，難於鈔寫，恐時遲費重，遂以無可購覓咨覆者。往復行移，徒淹時日，無益於纂修。且其書為明人所纂者多，而宋元以前名家之舊十纔一二，其中可采者亦不過十之一二耳。經學廢壞，實由有明以來取士之法，不依朱子貢舉私議，而每經束以一家之言。士子苟且記誦，旬月之間，即可決科，雖聰穎者亦皆無所用心。《禮記》則《喪禮》盡遭刪削，即記誦亦不能及半。《周禮》《儀禮》則束高閣而不視矣。一二好事者勦襲鈔撮，號為注疏經，實則敷衍一家之言，為科舉講章之用而已。於經義毫無發明，則一毫無可采者也。

　　自元以前，窮經之學甚盛。士人每為一書，多能自出己見，發揮經義。雖未必皆是，要必各有可采。蓋聖人之書目，天下之道，一家之說，必不能窮。仁者見之謂之仁，智者見之謂之智。智仁合，而後聖可幾；亦必眾說合，而後經可解也。國家欲崇重經學，務必用朱子貢舉私議之法，而後人知窮經。而宋元以前，解經書自科舉。俗學既行，其書置之無用，漸就銷亡。如荊公《周禮義》，徐健庵先生懸千金購之而不可得，現在尚存之二三者。惟《永樂大典》一書，此書現存翰林院，盡可采用。

　　禮局初開，謄錄生監與供事書吏一無所事。若令纂修等官於《永樂大典》檢出關繫《三禮》之書，逐一鈔寫，各以類從，重加編次。兩月即可鈔完，一月即可編定。不過三閱月，而宋元以前《三禮》逸書復見於天下，其功之大，當與編纂《三禮》等。在總裁諸公不過一開口，派令辦理，無奏請之煩，無心力之費，固無所可憚而不為者也。

《永樂大典》三萬八千八百餘卷，余所閱者尚未及行。然宋元《三禮義疏》，如唐成伯璵《禮記外傳》，宋王荊公《周禮義易祓》《周禮總義》、王昭禹《周禮詳解》、毛龍《周禮集傳》、項安世《周禮家說》、鄭宗顏《周禮新講義》，今世所逸之書咸在，而鄭鍔、歐陽謙之等諸名家之說附見者尤多。擇其精義，集為成書，豈不勝於求世俗講章之一無可采者哉！其事簡，其功大，敢以此為禮局獻焉！

（選自《穆堂初稿》卷三四）

與方靈皋同官析義書

李　紱

　　功令：《周禮》不列於學官，較佗經治者甚少。其文煩碎，義尤難知。鄭注、賈疏去古為近，義從其朔，則惡池配林不可遺者也。自宋以還，惟李泰伯能貫穿其大綱，惟俞壽翁能整齊其條目。有功《周禮》，二子為大。此外，若王光遠《詳解》、林少穎《全解》，並祖荊公《新義》。黃山谷所謂"妙處不朽"，固應別擇存之。而薈萃眾說以備《周禮》之《義疏》者，工次點《訂義》、邱吉甫《釋義》二書為詳。

　　愚生平於《周禮》用功不深，依約數家之論，聊資講解而已。今讀大注，妙義創解，層見間出。不特疑者，析而奇者，已不勝欣賞矣。詆《周禮》者，目為煩刑重斂之書。嘗平心以觀山林關市之征禁過多，而《條狼氏》："誓大夫乃曰：'關鞭五百。'"心亦疑之。今大注以"刑不上大夫"意訓"刑百官之刑"為型以準歲。豈因明職歲之義，以貢賦不並行，駁康成口率出泉之誤？豈惟洗《周禮》煩刑厚斂之譏？推而行之，實有益於天下萬世。

　　信乎！其為經國之大業，不朽之盛事也。第不識山林關市之征，《條狼氏》所誓悉有說以處之否。書館分治，不可合併，無由細相商榷，喟然何已。其他句比字櫛，一一創獲，必傳無疑。過蒙虛懷下問，鄙見參差，不過百中之一。有舊說互見而當別擇者，有舊說可用而不必更張者，亦有舊說未安而不可不更定者。妄舉數條，藉求教益。

　　如"體國經野"大注謂"量國中之體"，是以定野外之經制以國統野，言近於山陰黃氏之說。然草廬吳氏謂"體國者，分營其國之宮城門塗，猶人身之四體經野者。畫治其野之邱甸、溝洫，如織之有經緯。"蓋專言國，則兼統野，與野對舉。則有國自為國，野自為野，各有其事。如以為體國與經野似遺漏體國之事矣。此舊說互見，而當別擇者也。

"八柄"之"三曰予，以馭其幸。"舊注本謂："爵祿之外，別有所賜。出於特恩，故曰幸至。"劉氏乃謂"幸者，正所親幸可賜予，不可爵之。"大注亦仍其說，當以嬖幸。竊以為嬖幸之名起於衰世。若三代盛王贄御虎賁，莫非正士，當爵則爵之，當祿則祿之，烏得別有賜予，以私其嬖幸哉！惟人臣因事有功，常祿之外，別有賜予，以未榮幸。大者慶之以地，若"朝宿之邑""錫諸王畿""湯沐之邑""頌於方嶽"是也。小者予之以物，若彤弓蘆矢，俾專征代"秬鬯一卣，螯爾圭瓚"是也。彼嬖幸之賜，安得著為令典？此書說可用而不必更張者也。

"八柄"之"四曰置，以馭其行。"舊注謂"置之於位，以旌其行。"未甚分明。南康劉氏以為"置者，耆老廢退之人。雖當廢退，其素行賢明，特置之。若公族穆子辭疾，晉侯使掌公族大夫也"。此解亦通。第立意稍狹，恐未足盡經意。顧置與爵同列於"八柄"，自當別為一事。爵之別有置，猶祿之外有予也。嘗考《王制》："凡官民材，必先論之；論辨，然後使之；任事，然後爵之；位定，然後祿之。"又曰："司馬辨論官材，論進士之賢者以告於王，而定其論。論定然後官之，任官然後爵之，位定然後祿之。"任事、任官皆在爵祿之前，疑即所謂"置之士始"。進由六德六行六藝，施之於事，未必果勝其任。先置之任事之列，以觀其行，故曰："置，以馭其行。"似專為初仕者言之。今大注蒙舊說，謂三宅六事，百司置之，必當其位，似泛與馭貴意復。況三宅六事皆大臣也，在位已久，無庸位置，且所馭亦豈止於行哉！此則舊說未安，而不可不為更定者也。

議禮之家如聚訟，鄙見亦未必有當。足下以能問於不能，不可無以仰塞盛意，如更蒙教覆，則弟之受益侈矣。

靈皋覆札云："所駁數條，皆至當不易服，甚感甚所，望於益友正如是耳。地官呈教，祈破工必為我發其疵病之伏藏者，極知無暇，而不得不為是懇懇惟鑒之。蓋方君虛懷如此，真古之學者也。"

（選自《穆堂初稿》卷四三）

與同館論纂修三禮事宜書　李　紱

愚經術淺薄，《三禮》尤疏，荷蒙皇上特恩，得附于總裁之末，不敢不竭愚誠。今開局伊始，纂修大意，敢妄陳之一。《三禮》並修，不宜有所軒輊。《禮記》列在《五經》，數百年來，用以取士。而近世儒者因慮氏有《儀禮》為經，《禮記》為傳之說，乃尊《儀禮》《周禮》，而輕《禮記》。不知《禮記》中惟《祭義》及《冠昏》《飲射》《聘燕》等篇有義字者，乃可目之以傳。其餘若《曲禮》《內則》《玉藻》《明堂位》《喪服小記》《大傳》《少儀》《雜記》《喪大記》《祭法》《奔喪》《深衣》《投壺》皆禮制在焉。安得概謂之傳？以《周禮》《儀禮》為經，《禮記》為傳，遂有謂經為聖人所作，傳為漢儒所編，宜以傳從經，不可屈經從傳者，此語亦未盡然。《朱子語類》謂："《周禮》未必周公自作，恐如今日編修官之類為之。"又"官名與他書所見多不同，恐是作此書成，見設官太多遂不用。亦如唐《六典》今存，唐時原不曾用。"又笑云："禁治蝦蟇也，專一設官，豈不酷耶？"由此觀之，則《周禮》未必遂勝於《禮記》也。至于《儀禮》，則朱子以為不備。其于冠者，見母與兄弟，母與兄弟皆先拜，則直以為差異。而李方子錄朱子語，有許順之《問語》云："人謂《禮記》是漢儒說，恐不然。漢儒最純者，莫如董仲舒。仲舒之文最純者，莫如《三策》，何嘗有《禮記》？"有語如《樂記》所謂："天高地下萬物散，殊而禮制行矣。流而不息，合同而化，而樂與焉。仲舒何說得到。"朱子答云："以是知《禮記》亦出于孔、孟徒無疑。"順之此言極是。由此觀之，則謂《禮記》盡出于漢儒所編，固未確也。況朱子作《大學章句》謂《經》一章為孔子之言，而《傳》十章為曾子之言。程子論《中庸》，直以為子思筆之，於書以授孟子。此二書現頒學官，用以訓士家。絃而戶誦，固亦《禮記》之篇，何不以漢儒所編疑之，即《禮記疏》中惟《王制》一篇。此盧植語。有漢文帝命博士諸生作《王制》之說，然《漢書·郊祀志》謂文帝令博士刺取《六經》之言作《王制》，則亦皆經辭也。豈可目以為傳而薄之哉！

愚意三經並修，不必低昂異同是非，悉斷以理而已。若先存成見，則意必固我，反足為說經之異矣。

一、三禮以詮疏為主，一切章假故實，非有大礙于理者，宜遵鄭注、孔《疏》。《朱子語類》載門人問《禮記古注》外，無以加否，曰："鄭注自好看，注看疏自可了。"又子升問"《周禮》如何看？"曰："且循疏看去。"又論《五經注疏》云："五經中《周禮》疏最好，《詩》與《禮記》次之。"朱子之言如此。則今纂修者，理宜遵朱子之言，一以鄭、孔為主，章假不可更張。故實不宜輕駁。惟鄭注援引緯書者，《孔疏》雖委曲附會，亦不可從。

一、三禮之書，以《禮》文為主，泛論義理之說，不必過于採摭。朱子謂"本朝陸農師之徒，大抵說《禮》都要先求其義，豈知古人所以講明其義者，蓋緣其儀皆在，其具並存。"如今古禮散失百篇，無一二存者，如何懸空于上面。說義須是，且將散失諸禮，錯綜得實，則其義亦不待說而自明。然則分採眾說，務于講制度者加詳，于講議理者從簡，庶合于朱子之旨。鄙見如斯，惟諸君子酌定之。

（選自《穆堂別稿》卷三四）

與同館論修三禮凡例書　　李　紱

　　旬日以來，閱所纂《禮記》，亦俱妥適。惟"辨正"與"存異存疑"，分別不甚清楚。入存異者，似可入存疑；入存疑者，似又可入存異。而"辨正"中語所辨者多，即是所存之異與疑，既辨于前，又存于後，殊覺未安。故甘端恪原批謂："辨正"一條當列"存異存疑"後。而纂修諸君子又謂：原定《凡例》次序，"辨正"在前，今難更改。愚細思之，原定《凡例》實有難分別者。蓋天下之理原無兩可，其互異者必有一非，即當辨而去之，安得並存？所謂精義歸一空，當無二也。至于箋解可疑之語，當辨析以決其疑。故異者疑者皆當論定于"辨正"條內，不應"辨正"之後，復立"存異存疑"，致滋重複。

　　但《凡例》既經奏定，自難更張。就今思之，有可遷就使不至于重複者，既有將典章、制度、名物、象數之兩異及可疑者，分別于"存異""存疑"之中；而箋注義理之兩異與可疑者，則均入于"辨正"條內。蓋理雖無異與疑之可存，而制度則世遠言湮，容有傳聞異辭。而闕文可疑者，如《孟子》論"班爵班祿"與《王制》異，《郊特牲》論"南郊"與《周禮》異。彼此皆經，當以彼之異附見于此經而存之。如《士冠禮》：既冠後，見母而不見父，拜母而母先拜。及《昏禮》廟見為舅姑已歿者言。而朱文公《家禮》舅姑存者，亦行廟見禮，皆禮之可疑者，亦當附而存之。則與"辨正"不相重複。而"辨正"一條，亦不必移置"辨異辨疑"之後矣。

又"通論""餘論"二條之後，今復加以"總論"，亦似未安。無論原奏六條之外，不便加增，且"通論""原議"亦覺未安。通字應作貫通前章解，則"通論"即總論，無庸別添"總論"。"原議"乃謂他經論議有可與此經相通者，則是經外之意，即"餘論"矣，以此為"通論"更以何者為餘論耶？若以通論全章義理為"通論"，以旁及他經者為"餘論"，則不必于原奏六條之外，另添"總論"，似覺更為妥協。

　　昨與同館諸君商之，而彼以所纂將定，難于更張為辭。然修書在一時，而奉勅纂修之書將以傳之萬世。恐不當憚煩而不求其至當，使後來有遺議也。伏惟眾總裁大人酌定行之。幸甚幸甚！

（選自《穆堂別稿》卷三四）

與同館論徵取三禮注解書

李紱

　　三禮館送到廿冢宰閱過。《禮記》七十五卷，今俱重閱一遍。原批妥者十之七，俱仍之；未妥者十之三，以意更定之。其有原批雖妥，止作商量，語未斷定者，今亦以意酌定之。但唐、宋、元、明以來，箋注諸書尚有應採者俱未採入，其應入"存異存疑"及"辨正""通論"者甚多。奉勅纂修之書，將以垂示萬世，不全不備，似乎未安。

　　從前所開《三禮書目》應行徵閱者，共一百一十六種。今查館中止有五種，尚有一百一十一種未到。從前行文未將書目粘單併發，所以各地方官吏無憑搜求。今開館既久，書當速成。若再行文，緩不及事。查浙江藏書之家，惟故檢討朱諱彝尊藏書最多，某從前與修《春秋》時，請總裁太倉王公將其孫（名稻孫者）奏令入館。纂修即令將所有《春秋》各家注解帶來，共得一百二十七種，遂不待別有徵求而採集大備。今館中出有纂修官闕，若仍用此法將朱稻孫奏請入館，即令將所有《三禮》各家注解帶來，則所少之書十得七八矣。聞其人貧甚，應令地方官資送。歲內行文，限新年正二月徵到。即將其書分發各纂修官，採添亦不過兩三月可畢。再加閱定，隨閱隨鈔，正副定本，大約明年端節前後可以陸續進呈於館。書未為遲悞，而收採盡心，庶於奉勅纂修之意不為草率。是否可行？伏惟酌定。

（選自《穆堂別稿》卷三四）

答錢甥忠游問禘祫書 楊 椿

> 楊椿（1676—1753），字農先，號雪溪，江蘇武進人。康熙五十七年（1718）進士。精於《易》《春秋》《三禮》。著有《周易定本》一卷、《尚書定本》一卷、《詩經釋辨》二卷、《周禮訂疑》一卷、《春秋類考》四卷、《尚書考》《孟鄰堂文集》十六卷《別集》六卷。生平事蹟見《清史列傳》卷七一、《國朝耆獻類徵》《清儒學案》卷五六、《光緒武陽志餘》卷七、齊召南《翰林院侍講學士楊公椿墓誌銘》等。

　　甥問禘祫，於迂迂何人，敢言二禮哉！無以諸儒之說在，試為甥述之。禘莫詳於《大傳》《喪服小記》，祫亦《大傳》最晰。王者禘其祖之所自出，以其祖配之。天子之禘也，天子宗廟之合食也。諸侯及其大祖、諸侯之祫也，諸侯宗廟之合食也。大夫、士有事省於其君，干祫及其高祖，（干，求也。康成訓干為空，疑誤）大夫、士宗廟之合食也。蓋天子宗廟合食為禘，諸侯宗廟合食為祫。辨在禘其祖之所自出，及其大祖不同耳。大夫、士宗廟無祫，干之及其高祖，此天子、諸侯、大夫、士宗廟合食之等殺也。

　　西漢之儒紀載各異，《大傳》《小記》不王不禘矣。《王制》《郊特牲》《祭義》《祭統》天子諸侯時祭亦名禘。《公羊傳》："五年而再殷祭矣。"

《王制》："時祭，天子禘嘗烝亦祫，諸侯禘一犆，一祫，嘗祫，烝祫。"箋注諸家牾舛更甚。禘為終王一王一舉者，劉歆、顏師古也。禘為喪畢，即吉之祭時。禘為夏殷禮者，鄭康成也。禘有大禘、小禘者，呂夏卿。禘有大禘、時禘者，馬貴與。祫有大祫、時祫者，朱子、楊復也。祫及壇墠，禘及郊宗石室者，馬融。祫則毀主未毀主，皆合祭於太祖。禘則太王、王季以上遷主祭於稷廟。文武以下，穆遷主祭於文廟，昭遷主祭於武廟者，鄭康成也。禘兼羣主者，王肅、程子、陳祥道、黃澤。祫兼羣主，禘止以祖配之者，曹魏尚書、唐趙匡、朱子、楊復也。祫大於禘者，康成。禘大於祫者，馬融、王肅也。一祭二名，禮無差降者，孔安國、劉歆、賈逵。祫即禘，禘即祫者，杜預也。再殷祭為一祫，再祫者，楊復。再殷祭為一禘一祫者，韋元成。定其期三年五年者，張純、何休、鄭康成也。康成、高堂隆，又云：始則先禘後祫，繼則先祫後禘。徐邈云："相去各三十月，三十月而祫，三十月而禘也。"夫五年而再大祫似矣。天子一歲時祫者三，諸侯二歲時祫者五，毋乃太數歟？禘推祖所自出，祫止及其太祖，非禘大於祫而何？禘既大祭時祭，豈又名禘？奚小大之分也？先王報本追遠，祭祖之所自出，豈近親廟而反遺之？禘祫雖似而實不同，混禘祫為一，固非；別之為三年五年，先禘後祫，先祫後禘者，亦誤。禘非禫比，閔二年書吉以未可吉而吉行之耳，孰謂即吉之祭乎？終王之解，子駿一人之言，師古附會之，未可以為據也。此諸儒同異之見，互有得失者也。

　　竊嘗究之禘，有《周禮》，有《魯禮》，《周禮大傳》《小記》是也。《魯禮》今無所據，以《春秋》考之，大抵初僭之時，不敢同於天子。尚未遷於太廟，祗於羣廟之中各禘其所自出。僖八年，用致夫人始，毅然行之而無忌。《魯頌·閟宮》之詩所為作也。其後，太廟、羣廟及已祧之廟，無不行之。遂僅目為有事，孔子故不欲觀之也。祫則諸侯之祭，《春秋》謂之大事，魯雖僭禘而祫亦不廢。文二年以躋僖公，故書之。定八年從祀先公，乃陽虎私禱盜祫禮行之，故書從祀而不書大事。是年八月辛卯，《左傳》書"禘於僖公"。《春秋》不書者,從祀之。後陽虎復禱焉以媚之,故不書也。韋元成、張純等見魯兼禘祫,因謂天子禘祫皆有之。鄭康成以大事為大祭,有事為小祭,又以再殷祭為一祫一禘。杜元凱復從而混之。於是禘祫之名亂,禘祫之說繁。更可異者,《周禮》無禘祫之名,康成《大宗伯》注:"肆獻祼享先王,祫也。饋食享先王,禘也。"《論語》:"禘自既灌而往者",則灌何嘗非禘?《小雅》:"吉蠲為饎。"時祭又何嘗不饋食乎?《大傳》注:祖所自出者,先祖感生之帝。《大司樂》注:"圜丘天神主北辰,方丘地祇主崐崘,宗廟人鬼主后稷。"三者皆禘。與《大傳》注、《大宗伯》注不更自相矛盾乎?甥勤學好禮,採其是而略其非焉可也。

（選自《孟鄰堂文鈔》卷一〇）

奉家學士靈皋二兄書 方槃如

本年八月朔，被縣帖內開蒙憲奉部遵旨事件，檄取某赴京，充三禮經館纂修者。持捧慚惶，知非吾二兄大人推輓不至此。竄名遺經，自托不腐。此儒生之榮願，便宜做裝祇役。而中夜循省，腸轉車輪，有不能應者二，有不敢應者二。

往者日月雖邁，視聽未衰。自甲子一終以還，籠束特甚，筋力倦急，齒髮皓落。刮目苦無金錍，充耳不煩石瑱。末疾風淫，時時竊發；中虛暴下，往往經旬。長途非枕席可過，公事豈喏嗟能辦！前此濫吹鴻博，幸蒙駁放，如其不爾，亦難蹶趨。況吾衰又甚乎！其不能者一也。

兒曹頗多豚犬，食口動如春蠶。郭內外之田，不盈百畝。廡東西之屋，難覓三間。避債無臺，質錢有帖。今以開七十歲之老子，望四千里之京師，飲食起居，其費自倍。而又家居來久，行李闕如。襆被囊衣，動須整理。平頭奴子，又當債傭稱貸。欲向誰門，鬻產堪充幾許。其不能者二也。

少循八股，惟業一經，《毛詩》是其專門，他經略未上口。至如《三禮》，古稱大經。窮老投閑，始一窺涉。尋文逐句，茫無津涯。加以記功素拙，老悖多忘。行所經心，十不憶一。矧肄業之未及，那回應而不窮。假令張口蒙然，豈不拍手笑殺。擁指而退，終在異時。縮手就閑，何如今日。其不敢者一也。

生平說經，頗觝古注，謂諸經皆出漢世儒學。近有師承，校其博通無如鄭氏。鄭惟泥禮箋《詩》，故恒以詞害志。若乃禮學，是其勝場。中有失者，惟是兼信《緯書》絲棼、郊禘諸類，其他則強半得之。自王肅乘貴辨口，增加《家語》，動輒觝突。於是南王北鄭，代相紛拏。然唐初疏家，仍用鄭學。所謂是非之心，人皆有之。朱子《儀禮經傳通解》，亦全采鄭注。偶自下意，則綴下方。蓋其慎也。今《小戴》一經，單行東匯。前朝據茲擢士，後遂為沿聖書。圖熟進身，即聲從昧。惟變則通，望在今日。半山《周禮新義》，全豹惜今未窺。其他說家，大抵議論多而解詁少，此時文之濫觴，匪傳經之正則。《儀禮》僅見敖氏，多是竊取注文，改頭換面，且妄疵鄭氏，可謂盜憎主人，尤甚不取。不知今此泚筆，將安適歸？竊謂義理可臆其有無，典文必傳自古老。似宜專主康成，而仍折衷朱子。朱子所左亦左之，所右亦右之。棄瑕取玖，乃其庶幾。然心面不同，恐多聚訟。欲令違心拂志，事筆研於其間，則必不精不詳，無所可用。其不敢者二也。

要之，分與病兼，勢難即路，亦不俟覼縷及此。悉附兄弟，故敢盡布腹心。現在陳列衰病，懇請州司詳達。先此肅啟，伏望鑒而憐之。得寢成命，使遂首邱。無任感激之至。

（選自《集虛齋學古文》卷四）

與望溪先生書

沈 彤

> 沈彤(1688—1752)，字冠雲，號果堂，江蘇吳江(今蘇州)人。乾隆元歲（1736）薦舉"博學鴻詞"，讀書以窮經為事，長於三《禮》。著有《尚書小疏》一卷、《儀禮小疏》十三卷、《毛詩要義》三十卷、《周官祿田考》三卷、《果堂集》十二卷。生平事蹟見《清史稿》四八一、《清史列傳》卷六八、惠棟《沈君彤墓誌銘》等。

闰三月二日，彤頓首。望溪先生閣下：甲子之秋，嘗奉書謹候起居。蒙先生報以手札，末言方湛思《儀禮》，冀得彤說以開之。夫彤之學識，固不足當此意於先生，而其時又不暇事此書，故未及有所呈。昨於郡城見公子信，方知先生又甚欲悉彤數年所為，而命之詳述，彤益增悚愧。既念彤於先生，雖未具師弟子之禮，而實以師事，其敢隱匿而不告耶！

當彤之別先生於京師而歸也，在辛酉之冬。其明年，館友人徐靈胎所。靈胎具經世才，不獲用，隱於醫。既館彤於家，遂著文數十篇，策天下事。每一篇成，輒囑彤稽經考古，以訂補其說。時又有從靈胎學醫者，與彤居一室。數以內經、甲乙經、經脈、氣穴諸物相難。彤恥其為吾身所具而不知，又傷唐以後論撰有貽誤後人者，為先著《氣穴考略》五卷、《釋骨》一篇示之。

此壬戌春至甲子三年所為也。其冬，縣公丁一峰與震澤陳公又延肜編纂邑志。肜固辭不獲，乃偕同志數人亟為之。十四月而稿具。今獨加訂補之功，恐後此一二年，又不遑他務矣。憶丁巳春，正蒙先生亟稱肜所撰《儀禮義》，因上書先生，謂自今而後，當循次撰述，以成其書。乃辛酉之後，無所為。其為于辛酉以前者，尚寡。而上溯丁巳五年，下迨于今無之。誠自漸日月之易邁，而尤愧有言不能踐，無以酬積累之盛心也。且肜平生固自有微志，而其所以不得遂者，亦有由。今先生拳拳於肜如此，肜敢不並為先生述之。

　　肜年三十五六時，嘗與交友輩言志。皆曰得位則立功，不得位則著書作文，名傳不朽。肜乃慨然曰：「吾德薄才小，舉業無華，度未必得位而有立於時。獨其心頗能窺經傳之奧旨，而筆亦尚足闡明之，寫之於篇。庶幾於昔賢後學不無小補。則所以任為己職，而勤修不懈，以不虛父之生、君之食、師之教，與天地之覆載者，即在此書與文也。敢徒以傳己之名哉！」爾時肜正從事《尚書》，其後於他經亦各有所解，乃並未成帙。至於《儀禮》，則以為自古注家少，聖人之精蘊沉鬱，於是書者獨多，雖無用於今，而通其意，均足以節情而養性。故丁巳以來，尤汲汲圖闡明焉。而其解亦不過十二三，此非吾志之不克持，而曠其所自任之職也。貧士無田無錢財，凡一家所需，與交接之費，皆取資於一筆。而吾筆之用，遂隨人所欲，不可得而主。又身本多病，其筆屢見用於人，則精氣益銷，不得不少休自養。間有移情於雜學而自用筆者，要亦開其端於人，而遂以不休。夫如是，故雖汲汲闡明之書，且未暇以為而成，蓋實有無如之何者，亦大可哀也已。

　　茲承先生命，敢不益加自勵。苟邑志功竣，必專力此書，以求不疚己之初心。踐往時告先生之言，且將及先生之尚克湛思也。隨所就之篇次請正，俾皆是無非，以果有裨於昔賢後學，斯又肜今日區區之志也。倘先生周鑒其前後之說而諒之寬之，則幸甚。肜頓首。

（選自《果堂集》卷四）

上望溪先生書

尹會一

> 尹會一(1691—1748)，字元浮，號健餘，直隸(今河北省)博野人。雍正二年(1724)進士。治學篤朱程。著有《君鑒臣鑒士鑒女鑒》十六卷、《重訂小學纂注》六卷、《近思錄集解》十卷、《續三禮筆記》、《呂語集粹》四卷、《洛學編》五卷、《北學編》三卷、《講習錄》二卷、《健餘先生文集》十卷、《四書筆記》六卷等書。生平事蹟見《國朝先正事略》卷一五、《清史列傳》卷一八、顧棟高《尹先生會一傳》、呂熾《尹健餘先生年譜》等。

　　承教學禮手書，反復讀之，彌仰人師為則，克己之深，誨人之篤，實某父子所中心誠服者。先生幸勿以經師為辭，麾嘉銓於門牆之外也。

　　夫禮教之不行久矣，庸人溺於流俗，離經畔道而不顧。其或稍知自好，有志求古者，則羣起而非之。以斯須不可去之道，而搖搖莫定於心，何能獨立不懼，遯世而無悶乎？且古來議《禮》聚訟，言人人殊，欲折衷而定所從亦難矣。故凡自棄於禮者，牽制於非古之浮言，固多阻於泥古之說，而畏其難以推行者，亦復不少。大抵禮之繁縟已肇於周末，故孔子有從先進之思，而大反本之問；斟酌先王之禮，以答顏淵道可識已。孟子之學於喪禮經界識其大者，而能因略以致詳，足徵命世亞聖之才。朱子編次《儀禮經傳通解》，條理井然，誠得古聖賢遺意。顧於喪祭之大，未暇手定，不無遺憾。其在於今，惟禮無成書，難昭法守。

竊思"不知禮，無以立"，《論語》記以終篇入德之要，莫切於是。必知禮之本意，與禮之節文，何者為古今不易之經，何者為因時損益之道。明其源委，而斷以心安。乃能確然自立，而不至耳目無加，手足無措。否則，辨之不明。雖欲好古，又見世俗之近情；方遵此傳，又覺他說之為是。甚至莽、歆增竄之文，白黑莫別。誤信邪說，必將陷於禽獸而不知。禮儀備而津逮末由，涉獵多而適以增惑。嘉銓懼焉。

窺見先生言禮諸書，辨偽正訛，總向本原體貼。而摘其大綱節目以垂訓，私心竊喜，得所依歸。冒昧請業，適當先生耄而好學，嗣事《儀禮》之時，講其節文，導之先路，俾知所往而務踐其實；告之以重任，行畏塗至遠，期而必要其成，立教之終始具矣。先生必當以道自任，容令嘉銓親叩師門，橫經諸益。感甚幸甚！

（選自《健餘先生文集》卷五）

與友人論周禮書

汪 紱

　　宋人有兄弟而駿者,家有美桃,外青而中赤,貌醜而味甘。鄰或知其桃之美而利其人之駿也。且嘗之曰:"此桃不堪食,蓋畀我以需藥乎?"兄弟信而與之,不自嘗也。來歲復生,則復收而與之,卒不自嘗。或告之:此桃甚美,奈何悉以與人?即不美,蓋亦嘗諸兄弟。因其言而索嘗於鄰,鄰以他桃之類者啖之,果大苦,不堪食,乃益信其鄰以樹畀之,終身不復嘗矣。君子讀書不衷以眾多之議論,而衷以一理之是非。斯理之是非,非極深以研求,優遊而饜飪,則又無以得其疑似之辨。

　　昨書來,力辨《周禮》之偽。引經據古,說利弊甚詳悉。大非無識。然紱卒以賢為未嘗讀《周禮》也者。蓋《周禮》一經規模大而經緯細,當與《周易》《春秋》並觀。第周公雖筆之於書,而未遑盡施之事,故周制亦間與經不合。然九畿不同,《禹貢》而略見於《洛誥》;封國不同於武、成,而魯、衛、齊、唐之封,實皆不止百里。昔人有不識鴨者,或則遺之鴨雛,方羽毳而聲弇讔。然歸今而後乃知鴨矣,羽毳而聲弇者也。會他出閩,時而歸。睹前所受鴨雛,已羽翩而聲唳。遂大駭,以為非復鴨也。故執此以疑彼,皆不識鴨雛者也。聖經不幸不行於二程、張、朱之手,而行於劉歆、蘇綽、安石之徒。之數人者,聖經之賊也。此所謂鄰桃之類者,其大苦不堪食也。不亦宜乎?

　　夫聖人者,醫也。法者,國之藥也。孫思邈聖於醫品藥制方,用無不效,遨遊四國，活人甚衆。或有盜其方者曰："吾盡得孫之術矣。"會其地大疫，招盜方者視之，殺人強半，然歎曰："此非予之罪，思邈之方固不效也。"嗚呼！夫思邈之方則烏乎其不效也。

（選自《雙池文集》卷三）

與江慎修書

汪紱

聞慎修名，紱雖未挹芝眉，而私心不勝渴慕。欲猝然而晉謁，又恐無因至前，慮無按劍之視，故敢以書達。

夫俗士之敝於辭章久矣。窮經皓首，初何當於身心；苦志青氈，實營心於利達。是以聖賢之書若明若晦，先王之禮名存實亡，誰克起而振之者？顧振之亦難言矣。必名在天下而後足以振興乎天下，名在一國而後足以振興乎一國，名在一邑一鄉而後足以振興乎一邑一鄉，尤必其貲財顯達，足以副之，而後乃得名當世。不則，誰為和之？孰令聽之？今之列當道者，既多靡靡以從俗矣。而必曰附驥尾以彰厥名，或亦志士之所不屑歟？

紱誠譾劣無似，而猥聞鄉閭聚語所譏，評為道學骨董者，則以紱與慎修並指，時用自愧。獨是慎俗學之支離，鄙詞章之靡蔓。在慎修亦會有同志。庶幾世無聖人，不應在弟子之列者。然而名不列於青衿，家無餘於儋石。則雖有憤時疾俗之志，亦徒為夢寐。予懷抑思，夫善與人同，何必在我。慎修著作之富，夫亦既足使當世信而從之。苟慎脩能振興末俗，一挽支離靡蔓之狂瀾，則振之在慎修，猶在紱也。

側聞《三禮合參》之著，紱雖未睹其書，然禮家言人人殊，竊願一聞大指。《周禮》一書，真偽之聚訟紛紜矣。其果真耶？偽耶？《周禮》闕冬官，而俞廷椿、丘吉甫諸人每欲割五官以補之。其果闕耶？否耶？《儀禮》在昔人謂有五疑，昌黎病其難讀，而朱子獨看得有緒。由今觀之，其孰是孰非歟？《戴記》醇駁相雜，互有齟齬，自《學》《庸》而外，何者為醇而無弊耶？《記》之注疏，多附緯書，而今則遵用陳注，又吳草廬亦有注，其皆可取耶？抑他家亦各有所長歟？

凡此數端，急當為俗士辨之。毋使操戈入室，明先王之精意，俾當世可訓行。振興末俗，宜無大於此者，慎修其必有定見矣。又聞此書未經付梓，而別有《四書名物考》之刻。夫名物之考，務博洽耳，於《禮經》孰緩孰急？而顧先於此問世，不幾揚末學之波歟？抑或者以斯世所不尚而強聒之，不如以斯世所共尚者而婉導之。在慎修自有挽末流而返之身心者寓乎其中，而先以此為之兆歟？紱與慎修未有生平之交，而為是嘵嘵之問，毋亦唐突過甚。然苟同方同術，何不可引為知己，況邇在鄉井間乎？慎修不鄙斯言，其必當有以示我。

（選自《雙池文集》卷三）

答顧復初司業論五禮通考書　秦蕙田

> 秦蕙田（1702—1764），字樹峰，號味經，江南金匱（今無錫）人。乾隆元年（1736）進士。精於治《禮》。著有《五禮通考》《五禮通考雜辯》二卷、《觀象授時》十四卷、《味經窩詩文類稿》二十八卷。生平事蹟見《清史列傳》卷二〇、《國朝先正事略》卷一七、錢大昕《秦先生蕙田墓誌銘》等。

　　承諭拙著《五禮通考》係絕大著作，不宜速成，務宜折衷至當，為千古定論，足徵誨我之深。唯是尚有所疑，不得不臚列就正。

　　來札有云"前書欲使經文之疑處都破，百家之障礙掃除，而又欲編輯漢以後之史冊，及稗官小說，罔有缺漏，但恐疑處、障礙即在此二項中，正宜斬斷，不使漫為牽引，致碔砆與美玉雜揉。漢以後之君相，俱係無識人，豈可與先聖制作並列一處，反致眼目不清，所宜破除者即此"云云。

　　竊謂：《禮》為經世鉅典，非可託之空言，正欲見之行事。《傳》曰："禮以義起。"又曰："三王不相襲禮。"程子謂："聖人復出，必用今之衣冠器用而為之節文。其所謂貴本而親用者，亦在時王斟酌之耳。行禮不可全泥古，須視當時之風氣。"朱子曰："聖人有作古禮，未必盡用，須且是理會本原。"二先生之言，深合"禮以義起"之義，非可謂古則是，而後則非也。且古禮之存者寡矣。即僅有存者，殘編斷簡，乃千百之什一，其不可行也久矣。眾說紛紜，觸手障礙，正須鉤摘而掃除之，則雲霧撥而青天出。若一切斬斷，概置不錄，則疑處何由而破？障礙何由而掃？先聖著作何由而明也？且漢、唐以來之禮，即孔子所謂百世可知之禮，皆有天下者議禮制度考文之實，而為當代禮典所由出。特其沿革損益不能盡合古人者有之，而其不合之處，正宜搜羅詳述，考訂折衷，以定其是非。此而不錄，則世儒議禮，所謂損益可知者，從何處下手？雖欲為叔孫通之緜蕝而不可得矣。

況尊論又云："即如周公制禮，後世不必沿襲者儘多。禘禮及大饗、明堂，乃周公特創，從前部議，現已停止，何況漢以後之制作耶？如原廟及汾陰泰畤、河東后土，宜另立一項，別為非禮之禮。又有三代正禮，而近世難行者，如九廟昭穆，明見於經文，自漢明帝遺詔藏主光武室中，後世遂為同堂異室。明思宗欲立九廟，禮官以為基地窄狹難容，勉強立之，及祭日止詣太祖及興獻二廟，不能遍詣行禮，踰年遂燬於火。此等處宜詳列原委，另著議論。"夫禘禮、明堂、大饗及九廟之不可行良是。但禘禮、明堂、大饗、九廟皆先聖制作也，同堂異室及停止禘祭、大饗後世之禮也，今既欲專載先聖著作，而謂漢以後之君相不可並列一處，乃又謂詳列原委，另著議論，細繹來書，不幾前後矛盾，而大相刺謬乎？不識使之何所適從也。

尊論又謂："此書切忌援引多而斷制少，典故多而發明少。如禮書總帳簿，讀者漫而無別擇，甚無謂也。東海《通考》最無遺議，然尚嫌其太多，貪多務得，細大不捐，作文且不可，況《禮書》大制作耶？"竊謂著作詳約，各有體裁。約者宜精，不精則不成其為約矣。詳者宜不漏，漏則不成其為詳矣。著書大忌不詳不約，猶之作文者不古不今，最為害事。如尊見削去百家之言及後代事，止載經文，是經解之五禮彙纂，如現成之《儀禮經傳通解》是也。此書原屬未成，而朱子之本意正不止是。《宋史·禮志》載朱子嘗欲取《儀禮》《周官》《二戴記》為本，復編次朝廷公卿大夫士民之禮，盡取漢、晉而下及唐諸儒之說，考訂辨正，以為當代之典。

《志》所言，不為無據。蕙何人斯，敢擬此例！惟是杜氏、馬氏曾為之矣，竊傲其意，名曰《通考》。通考者，考三代以下之經文以立其本原，考三代以後之事蹟而正其得失。本原者，得失之度量權衡也；得失者，本原之濫觴流極也。本原之不立，壞於注疏百家之穿鑿附會，故積疑生障，必窮搜之，明辨之。得失之不正，紊於後代之私心杜撰，便利自私，至障錮成疑，必備載之，極論之。是故援引者斷制之所從出，斷制者援引之歸宿也。苟不援引，何從斷制？善援引者，正即援引而成斷制，非兩事也。孔子曰："禮失而求諸野。"稗官小說，亦取其言之是，而助吾之斷制者耳。即不然，亦顯著其謬，明斥其非，不使如隱慝之潛滋，陰流其毒，以惑後世，而潛害吾之斷制者耳。如此，則援引愈多，而發明斷制亦因以詳備，然後疑處可破，障礙可除。先聖之制作，乃獨伸其是，而尊於百世之上，豈漫無別擇而牽引之哉！

夫議禮之宗，每代難得一二人；而朝廷掌故，每代難得一二書。竭力搜羅，尚恐缺漏，矧可削之耶？若使希圖省事，但摘一二大端以為口實，其餘並將斬斷，則源流本末罔然不知，即有所謂斷制者，亦必憑私忖度，罅隙百出，動輒窒礙而不足信。孔子曰："文獻不足故也，足則吾能徵之。"《中庸》曰："無徵不信。"徵者，援引也，典故也。先生何反言之耶？孟子曰："博學而詳說之，將以反說約也。"貪多務得，細大不捐，不可以行文，而可以徵禮，或有然矣！古云："議禮如聚訟。"如欲聽訟，由堂上而觀堂下，必使兩造具備，師德五辭，五辭簡孚，而後正於五罰。若不聽其辭，窮其變態，得其真情，而遽以己意斷之，吾未見其明允也。

此書頭緒既多，必須通貫全書，心細如髮，方可著眼。否則，一部十七史從何說起？今年託校讎者，惟淮陰吳山夫一人，幸麤稿俱已就理。而鈔胥僅有三人，不能多寫。乘此暇隙，依序詳校討論，刪潤盡心而已，敢云著作哉！但恨卷帙大，道途遠，無由質證耳。

（選自《味經窩詩文類稿》卷一）

奉方溪前輩書　全祖望

甬東後學全祖望再拜頓首靈皋先生前輩足下：束髮以來，仰慕盛名；南北道遠，不得不一御元禮。茲來京師，峨嵋天半。幸一望見，從此塵山霧海；有所指歸，幸先生其弗棄。按《檀弓》曰："殷朝而殯於祖，周朝而遂葬。"注疏家引以為殷殯祖廟、周殯路寢之据，因有"殷尚質故於廟，周尚文故於寢"之說，言之確鑿。但考之《左氏》僖公八年與襄四年，皆有"不殯於廟"之語，而皆以為降禮。則苟非貶黜，似未有不殯於廟者。杜元凱、孔仲達曰："所謂不殯廟者，非果殯在廟也。臨葬時必以殯宮朝廟。今貶黜者，禮宜從殺，不復行朝廟禮耳。"夫以《周禮》論，則朝之與殯，截然兩大節目，而乃以不殯廟為不朝廟，似未可信。考鄭康成《志》"答趙商"一條，亦嘗及此，然疑實終不解。載考之《大戴禮·諸侯遷廟篇》曰："成廟將遷之新廟，君玄服，從者皆玄服。至於廟，祝曰：'孝嗣侯某，敢以嘉幣告於皇考，某侯成廟將徙，敢告。'君有司以次出廟門。至於新廟。"夫所謂至於廟、出廟門者，所殯之廟也。所謂新廟者，所祔之廟也。更與《左氏》相為證合。於是近世有謂三代殯宮皆在祖廟。蓋廟中之堂，乃先祖出享帝時棲神之所，死者之柩難以直據其所，故不得已而降在庭階之間。若夫路寢，則直殯中堂，何嫌何疑？而階上陳尸，階下行禮。生時負扆，死乃降之偪仄之區，顯背禮文。其為《儀禮》之訛，無疑。

然愚仍有所未信者，殷禮無征，姑且置之弗論。若《周禮》，則方大斂時，絞紟衾冒，雖已畢具，然尸尚在床也。迨舉尸而下於棺，舉棺而載諸輴；菆則周之，屋則塗之，是曰殯禮。今曰殯當在廟，則廟在寢東。非咫尺所可到，此纍然之尸，何物舉之而至廟耶？而且所殯之廟，其始祖之廟耶？其皇考之廟耶？其所祔之廟耶？夫倚廬堊室，以衛殯宮。殯而在廟，則居喪之制所有。七月五月之期，皆將在廟中耶？何以絕無明證也？已乃思曰："嘻！《左氏》所謂廟，即《儀禮》所謂寢也。"以人道則曰寢，親言之也；以神道則曰廟，尊言之也。考《尚書·顧命篇》："諸侯出廟門俟。"《傳》曰："廟門者，路寢門，殯之所處，故曰廟也。"蔡《傳》同。《喪大記》："甸人所徹廟之西北扉。"《疏》曰："謂正寢為廟，神之也。"《喪服小記》"無事不辟廟門"，《注》曰："廟，殯宮也。""間喪祭之宗廟，以鬼享之"，《疏》曰："謂虞祭於殯宮，神之所在，故稱宗廟。"《士虞禮》："側享於廟門外之右東面"，《注》曰："鬼神所在則曰廟，尊言之。"《雜記》："至於廟門"，《注》曰："廟，所殯宮。"然則廟即寢也。《儀禮》《左傳》之言，異而同也。是以明堂九室，其中亦曰太廟。

夫明堂，天子所居，何以忽與都宮一例並稱？及見陳用之曰"以其秋冬大饗在焉"故也。古者鬼神所在，皆謂之廟，然則又何異於殯宮？總之，夏后氏之阼階，殷之兩楹，周之西階，皆於正寢，即殷人所謂"朝而殯於祖"者。亦謂於下棺後，便以柩朝廟，而殯於廟中。周則直至葬時，始有朝廟一節。是其禮之所以不同，非謂殷之殯廟，如下殯之異尸而就殮也。若《左傳》晉文公薨，而次日即殯曲沃；《檀弓》孔子殯母於五父之衢，則皆末世變禮。晉以兵革之事，務急葬以臨戎，亦自知其非禮，故諱其名而曰殯。若孔子，則以不知父墓，出萬不得已之舉。是其所謂殯者，直如後世權厝之禮，在三月以後者。但以未能純乎葬禮，而謂之殯，是則別是一例，先生以為何如？

（選自《鮚埼亭集外編》卷四一）

答李穆堂先生問三禮書　　袁　枚

　　先生以大儒總裁《三禮》，命諸翰林，條對所見。枚年少不學，何所妄言！但自幼讀禮而疑，稍長，泛覽百家而疑，乃益深夫三代遠矣。今之徵文大義，幸不絕如綫者，賴有孔子。孔子之言又褻矣。今之可信者，賴有《論語》。引孔子為斷，而三代之禮定；《論語》為斷，而孔子之言定。孔子贊《周易》，正《雅》《頌》，志欲行周公之道，形於夢寐，豈有周公手定之書竟不肄業及之之理？子所雅言《詩》《書》外，惟《禮》加一執字，于《石經》為藝字。蓋《詩》《書》有簡策之可考，而《禮》則所重在躬行，非有章條禁約也。故孺悲學喪禮於夫子，而夫子亦嘗問禮於老聃。使《儀禮》有書，《周禮》有書，則人人依書而習之足矣，又何執禮、學禮、問禮之紛紛耶？

　　孔子拱而尚左，弟子皆左。子曰：甚矣！二三子之好學也。丘也，有姊之喪故也。使尚左尚右，禮有明文，則諸弟子早已習之，不從書而從師，何也？子曰："周監於二代，郁郁乎文哉！"曰："周因於殷禮，所損益可知也。"此數語者，夫子舉周之盛時而言也。周公兼三王，思四事，必有宏綱巨旨在人耳目者，故夫子於夏殷言不足，而於周則願從焉。子曰："文勝質則史。"曰："如用之，則吾從先進。"曰："禮與其奢也，寧儉。"此數語者，夫子舉周之衰世而言也。春秋，禮壞樂崩，必有繁文縟節，增飾已侈者，故夫子以《先進》正之，而於《奢儉》《文質》三致意焉。若使《周禮》《儀禮》當時具存，則籩豆膴腯，升降裼襲，其嚴若彼，其細若此。周德雖衰，天命未改，自上而下習慣自然，又安得有先進後進，從奢從儉之分哉！後儒以禮證之，《詩》《書》不合，以禮證禮又不合，於是附會以為周公未成之書。夫周公相成王，夜以繼日，猶恐天下不治，何暇仰屋樑，偈偈著書？其門下士亦必無呂不韋淮南諸客也。後世學孔子者莫如孟子，證《春秋》者莫如《左傳》。孟子言周室班爵祿，其詳不可得而聞；言井田，經界亦以意為之。而《詩》及龍子之言為證。使當日《周禮》尚存，則郊遂、川澮之名歷歷可數。孟子守先王之道以待，後之學者而竟目不一見此書，其所守者何道也？子產爭承於晉，子服景伯卻百牢於吳，不引大行人之職以折之；郤至慍金奏，知罃卻桑林，亦不引大司樂之職以謝之。諸賢皆博物君子，而所學乃不如鄭、馬，其所博者，又何物也？仲孫湫曰：「魯秉周禮。」未知周禮何指？韓宣子聘魯，見《易象》與《魯春秋》，曰：「周禮盡在魯矣。」然則，《易象》《春秋》即《周禮》也，非別有所謂周禮也。昭公名知禮太叔儀，曰：「是儀也，非禮也。」古之人且賤儀而尊禮矣，而何《儀禮》為經之說乎？若所守先世之禮，與他國所存周家之書，亦未嘗無一二可考者。史克對宣公曰：「先君周公制周禮，曰『則以觀德，德以處事』。」又作《誓命》曰：「竊賄為盜，盜器為奸。」單子稱：「周制曰列樹以表道，列鄽食以表路。」周之《秩官》曰：「敵國賓至，關尹以告。」申無宇曰：「文王之法曰有亡荒。」閱此數書者考之，今之《周禮》絕無其詞，豈《左氏》之所引者亡，而《左氏》之所未引者反存耶？抑《左氏》、孟子均不足信，而惟今之《周禮》《儀禮》為足信耶？夫禮與其過而廢之也，寧過而廢存之，此亦好古者之苦心。然不辨其真偽，不摘其純疵，而概以為先王之書，莫敢睨視，則所關於世道人心者甚鉅。劉歆新莽無論已，荊公方正學俱以此書誤世。而當時爭之者，俱就事論事，而未嘗有一二豪傑之士，直指《周官》《周禮》之非，聖破其所挾持，以致人主不悟，而天下陷於敗亡，為可歎也。

總而論之，《周禮》今之管子、晏子也。管子相桓公才最大，晏子事景公學甚正。今所傳之書殊駁，必非管、晏所作。夫以褊霸之才，後人擬之而不類，況周公乎？以無關重輕之管子、晏子，後人尚附會之，況《周禮》乎？當今堯舜在上，禮樂明備。願先生纂修之際，存疑多，存信少，方可以質聖人，垂後世而不惑。枚故以先儒之疑三《禮》者，陳之於前，而以枚之疑《三禮》者附之於後。其中或有與先儒暗合，而枚自目所未見者，亦不免為無意之雷同，謹條列於左。

疑《儀禮》者謂班氏《七略》、劉歆《九種》尚無此書，《聘禮》"筴禾之數"與《周官》掌客不合。先儒敖繼公、湛若水俱疑之，若枚之所疑之者不止是焉。按大射即燕射，鄉射即鄉飲酒禮。君之燕臣，非其大夫，即其卿士；鄉之賓介為鄉大夫、鄉先生，皆雍容揖讓，非若後世之考兵校武也。乃《大射禮》曰："司射者，搢樸升堂乃去。"樸鄉射稱射者，有過則撻之，以行禮之揚為行刑之地，過矣。《聘禮》："賈人啟櫝取圭"，鄭注："賈人，在官知物價者。"夫聘以通兩君之好，精圭將敬，而乃令賈人與之，以廉讓之堂為交易之所，過矣。《覲禮》：《蓼蕭》之詩，《康王之誥》，是何等華飾。而《儀禮》則云："諸侯肉袒于廟門之外。"當嘉禮之行，非受刑之狀。不祥可憎，作偽更可憎。篇首不言告祖禰、告社稷、宗廟、山川以及在道習儀，而竟始于郊。勞其後享獻諸禮，亦不見于篇中。二鄭援《周禮》為解，謂諸侯有四時之見，朝宗禮備，覲遇禮省，此《春秋》見天子之禮也。

夫諸侯非能一歲而四見天子也。將各以其方而各趨其時，是在西北之諸侯終不見備禮矣。司馬、司寇惟國君有之，大夫家無有也。春秋，魯三家僭妄，叔孫有司馬、鬷戾一見而已。乃《少牢饋食禮》曰："司馬刲羊，司士擊豕。"是卿大夫家皆有一司寇、司馬也。《周禮》："凡射，王以《騶虞》為節，諸侯以《貍首》為節，卿大夫以《采蘋》為節，士以《采蘩》為節。鄉射，大夫士之禮也。其終竟奏《騶虞》。"《左氏》曰：

"《肆夏》，天子所以享元侯也。"乃《大射禮》公即席，亦奏《肆夏》。《燕禮》：賓及庭，公受爵，亦奏《肆夏》。又稱諸公席三重。按《尚書·顧命》："王席三重。"鄉射之公，安得相同？且周制天子置三公，二王之後為公，諸侯以下于其國稱公，乃燕禮侯國之臣。有所謂公者，位在卿、大夫上，若楚之棠公、葉公者，然何其僭也。《喪禮》："諸侯縣壺代哭，士代哭不以官。夫父母之喪，創巨痛深，發乎不得已。"所謂哀至則哭，何常之有，乃竟有代哭之文。南朝王秀之一達人耳，猶禁子孫代哭，曰："喪主不能淳至，故欲多聲相亂，魂而有靈，吾當笑之。"豈周公乃秀之之不若耶？大射有樂，而燕禮無之；鄉飲有樂，而少牢饋食、特牲饋食無之。是重其所輕，而輕其所重也。稷在某，黍在某，祭醴始扱一祭。又扱再祭特體，有腸五胃五、一骨二骨之分，此詳其所不必詳也。

　　冠于廟而不及其祖禰，既冠，見君見母見鄉里士大夫，而不及其父、國君。享卿大夫只屠一狗，此略其所不當略也。天子率土之尊，諸侯一國之尊，其服之重如一宜也。今卿大夫有采地者，貴臣重臣無不服斬，是與國君無別也。國君之尊，其絕旁親宜也。大夫之世父母、叔父母、子昆弟之子為士者，既以期而降大功矣，而尊同又得服其親服。大夫之子亦通降，如大夫而尊同者不降。大夫之妻於夫之姑姊妹，在室既嫁皆小功，惟嫁于大夫者不降。若不為大夫妻，又降緦麻，不幾于無服乎？周道親親，而喪服之貴貴，又何至于此極耶？又庶子為父，後者為其母緦，夫與尊者為一體，不降不可也。而竟使人無其母，亦不可也。《喪服》曰："有死于宮中者，為之三月不舉祭。"夫宮中之所死，其為妾媵無疑。以妾媵之微，廢祀典之大，豈論祠烝嘗竟可廢耶？慈母無服，而乳母亦緦。豈乳母以名服，而慈母反不可以名服耶？士相見禮賓，五請，主人始出，又不升堂，止于大門外一拜。太傲盛服行禮，忽而袒衣旋襲，又袒又襲，如是者數十次，太煩。孫為祖尸，父拜其子，明目賓尸，子為父客，太戲。何人斯而見婦，酌婦，婦東贊西相面也，相拜也，太瀆。一主耳，而有練主，有虞主，有苴，有重，有墮，有鉤袒，有繶爵，有□極，有棘心，又有銘旌，一祭耳。有尸，有祝，有茅蒩，有□正，有佐食，有賓，有上利，有下利，有上餕，有下餕，有□，有司宮，有司馬，有司士，一昏耳。而有贊，有御，有娣，有□舅，有宰姑，有司，紛紛擾擾，殊非大樂必易，大禮必簡之旨。

　　按漢初高堂生始傳《士禮》十七篇，而今書不止于士禮。若《燕禮》《大射》《聘禮》《公食大夫》《覲禮》五篇，皆諸侯之禮也。《喪服》一篇，總包天子以下之服制，然則所謂《士禮》者，僅十一篇耳。或后蒼及門人慶普等取諸他禮，以應其數。而非高堂之原本，亦未可知；而其可疑，則大概相似。《周禮》《戴禮》較《儀禮》，紕繆更甚，先儒捃摭亦更多，故所疑百十條不錄。

（選自《小倉山房文集》卷一五）

復秦味經先生校勘五禮通考各條書

盧文弨

日承尊諭，以所著《五禮通考》雖已刊刻完竣，未即行世，恐其中或有參錯不及細檢處，須及今改訂為善。文弨學識短淺，誠知不足以副諈諉。然先生之虛懷為已至矣，繙閱之勞，所不敢辭。謹就愚見，似其中尚有可參酌者數事，輒疏左方呈覽，伏乞恕其狂瞽，或有一二采擇，不勝幸甚，主臣！

尊案云："鄭氏注經文天帝，名目錯出。一天帝也，曰北辰耀魄寶、天皇大帝、皇天上帝、昊天上帝，一天而數名。又謂皇天、北辰耀魄寶，上帝、太微五帝，一號而二神。一五帝也，曰五德帝、當方帝、感生帝。一感生帝也，曰靈威仰、赤熛怒、含樞紐、白招矩、汁光紀。隨文而屢變。"文弨謹案：康成六天之說，雖參錯屢變，然約其旨歸，不過北辰耀魄寶及太微五帝二者而已。上所譏一號而二神者是也。至五帝之名，則東方蒼帝靈威仰、南方赤帝赤熛怒之屬，蒼赤黃白黑即木火土金水之五德，主東西南北中之五方，異名而同實者也。唯感生帝則隨代而易。周木德，蒼帝之精，故以靈威仰為感生帝。殷則以汁光紀，禹則以白招矩。五德各當其方，而當代祇一感生帝，是不可謂之屢變。

《書》："類于上帝。"蔡《傳》："其禮依效祀為之。"尊案云："類之名義，諸解皆不若鄭《注》之確，故朱子《書集傳》取之以授蔡氏也。"文弨謹案：下文又有尊案云："經言類祭，不外陟位、行師、巡守諸大事，皆義類之正大而不可以已者。然則類之為名，或亦正其義類而告之之謂乎？若以類為依倣郊祀，則旅亦未嘗非依倣為之也"云云。據此，則此處尚未可遽以鄭注為確也。

《禮志》："壇每成高二十七尺，三成總二百七十有六，《乾》之策也。"尊案云："《乾》策二百一十有六，七為誤字顯然。分之為三，當作每成七十二尺，亦刻本誤也。但三成共二十一丈六尺，何乃太高，亦不可考。"文弨謹案：每成二十七尺，此似非誤，意此下或尚有脫文。考前後制度，多言十二陛，陛七十二級。三成陛級之數合之，適得《乾》策。然則非言每成有七十二尺明矣。蓋每成二十七尺，已比舊之高加倍有餘，（舊每成高八尺一寸）無遽加至七十二尺之理。但當以為文有脫誤可耳。（或"總"字誤，當本是"級"字）

《後漢書·祭祀志》："立春之日迎春於東郊外"一段，至"三時不迎"。尊案云："此永平以前舊制。劉昭以其不成禮典，故《祭祀志》中列永平迎氣五郊之禮於前，而附此於下卷之末。"文弨謹案：《祭祀志》末所載靈星、先農、風伯、雨師及此迎春一條，皆縣邑之事，故不備禮，且不言郊而言郊外。若天子國都，則永平以來即有迎氣五郊之制，本之《禮讖》《月令》，又采元始故事為之，則知非永平創造可知矣。迎春一段，不紀年月，不可即斷以為永平以前舊制如此而後乃改易也。今州縣亦止有迎春一節，此即古法之猶在者。又案：《後漢書》附見諸志，皆晉司馬彪《續漢書》中之志，梁劉昭注以補之，故題曰"注補"。毛氏汲古閣本猶然。近乃改刻作"劉昭補並注"。此大誤，不可承用。

《周禮·大宗伯》："以實柴祀星辰。"注："星謂五緯，辰謂日月所會十二次。"疏："辰即二十八星也。"尊案云："星兼經星、緯星而言。辰，天之無星處皆是。是以日月所會大略分之，則為十二次耳，非即指二十八宿也。"文弨謹案：二十八星皆日月之所經，一歲之中凡有十二會。故疏又云："不當日月之會，直謂之星。若日月所會，則謂之宿，謂之辰，謂之次。"蓋專言星則可以兼經星緯星；此以星與辰對，故注一主緯，一主經也。若邵子言"天之無星處皆是辰"，此別一義，而以施於祭祀則不合。何則？太虛之中，塊兮無垠，既祭天矣，又祭其無星者，此何義也？若謂大略分之為十二次，則舍二十八宿之外，不聞又立娵訾之祭、降婁之祭諸名目也。又尊意以北辰、辰之最尊者，竝無星象，亦不在二十八宿之內為證。竊疑北辰雖無星象，然天之樞紐，確然有可指處。鄭氏既以北辰耀魄寶為上帝，故此不具列耳。若日在營室，日在昴，即已確指其星為日之所在，而猶不謂之辰，轉求之杳冥之處，恐未然也。餘星不謂之宿，而唯此方面各七者謂之宿，宿即次也。次十二而星二十八，以所會包所經也。若過泥無星一語，則水星又何以謂之辰星，大火又何以謂之大辰，《中庸》日月星辰何以總謂之繫於天乎？此猶儒者以天為即理也，而要不可以理為所祭之天，所謂言各有當也。觀下條尊案所云："取附近之星以相識別"，是已洞悉其故，而猶引"無星謂辰"一語。竊謂當並去之為是。

尊案云："太歲之祭，或以為木星，或以為十二辰。若云木星，則即五緯之一，而非別有一神。若以所行之次每歲一易者當之，是即十二次，是已在二十八宿之中，而又非別有一神也。"文弨謹案：《周禮·保章氏》："十有二歲。"鄭注云："歲謂太歲、歲星，與日月同次之月，斗所建之辰也。歲星為陽，右行於天，太歲為陰，左行於地，十二歲而小周。"又互見《太師注》。假如玄枵子，星紀丑，析木寅，大火卯，壽星辰，鶉尾巳，鶉火午，鶉首未，實沈申，大梁酉，降婁戌，娵訾亥，此十二辰之建，乃左旋也。若子為星紀，丑為玄枵，寅為娵訾，卯為降婁之等，則右旋之辰也。馮相氏既言十二辰，又言二十八星，疏以辰為子丑寅卯之等，是又與十二次之為辰者別也。太歲之祭，雖始近代，然考之於古，太歲實非歲星，又非二十八星明矣。敢獻其所聞。

王舜中、劉歆。文弨謹案：漢止有王舜，無"王舜中"。考《漢書》王舜下接以"中壘校尉劉歆。陳氏《禮書》誤以"中"字屬上，其實當時尚少二名也。

尊案云："夾室之制，孔仲達謂'房與夾室實同而名異。'鄭康成又謂'房當夾室之北。'"文弨謹案：鄭在孔前，文勢似不應爾。竊以"實同名異"之語，雖見孔《疏》，而實創於孔安國，陳氏《禮書》所引可證。然則仲達改作安國可也。

《周禮·天官·凌人》："祭祀共冰鑑。"注："不以鑑往，嫌使停膳羞。"文弨謹案：《周禮》"祭祀共冰鑑"下云"賓客共冰"。此注九字單釋下句，非釋祭祀也。祭祀共冰鑑，何云不以鑑往？祭祀自有主者，何云嫌使停膳羞？此注應刪去，並下疏二十七字亦當刪。

蕤賓又下生、大呂又上生、夷則又下生、夾鍾又上生。

文弨謹案：蕤賓係重上生。此卷內後所載鄭康成語不誤。此處四字上下俱當互易。朱子《鍾律篇》及徐氏萬卷堂《周禮》本皆不誤，可證也。

尊案云："蔡氏以九起算，非止得太史公之法，實黃鍾律度為萬事根本之妙蘊也。黃鍾以九為本，以三為用，神明自然，乃造化之奧機。其所謂九寸者，不過假尺度之名，以紀損益乘除之數，而與尺度之積十為分、積分為寸之寸截然不同。朱子謂為假設之權制，可謂得其意，而與《史記注》合。但此稱其數整齊簡直，過於鄭法之難記而易差。不知黃鍾自然之數，妙合天成，是以生律生聲，極其所至而無不通。若鄭以分寸審度之法，拘泥推測，不但與律度之本旨霄壤懸殊，即其算數已難記而不可行矣。嗚呼！黃鍾之蘊，朱子且未能盡窺，何怪算數家紛爭執礙、揣摩擬議而成萬世不決之疑也。非大聖人孰能冥悟神會而與於此哉！"文弨謹案：朱子謂十二律之數鄭氏與太史公說不同，且謂鄭法難記而易差。竊嘗求鄭氏之法，止是三分之數與史公合，未見其積十為分、積分為寸與史公異也。何也？南呂長五寸三分寸之一，則是以三分為寸也；姑洗長七寸九分寸之一，則是以九分為寸也；應鍾長四寸二十七分寸之二十，則是以二十七分為寸也。推之至於中呂，長六寸萬九千六百八十三分寸之萬二千九百七十四，與《史記》生鍾分西之數合也。無射之分數，即《史記》申之分數也；夾鍾之分數，即《史記》未之分數也；夷則之分數，即《史記》午之分數也。其他莫不皆然。鄭何嘗拘審度之法而以十為積分為寸乎？夫《史記》自子而亥，極於十七萬七千一百四十七分六萬五千五百三十六，數亦可謂多矣，而不患其難記者，其法不過三之而已，其實則倍之四之而已，又何獨於鄭而以為難記而易差乎？《史記》卯二十七分十六，與南呂長五寸三分寸之一合也；（三為一寸，十五為五寸，尚餘一，故云三分寸之一）辰八十一分六十四，与姑洗长七寸九分寸之一合也。（九为一寸，六十三为七寸，尚餘一，故云九分寸之一）以此推之，莫不皆然，則史公、鄭氏一以貫之，朱子此論恐尚未可以為然也。

《史記》："古者天子七廟，諸侯五，大夫三，雖萬世世不軼毀，今始皇為極廟。"文弨謹案：此段《史記》各本皆然，其實誤倒。案"雖萬世世不軼毀"，當在"今始皇為極廟"之下。觀下文云"自襄公以下軼毀"，便知此句之為誤倒，明矣。

《宋史·禮志》："至道三年，孝章皇后宋氏祔享。有司言，孝章正位中壼，宜居上室；懿德追崇后號，宜居其次。詔孝章殿室居懿德下。"尊案云："孝章祔享乃祔於孝惠賀皇后之別廟也。太平興國元年，太宗懿德符后已先祔其廟，故孝章祔時，有司以居室之上次為論。但孝章乃太祖之繼后，懿德乃太宗之繼室，以兄弟之序、君臣之分而言，俱宜以孝章居上室，今乃易之亂其序矣。"文弨謹案：以太祖之繼后，降居太宗繼后之下，其為悖禮，夫人而知其不可。乃當時後世俱無議論及此者，竊以真宗朝決不應有此事。禮官趙湘請以真宗本生母元德太后祔太宗廟室，真宗曰："此重事也，俟令禮官議之。"又越三年，始因羣臣表請而後從之，則其必不以私情而黷禮之大分可知矣。然則《禮志》何以云爾乎。曰：《禮志》之文殆有譌誤。若懿德先祔孝惠之廟，則以孝惠之未嘗一日居正位者，而懿德且為之屈矣，何獨不屈於孝章乎？若懿德先已居孝惠之上，則其失已在前，不待至此有司始議其先後之次也。兩者俱無所處。竊意《禮志》之文當云"有司言孝章已正位，宜居上，孝惠係追崇，宜居次，詔以孝章殿室居孝惠下。"兩"孝惠"俱譌作"懿德"者，蓋轉寫者見下有"懿德居上"及"懿德居淑德之上"之語，文相附近故譌耳。且即以"懿德居淑德之上"一句考之，若如《禮志》譌文，則孝章居懿德下，居淑德上乎？抑並居淑德下乎？不應止以懿德為言也。如此大舛錯而無一人言者，有是理乎？故知兩"懿德"字皆兩"孝惠"之譌。觀後文所引《神宗紀》及《玉海》等書，皆以孝惠、孝章、淑德、章懷連稱，即可知當日之次矣。

尊案云："斬牲之禮行於京師，都試之法行於郡國。"文弨謹案：劉昭注《續漢志》云："漢承秦制，三時不講，唯十月車駕幸長安水南門，會五營士，為八陣進退，名曰乘之。"是都試不但行於郡國也。《晉書·禮志》載魏國有司奏，漢西京惟十月都講。亦其證。此"乘之"之名，似不可不載入。又案：《晉書·禮志》雖與《續漢志》相同，然"以賜武官"下，當疊"武官"二字。"六十四陣"下《續志》有"名曰乘之"四字，尤詳備。唯天子下車一段當仍之，亦見《續志》注。

尊案云："《夏小正》'緹縞'傳末有'何以謂之小正以著名也'十字，殊不可解。朱子《儀禮經傳》移在《夏小正》篇名之下。戴氏震考正，以為北宋《大戴禮》本無之，乃《爾雅疏》之文，校書者誤編入此。其說極確，今芟去。"文弨謹案：此係戴君初說，曩曾與論及此，殊不敢以為然。即朱子所更定，亦有未安。既而戴君精思之，乃知舊本非誤，其讀當於"何以謂之"句斷，"小正以著名也"六字為一句，此於本書亦有例。因為歎服。前人之不得其解者，止坐句讀未明耳。今新刻《大戴禮》即從戴君後說。此條亦宜改正，"緹縞"注下應增入十字。

（選自《抱經堂文集》卷一八）

與王懷祖念孫庶常論校正大戴禮記書

盧文弨

讀所校《大戴禮記》，凡與諸書相出入者，竝折衷之以求其是，足以破注家望文生義之陋。然舊注之失，誠不當依違，但全棄之，則又有可惜者。若改定正文，而與注絕不相應，亦似未可。不若且仍正文之舊，而作案語繫於下，使知他書之文固有勝於此之所傳者。

觀漢魏以上書，每有一事至四五見，而傳聞互異，讀者皆當用此法以治之，相形而不相掩斯善矣。此書尚有管見所及欲請正者，如《夏小正》：“五月，初昏大火中，種黍菽糜。”《傳》云：“大火者，星（家諱改）也。星中，種黍菽糜時也。”竊意經於“種黍”句絕，“菽糜”當作“菽糜”，下所以云菽糜已在經中又言之也。其傳之“菽糜”，當為衍文。蓋星中可以種黍，見於《尚書考靈耀》及《尚書大傳》等書，所言相同。若菽則非五月所種，不可以“種黍菽”連讀而去“糜”字，傳此處於菽糜蓋無釋也。（或云當作“初昏大火中，種黍，大火者，星也，星中，種黍之時也。”下以“菽糜”二字作經，以“記時也”三字作傳。亦可備一說）《保傅篇》：“工誦正諫”，正當如《詩》“正大夫離居”之正，蓋大夫之長也。故注於此句下先釋工誦，即云“大夫諫之以義”，後於瞽史並釋正諫也。似不必依《漢書》《白虎通》改“正諫”為“箴諫”及增“大夫進諫”一句，古人作文亦知避就之法，未必疊用兩諫字為句也。

又“行雖有死不能相為”，《漢書》作“行有雖死不能相為”。竊意此較《漢書》為勝，蓋"有死"二字是成文，《左氏傳》"有死無二""有死而已"，此類不一。作"行雖有死"，語勢較健，似不當反改從《漢書》也。《曾子事父母篇》中有云："諫而不用，行之如由己。"足下疑此語有誤。此不必致疑也。行之者，從之也。從父母之過，如己實為之，而非出於父母之本意然，所謂引愆也。《少閒篇》："君曰足，臣恐其不足，君曰不足"，此下脫一句，方本補"臣恐其足"四字，竊所未安，前者已略論之矣。蓋君曰足，則有過於自信之意，而臣之進辭也當婉，故可以云恐也。若君曰不足，但謙讓未遑而已，其臣之進辭也當決，施恐字則為不當。故注於上二句云："未足而君謂足，則臣恐未足，告以不足也。"於下二句云："實足可行，而君曰不足，則臣云足，所謂可不也。"一有恐字，一無恐字，注可謂善體語意矣。此愚向所以欲補以"臣則云足"四字也。然不敢即入正文，附見之而已。

方本專輒改易古字古語，多不可信。注中引《詩‧節南山》但稱《節》，《左氏昭二年》，"季武子賦《節》之卒章"，已有此例矣。若伏之與服，本可通用，《本命篇》："婦人伏於人也"，即其證。采地之采本作"菜"，音注疏中多有作"菜地"者，不可謂誤。《文王‧官人篇》："醉言悴也"，"言"疑是"猶"之誤。《少閒篇》注："言有可同不可同也。""不可"二字疑誤倒。足下其為我更審之。

既觀足下所校本，因並求官本觀之，其中復有鄙意所未愜者。以東原之博雅精細，與眾人共事乃亦不能盡其長邪？曩日曾共校此書，其中是者亦棄而不錄，何邪？今摘其當更定者數條於左，與足下共商搉之。

《夏小正》："來降燕，乃睇。"《傳》云："百鳥皆曰巢，突穴又謂之室，何也？操泥而就家，入人內也。"案語云："突穴，即燕之所為似穴而突出者也。'入人'或作'人入'，今從關本。"文弨案："皆曰巢"下本作"室穴也與之室何也"。蓋經"乃睇"下必有"室"字，故傳作如是解。今乃從別本"突穴"，而所釋者頗失之於鄙俚，大不可解。

"與之室"，作與字為古，與猶許也，不當改作"謂"。下當作"操泥而就家人（句）入內也。"家人猶今言常人家耳。哀四年《左傳》："公孫翩逐蔡昭侯而射之，入于家人以卒。"《漢書》中類此者尤多。云"入內"正以足"與之室"之義。若作"操泥而就家"，語頗不足。既言家，又言人，參錯複疊，亦不成文理。似不當從關本。（竊疑"室穴也"亦當本是"室內也"，與末句正相應。穴與內形近致誤）

"莍糜已在經中，又言之是何也？時食矩關而記之"。案語云："上'初昏大火中，說曰星（家諱改）中，種黍莍糜時也'，謂種與莍糜二事，皆以星中為候。此民事之常，記星中，則二事自見，故云'已在經中，又言之'，非經重出此文也。矩當為巨。夏時以莍為糜，乃時食之大關。"文弨案：上文"大火中"下本有"種黍莍糜"四字，或脫去耳。今仍其脫而又曲為之說。君子之於幽也不言。審經文本無"莍糜"，而鑿言之云已在經中，斷無是理。以星中見種黍之候，容可通，此種黍必當在此月也。以星中見莍糜之候，將非此月即無莍糜者乎？"食矩"本作"食短"，"關"本作"閔"。是月也，舊穀行盡，新穀未升，農民於此時常苦食短，故以莍為糜。莍以佐食之不足，非常食也，何大之有？《記》言"啜莍飲水"，《史》言半莍不飽，莍是穀之粗者，故用以為況耳。《小正》閔而記之，故辭之重如此。然則上文本有"莍糜"二字明甚。（下"隕糜角"亦再見）若"食巨關"，從未見他書有引用者，於複舉之意亦不顯。

《保傅篇》："有司齊肅。"案語云："各本譌作'參夙'。今據《李彪傳》改正。"文弨案："參"乃"叄"之譌，今即作"齊"，亦無不可。唯"夙"字斷不可改"肅"。注云："齊夙謂三月朝也。"夙訓為早，與朝義合。若齊肅而直訓為三月朝，不太遠乎？

"燕度地計眾"。案語云："'度'各本譌作'支'，今從方本。"文弨案："度"本作"支"，故注云："支猶計也。"後世尚有度支之官。若正文本是"度地"，則是常辭，可不加注，即注亦當以度量為義，不當轉以計字相比況，蓋計字之義不顯於度字故也。此亦失之。

《曾子·制言中》："無忽忽于賤。"案語云："忽忽各本譌作'勿勿'。據《立事篇》'君子終身守此勿勿。'注云'勿勿猶勉勉'，今從方本。"文詔案：《立事篇》："君子終身守此悒悒，君子終身守此憚憚"，與所舉勿勿凡三言。此篇言"君子無悒悒於貧，無勿勿於賤，無憚憚於不聞"，正與前三言其辭同，其所指則異。前則憂其所當憂，勉其所當勉者，故曰終身守之。若貧賤則在天，不聞則在人，於君子何與何所憂焉，而何所勉焉？今獨改"勿勿"為"忽忽"，殊不可通。

《曾子·天圓篇》："龍非風不舉，龜非火不形（家諱改）。鳳非梧不棲，麟非藪不止。"案語云："各本脫此十字，今從《永樂大典》本。"文詔案：此好事者妄增入也。本文"龍非風不舉，龜非火不形"；下即接云"此皆陰陽之際也。"注云："龜龍為陰，風火為陽，陰陽會也。"今以鳳麟梧藪閒其中，其於陰陽之義何所當乎？此之謬妄，顯然易見，奈何信之。

《武王踐阼篇》："王齊三日，端冕奉書而入，負屏而立。"案語云："各本作'王端冕，師尚父亦端冕'。《學記》疏云：'師尚父亦端冕'，《大戴禮》無此文，鄭所加也。"文詔案：唐人所見《大戴禮》偶脫此一句，遽斷以為鄭所加，於文義全不考究，竟似王奉書而入負屏而立，與下言"王下堂南面而立"皆成齟齬。果古本脫去而鄭增成之，亦當從鄭，況漢人所見本在前，唐人所見本在後，烏知鄭之時必無此一語乎？曩時但以《學記正義》之說附於後，於本文卻不敢遽刪，不知何以不見從也。

"以仁得之，以不仁守之，其量十世"。案語云："各本'以不仁得之以仁守之'。今從《禮記疏》。"文詔案："以不仁得之，以仁守之"，正所謂逆取而順守也。若創業之君既能以仁得天下，安有忽反而為不仁者。如有之，則始之仁也亦偽耳，可曰以仁得之哉！且未見夫開創不仁之主之可以待至十世者也。不斷之以理，而惟誤書之是信，夫豈可哉！

《衛將軍文子篇》："終日言，不在尤之內。"注："在尤之外。"

案語云："此四字各本譌作正文，今從方本。"文弨案：《立事篇》亦有此語，無"在尤之外"四字，。今以為衍文可，以為申殷勤亦可，唯以為注則大不可。鄉學究作此語以曉童蒙尚不爾，況作注乎？

《勸學篇》："於越、戎貉之子"。文弨案：舊本"於越"竝作"于越"。《荀子》作"干越"，字形相近。前不依《荀子》而仍作"于越"者，以《漢書·貨殖傳》云："戎翟之與于越不相入"，孟康曰："于越，南方越名也。"師古曰："于，發語聲也。于越猶句吳也。"皆作于字。若《荀子》之作"干越"，《莊子》《淮南》亦有之。說者或以為漢餘汗等地是干，亦音寒。然則各仍其本文可矣。今以《春秋》有"於越入吳"，遂改"于"為"於"，所謂知其一不知其二也。（凡舊本作"於"者，官書普改為"于"，獨此又改舊"于"字作"於"）

《文王官人篇》"志殷而浚"。注"殷，盛也。浚，蓋深也。"文弨案：舊本作"志殷如浚"，注"浚，蓋深字。"今檢字書無"浚"字，或古有之而字書失載，要為傳寫已久，故注有此語。抑或校書者所加，後來誤併入注中。今既改正文作浚字矣，浚與深有古今之分，實則一字，作注者寧此之不知而猶疑其辭曰："浚蓋深也"邪？竊以為當作案語云："浚，舊本作浚，注未有'浚蓋深也'四字，或校書者之辭。"斯為得之。（"而"與"如"古通用，今竝從方本改易矣）

他如《四代篇》"睾然"，睾即皋字，亦見《莊》《列》《荀子》，今誤作"罩"。《朝事篇》不補"侯伯於中等，子男於下等"二語，亦不加案，皆不可曉。偷墮懈墮即是惰字，乃以為譌。其他脫句（《武王踐阼》脫"於戶為銘焉。"）脫字（《公冠》"立於席北"，脫"北"字）及注中脫誤之處，非本校者之失，固可以共諒也。

（選自《抱經堂文集》卷二〇）

與陳立三以綱上舍書

盧文弨

去年來京師，聞友朋閒盛道足下之名，即思得一見論著為快。時足下方館於圻外，今正始相晤於翁覃溪太史所，歡然如舊相識。會足下行急，文弨亦俶裝將往山西，所懷仍未由得遂。別之明日，足下惠然留一文以寵我行，見豹一斑，嘗鼎一臠，縱未即大快夙願，以視求一見一嘗而不可得者則固已遠勝矣。求益之云，辭何謙也。文弨少無彊記之功，老而遺忘更甚，即欲効一得於吾子，何有哉！承示《大戴記》諸條，凡所證引，俱一一可桉不虛，足下之於此書，功良深矣。然區區一隅所見，亦不敢為足下隱，謹條疏如左，惟為我審正之，以盡切磋之誼，幸甚。

《哀公問五義篇》："窮為匹夫而願富。"李善注《文選》引此作"不願富"，楊慈湖從之，足下遂謂當增"不"字。文弨竊以為窮而不願富，此少知自好者優為之，何必賢人。夫子之所謂賢人，蓋進於士與君子之上者也。顏子一簞食，一瓢飲，在陋巷之中，可謂窮矣，而以為邦問，則知其有志於治天下之，此非願富乎？孔子栖栖皇皇，目營四海，故其言曰："苟有用我者，期月而已可也，三年有成。"蓋聖賢當其不遇時，則瞻一身而猶不足，然其具固在我，實足以拯一世而有餘。唐詩人杜子美亦似微見此意者，故處破茅中而即有大庇天下寒士之想。所謂願富似當作如此解。若夫以多財為富，此亦非賢者之所甚惡也。富而得行其所欲為，如之何不願？孔子嘗謂顏淵，使爾多財，吾為爾宰。至喪欲速貧，則有為言之。有道而貧賤，方且以為恥，故貴而不願富可言也。即下所云"貴為諸侯而無財"是也。窮為匹夫而不願富，此正《易》所謂苦節不可貞者，天下安賴若人為？聖人亦安取若人為？故愚竊以願富之為義更精也。《夏小正》"四月莠幽"，幽之為葽是已，莠之為秀，與王蕢莠之莠同，與莠藋葦之例亦合，此無可疑者。足下不引《豳風》"四月莠葽"為確證，而顧遠引《廣雅》"莠葽"、《戰國策》"幽莠"以證莠葽是一物，莠不可改作"秀"。信若此，則於四月之下但空舉一草名而已，毋乃太不辭乎？《盛德篇》："外水曰辟雍。南蠻，東夷，北狄，西戎。"《太平御覽》所引"南"上有"列"字，今據此增之，義自較顯然，即不增，而南則蠻也，東則夷也，北則狄也，西則戎也。此東西南北自從明堂生義，與他處本其地以為稱者固當有別。至《公冠》脫文，當以《家語》《博物記》增補。《夏小正》"俊風之為東風"，據《山海經》以駁傳言南風為非是，"五月鳩不辜之時"，"不"字為衍文，凡此所見皆極是。《易本命篇》王懷祖太史亦以《淮南》參證，與足下所見符同。王太史所校，是者極多，而愚意不敢即據以更改此書者，則以校書之與著書不同。

　　今足既有意欲自下注，則於正文審擇而從其是可耳，何必拘拘就盧氏之範圍哉！若但校盧注本，惟可於注末略加辨證，而於正文定當一仍盧本之舊。又古書中有本來稱引譌錯者，正復不少。即如《保傅篇》以齊威王置簡公之前，此或是本文之誤，向疑威王為威公，猶不過一字之異同耳。若如他書引下句作"而湣王以弒死於廟梁"，則迥非盧氏所見之本，殆後人覺其誤而為之更定，亦不可知。觀其於"弒"字下又贅以"死"字，文筆頗似不古。念足下意惓惓，不可不為報，非敢強為說以求勝，希亮察，不備。

（選自《抱經堂文集》卷二〇）

與家綿莊書

程晉芳

辱奉來書，首論《毛詩》，次及《禘祫》。愚于經學未窺藩翰，尊所夙知。而三禮則尤未究，心承殷殷下問。此自尊之虛懷，豈以愚之說果遂足以定經制之是非耶？然竊以為禘祫之辨，莫淆于鄭氏康成。一人而為數說，齟齬不合。浙水二萬先生定其訛謬是矣。尊復補二萬所未及，如公羊氏以"五年再殷祭"，杜氏以為"喪畢之祭"，皆一一是正。其有功禮經洵不淺也。

愚所疑者，《爾雅》："以禘為大祭"，《論語》："或問禘之說"。子曰：知其說者之于天下，如指諸掌。又特舉禘自既灌以往為言，意其為祭必大異乎四時之常祭也。今據充宗之言，以為即四時之祭舉于午月，而特大其禮，未知先生之禮果如是否耶？夫祭太祖之所自出，而以太祖配之，此豈可以時祭而略變其文，為遂足以當之乎？

漢儒之學，雖承孔氏之精而源遠未分，說多參耳。萬氏主《王制》《祭統》之言，而以夏禘為時祭。不知《周禮》所謂夏禴之祭與禘果無別耶？以時之先後書之，純駁較之，則固宜先《周禮》，後《戴記》矣。今不據《大宗伯》"祠禴嘗烝"之文，而引《王制》《祭統》斷夏禘為時祭，可乎？賈疏闢鄭司農之說，謂追享朝果為禘祫在四時之上，則當如《酒正》：大祭禮備，五齊不應在四時間祀之下。夫安知不以禘祫間行于四時之中，故謂之間祀，而列于其下耶？古文參錯變化，非可拘執。又編簡殘缺，或禘本有明文而失之，未可定也。今謂禘無明文而遂以禴為禘，其何以處？《論語》《爾雅》禘有明文者耶？且《大宗作》之"肆獻祼饋"猶可云四時之祭，所同而司尊彝之。追享朝享，則六尊六彝各有所用，明在時祭之外。

愚于禘為時祭之說，所未敢安者此耳。《禘祫辨》如有清水望假一鈔。秋涼風厲伏惟自愛。不宣。

（選自《勉行堂文集》卷三）

與姚孝廉姬傳書

戴 震

日者，紀太史曉嵐欲刻僕所為《考工記圖》，是以向足下言欲改定。足下應辭，非所敢聞，而意主不必汲汲成書，僕於時若雷霆驚耳。自始知學，每憾昔人成書太早，多未定之說。今足下以是規教，退不敢忘，自賀得師。何者？凡僕所以尋求於遺經，懼聖人之緒言闇汶於後世也。然尋求而獲，有十分之見，有未至十分之見。所謂十分之見，必徵之古而靡不條貫，合諸道而不留餘議，鉅細畢究，本末兼察。若夫依於傳聞以擬其是，擇於眾說以裁其優，出於空言以定其論，據於孤證以信其通。雖溯流可以知源，不目睹淵泉所導；循根可以達杪，不手披枝肄所歧，皆未至十分之見也。以此治經，失"不知為不知"之意，而徒增一惑，以滋識者之辨之也。

先儒之學，如漢鄭氏、宋程子、張子、朱子，其為書至詳博，然猶得失中判。其得者，取義遠，資理閎，書不克盡言，言不克盡意，學者深思自得，漸近其區；不深思自得，斯草薉於畦而茅塞其陸。其失者，即目未睹淵泉所導，手未披枝肄所歧者也，而為說轉易曉，學者淺涉而堅信之，用自滿其量之能受容，不復求遠者閎者。故誦法康成、程、朱，不必無人，而皆失康成、程、朱於誦法中，則不志乎聞道之過也。誠有能志乎聞道，必去其兩失，彈力於其兩得，既深思自得而近之矣，然後知孰為十分之見，孰為未至十分之見。如繩繩木，昔以為直者，其曲於是可見也。如水準地，昔以為平者，其坳於是可見也。夫然後傳其信，不傳其疑，疑則闕，庶幾治經不害。

僕於《考工記圖》，重違知己之意，遂欲刪取成書，亦以其義淺，特考覈之一端，差可自決。足下之教，其敢忽諸！

至欲以僕為師，則別有說。非徒自顧不足為師，亦非謂所學如足下，斷然以不敏謝也。古之所謂友，固分師之半。僕與足下，無妨交相師，而參互以求十分之見，苟有過則相規，使道在人不在言，斯不失友之謂，固大善。

昨辱簡，自謙太過，稱夫子，非敢當之，謹奉繳。承示文論延陵季子處識數語，並《考工記圖》呈上，乞教正也。

（選自《戴震文集》卷九）

與任孝廉幼植書

戴 震

幼植足下：承示禘祫、喪服等辨，今之治此者蓋希矣。好學深思如幼植，誠震所想見其人不可得者。況思之銳，辨議之堅而緻，以此為文，直造古人不難。以此治經，則思之所入，願弗遽以為得，勿以前師之說可奪而更之也。今幼植奮筆加駁於孔沖遠、賈公彥諸儒，進而難漢之先師鄭君康成矣，進而訾漢以來相傳之子夏《喪服傳》為劉歆、王莽傅會矣，進而遂訾《儀禮》之經，周公之制作為歆、莽之為之矣。嗚呼！《記》不云乎："毋輕議禮。"

方《周官經》初出，未立學官，馬融所謂入於祕府，五家之儒莫得見是也。迄王莽時，劉歆置博士。永平之初，杜子春年且九十，能通其讀，賈逵、鄭眾往受業，然後頗行於世。俗學膚淺，往往求之不可通，輒肆指摘云"劉歆竄入"。若《士禮》十七篇，漢興，高堂生傳之以授蕭奮，蕭授孟卿，孟授后蒼，后授戴德、戴聖、慶普。武帝時，后氏立於學官，宣帝復立大、小戴，《藝文志》故云："《禮經》十七篇，后氏、戴氏。"此後師師相傳，絕不聞此經與歆、莽相涉，史絕不聞歆、莽改博士之業，博士失其師承也。

今目為劉歆傅會者，於《傳》則所謂"小功者，兄弟之服，不敢以兄弟之服服至尊"，於經則"女子子為父母、世父母、叔父母出降服也。"《記》曰："至親以期斷。"試以此言旁差之，昆弟期，從父昆弟大功，從祖昆弟小功，族昆弟緦，由族昆弟而上，族父、族祖父、族曾祖父皆緦，由從祖昆弟而上，從祖父、從祖祖父皆小功，此制服之易知者。由從父昆弟而上，世父、叔父何以不大功也？自"至親以期斷"之言上差之，父何以不期、祖不大工，曾祖不小功，四世祖不緦也？立期之節象，天地則已易，四時則已變，凡在天地之中者，莫不更始。然而孝子之心不能以已也，使倍之而為制三年之喪，故曰"三年以為隆。"人子不隆於其親，不可以為子。父在為母期，屈於至尊，不敢伸其私尊，而猶無不及其節也。為人後者，為其父母期，持重於大宗者，降其小宗而猶無不及其節也。幼植有取於孔沖遠，謂"至親以期斷"專為此二者，則失制禮之深意矣。祖父母，世父母、叔父母之期也，亦隆也。不隆於祖，不隆於父之昆弟，不可以為孫子。緦麻之加一等而小功，小功之加一等而大功，不可謂之隆。聖人於是為"齊衰三月"之服，以上殺之義，故減九月、五月之數而三月。以祖雖百世有隆無替，故不敢以功、緦加於祖考而齊衰。《傳》云："不敢以兄弟之服服至尊。"意如是。康成申之曰："重其衰麻，尊尊也；減其日月，恩殺也。"且喪服及曾祖，不及四世祖以上。康成因《傳》文"小功者兄弟之服"而明之曰："正言小功者，服之數盡於五，則高祖宜緦麻，曾祖宜小功也。據祖期則曾祖宜大功、高祖宜小功也。高祖、曾祖皆有小功之差，則曾孫、玄孫為之服同也。"又於《緦麻三月》章曰："族曾祖父者，曾祖昆弟之親也。族祖父者亦高祖之孫，則高祖有服明矣。"蓋通乎經所不言之意也。然而猶未盡夫子孫之於祖考不相逮則已矣，雖不相逮，必不可曰有無服之祖也。苟相逮，皆齊衰三月。其殺也者，以上殺為義；其不復殺也者，以有隆無替為義。道並行而不相悖，夫是之謂文。《詩》曰："曾孫篤之。"《鄭箋》云："曾猶重也，自孫之子而下事先祖，皆稱曾孫。"《禮注》云："於曾祖以上稱曾孫而已。"由是言之，《儀禮》言曾祖，即關四世祖以上也。

幼植知昆弟之昆為兄，不審古人法度之言兄弟與昆弟異義，不惟《儀禮》，他經及《爾雅》皆然。《傳》曰："何如則可謂之兄弟？《傳》曰'小功以下為兄弟。'"此《傳》中引《傳》相證明也。《爾雅》曰："母與妻之黨為兄弟。"又曰："婦之黨為婚兄弟，婿之黨為姻兄弟。"《詩·小雅》："兄弟無遠。"《鄭箋》云："兄弟，父之黨、母之黨。"蓋兄弟云者，或專言異姓，或兼同姓異姓，皆舉遠不以關大功之親。《記》曰："兄弟皆在他邦，加一等；不及知父母與兄弟居，加一等。"此惟小功以下即於疏，故加等。若大功以上則昆弟也，世父母、叔父母也，從父昆弟也，豈可以皆在他邦及少孤相依而加等哉？大功之親，分當相恤；其不相恤，是賊其性者也。小功以下而相恤，斯進之也。故《傳》有曰："子無大功之親。"不言小功，古人立言精微若此。《記》曰："夫之所為兄弟服，妻降一等。"或欲援此為叔嫂有服之證，則與《檀弓》"奔喪逸禮"相背戾，且本篇《傳》文言"夫之昆弟無服"，亦相與背戾。閻百詩解之曰："夫之所為兄弟服，即夫之所為小功服，妻降一等為緦麻也。服問之外兄弟，指外祖父母、從父母在小功者，是其證。"百詩此論精矣。惜尚未告之以昆弟不言兄弟，及舉遠不可關大功之親，使其義益曉然也。

若女子出降服，此與"男女異長"意同。以女子生而有適人之道，使之異於男子。豈若幼植之意，必十五以後許嫁笄，始別異哉？服有出降或緣有適人之道而即降，以異於男子，世父母、叔父母、姑姊妹之大功是也；或既適人而後降，為眾昆弟大功是也；或不敢降，祖父母期，曾祖父母齊衰三月是也。昔儒謂降旁親，不降正尊，可與"至親以期斷"之言，"外親之服皆緦"之言，"小功以下為兄弟"之言，合為義例之大要。惟降旁親，而父沒則不降昆弟之為父後者。然後婦人雖在外，必有歸宗之義明，惟不降正尊，而當其既嫁從夫，不能二尊，且降父之服而為期，舅姑亦期。然後所謂父者子之天，夫者妻之天，婦人不貳斬者，猶曰不貳天之義明。聖人制，為父在，為母期，女子子適人者為其父母期，是二者，義之至也。

以幼植所深訾為劉歆傅會者二條，今姑據此疏通證明之，其精微非聖人不足與於此，餘皆可類推。震曡病同學者多株守古人，今於幼植反是。凡學未至貫本末，徹精粗，徒以意衡量，就令載籍極博，猶所謂"思而不學則殆"也。遠如鄭漁仲，近如毛大可，祇賊經害道而已矣。今幼植具異質而年富，成就當不可量，是以不敢不盡言。震再拜。

（選自《戴震文集》卷九）

與盧侍講召弓書

戴 震

《大戴禮記》刻後印校，俗字太多，恐傷壞版，姑正其甚者，不能盡還雅也。所有誤字，驫未覼出，如《保傅》注"謂俎豆傳列及食之等"，"謂"訛作"男"，"食"訛作"嗜"，"環，旋也"，"旋"訛作"短"。《曾子本孝》注"處安易之道"，"之"訛作"也"。《曾子天圓》注"山川言牡，互文"，"牡"因正文訛作"牷"，"互文"訛作"玄之"。《子張問入官》注"繅瑱之設"，"瑱"訛作"須"。《盛德》注"禮察曰"，訛作"祭禮曰"。《諸侯遷廟》注"未即吉"，"吉"訛作"告"。"孫、鄭等改鞫衣"，"鞫"訛作"褘"。"又云一命展衣者"，"云"訛作"下"。《少閒》注"汙，窪也"，"窪"訛作"深"，"朝事致饗既"，"饗""雍"錯見。凡此類即就印本改正。

又《保傅》："有司參凤興端冕"，注："參職，謂三月朝也"。下案云："注職字疑衍。"是疑"參"與"三月"嫌文，或別有意也。然古人立文，絕無有如此者。在《內則》為"三月之末，擇日以子見於父。"此見之南郊，亦三月時事。正文當作"有司叄凤端冕"，注文當作"叄凤，謂三月朝也。"明嘉靖癸巳袁氏依宋本重刊之《大戴禮記》，"齊"皆作"叄"，後人不識古字，遂訛作"參"，而"凤"字不可通，於下加"興"字。《魏書·李彪傳》引此作"有司齊肅端冕"，無"興"字，其竄誤無疑。注乃併"凤"字訛作"職"，字形轉寫之謬，前改正者皆是也。

《凡例》末一條云："又有雖俗字，而其來已久，魏晉六朝皆用之。如準之作准，殺之作煞，陳之作陣，景之作影，亦皆不改。"震之愚，竊以為"景"與"影"，今異字異音，古通用"景"。葛洪始加彡作"影"，義有可通，無妨後人滋益。"准"字，雖《魏書》有云"欲知其名，淮水不足"，非避寇萊公諱。（呂忱《字林》用"准"為平準之準，見《佩觿》。忱，晋人。是此时俗字）然許叔重在漢時作《說文解字序》云："詭更正文，鄉壁虛造不可知之書，變亂常行。猥曰馬頭人為長，人持十為斗，蟲者屈中也，苛之字止句也，皆不合孔氏古文，謬於《史籀》。怪舊藝而善野言。"則《魏書》之稱"淮水不足"，設許氏見之，必且譏為野言者也。苟害六書之義，雖漢人亦在所當改，何況魏晉六朝？此事中仍有未盡俗謬者，準、准，殺、煞，陳、陣，參差互見，宜使之畫一，以免學者滋惑。震愚昧，徑行改易。

其存疑未敢改者，《夏小正》："初歲祭耒，始用暢也"。其曰"初歲"云者，暢也者，終歲之用祭也，言是月始用之也。細繹文義，正月所繫之事，他處不言"初歲"，至此獨言"初歲"，故解之曰"暢"，乃終一歲所用之於祭，而用之自是始。惟其為終一歲之所用，故曰"初歲"，以見終歲皆用之。訛作"其曰初云爾"，已不可通，又移就下言"是月"句，失其倫次。"緹縞"下"何以謂之，小正以著名也"。《爾雅疏》連引此文，本繫此處無疑，朱子移置篇題之下，以是為解"小正"二字，究無所發明，古人必不用此贅文以解篇題。合綜前後，"何以謂之"，凡兩見，以四字為句。前"雉震呴"條"正月必雷，雷不必聞，惟雉為必聞"，中間用"何以謂之"設問，申之曰："雷則雉震呴，相識以雷。"此云"小正以著名也"，乃申上緹先見者也，又與後文有"見稊而後始收，是《小正》之序也。《小正》之序時也，皆若是也"可參觀。名者，命之也，"《小正》以著名"者，謂《小正》立言之體，以緹著而先見，故不曰縞緹，而名其物候曰緹縞，著即"動而後著"之"著"。謹陳鄙見，惟有道正之。

（選自《戴震文集》卷三）

再與盧侍講召弓書

戴 震

去冬刻就《屈原賦注》，屬舍弟印送，諒已呈覽，尚有誤字。其《大戴禮記》一書，今正復檢一過，又得若干事，後因窮處多繁雜，未及訂定。茲略舉大致，以乞教正。

《主言篇》"則正亦不勞矣"，"正"當作"政"。"百步而堵"，"堵"疑"晦"之訛。"千步而井"不可通，"千步"疑"方里"之訛。"昔者明王以盡知天下良士之名"，篇內"主"字並"王"字之訛，惟此一處各本仍作王，當據之以表微。《哀公問孔子篇》"然後言其喪葬"，別本多作"喪算"，義長。《禮察篇》"倍死忘生之禮"，"禮"當作"徒"，字形之訛。《夏小正篇》"震也者，鳴也；响也者，鼓其翼也。"徐堅《初學記》兩引此文，皆作"响者，鳴也；震者，鼓其翼。"殆後人因"雉震响"之言而改之，以就先"震"後"响"歟？"初歲祭末"，止此四字屬《夏小正》元文，自"始用暢也"以下皆為解說，不必重"初歲祭末，始用暢也"字，似文義更明。"歲再見爾"，"爾"上當有"云"字，脫在"蓋記時也"下。"而不食於母也"，當從別本"於"作"其"者。"堇菜也"，朱子《儀禮經傳通解》載此文，"菜"作"采"，與上"大舍采也"字正一例。"推之不必取之"，各本無句末"之"字。"取必推而不言取"，"取必"當作"故言"，字形訛舛。"突穴取與之室何也"，各本皆然。"突"當作"㝉"，王逸注《楚辭》"突（夏）（廈）"云"㝉，複室也。"洪興祖《補注》云："突,深也,隱暗處。蓋突廈猶言深廈。"此突穴,指燕所為巢深隱也。下云"謂之室何也",是書"謂"字或訛作"與",或訛作"為",不勝畢舉。因"與"字又誤衍"取"字。"故言摯云",各本無"言"字,《通解》載此文,止作"摯云",於古人文體尤合。"之離而生","之"當作"以",字形之訛。"穴也者言蟄也",各本無"穴也者"三字。"於時月也,萬物不通"八字,應屬《小正》元文。若說《小正》者,則"是"字直用"是",不用"時",篇內可考,義亦非解"嗇人不從。"

《保傅篇》"固舉之禮",《魏書·李彪傳》引此文,作"因舉以禮",及下"齊肅端冕",可證"參夙興"之訛。"《尚書》及《周禮》說而文與此同",《通解》載此注,"而"作"古",當是"《古尚書》及《周禮》說與此同",轉寫致訛,又衍"文"字。(案:當作"《古文尚書》及《周禮》說與此同","文"字非衍)許叔重《五經異義》稱古文《尚書》說、古《尚書說》,是其證。"言人性本雖無善",《通解》載此注作"本或有所不能",似朱子所改。"使諫擊之以自聞也",《通解》載此注,"諫"下有"者"字,"大夫諫足以義使於鼓叟","足"當作"之","使"當作"後",別本"叟"作"史",此以解"正諫在瞽史樂工後"也。"殷、周之前以長久者","前"當作"所",字形之訛。"強,猶強也",當作"猶勸也"。《周禮》"司諫"注有此訓。"暑而渴",宋、元本"渴"並作"喝"。《通解》載此文作"喝",注之云:"喝,傷暑也。"渴、喝皆字形之訛。"宴室邦室於宴寢也",《通解》載此注作"宴室、夾室,次宴寢也",今是書"夾"並作"郟"。《內則》注云:"側室,謂夾之室,次宴寢也。"亦一旁證。"以七月就宴",當從《通解》作"比七月就宴室"。"太史持銅而御戶左",當作"太師",注同。"衝在中,牙在傍",《通解》此注作"璜在旁,衝牙在中",亦似朱子所改。此截注"衝牙"二字,"璜"屬上注矣。又《玉藻》疏皇氏說亦分"衝牙"

為二，與此注同。"納於衡紞之間"，《通解》"之間"上有"衝牙"二字。"坐不邊躋"，"躋"上脫"立不"二字，"誦詩"上脫"夜則令瞽"四字。"形容端正"上脫"生子"二字。"任子之時"，"任"即"妊"，上云"孕子之禮"，"孕"亦當作"任"。"敬《白虎通》"，"敬"當作"故"。"欲左欲右"，當重"左右"字。"以其前為慎於人也"，"前"亦當作"所"，"慎"當作"順"。"而置屍於北堂"，篇末"而猶汝矣"之注當在此。"鄒衍、樂毅以齊至"，當作"自齊、魏至"。《韓詩外傳》下衍二十二字，以"魏、齊至之"亦脫誤。考《外傳》作"燕昭王得郭隗、鄒衍、樂毅、是以魏、趙興兵而攻齊"。依是書注例，"閔王名地"，當注云"齊王地也"，脫"地"字。

《曾子立事篇》"朝忿忘身"，詞不足，當是"一朝之忿忘其身"，脫誤。"思唯可復"，當作"無不可復"。"不唱流言"，"唱"當作"倡"。"謂時事須殺也"，"殺"當作"繁"，字形之訛。"忿怒而為惡"，"為"當作"無"。注內兩說：前說謂"忿怒妄動，不必心以為惡而怒"；後說謂"人本無惡而妄怒"。據後說"為"字舛謬明矣；義則前說尤善。"自執而輕於善"，"輕"當作"誣"，字形之訛。

《本孝篇》"痹"當作"庳"。"謂三者之孝"，"三"當作"王"。《制言》上"曰友之也"，"曰"當作"曾"，字形脫誤。《制言》中《詩》云：行有死人，尚或墐之"，此十字亦注文，故不注某詩之幾章。正文語勢亦顯然不可引詩橫隔。"以役其身"，"役"當作"殁"，前《立事篇》可據證。《疾病篇》"如長日加益而不自知也"，長，竹丈切，謂己身之長，故曰不自知。《注》云"如日之長"，袁氏本無日字，空此一格，當作"如身之長"。《天圓篇》"施，施也"，當作"賦也"。《周禮·內宰注》云："施，猶賦也。"是其義。"溫煖如陽"，"陽"當作"湯"，此注本《漢書·五行志》劉向語。

《武王踐阼篇》"於百姓"，朱文端本作"十百世"，蓋"十"訛作"于"，轉而為"於"，妄改者不知此解其量十世百世也。"雖夜解怠"，"怠"當作"息"，解謂釋帶也。"履履之銘"，當作"屨屨"，履不名履，履之言踐也。"論慎屨"，"屨"當作"履"。"勞與富"，"勞"當作"福"，"福""富"同音，正文作"富"，注兼取"福"義，故曰"音義兩施互取焉。"《衛將軍文子篇》言"下國信蒙其富"，"富"當作"福"。"云先生者猶難之"，一本作"云先生猶有難之"。"言偃，魯人也"，"魯"字疑"吳"之訛。"言未至者未及也"，當作"言未至未及者。""晉侯也"，當作"晉侯彪也"。"祁傒，祁午也"，當作"祁午之父也"。"羊舌肸，羊舌職之父"，當作"羊舌大夫，羊舌肸也，羊舌職之子"。

《五帝德篇》"黃帝黼黻衣"，"帝"字衍。"知民之急"，袁氏本"急"作"㥯"，義當作"隱"。《帝繫篇》"及象產敖"，《禮記》疏引此文作"及產象敖"，"敖"字之衍久矣。《史記》"卷章"，此訛為"老童"，王逸注《楚辭》作"老僮"。"什祖"，各本"什"多作"付"，與《史記》作"附沮"合。《史記》"穴熊""疵""越章王"，此訛"穴"為"內"，"疵"為"疕"，"越"為"戚"。韋昭注《國語》，不知楚之別封有越，而誤謂句踐羊姓，失之也。《鄭語》曰："芈姓，夔、越。"王符《潛夫論》亦曰："或封於夔，或封於越"，皆楚之越章耳。"楚自粥熊九世至熊渠"，此於"內熊"下，有"九世至於渠、婁、鯀出自"九字，蓋當云"基裔孫粥熊，自粥熊九世至于熊渠"，下乃接"熊渠有子三人"，然無善本可以訂正。"昆吾者，衛氏也"以下六氏字不可通，皆當從《世本》作"是"，聲之訛也。"次妃陳隆氏"，別本作"陳鋒"，與《史記》合。

《勸學篇》"殆教亡身"，"亡"字當從《荀子》作"忘"。"痺下"當作"庳下"。"必出量"當作"以注量"。《子張問入官篇》"恒言無害也"，"恒"當作"猶"。"詳為陋矣"，"詳"即"佯"，"陋"當作"漏"，聲之訛。別本"矣"作"失"，漏失，遺忘也。"郭象曰：'主上無為於親事，而有為於用臣也。'"《莊子·天道篇》注文，此訛"親"為"日"，又脫"臣"字。"今云惑視聽"，"今云"當作"令不"。《盛德篇》"君臣之義失"，別本"義"作"位"，與《禮記》本文合。"以慎天法"，"慎"當作"順"。"正朝之位"，"朝"下脫"儀"字。《千乘篇》"執事政也"，"政"當作"正"。"故年穀不成"，"不"當作"順"，不知者誤讀下文，妄改為"不"。

《文王官人篇》"以觀其不寧"，當從《逸周書》作"不荒"。"如臨人以色"，"如"當從《逸周書》作"好"。"其貌固嘔"，篇內"嘔"字並作"嫗"之訛，"執之以物而邀驚，決之以卒而度料"，以《逸周書》"設之以物而數決，敬之以卒而度應"互相訂。"執"即"設"之訛，"邀""數"義同為速，"速決"宜連文，"驚之"脫誤為"敬之"。"不學而性辨"，《逸周禮》作"不文"，當作"不紊"。"始妒誣者也"，《逸周書》作"始誣者也"，"始"即"妒"之訛。此文與注並衍一"始"字，因訛致衍。如《保傅篇》"學禮曰"一段，"而"訛作"如"，"如"又訛作"始"，各本遂作"而始"。凡"順"之為"慎"，"而"之為"如"，"謂"之為"與"，為"為"，"政"與"正"之錯互，類皆方音溷同致舛，不得云古字通。以數語中二字錯施，彼此交易，正可決古人用字，不宜如是滋惑，雖改正之可也。

《少閒篇》"同名同食曰同等"，別本"食"作"位"，義長。"緣近小治"，"治"當作"始"。"又不能備問也"，"問"當作"聞"。"其人迅走若鹿"，《逸周書》曰："發人麃，麃者若鹿，迅走。"謂北發之人貢似鹿獸耳。"渠搜貢虛犬"，"虛"字誤。《逸周書》曰："渠搜以𩢸犬。𩢸犬者，露犬也，能飛，食虎豹。""虛"或當作"露"。"如繁者"，"者"當作"諸"。"言職其並興"，"職"當作"識"。"如以觀聞也"，當作"而以聞觀也"。別本或訛作"聞觀"。"穀亦如之"，"穀"當作"民"。"大及小人畜穀"，"小"字衍。"疆蔞未虧"，不可通，"蔞"當作"藪"。

《朝事篇》"諸臣之五等之命"，"命"上脫"之"字，衍十八字。"及大客之義"，"義"當作"儀"。"以成邦國之貳"，當從《周禮》作"以除邦國之慝"。"致會"當作"致禬"。《投壺篇》"以其算告"，當從袁氏本作"奇算"。《公冠篇》"其徑五寸"，"徑"當作"頸"。"肩博二寸"，"肩"下脫"革帶"二字。"諸侯之服"，"服"上脫"朝"。"娶婦"下，《通解》載此注，有"之家"二字，併下"一舉樂可也"，袁氏本亦作"可"。《本命篇》"人資始焉"，袁氏本作"人莫違焉"，"資始"二字，似後人所改。"八者維剛也"，"剛"當作"綱"。"以治之也"，"治"上脫"一"字。"故經成見星"，袁氏本"經"作"经"。

《易本命篇》"易說卦曰"，"卦"字衍，此引《乾鑿度》語。"氣之始"下脫"也"字。"所以苟者多"，當作"以所包者多"。"故舉禽獸之名"，"禽"下仍脫一"禽"字。"言亦有生而生之也"，"有生"當作"有本"。"日月屬於天"，"日"字衍，"屬"當作"麗"，字形之訛。

今春又得一本，耑刻正文，前亦有韓元吉、鄭元祐二序。雖非善本，有數處頗可據。《主言篇》"雖有國焉"，作"國馬"，不必借證於王肅所私定之《家語》矣。《哀公問五義篇》"其心不買"，作"不置"，與《文王官人篇》"有施而不置"，注云："不形於心色也"，義可互訂。此言不以己之盡忠信於人置諸心，而責人之忠信也。惟自勵於躬行，不以己厚責人薄，是之謂"躬行忠信，其心不置"。因推尋下句"仁義在己而不害不知"，可取訂於《制言》中所謂"有知之則願也；莫之知，苟吾自知也"。此蓋謂己有仁義之實，雖人不知，何害！"知"或作"志"者訛。《子張問入官篇》"統絖塞耳"，"統"作"絑"，取證於《漢書·東方朔傳》"黈纊充耳"，"絑"即"黈"之別字耳。（段玉裁案：李善注《東京賦》及《答客難》皆引《大戴礼》"黈纊塞耳"）注內云："絖，《莊子》作甡。"亦訛。謹錄如上。一二致確處，私心頗怡樂也。伏待垂擇。不無有可附於閣下所訂數十條末者。

　　茲敝友程君亦田，名瑤田，上年秋闈後同震到揚，今復往，特取道江陰，願摳謁大君子。其人少攻詞章之學，詩、古文、詞皆有法度，書法尤絕倫，直造古人境地。年來有志治經，所得甚多。與震往還十餘載，行日勵，學日進，而境日困。今遭重喪，不得已外出，情可悲也。其讀書沈思覼訂，比類推緻，震遜其密。想閣下所樂取其長而進其未逮者也。

（選自《戴震文集》卷三）

與汪容父書

王昶

　　昨過竹西，足下論《三禮》甚悉洵矣。足下能信古，能窮經也。然不審足之下窮經，將取其一知半解沾沾焉，抱殘守缺，以自珍而不致之用乎？抑將觀千古之常經，變而化之謂之能，推顯行之謂之事業乎？古人三年通一經，十五年而五經皆通。盈科而進，成章而達，皆此志也。通五經，實所以通一經。孔、孟謂博學，要歸反約。故孔子之後，自周以歷秦、漢，千有餘年。山東大師多以一經相傳受，仞其師說，雖父子兄弟亦不肯兼而及之。其兼及者，惟鄭君殊尤絕賢，多聞為富，始於六藝，咸有箋注，甚至及於纂算術讖緯。其後孔氏沖遠因之，然《周禮》《儀禮》仍以讓之賈氏，未嘗侈其淵浩兼通而並釋者。蓋以兼通必不能精，不精則必不能致於用也。

　　本朝制度，六官沿明之舊，實本之《周禮》；圜丘方澤之祭，亦法之《春官》。朝踐為祫，移之於歲暮；饋食為禘，用之於升祔。祀禴烝嘗，四時之祭，定於四孟，不復筮日。其餘隨連會之變，而稍加損益焉。是猶周監二氏之意耳。士民之禮，著於《會典》，詳於《大清通禮》，頒在禮部，未及通行各省，則禮臣之咎也。昔何休注《春秋》，率舉漢律；鄭君注《三禮》，亦舉之。且以光武崇讖緯，故耀魄寶、靈威仰、五天帝皆宗緯說。此窮經好古者之則也。至《儀禮》，惟《冠》《昏》《相見》《鄉飲酒》《射》及《士喪禮》以下五篇可以推而致之，餘則皆未備，實有難通。今之學者，當督以先熟一經，再讀《注疏》而熟之，然後讀他經。且讀他經注疏，並讀先秦、兩漢諸子，並十七史以佐一經之義。務使首尾貫串，無一字一義之不明不貫。熟一經，再習他經，亦如之。庶幾聖賢循循愷愷之至意。若於每經中舉數條，每注疏中舉數十條，抵掌掉舌，以侈淵浩，以資談柄。是躐等速成，誇奇炫博，欺人之學，古人必不取矣。

又聞顧亭林先生少時，每所以春夏溫經，請文學中聲音宏敞者四人，設左右坐，置注疏本於前，先生居中，其前亦置經本。使一人誦，而己聽之。遇其中字句不同或偶忘者，詳問而辨論之。凡讀二十紙，再易一人。四人周而復始，計一日溫書二百紙。《十三經》畢，接溫《三史》，或《南北史》。故亭林先生之學，如此習熟，而纖悉不遺也。廣陵多聰穎士，幸足下以此教之，毋遽務躐等速成，矜奇炫博之學，則幾矣。某白。

（選自《春融堂集》卷三二）

復孔撝約論禘祭文

姚鼐

鼐頓首：去聖久遠，儒者論經之說，紛然未衷於一。而又汩於同異好惡之私心，以自亂其聰明。而長爭競之氣，非第殘闕之為患而已。子曰："多聞，擇其善者而從之。"又曰："禮失求之於野。"夫於羣儒異說，擇善而從之，而無所徇於一家，求野之義，學者之善術也。雖於古禮湮失之餘，亦終不能盡曉，然而當於義必多矣。

承教《禘說》，其論甚辨。而義主鄭氏，則愚以謂不然。禘之名見於《禮經傳》《春秋》《國語》《爾雅》，未有云祀天者。《禮記》曰："王者禘其祖之所自出，以其配之，而立四廟。"韋玄成釋之云："王者受命祭天，以其祖配，不為立廟，親盡故也。所立親廟，四而已。"玄成以是解《禮記》之義已僻矣，此班彪所謂"不博不篤，不如劉歆"者也。意玄成之為此言，固非臆造，當時儒者固有以禘為祭天神之解矣。玄成又引《禮》"五年而再殷祭，言壹禘壹祫也。"此亦當時儒者之說，蓋出於《公羊》經師。推是說，固以禘為宗廟之大祭，非祭天神也。惜玄成混引其辭，不能分別，擇其一是耳。

東漢而後，儒者說經之義，或繼或絕，或闇不章，而鄭氏獨著。鄭氏所受師說，同於玄成。夫以祖之所自出為天，則人孰不出於天，何以別為一王所自出？別為一王所自出，則必如康成所用緯說感生"靈威仰"之類，而後足以達其義。故究韋玄成之解，必至於用讖緯而後已。然則禘說之失，萌於西漢之士，而極於康成之徒。西漢之士，說非皆誤也。雖有是者，傳述之不明，而廢於無助也。夫《逸禮》尚有禘於太廟禮，安得如鄭說，以祭昊天於圜丘而謂之禘。果周以禘祀天，而以嚳配；孔子告曾子，宜與郊以稷配；明堂以文王配。並舉之矣。而反漏不言乎？《禮記·喪服小記》《大傳》兩篇，皆以說《儀禮喪服》者耳，因《喪服》有宗子適庶之禮異，故推其極至天子承祧，至禘而後止，何謂泛言及祀天乎？兩篇皆言"禮，不王不禘"，鄭君釋以祀天，不達經之本旨者也。且夫郊以祭天，其禮誠重矣；然自人鬼言之，則禘之祭祖所自出以祖配，其禮專為祖設者也，重在人鬼者也；郊祭天而配以祖，所重非在人鬼者也。故展禽之言禘先於郊，《春秋外傳》屢言禘、郊者以此。不可因是遂謂禘乃祭天神，與郊同義也。

當康成注《周禮》，知是說之不可通矣。亦謂宗廟之祀，有禘、祫、祠、禴、烝、嘗六者，然不能舉禘、祫之別。惟鄭司農注"司尊彝"，有云："朝享、追享，謂禘、祫也。"夫王者先祖之於太祖，皆子孫也。子孫得朝於祖而合食，故祫謂之朝享。王者之追遠，未有遠於祖所自出者矣，故追享禘也。以是求之，司農之說當矣。而後鄭不達，顧捨而不從。及王子邕難鄭君，作《聖證論》，斷以禘為宗廟五年之大祭，以虞、夏出黃帝。商、周出帝嚳，四代禘此二帝。是為禘其祖之所自出，然後禘義大明。故究禘之論，仲師啟其萌，子邕暢其義，後儒所不能易也。然竊意子邕之說，亦有未盡。蓋王者，太祖以下，皆其祖也。禘祭祖所自出，則其祖皆得配之。祫有不禘而禘無不祫，是以皆曰殷祭也。其祖皆殷祭而立廟者四，是謂以其祖配之而立四廟，言隆殺之分有如此。故雖有太祖之廟，而非其辭意所及也。非如玄成謂遠祖無廟，亦非如子邕言專以太祖一人配也。然子邕之言，大旨善矣。後有執鄭君以難子邕者，皆好為說，而無從善徙義之公心者耳。

當明時，經生惟聞宋儒之說，舉漢、唐箋注屏棄不觀，其病誠隘；

近時乃好言漢學，以是為有異於俗。夫守一家之偏，蔽而不通，亦漢之俗學也，其賢也幾何？若夫宋儒所用禘說，未嘗非漢人義也，但其義未著耳。夫讀經者，趣於經義明而已，而不必為己名；期異於人以為己名者，皆陋儒也。撝約以為然乎？鼐於義苟有所疑，不敢不盡，非有爭心也。苟不當，願更教之，得是而後已。鼐頓首。

（選自《惜抱軒文集》卷六）

答金秋史

翁方綱

省手札具，叩諸經義，蓋意在欲治《儀禮》，甚善。所說鄭注未剖析處，此須通徹詳之。當東漢時，古籍尚有存者，如"王居明堂禮"諸條，鄭所見必有足資攷者，顧未及詳徵耳。且如《周官·大司樂》注既以祭天祭地皆謂之禘矣，而《祭法》"泰折"條下不言禘也，則何以取信？近乃有主張鄭說，以為禘是祭天者，其可從耶？鄭君所著《禘祫志》亦散見於注疏，意宜據注疏所引諸書，分條鈔為一編，則可通徹觀古人之用心矣。

愚有說焉，治禮經者，但當纂言，不當纂禮。項明府嘗謂"以某經之條證某經之條，意有如醫家成方，以攻補並用。"此言深可味也。所以愚意有纂言者，經語之詁訓，則宜精核也。如《燕禮》《聘禮》皆云："賓為苟敬"鄭注："苟，且之。敬，小敬也。"此復成何說乎？此苟字即《說文》"苟字，從艸頭，急敕也。"與"苟且""苟字從艸頭"者迥別。其言其急加敬也。《詩》："無易由言，無曰苟矣。"亦即此字，謂不得藉口出言之急也。凡鄭君之讀某為某，有可有不可，且如《小雅·斯干》箋云："讀辰巳之巳，其可信乎？"鄭康成後漢大儒，嘗於禮堂寫定諸經，欲整百家之不齊，而豈知鄭說之不齊，先宜整核乎？宮室、衣服諸制有宜精審者，有不必傅會者，且如明堂與路寢同制。此禮注語渾而未析，知其中某制相同。而張惠言必謂"明堂即是路寢乎？"楊信齋《儀禮圖》每條具載經文，所以足徵。若張惠言之圖不載經文，全以己意為圖，竟若條條得之目睹者,有是理乎?凡讀傳注必以經為主,慎無舍經以從傳。如《春秋傳》:"趙盾弒其君"。孔子曰:"惜也!越竟乃免。"此乃左氏補此筆,以足上太史氏之文,非謂其越竟則可以不討賊也。而杜注誤解聖言,後人反因以議左氏此條非孔子語,則傳注之為害滋甚。杜注此等處尚多,惜服虔注不傳耳。

兄如有意欲筆錄前人之說,即如鄭君《魯禮禘祫志》之類,可先一一鈔核成帙。但宜審其注疏上下文句,勿若輯鄭氏《易》注者,從劉逵《吳都賦》鈔撮鄭語,乃至併劉逵語亦算入鄭語,則不可也。如兄之好學深思,而又有閒暇餘力,年富才敏,足以濟之。其臻大成,可必也。鄙人之說,雖積成卷帙,但鈔出副藁者,止此一本。其原底則艸艸塗改過甚,須再謄一本乃可奉寄,然亦頗欲商諸知好謀。所以次第付梓者,未知果此原否?若兄手輯諸注疏之條,果能成帙,便中寄示,必有所以奉報者耳。

(選自《復初齋文集》卷一一)

與黃紹武書論千里札

段玉裁

紹武二兄足下：前者千里答書足下，既見其辭矣。古云見善從之，聞義則服，非所望於彼，故敢以白於足下，俟其讀書有進，再示之可也。

云愚以他"饗"冒鄉飲酒，夫以《說文》求之，鄉人飲酒者"饗"字之本義也。故其字從鄉、食，會意。《豳風》"朋酒斯饗"《毛傳》曰："兩尊曰朋。饗，鄉人飲酒也。（據《正義》有此五字）鄉人以狗，大夫加以羔羊。公堂，學校也。"此用"饗"之本義也。《說文》一書，本篆下主說字之本義，他篆下義必相同。如"愁"下必云"惄也"，"飭"下必云"飾也"，"立"下必云"侸也"；與"惄，愁也"，"飾，飭也"，"侸，立也"為轉注。今雖經淺人竄改，皆可考之反其正。其他篆下或用本篆引伸之義者，皆有條理可尋，少有截然異義假借而用互注者。故"廱"下"天子饗飲辟廱"，"泮"下"諸侯饗射之宮"，（大徐作"鄉射"，作"鄉射"是言射以賅飲，作"饗射"是謂鄉飲鄉射。小徐本固視大徐為長）皆用其本義字，非用他義引伸假借字也。《說文》之定例，全書可稽也。"饗"字見六經者，有祭禮之饗，饗帝、饗親是也，其字應作"享"，故春享、秋享、追享、朝享，《周禮》作"享"；有賓客饗食燕之"饗"，其字《左傳》多作"享"；有鬼神歆饗之"饗"，如《毛詩》上言"我將我享"，下言"既右饗之"，上言"享以騂犧"，下言"是饗是宜"，以"饗"從食而借用也；有飲之食之之"饗"，如《禮記》春饗孤子，秋食耆老，亦云仲秋養衰老，孟冬養死事恤孤寡，《周禮》謂之"饗耆老孤子"，曰饗，曰養，曰食，一而已，亦以"饗"從食而借用也。凡此等"饗"字，皆與《說文》"饗"下、"廱"下、"泮"下之"饗"無涉，一書自有一書之例，何可廣為牽合以誣許君之所謂"饗"乎！

若夫大學之行射鄉二禮以化王子、國子之不帥教者，《王制》注詳之矣。《文王世子》注曰："天子飲酒於虞庠，郊人得酌堂上之尊以相旅。"非鄉飲酒而有旅酬乎？彼雖多其辭，未可以誣經、誣鄭、誣許也。《說文》"廱"下之"饗飲"，即鄉飲也，"泮"下之"饗射"，即鄉飲，鄉射也。饗射，猶《禮記》之"射鄉"也。彼又云通城內城外為六鄉，援鄉大夫職"國中自七尺以及六十""國中貴者賢者能者服公事者老者疾者"，兩言"國中"，皆鄉大夫所掌為證。此又不好學深思，心知其意之過也。彼誠體味全經之例，可得其故矣。以遂人、遂大夫例之，事之最切近者也。"遂人掌邦之野"，注云："郊外曰野，此野謂甸、鄙、縣、都。"夫甸、鄙、縣、都者，公邑、家邑、小都、大都也。鄭君云：公邑謂六遂餘地，天子使大夫治之，自此以外皆然。二百里、三百里，其大夫如州長。（二百里謂甸，三百里謂鄙，如州長者，中大夫也）四百里、五百里，其大夫如縣正（四百里謂縣，五百里謂都，如縣正者，下大夫也）是以或謂二百里為州，四百里為縣云。據此是甸、鄙、縣、都，固有分治之大夫，而遂人、遂大夫特兼理之。"遂"者，二百里以內之正名。（故鄭注謂公邑為六遂之餘地，遂人職以六遂之役，野役分舉）遂人、遂大夫之本職在是，而其聯事乃統二百里以外至五百里諸大夫所治。正如鄉大夫本職在六鄉，而其鄉事辨可任者、可舍者乃兼國中。一則以內兼外，一則以外兼內，一則以少兼多，（謂自二百里至五百里）一則以多兼少。（謂國方九里而已）非甸、鄙、縣、都皆可名遂，國中可名鄉也。彼所舉《閭師》《載師》《比長》"國中"之文皆可通其故矣。"縣師掌邦國都鄙鄙甸郊里之地域"，鄭云："自邦國以及四郊之內，是所主數，周天下也。"豈天下諸侯邦國皆縣師所掌之地乎？且鄉老、鄉大夫，三公六卿也，與王共治天下者，而不可理及國中乎？

至於"鄉三物""鄉八刑""鄉大夫""鄉先生"等號，彼以為國中有鄉之證，古"鄉"字之本義訓國之離邑，民所封鄉也。劉成國亦曰："鄉者，向也，民所向也。其字從㫄，皀聲。從㫄者，言其居之相鄰也。"《周禮》令一鄉中相保以至於相賓。《孟子》言"死徙無出鄉。"相友、相助、相扶持親睦名曰鄉者，取其相親，禮莫重於民之相親，故鄉飲、鄉射原非專為六鄉制此也。而必冠之以"鄉"字、"鄉大夫"、"鄉先生"者，謂民所親近者也。遂、縣、鄙、酇、里、鄰、甸、稍、縣、都及國中，皆必稱鄉三物、鄉八刑、鄉飲酒禮、鄉射禮，而地非鄉也。鄉三物，鄉八刑，謂用之於相親之民者也。今之曰"鄉貫"曰"鄉紳"，猶行古之道也。而彼悉取為國中有鄉之證，非俗所謂癡人說夢與？

國中方九里，於郊內四同計之，不及四十之一，豈國外尚不容六鄉，而方九里中宗廟、社稷、王宮、官府、食稟、庫藏、前朝、後市，大學、城垣、塗巷、溝瀆充塞，幾無餘者，民居蓋亦廑矣。《王制》所謂三分去一者，言天下之大率耳。王國則當以三分去二計之，今以每夫二畝半為率，九里為九九八十一井，可容二萬九千六百家，三分去二，可容九千八百七十家；三分去一，可容一萬九千七百四十家，核之《周禮》，公卿大夫士而外，府史胥徒萬四千餘人，皆不耕而以祿代耕，去其執事不居國中者不計，其居國中執事者，已在萬家以外，況尚有居國中之公卿大夫士為數二千外，其居不可以每人二畝半限之者乎！故曰國中之民居絕少也。又況民所居者廛里二畝半，冬入保焉，春則出居廬井二畝半，是國中之民未嘗非國外之民，必於國中王宮左右立有左鄉、右鄉，孔沖遠之說，固斷不可通。至於彼謂《文王世子》注之"郊學"為周之虞庠小學，《王制》注之"郊學"乃是六鄉之學，引他事同名異實者以證之，辨則辨矣，不知有識者笑其遁辭也。

夫論經者，貴合經義，何取乎遁辭文過！故樂推明其理為足下言之，以轉使好學者傳之。惟足下鑒之。不宣。

（選自《經韻樓集》卷一二）

與朱笥河學士書

邵晉涵

> 邵晉涵（1743—1796），字輿桐，號二雲，又號南江。浙江餘姚人。乾隆三十六年（1771）進士。長於經史小學，精三《傳》及《爾雅》之學。著有《爾雅正義》二十卷、《爾雅釋文》三卷、《南江文鈔》四卷等。生平事蹟見《清史稿》卷四八一、《清史列傳》卷六八、《國朝先正事略》卷三五、洪亮吉《邵學士傳》、黃雲眉《邵二雲先生年譜》等。

重九日附簡問安，諒登記室。入冬以來，道體清和，伏惟萬福。晉涵就館後，眠食無恙。從者一人，日事舉業，精廬晝掩可終日。讀書唯聞見，日以陝隘。偶有疑難，又無從質問。北望軺車，輒有不能奮飛之感。

居常，繙理舊業，竊見前哲傳記，一篇之中，立義稱名，辭皆有定體。惟《坊記》《表記》《緇衣》三篇，以子云、子曰、子言之閒代成文，曁劃不一。閒為之，覃靜研覈，排輯倫理，乃知《坊記》以下四篇，確為子思子所作。其稱子曰者，夫子之言也；其稱子云、子言之者，皆子思子之言也。前後四篇，或後引聖言以證成其義，或先述祖訓而敷暢厥旨，節次相仍，皆有精意。其得家庭之彝訓者，既具著於篇矣。而於《論語》之撰自及門者，亦取徵焉。此子思子之體也。先儒誤以"子云"為夫子之言，遂以述《論語》為疑。因有疑為後時掇拾不盡純者，昧於信經，勇於疑古，殆未之思乎？四篇之出於子思，不獨沈休文一人言也。司馬貞《索隱》多引《禮記》諸篇，惟《緇衣》獨稱子思子。則知《子思子》至唐猶存，而唐人尠為之表章者。全書既闕，惟此四篇幸得附存於《小戴》之《記》，俾洙、泗淵源，猶有可考。儒者宜奉服之，讚述之不暇，而宋人反多所疑論，道之不明也。豈特青蒼黑之相淆亂哉！鄭康成綱羅大典，囊括羣言，惟四篇之注，修理未整。如葉公當作祭公，顯屬傳寫之譌，尚未及是正。

晉涵不自揆，欲俟《爾雅正義》成書之後，取《大戴記·曾子》十篇，《小戴記·子思子》四篇，別為之注，以配《論語》《孟子》。孔、曾、思、孟實謂四子，《大學》存於《戴記》，固與《幼儀》《內則》為本末。有始有卒者，聖人之道，固不可偏舉其一也。

伏祈誨定，救其昏瞀，幸甚幸甚！近又取《東都事略》與《宋史》對勘，核共詳略同異，先成《考異》一書，為將來作《宋志》稿本。事蹟牴牾，未從審定，彌深固陋之慚耳。

（選自《南江文鈔》卷八）

復王少冠昶書

孫星衍

> 孫星衍（1753—1818），字季逑，號淵如，又號伯淵，江蘇陽湖（今武進）人，乾隆五十二年（1787）進士。勤於著書，精於校勘。有《周易集解》十卷、《周易口訣義》六卷、《尚書馬鄭王注》十卷、《尚書今古文注疏》三十卷、《夏小正傳校正》三卷、《考注春秋別典》十五卷、《爾雅廣雅訓詁韻編》五卷等。生平事蹟見《清史稿》卷四八一、《碑傳集》卷八七、《國朝先正事略》卷三五、張紹南《孫淵如先生年譜》、阮元《山東糧道淵如孫君傳》、阮元《山東糧道孫君星衍傳》等。

　　謹復前在吳門有札寄呈，昨聞吾師南歸，又有札附江寧許太守轉達，想俱不致浮沉。頃奉手示承，記注殷拳，並稱星衍《明堂》一篇之善，感媿不可言。吾師向欲補《禮圖考》，究古溝洫、開方之法，近知於明堂、故實蒐錄百數十條，觀其所聚，當有創獲。

　　星衍所為《明堂圖考》正擬如今工部作紙樣者，出而示世明堂之有永巷。及有宮垣及靈臺，即臺門、辟雍水在宮垣之外，自星衍發之，前人竟未之及也。《考工記》與《月令》《呂覽》並無異義。前人疑九室十二堂不同，豈知九室之四隅室，一室有四戶，則可兩向視朔，但置屏於一戶兩廡之間以聽政耳！四隅室即是左右个，合而言之，則九室亦為十二堂。五室之名，太廟以置五帝配祖宗而名之，非別有太廟。《考工》：在國中者謂宗廟、路寢，鄭注：禮緯在辰巳之位者謂明堂，所以國中與郊外同制。鄭注《玉藻》云："天子廟及路寢，皆如明堂制。"沈約《宋志》云："《周書》亦清廟、明堂、路寢同制。"是古天子廟及路寢皆九室，仿井田為之，故有永巷。《考工記》云："內有九室，九嬪居之；外有九室，九卿朝焉。"謂此也。國中之明堂有高寢及左右路寢，在其後謂之三承明，見《說苑·修文篇》。郊外之明堂有周廬，以為齋宿息從官之地。秦之宮室因諸侯之制，故無九室交道。漢高承而不改，至漢立明堂，不置宮垣，又不設周廬。辟雍水周明堂，而不周宮垣以外，此其不合古制也。星衍考之古經義，自相符合。後人誤解之，誤讀之，故以為不可通耳。安得與吾師聚來言之？

世人又疑明堂之可不必立，以為此特好古之過。不知古者大禘不可祭祖宗於郊，又不可祭五帝於廟，必有明堂合五帝祖宗而大享之。《天文·太微》：南官有五帝座。《禮緯》：稱天子得靈臺之則，五車三柱。謂庫樓象靈臺，此應天也。九重至深邃，千八百國及四裔來朝，從官無所安措，故於郊立明堂、闢門而示之。信設辟雍以辟非常，合天祖以昭其敬。又養老習射，教學縣象，詢萬民亦不能聚士民老弱，行禮於深宮之中。故於明堂使之環橋觀聽，此順人也。辟雍須就水，故西京就豐鎬。東京就伊洛，必於郊野，此因地也。以斯言之，安得謂學人考古之虛文乎？堯闢四門，使舜為上擯以迎諸侯，必是。明堂若在九重，則道回遠，亦何能擯四門，明四目？古者享帝於郊，而寒暑節風雨時，明堂法天則地。按陰陽五行，祭則鬼享之，先王絕地通天之學在於是。周衰不巡狩，諸侯不朝，是以明堂之制不明。王肅與鄭學為難，廢五帝之祀，後世遂疑明堂之設為古虛文矣。

通經之儒不可不思古人制作之意。誠如吾師之言，坐而言不能起而行者，無用之典制，不必學也。言不盡意，可與知者道。

秋間作吳門之遊，當與吾師商訂《明堂》樣本，及訪孫子家耳。家居有斷炊之患，人事雜遝，幾廢學殖，無可告吾師也。謹復。

（選自《孫淵如先生全集·平津館文稿卷上》）

與焦里堂論路寢書

凌廷堪

　　里堂先生足下：承示《羣經宮室圖》，受而讀之，至《宮圖》第八篇，新考定路寢之制，鄙意竊有不喻者。寢廟之制，見於禮經，鄭氏注詳矣。（寢廟制皆如一鄭。又謂"天子路寢制如明堂"，此說非是。觀《顧命》可見）後儒雖偶有異同，不足據也。今足下乃改之，以為東堂、東鄉、東夾在其後，西堂、西鄉、西夾在其後。東序則曲而指于東，西序則曲而指于西。西房之後，又增一北堂，與東房之北堂、北階相竝，曲引經注以證之。辨則辨矣，恐未能合經注之本意也。今以足下所引者聊一獻疑焉，願足下教之。

　　《特牲饋食禮》"主婦視饎爨（本書誤作爨饎）於西堂下"注："西堂下者，堂之西下也，近西壁，南齊于坫。"（饎爨南齊于坫，雖近西壁，尚與西堂廉相直，故亦云"西堂下也"）注所謂"南齊于坫"者，指饎爨所在也，非指西堂也。《特牲記》曰："饎爨在西壁。"注："西壁，堂之西牆下。"舊說云："南北直屋梠，稷在南。"所謂"南北直屋梠"者，即南齊于坫也。"稷在南"者，稷爨在黍爨南也。注本易解。足下不讀"稷在南"一句，而以為指西堂在南簷之北，北簷之南，恐不爾也。又引《特牲饋食》云："盛兩敦陳于西堂。"注："盛黍稷者，宗婦也。"遂謂西堂若面南，是時眾賓眾兄弟列于階下，主婦宗婦不當登降其間。案《特牲饋食禮》視饎爨及陳兩敦之際，眾賓眾兄弟尚未至也，何容代為慮乎？《燕禮》云："小臣師一人，在東堂下南面"，此小世師之位也。又云："公降立于阼階之東南，南鄉爾卿。"此公自阼階席上降階而爾卿也。今足下刪去"降"字，又刪去"爾卿"字，以為小臣不當與君竝立，疏矣。即以此位而論公位，亦在小臣師之南，小臣師在公後也。何得云竝立乎？蓋東堂西堂皆南鄉，東夾在東堂之北，西夾在西堂之北。（公食大夫禮東夾南、東夾北者，皆以近夾故也）東堂下者，即阼階東也，西堂下者即西階西也。堂東者即堂之東壁下也，堂西者即堂之西壁下也。故《大射》有次三耦，皆俟于次；《鄉射》無次三耦，則俟于堂西。袒決遂于堂西，取其隱蔽而已。今足下以堂西為在西階西，則《鄉射》三耦，袒決遂皆在顯處矣。東堂下為東堂之東，則小臣師轉在隱處矣，無是理也。

　　足下又引《大射儀》工人士與梓人升自北階兩楹之間，卒畫自北階下。司宮埽所畫物，自北階下，為由北階可至于堂之證。案升自北階由東房而至于堂，自是寢廟本制，與足下新解無涉也。至于公食大夫禮，宰夫自東房授"醓醬"及"薦六豆"之等，此是公親為主人，故饌自東房而出。《聘禮》"歸饔餼""六豆"之等，陳于兩夾，此是聘賓即館之後。主國之君使卿歸使者，饔餼之禮無主賓之儀，陳之而已，與公食大夫禮迥不相侔也。而足下申之，曰："夾，通于房，陳于夾，以便薦于房也。"豈聘賓在館自為主人，由東房薦饌于席乎？且東夾之饌，自東房出，西夾之饌，亦自西房出乎？（主人在阼階上，故饌皆陳于東房，而薦于房，亦非）鄉飲食饌自東房而來者，皆先陳于東房，不聞由夾而至於房也。況陳饌于賓館之禮，與主人親食賓于廟之禮，判若徑廷，而以之互相比勘，似亦牽強。《大射儀》云："賓之弓矢，皆止于西堂。"下云："賓降，取弓矢于堂西。"李氏《釋宮》以為西堂下即堂西，此蓋經之變例，無容曲為之解。足下皆反之，所謂強經以從己耳。東序之東為東堂，西序之西為西堂。《鄉射》所謂"賓與大夫之弓倚于西序"者，即正堂之西序也。

　　足下謂東序西序指東西堂之序，非正堂之序。若然，則正堂二序，東西堂各二序，兩北堂又各二序，是寢廟凡十序矣。何禮經僅曰東序西序，而不分析言之乎？案《公食大夫禮》"立于序內，西鄉"注"不立阼階上，示親饌。"所謂序內者，即堂上東序之內也。如足下所云"東序曲而指于東"，則序內竟在何地乎？足下又引《鄉射》謂："東序東，非東堂。"不曰東堂，而曰東序東，益知東堂西堂非南鄉。案《鄉射》"主人弓矢，倚于東序東"者，即東堂也。如但曰東堂不變，文曰東序東，則弓矢倚於東堂何處乎？（如東堂東鄉東序，曲而指于東，則當曰東序南，不得曰東序東矣）足下不融會禮經之全而觀之，僅節取其一二語宜乎？多窒礙也。

　　凡足下所據以為說者，唯公食大夫禮，大夫立於東夾南，西而北上。鄭注雖自明晰，而說者間有異同。或可附會，其他則不敢以為然也。如鄙論非是，亦乞破其述惑，進以所未逮。幸甚幸甚！

（選自《校禮堂文集》卷二三）

復江艮庭處士書

焦　循

循謹復艮庭先生足下：循所為《羣經宮室圖》一書，乃庚戌年授徒深港時所作。既而病嘔血，醫者以為中死法，同學及門人輩以此付刻，原稿於正書中偶雜古體，當時未及改正，至今頗悔之。顏黃門、陸博士子所言皆通論也。

昨接台札，指摘是書俚俗之字，承教，感謝之極。其太俗如尊所斥者，當檢出改之爾。又來札，稱鄙作"徵引浩博，考核詳明。城徐壇學之等，可稱精細無遺議。"循欣愧無地，叩頭叩頭。又蒙於書中言"位寧""榮霤""門臬"三條，細加訂正，不吝教誨。夫人新著一書，閱者翻一二葉即置去，非覆醬瓿，即飽蠹腹。先生不以循為淺陋，屈意終覽，示以可否。誠今之古人，不勝敬服。循承教令更詳之，因復取經文傳注，及先生之言，合諸予心。三閱晝夜，終難釋然，不敢不復諸長者。

循易鄭君"榮霤"之說者，所以明四霤非四阿，引《喪大記》明諸侯有榮，引《斯干詩》明天子有榮。蓋榮與霤，天子諸侯皆有。惟四阿天子有之，諸侯則無。鄙意篇中甚明著，然此條易《鄭箋》義，不敢向先生多辨也。朝中為廷，宮中為庭，二字自別。《說文》又云："㝔，中庭也。"宋㝔，《爾雅》為梁棟之名。則此庭指屋內言。《儀禮·射聘》《喪祭》等禮皆言中庭，皆指階下無屋處言。則中庭為中廷之通借。如《盤庚》之廷作庭也。凡朝中俱謂之廷，則不獨燕朝有中廷，即不獨燕朝之中廷左右謂之位。（邵氏《爾雅正義》云："凡治朝外朝，羣臣皆以廷之左右為位。"）若寧為門屏之間，與朝亦別，當寧者負寧而立，猶當扆為負扆也。君背寧立於門外，臣向寧立於廷之左右，非謂門屏之間為治朝也。人君寧立處為寧，方百步為朝，混之為一，似非古訓。（諸侯內屏在路門內，則自屏至應門，中隔一路門，解門屏之間，舍路門遠取應門，遂以《爾雅》"門屏之間"一語，專屬諸侯，於天子乃不得不改為應門、路門之間為寧。江氏慎修之說迂矣）《論語》過位，包與孔兩家自異，不可強合。《曲禮》"下卿位"注云："卿之朝位也。"卿朝於治朝，是治朝有位。《正義》引《鄉黨》"過位"鄭注云："過位，謂入門右北面，君揖之位。"言入門右北面，則是卿大夫之位。言君揖，則在治朝。然則過位之位，鄭氏正指治朝臣位言。其鄭氏亦有誤乎？君方下車而過，孔子之色勃足躩，可無疑也。一槷二槷，判自孔、賈，所以斷為二槷者，正以鄭氏《玉藻》注與賈氏合也。《玉藻》云："君入門，介拂槷，大夫中棖與二槷之間，士介拂棖。"注云："君入必中門。上介夾槷，大夫介士雁行於後。"夾槷緊承君言，雁行緊承上介言。則夾者與君夾，後者後於上介無疑。鄭又申明雁行之義云，示不相沿也。蓋令大夫士亦隨介拂槷，則嫌於相沿。故一中棖槷之間，一拂棖如雁行之斜行。《聘禮注》引《玉藻》而釋之云："門中門之正也，以門中代中門，知為門之中，非棖槷之間。棖與槷之間非正也。"又云："不敢與君並由之，敬也。"正以兩槷之中，惟君獨行，賓不敢並。若一槷分行兩畔，不可為並矣。然此猶不足以定鄭氏兩槷之指。惟下又云："介與擯者雁行，卑不逾尊者之跡，亦敬也。"此語即發明不相沿之義。謂上介尊於大夫，大夫尊於士。上介既拂槷，大夫不敢沿之亦拂槷，以踰其跡，故中棖槷之間以為敬。若經文之中門，即棖槷之間，則賓不中門。大夫反中門，斷無此理。若謂獨行不可中門，隨行可中門，則大夫不敢踰上介之跡。而轉敢踰君之跡，恐非鄭氏義也。

　　循易鄭氏處，先生辨之，不敢多辨。惟先生遵鄭之故，轉至違鄭，則急急欲與先生共議者矣。循學無師傳。竊謂西京拘守之法，至鄭氏而貫通。其經注炳如日星，不難於阿附而難於精核。果有以補其所不足，則經賴以明。不則其書自在，非易者所能蔽。《詩箋》多異《毛傳》，《禮》注屢更先鄭，鄭氏說經之法正如是也。先生以忠信待循，循不敢自匿所知以負盛意。立言無狀，伏諒之，更賜以教誨。幸甚幸甚！

（選自《雕菰集》卷一四）

與劉端臨教諭書

焦　循

循頓首謹啟，端臨先生足下：先生之學，久聞汪君容甫言之。己酉之春，會乞容甫札求謁左右。後未果，渡江。至今殊歉歉也。邇因阮學使之約，客遊於越，適程君中之自丹徒來。道先生知鄙人名，且索拙作《宮室圖》。謹以一部呈上，幸進而教之也。

循謂經學之道，亦因乎時。漢初值秦廢書，儒者各持其師之學，守之既久，必會而通，故鄭氏注經多違舊說。有明三百年來，率以八股為業，漢儒舊說束諸高閣。國初，經學萌芽，以漸而大備。近時數十年來，江南千餘里中，雖幼學鄙儒無不知有許、鄭者，所患習為虛聲，不能深造而有得。蓋古學未興，道在存其學；古學大興，道在求其通。前之弊患乎不學，後之弊患乎不思。證之以實，而運之於虛，庶幾學徑之道也。乃近來為學之士子忽設一考據之名目。

循去年在山東時，會作札與孫淵如觀察，反覆辨此名目之非。蓋儒者束髮學經，長而遊於膠庠，以至登鄉薦，入詞館，無不由於經者。既業於經，自不得不深其學，於經或精或否，皆謂之學經，何考據之云然。先生當世大儒，後學之所宗，仰出一言以正其名，俾其知儒者之學，有深淺，無異同，則不致以虛聲漫附，亦不致視為艱途，以阻其功力也。循無狀，願明示以正其誤，不甚悚惕，冀幸之至。

（選自《雕菰集》卷一三）

答胡孝廉培翬書

洪頤煊

承枉過並論《禮經》宮室，鄙著《禮答問》於宮室已□有成緒。尊意以燕寢與正寢異制：正寢中央為室，左右為房，燕寢止有東房西室；正寢室戶在南面，燕寢室戶在東壁，以通于房，其南面有牖而無戶。細繹之，鄙意頗不以為然。《士昏禮》："期初昏，陳三鼎于寢門外"，鄭注："寢，壻之室也。"古者命士十五以上，父子皆異宮。此壻之室不在正寢，即為燕寢之制。婦至，主人揖婦以入。及寢門，揖入，升自西階。贊者舉鼎入陳于阼階南。《記》云："婦入寢門，贊者徹尊冪，酌玄酒，三屬於尊，棄餘水於堂下階間。"燕寢有東西階，又有堂下階間，則亦當為三間。屋制中央為室，左右為房，若依賈疏"東房西室施於兩間，屋制可施於三間"，屋制勢必截割中央各半，以益東西。則房室之中，皆不免有當楹之患，古人無是宅法也。

至謂"燕寢室東壁有戶，以通於房，南面無戶，與正寢戶東牖西異制。"案《士喪禮》"死於適室"鄭注："適室，正寢之室也。"疾者齊故於正寢焉，疾時處北墉下。正寢與燕寢名雖不同，其為房室之制則一。齊者臥在正寢室中，北墉下，明平時臥亦當在燕寢室中，北墉下也。正寢、燕寢室制既同，其為戶牖之法，當亦相同。《玉藻》："君子之居恒當戶，寢恒東首。"鄭注："當戶鄉陽。"此亦《燕寢》室戶居南之證。故《士昏禮》："贊洗爵，酌酳主人，主人拜受，贊戶內北面答拜。"言戶內以贊者，西面告饌具，其南正當戶，不必出戶而北面答拜也。主人出，婦復位。主人說服于房，婦說服於室。主人入，親說婦之纓。鄭注："入者，從房還入室也。"此言主人訖從室出，復入于房，說服于房，復從房還入于室。与《特牲》《饋食禮》："主婦出，反于房。必出戶，然後反于房。"其文法正相類。非謂室東壁有戶以通于房也。賈疏云："今言入，明從房入室也。"刪一"還"字，其義遂晦。大抵古人宮室無論正寢、燕寢，天子、諸侯、卿大夫、士，廣狹大小或有不同，其為架數、間數、房室、戶牖、門階之法，則無不同也。足下盍再審之。嘉慶癸酉二月十六日洪頤煊書。

《漢書·龔勝傳》："勝病篤，為牀室中刻西南牖下東首加朝服扢紳。使者入戶，西行南面立致詔。"其室戶之制與《禮經》同。

（選自《筠軒文鈔》卷八）

與朱德輝書

洪頤煊

前日枉顧敝廬,蒙示尊注《夏小正》,懽喜無量,並索愚兄弟所注,云有《夏小正集解》之刻。舍弟於是書留心有年,頤煊僅留覽及之而已。聞有所見,知無當於大雅。今謹條錄如左,望賜裁之。嘉慶辛酉正月十日。

啟蟄,《漢志》作"驚蟄",《周書·時訓》:"驚蟄在雨水後。"蓋夏正以啟蟄為正月中,周正以啟蟄為二月節也。《時訓》據節氣,故首立春,《小正》據中氣,故首啟蟄。必過中氣始移一辰。

用是見君之亦有耒也。農緯厥耒才,民自緯厥耒也。《月令》:"天子親載耒耜,帥三公、九卿、諸侯、大夫躬耕。"帝籍明君亦當緯厥耒,君緯不書。《小正》重民事,書農以見君也。

睗也者,終歲之用祭也。言是月始用之也。《公羊傳》:"是月者何?僅逮是月也。"何休《解詁》云:"提月,邊也。魯人語也。在正月之幾盡。故云劣及是月也。"傳以是月釋終歲,其義亦猶是也。

囿之燕者也。《周禮》:"囿人掌囿游之獸禁。"鄭君注云:"囿游,囿之離宮,小苑觀處也。"《大宰》八曰"斿貢",鄭君注云:"斿讀如囿游之游。游貢謂燕好珠璣琅玕。"是人君游觀之所得謂之燕。韭宜于囿,杏宜于山,故傳于正月囿有見。韭曰囿之燕,四月囿有見,杏曰山之燕,皆據所植言之。

祭也者得多也。得多當讀如登來,何休《公羊解詁》云:"登讀言得來。

得來之者，齊人語也。齊人名求得為得來。"多與來古聲相近。《公羊傳》云："登來之者何美大之之辭也。"故此傳亦以大釋經意。

相粥粥呼也，《月令》與《小正》同以夏正紀候，故互舉以見義也。《易緯·通卦驗》："立春，雞始乳。"至正月則粥粥呼矣。《月令》與《小正》同。以夏正紀候，故互與以見義也。《易緯·通卦驗》："立春雞始乳"，視此為遲，故或以抱粥釋之。凡傳言或曰者皆別具一義。

百鳥皆曰巢穴穴取與之室。何也？燕鳥類當名其居曰巢。九月元鳥蟄，蟄則穴處，若熊羆豹貉類矣。反取而與之室，故傳以為問穴讀如窟，謂獸穴也。

鴽也。《說文》雖雈互釋，是同類相比況，法《爾雅》"鶉子、鴽駕子鴾"，二文對舉。又云："駕牟母鷚鶉，其雄鶊牝庳，亦言鶉駕，而不言鴽，以鴽即駕，故此傳云駕鴽也。"義同《爾雅》。或云"駕當作鶉"，非也。《傳》作鴽，《說文》作雈，《禮記·內則》作鷚，《列子釋文》引《小正》作鵑，皆字之異。

拂桐，拂讀如掃拂之拂。《初學記》引《華陽國志》云："益州有梧桐木，其華采如絲，人績以為布。"又引郭義恭《廣志》云："驃國有白桐木，其華有白毳，織以為布。"《禹貢》："島夷卉服。"《小正》記拂桐，其或為此布歟？《小正》重農桑，故記之。

莠幽，二字本是經文，《毛詩·七月》箋引《夏小正》"四月王萯莠蔞"，其是乎？疑鄭君引《小正》以証。《詩》本作"四月莠幽"，因幽、蔞異文，故作疑詞。後人不知"莠幽"為《小正》經文，誤以為上文"王萯莠之"《傳》因屬入"王萯"二字，改幽作蔞，連其是乎為句。以蔞釋萯，乖其義矣。《穆天子傳》云："珠澤之藪"，爰有雚葦、莞蒲、茅萯、蒹蔞、萯蔞竝舉，可為後人破讀之證。

心中種黍，與九月榮鞠而樹麥皆傳者，申經意或以種黍作經文者，非。

蓋當依依尾也，依讀如殷，《禮記》《中庸》鄭君注云："齊人言殷聲，如衣。"《爾雅·釋言》云："殷，中也。"《傳》衍一"依"字。

爽死，《月令》："孟秋之月，戮有罪，嚴斷刑，天地始肅，不可以贏。"故凡受罪以死者，不可不明正其法。《說文》云："爽，明也。"《傳》釋爽為疏者，讀作疏窗之疏，亦取明義。

蜈蠑也，《釋文》引司馬彪《莊子注》云："蟪蛄，寒蟬也。一名蜈蠑。"蠑當作蟟。《毛詩》："可以療飢"，《韓詩》作"可以療飢"。《說文》"療"重文作"療"。蠑蟟古同聲通用。蜈蟟即蜩字，雙聲。

遰往也。《月令》："季秋鴻雁來賓。"遰即來也。《傳》訓為往者，亦猶《爾雅》訓徂為存，訓亂為治也。《月令》據中國人目所見，故言來。《傳》據北方雁所居，故言往。居有定處，故《正月》記雁北鄉往無定處。故九月不記南鄉，故《正月傳》云記鴻雁之遰也。如不記其鄉，何也？曰鴻不必當小正之遰者也。

若蟄而，《易緯·通卦驗》："小寒熊羆入穴。"此"熊羆豹貉鼬鼬則穴"八字當作經文。《傳》"若蟄"而下有脫文。

時有養夜，養日在五月，養夜在十一月。此記在十月者，何也？五月傳云："一則在本，一則在末。"冬至陽生，故記十月冬初；夏至陰生，故記於五月至末。皆君子扶陽抑陰之義。

（選自《筠軒文鈔》卷三）

答徐新田先生書

許宗彥

讀尊著《禘祫辨》，謂"周以文武為祖，后稷為祖之所自出。"鄙意竊所未安。《小記》言"王者，禘其祖之所自出，以其祖配之而立四廟。"四廟者，高祖以下，由高祖而上則遷矣。故遷廟曰祧，即下文所云："五世而遷之宗也。"祖者，始祖，即下文所云"別子為祖，繼別為宗。"蓋百世不遷之宗也。別子為祖，康成雖以諸侯庶子釋之，然帝王庶子封為諸侯，不得祖天子。則自為始封之祖，即別子為祖之義。

夫禘禮定於周初，其時文武方在四廟中，安得越太王、王季而上配后稷，將共王而上不得有禘，並不得有祖歟？且以始有天下之君為祖，則如成湯之身有天下者，其將無所祖歟？夫禘以帝為義，三代祖皆諸侯，而所自出則皆帝也。禘也者，追享其祖所自出之帝耳。所自出也者，言得姓之所自出。《左傳》："東郭偃謂崔杼曰：'男婦辨姓，今君出自桓，臣出自丁。'"此出字之詁也。有虞氏得姓始于嚳。嚳所自出則黃帝，故有虞氏禘黃帝而郊嚳。夏后氏得姓始于鯀，鯀所自出亦黃帝，故夏后氏禘黃帝而郊鯀。殷人得姓始於冥，冥所自出則嚳，故殷人禘嚳而郊冥。周人得姓始於稷，稷所自出亦嚳，故周人禘嚳而郊稷。大抵郊則配以得姓受氏之祖，禘則祭其祖所自出之。帝祖所自出不必父子相承，要必有大功德者，然後賜姓為祖。而推祖所自出，則皆出於帝而已。至行禘之時，劉歆引《外傳》謂"大禘則終王"，最為精確。《爾雅》釋禘為大祭。祭固莫有大於禘者。由得姓之祖，追祭所生，禮意精遠。雖曠年猶嫌其瀆，故惟于一王易世，三年喪畢，乃一舉行。蓋繼體之君，雖曰守成，其膺眷命也，與開創之君無異。故一代受命則制禘，一王受命則行禘。既以新主合祭，告前王治天下之終；即以嗣君見廟，告今王有天下之始。所以示統承上古，臨馭元元之本。其時羣廟之主皆升，有功之臣皆享，遠方荒服皆來。典盛禮隆，至精至大。故夫子謂知是禮者于治天下無難也。

自鄭氏過信讖緯，以祖所由生為天帝，而又誤分大禘、吉禘為二，然漢以前之舊說，間有存者。《五經異義》載《左氏》說云："歲祫及壇，終禘及郊宗石室。"許叔重申之，云："終者謂孝子三年喪制終，則禘于大廟，以致新死者也。"案此即劉氏所謂"大禘終王也。"及郊宗者，即《書》"類于上帝，禋于六宗"，為易世即位之大典也。石室者，毀主所藏。至是皆徧祭也。更以《長發》之詩考之，首章云："帝立子生商。"帝者，嚳也。子者，契也。言有娀方為帝之內助，帝立其子為諸侯，為商家受命之原，故禘嚳而以契配也。其次章曰："相土烈烈"，言元王以下皆有功德，宜升食也。三章云："帝命不違"，又云："帝命式於九圍"，言湯有天下本于契，實本于嚳之命也。四五六章言荒服皆以終禘來王，而陳武功以震動之也。末章曰"實惟阿衡"，言功臣從享也。若《周頌·雝詩》止言文武，則明堂宗祖之祭以配五帝，故亦曰禘。猶圜邱以嚳配天，亦稱為禘耳。《春秋》紀魯禘，《左氏》說云："天子之子以上德為諸侯者，得祀所自出。"魯以周公之故，立文王廟，此則魯以周公配文王，正與周以后稷配嚳一例。周公所自出為文王，則后稷所自出不當為靈威仰矣。至吉禘之文，《公羊》《穀梁》皆言吉者，不吉者也。由三年之喪未畢，不當禘而禘，故書吉以示譏，非大禘之外又有吉禘也。敢質所見，更引而教之。

（選自《鑑止水齋集》卷一〇）

答臧拜經論禮辭韻

陳壽祺

頃見執事,《孟子齊伐燕考》,鉤稽精諦,破數千載膠轕之疑,悅服無已。既以一二請質,過辱嘉納,有若江海之善。下復示《儀禮·冠辭》《昏辭》,說教所不逮,非所謂矜其蒙而欲彪之以文者耶!敬謝敬謝!案,《詩·小雅·車攻》五章,《大雅·抑》三章,皆首尾為一韻,中數句又隔,別為韻。《昏辭》"往迎爾相與若",則有常韻。"承我宗事"與"先妣之嗣"韻,即其例也。假古通嘏,郭注《爾雅·釋詁》引《詩》"湯孫奏假",為"奏嘏"。鄭注《禮記·曾子問》讀"不假"為"不瑕",葭、瑕、騢、嘏並從叚聲,其見於《詩》,皆入魚、模、虞、姥韻,則《冠辭》假之諧甫無疑。顧氏《唐韻正》、段氏《音均表》、孔氏《詩聲類》僉同。此論陸德明《儀禮音義》亦音假為古,而其餘協韻多舛。執事今從顧、段、孔三家以正王庶子《禮辭》"末不入韻"之說是也。

來教又欲以我韻迎,以孔韻爰,而下詢其可否?案,迎與逆,聲義俱通,《周禮》《左氏傳》迎皆為逆,《禹貢》同為逆,《后漢書·溝洫志》作"迎河",《爾雅·釋言》"逆,迎也。"劉熙《釋名》"逆,遌也。"《離騷》迎與故韻。是讀迎如逆也。且迎之本字未嘗不可讀入魚、模諸韻。逆從屰,聲迎,從卬聲。古音、模與陽、唐多互相轉,故亡與無通,荒與幠通,(《爾雅·釋詁注》),瓬讀為甫(《考工記·瓬人注》),彉讀若郭,歧讀若撫,矍讀若穬。(《說文》)若以我韻迎,則我當讀為吾。我與吾本一聲之轉也。孔與空通,《詩·賓之實筵》以筵恭、反幡、遷仟為韻,則孔可諧爰也。再以《爾雅》徵之,"逆,迎也。""卬,吾我也。""孔,閒也。"義在而聲亦可隨之轉矣。雖然壽祺尚有疑者,古人文法似疏實密,故三百篇用韻之法,錯綜變化,孔氏《詩韻例》備矣。

但來教以《冠辭》《昏辭》必字字有韻,無乃過於破碎煩亂,非古人意與。又以句末之韻與前文句首之字遙協,則三百篇從無此例,蓋非所安。疊韻、雙聲,古書隨舉輒是,然必有條理可尋,未有一上一下。此倐彼橫截句讀,強設通轉,惝怳不可定,而一二執以為韻者也。"冠禮字辭",備字為韻,嘉宜為韻。"永受保之",之與備字隔協為韻。"曰伯某甫",與假為韻。其下"仲叔季唯其所當"七字,則說《禮》之詞,不入字辭之內。豈必有意牽以諧韻耶?藉令其然,又不宜不上協句末之字,而轉上協句首之字,如執事說之以當協永也。昔成王冠,周公使祝雍祝王曰:"辭達而勿多也。"辭且不欲多,而所作禮經用韻,顧若是其破碎煩亂乎?蘇蕙之回文,鮑昭之建除數名,沈炯之六甲十二屬、六府八音及口字詠,下迄蘇軾之吃語詩,黃庭堅之五平五仄詩,皆詞人偶爾狡獪弄翰,竊恐古之聖人未肯出此也。

壽祺黯淺,不足以窺經訓之奧,狂夫之言,敢謂可擇!惟執事終教之。幸甚!

(選自《左海文集》卷四)

與張鐵甫論昏禮書

張士元

> 張士元（1775—1824），字翰先，一作翰宣，號鱸江，江蘇震澤人。乾隆五十三年（1788）舉人。性耿介恬淡，授以教諭，不就。館大學士董誥第中，誥待之頗厚，多所規諍。後漸撫阮元聘主諸暨書院。晚歲，歸老爛溪之上，以著述自娛。好為古文辭。著有《嘉樹山房集》二十二卷。生平事跡見《清史列傳》。

蒙惠手書，並示歌詩、雜文，反復讀之，見足下用心與時人迥異。文亦雅贍有體，竊幸鄉里知識中，有足下斯道未為孤也。獨《昏禮問答》一篇，與鄙見有未盡合者，謹陳其大略。

《士昏禮》自納采、問名、納吉、納徵、請期、親迎，主人皆迎賓入廟。《記》云："凡行事，必用昏昕，受諸禰廟。"孔穎達曰："女家每事告廟，則男氏將行六禮，必皆告廟，不徒卜而已。"此《昏禮》告廟之明文。其不言家之告廟者，以女家推之，而可知禮文固有互見者，非闕逸也。家告廟當在醮子命迎之時，醮子在寢，而命詞曰："往迎爾相，承我宗事。"則告廟可知也。《左傳》："鄭公子忽先配後祖"，杜注："禮，逆婦必告廟而後行。"此亦告廟之證也。以為昏非入廟之時，則時未昏也。婦既至，則不復告廟。至三月而後祭行，蓋告廟命子之後，祭行之前，無容瀆告也。文乃云："告廟當在質明見舅姑之後"，恐非禮意也。謂三月廟見，為舅姑既沒，奠菜之禮，與三月祭行不同，誠是也。然必俟三月者，以三月一時，人之善惡可得而知。此與"留車反馬"之禮相合，《白虎通義》之言亦未可盡非也。若以七出駁之，則又不然。蓋婦之出，乃家庭大不幸之事，而廟見之慎重，則戒之於始，雖以此戒之，而不聞於未廟見之前，嫌於婦行之惡，遽使乘車馬而歸者，此以見先王制禮之意。所以防患於未形，而非為是刻急之法也。至謂《白虎通義》言娶妻不告廟，顯背經義，則《通義》固未嘗言娶妻之始終不告廟也。《通義》云："娶妻不先告廟到者，示不必安也。"辭意蓋謂婦至不告至於廟耳。或其中有脫誤，未可知也。至《士昏禮篇》首云："下達納採用雁"，鄭注、賈疏於"下達"之義已明言之。朱子復釋之云："大夫執雁，士執雉"，而《士昏》"下達"用雁，言士庶得通用雁也。此解甚明，不必疑其有闕逸也。餘不具。

（選自《嘉樹山房集》卷十）

復家竹邨孝廉燕寢室南無戶書

胡承珙

　　承珙白竹邨足下：前承示《燕寢東房西室考》，披讀數過，皆詳，確不可易。所據《斯干》箋謂："天子燕寢左右房，諸侯以下東房西屋。"瑟菴侍郎雖疑《箋》，未嘗明指諸侯、大夫、士燕寢止一房，然《箋》云"異於一房者之室戶"，正承上文"天子之寢有左右房"而言。則一房非諸侯以下而何？此似無可疑者。惟足下解"西南其戶"云："諸侯以下燕寢止一房，房在東，室在西室。則東向開戶以達於房，房則南向開戶以達於堂，由堂入房，由房入室，而室之南無戶。天子燕寢之室在中，有左右房，室南向開戶，比之一房者之室東向開戶者為在南而較西，故云西南其戶。"此則承珙不能無疑焉。蓋凡東西相較必同向而後可，未聞以東向者與南向者相較為東西也。《詩疏》云："天子燕寢有左右房，西其戶者異于一房之室戶也。大夫以下無西房，惟有一東房，故室戶偏東，與房相近。此戶正中比之為西其戶矣。"此疏所言東房西室雖誤牽於正寢之制，而此數語似於箋義頗合。《大戴禮·保傅篇》云："古者胎教，王后腹之七月，而就宴室。（盧注：宴室亦曰側室）太史持銅而御戶左，太宰持斗而御戶右。"觀此，則孔穎達"天子燕寢室戶正中"之說，似有所本。天子燕寢室戶南向而正中，較之一房者之室戶南向而偏東者，自為西南其戶矣。如此解箋亦無窒礙，可不必別求新義也。

　　足下又謂："《士昏禮》'同牢合卺'及設衽皆成昏于燕寢之禮"，

當矣。而必以經云"主人出下"即云："主人說服于房，無入房之文"，下又云："主人入，無出房之文"，遂謂房與室有戶相通，出者由室出房，入者由房入室，則室為東向閉戶，而室之南無戶。此則承珙亦終不敢以為然者，何也？《儀禮經》文云："主人出，婦復位。"未見其必出而在房也。其下尚有"徹饌"一節，而後云"主人說服于房"，既云"于房"，則入字可省，似不得因此處無入房之文，遂決上文之出為由室而出于房也。鄙意古人之室必有南向之戶，燕寢、正寢皆然。《夏小正》云："'漢案戶'傳云：'案，戶也者，直戶也。言正南北也。'"此尚不知其所指者為何寢也。

足下謂成昏在燕寢矣。《綢繆》之詩非言昏姻者乎？其卒章"綢繆束楚，三星在戶。"《傳》云："參星正月中直戶也。"毛公既舉婚姻之正禮，則"今夕何夕"自指初昏之夕。《月令》："孟春之月，昏參中。"記初昏時所見。而云"在戶非燕寢室戶南向"之明證乎？即以《士昏禮》明之，經文"三酳"之後云"贊洗爵酌于外尊，入戶西北面，奠爵拜，皆答拜。"此蓋贊者自酢。故酌於外尊入者入室也，入而云戶西，則戶為南向明矣。足下又據《內則》："子生三月之末，見于側室，妻抱子出自房。"以為經不云出室，而云出房；不云自房出，而云出自房。以為室南無戶，必由房乃得至堂之證，此亦未見為必然。古制房中半以北為北堂，《詩》："言樹之背"，《傳》云："背，北堂也。"疏引《士昏禮》："婦洗在北堂。"《有司徹》："致爵于主婦，主婦北堂。"以為北堂者，婦人所常處，則此見子之時，或者妻本在北堂，故出自房，何以知其必由室而出于房也？若泥于"出自"之文，則《儀禮·鄉飲酒記》："薦出自左房"，《鄉射記》："出自東房"，豈亦由室而出乎？至于室有南向戶之外，或別有東西向戶，則謂之側戶。襄公二十有五年《左傳》："公問崔子，遂從姜氏。姜入于室，與崔子自側戶出。"此室有側室之明證。鄙意不獨燕寢為然，即正寢之室當亦有之。但經文不備耳。此時未暇博攷，姑就所見質之。以足下虛懷善下，前偶舉《晁錯傳》"一堂二內"語已蒙采入，故復貢其所疑，希留意焉。

  按此及後篇俱嘉慶癸酉歲，余撰《燕寢考》時，君與余往復辨論之作也。余答書亦刻拙著《文鈔》中存，以俟通人考定焉。培翬識。

（選自《求是堂文集》卷二）

復洪樨堂夏小正補義

胡承珙

　　"雁北向"，傳云："九月遰鴻雁。"先言遰，而後言鴻雁。何也？見遰而後如之，則鴻雁也。何不謂之南鄉也？曰非其居也。故不謂之南鄉。記鴻雁之遰，而不記其鄉，何也？曰鴻不必當《小正》之遰者也。案《爾雅·釋言》："茹，度也。與如同。"此謂遰者，高飛度之，而知其為鴻雁，所謂以目治者也。又云"記鴻雁之遰者，而不記其鄉"者，蓋據作《小正》者言之。《小正》一代之典，當以京師為本。夏都安邑在北，《山海經》："雁門山，雁出其閒。"亦在北。雁北謂之鄉者，作《小正》者言其於我乎鄉也。（《禮記》疏云："嚮，面也"）南不言鄉者，北來為鄉，南往即為背。自我之彼則謂之遰，故曰鴻不必當《小正》之遰者也。言鴻之遰不必當作《小正》者之所在而遰，故不謂之南鄉也。（傅崧卿本"遰者也"，遰下有"必"字衍）"農率均田"，傳云："均田者，始除田也。"案《小雅·信南山》："畇畇原隰。"《毛傳》云："畇畇，墾辟貌。"墾辟與除義同。《周禮》"均人"注引作"營營原隰。"畇、營竝即均字。《說文》："均，平徧也。從土從勻。"除田者。正所以令平徧也。

　　"初俊羔助厥母粥"，《傳》云："俊也者，大也。粥也者，食也。言大羔能食草木，而不食其母也。羊蓋非其子，而後養之，善養而記之也。或曰：夏有煑祭。祭也者用羔。是時也，不足善樂，喜羔之為生也。而記之與羔羊腹時也。"案助如字讀亦通。蔡德晉曰："大羔能食草木，而不食母乳，則羔母得自養矣。"故曰助厥母粥。承珙案《爾雅翼》云："羊之類易繁，一歲之間，母既生子，子復生孫，孫又復子，號為一歲三生。"據此則此俊羔謂去歲所生之羔，今已大而生子。既養其子，並能助養其母所生之子，故曰羊蓋非其子而後養之。羊善養者，《說文》："養從食，羊聲。"疑亦兼取羊善養義也。又案《齊民要術》稱：正月生羔為上種，十一月、十二月生者次之。母既含重，膚軀充滿，草雖枯，亦不羸瘦。母乳適盡，即得春草，是以極佳。據此則此俊羔斷乳之時，春草方生，自然肥美，可以供祭，故云"喜羔之為生也"。而記之其云"與羔羊腹時也"者，言此羔離母羊之腹，正得其時也。

"丁亥萬用入學"，《月令》正義云："干舞稱萬者。"何休《公羊注》云："周武王以萬人服天下。"《商頌》："萬舞有奕。"蓋殷湯亦以萬人得天下。此《夏小正》，夏時之書，亦云萬者，其義未聞。承珙案《墨子·非樂篇》云："於武觀曰：啟乃淫溢康樂，野於飲食，將將銘莧磬以力，湛濁于酒，渝食于野，萬舞翼翼，章聞于大，天用弗式。"此可為夏用萬舞之證也。

朱繁，案《左傳·隱三年》正義引陸璣《詩疏》云："繁，一名游胡。北海人謂之旁勃。故《大戴禮·夏小正傳》曰：'蘩，游胡。游胡，旁勃也。'"承珙案《小正》之有傳名，始見於此。此所引傳文自屬可據。傅崧卿本脫"蘩旁勃也"四字，非是。今《大戴》本"蘩，萬勃也。"萬乃方字之譌。蓋古本"旁"省作方，俗書萬亦作万，與方形近易譌，傳寫因又作萬。《水經》"汝水"注："萬城或作方城。"誤與此同。《廣雅》云："繁母，旁勃也。"即本《小正》此文。

《采識》傳云："識，草也。"金履祥以識為即《爾雅》之蘵黃蒢。郭氏彼注云："蘵草，葉似酸漿，華小而白，中心黃，江東以作葅食。"《顏氏家訓》云："《禮》云'苦菜秀'。《易統通卦驗玄圖》曰：'苦菜生于寒秋，更冬歷春，得夏乃成。今中原苦菜則如此也。'"江南別有苦菜，葉似酸漿，其花或紫或白，子大如珠，熟時或赤，或黑，此菜可以釋勞。案郭注《爾雅》："此乃蘵黃蒢也。今河北謂之龍葵。梁世講禮家以此當苦菜，亦大誤也。"承珙案《顏氏家訓》雖以龍葵非即苦菜，其實蘵名黃蒢。蒢與荼通。《尔雅》："荼，苦菜。"黃蒢亦苦菜之一種。王砅《素问注》引《月令》"苦菜秀作吳葵華"，亦是以龍葵當苦菜。《小正》之蘵，即《月令》之苦菜。惟苦菜秀於孟夏，故三月尚可采，至四月則抽莖作華，不可食矣。《小正》以采蘵紀候者，當亦如周制鉶芼用苦為和，故記之。若苦賈菜正《爾雅》之荼苦菜。嘉祐《本草》云："苦賈蠶出時切不可折取，令蛾子青爛。"據此，則三月正當妾子始蠶之時，《小正》之所采，非此明矣。

拂桐芭，《傳》云："或曰桐芭始生貌拂拂然也。"案拂與弗同。《說文》："弗，撟也。從丿從乀，從韋省。"故凡拂戾怫鬱皆取拂義。此云桐芭始生拂拂然者，狀桐華難放之貌，如《說文》云："乙象春草木冤曲而出，陰氣尚彊，其出乙乙也。"蔡邕《月令章句》云："桐木之後華者也稺之，故曰始。"《易緯稽覽圖》云："桐枝濡毳而又空中，難成易傷，須成氣而後華。"《齊民要術》云："白桐無子，科結似子者，乃是明年之花房。"據此桐華冬已結，蓋至明年三月乃放，足見其花之難。故云貌拂拂然也。

《唐·蜩鳴》傳云："唐蜩，鳴者蝘也。"《說文》："蠆，蝘蠆也。讀若朝。"楊雄說"蝘，蠆蟲名。"杜林以為蠆旦，非是。承珙案蝘蠆即螗蜩也。《說文》無螗字，但當作蝘蠆與蜩通。《列子·黃帝篇》見"痀僂者承蜩"，殷敬順《釋文》云："蜩，一本蠆"，是也。

元校，傳云："元也者，黑也。校也者，若緣（傳本作緣，誤）色，然婦人未嫁者服之。"案《玉藻》："麛裘青豻，褎絞衣以裼之。"鄭注"絞，蒼黃之色也。"《說文》："綠，帛青黃色也。"然則絞色近綠矣。此校與絞通，故云校也者若綠色。然《小正》以紀候者，蓋謂元校二色於時可染。《豳風》"載元戴黃"在八月，今時染綠者亦必待八九月風露冷時始可染也。傳又云"婦人未嫁者服之"者，《鄭風》："縞衣綦巾"，《毛傳》："綦巾，蒼艾色。女服也。"《說文》："綥，帛蒼艾色。从糸，畀聲。"《詩》曰："縞衣綥巾。"未嫁女所服。案蒼艾亦近綠色。此可為婦人未嫁者服校之證。

鹿人從，《傳》云："或曰人從，人從也者，大者於外，小者放於內，率之也。"案小者謂鹿子也。《曲禮》："春田士不取麛卵。"《月令》："孟春毋麛毋卵。"是鹿以春時乳養，至秋已成。《周官》："庖人秋行犢麛。"注云："犢與麛物成而充。"傳言此時小鹿能從大鹿之所為，有人道焉。故曰人從其從之也。則大者於外，使小者效之。放，讀如《檀弓》"吾將安放"之放。放者，法也，依也。率之者，循之也。《埤雅》云："《字統》曰：鹿性善警，分背而食，以備人、物之害。"蓋鹿萃善走者，分背而食。食則相呼，羣居則環其角外向，以防物之害己，即此大者於外小者於內之義也。

榮鞠，《傳》云："鞠，草也。榮鞠而樹麥時之急也。"案宗懍荊楚，《歲時記》云："夏至日取鞠為灰以止小麥蠹。"是菊與麥氣有相通，故經言榮鞠，而傳即以樹麥申成之也。

嗇人不從，《傳》云："不從者，弗行於時月也。萬物不通。"案嗇人即嗇夫。《春秋昭十七年左傳》引《夏書》曰："嗇夫馳覲禮，嗇夫承命。"注云："嗇夫蓋司空之屬。"《甘誓》有六卿，則夏時嗇夫或亦屬司空。司空主平水土，至十一月，萬物閉塞土功不興，故曰嗇人不從。《國語》引《夏令》曰："九月除道，十月成。"梁正謂："至十一月水土之功已畢。嗇夫不當有事。"《月令》："仲冬之月，命有司曰：土事無作，慎毋發。"蓋毋發室屋及起大眾以固而閉，亦其候也。

（選自《求是堂文集》卷二）

答家墨莊論燕寢書

胡培翬

　　拙著謂東房西室為燕寢之制，承示書頗以為詳確，而獨不滿於"室中東向開戶，南向無戶"之說。竊思前人言宮室者，皆謂室與房不相通，惟向南有戶。今獨謂東向開戶南向無戶，為千百年來說經者所未及，幾何不疑於臆斷乎？然以諸經推之，燕寢實有此義，故略存其說，以俟考定。

　　來書乃詳悉指示，決以為非培翬細釋之，其中亦多有可疑者。來書謂《斯干》"西南其戶。"《箋》云："異於一房者之室戶。"孔《疏》所云："似於箋義有合。"按鄭《箋》明言燕寢而《疏》乃釋以正寢，及庠制已屬郢書燕說。且就其言思之，亦不可通。《疏》云："大夫以下，無西房，唯有一東房，故室戶偏東與房相近。此戶正中比之，為西其戶矣。"按大夫以下既無西房，則東房西室之室戶較之有左右房者當偏於西，何為偏於東？古人室中向南有戶者，必有牖戶，東牖西室，戶原不當正中之處。《大戴記》所云："亦不必為正中之戶，而後有戶左戶右之稱。"孔《疏》既引《士喪禮》及《鄉飲酒義》以釋鄭《箋》，則其於正寢、燕寢之制，尚漫無區別，未必是以《大戴禮》為本，似皆不足以申解《箋》義。拙著云：天子燕寢之室在中，有左右房室南向開戶，比之一房者之室，東向開戶者為在南而較西。故云西南其戶者，經中南字是著實字，西字不過取以湊句，無關大義。《詩》中往往有此觀鄭《箋》。又云：是室一南戶爾，可證鄭氏之意與毛異，不以是室為有西向戶也。經內西字，既不能實指為在西，則係西於南，即以為較異於東向之戶，亦無不可。

來書又謂：《儀禮經》文云："主人出，婦復位。"未見其必出而在房也。其下尚有"徹饌"一節，而後云"主人脫服於房"，既云於房，則入房字可省。按此云主人脫服於房，是主人在房也。下云主人入，何以又無出房之文？鄭注亦但云入者從房還入室，而不云從房出還入室，似不若拙著謂經文"主人出即出在房，主人入即從房"為合於《書大傳》之文，且較為直截也。

來書又謂：古人之室必有南向之戶，正寢、燕寢皆然。按正寢原有南戶，古人說宮室多舉正寢為言。《夏小正》所云："漢案戶自屬正寢非燕寢。"唯《詩·綢繆》刺婚姻不時，而云"三星在戶"，似是燕寢。然鄭《箋》云："束薪於野，乃見其在天。"則所謂在戶者仍屬空說，而非必定指燕寢。《詩》言尚不足為明證。至《士昏禮經》云："贊洗爵酌於戶外尊，入戶西北面奠爵拜。"按上云"尊於房戶之東"，則此戶外尊，非房戶外，尊既為房戶，則入戶之戶，（前人多讀入戶為句。張稷若《儀禮句讀》本如是）當亦是房戶。經何以不別云房戶？拙著《燕寢考》嘗申之云："不別言房者，兼室戶在內，蓋先入房戶，後入室戶，乃西北面奠爵拜。若以入戶之戶為專指室戶，則經文酌於戶外專入戶。"二語緊相承接，不應遺房戶，故以上文"贊戶內北面答拜"之戶為專指戶可以，此戶為專指室戶則不可。下文"媵侍於戶外"，宋楊氏復作《圖》，亦以為房戶。蓋惟此經入戶為兼房戶、室戶，故經第渾言之曰戶，以待夫人之自審。而前後四戶字，注亦未有明釋，似未可斷"戶西"二字為南向之證也。

來書又據《有司徹》"主婦北堂"，以為北堂者，婦人所常處內。則妻抱子出自房，或者其妻本在北堂，故出自房耳。若泥於出自之文，則《鄉飲酒記》"薦出自左房"，《鄉射記》"薦出自東房"者，豈皆由室而出乎？按《有司徹》是廟中之禮，婦人入廟由闈門，升自北階，即至北堂室中，是事尸之地，非婦人所常處，故行禮時人恒在房中。《內則》是生子居側室之禮。妻所居當在室內，不在北堂。若使室有南向之戶，則見子時即從室出甚便，豈有先抱子出室至堂，轉入於房中北堂，復自房而出，為此迂曲之禮乎？是未可以廟中例也。《儀禮經》內凡實從房出者皆云出房，或云出於房，無有云自房者。《士冠禮》云："將冠者出房。"又云："端爵韠，出房。服素積素韠，容，出房。"《士昏禮》云："贊者酌醴，加角柶面葉，出於房。"又云"贊者酌醴，加柶面枋，出房"可證也。其云自者如升自北階，升自西階之類，注皆訓自為由。足見《內則》之出自房為出室由房明矣。蓋本在房中即云出房，本不在房中而由於房以出，則云出自房。《士冠禮》之將冠者，《士昏禮》之贊者，本在房中，故云出房。《內則》之妻抱子本在室中而由於房以出，故云出自房。《鄉飲酒記》、《鄉射記》之出自左房東房，與公食大夫、《禮記》之宰夫筵出自東房，皆為本不在房中，而饌具於房中以出，故為出自之文。《大射儀》云"宰胥薦脯醢，由左房。"語意正相似。

　　來書謂其妻本在北堂，由泥於《有司徹》"婦人在北堂之禮"而未審乎？側室與廟中及正寢殊，古者婦人常居在燕寢，（側室即燕寢）無事不至，正寢與廟。其至正寢與廟必由閨門，而升自側階，升側階即至房中北堂。房與室不相通，室亦非婦人所得處。故行禮時恒居於此，至其在燕寢也，則常居於室中，不在北堂室。是其寢興之地，故《詩》云："我入自外，室人交徧讁我。"又云："嗟我婦子，入此室處。"又云："婦歎於室。"皆繫室言之。側室與燕寢同制。婦為生子而居側室，則必不居於北堂。《列女傳》云"子在內中即室中"可證。若以室有南向之戶，見子時先出室之南戶，轉入於房中北堂，俟夫人入門，升階，然後抱子從房出。以理揆之，似太迂曲難通。此皆培翬所疑，未能遽釋，敢以陳於執事。希再教之。幸甚！

（選自《揅六室文鈔》卷五）

與李覯廷祖光書

錢儀吉

> 錢儀吉（1783—1850），字藹人，號衎石，一號心壺，浙江嘉興人。嘉慶十三年（1808）進士。愛古情深，尤邃經學。刻《經苑》二十五種二一八卷。著有《衎石齋記事稿》十卷《續稿》十卷、《國朝碑傳集》一百六十卷、《穀梁說》四卷、《說文雅厭》等。生平事蹟見《清史稿》卷四八六、《清史列傳》卷七三、蘇源生《書先師錢星湖先生事》等。

足下連日閱《志疑》一冊，歡喜踴躍，憮卷欲笑，不禁探懷。凡足下所疑，數言可了者，已評識冊中；有當詳論者，不敢率略，輒具書以答如左。足下所自為說二事，其一謂士大夫廟祭當有樂，然《儀禮・特牲》《少牢》二篇皆無樂，此在本經雖有它證，義不可易。

其鄭《注》："致女不著其時"，孔《疏》謂："女之家三月廟見，使人致之。"足下據《昏義》："婦人先嫁三月，教於公宮，教於宮室，教成祭之"，以證明《疏》義至為確實。六藝之言，互相灌輸。苟致其曲，宣其隱，則節節疏通，無所底滯。有不然者，然後博攷而申辨之，非好辨也。故善言禮者，證而多同；不善言禮者，辨而益紛。觀足下於是言也，可與習禮矣。"執玉，其有藉者則裼，無藉者則襲"鄭注："藉，藻也。

裼、襲，文質相變耳。"（阮刻據十行本"變"作"等"，誤）有藻為文，裼見美亦文；無藻為質，襲充美亦質。圭璋特而襲，璧琮加束帛而裼，亦是也。孔《疏》專據《聘禮》經文，以釋裼、襲相變之義。而以垂藻為有藉須裼，屈藻為無藉須襲，按之經注皆合。但鄭君立說自有次第，故於《聘禮》"上介執圭屈繅、（即"藻"字、下"璹"亦同）授賓"，即以《曲禮》此文為注。其下經文即曰"賓襲執圭"，既而"賓致命"，又曰："公側襲受玉於中堂與東楹之間"，又曰："賓出，公側受宰玉"，《注》謂："使藏之。"以上皆無藉則襲之明徵。至於受而藏之，執玉之事已畢，此下經文曰"裼降立"，謂公裼也。又曰："賓裼奉束帛加璧享"，自後皆言享賓事。鄭君於此恐與前引執玉之文相混也。則又明之曰："裼者，免上衣，見裼衣。凡當盛禮者，以充美為敬；非盛禮者，以見美為敬，禮尚相變也。"此正別於執玉之裼，襲言之也。孔氏知之，故於執玉。《疏》總言之曰："凡朝之與聘，賓與主君行禮皆屈而襲，至於行享之時皆裼也。"言行享之裼，不關執玉，正得鄭意。《表記》曰："裼襲之不相因也，欲民之毋相瀆也。"鄭云："不相因者，以其或以裼為敬，或以襲為敬。禮盛者以襲為敬，執玉龜之屬也；禮不盛者以裼為敬，受享是也。"皆與《聘禮注》相證益明。《玉藻》："不文飲也不裼。"鄭云："裼主於有文飾之事。"彼《疏》"案《聘禮》，使臣行聘之時，主於敬，不主於文，故襲裘。是不文飾之事不裼裘也。至行享之時，主於文，故裼裘也。"此孔氏述鄭意，又甚明晳也。此《疏》下文又云："裼襲不相因者，彼謂各執其物，執龜玉者則襲，受享者則裼。"與此同也。凡皆推明鄭意，以釋本句。"圭璋特而襲"以下三句之義，不關玉之有無，藻藉以為裼襲也。

足下疑於孔《疏》，謂："凡享時，其玉皆無藉藻，與上文言'受享則裼'相違，又與下引崔靈恩說'圭璋有藻，束帛加璧'之言亦不合"。今僕發明鄭、孔之言，裼襲致敬自有兩義，皆本《禮經》，則可無疑於此矣。惟崔氏言璹藉或有或無，與《疏》語不合。竊疑此《疏》"皆無藉藻"之上，傳本脫一"不"字，正言享時之玉，或有藉或無藉耳。請援朱子補皇侃說之例，補一"不"字，（見《儀禮經傳通解》卷二十二）則與上下詞意相貫。而《疏》意謂賓於是時可以裼，可以無裼。而必一於裼者，則以行享之時。主於見美以為敬，亦足以發明鄭氏後注之餘意矣。然崔氏之言"束帛加璧，不須藻顯"，與《典瑞》言"璧琮繅皆二采一就"相牴牾。疏家偶未詳辨，朱子固斥之矣。繅藉之制有二：一則木為幹，用韋衣而畫之；一則組繫玉，因以為飾。二者相連，實是一物，皆見於《聘禮》本經，而《傳》《注》言其制度綦詳。賈公彥又云："以木為中幹者，此繅常有，不得云無藉。"《經》云"執玉無藉者"，據絢組繅藉而言，尤為分曉。自陸農師、陳用之以古禮明著其物者，一概抹摋，而直以束帛為藉。朱子亦疑之，而云"不敢斷是非"。不謂白雲先生徑用新說，蔑棄古義，既遠鄭君，又不宗朱子，其言實未可據信。凡治禮必主鄭君，朱子門人言之非一。願先為墨守師法，久而通貫融洽。然後泛覽諸家，昭然白黑自分，乃不為好新異者岐惑也已。采就之說，鄭氏以一帀為一就。而熊安生以采別二行為一就者，據《典瑞》所云"二采一就"，是朱綠二采，共為一就，故以采別二行為一就也。采畫韋板之上，上下相次為行，前後環周為帀，二行二帀，事不相妨，非有異義也。地祇之祭，孔《疏》謂其神有二，歲有二祭。此與六天帝一歲九祭之說，同出於鄭君。諸儒聚訟，其得失非下學所可妄論。而疏家固一遵鄭氏為說，乃就其所舉二至之日，謂"夏至之日祭崑崙之神於方澤，夏正之月祭神州地祇於北郊"，夏正之月當為何月？語意近晦，足下疑之是也。

攷鄭君注《周官·大宗伯》："以黃琮禮地"，曰："禮地，以夏至謂神在崑崙者也。"此明言祭崑崙之日以夏至也。《大司樂》"乃奏大蔟，歌應鍾，舞《咸池》，以祭地示。"鄭云："地祇所祭於北郊，謂神州之神及社稷"，不言祭於何日。《典瑞》："兩圭有邸以祀地"，鄭云："謂所祀於北郊，神州之神"，亦不言祭日。惟《大司樂》："乃奏黃鍾，歌大呂，舞《云門》，以祀天神"，鄭云："王者又各以夏正月，祀其所受命之帝於南郊，尊之也。"此下即接"祀地祇"，豈前後文字相涉而致誤耶？然夏正月間又不當衍一"之"字。賈公彥云："或解郊用三陽之月，神州既與郊相對，宜三陰之月，當七月祭之。"孔《疏》亦引，或說"建申之月祭"。要皆為臆決之詞，姑存其說，闕疑可耳。《太行人》："六服更來，朝覲之制"，今以本經之文計之，元年侯也，二年侯與甸也，三年侯與男也，四年侯與采也，而甸當第二見；五年侯與衛也，六年侯與要也，而男當第二見；至七年則惟侯服見矣，八年采當第二見，九年衛當第二見，十年要當第二見，至十一年亦惟侯服見矣。孔氏之言不誤，無可疑者。"厭冠"《疏》曰"厭帖無者纚"，當從汲古閣作"厭帖無梁纚"。據《士冠禮》云："緇布冠緇纚廣終幅，長六尺。"鄭謂："纚，今之幘梁也。纚一幅長六寸，足以韜髮而結之矣。"此舉漢法釋經也。賈《疏》謂："漢時卷幘之狀，今不審知，必以布帛圍繞髮際為之也。"其制雖唐人已不傳，僅言其概，然皆有梁纚可知。而"厭冠"則《士喪禮》有"纓條屬厭"之文，《注》謂："通屈一條繩為武，垂下為纓屬之冠。"其別無布帛韜髮，又可知也，故曰"厭冠無梁纚"也。不知何時有此誤字。惠定宇據宋本改"者"為"耆"，而阮氏《校勘記》從之。今攷《疏》上文釋"苞履"，謂"藨蒯之艸爲履"；"扱衽"，謂"孝子徒跣扱上衽"，則此"厭冠"亦當言其冠之制度，不當以"耆"強为说。衛正叔《集說》引此文，亦作"梁纚"，宜从之。

古书流传日久，不能无壞字。鄭君注《禮》"公叔木"之爲"朱"，以《世本》正之；"衣衰"爲之"齋衰"，以《禮經》正之；"次路七就"之為"五就"，即以本經正之，皆有據依者為多。它亦以形聲相近求之而得。然則校正文字，亦是先儒家法。如阮公譔《十三經校勘記》，嘉惠後生之意甚盛。惜乎分授諸君，聞有以言語相失，恩怨相出入，而求勝不已者。但當攬其大致，而審慎其從違可耳。《異義》："約盟不令"，《春秋公羊說》："不令，一本作'不今'"，未知孰是？異義者，許叔重譔《五經異義》十卷，鄭君為駁，今皆不傳。近儒有輯本，蓋所存亦矣。

僕讀《穀梁》之言云："誥誓不及五帝，盟詛不及三王"，竊謂舜以前無誥誓，此誥誓不及五帝也。而三王為夏、殷、周，當從《白虎通義》，於周為文王，非武王。趙臺卿《孟子章句》亦云："三王，夏禹、商湯、周文王"是也。《白虎通》又引《詩》云："命此文王，于周於京。"此改號為周，易邑為京也，此正以文王受命作周，明得稱王也。《公羊傳》亦云："王者孰謂？謂文王也。"明此，則《周官》司盟，乃武周以後之禮，非三王時所有，許君之義尤為近古矣。

中州士子類能習程、朱之言，刻勵謹願者多，而未能肆力於學。蓋明道必先明經，明經必假塗於先儒傳、注。故朱子嘗語門人曰："漢、魏諸儒正音讀，通訓詁，攷制度，辨名物，其功博矣。學者苟不先涉其流，則亦何以用其力於此？雖然，其本末緩急之間，又不可不察。"班孟堅曰："六藝之文，五常之道，相須而備。"古之學者，耕且養三年而通一藝，則必無期於速成；謂存其大體，玩經文而畜德多，則必不為穿鑿破碎，馳騖末流，而自遠於五常之道矣。於此，可以知漢、宋大儒之言無二道，一於聖人之經而已。禮有其數，有其義，今所攷辨者數也，而義在焉，故曰"知其義而敬守之"，又曰"無不敬"。每見足下言語步趨肅然、莊雍然、和質頎然，清立無惰慢者，無鄙悖者。

足下時多小病，今將暫歸省母，藉以養疴。吾知之事親也，和婉之悅，其心賢於甘旨也；其守身，嚴正之養，其體美於服食也。《中庸》，《禮經》之通義也，故曰："大哉！聖人之道。"又曰："優優大哉！禮儀三百，威仪三千，待其人而後行。"然則君子明道學禮而已矣。正其趣，一其志，深其思慮，夙興夜寐。日與三代之文相接，不誘於时尚，不奪於外物。久而浹洽，其立言制行，必有可模可範者。而聖人之言，立於禮者乃不虛，願足下勉之而已。

（選自《衍石齋記事續槀》卷三）

覆稽仙根問禘郊宗祖書

張金吾

> 張金吾（1787—1829），字月霄，一字慎旃，江蘇昭文（今常熟）人，嘉慶十四年（1809）補博士弟子，博覽精思，精校勘。著有《言舊錄》《詒經堂續經解》《五經博士考》三卷、《十七史引經說》十二卷、《廣釋名》二卷、《釋龜》二卷、《愛日精廬文稿》六卷等。《清儒學案》卷一二五有傳。

承示《公羊測義》一書，推闡精密，洵專門絕業也。辱禘郊宗祖諸說，金吾學非專家，奚敢一知半解，仰贊高深。然質疑問難，古人所貴言之歟，互相證明而自信益堅也；言之非歟，將講去其非而趨是也。是與非，蓋皆有裨于金吾，而且有以致先生之辱教之也。敢不以所知者，對先生公羊家也。

《公羊測義》，公羊家說也。請以《公羊》之義正先生之說之不合《公羊》者，先生"禘郊宗祖"諸說，大抵皆鄭氏康成之說也。有不合《公羊》者，四以圜丘與南郊為二也。以祭法之禘為圜丘配祭。昊天，上帝也，以祖宗為大饗，五帝於明堂，配以文武也。以南郊為建寅之月，祀感生帝也。皆不合《公羊》義。謹畧言之，蓋嘗考王肅之說，曰："郊與圜丘是一。郊即圜丘，圜丘即郊。《周禮》圜丘，《孝經》南郊，一也。"又曰："《祭法》說禘無圜丘之名。《周禮》圜丘不名為禘。"《爾雅》"禘，大祭"，"繹，又祭"，皆祭宗廟之名，則禘是宗廟五年大祭，非圜丘也。又曰："祖宗謂祖，有功宗有德，其廟不毀。"《祭法正義》引張融述董仲舒、劉向之說，皆與肅同。董氏《公羊》大師，劉向亦《公羊》家，後乃兼受《穀梁》，其說與江都同。則《公羊》說也。《宣三年傳》："帝牲不吉，則扳稷牲而卜之。"注曰："帝，皇天大帝，在北辰之中，主總領天地五帝羣神。"若然，則鄭氏所謂魯不祭昊天上帝者，非《公羊》也。魯郊祭皇天大帝配以稷，周郊不祭感生帝，祭昊天上帝可知也。南郊祭昊天上帝，則郊與圜丘，不岐而為二也。郊與圜丘不岐為二，配以稷，則《祭法》禘嚳之禘不得以為圜丘之配也。稽之江都，核之邵公，其說章章。若是說《公羊》者，不得舍其師說，而以兼能五經之鄭氏為據也。《商頌正義》引"《春秋公羊》御史大夫貢禹說，王者宗有德，廟不毀。"若然，則以祖宗為明堂之配，非《公羊》義章章也。

《成十七年傳》"郊用正月上辛。"《公羊》用"周正"，上文"九月非所用郊"注曰"周之九月，夏之七月"是也。《春秋繁露》曰："始入歲首，必以正月上辛先享天。"又曰："天子每至歲首，必先郊祭以享天。"又曰："郊以正月上辛，所以先百神而最居前。"蓋皆本《公羊》用周正也。《郊特牲正義》引王肅述董仲舒、劉向之說，曰："周之郊于建子之月迎，冬至長日之至也。"用辛者，以冬至陽氣新用事，故用辛。若然，則以南郊為建寅之月，非《公羊》義，尤章章也。若是者皆據《公羊》之義以正先生之說之不合《公羊》者。先生以為是耶非也？抑金吾更有不合《公羊》而可附益先生之說者謹附。

陳之先生曰："內事有二禘也，祫也。"金吾謹申之曰：禘有四：有時祭之禘；有五年一禘之禘；有三年喪畢，禘于其廟之禘；有三年喪畢祫于太祖，明年禘于羣廟之禘。則禘有四也。三年喪畢，禘于其廟，而後祫于太祖。孔氏據《禮》注及《禘祫志》無此文。謂《元鳥箋》不當獨有，疑其為誤。古人立說，往往互相發明，且有故作齟齬，以見傳采諸家備存同異之意。太史公書多所抵牾，蓋此意也。孔氏疑之過矣。祫有三，有三年一祫之祫，有始崩合祭之祫，有三年喪畢祫于太祖之祫，則祫有三也。杜元凱以《左傳》無祫，謂祫即禘。取其序，昭穆謂之禘；取其合，集羣祖謂之祫，此亦合禘祫為一之說也。凡此皆不合《公羊》而可附益先生之說者，先生以為是耶非也。

　　金吾少喜泛覽，不能專精，罩思成一家之學。年來事多失意，所學日益荒落，尚何敢逞其臆見，與專門名家煞爭得失於毫末哉！惟是相知日淺，若匿不以告，不特金吾無以奉教，於先生且大負。先生諄諄下問之意，不揆精昧，畧陳蠡測，言無倫脊。惟恕其狂瞽而辱教之。幸甚。

（選自《愛日精廬文稿》卷五）

與柳賓叔論諸侯親迎越竟書

姚配中

前與曉樓論親迎越竟，閣下以為彼據何氏"諸侯非朝時不踰竟"為說，誠然。試為閣下辯之。案"隱二年，公會戎于潛"，何氏注云："凡書會，惡其虛內務恃外好也。"古者諸侯非朝地不得踰竟。"定十四年，邾婁子來會公"，何注云："古者諸侯將朝天子，必先會聞隙之地。"是則諸侯必朝王，乃有會公、會戎于潛，非朝天子而出。故何氏云："古者諸侯非朝時不踰竟"，言非朝時不得有踰竟之會。必朝王乃先有隙地之會，彼自為會例，不得以盡例諸侯之禮也。"隱四年，公及宋公遇于清"，何注云："古者有遇禮，為朝天子若罷朝，卒相遇于塗，近者為主，遠者為賓，稱先君以相遇，所以崇禮讓，絕慢易也。""七年，齊侯使其弟來聘"，何休注云："諸侯朝罷，朝聘。"此諸侯相會及相朝聘，何氏以為必在朝天子前後。然《莊四年・公羊傳》云："古者諸侯必有會聚之事，相朝聘之道。"此傳並無必因朝王而後然之文，則何氏之說非《傳》例矣。

"桓三年夏，齊侯、衛侯胥命于蒲"，《傳》云："近正也。古者不盟，結言而退。"夫結言而退，則非不踰竟，特不盟耳。故何氏"隱公元年"注云："凡書盟者，惡之也。為其約誓太甚，朋黨深背之，生禍患重，胥命于蒲。"善其近正是也。然則何氏非朝時不踰竟之說，不可以例盟矣。盟之所以惡為約誓太甚，不關踰竟事。即結言而退，亦未有不踰竟者，（盟與會別）非朝時不踰竟，既不可以例盟，烏得用以例昏？且《傳》云："親迎，禮也。"確有明文，烏得以何氏之注本不能盡以例諸侯之禮者？而必強之以例昏邪？何氏于"胥命於蒲"傳，注云："善其近正，似于古而不相背，故書以撥亂也。"配中謂"公如齊逆女"《傳》云："親迎，禮也。胥命為近正。"《傳》不直云"正親迎"，則直云"禮也"，則斷斷為禮可知。烏睹經之書，此非書以撥亂者乎？何注云："若以得禮書，其不得禮者在淫。"其實得禮者在親迎也。何變例之有？使何氏果以非朝時不越竟並例昏禮，則于隱二年不親迎也發傳之始，不當注云禮。所以必親迎者，所以示男先女也，於廟者告本也。夏后氏逆于庭，殷人逆于堂，周人逆于戶也。豈《傳》說諸侯注言士禮乎？亦太不符矣。夫曰古今或不然，曰禮則上下古今之所同也。故《白虎通》云："天子下至士，必親迎授綏者，何以陽下陰也。必親迎御輪三周，下車曲顧者，防淫泆也。《詩》云'文定厥祥，亲迎于渭。'"夫授綏御輪必至婦家，乃得有此事。《白虎通》又引"文定厥祥"以證親皆沒已。親命之之事，雖文王受命，惟中身享國五十年，其親迎時王季尚存。此係誤引，而其意則以為文王已為諸侯。諸侯親迎當越竟者也，此亦《公羊》家之說也。（太姒之家在治陽渭涘，則文王親迎于渭，則越竟，可知）

　　隱二年，何注云："月者，不親迎例月，重錄之，親迎例時。"莊公逆女，《經》書："夏公如齊逆女，正例時也。"則何氏亦以此實為親迎。因此而有親迎例時之說。其意則諱，其禮則正。又案"莊元年秋，築王姬之館于外"，《傳》云："築之禮也。于外，非禮也。"又云："于路寢則不可，小寢則嫌，羣公子之舍，則卑矣。"何注云："以言外，知有內築之道也。于外，非禮也。"必闕地于夫人之下，羣公子之上。然則王姬之館當築于內，則迎者必至館，羣公子舍亦在國內，於廟告本，斷無野合之事矣。不越竟之說，案之《傳》不合，考之注不合，旁徵之《公羊》家亦不合。顧名思義，何以云親揣勢度情，何以為禮邪？此乃《公羊》例之一端。

原不足深辨，然岐而又岐，將使經義更不可明，異說滋蔓。是又不得不告我友朋，令其訂正者也。

（選自《一經盧文鈔》卷一）

與高伯平書

顧廣譽

> 顧廣譽（1799—1866），字維康，號訪溪，浙江平湖人。博觀約取，究心於《毛詩》。著有《江氏鄉黨圖考補正》四卷、《學詩詳說》三十卷、《學詩正詁》五卷、《悔過齋文集》七卷《劄記》一卷、《悔過齋續集》七卷《補遺》一卷、《四禮權疑》八卷。生平事蹟見《清史稿》卷四八六、《清史列傳》卷六七、《桐城文學淵源考》卷六、《清儒學案》卷一五七等。

春初之晤，蒙屬為寶應成君心巢校其手著《儀禮釋宮箋》一書，且云"心巢篤志學古，性質樸淳，見有異同，無惜劇論。"聆兄言，固已心契其為人矣。讀其書，益知其所言果不虛。不敢自外，謹獻所疑。夫鄭氏在東漢，朱子在南宋，皆所謂名世之儒。假生孔子時，當與顏、曾、游、夏相上下，而《三禮》《四書》尤兩賢生平精力所萃。子思之言"建不悖，俟不惑"者，蓋庶幾焉。後儒能小為之補苴，不能大有所更正。反之，適於學術為殽亂，前事可睹也。宮室於《禮經》乃其一大端，《禮》學以鄭氏為宗，則大綱立。

昔朱子輯《儀禮經傳通解》，必備錄《注》《疏》原文，說有未盡，然後為之按斷，以歸於一是，蓋其慎也。李氏《釋宮》、江氏《增注》均得斯意。自江以來，論宮室數家，皆以漢學鳴，宜於鄭學得其精微者。然嘗從事有年，其間不乏創獲，而新異之說滋焉。初視之若可喜，及徐察其所以然，非顧此而遺彼。即舉一而廢百，持擇少不慎，其不至如游騎之忘歸者幾希。成君讀書良多，援引萬博，而新異之說亦或雜出其間。成君非好為新異者，其所取者本自新異故也。既承虛懷相問，僭以一言奉贈，曰慎去取，儻可為上下古今一助乎？廣譽於其精審不易者，謹已錄副；所有未安若干條，逐一書於別紙，俟成君裁正焉。

左右房用胡氏培翬《燕寢考》之說，案謂天子、諸侯左右房，大夫、士東房西室者，鄭氏《箋》也。謂大夫、士亦左右房者，陳氏祥道義，而李氏、江氏略同者也。二者各有依據。故說《禮》者，互有是非，然皆不以廟寢為別。近孔氏廣森說此最確。其言據《饋食禮》，每言東房東以對西，知以"廟無兩房"者非；《士昏》及《喪》《虞禮》言房、言房中者累見，皆不指東西左右，知以"寢有兩房"者亦非。因以大夫士之廟，乃左右有房，其寢固東房西室以降於君。而飲射在學，與廟同制。是說也權衡眾言而折其衷，殆不可易。且陳、鄭義雖互異，而以諸侯廟寢皆左右房則同。若以室之東南隅為戶，則尤無不同。胡氏泥於《斯干》"築室百堵"箋文，創云"諸侯以下之正寢亦為左右房，燕寢則為東房西室"，又析正寢燕寢而二之。夫以諸侯燕寢下同於大夫、士，此事理之難通者也。而以大夫、士正寢亦左右房，陳義固然。然《士喪》《士虞》兩禮，豈非在正寢耶？經何以言房，言房中，而不別東西左右也？況《喪大記》言人君禮，小斂婦人髽于房中，《士喪禮》則髽于室，鄭、孔以此指謂大夫士無西房，足以明大夫士正寢之制矣。胡氏之說東房西室，云："室則東面開戶，以達於房，房則南向開戶，以達於室。由堂入房，由房入室，而室之南無戶。"蓋襲《詩箋》之誤，並其本意而誤會焉。又因以盡廢《禮注》之明文，殆強《經》《傳》以就己說者與？洪氏頤煊曾辨之，持論雖非盡是，至其《士昏禮》以證室東壁之不當有戶，又引《漢書·龔勝傳》明室戶之制同於《禮經》,良確。箋既善,孔說似宜詳載其文,而刪去胡氏所云,庶於鄭義李說兩有裨補,一也。

《禮經》名其行禮之所至纖悉,惟《喪礼》少從略,鄭氏每值立言之異,必為別白。如於《士喪禮》"饌于西序下南上",注曰:"東西牆謂之序,中以南謂之堂。"序不待釋云然者,以見經文名堂之處所也。蓋下單言堂者非一,故豫提其綱於此。中者序之半,以南也,為《士喪禮》言之也。(《士虞禮》同)賈《疏》明言於序中半以南乃得堂稱,李氏謂堂半以南者誤。(序至楣下止,而堂直至廉皆是,此其別也)蓋鄭此注合兩句而義乃完,李之誤,誤於節引其下一句。孔氏廣森遂謂棟以南為堂,棟以北為室。則謂是概論堂室制度,豈未就鄭義而審其本指乎?《聘禮》"受玉于中堂與東楹之間",鄭氏曰:"中堂,南北之中也。入堂深,尊賓事也。"賈氏曰:"後楣以南曰堂,堂凡四架,前楣與棟之間為堂南北之中。公當楣拜訖,更前侵半架授玉,故曰入堂深。"李氏亦曰:"東楹之間侵近。"東楹非堂東西之中,則中間為南北之中可知。古者不以棟之南為堂,而以後楣之南為堂,此其明證矣。不然,上既云"公當楣再拜",何不云"公側襲受玉",或云"當楣受玉",而必云"受玉于中堂與東楹之間"耶?《箋》未察而主孔義甚力,二也。

《士昏禮》"賓升西階,當阿,東面致命",今文"阿"為"庪",鄭氏斷從阿而釋以棟。於《鄉射禮注》云:"正中曰棟,次曰楣,前曰庪。"沈氏彤則以"阿"即"庪",是屋之前架,示謙,故不當楣而當阿。其義勝鄭《箋》。復據《逸周書》《作雒解》《考工記》與各字書,謂"阿"即"屋霤",不特非棟,並非次楣之一架。竊謂未然。經各有定名,《禮》言霤者非一,果其當霤,曷不云當霤,而云當阿耶?且霤下非行禮地,李氏云:"屋之檐謂之宇,階上當宇,故階當霤。"《禮》既云"主人以賓升",賓升西階矣,曷為降而當霤耶?孔氏廣森以"凡言盡階不升堂者,在前庪之外,當檐下",是非所以致主命也。故鄭《鄉射》之注未可輕議。

必一依《說文》，則楣即梠，亦即宇矣，固不能盡據以釋《禮經》也。三也。

《公食大夫禮》："大夫立於東夾南，宰東夾北"，賈以宰位在北堂之南，與夾室相當。此舉其北以證其南，義甚顯著。而敖氏以北堂下之東方易之。考《禮經》所載，未見主賓行禮而從官遠在北堂之外者。且如其說，必兩夾與堂房室平列乃可，不然安有越北堂而名以夾北耶？（近或以兩夾與房室平列作五間，孔氏已辨之）《箋》從敖義，亦未審也。四也。

《雜記》："夫人奔喪，升自側階"，鄭曰："側階，旁階。奔喪，婦人奔喪升自東階。"鄭曰東階，東面階。李氏本之，謂東西堂，堂各有階。江氏又疑東西階為人君之制，階有五，而大夫士無東西階，則三階亦所以為降殺。而於《顧命》"側階"，猶仍二孔之義，不從鄭東下階。案王氏鳴盛之解，謂"康王方恤宅於東，翼室兵衛宜盛，故於此獨多一人，將傳顧命北階"。無事何用兵衛？然則人君自宜有東西階，有階自宜在東西堂。《士冠禮》："冠者降，適東壁，見于母"，鄭曰："適東壁者，出闈門也。時母在闈門之外，婦人入廟，由闈門。"蓋士廟東壁無階，有闈門，天子諸侯廟有闈門亦有階。合江、李二說，足以申成鄭所未及，而《箋》專執《顧命傳》《疏》。五也。

門屏之間謂之樹，江氏之失為甚。《箋》能正其內外屏皆在正門之謬，能補其宁歧為二之疏。第《爾雅》正文"門屏之間"得該天子諸侯，屏之於門，區內外，而宁介其間適均。李氏既得專屬之諸侯，而《箋》又專歸之天子，似各見其一偏，未若兼言之為完耳。六也。

以上各條，憑臆直陳，未敢遽以為是。如有差繆，亦希極言批示，期於彼此有補，則大善矣。

（選自《悔過齋文集》卷七）

答鄭子尹論儀禮喪服大功章誤衍注文二十一字書

莫友芝

> 莫友芝（1811—1871），字子偲，號郘亭，晚號眲叟，貴州獨山人。道光十一年（1831）舉人。通小學，精目錄。著有《唐寫本說文解字木部箋異》一卷、《宋元舊本書經眼錄》三卷、《郘亭知見傳本書目》十六卷、《持靜齋藏書紀要》二卷、《說文校定本》二卷、《韻學源流》一卷、《聲韻考略》四卷、《過庭碎錄》十二卷。生平事蹟見《清史稿》卷四八六、《清儒學案》卷一六九、《續碑傳集》卷七九、莫祥芝《莫郘亭行述》等。

承命檢錄唐石經《儀禮·喪服》"大功"章"大夫之妾，為君庶子，女子子嫁者，未嫁者，為世父母、叔父母、姑姊妹"經傳之文，當為《傳》中"下言為世父母、叔父母、姑姊妹者，謂妾自服其私親也"二十一字，欲明其有無爾。友芝按石經此處一與賈《疏》本無異，雖其"之庶子女"四字，元刻僅"之庶子"三字，明係寫漏，非他處別本校改比，故磨云擠刻，增"女"字，字畫猶是一手，即知唐以來傳本盡然也。惟《傳》中"下言"以下二十一字，則實是《注》述舊讀。而推其意之辭，緣寫者誤置為《傳》文。遂因析其上下文，分屬《經》《傳》《注》，蓋承自唐以前矣。

賈《疏》已覺其非，而言之未暢，學者驟不得其旨。故說此經者，即朱子始亦謂傳釋文意似不誤，又謂舊讀正得傳意，但於經例不合。鄭注與經例合，但所改傳文似亦牽強。

既答門人乃云："此段自鄭注時已疑傳文之誤。今攷'女子子適人者，為父母及昆弟之為父後者'，已見於'不杖期'章，'為眾兄弟'又見於此'大功'章，惟'伯叔父母、姑姊妹'無文，而獨見於此，則當從鄭注之說無疑。"是朱子於鄭注及舊讀之是非，固已就經文比校而得，而猶未暇細繹疏文，知二十一字為注文誤入也。李寶之《集釋》於鄭注及舊讀分別引伸，既謂"鄭義於經為順"，又謂"舊讀於義自能通"。是朱子所攷已未見及，且未思"大夫之妾為庶子適人者"。"小功"章經有明文，而此舊讀於"女子子嫁者"，猶以"大夫之妾"為之，何以處彼經也？敖君善《集說》謂："傳得與女君同，但可以釋為君之庶子。若並女子未嫁者言之，則不合於經，經初無女子子未嫁者之禮。"又謂"為世父母以下，皆妾為私親之服，亦不合於經。此乃適人者之通禮，經必不為此妾發之。且此妾為私親大功者，亦不止於是傳者，蓋失於分句之不審。"是敖氏之意與注大同，而乃斥傳為誤解。則亦未及詳注、疏，但依傳為說，詎知傳中尚衍注文也。

後來申舊傳者非一，亦但就今本經、傳讀之，了無左證。即國朝張稷若先生撰《句讀》，吳中林先生校《章句》，竝稱專門，猶以舊讀為是，而斥注逆降及爛脫之非，亦是未能細究注、疏。至乾隆中，戴東原先生校四庫全《集釋》，乃退傳中"下言"二十一字於注，屬於"此不辭"之上，又迻此經"女子子"至"姑姊妹"注"舊讀"以下三十二字，屬於"下言"二十一字之上，併為一條，置傳後。而為之按曰："攷其文義，上云'言大夫之妾，為此三人之服也'，下云'謂妾自服其私親也'，一言字，一謂字，皆指舊讀者之意如是。自'舊讀'至'此不辭'，凡五十六字，一氣聯貫，不可截斷。"其說極為明晰，此傳此注，乃無不文從字順。後此，阮芸臺先生《校勘記》亦同斯說。蓋讀此《經》者，但就今本經、傳連二十一字讀之，舊讀元自可通。然女子子為世叔父母姑姊妹之服，本經尚無文，已知必非專為此字發例。況又以處"小功"章"大夫之妾為庶子適人者"之經乎？且傳果有二十一字，則"舊讀"允矣，鄭君何以謂其"不辭"？若讀傳誤，鄭又何以不斥傳而斥"舊讀"？然二十一字決為注文，蓋無疑也。

惟戴氏此校，特依賈《疏》而申明之，非別有補於疏外。《疏》云："'下言'二字及'者謂妾自服其私親也'九字，總十一字，既非子夏自著，又非舊讀者自安。是誰置之也？今以義必是鄭郡置之。鄭君分別舊讀者如此意趣，然後以注破之。"友芝按賈君之意，即是如東原所逐焉。合經、傳之注，與誤衍入傳之二十一字為一條讀之，故得知為鄭君分別舊讀者意趣也。若非以二十一字連上為文，則二十一字中並無"舊讀"字樣，安所得意趣而分別乎？觀上疏釋注"舊讀"三十二字云："鄭以此為非，故此下注破之也。"此疏又云"然後以注破之"，竝指"此不辭"以下云"然後愈見相屬為文。"其特舉十一字為鄭君所置，而中間"為世父母"等十字，不明為述經文者，可知也。而戴校復引疏此語，謂賈氏以為"世父"等十字為傳文，以"下言"及"者謂"等十一字為鄭加。經既見"為世父"等十字，傳不應重見而絕不釋其意。是戴氏猶不審疏意，反斥賈氏不知二十一字通為鄭注，而誤以十字屬傳文。果爾，賈君必當更疏傳有此十字之意，何以又絕無一字？知其意直謂鄭君述經十字，特加十一字以分別舊讀經意趣耳。觀後疏釋注引"齊衰三月"章，謂"足以明之，明是二人為此七人，不得以嫁者、未嫁者上同君之庶子。下文為世父以下，謂妾自服其私親也。"益足相證明矣。若如戴讀十一字為注，尚可強通，十字為傳，當作何解？賈君顧若是疏乎？昔人謂賈疏艱澀，此亦一端。故精核如東原，猶不免於失。然此經自上，傳爛脫在下。致舊讀者，緣文生義，罔會全經。鄭君以經例覺之，明正其失，又為竄注入傳者所亂，轉似舊讀甚是。而鄭注不契者，至賈君覺之，而語又不直截。學者倦於推究，若隱若顯，千有餘年，東原之功，亦何可沒也？阮氏又怪所刪"下言"二十一字為後來復校石經者增入，與東原之經迻二十一字歸注中。

友芝則謂此等雖無可疑，猶不若仍唐以來相承之本。單經則指出衍文，連注則別其注文。但校明而已，尤為至慎也。又此傳嫁者，其嫁於大夫者也；未嫁者，成人而未嫁者也。文與"齊衰三月"章"女子子嫁者、未嫁者為曾祖父母"傳同。此注及疏但釋成人未嫁逆降之意，而不及嫁於大夫，豈以彼傳嫁於大夫，明雖尊猶不降，舉例此傳嫁於大夫，即明雖尊亦僅與常同降大功邪？抑此傳之本無"嫁者其嫁於大夫者也"九字，緣上"齊衰三月"章誤衍，故注、疏不言邪？月來課兒，適畢此篇，故輒附質所見，幸垂正焉。咸豐元年閏八月二日。

（選自《邵亭遺文》卷五）

与戴聖儀論大戴禮書

陳 衍

> 陳衍（1851—1937），字叔伊，號石遺，福建侯官（今福州）人。光緒八年（1883）舉人。著有《周禮辨證》五卷、《尚書舉要》五卷、《考工記辨證》三卷、《考工記補疏》一卷、《小戴禮記辨證》四卷、《石遺室文集》十二卷、《說文解字辨證》十四卷、《說文舉例》七卷、《蕭閑堂劄記》四卷等。生平事蹟見陳聲暨《陳石遺先生年譜》、唐文治《陳石遺先生墓誌銘》。

聖儀吾賢足下：得來書及所著《大戴禮集注》十三卷，忻慰無已。此著惜不早告，前撰《太夫人墓誌》當載及此，無負太夫人命女游學意也。當世巨公未嘗學問，未由識此，宜其束置不觀。秋暑未退，不能多親書卷，畧翻一過，敘錄前後數千言於孔檢討、紀尚書諸家說，外推勘《大戴》非《小戴》，刪餘之本，殆無賸義。惟據賈《疏》謂：《大、小戴》十七篇，唐時猶存，疑《大戴》逸四十六篇即十七篇在內。此說未宷。

《漢書·藝文志》言："漢興，高堂生傳《士禮》十七篇。"又言："《禮古經》出魯淹中，及孔氏學十七篇，文相似，多三十九篇。"似《大戴》，八十五篇，今所存三十九篇，適與《禮古經》所多之數相合，其餘則《士禮》十七篇外，止佚二十九篇而已。然《藝文志》所載經自經，記自記也。《志目》："《禮古經》五十六卷，《經》七十（當作十七）篇。"又云："高堂生所傳。訖孝宣世，後倉最明。戴德、戴聖、慶譜皆其弟子，三家立於學官。"此二戴之傳禮經者也。至於《禮記》，則《藝文志》所載百三十一篇，七十子後學者所記者是也。百三十一篇中，《大戴》占八十五篇，尚有四十六篇為《小戴記》，似尚短三篇，然二戴記於此三十一篇，不過去取繁簡，互有異同，非此置彼界，避道而行。《大戴》之所有，必為《小戴》之所無也。《大戴》之《哀公問於孔子》《曾子大孝》《投壺》《本命》，非即《小戴》之《哀公問祭義》《投壺》《喪服四制》乎？況《明堂陰陽》《中庸》說耶？且《大戴》八十五篇，有《經》十七篇在內，《小戴》亦有《經》十七篇，又在四十九篇外，不自亂說經之例乎？賢研究有素，尚望有以辨難，起予餘竢。絀閱後，尚當續布。衍白。

（選自《石遺室文集》卷八）

答劉博士論周禮書   董 沛

> 董沛（1828—1895），字孟如，號覺軒，學者稱覺軒先生，浙江鄞縣人。光緒三年（1877）進士。熟悉地方掌故，精於考訂之學，一生著述豐富。有《兩浙令長考》三卷、《周官職方解》十二卷、《明州系年錄》七卷、《韓詩箋》六卷、《六一山房詩集》二十卷、《正誼堂文集》二十四卷等。生平事蹟見董縉祺《董府君行狀》。

沛頓首，敬庵先生前輩足下：去秋，大世臺自姚江來，知先生篤志《周禮》，五易稿而未成。拜在下風，但有景仰。辱手教敦諭過甚。若誘之使盡言者，非大公無我之深心，何以及此！

按《漢志》：《儀禮》名禮，古經。而《周禮》則名《周官》。《儀禮》但言禮者，以禮為周公所作，不言周而自見也。《周官》言周者，別夏、殷而言之也。班氏《藝文志》：《周官經》六篇，《周官傳》四篇。《後漢·董均傳》曰"中興"。《鄭眾傳》曰"《周官經》"。後馬融作《周官傳》，授鄭元，元作《周官注》。鄭漁仲曰"漢曰《周官》，江左曰《周官禮》，唐曰《周禮》。"推本而言，作《周官》者是王厚齋，曰"《周禮》之名，仿於《釋文序錄》。"似乎兩漢之世，未嘗有《周禮》之名，後來展轉附會，乃失真耳。然康成之《序》不云乎："世祖以來，大中大夫鄭少贛及子大司農仲師、議郎衛敬仲、侍中賈景伯、南郡太守馬季長，皆作《周禮解詁》。"荀悅亦曰："劉歆以《周官》六篇為《周禮》。王莽時，奏置博士。"則自東、西京以來，或謂《周官》，或謂《周禮》皆無畫一之稱。故康成之注，雖曰《周官》，而其答臨孝存難也，則曰《周禮》。（見本傳）《隋志·三禮目錄》亦康成所撰，其書久亡。而見於《釋文》《御覽》、孔、賈《義疏》者，皆班班可考證也。漁仲、厚齋之言疏矣。

《考工記》一篇，《隋志》以為河間獻王所補，《馬融傳》以為劉歆所足，已無定論。《禮記疏》乃云："孝文時，不見冬官，使博士作《考工記》補之。"其說更謬。按《齊書》："襄陽盜發楚王塚。"獲竹簡書，僧虔曰是蝌蚪。《考工記》則亦先秦之文，而非博士之作也。自有此經，世儒信之者什七，疑之者什三。其信者，則曰：有睢麟之精意，而後可行也。則曰：周公運用天理爛熟之書也。（程朱諸大儒皆為此言）其疑經者，則曰：官太冗也，斂太苛也。則曰：射神殺蟲，語不經也。（歐陽氏、吳氏、萬氏諸家）而又有好為奇論者，則曰：冬官未嘗闕也。（胡五峰、程泰之、俞壽翁之言）則曰：周公未成之書也。（蔡矣峰之言）則曰：《考工記》不必補也。（葉文之言）則曰：周非國名，乃循環之解也。（鄉前輩王評事石雁之說）一之閧市必立之平，良金美玉不得割裂於賈人之手，先生當有以處此矣。

下走失學多年，於諸經百未有見，幸得觀大著之成，附名簡末，有餘榮焉。臨材悚惶，伏惟台候萬福。不宣。

（選自《正誼堂文集》卷五）

答朱少文論禘祫書　　董　沛

少文足下：兩接惠書，皆以經說下問，足見好古之心。僕自入秋以來，感冒寒疾，久不親楮墨矣。病榻中，倉卒奉答，語多失倫。足下更有以教我也。

禘祫之說，乃後來聚訟一大案。顧禘與禘之不同，祫與祫之不同，諸家未有能暢其說者。王者禘其祖之所自出，以太祖配之祫，則合羣廟毀廟之主並及功臣，此禘與祫之不同也。三年喪畢之祭，無有常期，謂之吉禘；春禘、秋禘，謂之時禘；五年一禘，謂之大禘，此禘與禘之不同也。祫嘗、祫烝謂之時祫，三年一祫謂之大祫，此祫與祫之不同也。或者曰：羣祖皆曰祖。《大傳小記》所謂其祖配之者，非僅太祖也。不知禘其祖所自出，祖指太祖。則其祖配之，亦為太祖可知矣。古人著經兩句之中，豈有互義乎？

或者曰《長發》"大禘"，其詩歷敘元王相土，成湯武丁，並及於阿衡。禘、祫固一事也。不知《詩序》乃衛宏所作，誤以大祫為大禘耳。

或者曰：《春秋》文二年書大事，《公羊》以為大祫，杜氏以為禘。禘即大禘也。不知此為吉禘，非大禘也。新主入廟，遠主當祧必合祭，以審禘昭穆，有似乎祫，《公羊》遂謂之祫也。若大傳之不王、不禘。宋神宗所謂"審諦其祖所自出。"豈可與吉禘混，遂並謂大祫即大禘哉！（按：吉禘雖祫祭，而不及毀廟之主，不配享功臣，與大祫不同。《公羊傳》亦誤）

或者曰：禘僅以太祖配，寂寥短簡，不可謂大祭也。不知禮以儀制言，非以位次繁簡言也。配上帝亦止一人，而謂郊非大祭，可乎？或者曰：自出之帝，乃"感生帝""靈威仰""赤熛怒"之類是也。不知五帝為天神，壇而不屋，祀於宗廟，非禮文矣。宜其為王子雍所駮也。或者曰：稷、契無父而生，不可以立尸，又不可以立主，但憑依於始祖之位，以為自出之帝耳。不知配之為言對也。大禘時自出之帝東向，太祖西向，與之相對。謂不立主，當曰以其祖憑之，亦何取於配也？或者曰：譙周《古史考》稷父微不著，何謂其禘嚳也？不知自出之帝，非必太祖之父。虞夏祖顓頊，亦未嘗禘昌意也。或者曰：大禘即舉於時禘之月，大祫即舉於時祫之月，不知追孝為禘，朝亨為祫。《周官》皆曰：閒祀，以其閒於時祭也。如曰同月則行大禘，缺一時禘矣。行大祫，缺一時祫矣，豈禮也哉！或者曰：三年一祫，五年一禘。見於《緯書》，未可信也。不知《公羊》五年再殷祭，實與《緯書》相表裏。劉向、張純、何休、馬融、王肅、徐邈之說，豈不可信乎？凡此諸疑煥然冰釋。禘與祫之不同，禘與禘之不同，祫與祫之不同，俱有以得其解矣。趙伯循之禘說，不可為無稽。朱子之《集注》，亦不可謂苟從也。

（選自《正誼堂文集》卷五）

與吳承仕書

章太炎

　　絸斎足下：得書知欲為《三禮辨名記》，此事體大，恐非一時所了。既以禮為鄭學，而又不滿於鄭君傅會之說，則用思益不易。鄙意《周禮》《儀禮》本無糾葛，唯《小戴記》雜以今文，鄭君欲為會通，遂不免於辭遁。今於《小戴》不合者，直駁斥之可也。至夏、殷文獻，本無可徵，鄭說原非有明據。

　　然如封建地域之事，亦不能謂其盡誣舊說。夏殷建國，諸侯大者無過百里。據玉帛萬國之文，則知其區域不過如此。《逸周書·世俘解》稱武王遂征四方，凡憝國九十有九，凡服國六百五十有二。使皆如周制，自成國方三百里以上，其封守必備，焉有二三月間吞滅至盡也。周制雖更夏殷之舊，然無功叨竊者，雖侯國亦不過百里。《春秋傳》稱王命曲沃武公以一軍為晉侯。一軍，小國制也。故子產對晉人言，天子一圻，諸侯一同。明指武公始封言爾。其大者又或逾五百里，如平王東遷，以西周畿內之地盡予秦襄公，則大至方八百里矣。《孟子》視諸侯一同以為常法，故誤言公侯皆方百里，非采之夏殷，然夏殷亦正如此也。

　　舊說《禹貢》地方五千里，除去荒服，則九州之內方四千里。唯史公謂甸服在王畿外，故馬季長說五服方六千里。然則除去荒服九州方五千里。案據《禹貢》山川之跡，荊州南至衡陽，或抵五嶺而止，約在北緯二十五度半。冀州北至碣石，約在北緯三十九度半，相距十四度。於今為二千八百里，於古則三千八百里弱。（以漢慮虒尺当今營尺七寸，四分为率，古今里法各長一百八十丈。故以七四除今里，即得古里）則與歐陽諸家所說中國方五千里（除去荒服，即四千里）合。若據《堯典》，北至朔方，南至交趾。交趾至少在今龍州以南，約北緯二十二度，朔方在今寧夏以北，亦約北緯三十九度半，相距十七度半。於今為三千五百里，于古則四千七百里強。則與史公、馬季長所說方六千里（除去荒服方五千里）合，大致如是。而《異議》所引，五服相距萬里，為唐大無據之詞也。《周官·職方》："王畿九服，相距萬里。"《職方》本穆王時作，（見《逸周書》）似非周公之舊，即《大行人》所謂"九服朝會之期"，恐亦穆王時改定。據自要服以內，相距七千里，東北至醫無閭，在北緯四十一度半，而南方山鎮，但舉衡山，未必以衡山為止境，或自揚州轉而西南，至日南境，（漢《志理志》以交趾、九真、日南屬揚州）北緯十五度半，去醫無閭二十六度。於今為五千二百里，於古七千里稍強也。穆王獨勤遠略，故疆域甚廣。然荒服則不可知，或當北抵肅慎，（《春秋傳》以肅慎為北土）西極瓜州，（今安西州）南極北戶，（赤道下，今爪哇地）則有古萬里之數也。若《王制》方三千里之說，於《禹貢》山川已不合，北不盡恒山，則與《職方》北至醫無閭者更悖矣。殷時區域雖小，箕子尚可據朝鮮，高宗亦嘗伐鬼方，相距亦不止三千里也。此據犖犖大者言之。

若夫鄭說禘祫，似亦糅雜今古文為言。《周禮》無禘祫之文，肆獻裸饋食，今人已知為廟祭通制，非指禘祫。案《周禮》但言大丞，《春秋傳》言嘗禘，《記》言大嘗禘。夫四時之祭，祠礿簡而烝嘗備。疑古者禘祭皆於烝嘗合祭羣主，非烝嘗外別有禘祫，亦非三年一祫，五年禘也。《周禮》所謂"四時之間祀，追享朝享"，間祀或因事特舉追享或即享先公。（《司服》有享先公之文，如不窋、公劉、去成王、周公遠矣，必不在廟祭之列）亦不必是禘祫也。《春秋》所謂大事、有事者，因事須褒貶而書，故與烝嘗異文，又非烝之外別有大事、有事也。《春秋傳》稱烝嘗禘於廟，明禘即烝嘗所行。《楚語》稱"日月會於龍尾，百嘉備舍，羣神頻行，國於是乎烝嘗，家於是乎嘗祀。"韋《解》"羣神頻行"曰"頻，並也，言並行欲求食也。"然則大烝合祭，正遂羣神並行求食之志。其非別有禘祭明矣。此鄙人所新見，不知足下云何？

又五冕之制，鄭傅會《虞書》十二章，以華蟲當鷩冕，以宗彝当毳冕。夫三代異制，周何必襲虞？《王風》稱"毳衣如菼""毳衣如璊"，是即天子之大夫衣毳冕者也。如菼、如璊，必非指虎蜼之飾。司農以毳為罽衣，正與《詩》合。鷩為何物，今雖難言，司農但說鷩為裨衣，是亦不以為華蟲。近王壬秋謂鷩為羽衣，似有可取。後代鶴氅之類，豈因緣於是乎？此亦參取先鄭以與康成立異者，足下宜詳之也。《王制疏證序》大致近是。

先師以為素王新制，真乃率爾之言。觀其別言周尺，又言今以二百四十步為畝，是豈孔子豫識其事？縱未必盡出漢文博士，亦必在秦漢間矣。足下以為《新書》《繁露》之流，擬議亦合。《戴記》多雜漢初著作，非獨《王制》一篇。如《大戴記·公冠篇》且明著孝昭冠辭矣。書不能盡，且觕舉大較以復。炳麟白。

（選自《制言》第八期）

春　秋

煉春

與嚴開正書

錢謙益

僕家世授《春秋》，兒時習胡《傳》，粗通句讀則已，多所擬議，而未敢明言。長而深究源委，知其為經筵進講、箴砭國倫之書。國初，與張洽《傳》並行。已而，獨行胡氏者，則以其尊周攘彝，發抒華夏之氣用，以斡持世運鋪張。金元已來，驅除掃犁之局，而非以為經義當如是也。竊謂左丘明親授經于仲尼，《公》《穀》皆子夏之門人。以宗法言之，《左氏》則宗子也，《公》《穀》則別子之子也。漢世，《公羊》盛行，《左氏》後出，立于劉，釋于杜，至孔氏而始備。迨于有唐之世，學者鑿空好新，欲舍《傳》以求《經》。于是入主出奴，《三傳》皆茫然無質的，而《春秋》之大義益晦。元季有黃澤楚望者獨知宗《左氏》以通經，以其說授之于東山趙汸。東山屬辭諸書，殆高出宋、元諸儒之上，而惜其所謂《集傳》者猶為未成之書，擇焉未詳也。明朝富順熊過有《春秋明志錄》，援據該博。而于彭山、李氏杜撰不根之說亦有取焉，則亦好新說之過也。私心不自量，謂當以聖經為經，《左氏》為緯，採集服、杜已後，迄于黃、趙之疏解，疏通畫一，訂為一書。而盡掃施丐、盧同、高閣三《傳》之臆說。庶幾《春秋》一書，不至為郢書燕說，疑誤千載。

日月逾邁，舊學荒落，憒悶遺忘，不復省記。蓋二十年于此矣。荒村臥病，冒絮蒙頭。門下忽以《春秋大聲》擲示，患漫開卷，頭目岑岑。然俄而目光迸發，心華怒生，如向所失物取次得之，記憶宛然，口不能喻，惟有歡喜踴躍而已。書之大指在乎據《傳》以通《經》，據《經》以訂《傳》，其于文定《傳》義，發凡起例，條析理解，如秦越人之診病，洞見其臟腑癥結，攻伐療治，瞭如指掌。雖有二豎子不能逃之于膏之上，肓之下也。今略撮其要義，如曰：《春秋》之託始，以魯隱之見弒而始，其終以請討陳恒而終。又曰：文公以前政在諸侯，文公以後政在大夫。二百四十二年間，但有大夫弒諸侯，不聞諸侯弒天子。《經》為大夫作，不為諸侯作也。又曰：齊桓既伯，諸國無一人敢弒君者，齊桓殺哀姜之威所懾也。楚莊既伯，二十餘年之內，海內無弒君之患，楚莊殺徵舒之威所懾也。大夫之惡莫大于趙盾，聖人所取無急于楚莊。此《春秋》大關目，炳如日星，古今未嘗標舉者也。謂隱桓二十年間，外事皆以鄭莊為綱，魯隱半生，全被鄭莊播弄。此老吏斷獄案問得其主名，無可解免者也。謂盟會城築，無皆譏之例；謂母弟稱弟，史家恒詞；齊年鄭語，初無貶例。此如良吏平反，盡洗酷吏，故入文致之。案深文者亦無所置其喙也。此書雖專攻胡氏，如古人所謂箴膏肓，起廢疾者。覈其實，則根據《左氏》。貫穿全經，胡氏棄灰之璅法，一切平亭，而諸儒墨守之疑，城一往摧倒。斯則尼父之功臣，非獨康侯之諍友也。非門下具千古心，開知秋眼，不以信和開闢，發此議論。然非僕老眼無花，似亦不能作此賞識也。

所最可惜者，本是通經著述之書，卻言為舉業而作。先之以標題舉業，繼之以別論經義。先號後笑，曲終奏雅。高明之士一見講章面目，不待終卷已欠申恐臥矣。辟之隋侯之珠，光可照乘，而昆山之人用以彈鵲。又若珪璋穀璧，裹襲敗絮。天吳紫鳳，顛倒裋褐。物之失所，莫甚于此。猶記兒時先宮保授以《春秋》，錄疑訓之，曰："此晉江趙恒先生著也。"先生著此書，顓心屏氣，以纊塞其耳，然後執筆。書成，去其纊，兩耳聾矣。先輩專勤如此，雖可重，亦可哂也。今門下所撰述，縱橫千古，可以廢口遊、夏，輘簡啖、趙，而乃沿襲流俗，夾雜講章，徒為趙先生瑱耳之物而已，豈不可為歎息哉！倘門下不棄瞽言，慨然改政，芟削蕪梗，節為一書。僕雖老耄，尚當溫繹舊聞，悉意而為之序。如其不然，畢竟以舉業為主，經義為客。則僕之斯言，或可命侍史繕寫置之末簡，使世之君子有習其讀而不欲竟者，或將為之決眥拭目，蹶然而興起也。

歲在丙申五月五日某再拜。

（選自《牧齋有學集》卷三八）

方素伯論周正書

錢澄之

　　聞《釋疑》一書，已為姑孰郡伯授梓，計日可成，當得全覽。所示《春王正月》一冊，似專主蔡說，力闢鄭、孔改時改月之謬，博稽詳攷，詞達義暢。足以折諸儒之辨，而僕疑終不能釋也。凡足下所說，僕向者亦有此見，但未能如此攷核耳。觀近日諸儒闢九峰，而並訾晦菴、康侯者，皆以《左氏》為據。愚謂因經而立傳，以傳證經者是也。

　　足下引《詩》《書》以駁《左氏》之謬，此亦本蔡氏之說。蔡氏謂：伊訓元祀十有二月，乙丑祀為太甲即位之元年。商正建丑，故以十二月為正朔也。三代雖正朔不同，皆以寅月起數。惟明覲、會同、班曆、授時，則以正朔行事。其後三祀、奉嗣王歸亳亦在十二月，則所重正朔可知矣。《泰誓》惟十三年春春者，建寅之月也。《武成》"惟一月"亦寅月。不曰正而曰一者，商十二月為正朔，故以寅月為一月也。蔡說如此。夫商法固不可以證周，周初之法亦豈可以證周治定後之法乎？而今有說者謂商正建丑，其十二月，乃夏正之十一月也。《孔傳》言："湯崩踰月，太甲即位，奠殯而告也。"於子月即位者，所以便丑月新君見諸侯，朝正旦也。若云必踰年而即位改元，此《春秋》之義。周制未可以律商也。三祀之奉王歸亳，亦以是月。其義亦猶是也。《泰誓》十有三年春，此即春王正月之春，謂十一月也。《武成》：惟一月壬辰，越翼日，癸巳，王朝步自周，於征伐商。戊午，師渡孟津。癸亥，陳於商郊牧野。其謂一月者，孔氏以為建子月也。自癸巳至戊午，凡二十六日皆在一月內。癸亥則十三月之四日也。班固以三統曆制推周之興師在殷十一月戊子，夏十月也。伶州鳩曰："武王伐商，歲在鶉火日，在析木析，亥之辰也。"後三日得周正月。辛卯朔，越二日。癸巳，武王始發。戊午渡孟津。明日己未冬至。則《武成》一月之為夏十一月，而周正審矣。蔡氏以一月為寅月，果足據乎？然吾猶怪周未受命，遂不用商正也。

　　朱子以《詩經》皆用夏正，觀《豳風・七月》之詩，夏正歷歷可攷。蓋以后稷先公皆夏諸侯也。解者謂篇中有就后稷先公時言者，則以夏時如凡言月者是也。就當時言者，則以周時如凡言日者是也。蓋日月錯舉，未嘗沒周時也。《小雅・出車》之詩，《小序》謂："文王奉王命以出師。"猶是商正。則春日為卯月，草木已榮矣。不得以為季冬，寅月也。《周頌・臣工》"維暮之春。"若辰月則戒農功，不已太晚乎？"來牟將受"，將者，預計之詞。於寅月之麥色已卜，巳月之麥秋矣。豈王六月之詩？朱子引《司馬法》"冬夏不興師。"六月正夏出兵，言其急也。周六月當夏四月，猶是夏也。《小明》之二月以為丑月，則"日月方除"，"日月方奧，義有難通。然以二月為卯月除字，亦豈可通乎？解者謂除舍舊而從新也。子月中，日南至矣。此月則去南陸，而北陸有更新之象焉。奧與《堯典》"厥民隩"同義，《詩》未嘗作燠也。謂日月正在季冬，氣極寒，民方隩處之時也。且采蕭獲菽，夏正九月、十月之事。而《詩》言歲暮，非周正乎四月之可見。若就夏時言，則夏秋冬三時如常，無所可譏。意必時令乖錯，寒暑反常，故足憂也。《外紀》載幽王九年六月隕霜，故有"正月繁霜"之詩。此詩之作，疑即其時。所謂正月者，正陽之月。在夏為四月，在周為六月。徂暑者言自卯月立夏，至此為季夏，暑氣宜日盛一日矣。蓋必因不暑而始述其常也。於何知之？於次章"秋日淒淒，百卉具腓"知之。周之秋則午未申月也。正當極暑以長養萬物，而淒冷如此，百草皆病。蓋自六月徂暑而至於秋，猶不知暑，則繁霜之為災也。過此為冬，宜漸寒矣，而暑反甚。曰"冬日烈烈"，以見陰陽之乖其序，寒暑之失其常，皆亂亡之象也。諸如此說，雖未必於經義合，然言之有據。足下固未有以折其喙也。

若足下引《金縢》："秋，大熟，未穫。"以為必酉戌之月，然後可稱大熟，周六七月皆秋也。今六月江楚食新穀，吾鄉七月稻已登場，豈有不知其大熟者乎？而猶未穫似與今無以異也。引君牙若涉春冰之喻，以為必東風解凍，然後冰不可涉。夫周雖建子而寅月猶是春也。《月令》"寅月立春"，即言東風解凍。北方立春一日即不敢涉水，不俟凍。真解也。足下又以魯郊啟蟄於正月卜郊為疑。按魯有兩郊：正月卜郊，冬至也。四月卜郊，啟蟄也。啟蟄，周所賜也。冬至，僭也。夫子曰"魯無冬至之郊。"原其始以譏之也。田獵雖有四時之名，古人之稱，謂亦不盡據宣王。《車攻》之詩"既曰駕"言行狩，又曰"之子于苗"，豈兩時兩事乎？孔氏云："田之禮，惟狩最備。"故以為獵之總名。若春之獵為蒐，然比年簡徒亦名為蒐。三年大簡車，徒名為大蒐。而凡有事於征伐者，皆先蒐乘，亦不盡拘時月也，此皆不足深辨。總之，以《左傳》按之，周正之改時改月，斷然無可疑者。足下以鄭漁仲、郝仲輿之言，謂："左氏為後人之書，多所傅會。"此猶王介甫之以《春秋》為斷爛朝報。歐陽永叔不信《繫辭》為孔子作也，豈其然乎？《左氏》浮誇，其言鬼神、占卜、夢兆之事，多涉荒唐，當亦本諸列國紀載，非以臆撰。

至於本朝正朔七百年遵行之鉅典，寧可以妄言耶？其最著者則僖五年正月，辛亥朔日，南至也。

足下謂：《春秋》之法，書異不書常，若十一月為正月日，至其常也，何必書？攷諸經實未書也。《傳》獨載之。以公既視朔，遂登觀臺以望，而書禮也。凡分至啟閉必書，雲物為備故也。經何嘗書以紀異乎？又謂：昭二十年，日南至，若以二為丑月，丑月安得日南至乎？杜注有之，史失閏也。攷春秋時之失閏者，屢矣。自文公閏三月，傳曰："非禮也。"杜注："閏在僖公末年也。"襄公二十七年十一月，乙亥朔日，有食之。《傳》

曰："辰在申司歷過也，再失閏矣。"蓋周十一月，今九月也。當建戌而在申，故知再失閏也。其後哀公十二年冬、十二月螽，仲尼曰："火伏而後蟄者畢，今火猶西流，司歷過也。"杜注"火伏在十月。"今西流是九月矣，失閏故也。由是觀之，自襄公二十七年至昭公二十年，凡二十四年，其閏法錯亂，不知凡幾。故杜注以為此日南至當在正月巳丑朔也。惟司歷不足信，故經每於閏月，不書魯閏月，不告朔亦以是乎？以日南至為據，則經書："正月無冰，二月無冰，十月隕霜殺"之類，皆紀異也。彼"梓慎日食"之對，"火始昏見"之對，彰明較著，又何疑乎？是故改時改月，周家一代之王制如此。然在當時已有不盡遵者矣，所謂三正迭用者，非謂天下通用也。周封杞、宋使，得用其先世之禮樂，故杞用夏正，宋用商正，亦祇於其本國用之。至於朝覲、會同，有事於王國皆遵周朔也。自東遷以後，王室陵夷，天子不頒正朔，諸侯弁髦王制，因私用夏正者有之，晉是也。攷之《春秋》，《經》書"僖五年春，晉侯殺其太子申生。"《傳》稱"四年冬，十二月，太子申生縊於新城。"僖十年，里克弒其君卓子。《經》書正月，而《傳》在上年之十一月。僖十五年，晉侯及秦伯戰于韓，獲晉侯。《經》書十有一月壬戌，而《傳》為九月壬戌。《經》《傳》之文錯迕如此。蓋《經》據魯歷而《傳》依晉史也。僖五年，晉侯圍上陽，卜偃引童謠云："丙之晨，龍尾伏晨。鶉之賁賁，天策焞焞。火中成軍，虢公其奔。"其九月十月之交乎？丙子旦日，在尾月在策鶉火中，必是時也。至冬十二月丙子朔，晉滅虢，此在魯史為十二月，而晉固稱十月也。至於襄三十年，絳縣老人言臣生之歲，正月甲子朔，以辰歷推之，乃魯文十一年三月甲子朔也。則晉之用夏正，可知秦亦用夏正。韓原之戰，《傳》敘秦伯及穆姬語，當采諸秦之紀載。則獲晉侯之月，據晉史，亦證以秦史也。故太史公《秦本紀》與《晉世家》所載獲晉侯，歸晉侯時月皆同。戰國時，呂不韋為秦相，書懸國門。《月令》紀夏正也，使非夏正久行於國中，不韋敢自創始哉！即始皇改歲首，不聞有行夏時之令，其所由來者舊也。至三十一年十二月，改臘為嘉平，則知其以丑月為臘月久矣。秦用夏正，豈待有天下後哉？若其正朔建亥，稱元年冬十月不過因三代改正，遞先一日，以秦代周，故以亥先子。知亥純陰，不可為春，即以冬為歲首。彼秦之壞井田，廢封建，滅禮樂。至於始皇焚書坑儒，何所忌憚？亦何難逆四時之序，以冬先於春哉？漢因其陋不變，故賈生於文帝時，汲汲欲改正朔。至武帝中年，始用夏正。漢時君臣何怠視若此，則亦以其時序無乖，特以歲首為異。遵行既久，無所不便，故因循也。而蔡氏引之，以為周不改時月之證，疏矣。吾意：春秋時，因有夏、商二正不廢，於是列國就其所便。凡於王事遵周正，於本國用二正者，不獨杞、宋，亦不惟秦、晉然也。惟魯則斷然周正矣。齊仲孫湫謂"魯猶秉《周禮》"，則齊之不盡秉也可知。晉韓起見《易象》與魯《春秋》，歎曰："《周禮》盡在魯矣。"則晉之不知有《周禮》也可知。夫正朔，則《周禮》之大者也。昭公十七年夏六月日食，祝史請所用幣季平子以正月為辭。太史公曰："在此月也。"平子不知六月即四月，亦習於周正者久也。故梓慎於十八年，火始昏見，詳之曰"火出於夏，為三月，於商為四月，於周為五月。"則亦因魯人不知五月之即三月也。魯君臣可謂尊周者矣。聖人蓋見當時有不純遵周朔者，故於魯史春正月而加以王正月。若曰此一王之正朔也，而敢不違哉？春，正月，魯史也。春，王正月者，聖人之特筆也。然而建朔則實有甚不便者，蓋用周正，則二至不在冬夏，二分不在春秋，故《易》曰："至日閉關。"《左傳》曰："土功日至而畢。"又曰："日南至，孟獻子曰：'正月日至，可以有事於上帝。七月日至，可以有事於祖。'"其不言冬至、夏至者，言不順也。言冬至，則立春已半月；言夏至，則立秋已半月矣。二分亦然。在夏正，則當春秋；在周正，則當冬夏，故《左傳》但謂之分。所謂"日過分"是也。又謂之日中所謂"馬日中而出，日中而入"是也，蓋亦不便言春分、秋分也。且夏時分至，與啟閉前後相距皆四十五日。周正啟閉之後，即遇至分，至分之距啟閉前十五日，後七十五日，多寡相懸。民家不準以夏時，亦何以順天時利民用哉！聖人秉周正，所以尊王以一諸侯也。至於民間出處話言，因其所便，自不能禁。即聖門弟子欲以暮春浴沂風雩，其為暮春必辰月，非寅月也。張敷言謂筆之史冊者，用時王正月之數。至民俗歲時相與話言，則仍以寅月起數，此說是也。

而足下復引《周禮》云云。僕平生不信《周禮》為周公之書，周禮二字見於仲孫湫及韓宣子，即所為《易象》與《春秋》及《左氏》稱諸典故者是也。周公制禮作樂，其禮樂具見於《雅》《頌》，及《禮書》所載甚詳。太史公謂："周之官政未次序，於是周公作《周官》，別其宜。作《立政》，以便民。"即今《尚書·周官》《立政》二篇也，豈別有書哉？若如今所稱《周禮》則官不勝其冗，政不勝其煩，其病國以擾其民。甚矣！《大雅》之頌成王也。曰："不愆不忘，率由舊章。"何有更張若是？王安石不黜《春秋》，而信《周禮》所以亂，守之天下而至於亡也。足下不以《左傳》證經，而以此書為證，得毋好古而有所蔽乎？吾人凡有著書後，人無不駁之理。但須引據甚正，原委甚清，確然自信。雖然難端四起，皆有以應之，則彼即持其一端之見，終足以勝我也。足下以為然乎否耶？餘卷刻成，幸更一一示我，如何？

（選自《田間文集》卷四）

答俞右吉書

顧炎武

　　所論《春秋》諸家及胡文定作《傳》之旨,極為正當。在漢之時,三家之學各自為師,而范寧注《穀梁》,獨不株守一家之說。至唐啖、趙出而會通三傳,獨究遺經;至宋孫、劉出而掊擊古人,幾無餘蘊。文定因之,以痛哭流涕之懷,發標新領異之論,其去遊、夏之傳,益以遠矣。今陸氏之纂例,劉氏之權衡,意林並有其意,惟尊王發微未見。而後儒之辨《春秋》,其散見於志書文集者,亦多鈔錄,未得會稡成帙。若鄙著《日知錄·春秋》一卷,且有一二百條,如:"君氏卒","禘於太廟,用致夫人",當從《左氏》;"夫人子氏薨",當從《穀梁》:"仲嬰齊卒",當從《公羊》;而"三國來媵",則愚自為之說。蓋見《碩人》詩云:"東宮之妹",《正義》以為"明所生之貴",而非敢創前人所未有也。因乏寫手,一時未得奉寄,惟就來書所問二事,敬錄以上,未知合否?祈為正之。

（選自《顧亭林文集》卷三）

復張彝歎書

梅文鼎

> 梅文鼎（1633—1721），字定九，號勿庵，安徽宣城人。遂於天文曆法之學。著有《曆算全書二九種》七十四卷、《元史天經補注》二卷、《勿庵籌算》七卷、《天學駢枝》六卷。生平事蹟見《國朝先正事略》卷三三、《清儒學案》卷三七、《學案小識》卷一二等。

久別懷思，然不能作札奉候，以目疾也。承示《春秋》"日食"一條，援引該博，疏駁詳明醇正，無可訾議。但曆學、經學相資為用，而實各有門庭。墳籍自經秦炬，疇人弟子散亡，古曆之傳于後者，惟《堯典》《月令》《大戴》《左國》所紀載而已，非通經者篾由考證。歲差、里差、平朔、定朔，則古未有，俱以屢測而精，專門所由賴也。《春秋書》："日食，其比月而食者。"是史誤，古人已多辨之。且三代後亂亡，有甚於《春秋》者矣。連月而食，從來未有，不必為之回護也。即此類推，則其食而失紀者，亦豈無之朔而不日，正同此類。而《穀梁》以為在既朔，非也。當以《公羊》為正。不日不朔，說為夜食，更可發笑。總由不明曆學故耳。日食在未用定朔以前，有差一日者，唐《麟德曆》始用定朔，自茲以後，無差日矣，而猶有差時。宋、元、明則無差時而有差刻，亦可見屢測益精之效矣。至近日西法推步益密，要皆踵事而增，以完古人未竟之緒。然或緣推步之無差，遂疑救食為文具，斯尤大謬。故當以程子之言為正也。某嘗于鄙著學曆說之末幅，稍稍言之，仍擬作文，以暢厥旨。容脫稿時，寄請教益。

按伊川言日食有定數，聖人必書者，欲人君因此而恐懼修省也。此說是矣。然如此則似此意自尼山發之，當云："日食有定數，古者聖王克謹天戒，遇災而恐懼修省，故聖人必謹書之。"似語意更為完足。

（選自《續學堂文鈔》卷一）

與華霞峰書　　高　愈

> 高愈（1640—1717），字紫超，江蘇無錫人。康熙二十九年（1690）貢生。於書無所不窺，深於《春秋》《周禮》。著有《讀易偶存》《周禮集解節要》六卷、《周禮集解》四十卷、《春秋疑義》《春秋經傳日鈔》《春秋類》《周禮疏義》《儀禮喪服或問》《高注周禮》二十四卷、《朱子年譜》一卷、《心遠堂新編小學纂注》六卷等。生平事蹟見《清史稿》卷四八〇、《國朝先正事略》卷二八、《清儒學案》卷一四、顧棟高《高紫超先生傳》等。

《春秋》十二公，不書即位者四君，說者謂皆聖人削之，然其說可通于此者，即不可通于彼，于是各為委曲相就之說，而《春秋》之旨晦矣。隱不書即位，文定主"內無所承，上不請命"，其論固極正大，然嘗竊惑之。《春秋》之法，是非善惡固云大公而不私，然尊君父不敢斥言者，亦《春秋》之定理也。《春秋》惡天下之無王，則亦惡乎一國之無君；惡一國之無君，則已更不當先萌無君之心，而逞無君之筆。夫《春秋》諸侯其不請命而無承者遍天下，而文定乃曰"《春秋》首絀隱公以明大法"，則是聖人欲正天下無王之罪，而已先逞無君之筆矣。夫君父一也，今有羣盜者于此，而其父亦與焉，藉令身為士師，而曰首誅吾父之為盜者，其可乎？隱公即有可絀之罪，而聖人非絀隱公之人。若謂"聖人作經，直以天自處，而于此乎何恤焉"，則亦悖理逆倫之甚矣。今謂削隱公為不稟于君父之例，即文定"首絀隱公"之意也，此其說之可商者一也。

謂"文、成、襄、昭、哀五君皆不稟于君于父，可從末減"，義亦未安。夫諸侯之位，受之王也，非受之父也。既不稟于王，則雖受之于父，而亦為擅立，又可從而末減乎？既可受之父而從末減，則天下諸侯其干王法者少矣！既削隱公為不稟于君父之例，又末減于文、成諸君而書即位，以書即位者為是，則疑削即位者為非；以削即位者為非，則不宜以書即位者為是。是非可以互易，予奪可以倏更，隱何獨不幸，以《春秋》之首君，而當大罰，此其說之可商者二也。

又謂"桓、宣、定三君皆繼殺而與聞乎故，故亦如其常而書即位。"夫桓、宣繼弒君，信矣。若昭，非弒也。昭非弒，而強使之同乎弒，則模糊遷就說也。桓、宣之惡極矣，俱志存乎殺兄。定非志乎殺也，但不能討意如為罪耳。因定不承于父，難從受末減之例，而直使與桓、宣之弒君者同科，則用法可謂不平矣！此其說之可商者三也。

"然則十二公或書即位，或不書即位，其義果云何？"曰："一從其實而書耳，聖人非有意于其閒也。隱之攝而不即位也，變例也。莊、閔、僖之繼弒君而不即位也，定例也。桓、宣故蹈其例者，則以欲自掩其篡弒之實耳，若從其例，則是自明其篡也。慶父立閔公，誠無不忍子般之意，然慶父醜聲昭著，廷臣亦惡之，季友之徒，或有與之爭而抗者，故亦不行即位之禮也。然則桓、文、宣、成、襄、昭、定、哀八君，實嘗即位矣，則經亦無容沒其實而不書即位；隱、莊、閔、僖四君，實未嘗即位也，則經亦不得強而誣之為即位，皆從其實而書耳。然《春秋》雖皆從實以書，而于文、成、襄、昭、哀五君書即位者，自有明傳世繼統之重；於莊、閔、僖三君不書即位者，自以昭萬世嗣君處變之法；于桓、宣之不應即位而書即位者，自有以發其很賊無兄之隱；于定之六月戊辰而始書即位者，自有以見意如強逼專制其君之實，此如太陽一照，而萬物無遁形，聖人之意未嘗不深切而著明也。"

或曰："王法所最重，莫過于繼世而立君；王法所必誅，莫過于不稟君父而自立。今謂隱公不書即位，止于實而書之，則所云'丘竊更牽合于此也。'""然則隱即位不書，止于從實，而無他義乎？"曰："位者，人君之大寶，命德討罪，皆藉位以行之。天子正其位，然後可以有為于天下；諸侯正其位，然後可以有為于一國，不書即位，則是失其人君之大寶，而不足以有為于一國也。嗚呼！此其所以終蒙菟裘之變也歟？"

（選自《清儒學案》卷一四）

與同館論春秋義例書

李 紱

　　昨領到隱公九年稿，見諸君子側注論議，以不全載《三傳》原文為新例，或極貶其非，至驚怪為何人高論！又云：皮之不存，毛將安傅。不載原文，何用駁語？竊疑諸君子失記《凡例》，併《辨疑》《權衡》諸書俱未細覽。否則，徒欲立意，見相攻伐，非有意於書局者也。

　　古人為一書，先定其規模，而后從事《凡例》者，書之規模也。《大全》舊本以《胡傳》為主，大書全文；而《三傳》則雙行細書於前，止備參攷，故全載無害。今奉旨參用《三傳》說，既參差必折衷一是，使學者有所遵守。《凡例》所謂"立義支離者不載"是也。《三傳》古時並列於學官，胡《傳》歷來功令所用，驟有刪節，恐學者不解，故於《集說》內采先儒辨駁之說，而所刪傳文即附見其中。《凡例》所謂"《三傳》與經文經義不合者，雖刪去原文，乃載先儒駁正之說，使治經者有所考"是也。以合經之傳，列於前為正解；其不合者，則散見於集說中而加辨駁焉。《凡例》之經營，可謂盡善。

　　今忽創全載《三傳》之說，反目舊所頒《凡例》為新例，何耶？《凡例》總裁所手進，內庭所覆閱，而聖旨所欽定。開局時，人授一編，顧束而不觀，久而遂忘，怪為何人之高論，其亦誤矣。《三傳》議論相合者甚少，誠欲快論者之意，必每一經條加案語一段，然後可論者。又謂：案語不當數見閒覽，諸君子所撰次，往往三《傳》異議泛然並存。《集說》既無定論，又不加案語，以此頒行天下，窮經老儒或有定識，科舉之士何適從以應國家之或令乎？《三傳》誠未易折其衷，然既奉勅修纂當定一說，不可以其難定，遂泛然並存，聽斯人之自擇也。若疑前不載原文，則後之駁語無根，此又不然。陸氏淳、劉氏敞，諸書皆先引原文，後加辨論，皮毛具在，何去何存。漫謂不載原文，何用駁語，此可施之《集說》。諸家不可以概立學官之《三傳》，功令久行之《胡傳》也。此事於全書規模最為切要，論者齗齗如此，每一展視，輒復自廢，撰次遲緩，良以此耳。

　　元年進呈稿，至今未見。若已全載《三傳》，則二年以後體當畫一，俱全載矣。官書聚訟，不能獨行，胸臆測也。他日書成，體例紛亂無章，或為閱者嗤點，則咎有所歸，區區所不任受也。今九、十、十一、三年仍照《凡例》編纂，唯同館裁察，轉呈總裁，確示畫一之法。幸甚！

（選自《穆堂初稿》卷四一）

再與同館論春秋義例書　　李　紱

　　閱隱公十年稿，諸公有疑採駁《傳》之語，刪《三傳》原文，勢必有經而無傳者，長慮卻顧，至於如此。似留意於書局矣，而實未之察也。《凡例》所謂"《三傳》中立義支離者不載矣。"蓋就《三傳》互異之文，擇其善者，去其支離者。有所去，即有所存，何慮有《經》而無《傳》耶？若《經》止一《傳》者，自應從《傳》。昔人謂啖、趙去《三傳》尚遠，無論其餘。蓋唐、宋人駁《傳》之語，借以去《三傳》之異同者而已。非謂後人之駁《三傳》者皆是，而《三傳》之見駁者皆非也。若凡有駁語即刪傳文，毋乃知和而和，亦不可行乎？如會中丘傳，止取為師期語，為伐宋張本，其《經》《傳》月日互異，固無關於經義之得失也。杜氏有長歷推考月日當不妥，惟不當直斷經誤，故劉氏駁其倍經耳。二說俱通，則從前人劉氏之駁，不取可也。此中權衡如牛毛繭絲，漫謂刪則俱刪，存則俱存，鹵莽而滅裂。窮經之學，恐不如是。慮其無《傳》，遂不敢刪《傳》，是懲羹而吹韲也；欲刪《傳》，遂至於無《傳》，是因噎而廢食也。朱子所謂"扶一邊，倒一邊"者耶？有《經》而無《傳》，於書之利害本無足言，經固自有。有經而無傳者，如隱二年春，王二月，隱八年螟，雖諸公亦不能使之有《傳》，又將若之何？緣同館過，計輒復陳，此唯熟思，而幸教之。

（選自《穆堂初稿》卷四一）

答蔣東委論春秋書

楊 椿

昨以《春秋考序》，郵正蒙疏，示"孟子跡熄"，"好辨兩章"意義，且喜且感。顧尚有可疑者。《論語》曰："疑思問《易》曰：'問以辨之。'"蓋疑非問則不明，問非辨則亦徒然。問矣用是。再舉以詢兄，云："'跡熄'章，略貌觀神"，直當云"王者之跡熄，而桓文興；桓文興，然後'《春秋》作，《詩》亡'句，不甚重，不過影起。《晉乘》《檮杌》作波瀾，兼以備一代掌故。"又云："《序》言陪臣執國命，方謂之熄，則'齊桓''晉文'句接不上矣。"案王者之跡熄而《詩》亡，《詩》亡然後《春秋》作。"作"字就孔子時而言。與孔子懼作《春秋》之"作"同，所以繼舜、禹、湯、文、武、周公之心法也。晉之《乘》，楚之《檮杌》，魯之《春秋》一也。其事則齊桓、晉文，其文則史追溯《春秋》之書之所自一也。內已有竊取之意，蓋一者其事其文，不一者其義也。孔子曰："其義則某竊取之矣。"指明《春秋》之所以為《春秋》章法，顯然句句俱有著實，似不得略貌觀神，如來書所言也。《詩》則春秋時，因事之賦始於《衛》之《碩人》，宴享之賦始於晉公子之《河水》、秦穆公之《六月》。至宋賦《新宮》而後，侯邦無宴享之歌；秦《無衣》而後，亦無因事之作，而《詩》亡矣。似不得言《詩》亡句"不甚重，不過影起。《晉乘》《檮杌》作波瀾，兼備一代掌故"也。後世能文之士，尚一字不肯輕下，而謂孟子徒為文之波瀾，下此"不甚重輕"之句乎？且《詩》三百有五篇，作於東遷後者幾半，若如云云不特重，且與跡熄不合矣，何一代掌故可備也？

　　董子云："臣弒君，子弒父，非一朝一夕之故，其漸久矣。"春秋初，魯隱與齊僖、鄭莊、衛宣、宋殤諸君紛紛以征伐、會盟為事，各有圖霸之心焉。桓文出，霸業歸於一者幾二百年。定、哀間，晉霸。衰國自為政，與春秋之初同氣象，則與初迥殊矣。於是吳爭長於黃池，越觀兵於中國，皆寬然有霸意焉。董子所謂漸也。《春秋》紀霸者始終，故其時為霸者之時，其書為霸者之書。《孟子》不言霸者之事之盛衰，而言王者之跡熄者，以禮樂征伐之事言也。魯莊以前，天子不能有其事，桓文大盟會、大征伐必皆請王人主之，而後天下復知有天子之事。蓋自莊十四年，單伯會伐宋，會於鄄。至昭十三年，劉子會於平邱。定四年，齊會於召陵，侵楚，皆跡也。《左傳定八年》："晉士鞅會成桓公，侵鄭。"《春秋》書"晉士鞅帥師侵鄭。"不書"成子哀十三年，公會單平公、晉定公、吳王夫差於黃池。"《春秋》書"公會晉侯及吳子於黃池。"不書"單伯"，蓋跡已熄矣。襄王、定王，周之中主，襄王復位者，晉文與有勞焉。然與請隧則拒之，請殺衛侯則止之。定王斥楚莊之問鼎辭，鞏朔之獻捷。降及景王，責伐潁於韓起，皆有訓誥之遺焉，皆跡也。其臣若內史過、內史興、富辰、王孫滿。王孫說單襄公、單靖公、單穆公、劉康公之屬皆賢人也，亦皆其跡也。景王多寵人，亂於是乎始生。敬王不競欲扶周室者一萇宏耳。然劉子之陪臣也，依物怪欲以致諸侯，則不經已甚，而侯犯、陽虎、南蒯、馺戾、公斂處父之徒，或背其主而作亂，或佐其主為叛逆天下，皆是也。其斯為王者之跡熄乎？《春秋》所以作也。《孟子》然後云者跡熄《詩》亡，皆孔子時事也。夫五霸為三王之罪人，然五霸之事即王者之跡，霸者亡並無有假之者矣。《春秋》歷敘之，以著王跡之熄之漸熄，從火從息。《說文》："熄，火滅也。"夫火雖欲滅，而其光尚在，可遽謂之熄乎？則跡熄不在桓文之前明已。

　　兄又云：《春秋》之名想亦周公所定，自禽父以來世守之。案韓宣子見《易·象》與《魯春秋》，曰"《周禮》盡在魯矣，吾乃今知周公之德與周之所以王。"蓋魯秉《周禮》即二書，而公之德，周之所以王已見。非《春秋》之名，周公所定，《春秋》之書自禽父始也。《史記·十二諸侯年表·列國世家》平、桓以前皆無可載之事。《秦本紀》文公十三年實周平王之十八年，非子邑於秦百年。襄公封為侯，亦二十二年矣。初有史以紀事，則諸國之史皆始於東遷後可知。《晉世家》云："自唐叔至靖侯五世，無其年數。"《楚世家》熊繹至熊延，年數亦無之。則晉《乘》不始於唐叔，楚《檮杌》不始於熊繹，《魯春秋》亦未必始於伯禽矣。《左傳》隱公於十二公中最多，事歸枋入枋則始《易》《禮》矣。初獻六羽，則始僭樂矣。伐鄭伐宋入許，則摟諸侯以伐諸侯矣。其事繁，而魯史之始，宜在此時。特秉《周禮》，故史之義，尚有可取爾。杜元凱言聖人以隱公讓國為賢，故始之。胡康侯言平王以天王下賜諸侯之妾，三綱瀹，九法斁，故《春秋》託始於隱公，皆非也。昆山顧寧人言惠公以上之《春秋》，成之者古之良史，孔子故無所改，所謂"述而不作也。"自隱公以下，世道衰微，史失其官，孔子懼，而以己意修之，所謂"作《春秋》"也。其說尤為無據。夫《春秋》因魯史之舊文，豈有所褒貶？又豈分述作而以隱公始哉？

兄又云：《春秋》之運以桓文而開，《春秋》之作以治桓文為要。桓文者，君子而假焉者也邪！說暴行之作極於亂賊，《春秋》援天子之事以正之。二帝三王之統絕於桓文，《春秋》紹王者之統以維之。世無禹、湯、文、武，則桓文為代興之人矣，漢祖、唐宗不過襲桓文之餘烈。有若交印，然此後永不得還矣。案《國語》"展禽曰：'共工氏之霸九州。'史伯曰'昆吾為夏伯，大彭、豕韋為商伯。'"班固《白虎通》、應劭《風俗通》、服虔、杜預《左傳》注、顏師古《漢書》注，俱以昆吾、大彭、豕韋為五霸之三，則霸運始於帝世，夏商皆有之，非開於桓文矣。孔子曰："晉文公譎而不正，齊桓公正而不譎。"又曰："桓公九合諸侯，不以兵車，管仲之力也。如其仁。"又曰："管仲相桓公霸諸侯，一匡天下，民至於今受其賜。"夫謂之正，謂之仁，謂之民受其賜予。是桓公、管仲，夫子與之者至矣。晉文雖不若齊桓，然齊桓既沒，周室益衰，楚執宋公狄出，天子非晉文修桓之業，諸侯有不相率而南朝於楚、北服於狄者乎？孔子故並晉文於齊桓而惜其譎。《孟子》曰："五霸桓公為盛。"又曰："今之諸侯，五霸之罪人。"則亦非全斥桓文者也。特以卜世卜年之數已過，民之憔悴已甚，欲勉時君以王道，故卑桓文為不足稱耳。今乃擬之於邪暴，等之於亂賊，謂"《春秋》之運以桓文而開，《春秋》之作以治桓文為要"，恐大不然。漢祖、唐宗時之行仁政更易於戰國，乃其君微，特不如齊桓，並不及晉文；其臣微，特不如管仲，並不及舅犯，而謂能襲桓文之餘烈乎？夫三王不能不降為五霸，五霸不能不降為漢唐者，天也，非人之所能為，安得以之並論哉！

兄又云："竊取"句只替其義，則孔子定之矣。乃文字借端出落法，泥此句謂取《春秋》之意，似巧而未的。又云："諱尊親自是魯史舊文，非夫子創例。"案義者，魯史之義。竊取者，夫子取魯史之義，非夫子自定之義也。在後世觀之，夫子取之，斯夫子定之矣。夫子自言則祇云取之，乃實語非虛辭也。義莫大於尊王。楚自夷王時，熊渠封三子，皆為王。桓王時，熊通自號為武王，後遂僭稱不改。定王時，熊旅觀兵於周疆，問鼎之大小輕重。齊頃公欲尊晉景公為王，景公雖讓不敢，然作六軍侔於天子矣。《春秋》則繫王於天，以尊之。（其後越王勾踐稱吳王夫差為天王，蓋周時本有此稱，故勾踐僭之，以尊夫差，非《春秋》所創也）周正建子晉事，見《左傳》。《竹書紀年》者多用夏正。楚屈原之辭，亦夏正也。《春秋》於每年春正月，必書王。其無正者，或二月，或三月亦必書王。《左傳》"春，王周正月"，《公羊傳》"王正月"，大一統也。此尊王之義之取《魯春秋》者也。義莫急於討亂賊。《春秋》殺君三十六，有書弒之之人者。有稱國以弒者，有書國人弒者，有書盜殺者，有止書卒者，有不書弒並不書卒者。《春秋》於此亂賊，豈或恕或不恕哉？蓋其國赴者不可掩未赴者，而必以吾之所見所聞所傳聞書之，是訐以為直矣。訐以為直，史官敢乎哉！故不書者為國諱及他國之未赴者也，書卒者以疾赴者也。書盜殺者變起倉猝同謀者，未及以人赴者也。書國弒及國人弒者，赴以弒而未赴以弒之之人者也。此討亂賊之義之取於《魯春秋》者也。躋僖公，王室亂。鄭棄其師，會於稷，以成宋亂。會於澶淵，宋災故。則又皆義之顯然特著者，魯史若無孔子，敢為此峻文哉！且為尊者諱，為親者諱，既非夫子創例，則亦夫子所取之義矣。竊取云者，夫子他日之言"述而不作也"。若僅以文字借端出落法觀之，毋乃淺之乎視聖言歟？

兄又云：天子之事猶言治天下之法，非指位號也。周雖東遷，何曾非天子？但不能有其事，夫子正欲此事之明於天下耳。賞人罰人，非天子不能行，當賞當罰之理，夫人而可明之也。或謂匹夫假南面之權，若夫子真自犯不韙者，誤。案天子之事原非位號，蓋指禮樂征伐而言。禮樂征伐，天子治天下之事也。東遷後，天子不能有其事，夫子作《春秋》以明之。《論語》"天下有道"章，《春秋》之所以作也。"誰毀誰譽"章，夫子作《春秋》之旨也。史闕文章，歎闕文之已亡。蓋當日必已有褒貶代賞罰之說，故夫子以誰毀誰譽曉之，復以史亡闕文為慨，而謂夫子敢以私意褒貶乎！夫討亂賊罰之大者也，趙盾弒君、董狐之筆。《史記·十二諸侯年表》書趙穿殺靈公，《竹書紀年》晉靈公為趙穿所殺。皆不書盾，並不書弒，必盾之子孫所改。而魯史則仍當日之來赴。孔子因魯史之舊文，書盾弒而不諱。厲公之弒，欒書、中行偃執之於匠麗氏，使程滑弒之者也；而稱國以弒鄭僖公之死，公子騑使賊夜弒之；楚郟敖之死，公子圍縊而殺之。而皆以疾赴，故皆書曰卒。所謂其文則史，亦即所謂義也。而亂臣賊子懼者，以夫子直道而行，未以私意褒貶耳。若云"賞人罰人非天子不能行，當賞當罰之理，夫人而可明之"，是以賞罰為天子之事，人人可以褒貶代之矣。使夫子不以褒貶代，則當賞當罰之理，何由明？使以褒貶代，則豈非假南面之權乎自犯不韙？夫又奚辭？故言《春秋》者，不必言賞罰，亦不必言褒貶。言賞罰，言褒貶，夫子所取之義晦矣。

兄又云："知我"二句，乃夫子得意語。凡書之無補世教，人將置不論不議之列。今能使君子知我，小人罪我，則大義之明可知。或以明知罪我而不辭，為不得已也。不然《春秋》若真有罪，孔子斷不作矣。罪我者，乃小人之慍辭，但恨留下此書，令彼無處生活，非能議孔子有僭也。案孔子少壯，有為東周之志。及其衰也，不復夢見周公。而《春秋》作其作之也。畏天命而閔人，窮有萬不得已之苦心，且不能見之實事而徒託諸空言，其不豫亦多矣。敢以大義既明自鳴得意乎？隱惡揚善，聖人之本懷也。劉韜仲問朱子云"恕者，如心之謂。孔子言仁者能好人，兼言能惡人。炳謂恕字亦當如此體認。"朱子云："被排擊，遭按退，決非己心所欲。"今乃欲施於人，何以為如心乎？夫排擊按退一二人而已。朱子尚虞其不恕，而況是非二百四十二年中，夫子能泰然自適乎？竊意知我罪我，夫子不自得之辭，非得意語也。云夫子明知罪我而不辭者，乃陋儒談褒貶代天子之事說誤之也。夫子哀魯史以成書，欲存亂臣賊子之跡為後世戒耳。何嘗有貶？何嘗有褒？則安得有僭？罪字作慍字解最得。若《春秋》果有褒貶，則不知妄作為下倍上矣，而謂夫子為之乎？此皆椿之欲待辨於兄者也。

椿幼讀《春秋》，即知記注而言之不文，未嘗出以示人。年來，老病侵尋，一無所事，因稍修飾之。所謂鄙夫兩端猶之博弈之賢而已。既承疏示焉，敢再告。以兄知愛，故不以瀆為嫌，望更惠教。幸甚幸甚！椿頓首。謹白。

（選自《孟鄰堂文鈔》卷九）

答顧震滄書

楊　椿

　　丙寅冬，惠書，以《春秋大事表序》見屬。椿經學甚疏，《春秋義》尤淺。未見先生書，不敢草率為之。今年春，同學蔣東委以家文叔序郵示，始悉書之大概，而東委述先生待序意甚迫。三月杪，吳江沈懋勤來，再接手柬及所著，讀之，知先生用心之苦。致力之勤，為之肅然起敬。怡然大悅，繼之渙然以解。

　　竊嘗謂《春秋》家之弊有二：一則泥於賤霸，謂《春秋》專治桓文之罪。一則惑於褒貶，謂《春秋》有舊例，有變例。夫誰毀誰譽，吾猶及史之闕文，夫子之言也。今乃於爵號、名字、氏族、日月之譌闕，謂聖人褒貶之例在是，其陋不必言矣。桓文時，天命未改，周室已衰，陵夷至於敬王，然後王跡熄者，桓文之力也。故孔子仁管仲而正齊桓。孟子生於戰國，王者之不作已久，生民之憔悴已甚。齊宣有其地，有其民，而不行王政，僅僅以桓文為問，故孟子斥之為不足道耳。要之，桓文正未可輕貶者也。得先生書桓文之功罪，明條例之謬誤，亦見《太史公十二諸侯年表》。昉於春秋歷、譜牒，惜所載未備，亦未當。先生諸表簡而明，詳而要，顧尚有可商者。《孟子》曰："王者之跡熄，而《詩》亡。《詩》亡，然後《春秋》作。"其事則齊桓、晉文。蓋自隱五年，王師伐翼，伐曲沃。至莊六年救衛，未嘗無征伐之事。而是非倒置，喜怒失常，故號令不行，每戰輒敗。莊十四年，諸侯伐宋，齊桓請師於周，單伯會之，取成於宋而還。自是大盟會、大征伐必皆請王人主之，諸侯亦遂無敢抗者。定四年，劉子會召陵，而後成、桓公之會侵鄭，單平公之會黃池，皆不復見於經。蓋霸者之事即王者之跡，霸者亡而王跡熄矣。似宜於《王跡表》中詳敘霸者之事之盛衰，以著王跡之熄之漸，不得僅摭王朝事，名之為《王跡拾遺表》也。孔子言禮樂征伐以陪臣執國命，繼天子、諸侯、大夫後。春秋初，石碏使其宰獳羊肩莅殺石厚於陳，陪臣事始於此。昭、定間，陪臣恣睢甚矣。萇宏為周室忠臣，亦劉子之陪臣也。聖門如冉有、有若、樊遲、子路、仲弓、子羔皆嘗仕於季氏。今天子、諸侯、大夫事已詳，而《陪臣表》獨未有，似宜增之，以備春秋世變。春秋人物善者固多，不善者亦衆，表之恐不勝。《表》今以至聖與諸賢並列，似覺未安。諸侯叛王，始於鄭莊。大夫助君為逆，莫甚於鄭之祭仲、子元、曼伯、原繁、高渠彌、祝聃之屬。今《賊臣表》止有高渠彌，而祭仲等未載，餘亦尚多可議，似可不立。此表諡法為有土之君及卿大夫老歸者設耳，而春秋亡國之君，喪家之大夫，亦有之。且父子祖孫有時相襲，似宜改《諡法考》為《表》，以《逸周書》之諡，君、大夫所已諡者，詳列之於右。其他《時令》《朔閏》等表，或闡前人所已言，或創前人所未有。《敘論》《考辨說》，證據精明，議論雅正。望之若大海之無津涯，即之若江河之可挹注。真今古之奇觀，儒林之盛業也。

椿先君子受《春秋》於宜興儲仲和先生，著《春秋屬辭比事直書》。椿駑下，未能續父之業，於先生書非敢妄有論也。以先生虛懷，故略陳所見，可否？惟先生裁之。序文附到，辭義膚謬，恐未足用。秋間，天氣稍涼，買舟南下，謁先生於萬卷樓中。彼時再罄餘衷，領先生教益，未晚也。椿頓首。謹白。

（選自《孟鄰堂文鈔》卷十）

與方望谿先生書

沈彤

　　蒙示新雕《春秋左傳》，命校勘諸老先生所句讀，彤持筆研審將下復休，為其不安於心者多，必商定一例，乃可從事。句讀，小學耳，為之亦難，聞嘗考其説矣。蓋漢何邵公序《公羊傳》始連出"句讀"二字。讀字，舊無音，當即《羣經古注》所謂"讀，若某某人讀之讀也。"馬季長《長笛賦》又言"察度於句投"，注云："《説文》訓逗為止，投與逗古字通，音豆。投，句之所止也。"然則句所止為投，音之出為讀，古未有以讀為投者，亦未有以投為句之半者。自宋而後，通讀於投呼以豆音。凡館閣校書，旁点為句，句中点為讀，而讀遂改為半句絶之名。立法雖詳，然為讀不免於繁矣。至近代刊書之句讀尤多意造，有所倣，亦非善本，遂致非句而句，非讀而讀，一開卷而紕繆百出，非讀繁之流弊歟！

　　夫古人之書累字成句，累句成節，節則語勢斷，句則語勢不皆斷。故語勢斷者，句也，勢不斷；而語斷亦句也，語不斷。微頓焉，然後為讀耳。以是知讀不可以繁也。今所示《左傳句讀》亦有近刻之弊，若必求完善，宜先慎其句中之点，句中之点不失，則旁点皆可不失矣。或但用旁点以絶其句，而句中之点盡削之，雖長句亦如之，尤為近古。鄙意如此。其去從伏修裁定，若慮修改煩，但去其太甚者，即日便可畢事。惟明示之。別紙數葉，畧疏諸君句讀之失，并呈正。不宣。

（選自《果堂集》卷四）

上望溪先生論春秋始於隱公書

程廷祚

竊觀《易》基乾元,《書》始《堯典》,《詩》首《周南》,聖經之造端具有精義,未可得忽也。蒙示《通論》,首篇發明《春秋》始於平、桓之交,而不言所以始於隱公,此非所以俟百世而不惑者。《春秋》托始之故,三《傳》皆以隱公為能讓國。夫隱公非當讓國者,即使隱公能讓,而《春秋》正天下之大義,亦不得緣是而起。間嘗想之,平王棄周之故都以與他人,不得討弒君之賊,而勞民以戍申,詩人形諸詠歌,王降為《風》,天下之不復為西周也可知。惠公即位於平王三年,《春秋》當始於此。而不於此始,何也?夫周之先王積德累仁,創業之艱難至矣,一旦而絕平王於西周,則文、武、周公之心戚矣。《春秋》蓋有所不忍也,而欲徐待其後。若語其事勢,則唐人楊士勳據《左氏》說,以為周之東遷,晉、鄭是依,至於末年陵替尤甚者得之。夫東遷依晉、鄭以立國,則統紀猶未盡散,而禮樂征伐不可謂諸侯盡能竊也。平王二十六年,晉昭侯始封其季弟,內難漸興。二十八年,鄭莊公初立,繼其父為卿士,所行必多專擅。而後王貳於虢,且其時晉封成師,鄭亦封叔段,二國以周之所依,而並壞先王之制。是平王之末其勢異於東遷之初者,晉、鄭已渙也。晉、鄭渙而王室之事愈不可為。隱公之立適際其時,《春秋》絕望於東周,而不忍天下之無王,雖欲不始於此,而不可得矣。

又嘗考之於《詩·鄭風》首列《緇衣》以美武公,知武公能勤於其官。

平王雖非令主，而猶能任賢也。《唐風》刺晉昭侯，有《揚之水》，言國人附於曲沃，助匿其情，知晉之無以自立，而不可責之以翼戴天子也。二詩之作皆在惠公之世，《詩》與《春秋》相代謝之故，可見於此。而《春秋》之始於隱公者，先當求其不始於隱公之故，則理尤易明。先儒所論未為明確，而全經造端之旨，似亦未可闕如。承命作詳參末議，故敢直承鄙見。佇俟垂教。不一。

（選自《青溪集·青溪文集續編》卷六）

奉慈溪馮明遠先生論燕毫封國書

全祖望

舊聞先生著《春秋地名攷》，以衣食奔走，未及就函丈得一快讀。近傳此書不戒於火，爲之悵悒屢日。

少時，就父師受《春秋》學，亦頗畱心地理，乃以杜、何、范、韋，合之班、馬、桑、酈之籍。古今變遷，彼此同異，迄難臆決。姑據兩節言之，燕之封國，其都在薊，故《漢書》曰"薊，故燕國，召公所封。"小司馬曰"北燕，卽今幽州薊縣是也。"范逸齋《詩補傳》謂"薊之改名爲燕，猶唐之改名爲晉，荆之改名爲楚。"但《小戴禮樂記》則謂"武王封黃帝之後於薊。"《史記·周本紀》及《水經注》又謂：封帝堯之後於薊。是薊與燕屬兩國。張守節云"召公始封在北平無終縣，以燕山爲名薊。"則因薊邱爲名，後燕幷薊，乃徙居之。胡邦衡則云"武王所封之薊，不久滅絕。成王因以召公紹封。"顧亭林主其說。愚攷無終卽山戎也。《左傳·襄四年》"無終子使孟樂如晉。"《漢書》"右北平有無終縣，係古無終子國。"燕之始封不得在此。胡氏所謂"帝堯之後隨卽滅絕者"，亦無明據，特想當然之詞，爲調人計者。陸德明謂"黃帝，姬姓，君奭其後。"是薊與燕是一國。朱竹垞主其說，遂謂《禮記》所指卽召公。《史記》之稱"帝堯後"者，因堯亦黃帝裔之故。愚攷《穀梁傳》曰"燕周之分子"，《帝王世紀》直以召公爲文王子，雖未可信，而要與周同族無疑。況《史記》明云"后稷別姓姬。"則是后稷之姬不得混於黃帝之姬也。總之，薊自薊，燕自燕。小司馬以燕爲薊縣固誤，張守節以燕爲無終縣亦不確。然則，召公始封，究在何地乎？又文王有弟虢仲封於西虢，在今河北。弘農公羊子所謂"郭左氏之上陽下陽"是也。虢叔封於東虢在今河南滎陽，《左氏》所稱虎牢又稱爲制。鄭桓公寄帑而卒并之者也。西虢亡於周惠王二十二年，東虢則平王元年已爲新鄭。乃《史記》莊王二十二年爲秦武公十一年，《秦本紀》書是年滅小虢，班固亦以西虢稱之。注家以爲在寶雞東，名桃虢村。按小虢之名不見於《三傳》，然與西虢絶不相蒙。何以二虢之外，復有一虢？豈亦如邾之外別有小邾，而非其支係歟？抑即虢仲之庶子，封於寶雞而爲附庸者歟？凡此皆經與史參錯而不能相通，先生書中必嘗討論，敬以質之講座。

（選自《鮚埼亭集外編》卷四一）

與徐徵君惠山論春秋指掌圖帖子

全祖望

前日於董浦座上，得見足下。因讀所著《山河兩戒攷》，本諸經之星野，參以列史之方輿、芋區、瓜疇，了然在目，爲之動容。

近日讀書人東塗西抹，伎倆窮老盡氣，不過稍駕帖括，而上之至於詞章之學而止。及見足下所著，以爲不知人世間尚有此等書卷也。其中有一事失於攷索者，世所傳東坡《春秋指掌圖》，其爲贗本，不必復問。但古人原有以爲東坡作者，足下以爲胡身之之謂，恐未然也。《朱子語錄》已言其僞，是先於身之矣。足下因其中載"大觀年間，都邑又有或問於蒙"之語，遂定以爲侯文穆，則誤之甚者。古人之稱蒙猶愚也，豈必自道其名之謂哉！愚攷《宋史·藝文志》有李瑾《春秋指掌圖》十卷，又張傑《春秋指掌圖》二卷，此皆唐人之書。而李氏則分門鈔取《釋例》《正義》并及劉炫、陸淳之書，張氏亦以《類纂》，在今日恐皆不存。陳直齋《書目》則有《地理指掌圖》一卷，蜀人稅安禮撰，元符中，欲上之朝，未及而卒。書肆所刊，多不著其姓氏。按，安禮乃山谷弟子，然今所指爲東坡書者，固不止地里，而稅氏所作亦非《春秋》之封域。況元符又在大觀之前，至於《崇文書目》《中興館閣書目》總未嘗及是書，而合之《文穆本傳》及《東都事畧》諸種，竝不言其有所述作。是可以決然，知非侯氏之書也。

夫古今文獻之失，所證者闕之可也。必求其人以實之，則有不免於後世之抨彈者。居常與董浦言注書，如師古可以爲百世圭臬，卽如臣瓚姓氏其說不一，惟以爲傅姓近之。蓋傅嘗受詔校中祕書，《穆天子傳》而今注中所引多出汲冢中語，然師古尚疑之，而不敢質也。斯可謂慎之至者矣。以足下用功之勤，與夫書之卓然可傳也。偶然遺誤之處，將啟讀者之疑，故敢爲足下言之，以當負暄之愚。足下其是正之。

（選自《鮚埼亭集外編》卷四一）

答袁惠纕 彭紹升

> 彭紹升（1740—1796），字允初，號尺木，又號知歸子，江蘇長洲人。乾隆二十六年（1769）進士。世承理學，兼攻經史。著有《古本大學說》《論語集注疑》《大學章句疑》《中庸章句疑》《儒行述》一卷、《居士傳》五十六卷、《二林居集》二十四卷、《二林居文錄》二卷、《彭尺木文鈔》六卷、《不謏錄》一卷、《測海集》六卷、《一行居集》八卷附一卷等。生平事蹟見《清史稿》卷四八〇、《清史列傳》卷七二、《國朝先正事略》卷三〇、《學案小識》卷末、《翁文恭公日記》等。

承示《春秋論》，見處卓然，非章句儒所及。夫子自言"述而不作"，《中庸》言"祖述堯舜，憲章文武。"夫子之道，即堯舜以來相傳之道也。知之斯已爾，覺之斯已爾，無可作也。豈獨《春秋》為然，《易》《詩》《書》《禮》，其猶是也。故曰："斯民也，三代之所以直道而行也。"聖人者得斯民之所同，然而無加損焉。春秋之法，善者善之，非夫子之能善之也，斯民善之也；惡者惡之，非夫子之能惡之也，斯民惡之也。亂臣賊子，則皆自外于斯民者也，直道之所不容也。夫子亦以直道治之耳，而何以作為哉！

然則春秋之法，非夫子之法也，魯史之法也。魯史之法，三代直道之所憑而寄焉者也。夫子于此整其文焉爾，無改乎其質也；精其義焉爾，無變乎其體也。故曰述也。此大著之所明，為有契于愚衷者也。雖然謂夫子不作《春秋》則可，謂《春秋》不經聖人筆削則不可。左邱、公羊同列門牆，其說《春秋》也，一曰非聖人誰能修之，一曰君子曷為《春秋》。此其顯然可徵者，不獨《孟子》有成《春秋》之文也。而大著云云，則是《春秋》與晉《乘》、楚《檮杌》，無以異也。而何以列于經也？願足下更一審思之。

凡說經者，病其苟同，尤病其好異，如斷獄然。在平其情，虛而與之委蛇，其可矣。足下亦以為然邪？大著本欲納還，緣雜入故紙中，偶檢不得。謹別書所見，求教益。不宣。

（選自《二林居集》卷四）

答李飲川論春秋書

郝懿行

俗冗匆匆，未獲時承指授。連日伏讀教言，如"齊小白子糾兄弟"之說，存而勿論。管仲之事，第冊深考。以上二條，具見《說經》。謹嚴剗盡藤葛處，已擬拙著內刊落數行，以誌愧服也。至於蔡人殺陳佗，比之楚人殺夏徵舒，確不可易。知傳說當刪也。齊侯獻戎捷，參之齊人伐戎，伐北戎，讀書得間，知舊說宜刊也。以上二條，敬當改易舊稿，以代書紳也。若乃《桓》之篇不書王，以為聖人有意闕之，似不可通也。齊、陳、鄭來戰於郎，以為言戰乃敗，似傳未可從也。單伯逆王姬，單伯至自齊，自非一人，而單伯無妨是名也。何以明之？祭伯、祭仲即如今稱老大、老二，榮叔、南季即如今之老三、老四。古人尚賢有特立名字者，亦有以行次為名者。春秋之初，尚多有之，於後漸不復見。既以行次為名，或單伯之族復有名單伯者，亦未可定。如魯國有二嬰齊，竝見於經，亦其例也。不獨單伯是名，雖孔父是名，亦自無妨。何以明之？甫者，男子之美稱。經典假借作父，是故晉有潘父，宋有正考父，經亦有"齊侯祿父"及王使家父之類是也。如謂孔父死難，便應書字，然則"仇牧荀息"未聞書字之例也。謂孔子尊祖，《春秋》又非孔氏私書也。愚管如是，幸辱裁之。

（選自《曬書堂文集》卷二）

答高雨農舍人書

陳壽祺

雨農先生閣下，辱惠書，推獎逾量，而過自叟損。誠君子約己如不足，予人如不及之懷，而施之黯淺衰荼之夫，則非其人也。私衷且慚且懼。蒙寄示尊著《春秋聖證》，壽祺受而卒業。大抵舍《傳》而求經，不設條例。經則因史存義，不設褒貶。廓闢支瀾，抉露微旨，縝密嚴峻，要於唐啖、叔、佐、趙伯循，宋葉石林、劉公是諸家為最近。紬繹再三，幾莫測其涯涘。

然竊念少日受經以來，汎覽諸家，亦頗有所疑滯，敢以質諸左右。壽祺竊觀孟子言孔子作《春秋》，作之云者，雖據舊史之文，必有增損改易之跡不修。《春秋》曰："雨星不及地尺而復"。君子修之曰："星隕如雨。"諸侯之策曰"孫林父甯殖出其君"。孔子書之曰"衛侯衎出奔。"晉文公召王而朝之。孔子曰："以臣召君，不可以訓。"故書曰："天王狩於河陽。"《魯春秋》"去昭夫人之姓曰吳，其卒曰孟子卒。"孔子書"孟子卒"而不書"夫人吳"，此其增損改易之驗見於經典者也。華督"得罪於宋殤公，名在諸侯之策"，晉董狐書曰："趙盾弒其君。"齊大夫書曰"崔杼弒其君。"《魯春秋》記晉喪曰："弒其君之子奚齊，及其君卓。"孔子於《春秋》皆無異辭，此循舊而不改之驗也。

太子獨記"子同生"，不及子赤、子野、襄公，則知此為《春秋》特筆，以起不能防閑文姜之失。妾母獨錄惠公仲子、僖公成風，而略於敬嬴、定姒、齊歸，則知此亦春秋特筆，以著公妾立廟，稱夫人之始。有年大有年，惟見桓三年及宣十六年。蓋承屢祲之後，書以志幸。王臣書氏，惟見隱三年及昭二十三年、二十六年（宣十年，崔氏蓋有譌誤，故不數）。蓋兆世卿之亂王室，書以示譏，則其他之刪削者夥矣。外大夫奔，書字，惟見文十四年宋子哀，蓋褒其不失職。外大夫見殺，書字，惟見桓二年孔父，蓋美其死節。公子季友公弟叔肸稱字，季子高子稱子，所以嘉其賢。齊豹曰盜，三叛人名，所以斥其惡。公薨以不地見弒，夫人以尸歸見殺，師以戰見敗。公夫人奔曰孫，內殺大夫曰刺。天王不言出，凡伯不言執，與王人盟不言公，皆《春秋》特筆也。是知聖人修改之跡，不可勝數。善善惡惡，義逾衮鉞。然後是非由此明，功罪由此定，勸懲由此生，治亂由此正。故曰：春秋天子之事也。苟徒因仍舊史，不立褒貶，則諸侯之策，當時未始亡也。

　　孔子何為作《春秋》？且使《春秋》直寫魯史之文，則孟子何以謂之作？則"知我罪我"安所徵，亂臣賊子安所懼！夫《春秋》之書微而顯，志而晦。筆則筆，削則削。游、夏不能贊一辭，況邱明、高赤之倫哉！傳雖言邱明造郯受經，然經成之後，下距夢奠之年，僅踰兩載耳。即不必有口授子貢，未著竹帛之疑；而祖述堯舜，憲章文武之精，心或未盡傳於弟子。洎九流分，則微言絕；異端起，而大義乖。而儒者各論所聞，稍失其舊，此《三傳》所以不能無與經相違之過也。

　　左氏之失者，以鬻拳為愛君，以華耦為敏，以荀息為言砧，以萇宏為違天，以文公納幣為用禮，數端而已。《穀梁》之失者，以衛輒拒父，為尊祖不納，子糾為內惡，趙鞅歸晉為正，數端而已。《公羊》之失者，以祭仲廢君為行權，以公子結盟齊宋為利國，以齊襄滅紀為復九世之讎，數端而已。其它名義，間亦失諟，《公》《穀》比附日月，曲生條例，義密於《左氏》，繁碎亦甚於《左氏》。然而左氏之博於史，《公》《穀》之覈於經，則言《春秋》者之津梁也。豈得執其一二以廢百哉！聽遠者聞其疾而不聞其舒，望遠者察其兒而不察其形。《左氏》《公》《穀》去聖人之世猶近，遺聞緒論宜有所受。設《三傳》則《春秋》孤行數千年，以至於今，雖聖哲復生，奚據以稽其文與事而斷其義，學者惡能道此經隻字哉！夫始恃《三傳》而得其本末綱統，終乃盡棄《三傳》以為經，不待傳則詳，何異蟲生於苗，自食其根！而臆測出無師之智，逆探數千載之前，而謂獲千載不傳之秘。吾恐彼亦一是非，此亦一是非，惡睹其愈於入室而操戈者哉！

漢以後言《春秋》者，舍傳求經，始於啖、趙。然猶謂《左氏》博采眾家，敘事尤備，能令百代之下，頗見本末。推論大義，得其本源。又曰：“《穀梁》意深，《公羊》辭辨。”又曰：“《三傳》分流，其源則一。擇善而從，亦何常師。”故二子《集傳》舍短取長，殊為精覈。石林公是亦猶是也。若必如孫復、程端學等掃《三傳》而束高閣，蔑古鑿空，橫流至極，豈不慎歟？夫《易》《書》《三禮》源委召明，開卷易瞭，惟《詩》廢《序》，則無以考。先民美刺之故，《春秋》廢《三傳》則無以明國史得失之端。合之則雙美，離之則兩傷。窮經之弊不可不慎防其流也。

壽祺之願質其疑於左右者此也。非閣下好學深思，孰從而察之。若夫古人傳注之體，莫不臚舉前言以為左證。《公》《穀》之稱尸子，司馬子、女魯子、子沈子即其權輿也。子夏傳《禮》，兼復引記毛公詁《詩》，亦引高子、孟仲子、仲梁子。高密鄭君注《周禮》必先舉杜子春、鄭大夫、鄭司農、馬季長諸儒之說，然後乃下己意。自杜預注《左氏傳》，排棄先儒，奮筆私創，其善者多出賈、服，而深沒本來其謬者。每出師心而恒乖經意，覽其全篇曾無援據經典，徵信六藝。惟作"丘甲"一條，引《周禮》"四丘為甸"之文，不明言其出司馬法，而所說"長轂一乘"云云，即係服虔、左氏注，（原文見《毛詩·信南山》正義）而掩為己，有攘善之病。不獨謬解，諒閣悖禮害道也。

今尊著中聞有頗採《三傳》及原本前人，而一概略其所自，但以通經為意，全居獨創之名。雖非攘善，終異乎古。曰在昔昔，曰先民之義。

又王肅素與鄭讎而好作僞，其人殊不足取。今尊著命題《聖證》，襲用肅所撰論之名，鄙意亦當更酌。恃先生海懷，下問諄懇，敢忘其狂惑干冒之罪而進其謦言，惟閣下鑒而恕之。篇中謹簽若干條，幸卒教之。壽祺頓首。

（選自《左海文集》卷四）

與黃修存書

沈欽韓

　　修存足下，曩者良卿稱說樸鄙之次，蒙以氣類，過相傾注。今年得奉教左右，私竊慚悚，應無以塞望。遂披襟若故交，推挽如骨肉。此古人之所難不自知，其寶獲而中受之也。既以自幸，又歎足下度量異於人人。欽韓北鄉不遂，南行中輟，諒悉其由。

　　家居輒復著書，不揣暗昧，撰《左傳補注》一書。其體例略述於《保緒書》中。良以杜預傲棄經禮，疻痏大典，逞其胸肊，陷于雅僻，科罪與何休均，其家法彌不如茲成之書。豈敢輔翼經傳，聊正杜氏之失而已。有十餘卷，竟夏可寫定。又摭諸子傳記之事與《左氏》大同，若同而異者為《考證》數卷，糾雜家耳。學私竄之弊，發《公》《穀》向壁虛造之妄，亦有裨于為正學者，俟相見而面質焉。然精力稍衰，彼覽未久，腰脊若轢，往往屬思，心神不蔇，與注《兩漢書》時懸絕矣。學之勤惰得失由乎己？命之窮通、壽夭由乎天？籍令馳逐於名利之途，則斬伐其性彌酷，以此無炅於中，無羨於外，滋不敢玩歲而愒日也。

　　足下天資超絕，富有日新，所苦者貧耳。撫羣弟，持門戶，不能屏棄人事。匹如昔人秉耒作勞，得閒輒學，用以雕章摛詞而已。自唐至宋，功楛不一，其用之也靡不然乎？明人亦以其讀書之效，用諸八股文，而今人莫逮也。夫員程不分，其所墾皆石田。要約已定，則所往皆利市。古人有言曰："必擇所堪，必謹所堪。"可以語於學之方也。就令用諸大者、遠者，亦不離乎？此習羣經以通一經，涉百家以治一家。已得者為我奧主而有所恃，未得為我外憂而不遑息。由此知困，則自新矣；由此思勉，則自強矣。

十餘年來，甘苦所歷如此，敢為足下道之，如其可采，幸甚！秋涼，當一至揚，私累所急。幸留意焉！

（選自《幼學堂文稿》卷七）

答董琴南書

沈欽韓

琴南足下：秋望奉手書，情辭斐惻。循環雒誦，且悲且忻。欽韓因窮居無聊，輒思應試。仲春，達揚州，宿留數日，保緒諸君為橐數十金，得待首抵清江。期促路難，伴孤僕叛，復決歸志。十數年來，看人變化，今自身與斗筲者較短量長，固必不勝亦願。入春明，造法源寺丁香花下，復與素心人淹暑談筆，稍得排落窮愁。忽忽忘老，並此不遂。如何如何！小錄出姓氏生疏，誠如來書。

竊謂科第與聲名相應者也。唐、宋取士必在下者勝其名而無所愧，在上者亦償其名而無可吝。一曰致身之道如是焉爾，一曰報國之心如是焉爾。眾口之詔譽不足憑也，則有造門之公卷；公卷可以相假句也，則有執友之通牓。如是而引試簾下，又可以觀其言，察其色。於是帖經、雜文、入策隨試隨落，數千人之中，得者僅二三十人。訪之博而取之嚴，士苟懷瑾握瑜，終不湮沒。於是有司若賈島不能為賦，溫岐以攪亂場屋，斥一生不第。猶得一命以自老，則沒身不霑階級者亦鮮矣。然有識者猶以為不足，以致魁奇絕特之士，而長浮薄倖進之風，鰓鰓然私憂譾議而無諱也。自科舉之法日嚴，上下之名不相應，輒效名於無名之子，而異時主司稍能別妍醜一趨。向雖上下之名不相應，中外之情不相通，然馳聲場屋讀書稽古者，猶意知焉，而參得失之半。今則不然，彼其衡文者，即向之僥倖無名子也。今之僥倖無名子又後之衡文者也。以不狂為狂呓，然喪其廉恥、是非之心。

誠如是，反不若投鉤探籌之為。而高才碩學，猶不致顛倒於鄙夫之心目也。且今之綴名榜上者，非他日卿輔牧伯之選乎？一唱百和，謬種流傳。人才日以敗壞，風俗日以媮薄。於國家之計，大不便也。豈為一人之得失計哉！

宦食長安，不知有士大夫之樂，其故在民窮財匱爾。然仰屋竊歎，如足下之心能有幾人。方且爭錐刀以逐酒食，剽簪珥以媚優伶。若輩亦自有其樂耳。至於樵、蘇不繼，齏鹽屢空。居無裘褐，出無僕馬。他人不堪其憂者。足下則辭追揚、馬，學窮張、蔡。經史百家，腹如三原灣汲汲焉，恐此之不饜。所謂不改其樂，又可徵諸于足下也。其遇與不遇不可知，致君澤民之事，不可一日無其心，不可一朝無其具。求田問舍，持梁齒肥，非足下之所期也。章句、文苑之流，又非所期于足下也。吾黨所依歸者，其陸嘉興、范高平、司馬涑水諸賢乎？願無慼其已能而益蓄其所未能。幸甚。

欽韓歸家不敢怠荒，慨然念《左傳》之書，一厄於《公羊》橫行之日，再厄于杜預孤行之後。其微言奧義，蒙于糞土蓄穢之中，而莫能澡雪。劉敞之徒猖狂妄論，由於杜預之疵瘖，而為左氏之詬病。孔穎達等素無學術，因人成事。《五經正義》稍有倫理者，皆南北諸儒之舊觀，其固陋之習，最信偽孔《傳》。杜預于鄭氏敢斥曰"不通，不近人情。"于服氏曰"尚不能離經辨句，何須著述大典。"尊崇杜預，謂《禮經》為足不信，狂惑叫號。而鄭之他經，服之《左傳》，由此廢亡。名曰表章經學，實乃剝喪斯文，可勝恨哉！不揣淺陋，為《補注》二十卷，凡杜預之叛經誣傳，糾摘紕繆，皆劉炫、衛冀隆所未及，其典章、名物、訓故皆補其敗闕。蓋用心十餘年，而今始有成書。若《公》《穀》之誣妄，周漢諸子之異同，別為《考異》十卷，窮而自力于學，斯亦取徵於足下者乎？然困迫幾不聊生矣。

嘗觀陳同父與朱元晦書，當兩遭大獄。窮悗無復人理之時，云"聚二三十秀才，以教書為行戶"。又起館榭，種竹樹，闢池殆四五十畝，植小圃又四十畝，計其堂宇花木不啻二百畝。拈晏殊句云"樓臺側畔楊花過，簾幙中間燕子飛"，則真富貴氣象矣。乃其積喪之狀，大略待死哀鳴，轉訴于交遊。雖其抵劘程氏之學不少屈，而盛氣淺中如元晦者，亦矜而容之。若僕之勢不為秀才所訕笑幾耳，不至操瓢行乞亦幾耳，其能幾同父之所致哉！雖足下投劾歸要亦徒有羨於彼，而無以致此也。然僕與同父皆不第舉子，所學未至邈然懸絕也。由今觀之，不啻其邈然懸絕也。

不惟如是，元明間，富厚之家，以不能致布衣文人為羞，卑禮厚幣以籠之，無所不至。今則士大夫求為富人之食客而不得，富人愈驕而士節愈喪。嗚呼！致此極者，其有由乎？巢松能以恬養智芙，初能以老自佚，庶不至汩而促其生爾。鄉里交舊，惟梟舟可保歲寒。今家計大詘，周平叔者已叛去矣。昌黎公所憂，正謂籍湜高材耳。如此輩何足道哉！何足道哉！三千里外，當亦發一笑也。

（選自《幼學堂文稿》卷七）

與湘汀論蒙山嶧山書

朱 琦

足下寄示《春秋國邑考》，受而讀之，援引宏富，各有穿穴。將來積累多，考訂益密，即可為大著作。惟首列魯邾二國，魯之蒙山，邾之嶧山。竊推其說，以為蒙山宜合而不合，嶧山宜分而不分，又宜合而不合也。凡證古書貴從其朔，後世沿革既繁，名實淆紊，易惑學者之耳目。擇之未精，或至參差而不相應。按蒙山即孟子所稱之東山。（明何氏楷說近，閻百詩亦從之）合言之則曰東蒙山。《詩‧閟宮》"奄有龜蒙，遂荒大東。"《毛傳》於龜蒙指無實，但俱云山也。孔氏《正義》謂魯境同有龜山、蒙山，遂包有極東之地。《論語》邢疏"山在魯東，故曰東蒙。"正與孔合。故孔氏亦引《論語》"顓臾所言之東蒙"以釋蒙山，而非如杜氏《通典》及《太平寰宇記》"在蒙山東，故曰東蒙"之說。《漢書‧地理志》"泰山郡蒙陰分"注云"《禹貢》：蒙山在西南有祠。顓臾國在蒙山下。"司馬彪《續志》"泰山郡無蒙陰，而南武陽候力有顓臾城。"是後漢之蒙陰省併於南武陽也。（《隋書‧地理志》："琅邪郡顓臾"注"舊曰南武武陽。"亦無蒙陰）《晉書‧地理志》之南武陽顓臾城同。《續志》而別出蒙陰，云"山在西南"，特本前一縣而分之，至宋又省蒙陰。後魏以其地改置新泰縣，故《後魏志》新泰縣有蒙山。

足下據《元和郡縣志》以為蒙山有三，今繹原書，因是二非三。《志》"費縣"云"蒙山在縣西北八十里。東蒙山在縣西北七十五里。""新泰縣"云："蒙山在縣東南八十八里。"《寰宇記》略同。《記》又於費縣下引劉芳《徐州記》"蒙山高四十里，長六十九里。"與新泰縣分此為界。而新泰縣下則云"已具費縣。"然則費之西北即新泰之東南界。山跨兩縣，初不謂費一蒙山，新泰又別一蒙山也。且即所謂二山者亦誤。觀《寰宇記》於東蒙山既稱顓臾，下又云"故顓臾城在縣西北八十里。"牴牾顯然。夫顓臾主東蒙，即在東蒙山下。古今無異詞，何以城與蒙山竝在西北八十里，轉非所主，而主五里以外之東蒙山耶？惟《水經注》"治水東流逕蒙山"，下又"東南逕顓臾城北"，下引《論語》不誤。而《通典》"沂州費縣"注已判為二。馬氏《通考》襲其文，蓋與《元和志》皆誤在唐中葉以後。原致誤之由，則于《欽齊乘》謂"蒙山在龜山東，二山連屬。"後人誤以龜山當蒙山。蒙山為東蒙，而隱沒龜山之本名。明邑人公鼐著《蒙山辨》，又謂"蒙山高峯數處，俗以在東者為東蒙，中央者為雲蒙，在西者為龜蒙，其實一山。龜山自在新泰。"二說稍異，要其謂蒙即東蒙，義竝通。足下幸勿以李《志》遽糾班《志》之失，則知其宜合而不合矣。

　　《漢志》"魯國騶縣"云"故邾國嶧山在北莽曰騶亭。"應劭曰"邾文公卜遷於嶧者也。"足下引之，證騶為魯附庸國，在《禹貢》時屬徐州，而因謂嶧山即《禹貢》之"嶧陽孤桐"，則不然。蓋《漢志》又於東海郡下邳云"葛嶧山在西。"古文以為嶧陽。稱古文者乃真孔安國《尚書》遺說也。故鄭注亦同。《續志》"下邳為國"云"葛嶧山本嶧陽山"注"山出名桐。"伏滔《北征記》曰"今槃根往往而存。"《說文·山部》云"嶧，葛嶧山也。在東海下邳，從山，睪聲。"《夏書》曰："嶧陽孤桐。"《水經注》"泗水歷下邳縣，逕葛嶧山東，即奚仲所適之邳嶧。"諸書言嶧陽者皆屬下邳而不屬鄒，分明如是。實則《魯頌·閟宮》及《左傳》繹之文字宜從糸，不從山，與葛嶧山之字從山不同。近人段茂堂謂"《史記》、《漢志》作嶧，乃譌字。秦時石刻字作繹"是也。但古同聲之字多通用，故陸氏《釋文》繹本作嶧。《初學記》亦引《詩》"保有鳧嶧"。而孔沖遠《閟宮疏》

遂稱《禹貢》之嶧陽與其解《禹貢》以嶧陽屬下邳，竟相違背，誤殆始此。然《晉書》亦成於唐初，其《志》"魯郡鄒"云"有繹山下邳之葛嶧山，云古嶧陽也。"正自清析。迨《通典》引《書》"嶧陽孤桐"云"在鄒縣"，而下邳仍注有嶧陽山。《元和志》亦然。以後漸成轇轕。《寰宇記》既於下邳引《禹貢》"嶧陽孤桐"。暨《西征記》：下邳城西有葛山，即《禹貢》所謂嶧陽山矣。乃鄒縣嶧山，又攙入嶧陽，猶多桐柏語。似鄒與下邳為一地者，而忘其一州一軍，（鄒屬兗州，下邳屬淮陽軍）截然兩處，乖舛尤甚。其他如李氏樗、林氏之奇沿此說者，竝習焉而不察耳。

至嶧山之即鄒山，古止稱嶧。《史記·秦本紀》："始皇二十八年，東行郡縣上鄒嶧山刻石頌功德。"《集解》引韋昭曰"鄒魯縣山在其北味。"韋注蓋《史記》本謂鄒之嶧山，非以鄒嶧二字為山名。而張守節《正義》引《國系》云"邾嶧山亦名鄒山。鄒即邾之雙聲字也。"《寰宇記》"魯繆公改邾作鄒，山從邑，故謂之鄒山。"《水經注》則謂"因鄒山之名以氏縣，由是知或稱鄒嶧，或稱鄒直。"後世相傳以熟，久之，遂以為二山。顧《漢志》有嶧無鄒，《隋志》有鄒無嶧，《水經注》"鄒山"，《春秋傳》所謂"嶧山也"，以及《括地志》《元和志》《寰宇記》莫不符合。足下獨取《後漢志》以證驛、嶧二山，並云"一在南，一在北"，聞嘗讀《志》而疑之。《志》云"驛奔邾國，有驛山高五里，秦始皇刻石焉。"始皇不聞別於驛山刻石，明即《史記》刻石嶧山之事。《水經注》"秦始皇觀禮於魯，登嶧山之上，命丞相李斯以大篆勒銘山嶺。"酈道元，魏人也。而《宋書》載魏主燾登鄒山僕《秦皇碑》，足徵其為一山。《志》既以刻石屬驛山，是原不謂驛之非嶧。但又引劉薈《驛山記》曰："邾城在山南，去山二里，北有嶧山。"夫曰邾城在山南，則山在邾城北可知。山南為陽，故《水經注》亦稱"今城鄒山之陽。"依此文，既知山在北，下不應復云北有嶧山。或北上增"又"字，文義方順。竊謂"北有嶧山"當為"一名嶧山"之訛，否則即劉昭之謬也。今足下云在南，未審所據。諒必足下必不誤認在山南為山在南。如以北有嶧山對面言之，驪山當在南，又無解於"邾城在山南"之文。始以自注中引《元和志》"山在縣南二十五里為準"，(《括地志》《寰宇記》皆云在縣南二十里)則此乃唐以後郡縣建置、城郭遷徙無常之故，故與去山二里，遠近迥殊，而豈可證驪山本在邾城之南哉！(《通典》"鄒縣"注"故邾國城在縣東南。"知後移於山北也)況《元和志》固謂嶧山一名鄒山者，將嶧山亦在南矣。且其所云"去山二里者"，正嶧山也。《左傳·文十三年》"邾遷于繹社"注"繹，邾山也。"是邾之立國實恃繹山之險。《水經注》所謂"依巖阻以墉固"，又引京相璠說"嶧山繹邑之所依以為名"是也。若去驪山二里而嶧山更在其北，則邾城去嶧山中隔一驪山，何得云遷於繹而保於繹乎？然自劉昭一誤，而魏收《地形志》及《通典》皆於鄒縣注有鄒山、嶧山，反覆求之，殊不足信。此繹山之與嶧陽宜分而不分，而與鄒山又宜合而不合者也。

若夫魯之封域由伯禽，足下既引《洛誥》《魯頌》及《左傳》確有明徵，則《史記》言封曲阜在武王時直是誤耳。不必以先受封後定疆理，遷就其說。何也？魯地故奄國，成王示滅奄，魯無從得封，《左傳》因商奄之民可據也。邾國兼有蕃縣，自從《漢志》而《晉志》，魯郡番(番即蕃字)，故小邾之國，似更當。考《玉篇》別有邾縣屬江夏郡者。劉昭注《郡國志》引王隱《地道記》"楚滅邾，徙其君此城。"《水經注》"於江水東逕邾縣故城南"，亦云"楚宣王滅邾，徙居於此，故曰邾。"《元和志》則謂"邾國陸終子曹姓所封，今之鄒縣黃州地，又為陸終後。蓋陸終有六子，各為國也。"未定孰是。惟《說文》於邾篆注"江夏縣"，不言春秋邾國，與鄒之為古邾婁國，兩不相謀。是《玉篇》雖亦有據，而實指江夏之邾為魯附庸國，則非數者，因論蒙嶧二山而附及之。足下以為何如？外此，倘於繙閱之餘，續有得焉，當以告。

(選自《小萬卷齋文槀》卷七)

答黃春谷先生書

劉文淇

> 劉文淇（1789—1854），字孟瞻，江蘇儀徵人。嘉慶二十四年（1819）優貢。學綜群經，肆力《春秋左氏傳》。著有《周易本義》四卷《圖說》一卷《卦歌》一卷《筮儀》一卷、《尚書傳疏大意》《左傳舊疏考證》八卷、《經義知新記》一卷、《讀書隨筆》十二卷、《青溪舊屋文集》十卷。生平事蹟見《清史稿》卷四八二、《清史列傳》卷六九、丁晏《候選訓導劉君墓誌銘》等。

春谷先生閣下：接讀手教，雅荷惓惓。雒誦之餘，具見大君子實事求是之意，與誘引後進之心，迥非流俗所能希冀其萬一。大箸四條，旁通曲證，妙義環生。洵漆室之燈，迷津之筏也。文淇於《左氏》學犆涉藩籬，未窺宧奧。書中所明四義，皆蓄疑已久者。

僖三十年《傳》"饗有昌歜"，自《正義》謂此"昌歜之音，相傳爲在感反"，而人不知昌歜之歜當音觸。自《玉篇》以蘁爲昌蒲葅，而人不知昌歜之字本當作歜，不當作蘁。段氏玉裁謂"昌，陽氣辛香"，以爲"葅其氣觸鼻，故曰昌歜"，於歜字之本字本音，可謂明白了當。而又謂歜与蘁可相假借，則猶爲《玉篇》所惑。先生謂觸之字起于蜀，蜀本有上觸之象，加角則爲角之觸，加欠則爲氣之歇。《說文》解歇爲盛氣怒，正是觸之本字。觸行而歇始廢，可無疑。于昌歇當音觸矣。謂蒦以黽爲聲，而即以䖲爲義，與昌蒲菹義，了不相涉，可無疑。于昌歇之歇本當作歇矣。謂歇在燭部，音觸；蒦在屋部，音蹙。其變爲在感，徂感反，實方音展轉誤會。且假借之字，但取同聲，安有蒦爲假字，而反直據本字之義，居然训爲昌蒲菹者，可無疑，於歇、蒦之不能相假矣。昔人謂"不通假借，而但泥古義，不可以解古書。"愚竊謂"但講假借，而不明本義，亦未可以解古書"，此類是也。

宣十二年《傳》："晉人或以廣隊不能進，楚人惎之脫扃。少進，馬還，又惎之拔旆投衡，乃出"。傅氏以惎爲毒，直同讕語。杜氏訓惎爲教，亦与情事不合。《說文》引作楚人畁之。黃顥說廣車陷，楚人為舉之，此必左氏先師之說。惠氏《九經古義》亦從《說文》，而以傅氏為非。至杜氏謂"拔旆投衡，上使不帆風"，前人從未有正其誤者。先生謂拔旆投衡，自是兩事。拔投互文，去此兩物，則車輕馬便，乃可得出。若使置臥，則旆愈橫，長拖逼馬首，勢更阻于帆風。車陷而不能進，正須多人助力。移舉車上機礙重物以爲释，卸輕便之地，即今時道路陷車之情狀。體會曲至，可謂物無遁情矣。至衡既脫去，恐人疑無從縛軛。則又引皇侃《論語疏》"見雖去衡而軛亦可暫著于轅"，正來教所謂鉤隱使之徑通，冪周務其隙泯也。

襄二十五年《傳》"表淳卤"，杜解"淳卤"為埆薄之地。《正義》引賈逵說："淳，鹹也，鹹地必薄。"意謂杜說同于賈氏。文淇竊疑之。《說文》"卤，西方鹹也"，是卤正訓鹹。淳之為鹹，古無其訓。即淳可訓鹹，而卤既訓鹹，淳復訓鹹，詞義重疊，無復文理。古人斥卤並言，然東方謂之斥，西方謂之卤，斥與卤有分也。鹹鹺並言，然鹹銜也，北方味也。大鹹曰鹺，鹹與鹺有分也。淳卤同訓為鹹，果何分乎？推原賈逵之《注》，當云："淳卤，淳鹹也"。以鹹解卤，而不解淳字，意謂淳與卤對立。卤為鹹薄之地，則滀為和美之地。以滀為和美，人所易知，故不言也。（《周禮·草人》："彊槩用蕡，輕爂用犬。"注："彊槩彊堅者。輕爂，輕脆者。"以槩解堅，非訓彊為堅。以脆解爂，非訓輕為脆，注釋中每有此例）《正義》所載古注，經其刪節者不少。此條"滀鹹也"三字，必非賈氏原文。其刪節處雖無可考，然按下文"數疆潦"，賈逵以疆為疆槩境埸之地，（賈讀疆其兩反，沈氏欽韓謂字當作疅，不加土）謂非疆即潦井衍沃。賈逵云："下平曰衍，有溉曰沃。"每字各具一義，其餘賈氏無注。按山林藪澤、京陵隰皋，每字異訓，人所共知。所謂"規偃豬"者，謂于豬水之地，作匽即偃，以受之。"町原防"者，謂于豬旁平原之地，作防以止之。（《稻人》："以瀦畜水，以防止水。"鄭司農說"瀦防，以《春秋傳》曰'町原防，規偃瀦。'"玄謂："偃瀦者，畜流水之陂也；防，瀦旁隄也。"）偃豬原防，雖非對舉之詞，亦每字各具一義，何獨"滀鹵"二字同訓鹹乎？足知滀之訓鹹，斷非景伯之說。況叔本從賈逵受古文，篇中所引《左傳》大都景伯之說。許沖《序》稱："慎博問通人，考之於逵，作《說文解字》。"是《說文解字》一書，皆折衷于景伯者。若鹹為滀字本義，許君即當據以入《說文》。今按《說文》于"滀"字下注云："滀，淥也。"而不解為鹹，則鹹斷非滀字本義。若云假借，則與滀同音之字，如《廣韻》所載"常倫切"十三字，亦從無訓鹹者，足知景伯斷不訓鹹也。顧亭林謂上下皆以二字成文，未解滀為何等之地。而又引陸氏說，謂"滀鹵地宜鹹"者，則仍滀鹵不分。沈氏欽韓引《廣雅》云"滀，漬也，謂鹵之地沾漬，故賈逵轉訓為鹹"，則亦未知滀與鹵對文也。先生謂滀為沃土，與鹵相反，洵精確不磨之論。文淇又就景伯本不訓鹹申言之，未知有當否也。

　　成三年《傳》"鄭賈人有將寘諸褚中以出"，杜《注》及《正義》皆不言褚為何物。襄十三年《傳》："取我衣裳而褚之"，杜解褚為畜。陸粲解褚為衣橐，本于《集韻》。《集韻》本于《漢書·南越傳注》："褚，衣囊也。"《玉篇》："褚，裝衣也，字或作袩"。《一切音義》引《通俗文》曰："裝衣曰袊。"第言裝衣，而不言為何物，則以褚為囊橐者，亦是望文生義。先生謂"褚即廚，後又加巾為幮。古時尌與者同音，儲儲義虛，褚廚義實"，亦通論也。至于既優既渥之訓，妙于解《詩》；形渥麗澤之文，精于說《易》；疾瀚腥脂，正鮑人之句讀訛謬；涷溫沃盥，駁《慌氏》之音訓混同。語皆破的，意豈索瘢？而篇中大指謂"凡字云以某為聲者，必兼其為聲之字之義，不徒聲也。"雖本《說文》"某亦聲"之例，而特推廣究之，尤為前人未發之覆。

所示《左氏》四義，文淇已摘入拙著《疏證》中，謹將原書奉繳。天暑不敢上謁，惟為道自重。不宣。

（選自《青溪舊屋文集》卷三）

與沈小宛先生書

劉文淇

小宛先生閣下：文淇駑鈍，無似于學問之途，未窺涯涘。然側聞先生緒論，及拳拳誘掖之盛心，稍知感奮，不敢自棄。前歲得尊著《左傳補注》，已錄副本。披尋再四，竊歎《左氏》之義為杜征南剝蝕已久，先生披雲撥霧，令從學之士復覩白日，其功盛矣。覆勘杜《注》，真覺疵病橫生，其稍可觀覽者，皆是賈、服舊說。洪稚存太史《左傳詁》一書，與杜氏勦襲賈服者，條舉件繫，杜氏已莫能掩其醜，然猶苦未全。文淇檢閱韋昭《國語注》，其為杜氏所襲取者正復不少。夫韋氏之《注》，除自出己意者，餘皆賈、服、鄭、唐舊說，杜氏掩取，贓證頗多。竊不自量，思為《左氏疏證》。取左氏原文，依次排比，先取賈、服、鄭君之《注》疏通證明。凡杜氏所排擊者糾正之，所勦襲者表明之，其襲用韋氏者亦一一疏記。他如《五經異義》所載《左氏》說，皆本《左氏》先師；《說文》所引《左傳》，亦是古文家說；《漢書‧五行志》所載劉子駿說，皆《左氏》一家之學。又如《周禮》《禮記》疏所引《左傳注》，不載姓名，而與杜《注》異者，亦是賈、服舊說。凡若此者，皆以為《注》而為之申明。《疏》中所載，尊著十取其六。其顧、惠《補注》及王懷祖、王伯申、焦里堂諸君子說有可采，咸與登列，皆顯其姓氏，以矯元凱、沖遠襲取之失。末始下以己意，定其從違。至若《左氏》之例異於《公》《穀》、賈、服，間以《公》《穀》之例釋《左傳》，是自開其罅隙，與人以可攻。

至《春秋釋例》一書，為杜氏臆說，更無論矣。文淇所為《疏證》，專釋詁訓、物名典章，而不言例。其《左氏凡例》另為一表，皆以《左氏》之例釋《左氏》。其不知者，概從闕如。杜氏以經訓飾其奸邪，惠定宇微發其端。焦里堂《六經補疏》以杜氏為成濟一流，不為無見。然以杜氏之妄，並誣及《左氏》，則大謬矣。近今為《左氏》之學，未有踰先生者。

文淇鑽仰有年，草稿粗就。期以十年之功，或可成此。但學識檮昧，尚希有以教之。至《新舊唐書考證》，向亦粗具條目，垂諭殷殷，敢不黽勉。俟《左傳》卒業，即肆力為之。先舅曉樓先生所著書，最精者莫如《公羊禮疏》。誠如來教所云："但此書博引舊說，無所引申，恐後人有襲取之者。"極知先生不喜《公羊》，然先舅氏一生勤學，非先生孰表章之？儻能賜《序》一篇，幸甚！伏乞鑒察。不宣。

（選自《青溪舊屋文集》卷三）

與劉楚楨書

劉文淇

　　前以拙著《左傳舊疏考證》奉質，承荷校勘，謹嚴精確，獲益良多。惟《隋志》亡書為《正義》所引者，弟據以為非唐人，此確有關係。據《唐書》貞觀三年，魏徵監修《隋書》，又奏顏師古、孔穎達、許敬宗三人同撰，徵為其《序論》。（貞觀十年奏上之，《志》則二十年上之）又云："貞觀中，魏徵、虞世南、顏師古相繼為祕書監，請購天下書，（據《冊府元龜》，正以修史而購書）選五品以上子孫工書者為書手。"按《徵本傳》，貞觀三年為祕書監，虞、顏貞觀七年為祕書監、祕書少監，是時方購求遺書，沖遠又預修《隋志》，豈有私家自見其書，乃不上官局？而又於《志》內云"李巡等注已亡"。揆之事理，必不其然。
　　至來教謂為闇記，按《新唐書》僅云闇記《三禮義宗》，不言其他，且《疏》中所云亡書不下二十餘條，豈皆闇記？又既能闇記，即何不錄出副本上之？如謂慎疑而不上之於官，則《正義》亦官書，胡不慎疑而乃載之也？至謂"沖遠與光伯同時，光伯所見之書，沖遠亦無容不見"是已。然隋亡之後，典籍缺如，沖遠等作《隋志》，已云"所存者十之一"。又唐高祖、太宗兩下詔求書，亦皆以亂後亡失，故求之極殷，雖同時習見之書，而不能無昔存今之慨，亦載諸正史，可考而知。沖遠學識無愧通儒，然此書未成之作，又經後人刪竄，多失其真。且沖遠在時，馬嘉運頗駁正其失。當時服其精博，是其書在唐初已有疑議矣。

自來官書成非一手，其刪定者又皆身領數職，或兼修數書，（如《左傳疏》《隋》《晉》《五代書》，沖遠同時修）期限迫促，難免疏漏。不能如士子閉戶纂述，瞻前顧後，積數十年精力而成，故無大疵謬也。拙著首卷，兄粘籤處，慎翁贊歎，謂語語允當，可稱良友直諒之義。吾輩共勉為之。

（選自《青溪舊屋文集》卷三）

與王文泉孝廉

史夢蘭

> 史夢蘭(1813—1898),字香厓,號碩農,別號竹素園丁,河北樂亭人。道光二十年(1830)舉人。著有《疊雅》十三卷、《燕說》四卷、《論語翼注駢枝》二卷、《爾爾書屋文鈔》二卷、《氏族考異》四卷、《樂亭四書文鈔》一卷。生平事蹟見《清史列傳》卷七三、徐世昌《史夢蘭傳》、王樹楠《史夢蘭神道碑》等。

久疏箋候,渴想殊深。所刻之書,刷印幾何?畿甸祕笈,又搜采多少。念念。《春秋辨疑》一種,舊稱為六十五卷,今此部共作八函五十本,較當年四庫采進之本少二冊,當亦大略相同。以字數計之,足二百餘萬。以之付梓,非二三千金不可。工費既多,書亦繁重難讀,然其精詳處,實為古今說《春秋》者空前絕後之作。鄙意於此,竊體作者苦心,並感先生刻書盛意。故不辭工譾陋,取其全書,反覆校閱,酌為刪節,約去五分之二,改分七十二卷。重付鈔胥,及鈔成再校,又刪去十分之一,改分卷數以符《通志》所稱之數。然不過去其繁復,絕不敢使有漏義,亦不敢妄有增改。至書中所引《左傳》《公》《穀》及《胡傳》之說,於四人皆稱某字。《四庫提經》譏其"不類",誠是。今並改作某傳,殊為直截。渝關之渝,當從水旁，作渝。書中皆從木旁，作榆，係沿《遼史》之陋。彭山季氏乃明人季本也，書中季皆作李，當是鈔胥筆誤，今並改正。此雖小節，無關輕重，然既欲為之傳遠，自不得仍其謬誤。先生復起，或不罪其僭妄也。茲將兩部並為寄上，祈照收。外擬《提經》一條，並各書評騭之語，附錄呈閱。

《春秋輯傳辨疑》，國朝李集鳳撰。集鳳，字升，山海衛人。順治十二年拔貢生，河南洛陽縣丞，卒於官。邑人請從祀周公廟，直隸於康熙五十三年祀鄉賢。《畿輔通志》稱：集鳳幼即端嚴，以聖賢自期。及長，淹通羣籍。凡洛關閩之書，無不究悉。尤善《春秋》，匯先儒經解，討辨詳核。歷三十九年，凡四易藁，然後成書，名曰《春秋輯傳辨疑》。凡六十五卷，海內稱之。《四庫存目》則謂不分卷數，共五十二巨冊，以紙數計之，當得一百餘卷，疑《通志》所言未確。蓋嘗時采進之本，猶未編之藁也。按王漁洋所跋，又名《春秋集解》，稱為四十卷，並云：其門人汪檢討楫出守河南府，雅重其書，欲為之梓以傳。則其書之見重於名流也久矣。

（選自《爾爾書屋文鈔》卷下）

復吳先生書　　賀　濤

> 賀濤（1849—1912），字松坡，直隸武強（今屬天津）人。同治九年（1870）舉人，光緒十二年（1886）進士。其於《左傳》《儀禮》有心得。生平事蹟見《清儒學案》卷一八九、趙衡《賀松坡先生行狀》《畿輔通志·文學》、徐世昌《賀先生墓表》等。

讀手書知吾父到省，渥承眷惠，竝許爲壽言。勉其子以親之道，恩德至厚，不敢言謝，敬矢於中而已。伏惟福體康綏。

所論《左氏》，謂《凡例》爲劉歆所爲。先生意不謂然，而亦以爲後人所託，但不知在歆前後，令得違復。聞命慚悚，深悔所言無據。反復思之，乃仍欲守其前說，而妄有所陳。謂爲之者在歆以前附於《傳》耶？歆時博士，不得斥《左氏》不傳《春秋》，范升亦不得云不祖孔子，不附於《傳》而別行邪？而治《左氏》者已解經矣，班氏何得云解經始於劉歆？且歆後治《左氏》者多宗歆，必不肯取他說入《傳》。其附之《傳》當在何時？如謂雖有其書，當時儒者或未之見。歆猶未見，賈逵承歆學，安得以附於《傳》而釋之？歆前之無其說也決矣。若以爲在歆後，則與賈、服同時，更不得爲之解詁，此尤可決其不然。故疑其爲歆之爲之，而賈逵入之《傳》耳。歆創通大義，所為說固多。賈入之《傳》者，特治經《凡例》，餘說固別行也。杜氏所見，殆指別行者言，或賈、服所稱述。杜治《左氏》，首重《凡例》，故曰《傳》之義例總歸諸《凡》。蓋未悟其出自後人。後人假託古書，而人不悟者甚多。通人偶蔽，不足為病。今謂劉歆為之，杜必疑而致辨，不辨不得為《左氏》忠臣。同是後人所為也，何出自劉歆則當辨，而出自他人遂不必辨邪？先生之意，蓋以劉歆通儒，不當妄為傅會。漢儒多傅會。《洪範》五行，劉氏父子治之尤深，先生亦嘗譏之，而終以歆為通儒。傅會《洪範》，不足為通儒累；傅會《左氏》，將為通儒累乎？況附其說於《傳》，乃賈逵所為，歆特因《傳》所紀事，撰治《經》條例耳，固未嘗增竄《左氏》之文也。此亦與假託古書者不同。若以其說，時或穿鑿淺陋，劉歆當不至是。古書往往純駁互見，《公羊》《穀梁》出七十子後，口說相承，其穿鑿淺陋者多矣，而終不失為一家之學，此尤不足為歆病。

濤學術譾陋，經義尤疏。此皆臆說，未有確據。然私以為，《左氏》自有《凡例》則已，必謂出於後人，則惟謂"劉歆為之，賈逵以入於《傳》"為近理。否則，鄭興、賈徽所為，興、徽《條例》，亦歆使為之。論中所謂淺學自喜，乃謂《左氏》與《春秋》同恉，解經乃自解也，故近於淺學自喜。蓋決《左氏》之未嘗解經，非謂凡解經者皆淺學自喜也。

羊斟之事，如先生說，為後人羼入無疑。古書同記一事，而相歧者甚多。《三傳》於《春秋》，《史記》於《左》《國》，《漢書》於《史記》，往往因一字之訛，遂以相遠，無由斷其是非，從其近理者而已。《左氏》既自為一書，其綜一事之本末，不盡依經之次第，或後經以追敘前事，或先經以終之。後人強與經附，遂多割裂。先生所疑僖公五年事，即其類也。而濤之私見，則微與先生不同。經書殺申生在僖五年春，而《傳》在四年十二月，此必《左氏》別有見聞，並存記異，亦如《史記》紀傳時有不同也。尋繹《傳》文，申生之死，重耳之奔，乃一時事，辭義續而不斷。後人見經、傳不同時，疑經從告，故於五年春增入"晉侯使以殺太子申生之故來告之"語，以此語之懸而無薄，遂割伐蒲事以隸此語之後，文義已不相屬。而《傳》所載視朔事，在正月朔，又不可居後。於是申生之死，重耳之奔，遂為所斷而分為兩時事矣。先生謂後人羼入視朔事，離絕晉事。濤疑視朔事為《左氏》本文，其離絕晉事者，後人遷就《經》《傳》之年月而為之也。此舉羊斟之說，固皆後人增竄，然與說經無涉，自非劉歆所為。

先生鈔《左傳》，不盡依近世通行本次第，想多更正，恨不一讀之也。山東鄭東甫刑部杲，合《三傳》以治《春秋》。用《二傳》之例，而不用其說；用《左傳》之事，而不用其例。以為《春秋》乃決讞之辭，《二傳》如律令，《左氏》其供狀也。深信《左氏》而不用其例，亦可謂有特識矣。方望溪謂劉歆增竄《周官》，其說固不足據，然亦不敢決其必無是事。莽干天位，猶勉附之。莽改聖經，顧敢違之乎？公孫祿言莽斁政，謂國師顛倒《五經》，毀師法，與孫陽造井田，魯匡設六筦，並稱皆實指其事。則歆於諸經必有承莽意為之竄亂者。有所劫而為，不足累其文學，惜死在莽前，未及更正，後遂有沿用而不可復辨者耳。撰《左氏凡例》，自與此有別，論中援以為證，不類，當刪之。濤性愚妄，又屢誘之使言，徑展私臆，無所依違。伏望容其不遜，而指示其謬。明允《木假山記》亦望以先生之意告之。

（選自《賀先生文集》卷二）

與徐哲東論春秋書

章太炎

哲東仁弟足下：在蘇快談數過，精神為振，臨行得手書，亟欲作復。以文債繁多，卒卒未暇。今諸債已盡償矣，敢率愚意以報。

《春秋》本有竹書、帛書之異。左氏稱不書於策，名藏在諸侯之策。南史氏執簡以往，此大事竹書者也。若一事而盡其本末，與夫小事叢碎者，自以帛書為便。而此二者，當時通謂之《春秋》。孫卿《謝春申君書》："《春秋》戒之曰：楚王子圍聘於鄭。""齊崔杼之妻美"云云。二事皆見《左氏傳》，即當時帛書也。（杜氏云"小事書於簡牘。"此有小誤。牘與帛亦可相代，若簡則與策何異）墨子所引四國春秋，亦即此類。而非左氏所謂策書。若秦趙御史所書"趙王鼓瑟""秦王擊缶"，此則臨時暫記，即今《起居注》一類。而秦趙之策所書未必然也。足下謂孔子摭取史文，務求簡約。此則未是。

據《左氏》言《春秋》之稱，微而顯，志而晦，婉而成章，盡而不汙，懲惡而勸善，非聖人誰能修之？則《魯春秋》本已盡美。聖人修之，乃盡善耳，必非變更其體裁也。其觀周室史記者，以《魯春秋》本偏方之史，事實不備。而又官書之體，須從赴告。惟周室所藏列國之策書帛書皆備，故取之以為《春秋考異》，如裴松之之注《三國志》耳。使左氏不因孔子史記以作傳，孔子亦自為之矣。麟經甫就，泰山其頹。是以作傳賴於左氏也。其左氏所續經文，正是魯史策書。足明《魯春秋》非自簡約，非孔子剏為之矣。

　　來書又謂《穀梁》《公羊》二家，並未見《鐸氏微》。愚謂《穀梁》必曾見之，故改經三條，皆本《左氏》。《公羊》則沿襲《穀梁》，或未見《鐸氏微》耳。《穀梁》於"宋、衛、陳、鄭災"下所引或說，本同《左氏》。而又云是人也，同日為四國災也。若神灶縱火以自驗其言者，此則遠於事情。蓋當時見《鐸氏微》而加以附會者也。里克弒其君卓，《公羊經》獨作卓子。卓子之稱，惟《左氏內外傳》有之。且《公羊》稱荀息對獻公，言使死者復生，生者不愧乎其言，則可謂信矣。又云："荀息可謂不食其言矣。"語皆本之《晉語》。然則《公羊》從未見《鐸氏微》，必於《國語》嘗窺其一二焉。故謂二傳同於《左氏》不可也。謂其於《左氏》緒言，絕無瓜葛，亦不可也。正由不見全書，故事義多有違戾耳。若《公羊》於洮盟書鄭世子華，非獨與二家經異，且於下書鄭伯乞盟亦不契會。所謂以《春秋》為《春秋》者安在？疑《公羊》經傳，悉由口授。寧母之盟，陳世子款鄭世子華相次而書。洮之盟亦有陳世子款。讀者口滑，故相涉致誤。此其咎在胡母生、董仲舒，不在《公羊》也。

　　《春秋左傳讀》，乃僕少作。其時滯於漢學之見，堅守劉、賈、許、潁舊義。以與杜氏立異，晚乃知其非。近作《春秋左氏疑義答問》，惟及經傳可疑之說，其餘盡汰焉。先漢賈太傅、太史公所述《左氏》古文舊說，間一及之。其劉子政《左氏說》，先已刻行，亦牽摭《公羊》，於心未于盡于慊也。足下精心邁往，他日通《春秋》之微旨者，非足下而誰！僕老矣，未知及見其大成否也。臨穎拳拳，順問起居康勝。章炳麟白。民國二十四年十月六日。

（選自《制言》第十七期）

與黃侃書

章太炎

　　去冬示以《春秋疑義》，當有會心。鄙言於凡例雖取征南，而亦上推曾申、吳起、賈誼、史遷之說，以相規正。賈、服有善，亦采焉。邇來二三月間又加修治，且增入向所未備者十餘事。近說成公經立武宮事。據《傳》稱"聽於人以救其難，不可以立武，立武由己，非由人也。"則武公斷不得為武公之宮。《公羊》以立煬公辭例相比，始為此說，而《左氏》不然。杜既采《公羊》，又知於傳問難通，故云兼築武軍，此則支離亦甚。今謂武宮直是講武之處，即成周宣榭之類，服氏說宣榭為宣揚威武，則武宮亦其類也。

　　又僖公《經》：夫人氏之喪至自齊。《穀梁》、賈氏皆謂以殺子貶姜，杜則直謂闕文。據《傳》云："君子以齊人殺哀姜也。為已甚矣，女子從人者也"，此正釋經文去姜之義。哀姜之罪，當由魯討；今齊人討之，見其不容於父母之國，是以去姜。不於薨喪去姜者，彼但齊、魯一方之事，此則齊、魯相會之事也。《正義》以為姜氏者，夫人之姓，二字共為一義，不得不去姜存氏，去氏存姜，然傳有左師見夫人之步馬者問之，對曰：君夫人氏也。《詩》有："母氏聖善。"則夫人氏原自成文，不得以為闕文也。

　　如是之類，駁杜者甚著，然亦不欲如前世拘守漢學，沾沾以賈、服為主。蓋上則尋求傳文，次或采之賈誼、史遷，是鄙人著書之旨也。足下前說熟誦注疏，然於《左氏》則取疏而不取注，疏不破注，未知足下何以別也？

前者作《三字經》，今求者甚多，此已無稿，有一本在足下處，望即迻寫寄來為要。此問起居佳勝。

（選自《黃侃日记》1930年4月14日條）

與譚獻

章太炎

經術之事，髫齔嗜蒲，泛濫六籍，銳志陽秋，湛思《左氏》，翌為起廢《穀梁》，辭旨雅懿，魯學是同。大儒荀卿，照鄰殆庶，並受二傳，疆易無分。秉此說經，庶尟悁悔。然自乾嘉逮今，《公羊》獨尚，原其風流遐播，固將有以焉爾。《左》《穀》師說，近昉東漢，太傅長沙之詁，子政石渠之對，橫遭烽燹，有錄無書，惟江都《繁露》，靈光火爌，獨珍賣餅，職此之由。昔者巽軒翔實，鳴珩於闕里；方耕淵邈，揄袂于晉陵。研尋宗旨，亦已乖矣。申受襜褅，莊氏幽精上通，墨守既堅，遂為雄伯。八十年中，風範無改，乃擬《世篇》於八覽，方素臣於文信，脫刃張孤，尋為述敵。麟以《公羊》大師，無過嚴氏。猶謂孔子將修《春秋》，於丘明觀書周史，歸作經傳，共相表裏。且《隋書·經籍》有《左氏圖》十卷，上目下印，實題彭祖。劉昫、宋祁，亦都著錄。（申受以沈氏所引嚴說為偽作，彼作檢隋、唐三史，故任意抹殺爾）然則明、高兩傳，非復絕潢，豈必劉兆方為鯉輯，分曹狋吽，成此獮陝，所謂目覽云暇，近不睹睫者乎！夫《左氏》神趣深博，言約意隱，故覽文如飢，尋理即暘，持其蕰詞，彪蔚敘事，瞻逸瞽學，買櫝遂失隋珠。嘗撢啧於荀、賈，徵文於遷、向，微言絕悁，迥出慮表，修舉故訓，成《左氏讀》。志在纂疏，斯為屬草，欲使莊、孔解戈，劉、宋弢鏃，則魪生之始願已。

乃若詁解一字，慮及千言，以此瑣碎，明彼卓約。然後暘王義之清穆，成天下亹亹。仲任《論衡》，殊體同志者也。夫經義廢興，與時張馳，睹微知著，即用覘國，故黜周王魯之誼申，則替君主民之論起。然《左氏》篇首以攝詁經，天下為宦，故具微旨，索大同於《禮運》，籀遜讓於《書序》，齊、魯二轉，同入環內，苟暢斯解，則何、鄭同室釋甲勢冰矣。貶損當世，隱書不宣，慎言闕殆，今猶古昔。斯固千鈴之遠猷，不欲親見其世爾。

身為經生，常慕朱雲，梅福之風，猶冀王道一乎，高衢騁力，而天材駑劣，輪翩無取。故每校經衡盧，寧靜致遠。今輒呈《左傳讀》為別，奉賜刊剗，令中權度，則所謂桂蠻挈於秋駕，曲木成於櫨梲，此都人士，駿快鮮倫。若有采其涓熒，指其瘢垢，尤所願也。

（選自《章太炎年譜長編》）

與劉光漢書

章太炎

　　來書所述《左氏》三例，第二條云：賈、服雖善說經，然於五十凡例外，間有所補，或參用《公》《穀》，不盡左氏家法，宜存而弗論。僕懷斯疑甚久，始謂劉、賈諸儒，曾見左氏微言，或其大義略同二《傳》，而杜征南不見，遂疑諸儒詭更師法。後復紬繹侍中所奏，有云《左氏》同《公羊》者，什有七八。乃知《左氏》初行，學者不得其例，故傅會《公羊》，以就其說，亦猶釋典初興，學者多以老、莊皮傅。征南諸儒後，始專以五十凡例為楬櫫，不復雜引二《傳》，則後儒之勝于先師者也。然以是為周公舊典，抑又失其義趣。其間固有史官成法，如赴告諸例是也。自茲而外，大抵素王新意，賓禮有會盟，而無宗覲，官職汰孤卿，而存大夫，其非周、魯舊史，固已明白。《公羊》以殷禮自文，誠辭遁。《左氏》末師，又謂當時霸制，其於會盟之禮則從矣。抑豈孤卿之秩，亦霸制所無乎？故知酌損《周官》，裁益齊、晉，斯素王之志也。征南《釋例》，亦有違者，如《傳》說殺大夫者，不書其名無罪，而稱名者，未可遽云在辟。征南不悟，乃謂泄冶、孔達之流，悉有罪戾，則違於《傳》意矣。劉、賈諸儒，以為大夫三命以上，經始言名。此雖於《傳》無文，顧非旁取《公》《穀》。若夫《春秋》內魯，故叔孫未受三命，名已見經；楚國既受周胙，（《楚世家》：成王元年，天子賜胙）雖小國而為方伯。故屈完如師，《春秋》有錄。其餘三叛之有名章徹，吳札之讓國見襃，此皆軼在例外，而征南必執此以議劉、賈，則又過矣！足下所云甄釋字義者，謂取《說文》以補侍中之缺，誠是。鄙意《左氏》古文，太史公時有義訓，子政《說苑》，斯類亦多，其可以發見古義者，凡數十條，當視賈、許尤重。賈太傅書有《道術》一篇，悉訓詁，若取此以說《左氏》，則舊義存者多矣。韓非采《左氏》說最多，其辨論繁而不殺，僕曩時嘗刺取之。《備內篇》有引"桃左春秋"一事，桃即趙字，《桃左春秋》謂趙人虞卿、荀子所傳《左氏》。劉、龔之徒，復何所容其辯耶？昔著《春秋左傳讀》，文多不能悉錄，《敘錄》一篇，專駁申受，業已寫定，郵寄呈覽。

　　古韻分部，僕意取高郵王氏，其外復采東、冬部之義。王故有二十一部，增冬部則二十二，清濁斂侈，不外是矣。黃承吉"曲直通"，說誠倚偉，亦稍稍病含胡。且東部與尤、侯二部，通轉甚眾。若后稟之為項託，後之韻羣，調之韻同，於古有徵。今音讀顒如容，以吼為哧，亦由自然轉變，非有強作，寧當以一說蔽遮之？然分部雖繁，要當知其鄰類，如之與蕭、尤為類，脂與真、文、元為類，支、歌為類，蒸、侵、覃為類，東、陽、庚為類，此皆眇合自然，今古不異。戴、段諸公，於斯盡瘁，審音有素，非專比合《詩》《騷》。後學守文，局於當句，故為承吉所譏。雖然，寧人於此，誠有玷缺矣，江、戴諸公，蓋非承吉所能議也。

　　各省鄉土志，體大物博，誠難驟了。博物學復待專門為之。鄙意今日所急，在比輯里語，作今方言。昔仁和龔氏，蓋志此矣，其所急者，乃在滿洲、蒙古、西藏、回部之文，徒為浩侈，抑末也！僕所志獨在中國本部，鄉土異語，足以見古字古言者不少。若山東人自稱俢子，俢從誇聲，本即華字。此可見古語相傳，以國名為種名也。廬州鄙人謂都市居民為奞子，（讀如泰）奞從大聲，《說文》云："大者，人也。"亦古語之流傳也。比類知原，其事非一，若能精如楊子，輯為一書，上通故訓，下諧時俗，亦可以發思古之幽情矣！昔仁和翟灝作《通俗編》，其於小學鄒淺，上比子慎，猶不逮，其去子雲，夐乎遠矣！吾儕於此，猶能致力，亦有意乎？

（選自《章太炎文录》卷二）

答章太炎論左傳書

劉師培

> 劉師培（1884—1919），字申叔，號左庵，江蘇儀徵人。光緒二十八年（1902）舉人。著有《駁太誓答問》一卷、《中庸說》一卷、《春秋繁露斠補》三卷、《尚書源流考》一卷、《毛詩劄記》一卷、《西漢周官師說考》二卷、《楚辭考異》八卷、《古書疑義舉例補》一卷、《南北學派不同論》一卷、《左盦題跋》。生平事蹟見《碑傳集補》卷末、陳鐘凡《劉師培行述》、蔡元培《劉君申叔事略》等。

手書具悉一是。討論《左氏》之學，疏通證明，足徵卓識。惟今之所欲辨析者，則以前函疑賈、服釋《左氏》，多擷取《公》《穀》六家之例，然靜以思之，覺《左氏》之例，不僅五十。征南《凡例》實多未備。《左傳》之例有著凡字以為標者，有不著凡字而亦為例者，征南據其著凡字者以為言，故所釋之例，僅五十條。自此以外，《左氏》佚例，可據《傳》文類求。

如隱元年"天王使宰咺來歸，惠公仲子之賵。"《傳》云："緩，且子氏未薨，故名。"是天子、大夫貶之則稱名，於恒例則應書字，故經文所書南季、仍叔家父、榮叔，皆天下之大夫稱字者也。此佚例可攷者一。

（若天子三公稱爵，中士、下士稱名，下士稱人。王世子不名，公侯、世子稱名，均《左氏》之例）又隱公元年，"及邾儀父盟於蔑。"《傳》云："未王命，故不書爵。"《莊五年》："郳犂來來朝。"《傳》云："名，未王命也。"是附庸之君未王命者，例皆書名，褒之則稱字。經文所書榮叔，蓋亦援"儀父"之例。（征南以叔為名，非也）此佚例可攷者二。約舉二例，餘例尚多。有傳中所載之言而即為例者，如"有事而會（故《傳》文於每次之會，均言其所因之事）不協而盟"是；有引禮文以為例者。（如在《禮》卿不會公、侯，會伯、子、男可也。劉夏逆王后於齊，卿不行，非禮也）有加故字而亦例者，（如"公不與小斂，故不書日"是也）似皆在五十《凡例》以外。若杜氏於五十《凡例》外間有所釋，如"將卑師眾，稱師"，雜以《公》《穀》之說，非《左氏》家法也。

至來書言《左傳》有素王新法，實禮有會盟而無宗覲，官秩汏孤卿而存大夫，故酌損《周官》，裁益齊晉，斯為素王之制。此說誠新可喜。然按之古義，則殊不然。《左傳》所言典禮無一不與《周官經》合。《五經異義》云"《公羊》說，諸侯見天子及相聘，皆曰朝。以朝時行禮，卒而相逢於路曰遇。古《周禮》說，春曰朝，夏曰宗，秋曰覲，冬曰遇。"僅言《公羊》與《周禮》不同，未言與《公羊》同義。夫《左傳》僅書所以朝王者，據《詩經正義》引賈君說，謂"一方而四分之，或朝春，或覲秋，或宗夏，或遇冬，藩屏之臣，不可虛方以行，故分趣四時。"馬融以為，在東方者朝春，在南方者宗夏，在西方者覲秋，在北方者遇冬。鄭君注《周禮》謂"四方以時分來。"蓋以從馬融說。故賈疏謂春謂東方盡來，夏則南方盡來也。據馬、鄭之義，則《春秋》僅書朝王，實因魯在東方，於天子，例行朝禮。魯侯如周，雖不僅以春為限，（如僖二十八年五月，公覲於王所）然以居東方之故，禮仍行朝禮。（卿不行覲、宗、遇三禮。古禮於覲禮之外，有朝、宗、遇三禮。觀鄭君《三禮目錄》可見。而知所行則為朝禮耳）故《春秋》亦僅書朝王。（段金壇以覲為通名，亦非）若石厚言"王覲為可"，寧俞方言"諸侯朝覲於王"，均記於《左氏傳》，則《左氏》不廢覲禮矣。豈得以《春秋》僅書"烝嘗"，遂疑孔子汰祠春之典，《春秋》僅書"蒐狩"，遂疑孔子汰苗獮之禮乎？（若"公及宋公遇於清"，劉、賈均以用遇冬之禮，實則遇冬為諸侯見天子禮，非兩君相見之禮。此蓋禮名偶同，猶祭天為禘，吉禘為禘，夏祭亦名禘也。似當從《曲禮》之說）

若謂《左氏傳》無公孤，則《周禮》明言"公之孤，四命則孤"。鄭眾曰："九命上公，得置孤卿"，惟上公有之，諸侯不得置也。魯為侯國，齊、晉亦為侯國，故無二孤。

來函謂孤卿之秩，豈亦有齊、晉所無？實則按之《周禮》，齊、晉本無孤秩也。若《左傳》別卿於大夫，明證昭垂，不勝縷舉。乃公謂"汰卿以存大夫"，亦僕之所不解也。總之，《左傳》所言俱係《周禮》，不必以《公羊》改制之說，附會《左傳》，以淆其家法。賈君《春秋左傳序》首言孔子立素王之法，即係誤采二家之說。實則素王之說，出於《緯書》。《緯書》取鄒衍五德之論，以為孔子繼周，故有素王之說。實則儒家不言五行，焉有所謂五德之說矣。奚必襲《公羊》家"素王""新法"之詞乎？

大著《春秋左傳敘錄》明析辨章，足以箝申受之口。暇日當手錄一通，並出平昔所心得者，以與公書相證明。鄙人於申受之書，亦略有條辨。屬稿未成。去歲文禍。竟偕《駁太誓答問》之稿，同沒入官。今學報所登《讀左劄記》，其緒餘也。

（選自《左盦外集》卷一六）